尋道者趙紫陽

上

林雪 著

趙紫陽一生都在為國家探索發展的方向。他是一個尋道者。

——題記

自序

這是一部傳記，傳主是前中共中央總書記趙紫陽。

說起趙紫陽，人們馬上會想到「六四」事件。可是趙紫陽的意義遠不止於此。他曾經引領了一個轟轟烈烈的改革時代，如今他在中國政壇上已經被隱蔽三十多年，他的名字已經被人逐漸淡忘，一些年輕人甚至根本就沒有聽說過。這樣的隱蔽不僅掩蓋了中國改革的真相，還造成了中國改革歷史的斷層，以至於一些後來的學者、尤其是國外的學者在研究這段歷史的時候，產生了明顯的誤判。[1]

趙紫陽也是在體制內成長起來的官員，從他十八歲參加革命開始，就處於激烈的戰爭環境。中國革命年代所有的「彎路」他都走過，中國建設年代的錯誤決策他也經歷過，還不止一次犯下過「左」的錯誤。可是與很多人不同的是：趙紫陽是一個「有記性」的人，他總是能從一次次的錯誤中汲取教訓，並且由近及遠地思考。思考得多了，就有思想家的特質。當這種特質和他政治家的身分相結合，社會的變革就開始了，於是在他主持的經濟改革之外，還有

1 如英國學者克里斯・M・布拉莫爾（Chris Bramall）在他的《毛時代經濟再評價——四川：一九三〇～一九八〇》（牛津大學出版社一九九五年版）一書中，就將一九七八年甚至一九八〇年四川發展的成就歸結於毛澤東時代的功勞。可是趙紫陽從一九七七年就開始支持農民中不同程度上的「包產」，並且取得了四川糧食的大豐收。到一九八〇年他離開四川之際，四川農村和城市的全面改革，已經成就斐然，走在全國前列。

了政治體制改革，在與傳統體制的對決高峰，才有了恢弘如史詩般的「六四」。

趙紫陽是體制內的能臣。他既高瞻遠矚又腳踏實地，既雷厲風行又穩紮穩打，既執著剛健又善於變通，既溫和又理性，既勤政又智慧……可是最為重要的，他是一個有「善根」的人。即使是戰爭年代的殘酷，即使是黨內「左」的大環境致使他犯下的那些錯誤，都不能淹沒他身上人性的光輝，這樣的「人性」在一些關鍵時刻，居然能夠讓他屢屢超越「黨性」，扮演起「保護傘」的角色，保護那些追求理想的人們。

可是這樣的情懷，只是趙紫陽「人」字的一筆，支撐它的，還有他自己的思想、人格和尊嚴。長期以來，人們發誓要忠於黨，忠於領袖，隨時隨地準備為此赴湯蹈火，唯獨不能忠於自己。可是面對巨大的代價，趙紫陽最終選擇了忠於自己的底線——反對向人民開槍。他猶如一束光，長久地照亮著一地犬儒的政壇，和政壇下的中國。

百年中國經歷了諸多突變，每個關鍵時刻都有改良者出現，可是最後都被排山倒海的革命所淹沒。血雨腥風的革命吞沒了許多無辜的生命，造成了社會的倒退，也使得中國錯失了許多良機，至今在許多關鍵領域止步不前。

由於趙紫陽在「六四」事件中絕不妥協的姿態，很多人都認為他是一個強勢的民主領袖，可是縱觀他的一生，會發現那只是從革命者轉變為改良者的過程。由於成長的經歷和所處的環境，趙紫陽也曾經用革命的思維執政，好在這樣的思維在「文革」復出後戛然而止，然後向著改良者的角色轉變，以回歸最初的目標：為提升人民的生活而奮鬥。他務實地、細緻地、堅決而不激進地修補著革命思維造成的一個個黑洞（其中包括他自己參與戳成的黑洞），從最基礎的事情做起，在力所能及的範圍內一步步推動社會改良。

哪怕是在下台之後，他在長期的軟禁中為中國日後設計的治國方略，也帶有循序漸進的、避免產生動盪和暴力的改良色彩——揭開這一層，也許會讓人有些失望。可是即便是這樣的改良，既為黨內老人們所不容，也為激進派所不滿，所以他的落幕是歷史所規定的：他只能夠成為中國走向現代化的一級階梯，只不過是一級不可逾越的階梯，後來者如果要繼續前進，必定要踩在他的肩膀之上。

人們對於政治人物的印象，大都會淹沒在豐碑般的事件中，這樣的印象偉岸而冰冷，可望而不可及，還會留下一些疑問。比如在同時代的官員中，趙紫陽顯然是一個異類，他是如何在歷次政治運動的逆淘汰中倖存下來而且步步高升的？讀完此書之後，這樣的疑問或許可以冰釋：原來他是一個有本事沒脾氣、既自律又溫暖的人，這樣的魅力除了自身的修養，很大程度上還來自於他的家庭：比如他在經濟方面的才能顯然是接受了父親的遺傳，而母親的溫潤則使得他不但進退有度，還善於處理方方面面的關係。於是上至毛澤東、鄧小平，下至老百姓，還有他周圍的同事啊、幕僚啊，都很喜歡他，在這樣的氛圍中一路升遷就成了很自然的事情。

可是一旦進入政治鬥爭領域，一旦他堅持自己的原則和底線，這一切非但不能幫助他取勝，反而成了致命弱點，所謂「高尚是高尚者的墓誌銘」，彷彿專為他所言。

趙紫陽用他的一生證明著自己的觀點：他不認為社會的進步是由精英們在頂層「設計」出來的。在漫長的執政過程中，他每當遇到難題，都會走進社會基層去做調查，去看看「生長」出了什麼好辦法，然後再將這些辦法總結完善，試點推廣。無論是廣東「大逃港」時期外貿政策的變革，還是「大饑荒」以後廣東農業政策的突破，到最後他從四川起步，努力推動全中國進入經濟和政治改革的軌道，從商品市場上找出路，都是基於這種調查研究之後的結果。

這一點上他與美國哲學家及歷史學家威爾・杜蘭特[2]的觀點很近似。在研究了整個世界的文明進程之後，杜蘭特認為：**文明的制度不是基於學者和政治家的烏托邦設計，而是在商業傳統、自由市場[3]中積累、演化而來的。他堅決主張：只有在全面開放的商業中，思想才會碰撞出火花。**這不僅僅與崇拜權力的計畫經濟相悖，也與自古中國「重農抑商」的傳統背道而馳，趙紫陽一旦接受了這樣的觀念，也就站到了一個古老帝國浩瀚歷史的對立面，猶如勇者駕一葉小舟對陣排天巨浪，結果可想而知。

魯迅先生很早就感歎：「可惜中國太難改變了。即使搬動一張桌子，改造一個火爐，幾乎也要流血。而且即使有了血，也未必一定能搬動，能改裝。」這樣的環境不僅會讓所有的革命者、甚至會讓所有的改良者也都成為悲劇人物，包括胡耀邦、趙紫陽甚至鄧小平本人。寫完了這部書，讓人覺得即使沒有「六四」這樣的導火索，趙紫陽的改革也未必能夠成功。因為改革剛剛才啟動，而它面對的舊勢力，已經存在很久而且盤根錯節，要想撼動，恐怕還要繼續付出大的代價。

卡爾・桑德堡（Carl August Sandburg）在《林肯傳》裡寫過一句話：「大樹倒下才能丈量準確。」今天來看趙紫陽，深以為是。

林雪
二〇二二年七月寫於涵秋館

2 威爾・杜蘭特（一八八五～一九八一），美國哲學家，普利策獎（一九六八）和自由勳章（一九七七）獲得者。主要著作《哲學的故事》、《世界文明史》等。

3 自由市場即發源於十七世紀和十八世紀的古典自由主義，通常被視為由於工業革命和隨後的資本主義體制而產生的一種意識形態。它最先提出言論自由、信仰自由、思想自由、自我負責，和自由市場等概念，強調對個人經濟、思想、政治、信仰自由的保護。

目錄

目錄

目錄

第一部分

出苗

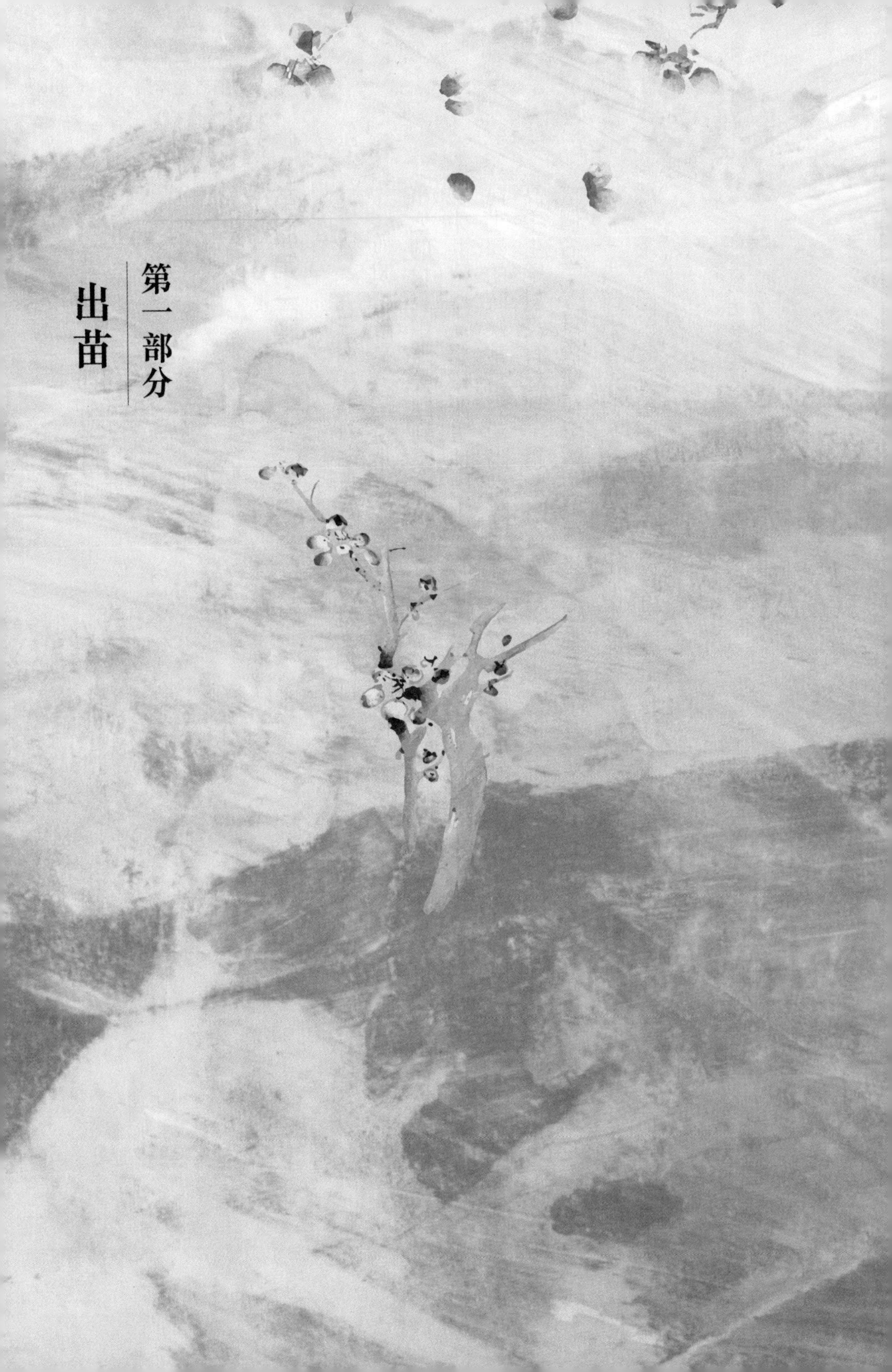

第一章　家鄉歲月 [4]

革命第一課

當一九三七年七月七日盧溝橋的槍聲響起之時，趙紫陽還不叫趙紫陽。

他叫趙修業，是湖北省立武昌高級中學高中二年級的學生。沒滿十七歲的趙修業在七七事變的槍聲中離校回到家鄉河南滑縣，立志要抗日救國。九個月之後，趙修業化名趙紫陽，被中共滑縣黨組織派去地處山西的北方局黨校學習。之所以要用這樣的化名，是因為他在武昌上學的時候常常去紫陽湖畔讀書散步，很喜歡那裡羅曼蒂克的情調。這個喜歡浪漫情調的高中生絕對沒有想到：趙紫陽這個名字從此會伴隨他進入血雨腥風的戰爭歷程，更沒有想到這個名字，日後會在中國乃至世界的政壇上熠熠閃光。

一九三八年九月，趙紫陽去山西黎城縣中共北方局黨校學習四個月之後歸來，任中共滑縣工委書記，此時趙紫陽還差一個月才滿十八歲。四個月之後，由於力量壯大，工委改稱縣

4 本章主要參考資料：劉守森《年輕時的趙紫陽》、趙蔚《趙紫陽傳》、秦暉《暴力土改的實質是逼農民納「投名狀」》、薄一波《七十年的奮鬥與思考》上卷。

委，趙紫陽成為第一任中共滑縣縣委書記。

這個年輕的縣委書記，面對的局面很嚴峻：

隨著國民黨守軍相繼撤離，日軍已經全面開進了他的家鄉河南，每到一處，放火燒毀房屋，而且大肆殺人，其數字今天聽來依然驚心動魄：

二月九日，日軍占領濮陽，在陳寨村殺三百四十多人；

三月二十九日，日軍沿鐵路占領了名鎮道口，將工商門店搶劫一空，殺一百二十一人；當晚，日軍占領滑縣縣城，殺四百餘人；

四月八日，日軍在滑縣陳營村殺一百二十六人（包括老人四十四人，兒童三十九人，殺絕十二戶），燒毀房屋七百二十二間，劫掠牲口八十頭，人稱「四八慘案」；

……

不僅僅是日本人了，亂局的還有中國人。面對日軍的強勢推進，國民黨政府倉皇南逃，軍隊大舉撤離，地方陷入無政府狀態，趁勢冒出來的土匪竟然萬人之巨，應聲而起的各種武裝會門則亂上添亂。一時間滑縣、濮陽一帶「土匪與會門打，民團與土匪打，土匪自相火拼，舉目望去，只見晝夜火光，死傷載道，姦淫侮辱，妻子老少，扶老攜幼，東奔西跑，一時數苦，真實慘不忍睹，耳不忍聞的一幅悲慘的圖畫。[5]」

此時趙紫陽接手的滑縣共產黨組織剛剛恢復組建，黨員不足二百人，力量不但弱小而且分散，面對如此嚴峻的局勢，無論是誰站在趙紫陽的位置上，都會有一種力不從心的痛苦。

5《直南豫工作報告·一九四一年一月二十三日》，中央檔案館藏。

好在歷史畫卷，常常會在濃烈的主色調之下露出些許縫隙，現在也對趙紫陽裂開了這樣的縫隙，讓他和他的黨組織在鐵血中看見了亮光。

縫隙一：地方實力派為了自己的生存挺身而出。日軍進占濮陽縣城之後，國民黨河北省第十行政區（濮陽）專員兼濮陽縣長、冀魯豫邊區保安司令丁樹本率部二千多人，撤至黃河岸邊暫避鋒芒。他擔心隨蔣正規部隊渡河南撤，可能被吞併，於是打著守土抗戰的旗號喊，回師收復濮陽，槍斃了日軍的傀儡縣長，接下來丁樹本接受了共產黨的建議，與共產黨的隊伍聯合抗日，結成了豫北統一戰線，於一九三九年三月九日和十一日，接連對日打了兩個大勝仗。

消息傳到延安，中共中央毛澤東、洛浦、劉少奇在四月二十一日的《對平原遊擊戰的指示》中對「丁專員」的聯合抗日行動給予了高度評價，並指示劉伯承、鄧小平等「應即經過統一戰線的推動，迅速改造和加強（原來的）政府，使之成為人民的抗日政府，吸收堅決有能力的分子參加進來，洗刷腐敗無能分子，使政府部隊與人民密切聯繫起來。」[6]

縫隙二：接下來的五月，為了集中兵力南下，攻占武漢廣州等大城市，日本侵華大本營作出了戰略調整：除占平漢、隴海及大名據點之外，在直南豫北各縣的日本軍隊先後退出。於是地屬豫北一帶除了道口有少量偽軍盤踞，濮陽、滑縣的廣大鄉村基本上沒有敵人，共產黨的組織可以公開甚至公開活動。

縫隙三：九月，為了鉗制逼近洛陽、潼關的日軍，八路軍總部命令一二九師和一一五師部發起了漳州戰役，在不到一個月的時間裡，消滅和俘虜了偽軍一萬多人，拆除破壞鐵路約

6《中共黨史資料（四）抗日戰爭時期》，人民出版社一九七九年十一月第一版。

三十公里，收復了道口和滑縣城鎮，基本上肅清了平漢路以東、滑縣縣城以西以北、漳河以南方圓百餘里的日偽軍和大股土匪，使日偽軍隊在將近一年的時間裡，沒有能夠對這一帶發起嚴重的掃蕩。八路軍的勝利，使得群眾大受鼓舞，對於共產黨領導的八路軍普遍看好，他們送酒、送肉、送水、送糧慰勞部隊，滑縣的一個地主自動拿出一百石糧食，捐款千元勞軍。

戰爭時期的風雲瞬息萬變，趙紫陽必須抓住時機，壯大自己的力量。

早在一九三八年的三月，中共中央就發出了大量發展黨員的決定：「大量的、十百倍的發展黨員，成為黨目前迫切與嚴重的任務[7]」，接下來各級組織陸續發出指示，如為紀念抗戰爆發一周年發動的「七月衝鋒月」、「八月突擊月」，到八月中下旬，中共冀魯豫邊區省委召開黨政軍民活動分子大會，規定九月為「紀念國難月」，開展特委之間發展黨員數量的競賽。從一九三九年九月到年底，趙紫陽以黨的週邊組織「抗日救國會」的名義舉辦了三期抗日訓練班，每期一百多人，其中很多都是開明士紳及其進步子弟。這些學員大都被吸收入黨，很快被派到各地，又去組織訓練班，再去發展黨員，如此滾雪球般的勢頭愈滾愈大，到年底，全縣的黨員數量從當初的二百人上升到二千餘人，建立黨支部從當初的二十幾個村莊發展為一百四十七個。再過四個月，黨員數量增加到九千多人……一九三九年底，滑縣全縣黨員增加到一萬一千多人，占整個豫北地區總數的四十%之多——當時豫北幾個縣的黨員總數才兩萬餘人。

在如此困難的情況下，趙紫陽的第一把火就燒得很漂亮，社會各階層對於共產黨的印象普遍看好，雖然很多人並不真正了解共產黨，但是要求入黨的呼聲很高，一時成為「時髦」，

7《中共黨史教學參考資料》(二)，人民出版社一九七九年十月第一版一七三頁。

到處都是讚揚之聲。

可是年輕的趙紫陽卻冷靜地看到了問題：在大量發展中普遍存在著嚴重的忽視黨員品質、培訓時間短促、入黨手續簡單等問題。當他下去了解情況時，看到老黨員和積極分子沿街擺攤，敲鑼打鼓地吆喝：「誰要參加共產黨的到此簽名！」還有的支部開會，發現有群眾好奇偷聽，抓住之後宣布：「要麼罰你一百棍，要麼罰你入黨，二選一！」人家當然只好入黨。還有的士紳攔住熟悉的幹部要志願書：「給我一張吧，我也要入黨。」說著從幹部的口袋裡抽出一張表格搶著填上，就算是入黨了……這些隨著大流入黨的人，有的是為了抗日，有的是喜歡八路軍，但是也有一些人是為了要威風，尋好處。

很多人沒有想到，在這個國民黨、日本人、共產黨三方還拉鋸的地區，日後的鬥爭不僅僅極其殘酷性，而且還將是長期的。

這些問題趙紫陽都看到了，可是他太忙了：他還要去建立統一戰線，舉辦訓練班，建立和發展抗日武裝，開展鋤奸反霸鬥爭，改造村級政權等等。一九三九年的七月，不滿二十歲的趙紫陽兼任地委宣傳部長，一九四〇年四月，不滿二十一歲的趙紫陽出任冀魯豫區黨委二地委書記。

就在他忙得腳不沾地的這段時間，局面又起了變化，先前的那些縫隙開始關閉：日本軍隊已經於一九三八年十月二十一日和二十五日相繼占領了武漢和廣州，因為受到中國軍隊的頑強抵抗，損失慘重，不但兵力不足，而且財力難支，同時還受到中共領導的敵後遊擊戰爭的威脅。於是在戰略上作出重大調整：對國民黨實行以政治誘降為主、軍事打擊為輔的方針，繼而回師北上，以對付迅速崛起的八路軍敵後遊擊力量。

趙紫陽所在的邊區形勢陡轉：從一九四〇年年初開始，日軍繼續向華北增兵，準備繼續大規模「掃蕩」以消滅活躍在後方的八路軍；汪精衛公開投降，在淪陷區組織傀儡政權和「皇協軍」；蔣介石發動了大規模進攻陝北、太行、冀魯豫抗日根據地的第一次反共高潮，國民黨第三十九集團軍石友三部向冀南、冀魯豫地區的八路軍發起進攻，曾經與八路軍協同作戰的丁樹本立刻變臉，儘管趙紫陽等人做了很多工作，做了很多妥協，但是丁樹本最終成為趙紫陽的敵人，導致豫北地區國共兩黨剛剛建立起來的統一戰線公開破裂，趙紫陽及其戰友數次陷入石、丁之手又數次逃脫，算是虎口餘生。

在受到八路軍和抗日武裝的打擊之後，石、丁二人乾脆相繼投靠日軍，丁樹本大肆捕殺共產黨人和抗日救國會人員，其中包括趙紫陽的姐夫沈清章、趙紫陽的入黨介紹人徐仲三、趙紫陽的下屬高平區工委書記尚子瑜等人。到這一年的六月二十八日，投降了日軍的偽四路軍范龍章為了報復趙紫陽策反其手下的大隊長，將趙家洗劫一空，並將趙紫陽的爺爺、奶奶劫為人質，揚言不交出兩麻袋大洋就要「撕票」。

趙紫陽知道敵人的目的，自己不出面，只是給父親留下一句話：「哪怕是傾家蕩產也在所不惜。」最後他的父親上下奔波，花了一萬一千塊大洋才將人質贖出，從此趙家家境衰落。為此紫陽的爺爺事後說：「孫子當了共產黨的大官兒，別說享他的福了，這回還差點把我這條老命給賠進去，你說叫人傷心不傷心？」

這一年的端陽節前後，日軍增調大軍八千餘人，汽車坦克一百七十餘輛，對八路軍和地方抗日隊伍進行了歷時十三天的梳篦式大「掃蕩」，史稱「五．五大掃蕩」。「掃蕩」之後日軍不再全部撤出，而是採取「牢籠」政策對晉冀魯豫邊區進行分割封鎖。整個邊區的形勢陡然惡化，相當多的農村基層黨組織和救國會被摧垮，堅定的抗日分子在家裡無法存身，只有跟隨縣區幹部到處逃亡，邊區的黨政機關、地方武裝以及基層抗日組織遭受慘重損失。據當年十一月的統計，邊區縣以上的幹部四十三人犧牲，十三人被俘，黨員由四月份的二六二八四名減少到一一二〇五名，地方武裝損失一半以上，邊區控制區域銳減四分之三。趙紫陽所轄的二地委，損失更為慘重：「掃蕩」前原有縣級幹部四十六人，「掃蕩」後除調動、逃跑、不幹、自首、叛變者外，僅有十八人在工作。據趙紫陽當時講，他的故鄉滑縣原有黨員一萬多人，掃蕩後「登記的只有千把人」。

在大好的形勢面前普遍盲目樂觀輕敵，而在殘酷的鬥爭面前大量人員逃跑甚至叛變，此事給趙紫陽留下的教訓極為深刻。好多年以後，趙紫陽對自己的子女講述這段故事的時候說：「在中國這個以農民為主的大地上，無論什麼工作，不管領導人提出多麼不合實際的指標，下級都可以完成——他們千方百計，不擇手段，因此也就經不起檢驗，特別是經不起任何風吹草動。」[8]

這個觀念，對於趙紫陽今後對待群眾運動，很有幫助。

三個頭銜

在家鄉殘酷而又漫長的血腥歲月裡，趙紫陽不僅在戰爭中百煉成鋼，還戴上了三個頭銜：

8 李普《〈年輕時的趙紫陽〉序》。

農業專家、群眾運動專家和土改專家。

趙紫陽的第一個頭銜是「農業專家」。這樣的頭銜在戰爭年代，有些令人驚訝。事實上，馳騁疆場而且有著知識分子身分的趙紫陽，出身於農家，生活在農村，與那些從書本走向革命的領導人相比，深深知道「民以食為天」的道理，而且軍隊也得以食為天，所謂的兵馬未動糧草先行，即便在繁忙的戰爭中，他從來都沒有忽視過與農民運動與農業生產的密切關係。

一九四一年，日軍對趙紫陽所在的冀魯豫根據地進行殘酷的「四・一二大掃蕩」，之後呈現在人們面前的淒慘景象，在一九四二年晉冀魯豫邊區第二十、二十一專區各界建立的「四・一二陣亡將士暨殉難同胞之墓碑」中有所記載：「其殺人之慘，實為人類史上所未有，如在千口，以機槍集體掃射，死近千人；在楊固，死千餘人，填滿水井六眼；薛村沙窩搜殺避難民眾亦約千人，至嬰兒被活活撕裂，婦女姦後剖腹，以及逼驅男女於一室，辱打之後，放火焚死者比比皆是。劫後屍體縱橫，血腥遍野，斷井殘垣，瓦礫焦土，完物為之無存，極目一片荒涼！」

目睹日軍殘暴，年輕的趙紫陽一邊揮淚發誓要與日寇血戰到底，一邊指揮各級黨組織和抗日民主政府，幫助群眾恢復生產重建家園。在這個過程中，趙紫陽與專員楊銳親自率領邊區「善後工作委員會」工作隊，帶著邊幣（為中國共產黨實際控制地區的地方政權，在中國抗日戰爭和第二次國共內戰期間發行的地方性紙幣）、糧食、衣服及鍋碗瓢勺、農具柴草等，逐戶進行賑災慰問，並組織工作人員和軍分區士兵幫助群眾修建房屋，很快給受難群眾建立了基本生活條件和恢復生產的能力。第二年的春夏，根據地部分地區出現百年未遇大旱災，農民挖野菜吃樹皮，街鎮盜搶成風，路上餓殍遍地，幾個燒餅就能換一畝地，一斤糧食能換一個孩子。據《中共內黃縣歷史》上記載：僅地委原駐地井店鎮四百七十五戶居民中，逃荒者占七十％。很多鄉鎮都有買賣人口的市場，井店鎮一處，每天人口成交金額達三百萬元。

大禍之後，又遇大災，百姓哀嚎逃亡，趙紫陽心急如焚，他率領地委、專署、軍分區一班人想盡一切辦法，賑濟災民。他們從根據地中心區籌糧一百多萬斤，從太行、太嶽根據地籌得救濟款一百多萬元，從敵占區惡霸、漢奸和紳士中征糧七十萬斤，運往災區；同時大搞精兵簡政，裁減非戰鬥人員，減輕農民負擔；在地委機關人員中提出「每天人節一兩糧、馬節二兩料」的號召，還以政府的名義佈告全縣，施行「借餘量，渡災荒，有借有還」的政策，開展向富戶士紳借糧運動。趙紫陽還發動災民生產自救。婦女可以用政府貸款紡棉織布，然後政府負責統一收購，每一匹布可以讓災民賺到二十五至三十斤糧食，僅僅一個高內縣，就有九萬零一十名婦女參加了紡織棉布，在一年多的時間裡紡棉二百多萬斤，織布五十多萬匹，賺糧四百多萬斤。男勞力搞運輸，每人每日所得可供兩個人糊口。在硝河兩岸鹽鹼區，組織災民熬鹼曬鹽，出境換糧換款……這些措施在很大程度上解決了災民的吃糧與日常生活用度，減少了死亡和逃荒人數。隨著旱情逐漸減退，糧食有了收成，令人談之色變的百年未遇大災害終於過去，趙紫陽總算鬆了一口氣。

由於敵人的嚴密封鎖和大災荒，趙紫陽和他的同志們也很苦。一九四二年的初冬，已經下了第一場雪，趙紫陽的地委通訊班的戰士們還沒有穿上棉衣，凍得瑟瑟發抖。趙紫陽親自潛回家去，對爺爺說自己的馬負傷了，不能騎了，請爺爺把家裡的大白馬讓給他騎。爺爺心疼孫子，同意了。趙紫陽把馬賣了錢，才為通訊班的同志們換上了棉衣。

一九四四年一月，抗戰勝利遙遙相望。史詩般的戰爭就要結束，和平邁著姍姍的腳步，向著經歷了無數苦難的人們走來。和全國一樣，邊區的幹部群眾中間也對未來兩黨和談普遍抱著樂觀的期望，趙紫陽將地委工作的重點放在發動群眾、開展民主民生鬥爭和大生產運動上，為抗日戰爭進入大反攻階段作好準備。他號召群眾要從「鬥爭中的積極分子」轉變為「生產中的積極分子」；號召雇佃貧農們積極發展生產，為「改善生活而奮鬥」。

抗戰勝利後，他反覆強調「敵人（日本人）投降後，就是要搞生產」。[9] 一九四六年一月十日國共雙方達成停戰協定。雖然還存在內戰的危險，趙紫陽依然於一月十六日代中共冀魯豫地委擬文通知各縣：「國共軍事上雙方停戰的命令，這就是全國和平局面到來的開始。」地委決定集中全力轉到準備長期和平建設的工作，號召幹部都要投入到生產最大化之中，不可放鬆一切有利條件和時機。在緊接著代中共冀魯豫地委起草的〈開展一九四六年生產運動的指示[10]〉中，趙紫陽對發展農工副業生產的必要性、指導思想、方針政策作了具體規定，其中特別指出：

由於我們是一個農業國家，八十％為農民，目前我們又多處於農村環境，因此在生產內容上，仍以農業為主，工業運輸業為輔……有些貧農，無地或地很少，單純依靠土地不能維持生活者，除在僅有的土地上實行深耕細作外，還應積極地從事副業的生產。在我區除一部分沙地及不宜種麥的土地外，種麥的面積比較大，因此，在春耕期間仍有餘力去從事副業的生產……

9 時任中共滑縣縣委書記張華一九八二年四月七日的回憶。
10《中共滑縣黨史資料選編．解放戰爭專輯》。

有人認為這一段文字，可能是趙紫陽對國情和正確處理農副業關係的最早闡述。

儘管內戰很快爆發，冀魯豫地區又陷入大戰，這一年趙紫陽所轄區域麥秋兩季均取得豐收。據一九四七年〈四分區徵收公糧統計表〉載，高陵、濮陽、昆吾三縣徵收公糧分別達一五四萬七一七三斤、四九九萬六三六五斤、三百萬斤；滑縣糧食供應之充足前所未有，全縣交納公糧達五七六萬九五七斤，位居全區之冠。糧食的充足使得農民生活顯著改善，他們踴躍交納公糧，參軍參戰。

趙紫陽在戰爭時期對於農業生產的重視和逐漸積累的經驗，為他若干年後在農業領域發起全中國的重大改革，奠定了基礎。

趙紫陽的第二個頭銜，是群眾運動專家。

他獲得「群眾運動專家」的起因，主要是一九四五年冀魯豫邊區的滑縣佃雇農運動。這個運動的背景，起始於一九四二年九月。時任中共中央華中局書記的劉少奇在返回延安的途中路過冀魯豫邊區，說過一句話：「冀魯豫的群眾真好，怎麼沒有拿槍把你們趕跑？」意思是說當地黨組織沒有發動群眾，沒有給群眾帶來利益。

趙紫陽的家鄉河南滑縣，是八年抗戰中，國、共、日三方長期「拉鋸」地帶，戰爭進行得異常殘酷。一九四二年，趙紫陽二十三歲，擔任地委書記已經兩年。二十三歲的趙紫陽，已經經歷了一九四〇年國共合作後，國民黨對共產黨武裝磨擦的第一個激烈衝突，大批共產黨人犧牲，其中就有他的二姐夫沈清章，被活埋；也經歷了日軍多次殘酷的「大掃蕩」，其中一九四一年毀滅性的「四・一二大掃蕩」，根據地有一百一十四個村莊被洗劫一空，群眾四千餘人被殺，被殺絕的五十三戶，百姓賴以生存的棗樹被砍伐十萬株。除轄區的所有縣城和戰略要點均被日軍鯨吞蠶食外，根據地周圍還形成了日、偽、頑（固派）[11]、（反動幫）會、（土）匪「五鬼鬧邊區」的嚴重局面，八路軍和遊擊隊減員嚴重且供給困難，時至臘月還換不上棉衣，對敵人進攻基本上無還手之力；根據地最狹窄的地方不足十公里，到了「一槍可以打透」的地步。

劉少奇批評冀魯豫邊區的黨組織兩年之後，一九四五年的一月十三日，中共北方局代理書記鄧小平收到中共中央發來的電報。電報稱：最近冀魯豫根據地有極大發展，人口將近兩千萬，超過太行、太嶽數倍，成為敵後最大的抗日根據地。當時的冀魯豫分局黨委書記黃敬甚至向鄧小平等提議：北方局進駐冀魯豫根據地，以使之進一步鞏固。

三月，鄧小平到了冀魯豫根據地，從中共冀魯豫分局代理書記宋任窮的彙報中得知：頭年初，九地委副書記趙紫陽、滑縣縣委書記張華、抗聯主任紀登奎[12]、婦委主任梁伯琪[13]等一批年輕幹部，在分局書記黃敬、工委書記張霖之的指導下，於滑縣發起了一場「佃雇（農）運動」，通過向地主說理鬥爭，進行大規模的減租增佃，發動了群眾的積極性。趙紫陽還就此撰寫萬言長文〈滑縣群眾是如何發動起來的〉，在分局機關刊物《平原》二期增刊上發表，刊物編委

11 抗日戰爭期間「國民黨頑固派」指的是國民黨內右翼極端勢力，有「頑固反共」之意。

12 紀登奎（一九二三～一九八八），山西省武鄉縣人，一九三八年四月加入中國共產黨，長期在冀魯豫邊區工作，曾經在趙紫陽的手下任抗聯主任。解放後歷任中共第九屆中央政治局候補委員，第十、十一屆中央政治局委員，國務院副總理，中央政法小組組長，中央軍委領導成員等職。一九八三年後，被任命為國務院農村發展研究中心正部級研究員。

13 後來成為趙紫陽的妻子。

會專門加了按語（意指作者對作品的相關內容所做的說明、評論或考證），予以推薦。

按語全文如下：

群眾運動不能深入的基本原因，是我們群眾觀念淡薄，以致在領導方法上包辦代替，束縛了群眾的自動性與積極性。滑縣工作是在糾正包辦代替，實行大膽放手，從群眾切身利益與現有的政治經驗出發，發動起來的。這是滑縣工作成功的地方，個別區（二區）的工作未搞好的教訓，就是包辦代替，沒有在實際工作中轉變。紫陽同志這篇文章從頭到尾貫徹了從群眾中來的領導方法，望同志們讀後詳細研究。[14]

按語中所說的「群眾運動」，就是指在一九四二年一月由中共中央發起的減租減息運動——其實這個運動早在一九三七年的八月，中共中央在洛川會議期間制定的《抗日救國是大綱領》中就提到了，其目的和以後的土改一樣，是想從地主手裡撥給群眾一些好處，以激勵群眾跟隨共產黨的積極性（只不過比起土改來要溫和一些）。

雖然由於抗戰初期複雜的局面，「雙減」沒有能夠全面推開，可是趙紫陽和他的戰友們早在一九三九年初，局面比較穩定的時候就進行過嘗試，而且取得了成果：農民負擔明顯減輕，生活得到初步改善，生產積極性普遍高漲，參軍參戰人數達到高峰，文化教育事業也得到了發展。現在趙紫陽他們不過是繼續了一九三九年的作法，更加大膽地放手發動群眾，幹出了成績。

在黨的刊物極力推薦的這篇長文中，趙紫陽全面介紹滑縣的運動情況，並總結領導者如

14 中共平原機關刊物《平原》，第二期，一九四四年十月版。

何克服「左」、「右」兩種傾向的經驗教訓。文章的中心內容是：一方面，絕不能用「規矩」去限制農民群眾運動；另一方面，絕不能「亂幹」和「蠻幹」。有人認為，這篇文章能夠看到毛澤東〈湖南農民運動考察報告〉的影子，但是提到毛澤東沒有提出的「防止蠻幹」的問題，既顯示出當時邊區工作的理論背景，又顯示出趙紫陽在群眾工作方面的成熟。

鄧小平調閱趙紫陽的文章，同時邀請趙紫陽和滑縣縣委書記張華到山東冠縣，向他和冀魯豫分局代理書記宋任窮彙報滑縣群眾運動情況。之前趙紫陽與鄧小平的見面，都是坐在台下聽他作報告，身為八路軍一二九師政委的鄧小平，未必對這個年輕的地方幹部有什麼實質性的印象；而這一次，兩個人則是面對面的交談，已經是中央局書記的鄧小平，對二十六歲的地委書記趙紫陽顯然很有好感，這是鄧小平賞識趙紫陽的開始。

在這次座談會上，鄧小平肯定了趙紫陽總結出來的「滑縣經驗」，並決定將這一成功經驗向大區推廣，於是登載趙紫陽的文章《平原》增刊作為學習參考資料被廣泛發放。

六月六日，中共中央冀魯豫分局召開群眾工作座談會，鄧小平就邊區群運工作發表長篇講話，對於趙紫陽的「佃雇（農）運動」做了充分的肯定。在講話的最後鄧小平特別還指出：「滑縣的經驗證明，在整個運動階段，在基本群眾顯示了有組織的力量的前提下，注意到講究政策，所以對群眾和群眾領袖的教育意義都很大，這是值得發揚的好經驗。」

在這個座談會前後，冀南、魯西南大片地區相繼為中共軍隊收復，然後大都直接或者間接運用和借鑑滑縣經驗，使趙紫陽在滑縣試點的經驗在整個邊區群運中產生了重要影響。據後來紀登奎的說法，中共平原分局民運部長張霖之在〈關於冀魯豫群眾運動概況及意見〉的講話中，對趙紫陽的文章給予了極高評價，甚至將此與毛澤東的〈湖南農民運動考察報告〉相提並論。

這樣的提法，可以在趙紫陽的一次講話中找到依據。

一九四五年四五月間，趙紫陽在濱河縣新店主持召開土改工作幹部會議，並在會議上作了長篇報告。這個報告顯然是他的那篇「萬言書」的翻版，我們不僅可以從中看到當時農民和地主的關係、農民在「運動」中的狀況，而且還看到了青年趙紫陽的思維方式，以及這種方式對於他以後的影響。

趙紫陽首先講道：

我們走了民主鬥爭的道路，它帶著極大的經濟意義。它要部分解決土地問題，還由於它把地主對農民的經濟作一個清算，就直接把封建經濟基礎給予了致命的摧毀。但這並不等於均產，因為只是經過了民主鬥爭，對地主，由於其罪惡輕重也給了文鬥、武鬥、反省三種形式的輕重不同的處罰。……特別是年前年後這一段，在農村裡起了一個非常的變化。地主們沒有不害怕農會的。他們說「了不得，誰敢惹農會的人，農會說啥是啥」，和過去地主說啥是啥成了反局，隨便一個毫無地位的農民，現在一躍而成為新的統治者，變而敢與地主當面對話、爭執、甚至腳踢拳打，當面嘲笑、訴苦、報冤。他們完全翻了身，生活得到了改善，沒有顧忌地要了地主的地，作為自己的財產。……農會成了農村唯一最有權力的組織，高於一切組織。農民和地主截然分開。這在一個徹底的民主主義者看來是很滿意的。從生活上說，他們由窮無立錐之地，食不飽，衣不暖，得到了今天的生活，這在一個最低的人道主義立場看來，也是可讚美的。

這些話語中不僅可以看到〈湖南農民運動考察報告〉的影子，還可以看到自詡為「徹底的民主主義者」的趙紫陽站在了「最低的人道主義立場」，對於農民所表現出的深切的同情。所幸的是對於農民和農民運動，他不僅僅是一個同情者，而且還是一個領導者，他生於農村長於農村，對於農民的弱點也有著很深的了解：

農民本來就有推平思想，有土地要求（過去蘇維埃革命[15]影響在華北農民中留下神祕的印象）。現在農民這種思想比過去明顯了。這是因為農民行動逐步提高，同時根據地局面穩定。鬥爭中農民往往就是這種「推平」思想的支持者。其次「按人留地」也是一種影響。我們當時強調不夠。這個思想本身就是「耕者有其田」的思想，是新民主主義的思想。但在目前必須受到約束，群眾否認了富貴由天，認為削弱地主、發展自己是合理的。這正是階級性提高的表現，但如果不加約束，便會鬥到中農，影響生產情緒，農會會員不敢多要地，不願要孬地，會阻礙今後貧、中農的上升，所以必須約束。

趙紫陽的這種認識表明：共產黨發起農民運動的目的，是為了讓所有的窮人生活上升而不是相反，一切阻礙這個目的的思想和行動，都必須受到約束，包括農民自己。

接下來趙紫陽還講到農村中出現的一個特殊現象，即農民中落後階層的問題。他指出：

這種落後分子基本上不應用階級鬥爭解決，而應當爭取他們。這種現象在青年、婦女鬥爭中特別容易發生。因為他們沒有學會認識自己的具體作用，而把家庭內部的民主鬥爭，用階級鬥爭的一套來代替。這樣不僅造成新的不和睦，而且造成了青年、

15 指二〇年代末到三〇年代初中國南方諸省建立「蘇維埃」政權的運動，主要特徵是「打土豪分田地」。

婦女發動的障礙。因此，兒童亂鬥，特別需要給予適應的制止。一方面他們本身成分複雜，無策略可言；一方面他們往往以鬥爭為遊戲。

作為共產黨的幹部，儘管趙紫陽對於同情地主是否定的，可是對於「兒童亂鬥」也是否定的、制止的、一針見血的。他之所以在此特別指出，或許與他自己的經歷有關。趙紫陽十三歲加入共青團，十六歲參加學生的臥軌請願行動，在逐漸成熟的地委副書記趙紫陽看來，那個時期的諸多激進行為，多多少少都有點「亂鬥」的影子。可惜革命黨人中很多人沉醉於「亂鬥」的激烈，對於趙紫陽的忠告沒有足夠的重視，以至於後來的發生的很多事情，都是由「兒童」們鬧得不可收拾。

趙紫陽在報告中還專門講到培養農村基層幹部的民主作風和反對「新貴族」傾向的問題。他講道：

> **在濱河幹部中，樸素的農民作風是不大好的（特別是男女關係和生活習慣上）。這種作風基本上是脫離群眾的。這種作風很容易影響到村子的作風，特別是村幹部的作風。男女關係如此，吃喝、浪費（甚至貪污）、不民主也如此，甚至有些村幹部的壞作風是由於區幹部本身的不嚴肅，也就是村幹部的壞作風在我們跟前的合法地位，存在並發展。因此要反對村幹部的壞作風，必須先反對我們幹部中的這種壞作風。**

站在農民一邊，並不等於迎合農民所有的言行，作為農民運動的領導者，趙紫陽敏銳地看到「樸素的農民作風」導致的惡果。當然了，這樣「樸素的農民作風」幾乎是農民天生的，是應該加以改造的，以後還會給他帶來很多麻煩。

趙紫陽還提出了一個值得注意的觀點：雖然群眾有其共同要求，但亦有其切身的特殊要求，群眾是由「私」才能夠認識到「公」。這個說法其實就是「人往利邊行」的基本常識，只不過在共產主義運動中被漫天飛舞的宏大口號淹沒了。趙紫陽在這裡清醒地分析群眾運動中，共同訴求與個人切身利益的關係，提出「私」的合理性和重要性。

基於這樣的基本常識，他才能夠在若干年後撥開那些不切實際的口號，把戰爭時期「人民為國家利益必須犧牲屈從」扭轉到「國家為人民服務」的目標上來，讓老百姓的切身利益得到重視。其實何止是群眾，就連某些道貌岸然的政治家或者政黨，在政治正確的華麗口號背後，首先考慮的也是其切身利益。這樣的道理趙紫陽在很多年之後才會明白。當時的他，實在是太年輕。

在這個講話中體現出來的一些思維方式，逐漸形成了趙紫陽的工作特點。好多年以後，趙紫陽已經成為黨和國家領導人，主持了那場風起雲湧的改革開放，很多和他一起工作的人都注意到他的一個特點：工作中既細緻又周全，制定政策時要反覆論證。每當討論問題的時候，他都喜歡從不同的角度提出不同的意見讓人反駁，直至完善為止。現在看來，早在他二十六歲的時候，他的這種思維方式就已經形成了，正是這樣的方式，讓他在複雜的鬥爭環境中日益成熟。

在這之後，趙紫陽成了黨內公認的冀魯豫地區「群眾運動專家」，在群眾和幹部中都有了很高的威信。他的這種能力，在他以後的政治生涯中還會多次顯露。當然了，那個時候他還只有二十六歲，雖然是管轄十一個縣的地委書記，已經有了一定的理論水準和實際工作經驗，口才也不錯，看問題、分析問題都頭頭是道……可是他畢竟還年輕，在以後的日子裡，他還會走很多的彎路。

在滑縣佃雇（農）運動中，趙紫陽對手下的抗聯主任紀登奎很器重。

趙紫陽獲得的第三個頭銜，是土改專家。

土改的前奏，應該是抗戰時期開始的減租減息，其綱領性檔即中共中央一九四二年一月下達的〈關於抗日根據地土地政策的決定〉，這個檔明確提出了三點：

1.農民是抗日與生產的基本力量，故應實行減租減息，藉以改善農民的生活，提高農民抗日與生產的積極性。

2.承認地主的大多數是有抗日要求的，故於實行減租減息之後，又須實行交租交息，以便聯合地主階級一致抗日。

3.承認富農的生產方式帶有現時中國比較進步的資本主義性質，故應獎勵富農生產與聯合富農。他們的租息問題具體情況具體處理。

可是溫和的「減租減息」經過趙紫陽等人的鼓動，已經有了「湖南農民運動」的味道。「雙減」之後，農民交付給地主的租佃減少，地主支付給農民各種雜役的費用增加，以前沒有支付的各種款項還得加倍罰款，而且大多用鬥爭會的方式解決。一個叫蘭日干的雇農，原來一年的工資是十八元，「雙減」後增加二十%，又往前追補三年，加上恢復犁地、趕車、請吃飯等對地主有利的雜役折款，共「倒」回二十多元。他買了三畝多地，日子就好過多了。還有一個叫鈔進學的佃戶，追倒租子達十五石之多，地主一時拿不出來，就折算給他六畝土地。當然土地的價格很低，常常是聽從農民的意見，而農民已經聯合起來，集體向地主壓價。比如當時一石豆子二十五斤，兩、三石豆子就可以買一畝地。

趙紫陽領導的「雇佃貧運動」雖然只經歷了從一九四四年四月到一九四五年二月，不到一年的時間，滑縣農村就起了翻天覆地的變化：一方面，農民的生活呈上升趨勢。據一九四四年底對滑縣七十個自然村的調查，在一千零六十六戶佃戶中，原有赤貧一百五十六戶，「雙減」後仍然赤貧的只有二十七戶，升為貧農者一百零六戶，升為中農者二十三戶。原有貧農八百零九戶，「雙減」後仍然為貧農者五百八十二戶，升為中農者二百二十七戶，還有少數升為富農。在五百八十七戶雇農中，原有赤貧一百二十九戶，占二三%，貧農四百四十九戶，占七七%。「雙減」後仍然赤貧者四十二戶，仍然貧農者三百零五戶，升為中農者一百四十四戶。總的來看，佃、雇、貧成分中總的上升率高達四十%。

另一方面，農村土地所有權也起了大變化。農民手裡有了錢，自然想買土地，而地主一時拿不出來被罰的錢，或者是為了避禍，也願意以土地結算。據一九四四年底中共滑縣縣委宣傳部的調查，該縣黃村共有地主五戶，三十三口人，有地七百八十九畝，占全村土地面積的二十%。「雙減」之後，剩下地主四戶，二十八口人，有地四百三十一．四畝，占全村土地面積的十二%。地主的土地占有量下降了四五%，而貧農的土地占有量從十五．三%上升至十八．三%。

這樣的趨勢還將繼續發展。據趙紫陽自己在一次報告中的說法：

僅靠減租、減息、增佃，不足以削弱地主經濟，扶持農民翻身。我們走民主鬥爭的道路，它帶著極大的經濟意義，它還要部分解決土地問題，還由於它把地主對農民的統治作了清算，就直接把封建統治基礎給予了致命的清算。[16]

16　一九四五年春趙紫陽在濱河縣新店會議上的報告。

於是又出現了前面所說的情況：農民會不擇手段地達到自己的目的，只不過現在是受到趙紫陽等領導人的全力支持。趙紫陽在對濱河縣委書記張延積的談話中私下談到：「一個地主經過減租減息土地量還是很大，但是又沒有其他鬥爭內容，於是農民就要想辦法。查到他曾經將地邊上的一棵樹砍了自用，就罰了他十石豆子。鬥爭的方法當然是文鬥和批評的形式。你說合理不合理？我說完全合理！」

農民對土地的實際占有很快就自發超出減租減息的政策框架，導致地主和富農的土地占有量不斷減少。據晉冀魯豫太行新區三個縣十一個村的調查，一九四六年五月之前，地主和經營地主所占土地的數量已經從人均十一畝分別下降到了一·七八畝和三·三二畝，低於全村平均水準三·五四畝。老解放區在進一步減租減息和查租查息過程中，地主的土地占有量也不斷減少。晉察冀解放區在一九四六年五月前，地主的土地數量一般已減少一半以上，富農的土地數量減少了四分之一以上。在晉冀魯豫解放區的冀魯南、冀南地區，甚至實現了平均土地，包括地主在內的所有人都得到了三畝土地[17]。

這樣的局勢反過來更加激起農民對土地的渴望，「過火」事件頻頻發生，到一九四六年的春天，這樣的資訊由各地領導帶到延安，等待在有關會議上解決。另一方面，站在國共之間的中間勢力例如民盟，對於解放區的土地狀況也頗有微詞，很是影響國共合作的過程中，共產黨對於中間勢力的爭取。

為此一九四六年一月十九日，周恩來在重慶「關於經濟問題的講演」中不得不專門做了解

17 董志凱《解放戰爭時期的土地改革》，北京大學出版社一九八七年版。

釋：

> 談到農村改革，許多人或者懷疑我們要主張沒收土地。這種不得已的辦法不適宜目前中國。當此和平開始時期，我們主張先實行減租減息，使地主與農民雙方都能夠生存。在地主能夠生存的條件下，然後，一方面慢慢導引地主轉移目光，使其知道以從事小工業為榮，一方面再從事於改革土地問題。從解放區得到的證明，這條路是可以走得通的。耕者有其田只是我們的理想。[18]

可是兩種矛盾在黨內展開的爭論依然激烈。這一年的五月四日，中共中央華中局書記劉少奇在延安主持召開了中共中央會議，各解放區負責人參加，討論關於土地問題的指示。毛澤東在發言中指出：「現在類似大革命時期，農民伸出手來要土地，共產黨是否批准，今天必須表明態度。」

劉少奇在發言中說：「土地問題今天實際上是群眾在解決，今天不支持農民，就要潑冷水，就要重複大革命失敗的錯誤，而農民也未必就範。失去農民又仍然得罪了地主，對我們將極不利。於是這次會議經過討論原則上通過了〈中共中央關於土地問題的指示〉，即著名的「五四指示」。這是一個相互矛盾的檔。它一方面強調要「堅決擁護群眾在反奸、清算、減租減息、退租退息等鬥爭中，從地主手中取得土地」的「一切正當的主張和正義的行動」，不要怕這怕那；一方面卻又再三強調在宣傳上暫時不要公開土改意圖，仍應維持減租減息的說法，在行動上除對少數充當大漢奸的地主以外，一般也不得採取沒收土地的作法，要著重於通過

18 周恩來〈當前經濟大勢（一九四五年十月十九日）〉載於南方局黨史資料（三）重慶出版社一九九〇年版。

佃權交換、清償負欠等有償形式，迫使地主「自願出賣土地」。指示明確規定：「對待中小地主的態度應與對待大地主、豪紳、惡霸的態度有所區別，應多採取調解仲裁方式解決他們與農民的糾紛」；對抗屬、烈屬、幹屬及開明士紳等，還要「給他們多留下一些土地，及替他們保留面子」。以至於這一指示從一開始就被下級幹部形象地概括為「一條批准九條照顧的土地政策」，使原本在一些地方已經相當激烈的奪取土地的運動，反而受到了某種程度上的制約。

儘管在東北的四平，國共兩黨的軍隊已經開戰；儘管國共之間的和平談判前景並不樂觀，可是全國上下包括共產黨內部對於和平的期盼，依然很強烈。作為地委書記的趙紫陽，也已經部署了具體的生產計畫，決定集中全力轉到準備長期和平建設的工作，號召幹部都要投入到生產去。而在這個時候頒發的「五四指示」，對於這樣的局面將會是一個推進。

可是，戰爭全面鋪開了。

「五四指示」下達才一個多月，國民黨的軍隊進攻中原解放區，抗戰勝利之後，第二次國共合作不到一年便宣告破裂，全面內戰開始，趙紫陽所在的冀魯豫邊區重新燃起戰火。一九四六年七月二十二日，中共衛南縣四區區委書記陶山峰和區長王冠英被國民黨部王三祝抓捕槍殺。九月二十九日，國民黨軍隊完成了對冀魯豫邊區的分割包圍，調集鄭州、徐州兩綏署三十萬人，分東西兩路向邊區發動大規模進攻，雜牌軍王三祝配合國民黨正規軍向滑縣、衛南地區實施清剿，並在衛南、滑縣、浚縣、封丘的占領區分設若干「防（匪）剿（共）區」，委派親信出任縣長，實行保甲統治，捕殺中共幹部和民兵，進行反攻倒算。

十一月二日，中共中央軍委和毛澤東電示晉冀魯豫野戰軍司令員劉伯承、政委鄧小平，要求「在十一月份打兩三個大仗，轉變戰局」。劉鄧遂於濮縣白衣閣召開團以上幹部會議，部署滑縣戰役。十一月十八至二十四日，劉伯承指揮野戰軍從濮縣出發穿過國民黨前衛警戒，至二十二日先後拔除各據點，消滅敵軍共一．二萬人，橫掃了縱橫八十餘里的蔣軍大小築壘和警戒據點百餘處……

殘酷的拉鋸戰又開始了。戰爭需要兵力，需要後勤，需要人民群眾的大力支持，必須得讓農民得到勝利果實而且起來保衛勝利果實，才能夠跟共產黨走。本來滑縣一帶，居民全以農耕為生，田地所產，僅夠維持生計，一旦有水旱災禍或者其他災禍，貧者便要去乞討，小富者也是吃乾刮盡，城內從事商業的也大多是坐賈，極少行商，盈利少得可憐。現在經過了趙紫陽等人前期積極進行的減租減息，地主的財富大部分已經被剝奪，所剩下的那點土地也大多是政策允許的「按人留地」，沒有什麼可分了。可是不分地，還可以分別的，只要鬧出大陣勢就行。劉（伯承）鄧（小平）走後身為晉冀魯豫中央局第一副書記並代理書記的薄一波後來回憶說：

> 一九四六年九月下旬，（晉冀魯豫）中央局召開幹部會議，討論了土改。會議認為，大規模的群眾性的土地改革運動已基本結束，但不少地方的工作很粗糙，反奸清算、徹底減租減息的鬥爭果實分配得不合理（大地主的原佃戶分得多，區村幹部、民兵、積極分子分得多），貧雇農對這種情況很不滿意，說這樣分配鬥爭果實是「富農路線」。中央局決定進行「翻身大檢查」（也叫「填平補齊」）：一是「擠封建」，把地主轉移的、隱藏的財產「擠」出來；二是機關、團體退出占用的土改果實，「幹部洗臉擦黑」，退出多占的鬥爭果實；三是「填圪洞」，多給貧雇農分些鬥爭果實。

薄一波認為：這場運動中「有些問題政策界限不清，例如，把有些地主將部分土地、作坊獻給公營商店或合作社，有些『軍幹屬地主』將土地變賣投入公營商店或合作社，也視為『保留財產』、『隱蔽土地和財產』，就不恰當了。這是導致『左』的錯誤的一個重要原因。」

薄一波還說：這些錯誤表現在以下幾個方面。一是在「擠封建」中有「挖窖財」（也叫「鬥地財」、「挖內貨」）、捆綁吊打、亂鬥亂殺現象。二是把地主、富農「掃地出門」。有些地方把地主趕到破窯破廟裡，說「讓你也討飯半個月，嘗嘗窮人的味道」。三是在複查劃階級成分時，有些地方為了擴大鬥爭面，為了多分浮財，有意將中農劃為富農甚至地主。定成分不是按檔規定的以反奸清算的前三年為准，而是要查三代，有的甚至根據本人的政治態度、生活作風等問題，就給戴上地主、富農帽子。四是區村幹部紛紛被鬥爭，有些地方還提出「搬石頭」、「反新貴」，把多占土改果實、作風不好的區村幹部同地主一樣看待。[19]

趙紫陽管轄的四地委，這些風氣都很盛行。

劉鄧大軍走後晉冀魯豫中央局的任務，就是一邊支持前線一邊開展土改，地委書記趙紫陽在有關會議上也提出了「一手拿槍一手土改」的強硬口號，對地主不但分田分地、分糧、分衣，而且挖樹分樹、拆房拆牆、分磚分瓦……強大的陣勢嚇得地主們紛紛出逃，投奔共產黨的死對頭「國軍」；而邊區拉鋸戰這麼激烈，今天你來明天我走的，敵人到處殺人埋人，農民怎麼敢去要地主的財產。再說因為上面的精神涉及到村鄉幹部，很多基層幹部對於土改也有顧慮……就連區黨委組織部長劉晏春都不贊成趙紫陽的強硬政策。可是反對的意見說服不了地委，也說服不了趙紫陽。心氣正盛的趙紫陽說：

19《薄一波與晉冀魯豫土改》。

敵人的存在，使群眾在對地主鬥爭上增加了顧忌。但我們對敵鬥爭開展得好，地主在我遊擊戰爭威脅下就不敢堅決依靠敵人……農民要分地分糧，但又要保地保糧，因此就產生了武裝要求，光叫農民打遊擊戰爭是打不起來的……有雲「土地改革乃是萬事之本」。[20]

父親之死

一九四七年的春天，土改運動蔓延到了趙紫陽的家鄉。

好多年以後，有人說村裡土改搞得很穩當，沒有地主逃跑，一個人都沒有殺，也沒有說拉攏外村人參加村裡的鬥爭會。對於被鬥的地主，最低得給人家每口人留三畝地做口糧田，剩下才分給群眾。可是也有人說左得很——有的地主家連小孩都摔死了的。

雖然趙家祖上曾經有過八百多畝土地，也曾有人當過清朝的小吏，屋脊兩頭可以砌上「獸頭」，可是到了趙紫陽他爺爺這一代，還是衰敗了——他家最盛時才二百多畝，雇了一個長工還有幾個短工。據趙紫陽的姐姐說，土改時候趙紫陽給村裡的工作組寫了一封信，說家裡的東西隨便拿，不打人就可以。為此村裡定了個原則，認為趙紫陽對革命貢獻很大，對他家裡堅絕不能鬥，只要把家裡銀元、元寶拿出來就行了。

就這樣，趙紫陽的爺爺還是被灌了辣椒水。

20　一九四七年三月二十九日，趙紫陽在民運座談會關於土改工作的講話。

趙紫陽的爺爺叫趙金峰，外號叫「玻璃頭」，別人想在他頭上拔走一根毛，簡直是難上加難。趙金峰之所以能夠發家，首先是勤勞，一輩子勤耙苦做。第二是儉省，家裡藏著大囤的糧食還吃糠咽菜，連鹽都捨不得買，全家人都用鹽土自己淋鹽吃。第三還有點小精明，把省吃儉用省下來的那點錢用來放債……慢慢的才積攢起這份家當，自然摳得很緊，所以在村裡的群眾關係不大好。

趙金峰雖然不大喜歡孫子往外拿東西的敗家子德行，可孫子現在是共產黨的大幹部了，總不能由著土改工作隊氣勢洶洶的，成天說自己的爺爺這裡不對那裡不好，於是就去孫子那裡告狀。可是孫子紫陽的態度堅決是全縣出了名的，因為他是地委書記，管著一個地區的土改工作。到頭來村裡的工作隊倒是換了，可是換上去的更厲害，就是要開老爺子的鬥爭會，追他的浮財。這老頭哪裡捨得把從腸子裡摳出來的家底白白送人，結果讓人綁到板凳上，往他嘴裡灌辣椒水，一灌就麻溜兒全說了，不但有銀元還有元寶，還說出埋到哪裡了。工作隊問他「說完沒？」他說說完了，工作隊說：「那好，你回去吧。」

在人們的印象中灌辣椒水是酷刑，人體的器官中肺為嬌臟，沾點風寒暑濕都會咳嗽，何況是火辣辣的辣椒水，嗆進肺裡不但難受還會咯血，有的終身不癒。可是趙莊的人後來說起這事很輕鬆，因為比起摔死孩子之類的事情，它實在是小菜一碟。

孫子是共產黨的大官，自己還是被分了家產，趙老爺子怒火沖天，心裡咽不下那口氣。到了初冬，老爺子找到村裡的幹部和工作隊，說：「我的元寶、銀元都給你們拿出來了，可是我現在連冬天的衣服都沒得穿，你們就不設法給我找件棉襖？」工作隊經過商量，把沒收大惡霸高洪亮的一件大皮襖給他。雖然撈著點找補，但是老爺子心裡總是不暢快，兩年以後因病去世，活了八十歲，也算是長壽。

接下來就鬥趙紫陽他爹。

趙紫陽的爹，叫趙廷賓，和紫陽的爺爺不同，在十里八鄉都算個人物。能夠成為人物的原因，第一是精明。論文化，趙廷賓比不上他那從北京的大學畢業的弟弟，他只讀了幾年私塾，卻悟出了一個重要的人生道理：莊稼人要想發家，不能只盯住自己的莊稼地。當然了，他從來都沒有放棄穩當的莊稼地，可是他也搗鼓別的行當：教過私塾，開過糧行，還去二百里外的開封做過別的什麼買賣。一九四〇年日軍大「掃蕩」之後，糧行不能正常開業，他又入股煙絲生意，一直持續到一九四九年後。

第二，他有膽識：有一年土匪竄到趙家，要綁老爺子的票，兒子趙廷賓挺身而出，說「我跟你們走吧。」同時被綁走的還有他的堂弟趙明喜。待到天明，政府軍來剿土匪窩子，把他解救出來了，可是他堂弟還沒出來呢。別人都跑了，趙廷賓不跑，硬是拽著剿匪部隊回到匪窩子，把堂弟從藏匿的櫃子裡救出來才回家。一九四〇年，父母又遭到日偽軍第四路軍范龍章部隊的綁票，趙廷賓四處托人，終於用一萬一千塊現大洋將父母贖回。這次雖然導致了家庭經濟元氣大傷，但好歹算是保住了兩位老人的性命。趙廷賓捨己救堂弟的機警及捨財救親人的義舉，一直被後人傳為美談。

第三點，他這個人，敞亮，有擔當。大約是一九三四年前後，鬧大饑荒，不少窮人扛著籃子拿著布袋要搶糧行的糧食，嚇得糧行的店員們都跑了，可趙廷賓不慌不忙打開糧行門面說：「大家都不要擠了，我趙廷賓知道大家肚裡很餓，需要糧食，不過得有個秩序，排好隊，保證不叫老老少少空手回去。」他平時待人不錯，這樣一說很多窮人感到很不好意思，都散開到其他糧行去搶了。

還有一回，日本人來「掃蕩」，抓共產黨及其家屬還有那些大財主，趙廷賓也被日本鬼子抓了，一起被抓的許多人都被打被殺了，獨有他一番話讓日本人愣住了。他說：「我兄弟是國民黨，我兒子是共產黨，我是大地主，請皇軍看著辦吧！」或許是日本人沒見過說話這麼坦蕩的人，或許是真的一時不知道把他怎麼辦，居然把他放回來了。

第四點很重要：趙廷賓他愛管村裡的「閒事兒」，常常為人蓋房子、采（墳）塋地看風水、操辦紅白喜事、調解糾紛等等。他還和那些黑道上的人搭得上話，鄉里鄉親的要是被土匪散兵綁了票拉了「杆子」都找他，他能夠想方設法找到關係去說情協商，最後讓人少捨財，多免災，平安歸來。所以趙廷賓的人緣，比他那「玻璃頭」的父親好。

可是土改來了。

一九四七年初土改開始的時候，趙廷賓也挨過鬥爭，工作隊叫他家的一個雇工趙滿墩出來揭發他，老實的趙滿墩說：「一九四二年的時候鬧災荒，要不是趙廷賓招呼我吃喝，我們一家都餓死了。」大傢夥一聽，說：「你這是鬥爭嗎？你這明明是給他說好話嘛，下去吧下去吧！」直接就把他轟下去了。滿墩還不服：「我說的都是實事兒啊！」

本來趙廷賓就沒有什麼欺壓百姓的罪惡。他曾經天真地認為，兒子是共產黨地委書記，自己也算是小有名氣的開明士紳，共產黨可能會對他「高抬貴手」。可是眼看這風愈刮愈厲害，他也清醒地知道共產黨鐵面無私六親不認，看來是躲不過了，只能希望得到一些「照顧」，免受皮肉之苦。那時候，好多地方鬥地主，都被拉「老杆」，拉老杆又稱「望蔣杆」，把一根高杆栽在地上，杆上固定一滑輪或牛梭，穿上一根大繩，把地主倒著綁上拉到高處，問他「看到蔣介石沒有？財物都放在哪兒？」只要是不說的，就猛地往下放，嚇唬你，有的問得不耐煩，說這老傢夥沒得救，乾脆一放手，那些「頑抗」的地主就被摔死了。

趙廷賓心裡害怕，就悄悄地向土改工作隊請求，是否在拉「老杆」時可以不綁他，讓他坐在籮筐裡升上去？當時的專署專員楊銳和縣委書記程建明，儘管都是趙紫陽的同事和摯友，但是也都不敢說「照顧」二字，楊銳只敢說讓縣區「招呼」一下。程建明憑著與趙廷賓至熟，又愛開玩笑，乾脆直截了當地動員趙廷賓把田產、浮財自動交給貧苦群眾去分，以求得農會諒解，從輕發落。

趙廷賓明面上說，經過偽軍綁票和弟弟上學，家裡的積蓄已經耗盡，時局動盪，生意也做不成了，實在沒有什麼浮財了。可實際上他暗暗打著自己的小算盤：土地儘管讓農會分去，浮財大都是做生意賺的，要設法保住。他沒有聽從程建明的勸告，悄悄地讓一位貼心的長工幫他打了個大地鋪，把所剩不多的現大洋藏在地鋪裡，自己成天睡在上邊。由於心情不佳，又不常活動，肺氣腫病復發，真的臥床不起了。

開始時，村裡人礙著面子，對趙廷賓只批鬥過一次，也沒有動手動腳搞體罰。然而隨著土改運動風暴愈刮愈大，那些保護工商業者和開明士紳的政策全被拋到九霄雲外，土改重點從分配地主田產轉移到挖浮財上。村里農會從那位長工身上打開了缺口，終於知道了趙廷賓藏匿浮財的祕密。五月的一天，春光明媚，大地被曬得暖烘烘的，全體村幹部光臨趙府來「看望」生病的趙廷賓，有的叫爺爺、有的叫伯伯，噓寒問暖親熱勁兒實在非同一般。接著大夥就勸趙廷賓說：「今天天氣暖和，您老到外邊曬曬暖吧。」趙廷賓忙說不冷不冷，但幾個人不容趙廷賓分說，就嘻嘻哈哈、七手八腳地把他抬到太陽底下「曬暖兒」。村幹們一掀地鋪，果然刨出幾塊銀元，就問這鋪下邊怎會有銀元呢？趙廷賓心裡一怔，然後從容地說「有幾塊，你們拿去花吧。」幾個人又往底下刨，又發現了白花花的銀元，大夥無不驚喜地叫起來：「呀，底下還多著呢！」趙廷賓嘴上雖然還是說「嗯，是不少，你們也拿去花吧。」心裡卻像萬箭穿心般悲痛，心想這下算是把老窩給端了——據說其中有一錠重達四十八兩的大元寶，舊制四十八兩銀子啊，整整三斤重，那是他多少年積攢下來的心血。打這件事後，趙廷賓的病情日益加重，不能起床，常常吐血不止，雙腳也浮腫起來。

都說趙廷賓是氣死的，可是他氣的恐怕不一定是為了這些銀子錢。由這件事情延伸開去，讓他生氣的事情實在是太多了。趙廷賓信風水，兒子出生的那天晚上，妻子夢到懷抱一條大鯉魚，相書上說懷抱鯉魚得貴子。也有會算命的朋友，說這孩子「天庭飽滿，地頜方圓，將來必有大福大貴；特別是正逢亂世，後生前途無量」。趙廷賓給兒子起名「修業」，「業」字是家族的排輩，比如同輩的男孩子都叫百業、廣業什麼的，中間的那個「修」字寄託著趙廷賓對兒子的所有希望——古人云：修、齊、治、平，修身是齊家治國平天下的基礎，希望兒子能夠把自身「修」得端端正正，將來才好立大業，幹大事。

滿懷希望的父親從此把兩個女兒交給妻子去管，對這個獨生兒子視若珍寶，全家都吃粗糧，就讓兒子白麵饃饃蘸白糖吃。他把兒子背上，去上村里的私塾，一心教兒子認字算數，品行端正。到了八、九歲，離家兩里之外的桑村居然有了縣立的新式學堂——第十七小學，學堂裡的老師都是從外縣甚至外省聘來的年輕教員，家境殷實的趙廷賓連忙把兒子送去讀書，兒子在這裡成了品學皆優的好學生。「九・一八」那年，學校裡幾個老師都成了共產黨，十三歲的兒子開始閱讀禁書，《新青年》、《嚮導》和魯迅、蔣光慈的小說，還有什麼《社會科學研究》……好多書他這個當爹的連書名都不大認得全，可是只要是兒子願意讀的，他都支持。兒子扛著紅旗到附近的農村、集鎮宣傳抗日救國，抵制日貨，他也支持，一輩子都不用日貨。沒有想到兒子居然在這裡成了「共青團」，跟著共產黨老師鬧學潮，縣長帶人來查抄學校，把兒子的箱子都踢翻了，嚇得十三歲的孩子直哭（兒子十三歲加入共青團這件事情，被計入了他的資歷，和他以後成為共產黨內六〇年代最年輕的高級幹部，有著很大的關係）。

趙廷賓哪裡容得下這樣的屈辱?!桑村的第十七小學咱不上了！一不做二不休，乾脆讓兒子到縣城去，讀全縣的最高學府縣立一小！這座縣立唯一的「完全小學」（包括初小和高小），就設在縣城的歐陽書院裡，北宋寶元二年大文人歐陽修被朝廷貶到滑縣任節度判官的時候，就居住在此。古文運動的領袖歐陽修，在這個林木蔥蘢的庭院裡住了好幾年，就在某個秋風搖樹的夜晚，寫下了千古名篇《秋聲賦》——桑村的那座初級小學，怎麼能夠和這座文氣浩然的書院相比？趙修業在這所藏書豐富的學堂讀到高小畢業，然後被父親送到二百多里外的開封去讀省立初級中學。堂堂開封府，赫赫東京城，在高懸的黃河大堤之下，見證過古往今來多少驚心動魄的故事。

兒子趙修業在省立初級中學成績優秀，數學英語之外，尤其喜歡文學，多次獲得學校的獎學金，還在學校裡組織抗日救亡團體，辦壁報。一九三五年，十六歲的趙修業以初中生的身分參加了開封高中的大同學們組織的「臥軌請願」，要求政府停止內戰出兵抗日。你說這娃小小年紀，卻嚮往著這等高遠的大事。

趙廷賓的獨生子，天資聰慧，在學校考試都得滿分，到後來語文數學都不用老師教就會；他品行又端正，樣樣做表率，還常常幫助貧窮的同學，沒有老師不喜歡。趙修業在家裡也是好孩子，和兩個姐姐從來都沒有紅過臉，爹給他買好吃的，常常要留給姐姐吃。村裡的孩子都喜歡他，因為他公平，脾氣又好，從來都不講髒話不打架，還喜歡幫助窮人——糧食要收穫了，爺爺讓他去守護莊稼地，他卻讓那些沒吃的鄉鄰去偷自家的糧食；看見破廟裡有乞討的老大娘，他會回家拿了爹的舊棉襖，還給人家燒火煮飯吃……

那位算命的朋友說的沒錯，兒子果然是個成大器的料。開封的初中畢業之後，十七歲的修業考入了武昌高級中學，背著母親收拾的行裝拿著父親給的學費，一個人去大武漢讀書去了。

對於趙廷賓來說，兒子的武漢之行是他人生的一條溝，一道坎兒，一面坡。去武漢之前，是他抱著兒子、背著兒子、護著兒子，送他去遠方。河南滑縣小鎮上的糧行老闆趙廷賓，沒有把兒子送到京城北平——那裡有他弟弟就讀的中國大學，而是把兒子送到了南邊的武漢。這些年武漢喧囂的內幕，他並不一定知道，當然了，他更不會預料到不久的將來，武漢將成為中日兩國軍隊會戰的大戰場。但是他知道武漢這地方，東西連著長江，南北連著京廣，九省通衢，風雲際會，當年正是武漢的一聲槍響，曾經那麼興盛的滿清帝國便轟然坍塌，從此北衰南興。趙廷賓把兒子送到武漢去讀書，就是希望他能夠去見大世面，學大本事。

可是誰都沒有想到，戰爭這麼快就來到了。民國二十六年七月七日，日本人在盧溝橋和中國軍隊開戰，十一月就打到了河南的安陽，眼看就到了家門口。就在這當口，兒子從武漢回來了。兒子在武漢的高中都讀了一年了，要是讀畢業，那「功名」就相當於舊時的舉人，就有可能做縣太爺了。可是他不讀了，回到家鄉不過才一年的工夫，兒子就從一個孩子變成了一條漢子，他再也不是跟在父親後頭那個屁顛屁顛的小屁孩，反過來走在父親的前面，成了他的領路人。

不願意再讀書的兒子要去打日本人，第二年就參加共產黨，自己起了個響亮的名字叫「紫陽」：紫氣東來，旭日東昇。他和幾個年輕人一起去山西黎城縣的中共北方黨校學習，大名鼎鼎的楊尚昆、彭德懷、李大章等人都是他的老師。四個月以後，十九歲的兒子成了共產黨滑縣的縣工委書記，很快就成了縣委書記乃至地委書記。那一回兒子整整兩年沒回家，兵荒馬亂的，急得家裡到處找。有一天他終於回來了，穿著一身八路軍的軍裝，把他娘嚇得魂飛天外，癱軟在地上：這個娃啊，也不想想這是什麼地方，敵占區啊，無論是中央軍還是日本人，一旦知道你娃是共產黨，不僅你本人會有殺身之禍，所有家人也會受連累，這不是嚇死人的事嘛。兒子也嚇著了，被他娘嚇的，急忙跑到自己房中把軍裝脫掉，再慢慢將他娘喚醒。從那以後，這娃再也不穿著軍裝回家看老娘。

優裕祥和的家庭環境，完善的學校教育和本人天資聰慧，使得年輕的趙紫陽學識淵博且溫和儒雅。而他從小接觸的革命教育和時代的薫陶，又使得他朝氣蓬勃意志堅定，這些品質都讓他成為了年輕人中間的翹楚。在趙廷賓看來，老師也好同學也好，八路軍的首長同志們也好，鄉親四鄰家裡姊妹，還有那個破廟裡乞討的老娘，只要誇他兒子的，就是誇他這個爹，誇爹教出了這麼好的兒子。所以他和兒子是連成一體的，凡是兒子要做的事，他這個爹必須做。

滑縣一帶是拉鋸地區，今天日本人來，明天八路軍來，後天國民黨的中央軍就來。抗戰剛剛開始，人們都認為抗日救國要靠蔣介石國民黨的中央軍，人家是正統，起碼吃穿衣食有保障；而八路軍生活艱苦得很，常常是吃了上頓沒下頓，成不了氣候。可是趙廷賓的兒子是八路的縣委書記，帶著八路的遊擊隊東奔西忙，他趙廷賓就是要挺著八路，糧食也好物資也好，有什麼就給什麼。

一九三九年，中共地下黨領導的濮（陽）滑（縣）東（明）長（垣）四縣邊區抗日聯合救國會要開造槍局，他趙廷賓就敢騰出自己的一處莊院，讓他們在那裡製造土槍、土炮、手榴彈。後來中共地、縣委在那個莊園裡辦過抗日訓練班，還開過地方部隊的後方醫院。遊擊隊沒吃的，趙廷賓家裡餵了兩頭騾子，兒子叫人來拉走一頭；遊擊隊的馬生了小馬駒，兒子送回家來，養大了又來拉走，還給公家。

一九四〇年九月，晉升為中共冀魯豫邊區二地委書記不久的趙紫陽，帶領一批幹部在家裡開會，討論恢復被日軍「五．五大掃蕩」破壞了的滑縣黨組織。天傍黑，村東突然響起一陣槍聲——日軍進村來了。趙廷賓二話沒說，帶上同志們跳牆鑽屋，三彎五拐穿過幾條胡同，潛入村西「青紗帳」的一個紅薯窖裡繼續開會，敵人那次沒有抓住紫陽，便把趙家搶劫一空，令紫陽的爺爺叫苦不迭。那年月，多艱苦，很多黨員幹部都待不住了，以各種各樣的藉口跑了，兒子卻生死要和鄉親們在一起，在根據地死守。他帶著那些戰友們，常常是半夜三更地來，雞沒叫就走，家裡也跟著東躲西藏。他趙廷賓把共產黨當成親兒子一樣待，一起挺過來了。

現在倒好，他趙延賓，被土改鬥倒了。

趙廷賓知道自己活不長了，想孫子，聽見有孩子叫爺就掉眼淚。可是他見不著自己的大孫子了。就在開鬥爭會之前，他的大孫子生病，兒媳婦梁伯琪在家裡看著。梁伯琪很早就是婦女主任，工作隊跟她也熟，對她說：「老梁，你不看啥時候啦，還在家住著，你走吧！你在這兒住影響群眾的情緒，現在土改了你知不知道？」梁伯琪第二天就帶上孩子走了，這一走再沒回來。當然他也想兒子，可是兒子現在也跟他愈來愈生疏了，但凡回來看爹娘，總是先到村農會幹部家，約上農會幹部一起到家裡來，連說個貼己話的機會都沒有。

趙廷賓就這樣想啊氣啊，到了六月下旬，人眼看就不行了，趙紫陽的堂叔趙英賓騎馬到灣子村，找到正在開會的趙紫陽，說：「你爹病重了，想要你回去。」趙紫陽說他沒空，給了一瓶急救藥算是盡孝道。不幾日，趙廷賓因肺氣腫病情加重，與世長辭。他還健在的時候，紫陽他娘想吃個雞蛋糕，但是沒見有賣的，紫陽他爹就半開玩笑說過一句話：「以後我要是當了官，光讓你吃雞蛋糕！」可是臨了，這雞蛋糕還是沒吃上。

趙廷賓出殯那天，正值傾盆大雨，滿街地裡全是水，兒媳梁伯琪和孫子被大雨阻隔在路上，送殯的親屬只有他老伴、二女兒和侄子廣業三人。中共滑縣縣委書記程建明親自來安排喪事，村農會感念趙廷賓善待鄉里又積極抗日，特地以照顧抗屬名義給他買了一口棺材。人們冒雨趟著大水發喪，下葬時雨水一直往墓坑裡灌，棺材在水上漂游，根本無法定位。下葬人和侄子廣業費了好大勁才把墓坑裡的水擢出一大半，硬摁住棺材，才勉強下了葬。

趙廷賓被安葬在他生前看好的那塊墳地裡，據說那天墓坑裡的大水也應了「風生水起」的說法。趙廷賓到死都顧著兒子，把大好的風水留給了他。

若干年以後，身居共和國總理和中國共產黨總書記的趙紫陽，因為大力推進改革，為黨內一批元老所不容，被迫下台並且軟禁終身。在羅列他的罪狀時王震[21]說過一句話：「他與共產黨有殺父之仇。」[22]海外媒體也大肆宣揚趙紫陽的父親是在土改中被「槍斃」等等，皆是由以上事實生發演繹而來。

21 王震時任國家副主席。
22 蘇曉康《趙紫陽與河殤》。

灣子會議

堂叔趙英賓到濮陽縣灣子村告訴紫陽父親病重的消息時，趙紫陽正在召開由縣區幹部參加的「土改複查暨擴軍會議」，即「灣子會議」。自上年土改開始以來，上面的調子愈來愈高。第一輪過後，又要求複查，以找出「漏劃」者。一九四七年四月，身為中共中央書記處書記的劉少奇在會議上說：「要以（土改）複查為中心，動員黨政軍民的力量搞個徹底，所謂搞徹底就是要死一些人，搞徹底了，負擔重些，農民也甘心，擴兵也容易。」[23]一九四七年五月一日，劉少奇轉發了晉冀魯豫地區負責人薄一波關於該地土地改革情況報告，並在批語中對該區通過清算鬥爭把地主土地財產全部搞出來，直接、平均分配給農民的作法給予了充分肯定，認為「這個報告是很好的」，「晉冀魯豫農民群眾的徹底的革命行動，應給我們全黨各級領導機關及領導同志以嚴格的、有益的教育，證明我們許多同志對於群眾運動的顧慮、懼怕、不敢放手，因而在指示和決定上規定一些限制和阻礙群眾行動的辦法是錯誤的。」、「這種右傾機會主義的錯誤，必須迅速糾正才有利於運動。」

有研究者認為：劉少奇的批語是一個標誌，它表明中共至此完全放棄有償徵購地主土地的設想，而轉向以沒收地主土地平均分配給農民的政策。[24]當然了，持此觀點的不止一個劉少

23 一九四七年四月劉少奇到晉察冀中央分局的講話。秦暉〈暴力土改的實質是逼農民納「投名狀」〉，《文史參考》，二〇一二年第八期。

24 任曉偉〈抗戰勝利後中共為何放棄和平土改的設想〉，陝西師範大學學報（哲學社會科學版）二〇一〇年七月第三十九卷第四期。

奇，還有朱德、鄧小平、薄一波等，而且還會在不久之後的一九四七年十月十日，寫進中共中央發布的《土地法大綱》。在這樣的號召下，邊區的土改又掀起了一股殺人的狂潮，幾乎是村村見血。例如離趙紫陽家鄉不遠的河南輝縣，全村兩千多畝土地中只有一百六十一畝是勝利果實，也就是說有七・二％的土地被重新分配，可就在這個一百一十三戶的小村莊就有七個人被群眾打死。另外一個叫吳村的村子六千多畝土地，只有五百多畝是「鬥爭果實」，但是這個村被打死二十個人，其中地主十四個，還有五個是「特務」，一個是「惡霸」。[25]

在這樣的背景下召開的「灣子會議」，氣氛肯定很激烈。中共昆吾縣委書記宗鳳鳴[26]在會上慷慨激昂。昆吾縣隸屬趙紫陽任地委書記的四地委，也在拉鋸地帶之內，一九四六年至一九四七年，這個地區的遊擊戰進行得很殘酷。其程度在趙紫陽主持起草的關於〈堅持與開展敵後遊擊戰爭幾個問題的指示〉中可見一斑。趙紫陽在這份文件中，提出了「插入敵人侵占村開展遊擊戰爭」、「進行分散隱蔽的群眾性遊擊戰爭」。大家一邊要為劉鄧大軍正在進行的豫北戰役保證後勤——籌糧三百餘萬斤，徵集擔架兩千副、大車七千輛、小推車近萬輛，支前民兵三千二百人……一邊忙還得為開展遊擊戰恢復黨團組織，發展民兵武裝，開挖地道。

這些地區的遊擊戰，無非是敵進我退敵來我擾，遊擊隊一退，國民黨就帶著還鄉團來殺人，很多基層幹部被殺被活埋，趙紫陽還得抽調精幹人員組成武工隊，插回本地打擊「還鄉團」和鎮壓反攻倒算的首惡分子。殺過來殺過去，大家眼睛都殺紅了，說話做事也沒有了邊沿，

25 秦暉〈暴力土改的實質是逼農民納「投名狀」〉。
26 宗鳳鳴，趙紫陽的親密戰友，晚年根據與趙紫陽的談話記錄，完成《趙紫陽軟禁中的談話》一書。

鄧小平在一年前就批評過的「每鬥（地主）必打，遊街，戴高帽，（摔）紅薯雞子（蛋），抹屎拉尿」等過頭之風，到此已經發展成亂抓亂殺，以至於被劉伯承點名批評說的「殺人連個佈告都不出」。

其中昆吾縣委書記宗鳳鳴就是做得太過頭的一個，引起了基層很多幹部的反感。二〇一二年，老戰友張策說到宗鳳鳴這一段，有這樣的話：「……鬥地主，亂打亂殺，老宗（宗鳳鳴）就是一個最典型最厲害的人，他是殺人最多，簡直是發瘋，但是他的功勞很大。下面是反對，要開除他黨籍，上面是通報表揚……去年我去看他，他還跟我講，他在那兒當縣委書記的時候，對不起那裡的人民。我說老宗啊，你這個罪惡，這筆賬怎麼也還不清了！」[27]

宗鳳鳴在會上的發言，讓年輕的趙紫陽受到感染，調子也大大升溫，在會議主旨講話中講了不少過激的觀點，態度之強硬前所未有。比如他提出：

地主只有大小之別，有反動程度不同的差別，而沒有一個是真正進步開明的……在政治上、經濟上、組織上（對地主）都要貫徹徹底消滅的方針，但不是一個運動能達到的，因此需要我們對地主階級一直鬥爭下去，追下去，一個運動接一個運動，再三再四的來清查與複查……對整個地主階級來說不是肉體上消滅政策，但農民起來對罪大惡極的地主要打死，領導上則應該批准；敵人侵占時地主實行了報復，今天農民實行反報復（甚至更厲害的）也應該批准，我們所要的就是這種農民的行為，這是革命行為，應該相信農民……

27 蔡文彬採訪張策。

對於那些心軟的幹部，趙紫陽提出嚴厲的批評。他說：「我們幹部的鐵嘴豆腐心、憐惜地主以及惻隱之心還是相當普遍。所以我們要有鐵石心腸，要分清敵我，弄清一切罪惡歸地主，對地主最大的狠，對自己陣營最大限度的容忍。」

趙紫陽對於地主家庭出身的幹部，提出了更為嚴厲的要求：**地主出身的幹部必須站在農民方面來，首先是思想上和家庭斷絕聯繫，主動說服家庭，認真執行土改。這是一個嚴重的考驗……阻礙群眾運動的要開除黨籍，甚至要判罪。如部隊幹部帶部隊回村鎮壓農民運動時，農民可以向其開火，這個衝突性質就是階級戰爭。**

從趙紫陽的這些話裡，可以看到亂殺亂打的土改風潮雖然瘋狂，卻也遇到了巨大的阻力。

就是在這樣的氣氛下，堂叔快馬加鞭來到了會場，讓趙紫陽回去看望他那病入膏肓的地主父親，給父親送終。可是在大面兒上，剛剛在會上措辭激烈的趙紫陽，他能回去嗎？而在內心深處，他一個出身於地主家庭的知識分子幹部，又「敢」回去嗎？

灣子會議結束之後，趙紫陽所在的四地委所屬各縣以風捲殘雲之勢，迅速刮起了一場「土改複查」的紅色狂飆。四區召開二千人土改複查動員大會，特別是受到過「還鄉團」和國民黨軍剿殺的邊沿區，不少村莊採取了大規模的復仇行動，將地主或是亂棍打死，或是對地主以拉老杆、鍘、槍決的刑法亂打亂殺，「殺得人心脫節，開會怕殺人，形成脫離群眾」[28]。

這種「左」的現象的發生，引起了邊沿區地主的大量逃亡，這些被當局稱之為「匪區難民」

28 邊沿區衛南縣縣委〈衛南解放後土改工作〉。

逃亡者，差不多占當時土改地區人口的二十％左右，由於數量巨大，令國民黨當局對於是否接納他們都很猶豫[29]。事實上其中的很多人投奔到「國軍」的麾下，變成了怒火中燒的還鄉團，對農民進行瘋狂的報復。趙紫陽的老對手、國民黨王三祝部由此從三千多人驟增至六千多人，加劇了對邊沿區的報復活動。

一個階層對於另外一個階層瘋狂的屠殺，在共產黨的新老根據地掀起巨浪，造成了極其惡劣的反響。七月下旬，中央工委和晉冀魯豫中央局相繼召開了土地工作會議，會議進行到第三天，中共冀魯豫區黨委參加會議的副書記潘複生等了解到中央有新的精神，立即寫信給區黨委書記張璽等，提出「複查運動一般的停止」。

所謂的「新精神」，現在能夠查到的資料不多。當時主持晉冀魯豫中央局日常工作的薄一波在他的回憶錄中提到：由於在進行「翻身大檢查」的過程中「左」的錯誤迅速發展，晉冀魯豫中央局一九四七年三月一日停止了「翻身大檢查」。[30]

可是中共中央書記處書記劉少奇，是在一九四七年五月一日的批示中，充分肯定了晉冀魯豫的作法，並以此來教育全黨的，因此薄一波晚年所說的「停止」時間顯得有些可疑。那麼現在能夠找的最有可能的線索，有兩條。

一是一九四七年五月六日，劉少奇與朱德致電中共冀東區委，指出那裡的土改不徹底，要他們「學習太行山（即晉冀魯豫地區）的經驗，組織群眾的複查，繼續深入反對地主的運動，

29 秦暉〈暴力土改的實質是逼農民納「投名狀」〉。
30 薄一波《七十年的奮鬥與思考》，上卷，第四〇九～四一〇頁。

完全割掉封建尾巴。」與此同時他還告誡說，對於勤儉起家的富農及新富農的土地財產應以不動為原則，並密切注意中農的態度。[31]這說明劉少奇對於究竟採用什麼方式進行土改，仍然處於猶豫狀態。

二是七月初全國土地會議已經召開，這次會議進行得很漫長，一直到十月才正式結束。雖然由這次會議產生的《土地法大綱》完全否定了之前相對溫和的「五四指示」，但是在會議初期宗旨是總結前期土改工作的經驗和教訓，不排除有人對晉冀魯豫地區的暴力土改提出了異議。

或許是上面的意見過於嚴厲，更可能是趙紫陽本人對於暴力土改始料未及的殘酷程度產生了後怕——畢竟當時土改的指導性檔還是「五四指示」……總之他得悉消息後立即通知停止「土改複查」，並且開始調整有關政策，之後採取了五項措施：

1. 收回殺人權，嚴格打死地主的報批程式。
2. 給被「掃地出門」的地主一定數量的土地，保證其生活有出路。
3. 對抗屬地主自願獻地獻物者，在生活上給予適當照顧，並可以保留比村裡人均耕地數目較多的土地。
4. 切實保護中農利益。凡被錯鬥的中農立即停止鬥爭，強迫中農「自動」出讓的土地和財物歸還中農，嚴格執行「中間不動兩頭動」的現行政策。
5. 嚴格執行工商業政策，停止沒收地主、富農開辦的工商業。

31《劉少奇年譜》，下卷，第七十九頁。

從這些措施中，我們明顯看到了「五四指示」相對溫和的跡象。

趙紫陽在這次會議上的指示下達後，本地區內的亂打亂殺現象迅速得到糾正：他終於刹住了自己刮起的過頭之風（儘管這次由晉冀魯豫地區漫延開去的殘酷風氣，依然在別的地區繼續肆虐，直到第二年的一月）。可是由於中央在政策上對於過左現象的大扭轉，還要等到第二年五月由毛澤東親自出面，所以在此之後很長的時間內，趙紫陽還要與之糾纏。

灣子會議對於趙紫陽是有影響的。它是趙紫陽一生中不多的幾次偏激之一，而這次偏激的後果，對趙紫陽是一次刺激，使得他在以後的群眾工作中變得有些謹慎。這樣的謹慎會在接下來的桐柏土改中表現出來。

隨著日月逝去，年齡增長，趙紫陽對父親的思念日久愈深。若干年以後，他不止一次對孩子們說：「咱們的能力都不如你爺爺，他很有本事，很會治家做生意，有膽有識，黑道白道都暢行無阻，我們都不如他。」

穩駐桐柏

幾乎在灣子會議的同時，為粉碎國民黨對陝北、山東的重點進攻，特別是救陝北之急，中共中央調集劉（伯承）、鄧（小平）、陳（毅）粟（裕）、陳（賡）、謝（富治）等將領率領的三路大軍，「大舉出擊，經略中原」。其中劉鄧大軍挺進大別山，對國民黨軍「大啞鈴陣勢」實行中央突破。[32]

毛澤東認為：地處國民黨軍「大啞鈴」中部（即特別薄弱地段）的大別山，其軍事位置對國共雙方都具有重要的戰略價值。共產黨軍隊如能控制這裡，則東可震撼國民黨統治心臟南京、上海，西可威脅華中重鎮武漢，北可逼迫鄭州、洛陽，南可截斷長江，覬覦江南蔣介石的基本統治區，就等於共產黨在這裡楔上了一顆釘子。國民黨軍如繼續控制大別山，北可屏障長江防線，堵住解放軍渡江南進；東西可策應支援國民黨重兵對於山東、陝北的重點進攻。根據這個理論，歷來對於「千里挺進大別山」的評價，都從正面的角度，認為付出代價，站住了腳，爭取了最好的結果，是一次大的戰略轉折，為以後的淮海戰役打下了良好的基礎。

可是近年來隨著軍史研究的步步深入，不少學者對此提出異議，有些還相當尖銳。他們認為：千里挺進大別山並不是一場戰略上的大轉折，而是一場大挫折。首先這樣脫離後方深入敵後的「外線作戰」，一是出自於毛澤東脫離實際的主觀判斷，二是由於當時中共的陝北根據地在胡宗南的重兵圍剿下丟失了全部縣城，導致糧食奇缺，毛澤東和戰士們一樣處於半饑餓狀態而且周身浮腫，他希望能夠用此「圍魏救趙」的戰術牽制國民黨的兵力，以解自身之危，沒有經過深思熟慮。

事實證明毛澤東的願望並沒有實現。蔣介石的確下令成立國防部九江指揮所，調集了三十三個旅的兵力對劉鄧大軍進行圍剿。但是從陝北和山東調來的軍隊並不多，反而引出了本來留守後方的敵軍武漢行營兵力和桂系軍閥白崇禧。其中被毛澤東稱之為「中國境內最狡猾

32 大啞鈴的西頭即陝北，東頭即山東，中間的薄弱處即大別山區。

的軍閥」白崇禧，為了對付「中共第一號悍將」劉伯承，在大別山區採取了軍事和政治相結合、圍攻與「清剿」相結合的總體戰略——網羅地主惡霸，發展特務組織，恢復保甲制度，建立「碉堡網」、「公路網」，配合正規部隊，摧毀共產黨地方政權和武裝；還實行「三光」、「移民」、「並村」政策，掠奪糧食，捕殺共產黨幹部和家屬以及傷病員，製造無人區。特別是由反動地主、鄉保長和叛徒指揮的保安隊，更是一支死心踏地的武裝，他們不但熟悉當地的風俗民情，且熟悉共軍的一整套遊擊戰術，比起國民黨正規軍來，危害更大、更殘酷，使得劉鄧大軍深受其害，傷病員更是大批遭到這支武裝的殘害。

此外，白崇禧的桂系軍隊在此經營多年，上至師團長，下到連排長，甚至老兵們娶的都是當地媳婦，因而統治基礎深厚。在這種情況下，解放軍發動群眾的工作極難進行，許多參加過大別山鬥爭的老人回憶當年的情形，都說部隊當時簡直就像沒娘的孩子。由於大別山敵情嚴重，解放軍先後占領的數十座縣城在不長時間都得而復失，敵軍占領其根據地後很快又恢復了原來的統治，共產黨政權或被摧殘，或被迫轉入地下。這樣，建立鞏固的大別山根據地，在此「站穩腳跟」的任務也就未能真正完成。

此舉本身戰略部署也很失策。大別山地處崇山峻嶺之中，道路蜿蜒險峻，不適合大兵團作戰，大炮、輜重都要戰士抬著走，部隊最後不得不丟棄了全部重型火炮，使得幾個縱隊的戰鬥力損失一半。大別山南部靠近長江沿岸的地方比較富足，但部隊去的中部山區卻極為困苦，要想讓十多萬軍隊在大別山紮下根來，首要問題就是解決全軍的吃飯穿衣問題。這在解放區是不成問題的，送軍糧、送布鞋，是地方的兩件頭等大事，每個戰士平常身上一般都能帶有四雙布鞋；可是大別山根本就沒有後方，別說布鞋，就是迫在眉睫的吃飯問題都不好解決。大別山老鄉本來就窮，解放軍要征糧，尾隨而來的國民黨軍三十三個旅也要吃飯，就那麼一點糧食，國共雙方的軍隊拉來拉去，老鄉們受不了。

為此部隊展開了大規模的「打土豪」運動，但是大別山的地主土豪，和平原上的地主不一樣，平原上土地肥沃，人口集中，一個大地主甚至擁有十多里範圍的土地，整個村莊的農民都是他的佃戶。但大別山的村莊很零散，有的村莊甚至只有兩三戶人家。這些村莊中根本就沒有「土豪」，即便是有，他們和貧苦農民的關係也不是形同水火，沒那麼深的仇恨。最要命的一個問題，是老百姓對於解放軍並不歡迎。由於大別山區重要的戰略價值，別說是共產黨和國民黨，就連侵華日軍都從來沒有忽視過這個地方，二十多年來，各種各樣的軍隊在這片貧瘠的土地上衝衝殺殺，大別山的每一寸土地、每一塊石頭都染有鮮血。說起來這裡是紅四方面軍起家的地方，共產黨的軍隊曾經在這裡四進四出，也算得上是老根據地了。可是經過二十餘年的戰亂，老百姓確實給殺慘了，殺怕了，對戰爭充滿厭惡，一見軍隊就整村整村地往山裡跑，不管你是國民黨還是共產黨，部隊別說找人抬擔架支前，就是找個人問路都困難。至於當地的幹部，很多人既在國民黨幹過也在共產黨幹過，大都是「兩面派」，讓人弄不清楚他們的政治面目，不敢去依靠。

還有一個大問題就是疾病。因為缺乏糧食造成的營養不良及水土不服，瘧疾、腸炎、瘡瘍等疾病在戰士中大量發生，部隊的非戰鬥減員在迅速增加，按照劉鄧給中央軍委的報告中的資料，病員「占三分之一，多至一半」。和趙紫陽一起苦戰桐柏的劉劭卿回憶：當時八十％的幹部發瘧疾，馬都騎不動，他本人四、五個月都沒下過山，曾要求戰士就地打死自己，免得給部隊增加負擔。除了傷病員，致使部隊大量減員的因素，更多的是開小差。之前劉鄧大軍在內線作戰九戰九捷，不但有大批地方支前的青年參軍，還有大量俘虜補充進來。現在處境一困難就出現逃兵，開始一個人、兩個人地跑，後來整班整班地跑，六縱十六旅四十七團二營機槍連，一夜就跑了十七個，因為人跑得太多，連重機槍都沒辦法抬。

部隊大量減員，兵源卻得不到補充；缺吃少穿處境困難，一向紀律嚴明的解放軍中滋生了嚴重的失望情緒，破壞群眾紀律的事件屢屢發生。這樣的現象讓主持政治思想工作的鄧小平很冒火，以至於他下令槍斃戰鬥英雄、野司警衛團四連副連長趙桂良，只因為親自看見他用步槍挑著一匹花布和一捆粉條，從一家店鋪出來……

可見鄧小平「鋼鐵公司」的強硬作風，很早就顯示出來了。

一向英勇善戰的劉鄧大軍，從一九四七年八月二十七日進入大別山，到一九四八年三月二十八日主力轉出大別山，歷時七個月，換得的代價是人員從十二萬四一四七人減至五六六五四人，即使加上留下的一萬餘人軍區部隊和分遣開展地方工作的人員，亦不足七萬人。由浩浩十二萬大軍變為不足七萬人馬，而且損失大量輜重，致使這支曾經驍勇善戰的部隊在不久之後的淮海戰役中，不但兵力不占優勢，火力更處絕對劣勢（劉鄧部隊在通過黃泛區時，將重武器特別是大炮全部丟棄，這無異於將幾個主力縱隊解除了一半武裝，致使參加淮海戰役時其全部重武器只有幾十門大炮、二百多門迫擊炮，而一起參戰的華野部隊卻擁有各種大炮一一七四門[33]。）以至於起初估計包圍黃維兵團後三天即可拿下，結果經過二十一天的激戰

33 劉鄧大軍挺進大別山的原因。

才得以解決。如此頹勢令毛澤東痛心地說：他們是被「拖垮了」。[34]

趙紫陽和他領導的地方工作團，就是大軍撤離後留下的那一萬人中的一部分。

一九四七年的九月，冀魯豫區黨委根據上級指示，從冀魯豫邊區各地委集中千餘名地方工作幹部組成地方工作團，由趙紫陽任團長，與野戰軍第十縱隊[35]匯合，作為「第二梯隊」跟隨劉鄧大軍一路向南，於十一月二十九日在河南光山縣境內的大別山區與主力部隊匯合。身為地方工作團的領導，趙紫陽把自己一手帶來的這些幹部作為寶貝看待，在激烈的戰鬥之餘每天晚上都騎著馬在隊伍中巡迴，生怕發生意外，戰爭年代這樣的溫暖令多少幹部難以忘懷。此時大軍的處境已經很困難了，針對老百姓對共產黨多次撤退之後的不信任，鄧小平在趙紫陽率領的十縱隊和地方工作團連以上幹部西進動員大會上，號召部隊以及開闢新區的地方幹部要不惜犧牲，以義無反顧的決心，在桐柏山上紮下根，無論如何不能讓國民黨再把共產黨趕過黃河以北。

十二月四日，第十縱隊一萬九千人，加上趙紫陽率領的地方工作幹部一千六百多人起身，分兩路西進，國民黨軍以四個整編師的兵力對他們實行追擊和堵截，期間還與國民黨張軫所部激戰三晝夜，於十一日進入桐柏山區。

桐柏山是大別山西部的餘脈，與大部隊遊走不定的局面相比，這個相對穩定的地區，很快成為了桐柏解放區。它東與鄂豫區接壤，南與江漢區呼應，西北與豫陝區毗連，面積最大

34 張忠義〈大轉折還是大挫折〉。

35 這支縱隊是九月初於安陽地區成立的，其基礎是原冀南地區中共領導的地方武裝，相當於一個軍的編制。

時達到約五萬七千平方公里，當時人口約四百萬[36]（在一九四八年春天劉鄧大部隊撤離大別山時，這裡的人口僅二百萬[37]）。十二月十三日，就在趙紫陽他們到達兩天之後，中原局正式批准在此成立桐柏區黨委，區黨委代理書記劉志堅，副書記趙紫陽。同時以第十縱隊組成桐柏軍區。軍區司令員王宏坤，政委劉志堅，副政委趙紫陽，下轄三個地委和三個軍分區。第十縱隊及地方幹部團的大部分散到各地委，各縣開展工作，建立政權，留一部分主力集中對敵。

這樣，趙紫陽就成為中共的一個分局和一個軍區（相當於省級）的副書記和副政委了。與他同級的大都是資深的老紅軍幹部。二十八歲的趙紫陽卸下了地委書記的擔子，離別了家鄉妻小，站上了一個更加艱苦卓越複雜多變的平台，得以展示自己駕馭更大場面的才華。

桐柏山實際上也是大別山的週邊地區，因為大軍的危難處境，在這裡動員群眾建立根據地，有效地保證部隊供給，成了緊中之緊重中之重的工作。一九四七年十月，依據北方老解放區經驗頒佈了《中國土地法大綱》，要求各解放區普遍實行土改；十月十二日，中共中央中原局、中原軍區發出〈放手發動群眾創建大別山區解放區的指示〉，要求所屬戰略區和部隊，應立即宣傳中國共產黨的土地政策，貫徹中央新頒發的《土地法大綱》，放手發動群眾，普遍開展分浮財、分土地運動。

〈指示〉還尖銳批評了前段時間各地工作中的右傾現象，認為其主要的表現為「縮手縮腳，畏首畏尾，不敢大膽發動群眾分浮財，不相信群眾敢分地主的浮財」，此時趙紫陽和劉鄧大軍

36 中共河南省委黨史征編委員會編《中共河南黨史大事記》，第一五八頁，河南人民出版杜一九八六年版。
37 〈一九四八年春鄧小平寫給毛澤東的報告〉。

還在行軍路上。十二月初，趙紫陽和他的十縱隊終於進入大別山區，在何畈與劉鄧大軍會師，中原軍區司令員劉伯承和政委鄧小平接見了趙紫陽在內的十縱隊連以上的幹部，兩個人在講話中都提到今後的兩大任務：一是土改，二是打仗，要發動群眾，分配土地。

由於《土地法大綱》和中原局的〈指示〉都是在大部隊行軍路上頒發的，於是部隊到哪裡，土改就進行到哪裡。進駐桐柏之後，立即掀起了「一手拿槍一手分田」的土改運動，在很短的時間內，全區三千七百四十個村莊中，有三千二百九十個村莊很快完成了分浮財的任務。自一九四七年十二月十三日在區黨委成立大會上提出「半年赤化桐柏」的急性口號之後，區黨委又於一九四八年一月五日再度發出指示，要求「機關部隊一起參加土改，爭取春耕前平分土地」。

「土改」的任務，自然落到了時任桐柏區委副書記兼軍區副政委、主管地方工作的趙紫陽身上。不久前才經歷了「灣子糾偏」的趙紫陽，已注意到「急性土改」中出現了過左的問題：因為沒有後方，沒有供給，好多傷病號沒地方放，不少地方幹部急於求成，提出「打到哪裡分到哪裡」的口號，每逢占領一地，先把地主倉庫打開，豬殺了、魚撈了，分下去吃，還把地主從莊園裡趕出來，把傷患安頓進去，再把浮財分配一部分給當地的貧苦群眾，留下的給部隊作給養。可是農民不敢要，晚上又悄悄送回去。和老解放區一樣，土改中亂殺亂打亂罰款，到處收繳民間槍支起「浮財」的現象很普遍，致使一些地主被逼上梁山，拉起武裝和解放軍對抗，特別是泌陽、唐南等縣搞得厲害。

「急性土改」中團結工作也做得不好，不但侵犯工商業主和中農的利益，對知識分子也搞關門主義，讓一些「表現積極」的流氓無產者混入了新政權的領導層，在貧困農民中拉一派打一派，造成了極大的混亂。

這樣混亂的局面對於《土地法大綱》頒佈之後普遍的急於求成是一種警示，同時也引起毛澤東的關注。一九四七年十二月二十五至二十八日，中共中央在陝北米脂縣楊家溝召開會議，討論通過了毛澤東「目前的形勢和我們的任務」，認為蔣介石政權已經到了「二十年的反動統治由發展到滅亡的轉捩點」，為了調動一切積極因素，最大限度地孤立蔣介石集團，決定調整一系列政策，其中就包括土改政策。

中共中央明確地提出「依靠貧農，鞏固地聯合中農，消滅地主階級和舊式富農的封建的和半封建的剝削制度」的方針，並且不再提反對右的傾向，而是轉向反對「左」的傾向。一九四八年一月七日，毛澤東為中央起草並發出的題為〈關於建立報告制度〉的黨內指示電（即著名的「子虞電」），對一些違反政策和紀律「錯誤傾向」提出嚴厲批評，其中特別提到自一九四七年開始的土改工作中的一些問題：

提出「貧雇農打江山坐江山」、「群眾要怎麼辦就怎麼辦」的錯誤口號；亂定成分，亂鬥亂打亂捕亂殺；在幹部中搞唯成分論；從政治上組織上打擊「三三制[38]」中的黨外人士；有的地方竟然村有殺人權，一個幹事可以把一個廠長（資本家）搞死；將成分不好的烈屬掃地出門；對出身不好的黨員幹部一律採取不信任態度，不要開明紳士，個別地區在土改中打擊面高達二五％；入城後沒收工商業者財物，破壞工商業政策；職工運動工人發雙薪、待遇過高，嚴重「左」傾，甚至造成生產停滯；哄搶破壞城市物資，把清算惡霸地主那一套帶進城，有的

38 即在民主政權組成人員的分配上，共產黨員、非黨員的左派進步分子、中間分子各占三分之一。

地方還使用了肉刑；個別單位不請示不報告擅自處理外事問題，發生嚴重錯誤。[39]

緊接著在毛澤東在一九四八年一月十八日起草了〈工業目前黨的政策中幾個重要問題〉的指示，再一次批評了「貧雇農打江山坐江山」的錯誤口號，反覆強調必須避免對中農、工商業者、學生、教員、教授、科學工作者、藝術工作者和一般的知識分子「採取任何冒險政策」。

一九四八年一月十四日，毛澤東致電向鄧小平詢問新區土改的六個問題，鄧小平立即把調查的任務交給了趙紫陽。一月下旬，趙紫陽先後派出五個工作組，到四個村進行土改調查。有資料表明，大別山期間毛鄧就土改問題往來電報達十次之多，在這些電報中，冷靜下來的鄧小平提出了應區分鞏固區和遊擊區的不同情況，實行不同的土改政策。鄧小平還認真檢討了土改中的「左」傾急性病，明確提出在大別山停止土改，實行減租減息。毛澤東批示「鄧小平所述大別山的經驗極可寶貴」，「立轉各地仿辦」。[40]

鄧小平關於土改的這些意見中，主持土改調查的趙紫陽功不可沒。

二月十五日，接下來中共中央發出毛澤東的黨內指示〈新解放區土地改革要點〉，指出不要性急，要準備用兩、三年時間分兩個階段完成新區土改工作。

三月二日，趙紫陽與中共桐柏區黨委書記劉志堅在唐河縣湖陽鎮召開地縣委書記聯席會議，停止了急性土改。在湖陽聯席會議的總結報告中，趙紫陽著重講了前一段的嚴重錯誤，其中有些提法應該引起注意。一個是「上面急性病，下面就滿天飛」，這個問題儘管已經有過

39 毛澤東〈關於建立報告制度〉的黨內指示電，即「子虞電」。

40〈挺近大別山是鄧小平最輝煌的經歷〉。

多次教訓，但是以後還會再犯，應該引起重視。第二是在「依靠貧雇農方面只看窮不窮，只看積極肯幹，結果導致一些村莊夾雜流氓竊取領導權」，這個問題之所以屢禁不止，恐怕與流氓無產者熱衷暴力政策有很大的關係。第三是幹部墮落問題：個別領導受賄吃請，私打土豪侵占果實，縣級以下幹部騎著高頭大馬下鄉工作，幹部裡邊還有嫖女人的。第四是沒有很好地執行工商業政策，出現了亂罰款亂沒收現象，對知識分子有左傾關門傾向。

七月，桐柏區黨委在趙紫陽主持下又召開縣委書記聯席會議，會議總結了湖陽會議之後的地方工作。會議明確規定：「停止分土地，停止打土豪分財產，停止亂沒收。」、「有步驟、有分別、有準備、有計畫地在已分田地的控制區進行複查調查工作；在未分田地的控制區進行反蔣清算，雙減運動；在遊擊區進行對敵鬥爭。」這樣，以陽湖會議為標誌，桐柏區全面停止了「左」傾的急性土改，使地方工作走上了正軌。41

在趙紫陽等人的努力下，急性土改從口號的提出到停止不到三個月，而全面扭轉則花了七個月。

到了一九四八年底，淮海戰役即將展開，國民黨軍隊對桐柏區進行了最嚴重、也是最後的「掃蕩」，根據毛澤東和上級指示，趙紫陽和區委書記劉志堅擬定了〈關於停止土改、實行雙減」的指示〉，採取了大量寬懷的政策，緩和與地主、知識分子、舊時保甲長甚至放下武器的土匪的關係，全力對付國民黨的清剿。

一九四八年五月二日，毛澤東在阜平縣城南莊召開了書記處擴大會議，晉冀魯豫中原局

41 中共桐柏縣委黨史辦編《中共桐柏縣黨史大事記——新民主主義時期》，第六十九頁，一九八四年五月版。

副書記薄一波作了自我批評，說「土改中我犯了不少錯誤，特別是侵犯了工商業。」毛澤東說：對，是有嚴重錯誤。停了一會又說：土改中的錯誤，你們自己已經糾正了。

這個「自我糾正」的過程中，也有趙紫陽的一份辛勞。

從一九四七年春天在解放區開始的大規模暴力土改，自此才告一段落。它的興衰過程，對於決策層以及薄一波鄧小平這樣的高級幹部，對於各地區的中層領導和基層的黨員幹部們，都應該是個教訓。可惜的是這樣的事情以後還會一犯再犯——因為它既有馬克思列寧主義的暴力革命理論基礎，又關係到政黨的切身利益，雖然隨著時局和利益關係的變化會左右搖擺並做些「微調」，但是無論戰爭年代還是和平時期，總體的方向一直沒有變。暴力土改造成的影響是非常惡劣的。在民間，它公開宣揚暴力搶劫私有財富的合理性，粗暴地踐踏了千百年來促進階級和解（富不欺貧，貧不擾富）的道德準則；在黨外，它將本來可以團結的大批中間力量變成敵對勢力，增加了自己的阻力，而在黨內，它以「反右傾」之名殘酷鬥爭大批基層幹部，尤其是對於那些地主家庭出身的知識分子幹部，在他們心理上投射下巨大的陰影。比如趙紫陽，儘管他在灣子會議上表現得很「左」，極力與自己的地主家庭劃清界限，可是在一九四八年整黨期間，還是有人批判他的「右傾」，而此時他已經隨大軍南下。

南陽小諸葛

從一九四八年九月開始，國民黨和共產黨大決戰的戰局，發生了決定性的巨變：九月十二日，遼沈戰役在錦州郊區打響，九月二十四日，解放軍華東野戰軍攻克濟南，消滅國民黨十萬守軍。十月十五日，解放軍東北野戰軍攻克錦州，殲敵十萬。十月二十日，國民黨軍隊被迫放棄河南省會開封；十月二十二日，隴海和平漢兩鐵路的樞紐鄭州被解放軍攻占。十一月二日，東北最大的城市瀋陽被攻克，遼沈戰役結束，國民黨喪失了四十七萬軍隊，整個東北被解放軍占領。英國路透社記者在報導中寫道：「國民黨在滿洲的軍事挫折，現在已使蔣介石政府比過去二十年存在期間的任何時候都更加接近崩潰的邊緣。」

桐柏地區的局面也發生了巨大變化。十一月四日，即瀋陽易手的兩天之後，駐守南陽的國民黨軍隊南逃襄陽，南陽隨即被共產黨部隊占領。毛澤東大為振奮，為此親自撰寫了新聞稿〈中原我軍占領南陽〉，稱「我們在所有江淮河漢區域，不僅是樹木，而且是森林了。不僅生了根，而且枝葉茂盛了。」又過了兩天，淮海戰役打響，期間駐紮在信陽一帶的國民黨第十二兵團東調被消滅，近一年來國共雙方在桐柏地區的拉鋸戰，終於結束了。

一九四九年四月二十日，第二、第三野戰軍的百萬雄師過大江，南京、上海、杭州等大城市相繼被解放軍占領，劉鄧指揮的二野遠赴大西南，與此同時桐柏軍區撤銷，軍區所轄主力部隊第二十八、二十九、三十旅合編為第五十八軍，隸屬平津戰役之後陸續南下的解放軍第四野戰軍。桐柏軍區存在的一年又三個月時間裡，共作戰一千二百餘次，殲敵四萬餘，占領縣城十三座，成立了四個專署和三十個縣級政權，建立了面積達五百零七萬平方公里、人口四百萬的解放區，實現了劉鄧首長提出的：「變漢水為我之內河，開闢前進基地」的任務。

在此期間，趙紫陽主持了相當於一個省的地方工作，全面領導了土改、支前、剿匪、農業和工商業及金融管理、文化教育等多方面的工作，第一次在實質上參與了大兵團作戰的軍事討論和政治動員，積累了豐富的主政經驗。他還在此期間於劉伯承、鄧小平、陳毅等中共第一代領導人的直接領導下工作，使得他們（尤其是鄧小平）對於自己的政治素質、思想水準、組織能力和工作業績有了比較深刻的了解。這些對於他日後主政一方乃至全國，都有深遠的影響。

一九四九年三月一日，中共河南省委在開封成立。統一按照省區劃分地區的原則，原有的各個區黨委一律取消，省委下轄十個地委和開封、鄭州兩個市委。三月七日，河南省軍區成立，下轄十個軍分區。趙紫陽任南陽地委書記兼軍分區政委。

三月十日，桐柏區黨委由唐河縣遷入南陽城。趙紫陽帶著一輛美國吉普和司機小楊，從桐柏來到南陽，又當起了地委書記。只不過和戰爭時期不同，他領導的不是東一塊西一塊的根據地，而是一個完整的南陽。

坐落在桐柏山下的南陽，其轄地與豫鄂陝三省交界，古代是北京通往湖廣和雲貴川的交通要道，因為陸路驛道與水路（漢水）碼頭相接，有「南船北馬」之稱。直至晚清，這裡都是豫西南的經濟中心，山（西）、陝（西）、江（西）、浙（江）商賈雲集，工商業興旺，其中建築業尤為發達，武侯、山陝會館等古建築巍巍壯觀，富麗堂皇，生產的絲綢也遠銷歐洲及東南亞各國。可是民國時期，幾百里之外的鐵路修通，這裡由交通帶來的商業價值已經不復存在，加上地處大山腳下，遠離政治中心省城，曾經繁華的南陽逐漸敗落，但是依然是河南省的大區。到趙紫陽接手時，縣城的人口兩萬餘人，下轄十二個縣，人口五百萬，多以農耕為業。

趙紫陽在南陽的時間不過兩年，所做的最重要的事情，依然是土改，最令人佩服的，是他在土改中提出的「八步三關」。

八步就是把土改工作分成八個步驟，比如第一步是宣傳《土地法大綱》，其後再步步深入，不能一哄而上，眉毛鬍子一把抓……三關是三個重要關口：第一關是要組織好農民協會，千萬不要讓地痞流氓鑽到農民協會裡來，這是土改的印把子掌握在誰手裡的大事。第二關是劃階級，重點是不能把小土地出租劃成地主，也不要把自己參加勞動，總收入的剝削部分不超過二五％的富農劃成地主。第三關是嚴禁亂打亂殺，凡有血債的惡霸地主、不殺不足以平民憤者，要開「人民公審大會」審理，經過上一級批准後方能夠執行。

趙紫陽自己總結出來的這個「八步三關」，政策性很強，操作很謹慎，很有點「和平土改」的味道，顯然是趙紫陽對於之前「急性土改」、甚至對於「灣子會議」的教訓總結，也很合符毛澤東的「子虡電」精神，在整個南陽地區、甚至在整個河南，都很出名。趙紫陽對那些參加土改的年輕人說：

土改的根本目的就是改變千百年來的封建土地所有制，使得耕者有其田。地主的土地被沒收了，也要留給他一份土地，把他們改造為自食其力者。如今政權掌握在我們手裡，真理在我們手裡，群眾站在我們一邊，我們手裡還有槍桿子筆桿子，土改完全可以有序進行，為什麼一定要搞得天翻地覆？為什麼一定要搞得血淋淋的？[42]

這段話可以看作當時趙紫陽在土改方面的基本思路，而且也與不久之後下發的政策相符合。一九五一年五月，中共中央發布〈對土地改革業已完成地區的地主參加勞動生產及就業

42 程雲《關於土地改革的回憶》。

問題的指示〉，指出「在土地改革後，適當地處理地主，是一個很重要的社會問題」，要求「土地改革業已完成、對地主的鬥爭已經相當徹底的地區，領導上應該說服在農民主動地向那些表示服從的地主和緩一下，以便爭取多數地主參加勞動，耕種自己所分得的土地，維持自己的生活。對於地主階級中的知識分子或有其他技能，可以從事教書或其他職業者，應允許他們從事其他職業，或分配教書工作給他們。對於確實沒有農業勞動力，而能作生意者，可以允許他們作生意。但對於有勞動力，能從事農業勞動，又無其他職業者，則應強制他們勞動，不允許他們遊手好閒以討飯為生。在他們從事農業勞動時，如有實際困難，亦應幫助他們解決」。

地主作為動員群眾的一種「工具」，其使命已經結束了，放他們一條生路吧。他們已經不重要了。

趙紫陽被人們稱之為「土改專家」的同時，還得了一個外號：南陽小諸葛，足見人們對他能力的承認：潛台詞中的「大諸葛」，就是一千多年前「躬耕於南陽」的那個足智多謀的諸葛亮。以後人們將他在桐柏地區的土改成果包括在內，一起歸結為「南陽土改」。對於很多人來說，他就是在南陽搞土改出的名。

值得注意的是：趙紫陽在這個階段的主要成績，就是糾正過急過左，採取緩和的、懷柔的政策，鞏固了解放區，為大軍減少了阻力。

這些經歷，會影響到趙紫陽以後的工作。

除了土改，趙紫陽主政南陽期間還抓了三件大事。

第一件是大事，是支持大軍繼續南下渡江作戰，積極保障供給。趙紫陽先後接受了三次大的支前任務，其中兩次是為南下部隊提供後勤服務，一次是保證新解放的武漢、上海等大城市的糧食和物資供應，還經濟支持地方獨立團、基幹團升級編入野戰部隊，其中僅浙川等五個縣分別編入二野和四野的地方武裝人員就達一萬三千九百餘人。第二件大事是貫徹中央七屆二中全會精神，將工作重點從農村轉向城市。一九四六年春天，隨著國共兩黨停戰協議生效，和平建設時機姍姍來臨，趙紫陽決定將滑縣古鎮道口立為副地級市，直屬地委領導，設立了市委市政府，下設民政、公安、工商等部門及銀行。由於內戰很快爆發，道口市只存在了四個月時間，但是趙紫陽本人已經嘗試了包括機械製造和傳統手工業在內的工商業、水陸交通運輸等領域在內的城市管理，讓這個剛剛解放的古鎮在「勞資兩利」的政策下呈現出一派繁榮景象，其獲得的稅收增加了邊區的財政收入。眼下面對還處於戰爭期間的南陽，他認為加強城市工作的中心環節還是恢復發展城鎮工商業。為此南陽地委逐步將區內各地由各專署建立的工廠企業遷入南陽市，並接管了政府的官辦企業，建立了南陽國營酒精廠、鐵工廠、製藥廠、印刷廠等大中型工業企業，掌握了全區的經濟命脈。同時還通過借款和貸款，扶持和發展私營工商戶。到十月，全區已經有工業七千八百六十八戶，商業二萬二千二百一十九戶，工業總產值大約二千五百九十萬元，占全區工農業總產值的三・三%。

與此同時，趙紫陽也沒有放棄、也不可能放棄農業，特別是糧食。南陽幾乎年年春旱，老百姓都要外出逃荒。一九四九年的春天，轄區內的春荒有蔓延之勢，趙紫陽接連下達緊急指示，組織群眾生產自救，先後發放貸款七千七百一十萬元，貸糧十四萬斤，各種賑災救濟糧二百四十六萬斤，並以大量收購農副產品的方式增加農民收入，讓全區人民安然度過了春荒。一九五〇年春天，豫東遭了大災，河南省的楊副省長打來電話，讓南陽往豫東調二百萬斤小麥。趙紫陽的回答是：

南陽現在一是土匪猖獗，二是南召、內鄉、西峽、淅川等縣的農民正處於春荒時期。我現在要有這二百萬斤小麥，就會有個穩定的南陽，如果現在省裡要調這二百萬斤小麥，我可以撥過去，但是沒有一個穩定的南陽。省長您是要一個穩定的南陽呢，還是要這些小麥？

南陽是個大地區，當然不能有任何動亂，最後省裡就放棄了這個要求。此事讓南陽的幹部們很感慨：很多人都是唯上不為下，可是趙書記既尊重上面意見，又反映了下面實際情況，保全了老百姓的利益，真是不容易。作為這一地區的主要領導，趙紫陽一邊解決農民的吃飯問題，一邊恢復副業生產，增加農業投入和生產基金，暢通物資流轉，打通城鄉關係，甚至還在水利勘探、蠶業恢復、牲畜防疫等方面打開了局面。一九五〇年入秋之後，趙紫陽集中進行了貸放小麥種子的工作，使得全區小麥播種面積擴大了六十二萬畝，為下年的小麥豐收奠定了基礎。

趙紫陽抓的第三件大事，就是剿匪。

南陽大山連綿，民風強悍，老百姓年年防旱，夜夜防賊——賊就是土匪。從民國一直到趙紫陽來之前，南陽的土匪如麻，有槍就是王，拉幾個人就幹上了。直到一九四九年，大別山裡還有十幾個縣城被土匪盤踞，是我國北方最大的一股，其中就有不少在南陽的大山裡。

國民黨的部隊敗退之後，其殘餘勢力參與其中，頻頻給這些土匪「加官進爵」，乘著地方武裝大量加入野戰軍遠行，他們密謀策劃了豫鄂兩省邊境的「三月三暴動」，煽動老百姓哄搶糧食，殺害鄉村幹部，其中南陽內鄉縣被搶糧食五萬餘斤，鄉幹部被殺二十餘人；鄧縣一帶的土匪甚至嘯聚三萬餘人，八天內控制了全縣總共十二個區中的八個區，搶劫公私糧食五百二十五萬斤，並試圖攻占鄧縣縣城。趙紫陽得知消息後，一面向中中原軍區緊急請求軍事支持，一面向全區發出緊急剿匪指示，組織大規模的政治攻勢和軍事清剿，很快將大部暴亂土匪擊潰。已經渡江南下在湖北作戰的原桐柏軍區部隊五十八軍接到回師北上剿匪的命令，軍長孔慶德迅速率部返回南陽，統一指揮五十八軍、陝西十二旅和南陽軍分區的部隊剿匪。據一九四九年南陽地委〈剿匪反霸中幾個問題的初步總結〉中的數字：從當年四月初到七月底三個多月的時間裡，經過軍事圍剿和政治攻勢，斃、傷、俘共二千零八十四人，投降登記一千零九十六人，繳獲長短槍支一千五百二十四支，六零炮六門，機槍二十八挺，子彈四萬二千四百四十一發。大股土匪已經剿滅，散匪正在清剿之中。

動盪的日子結束了，局面終於穩定下來。趙紫陽將妻子梁伯琪和大兒子大軍接到了南陽，一家人住在地委的一個小院裡。很多人的記憶中，三十來歲的梁大姐依然很漂亮，三十來歲的趙紫陽也很英俊，兒子大軍常常在院子裡玩耍，穿著一身舊軍裝改成的小衣服。可是人們從來都沒有見過他爸爸穿軍裝，只是穿著一身灰色的舊中山裝，成天都不著家。戰火硝煙還沒有散去，暴戾之氣彌漫，愈是大官兒火氣愈大，趙書記溫和細緻周全的工作作風，很快就獲得幹部們的好感。下面給他彙報工作的時候，他會提出很多問題，正面的，反面的，從這個角度看，從另外一個角度看……對於那些在敵占區做地下工作的同志，他還會一再囑咐你要提高工作技巧，注意自己的安全。縣委書記們來開會，工作談完了，他會問問每個人的生活情況，身體情況。漫天炮火中，這樣很關心幹部的領導真是不多，親切啊。所以紫陽書記在幹部中間威信很高。特別是那個地委組織部長李子元[43]，在辦公會上一口一個趙書記，趙書記如何一面吃飯一面給他安排工作，趙書記咋說咋說，趙書記對這個事怎麼怎麼要求，我們要怎麼怎麼辦。一九五〇年春季南陽土改試點，一九五〇年冬季土改試點縣結束以後，接下來將在整個南陽全面鋪開，趙紫陽就此在南陽城裡的工人戲院做土改工作報告。各縣的領導，地直機關的頭頭都參加了這個報告會，主席台上連桌子也沒有，也沒有話筒，趙書記就在檯子上走來走去地講，講為什麼要搞土改，怎麼樣搞，怎麼樣執行「八步三關」……那麼大的一個會，講了那麼長時間，他居然連稿子都沒有！[44]

趙紫陽在南陽的兩年，把百姓生活安排得很好，哪裡有災就往哪裡調糧食，群眾基本上沒有逃荒的，而對大股土匪的剿滅，更讓多少年來惶惶不安的百姓定下心來，讓這一帶呈現出歷史上少有的安寧。直到現在，南陽的老百姓還在念叨趙紫陽的好，而幹部們一直在懷念他深入細緻的工作作風和高強的執政能力。

短短兩年，趙紫陽給南陽人留下了很深的印象。

43 李子元，河北邢台人，一九三八年入黨，一九四七年八月隨軍南下大別山。一九四九年八月任南陽地委組織部長，後隨趙紫陽去廣東，官至廣東省委常委；一九七五年隨趙紫陽去四川，任四川省委書記；一九八〇年趙紫陽任國家總理，李子元任農業部顧問組副組長。一九八六年病逝。

44 蔡文彬採訪盧正遷。

第二章　廣東土改[45]

廣東民情

雖然頭上戴著三頂帽子，可是直接導致趙紫陽到廣東的，還是那頂「土改專家」。

由於廣東的解放遲於全國，一九四九年八月葉劍英向毛澤東彙報南下的準備工作情況時，覺得幹部不足是一個突出的問題：「主席，華南解放晚，別處都把幹部要走了，剩下能分配給我們的幹部太少了，好比我們客家話中的『水尾田』，流到最後剩的水就不多了。您看怎麼辦？」

毛澤東借葉劍英的比喻回答：「『水尾田』是『水尾田』，但那裡有一股泉水嘛。」毛澤東講的「泉水」，就是指以方方為主要領導的華南分局和兩廣縱隊[46]。

45 本章主要參考資料：楊立《帶刺的紅玫瑰》中共廣東省委政策研究室《黨史叢刊》、趙蔚《趙紫陽傳》，中國新聞出版社一九八九年版、楊繼繩《墓碑—一九五八～一九六二年中國大饑荒紀實》，香港天地圖書有限公司二〇一〇年四月版。

46 解放戰爭時期，以廣東人民抗日遊擊隊北撤山東的部隊為基礎組成的部隊，後劃歸華東野戰軍，參加眾多戰役，並隨大軍南下解放廣東，因為廣東廣西籍的戰士居多，命名為兩廣縱隊。一九五〇年劃歸廣東軍區，番號撤銷。

在廣東的革命和建設史上，方方是一個重要人物。他在大革命時期入黨，土地革命時期曾任福建省委代理書記，抗戰時期曾任中共閩粵贛邊區省委書記、中共南方工作委員會（簡稱南委）書記，解放戰爭時期曾任中共香港分局書記。一九四九年七月，中共中央為了加強對廣東、廣西地區黨政軍工作的統一領導，決定組建新的華南分局，管轄廣東、廣西兩省和香港工委。分局第一書記葉劍英、第二書記張雲逸、第三書記方方。其中張雲逸主管廣西省工作，方方實際上成了協助葉劍英主持廣東的第二把手。廣州解放後，葉劍英為廣東省人民政府主席，方方任廣東省人民政府第一副主席，兼省土地改革委員會主任。省委班子形成了以廣東籍回鄉幹部（葉劍英、古大存）、解放前外地來粵幹部、及廣東籍本土幹部（馮白駒、方方）三合一的「廣東派」幹部。

這種「廣東派」幹部的共同特點是，熟悉廣東，並力主因地制宜治理廣東。為此在一九四九年九月召開的廣東地方幹部和南下幹部會師的高級別會議上，葉劍英和方方都詳細地介紹了廣東的風土民情和革命鬥爭的歷史，以此證明廣東的特殊性。

葉劍英還特地介紹了廣東華僑的情況，他說：

廣東人遭受外族壓迫，生活困難，有許多人遠涉重洋，到安南、暹羅、緬甸、馬來亞、蘇門答臘、爪哇、婆羅洲以至美洲、澳洲各地去。據估計，現在全國共有華僑一千一百萬人，一百萬分散在歐美各洲，一千萬分散在南洋群島，而這一千萬人中，約有六、七百萬是廣東人：假定廣東以三千萬人口計算，每五個人中就有一個是華僑。這些華僑除了極少數發財致富之外，絕大多數是在幾重壓迫之下過著極端困難的生活。因此他們對外族的壓迫十分仇視，對祖國的解放十分熱望，常常不惜將自己血汗所得的微薄工資輸獻給祖國的革命。孫中山搞革命就得到華僑的很大幫助。

葉劍英著重介紹了廣東的共產黨組織的情況，他認為：

廣東的黨組織是無產階級基礎的黨，因此也產生了許多無產階級出身的領袖，如蘇兆征、楊殷、羅登賢、李源，黃蘇、鄧發等同志（現在都犧牲了），他們領導工人階級反帝反封建，進行過許多英勇鬥爭，領導過廣州暴動，成立過廣州公社。廣東黨也領導過廣大的農民運動，進行過土地革命，其中規模最大的，如彭湃同志所領導的海陸豐蘇維埃，組織過幾十萬農民群眾。廣東黨組織也組織過軍隊。大革命時期，葉挺同志領導的獨立團就是我黨的最早的一支軍隊，可惜在大革命失敗後，整整的十年土地革命中，廣東的武裝鬥爭沒有得到堅持和發展，許多黨的幹部沒有在武裝鬥爭中被保存，相反，都在城市中，在地下，被反革命殺光，只有一小部分在廣東境外、在軍隊中保存下來。因此，現在的廣東幹部參加過大革命的已經很少了。據方方同志報告，在六十多個地師級以上的幹部中，只有十幾個是大革命時代的幹部了。可是廣東黨終究在大革命時代領導過農民運動，給群眾造成不可磨滅的印象，和群眾有深厚的歷史淵源，時機一到，他們是會立即在黨的領導下發動起來的，這就是在抗日時期和在自衛戰爭時期，廣東遊擊戰爭所以能夠很快發展的原因之一。

這裡值得注意的是：在本土幹部和南下幹部會師的高級別會議上，葉劍英強調「廣東華僑的革命性」，強調「廣東的黨組織是無產階級基礎的黨」，顯然是在打「預防針」。他要防止那些從貧困的北方一路打殺而來的農民軍人，把有錢的華僑當作必須斬盡殺絕的地主老財；而且這些驕傲的軍人，也很容易把那些在出身和知識方面也高過自己一籌的廣東地下黨的領袖們看成是「異類」，以後在工作上不好合作。

可是葉劍英的努力白費了。

與葉劍英相比，方方著重提到一個很重要的問題，就是廣東人的「排外傾向」。他說：我以為那是並不確實的。雖然廣東的部分城市居民有驕傲自大毛病，自以為開化較早，見的事情多，弄小聰明，不只輕視外省人，也輕視山縣及鄉村人。但是從大革命到目前，廣東的領導幹部及許多工作同志，許多都是外來幹部，如內戰時期聶榮臻同志、李富春同志等都是外省人，當時紅軍四六團長李斌同志是湖南人，四七團長李英平同志、四八團長由時彥同志都是四川人，他們都是外來幹部，都領導過廣東鬥爭，都沒有碰過什麼排外問題。又如現在湘粵贛邊的林平同志是江西人，黃松堅同志及梁威林同志是廣西人，左洪濤同志是湖南人，他們都領導得很好．他們的領導都沒有碰到什麼反對。因此外來幹部與本地幹部團結問題．只不過是全國的一般同題而已。

與此呼應，葉劍英在講話中特別強調了團結的重要性。他說：「現在是四面八方的幹部匯合在一起，有外來幹部與本地幹部，新幹部與老幹部，黨員幹部與非黨員幹部、軍隊幹部與地方幹部等等，所以要特別注意團結。」並對本地幹部提出了嚴格要求。葉劍英和方方在這裡為廣東「排斥外省人」的傳言辯護，並強調各路幹部之間的融合，顯然也是有所指的。其時大軍一路南下，所經之地都留下了大量幹部，普遍出現了與本地幹部的種種矛盾。可是葉劍英和方方他們萬萬沒有想到的是：就是他們的講話過後一個月，廣東地面上野戰軍和地方部隊便擦槍走火，因為一個令人啼笑皆非的「誤會」，種下了矛盾的禍根。

這個「誤會」的當事人之一，就是後來為廣東的改革開放立下汗馬功勞的袁庚[47]。解放廣東的時候，袁庚是兩廣縱隊炮兵團長，一九四九年十月十七日，已經轉隸四野的兩廣縱隊（新番號為二十四師），在廣東羅浮山下的博羅縣龍華墟一帶，圍殲國民黨一五四師。包圍圈縮緊後，一五四師少將副師長鄭蔭桐派來一團長聯繫，聲稱他們已向華南分局聯繫起義，兩廣縱隊即令其撤出所占山頭，進鎮接受投降起義儀式。在接受過程，袁庚率領的炮兵團一連在夜晚接收一個山頭時，卻遇到開槍阻擊，連長王同遂率領隊伍全力進攻，結果攻下山頭，俘虜「敵軍」一個連和連長。可是仔細一看，原來這被俘的一個連，並非國民黨一五四師，而是林彪屬下第四野戰軍中赫赫有名的「塔山阻擊戰[48]英雄團」的一個連隊，那個被俘的連長更是號稱「英雄連長」的英雄。這時兩廣縱隊方知打了一場誤會戰，誤俘了同志，一面道歉，一面也為自己的戰鬥力而自豪——要知道塔山阻擊戰打了六天六夜，是以犧牲我方三千多人殲滅國民黨六千多人的慘烈戰鬥，能夠活出來的人都是「見過大世面」的，沒有想到我們兩廣縱隊，其戰鬥力竟然可以打勝四野大名鼎鼎的塔山英雄團。而四野的塔山英雄團，雖然知道是一場誤會戰，卻深為敗在被稱之為「小小遊擊隊」的兩廣縱隊手下而惱羞不已。雖無明確材料證實當年林彪等人對此事的發怒，但後來四野方面一再批評廣東地方幹部不尊重四野，不能排除這個微妙

47 袁庚，廣東人，一九三七年參加抗日救亡活動，一九三九年入黨，在廣東遊擊隊中成長，前半生為高級間諜，後半生為中國改革開放開創先河。為表彰他致力於中港關係的貢獻，二〇〇三年被香港特別行政區授予金紫荊星勳章。

48 一九四八年十月遼沈戰役中，東北野戰軍於遼寧省錦州西南塔山地區對增援錦州的國民黨軍所進行的一次防禦作戰。異常慘烈的戰鬥進行了六天六夜，最終解放軍部隊以三千七百七十四人的傷亡，殲滅國民黨軍計六千五百四十九人獲勝，保障了主力部隊攻克錦州作戰的勝利。

因素。有人認為，這一次小小的誤會戰鬥，種下了「四野」憎恨廣東地方幹部的禍根。

在隨之而來的廣東地區的土改中，熟悉情況的葉劍英和方方等人做了大量的工作。一九五〇年一月，在廣東省首次黨代表會議上，葉劍英主持討論了土改問題，華南分局和廣東人民政府，也制定了一系列切合實際的土改政策。首先，他們認為過去老解放區必須抓緊土改，是因為要發動群眾，參軍支前，保衛勝利果實，解放全中國；而廣東是全國最後解放的地方之一，完全有時間也有精力，把土改搞得細一些的。其次，廣東與北方比較，在歷史上和地理上都有它自己的許多特點，可以在政策和方法上與北方土改有所不同。當然了，土改是必須進行的，因為廣東雖然商品經濟比較發達，可是在中南六省中，依然是個土地占有率比較集中的省份：地主占農村總戶數五．八％、總人口八％，這個比例還是比較高的。但是同時，葉劍英和華南分局又認為，廣東的土地和歷史情況形成了七個特點，其中第三點和第五點，都有關華僑和工商業問題：

……

（三）華僑和工商業地主占有相當數量的土地。華僑地主或華僑小地主出租者多是在國內無法生活而出國謀生，以在國外出賣勞動力或經營工商業所得贍養家屬。抗日戰爭期間，由於僑匯[49]斷絕，許多僑眷無以為生，餓死或逃荒。華僑鑑於此，所以在家鄉購買一些土地，作

49　僑匯指居住在外國的本國公民或者是居住在本國的外國公民匯回祖國的款項。中國通常所稱僑匯是指華僑匯回祖國的款項。

為瞻養眷屬或歸國後生活憑藉。

……

（五）華僑眾多是廣東的一大特點。因此在制定廣東土改中的華僑政策時，主張對九十％以上的貧苦歸僑、僑眷，應給以合理照顧，對一般的華僑地主，其在農村中所有土地和房屋，大多數是靠本人辛勤所得匯回國內購置而來，與一般封建地主剝削階級有所區別……應予照顧。

葉劍英認為，對待華僑地主同靠封建剝削為生的地主一樣對待的主張是幼稚的。據此，在政策上，規定要保護華僑勞動人民的小量出租地，其出租地不超過當地平均每人土地一倍者，均保留不動，超過者也給予酌情照顧；對華僑地主，只沒收其出租的土地，其房屋、傢俱、耕畜、糧食、農具保留不動（原由農民居住的房屋除外）。

廣東城鎮較多，工商業比較發達，許多工商業者與港澳有密切關係。在土改中，廣東制定了一系列維護城市正常工商業活動秩序和保護工商業的具體政策。一九五一年，華南分局在〈土改工作指示〉中明確指出，所謂放手發動群眾「是放反封建之手，不放反資本主義之手。」、「特別要對兼地主的工商業者，講明人民政府保護工商業政策，使他們解除顧慮，安心就業。」

同年五月，方方在〈從三個試點縣土地改革中看到的若干問題〉中又指出：

對工商業兼地主或地主兼工商業者，只割掉其封建尾巴，不要傷及他的四肢，變成殘廢，割前曉以道理（宣傳），割後還給他上蝗藥膏（適當的必要的照顧）……對工商業財產，絲毫也不動他的。

廣東還有愛國民主人士較多、沿海漁民較多、海南少數民族較多和特殊土地（如沙田、公嘗田、山林、魚塘、桑基、果園、塘禾田等）較多的特點。華南分局和廣東省人民政府都制定了相應的具體政策：

對依靠土地收入以維持費用的學校、孤兒院、養老院、醫院等事業屬於公立者，在徵收其土地後，其經費一般應由當地人民政府從地方經費中開支，不足者呈請上級予以補助。

強龍壓境

一九五〇年春，根據中南軍政委員會的指示，廣東開始試行土改，提出先從「三縣（揭陽、興甯、龍川）著手」的土改試點方案，先後上報中南局和毛澤東，均未見提出不同意見。一九五一年三月三日，方方代表華南分局對三縣的土改工作進行了總結，認為：

三縣的土地改革，群眾基本發動起來了，階級敵人基本上被消滅了，封建的土地所有制已改變為農民的土地所有制；在土地改革中沒有侵犯工商業，沒有侵犯中農，沒有亂殺，保存了富農經濟，照顧了華僑和其他勞動人民，打消了房界地界矛盾（這是當時衡量廣東農村群眾是否發動起來的重要標誌之一），達到了預期效果，為全省的土改積累了經驗，培養了幹部。

與此同時，方方也實事求是指出了三縣土改中存在的缺點，如：群眾發動得不充分，不鞏固；基層整頓不夠；對敵人打擊不夠狠，不徹底。這些問題明眼人一看就知道是泛泛而談而已。

但是，以林彪為第一書記、鄧子恢為第二書記的中共中央中南局，在對廣東土改的評價上，卻和華南分局之間產生了嚴重的分歧。首先，他們認為廣東土改緩慢無力，群眾沒有發動起來；其次，造成這些問題的主要原因，是因為黨組織不純，幹部隊伍不純，許多幹部同地主、官僚、國民黨、資產階級、華僑地主有著千絲萬縷的關係，所以在土改中下不了手。中南局土改委員會主任李雪峰[50]，多次在中南局機關報《長江日報》批評廣東土改群眾發動不夠，太右，是「和平土改」。一九五一年四月，李雪峰等人來到廣州，先後召開了土改總結會議和華南分局擴大幹部會，對方方的總結提出了批評。他們認為：

廣東土地改革的試點工作在指導思想上有問題：第一，土改缺乏農運高潮，黨內部分幹部未堅決站在農民方面，為徹底消滅封建勢力而鬥爭；第二，照顧其他階級多，體貼農民生活感情少，缺乏階級分析；第三，對敵人不夠狠，對群眾不夠熱；第四，廣東基層組織不純，不能依靠。

這四條把三縣的土改試點全盤否定了。

若干年後來看，造成這種爭執的背景很複雜，比如朝鮮戰爭爆發，美國軍艦到了台灣，海南島還沒有解放，由國民黨殘餘及其收編的各種「反共救國軍」組成的大批土匪騷擾嚴重……

這些因素都導致了廣東局勢的緊張，新生政權企圖用「土改」這個行之有效的辦法加快發

50 李雪峰（一九〇七～二〇〇三），山西永濟縣人。曾任中共中央中南局副書記兼組織部部長，中共北京市委第一書記。時任中共中央書記處書記。

動群眾，鎮壓反對勢力。可是最主要的原因，恐怕還是「暴力土改」與「和平土改」的衝突。

葉劍英和方方這樣的地方幹部了解廣東，他們知道這些地主資本家不都是宣傳的那樣壞，很多人在過去我們困難的時候，對我們非常好，給了很多援助，是有功勞的，對這些人要放他一馬，寬鬆一點。所以廣東的土改應該是和平性的：著重打擊惡霸和大地主，保護華僑和工商業主。可是毛澤東和北方的幹部，都喜歡徹底的、暴力的、殘酷的土改，這樣的土改帶來一個好處，就是窮人分得的東西更多，他們會為了保衛分得的「勝利果實」，迅速團結在共產黨的周圍，所以發動群眾的效果很好。

兩邊在這個問題上爭執不休，廣東地方幹部人多勢眾，占據了優勢，引起南下幹部的巨大不滿[51]，而這些「南下幹部」又以統領大軍南下解放廣東的四野幹部為最。第四野戰軍，是林彪的部隊，雖然有人認為在解放廣東的戰鬥中，四野的功勞並沒有宣傳的那麼大，可這支戰功顯赫的部隊畢竟是各路大軍的「統領」，骨子裡難免有些驕傲。但是廣東的地方幹部也不服氣：你們南下大軍是很厲害，可是我們本地的部隊算起來也有八萬人，其中黨員三萬人，咱們不去說從大革命時期開始到抗日戰爭那些功勞顯赫的陳年舊事了，也不說我們北上之後曾經和你們一樣在解放戰爭中衝鋒陷陣，就拿解放廣東來說，我們也是出了大力的，現在不說平起平坐，起碼也互相尊重。何況……雖然大家表面上不說，可背地裡都心知肚明，那就是你們四野那麼威風，不也當過我們的「俘虜」嗎？憑什麼你四野和南下的人來了以後，在各

51　參加廣州接管工作的幹部五六一八人，其中由中央從各地抽調隨軍南下、以及從解放軍轉到地方工作的幹部二一八二人，原在廣東堅持遊擊戰爭或地下鬥爭的幹部三四三六人，可見當時本地幹部略占多數。

個系統都當一把手，廣東的那些地委書記，全部是你們北方人；而我們廣東很有名的、很有功勞的一些人，最多被排成第二把手甚至五六把手，這不公平。吵來吵去，廣東有人說共產黨不是書記管縣長嗎？那好，你們當縣長，我們的人當書記！華南分局組織部一位副部長一氣之下，將一批正縣級的南下幹部降為副縣級。

兩邊的矛盾就更大了。

毛澤東和以林彪為首的中南局，一是堅決支援暴力土改，二是為自己人撐腰，一致認為要改變廣東土改領導軟弱和進展緩慢的局面，需要物色得力的領導幹部，並抽調一批經歷過土改的北方幹部予以支持。此時正值廣東三縣試點之後，土改馬上要大規模在全省鋪開，管轄兩廣的華南分局也深感幹部不足。一九五〇年九月，華南分局向上級中南局和中共中央提出，要求調進縣級以上幹部一千餘人，一般幹部六千餘人。

葉劍英去中南局向鄧子恢要土改方面的專家，鄧子恢就推薦了趙紫陽。一九五一年四月，就在李雪峰他們否定廣東土改的同時，中南局將中共南陽地委書記趙紫陽調到廣東，任華南分局祕書長，不久升任廣東省土改委員會副主任。繼趙紫陽之後，廣東之後又從中南、華北已完成土改的地區抽調一千多名幹部，到廣東工作。

大規模的土改運動在廣東風起潮湧，四萬名幹部扛著背包，奔赴全省農村，在六十三個縣全面展開清匪反霸、退租退押的「八字運動」。許多南下幹部大聲疾呼：廣東土改沒有發動群眾，沒有鬥倒地主惡霸，只是零敲碎打，甚至「基本沒動」。從現在起，必須一改舊觀，全面進行土改複查。大軍掛帥，狠字當頭，不打不服，充分發揮繩子和棍子的作用，無限度地清算追挖，非要把地主鬥得傾家蕩產、九死一生不可。有些農民在「少數勇敢分子」的號召下，一哄而起，三五成群，進行無領導無組織的自發鬥爭。正如方方指出過的，廣東人生性勇猛，以往鄉里之間宗族之間常因爭風水、爭水利，械鬥數年不止，甚至歷代成為世仇。土改一來，那些宗族鬥爭嚴重的地方乘仇起亂，大村鬥小村，大姓鬥小姓，強房鬥弱房門，亂打一氣。還有人趁火打劫，侵吞果實，貪污浪費……這些亂象，被葉劍英痛心地形容為「一場敵我不分的混戰局面」。到了一九五二年一月的華南分局土改會議上，葉劍英、方方等領導同志認為廣東土改問題的偏差是「上級多頭多腦，中間昏頭昏腦，下級無頭無腦」，必須儘快進行糾偏。在葉劍英的督促下，各地花了十幾天時間來糾偏，情況終於有所緩和[52]。

趙紫陽一到廣東，就沉下去搞調研，三個月以後的一九五二年七月二十日，他在一份調查報告中曾經有過以下內容：

對地主階級的打擊一般是比較徹底的，但仍存在著以下問題。一是對敵鬥爭不策略，對中小地主打得徹底。有的打得過重，對大地主和當權派打得卻不夠徹底……由於運動時間的短促，大多是前細後粗，前寬後緊，加以執行政策的偏差，因此運動的另一特點是遺留問題特多……一是錯劃階級的現象比較嚴重，把一些富農及小土地出租者錯劃為地主，把不少的貧雇農錯劃為中農和貧農。一是積壓果實，分配粗糙。機動田留得尚多，不少山林、魚塘、房屋、農具未分或未分配完畢；分配不公的現象仍較普遍，約有十%左右的貧雇農土地未滿足，二十%左右的貧雇農在生產資料上未滿足，部分地區對回鄉工人、佃中農及鄉村貧民分得太少，照顧不夠。有些地主沒有分

52　宋鳳英〈華南分局重要領導人方方蒙冤始末〉，《黨史文苑》，二〇〇七第十七期。

配土地或分得太少太壞，增加領導改造的困難。」[53]

這些內容都出在葉、方「糾偏」之前，顯然在趙紫陽的心目中還保留著北方土改偏激的教訓，在一定程度上反映了他實事求是的工作作風。可是在幾個月以後趙紫陽的會議發言中，並沒有見到葉劍英和方方指出的這些「偏差」。作為廣東土改具體工作的負責人，趙紫陽為了取得發言權，一頭紮到中山縣「做得比較好的兩個鄉」去調研，並於一月二十四日向華南分局報送〈土地改革第一步工作中的幾個問題——中山土地改革試點情況考察報告〉。在這個報告中，他比較贊同南下幹部的傾向：

惡霸打得是不夠徹底，黑槍的收繳亦不徹底，逃亡的惡霸還沒有認真緝捕，農民隊伍的領導核心仍然不強，農協委員、代表、組長中都或多或少地混進了一些不純分子；地主階級公開的破壞活動在這些鄉村已大大減少，但分散收買隱蔽的陰謀卻是十分嚴重的。農民對訴苦已經厭煩不感興趣，要求快分田，可是覺悟確實還是很低的，只仇惡霸不仇地主，沒有從反霸的水準提高到土地改革的水準——即決心徹底地將地主階級作為一個階級來消滅……

分歧在繼續，而且有日益激烈的趨勢，趙紫陽太年輕，又僅僅是個祕書長，未必壓得住陣腳。為了加強領導，一九五一年十二月二十五日，中南局將四野政治部副主任、廣西省委代理書記陶鑄，調任華南分局第四書記。陶鑄到廣東後，接替方方主管廣東土改運動。

此後，中南局正式提出了「廣東黨組織嚴重不純，要反對地方主義」的口號，先後三十六

53 趙蔚《趙紫陽傳》，第六一～六二頁，中國新聞出版社一九八九年二月版。

次大規模進行「土改整隊」、「整肅」，提出了「依靠大軍，依靠南下幹部，由大軍、南下幹部掛帥」的方針，最後明確提出：各級黨委都要由大軍和南下幹部掛帥，當第一把手。到一九五二年五月，在不到半年的時間裡，全省共處理廣東「地方主義」幹部六千五百一十五人[54]。有一位南下幹部在德慶，上任當縣委書記，他認為廣東地方幹部出身於剝削階級，且同國民黨人在統戰中建立了密切關係，是組織不純，於是在土改整頓中，把該縣從縣長到一般幹部中的廣東地方幹部，大部「雙開」。

南下幹部們在執行政策上存在嚴重偏差，照搬老解放區北方土改的一套，採取硬追硬迫，捆綁吊打等辦法。在一九五三年春季土改運動中，粵西地區就發生了完全不應當發生的極其嚴重的自殺現象，自殺人數全區達一千一百六十五人，僅自二月三日至三月六日一個月零三天的統計中，自殺就有八百零五人。對此，華南分局在三月二十五日的通報中認為「不執行政策，不講究鬥爭策略的錯誤作法，是發生如此嚴重自殺的直接原因」，對此提出了嚴厲的批評。其實，土改中過「左」的錯誤與省裡主要領導幹部的指導思想有關，批評下級當然無濟於事。許多地方在南下幹部「掛帥」下，地方幹部在工作中有不同意見也不能講，講了就是不服從領導，是排斥南下幹部。

狂風滿樓，不過是暴雨到來之前的徵兆。一九五二年六月，北京召開了批判葉劍英、方方在土改問題上的右傾和幹部政策上的地方主義錯誤的會議。會議由毛澤東親自主持，參加會議人員有周恩來、薄一波、羅瑞卿、鄧子恢、葉劍英、方方、陶鑄等。會議一開始毛澤東

54 宋鳳英〈華南分局重要領導人方方蒙冤始末〉，《黨史文苑》，二〇〇七第十七期。

就點名說：「方方，你犯了兩個錯誤，一是農民運動右傾，二是幹部政策上的地方主義……因此降你一級。」會議不但認為「廣東打慢板」，還認為廣東解放以後，在主要問題上、「在決定關鍵上犯了錯誤」、「迷失方向」。批評葉劍英根據廣東具體情況制定的廣東土改政策是「廣東特殊論」。毛澤東在會上宣布，由陶鑄取代方方主黨，方方主政。

會議結束不久，葉劍英出現心臟病症狀，到北京治療和休養；緊接著方方再次受到批判，被撤銷華南分局第五書記、常委、省政府第一副主席等職務，只任分局交通部長，而後調北京負責僑務工作。至此，以他們為首的廣東地下黨統統「靠邊」，他們企圖保護的與之同舟共濟的富人朋友們，也都遭到滅頂之災。為此葉劍英曾經痛心地說：（因為自己）主帥不力，累及三軍。

幾乎與此同時，全國各地的地下黨和本地幹部因為大致相同的原因，都遭到同等「待遇」。若干年後才得以曝光的那個專門針對地下黨的「十六字方針[55]」，也在這個時間段出台，可見在中國廣袤的土地上，本地幹部與南下幹部的矛盾，尖銳到了何等嚴重的地步。

廣東的老同志至今認為：反「地方主義」比「文化革命」還要厲害。「文化革命」期間雖然大家都受衝擊，但是很快就慢慢恢復了工作。而「地方主義」一下了結論，一輩子翻身都很難的。有些也翻身了，但是後來一九五七年又被徹底搞一次[56]，很少再有提拔起來的。

55 據南京地下黨市委書記陳修良透露，解放初黨內極少數高級幹部中祕密傳達了一個專門針對地下黨的十六字方針，內容為：降級安排，控制使用，就地消化，逐步淘汰。

56 一九五七年，又一次「反地方主義」與「反右」同時進行。

廣東完全由陶鑄主持工作，趙紫陽成為陶鑄最得力的副手。

趙紫陽初到廣東才三十二歲。時任《新華社》廣東分社社長的杜導正[57]回憶說，當時的趙紫陽「高個、很有氣魄，一看就是個很聰明的、很瀟灑的、很英俊的人物，漂亮男子」。可是這個英俊漂亮的年輕人，實在是太年輕了。看看他的周圍：葉劍英五十四歲，方方四十七歲，古大存五十五歲，馮白駒四十八歲……下面的幾個部長的資格和歲數都比他老，而且是在本地長期堅持革命鬥爭的老革命家，初到廣東的趙紫陽雖然頭上頂著三個「專家」的帽子，又承擔著土改的具體工作，可實際上是人微言輕的。一九五二年七月十二日，方方就自己「地方主義」的錯誤做了檢討，其中提到了對趙紫陽的「依靠」問題：「一九五一年春以後中南局為了加強廣東工作，陸續派了趙紫陽等同志前來。假如我是真正以黨的利益為重的，自然會熱烈歡迎，虛心向他們學習，並即以他們為依靠，重組土改班子，堅決開展農民運動。但是我卻計較個人的利害得失，感到中南局不信任自己，又怕他們找到岔子，自己丟臉，因而苦悶消極，自暴自棄，對他們沒有積極表示歡迎，對成立區黨委和行署袖手旁觀，甚至對趙紫陽同志也沒有積極依靠，發揮他應有的作用。」

對方方的「檢討」，趙紫陽作了發言，但批評的調子並不高：

排斥外來幹部這個問題，方方同志直到這次報告尚未解決。但事實是這樣：第一批東北來的幹部不重用；第二批中南來的幹部受到排斥……我到分局來亦有些感覺，

57 杜導正，山西定襄人，一九三七年加入中國共產黨，建國後長期在廣東及全國新聞系統工作，官至新聞出版署署長。

雖表面歡迎，但實際不讓插手。方方同志說，當時不依靠我搞土改，是要看看是否大轟大落，這是不能解釋的。要看一個幹部為什麼不用著看呢？在工作中邊用邊看不行嗎？不用是看不清楚的……地方主義影響外來幹部作用的發揮，也影響了本地幹部的提高。

這樣的情況一直到陶鑄到來之後才真正改變。

撤掉了六千多地方幹部之後，土改全部由北邊殺過來的軍隊幹部接手。他們帶著戰爭勝利者的驕傲呼嘯而來，所到之處，摧枯拉朽，一片凋零。一九五二年六月毛澤東批判方方的北京會議之後，廣東土改以更大幅度提速：在反右傾和反地方主義的思想指導下，不過半年多的時間（至一九五三年春耕前），全省二千八百萬人口地區完成了土改的歷史任務。這段時間由於加溫過急過速，導致了過激過火的左傾失誤，有的土改幹部洋洋得意總結說：「地主不捉不怕，不打不服，不吊不出（即交出財產）。」有的村還有所謂「三吊三出」、「六吊六出」的錯誤經驗，結果盛行村村吊打之風。

一大批對地主「不夠狠」，換句話說是較為公正、或被認為歷史有問題的土改幹部受到迫害或受到處分，一些被開除公職，有些更被殺害，誤傷了不少好幹部。比如：中山縣某些南下幹部不了解廣東民主革命時期鬥爭的特點，把幾十個統戰對象殺了。袁世根是原肇慶地區專員關立發展的黨員，他任國民黨鄉長和區長，是經過中共地下黨組織同意的，抗戰後期，他曾幫助珠江縱隊主力挺進粵中，立了功，但土改時卻被抓了起來。縣長譚桂明反覆說明情況，要求不要殺他，但「掛帥」的同志置之不理，結果把袁世根錯殺了。中山縣有幾十個這類幹部土改中被處死刑，其他地方都有類似情況發生——廣東全省約五．二％土改隊隊員遭清洗或處死。

據一位定居美國、廣東土改時曾擔任一個鄉土改隊副隊長的僑胞回憶：一九五二年荔枝大熟時節，上頭突然對土改作了大轉變的部署，過去殺地主沒有限定數額，現在每個鄉要定出每個村殺多少個地主的計畫；過去審批判處地主死刑的許可權由縣委書記、縣長、公安局長三巨頭共同掌握，現在下放區一級領導；過去對被判死刑的地主所犯罪行，還要作點查核實，看是否真的「罪大惡極，查有實據」。後來只要肯靠攏土改隊的窮苦農民（不論良劣）敢於揭發，不需查證，便可用以作為判處死刑的證據了。

這位僑胞說：「那時，上頭一層層開放殺地主的綠燈，各鄉、各村的土改隊長、組長，便都照著去做，生怕完不成殺人定額，犯右傾，被處分。」這樣的政策造成了被後人稱之為「村村見血」慘像，其中濫殺無辜數字，有人估計在十萬以上。58

歷朝歷代，勝利者戰後都要張貼〈安民告示〉，公布一系列安撫懷柔政策，以利於經濟和民生的恢復。可是此時，那些已經放下了武器的軍人，揮舞著手中的權力繼續製造著大規模的血案，而他們的對手，是一大批毫無還手之力的人群，這些人的罪過，僅僅是因為他們的生活比別人過得好一點，而不是像那些慘遭屠城的居民，對占領者進行過抵抗。廣東地區因為比別的地方更加富裕一些，所以土改進行得比別的地方更加殘酷，這樣的殘酷讓很多人刻骨銘心，永不忘記。身為廣東人的葉劍英當時就多次警告，並向中央反映了陶鑄等人的野蠻作法。多年以後「文革」爆發，在「打倒陶鑄」的口號出來時，不少廣東幹部奔相走告，彈冠

58 楊立〈帶刺的紅玫瑰〉。

相慶。一九八〇年代，楊尚昆陪同鄧小平視察廣東時，在「文革」中慘死的陶鑄早已平反，但廣東還有人給鄧小平上書，對當年陶鑄的整人表示不滿，要求在歷史上記上這一筆血海深仇。

廣東土改中的血腥殺戮，就連軍人出身的陶鑄，事後也覺得有些「過頭」。他在一九五三年二月二十四日給黨中央的報告中，就一系列「數字」做了檢討：他承認自己在土改中結合廣東的實際情況不夠，搞得比較粗糙，團結面不夠廣，打擊面過寬，死人多了些。還說土改中除地主階級外，有平均約占總戶數七％的人受到不應有的或過重的打擊。還錯傷了一些在複雜環境中堅持地下鬥爭的同志、曾經在遊擊戰爭中支持過革命的開明士紳以及一些應該爭取和團結的知識分子，有些地方在一定程度上侵害了工商業者的利益。左傾失誤尤其體現在華僑問題上。例如華僑的房屋「動的面達到百分之八十至九十」，追餘糧侵犯了僑匯甚至追到國外。劃階級時打擊面超過應有的限度，將資本主義剝削當作封建主義剝削等等。陶鑄還承認：在土改中被打擊的僑眷中「二五％至三十％是打對了，二十％至二五％是打擊錯了，五十％則是打擊重了」。

從這些顯然被淡化了的數字中，我們可以揣摩出當時的亂景。然而，在文獻資料未見到有毛澤東對後期廣東土改的批評指示和言論，這與他在前期重言指責廣東「和平土改」的情況正好相反，也說明毛澤東對陶鑄主持後期廣東土改，是充分肯定的。[59]

59〈葉劍英主政華南時利劍緣何難出鞘〉，人民網。

陶趙難分

那麼趙紫陽在其中起了什麼作用呢？

時任廣東省政府辦公廳主任的楊應彬回憶說：「一九五二年的反地方主義，主要是陶鑄同志。趙紫陽呢，當時還是祕書長，他也參加了一下，但不是主要的人。」時任中共廣州市委副祕書長的杜瑞芝也說：「前一段（土改時期）反『地方主義』不是趙紫陽主管，是文敏生[60]主管，是他搞的，趙紫陽沒參加處理人事問題。但是沒有參加也說不過去，省委開會他參與了討論，趙紫陽可以不發言，可以少發言。我問過他，趙紫陽說這是文書記管的，不是我。因為我們是在地方工作，很多情況不了解，也很少問，偶然會聽到一兩句。所以大家不能諒解陶鑄，對趙紫陽是可以諒解的。」

在趙紫陽晚年被軟禁的日子裡，老朋友杜瑞芝去看望，說有人出了一本書，叫作《帶刺的紅玫瑰——古大存[61]沉冤錄》，[62]對陶鑄反得很厲害，對你講得還很公道，沒有怎麼反你。趙紫陽很感慨地說：「陶趙陶趙，怎麼能分得開啊。」

有一個例子可以對「分不開」做一個注腳：廣東有個莫雄，是國民黨的一位老將領，早年

60 文敏生，山西人，一九三七年參加工農紅軍，解放後歷任中南軍政委員會副祕書長、公安部副部長、廣東省副省長、廣東省委書記等職。

61 古大存（一八九六～一九六六），廣東五華人。一九二四年加入中國共產黨，經歷了從北伐戰爭到解放戰爭的全過程，曾經被毛澤東譽為「帶刺的紅玫瑰花」。解放後擔任第一屆全國人民代表大會常務委員會委員、廣東省人民政府副主席、中共中央華南分局第一副書記。後被打成「廣東地方主義反黨集團」頭目，一九八三年平反。

62 由古大存的祕書楊立編著。

跟隨孫中山征討陳炯明，同葉劍英在革命軍第一師共過事。他對共產黨最大的功勞是獻出蔣介石的「鐵桶圍剿」的祕密計畫，讓中央紅軍趕在蔣介石「鐵桶圍剿」包圍態勢完成之前，主動撤出中央蘇區，開始了舉世聞名的二萬五千里長征。一九三八年，莫雄在任南雄縣長時還放出被囚禁的幾百名共產黨員、紅軍戰士、遊擊隊員和進步群眾出獄，也曾經在我軍突圍時虛晃幾槍，放了一馬，保存了我軍的有生力量……土改時，英德縣有人寫信給華南分局和廣東省人民政府，要求鎮壓莫雄，當時的華南分局社會部副部長田星雲（南下幹部）不知莫雄底細，也不作調查研究，便把大筆一揮在報告中定下「批准槍決」。報告送到省土改委員會副主任趙紫陽那裡，他「照例」批准了。在這千鈞一髮之際，是古大存挺身而出，找了陶鑄，才得以刀下留人。

還有一個例子：一九五二年四月，廣東恩平縣一樁已經結案的普通的刑事案件，因為被槍斃的殺人犯是「貧下中農」、「不利於發動土改運動中的農民群眾」，被強行改判為「打入機關的壞分子和混進黨內的階級異己分子勾結地主惡霸鎮壓貧下中農」的政治案件。這個結論迎合了上面認為「廣東黨組織嚴重不純」的看法，被擴大成為轟動全省、遠播全國的大案，縣公安局長馮漢英、法院副院長吳朗、縣長鄭鼎諾被判處死刑，而這三個人都是前廣東粵中縱隊的重要幹部，在長期的革命鬥爭中出生入死，表現很好。其中縣公安局長馮漢英、法院副院長吳朗從外地調入，與本地的地主惡霸根本不認識；縣長鄭鼎諾因為出身地主，便成了「恩平縣地主階級的總代理人」。在前粵中縱隊司令員、時任粵西區黨委常委兼祕書長吳有恆的力保之下，縣長鄭鼎諾得免一死，判處五年徒刑，馮漢英和吳朗被執行死刑。這個決定就是分局祕書長趙紫陽電話通知粵西區委的。五年後，吳有恆等人在陶鑄的同意之下對案子進行複查，結果又被陶鑄打成「地方主義反黨集團」，一干人都受到處分，直到一九八〇年十一月十一日才得以平反。

由此可見，身任省土改委員會副主任和分局祕書長的趙紫陽，當時是掌有生殺大權的，很多冤案的形成，與他手中的那一支決定生死的「朱筆」的確是有關係——雖然那也只是簽字蓋章，例行公事。據跟隨趙紫陽南下參與了廣東曲江土改的刁中亭[63]回憶，一九四九年趙紫陽從南陽來武漢動員年輕幹部去廣東的時候，說的也是「廣東搞和平土改，需要大批幹部」，這算是對趙初衷的一個佐證。與趙紫陽同在廣東以後又同在四川工作過的老搭檔杜星垣，也說過那段時間趙紫陽的態度：「常聽我愛人鐘錚[64]說，趙紫陽對許多問題都有自己的看法，深入基層調查研究，比如葉帥提出廣東土改要注意華僑的特殊性，保護華僑利益，趙也是贊成的，所以老中南局認為廣東土改『右傾』……他是一個實事求是的人。」[65]。這些都足以證實當初趙紫陽對有些作法是有想法的。

可是他是黨的幹部，而且是受到重用的年輕幹部，他得站在黨的立場上，特別是要站在偉大領袖毛澤東的立場上，這一點非常非常地重要。而毛澤東和他領導的黨之所以執行這樣的方針，既源於戰爭時代的現實，更源於黨的宗旨：馬克思階級和階級鬥爭的學說。馬克思的信徒列寧（Vladimir Lenin）在俄國暴力奪取政權以後，將這一學說變成實踐，將無產階級專政理論演變為治國之道，他公開宣稱：「無產階級專政的權力是一種不受任何約束的權力，不受法律條文的約束，絕對不受任何規章制度的約束，它完全是以暴力為基礎的。」於是列寧

63 刁中亭，後任廣東省韶關市鄉鎮企業局局長。
64 五〇年代，鐘錚在廣東省農業口工作，是趙紫陽的部下。
65 李欲曉〈杜星垣老人的思念〉。

將人群分為工人和資本家，貧農富農和地主，剝奪資本家、地主、富農的財產，甚至消滅其肉體，已經成為全世界共產主義政黨的榜樣，當然也包括毛澤東和他領導的政黨。

面對大量的濫殺無辜，趙紫陽已經完全用不上他在南陽土改中總結的「八步三關」的經驗，完全用不上他說過的「土改完全可以有序進行，為什麼一定要搞得天翻地覆？為什麼一定要搞得血淋淋的？」這樣的觀點。

轟轟烈烈的暴力土改終於結束了，但是它的惡劣影響不僅源遠而且流長，一直延續到「文革」中對於地主富農及其子孫的大屠殺。

緊隨陶鑄而來的淩厲的「反地方主義」運動，地方幹部們對於南下幹部的情緒，用「充滿仇恨」來形容一點都不為過。可是趙紫陽與大家的關係沒有那麼僵，這首先來自趙紫陽的個人魅力——他很快就顯示出卓越的才幹：年輕卻老練，膽大而心細，審定文件就像語文教師一樣，改錯別字、標點符號，改病句。平常說話很有分寸，不盛氣淩人，與他談話後有一種親近感。在處分地方幹部的大潮中，他平時很愛護幹部，盡可能不處分身邊的幹部，所以幹部中對他有仇的很少。

趙紫陽是一個有智慧的人：在形勢不利的情況下，他儘管不贊同，不附和，但是也不表態，保持沉默。這個特點使得他能夠在狂風大浪中站住腳，也使得在他那些居高臨下的南下幹部中顯沉靜穩重而且寬容柔和，加上很強的能力，所以在華南分局威信很高。在土改問題、使用幹部問題上，很多人都倚重他，他很快得了個綽號叫「小老手」，開會時都讓他先說：「讓紫陽說吧」、「按紫陽的意見辦」。

另外，趙紫陽在本質上是一個崇尚實幹的人，對鬥人這一套也不積極。有一些人在批判方方時很激烈，講的話過了頭，趙紫陽就在會上勸阻說：「要講事實嘛，辱罵不是戰鬥。」在批判方方大會六天以後，趙紫陽在上交給組織的「自我鑑定」中，還就方方的問題做了自我檢討：

……去年八月以前，我自己就是被排斥的。我是不滿意的。但我沒有對（華南）分局的農民和地方主義問題提出自己的意見。如果我提出意見，可能有助於問題解決，至少會引起領導上的注意，使問題易於解決。我所以發生這樣的錯誤，是不適當地過分地去考慮所謂「時機」和「效果」問題，怕提得過多和過分尖銳領導接受不了，反而引起反感，今後工作更難做，實質上還是個人患得患失，認為自己剛來不久，摸不清「行情」，顧慮較多，怕引起別人反對，怕解決不了。特別是當時我所處的地位困難，直接擔負的土改工作還很難完全插進去，其他的問題，更覺得應當放到以後再說，因而一直採取了不聞不問的態度。

在如此嚴峻的形勢下，還想以自己承當的方式來緩和別人的情緒，令人感到很溫暖。這一切都造成了趙紫陽的好人緣，後來他主政廣東期間，手下幫他做工作的多是廣東人，都是地方幹部，趙紫陽一樣安排得很好。比如他提拔了林若，[66]還提拔了楊應彬。[67]曾任中共

66 林若，廣東潮安人，一九四五年五月加入中國共產黨，曾任廣東省中山縣土改工作隊隊長，廣東省東莞縣委書記，廣東省湛江地委第一副書記，廣東省委書記等職。

67 楊應彬，廣東省大埔縣人，一九三六年二月入黨。一九四九年任廣州市軍管會副祕書長，後任廣東省人民委員會辦公廳主任，廣東省委副祕書長、省委常委兼祕書長，廣東省第五、六屆政協副主席、黨組書記等職。

廣東省委辦公廳副主任的關相生[68]說了一件事情：反「地方主義」的時候，他的直接領導、辦公廳祕書長任天親自佈置，要把原來的主任陳友打成「爪牙」，叫關相生去「抓爪牙」。關相生實在搞不下去了，就給趙紫陽彙報。趙紫陽就親自主持了一次會議，把辦公廳各個部門的主任、書記叫到一起，他在會上講了話，指出這樣的作法是錯誤的，把關相生也解脫了。

還有一個例子：北京會議之後，華南分局在廣州召開一百二十八位主要幹部出席的擴大會議，陶鑄作為第四書記，在會上對第一書記葉劍英作了居高臨下的、毫不客氣的、清算式的批評，調子之高前所未有。可是趙紫陽卻對葉劍英表現出相當的尊重，表示「參座[69]」的報告和方方同志的檢討對我都有很大的教育。[70]這種關鍵時刻恰到好處的處世態度，使得葉劍英很有些感慨。二十多年以後，葉劍英因為抓捕「四人幫」成為中共舉足輕重的要人時，對於趙紫陽有過很高的評價，這樣的評價對於趙紫陽而後進入高層起了很大的作用。

這是不是意味早在那個時候，趙紫陽對於「暴力土改」已經有了抵觸呢？也不大可能。因為在本質上，趙紫陽是帶著「北方土改專家」的目光，來審視廣東土改現狀的。

自一九五二年四月中南局對廣東土改展開大批判之後，廣東的土改兩次加溫加速，搞得狂風驟雨，自然會導致陶鑄在一九五三年二月檢討中那些觸目驚心的數字。可是除了前面提到的一九五一年七月二十日（也就是趙紫陽到廣東的第三個月）他在調查報告提到廣東土改中

68 關相生（一九二四～）陝西澄城人。曾任中共廣東省委辦公廳副主任、副祕書長。時任陶鑄祕書。
69 葉劍英曾任中國人民解放軍總參謀長，故有「參座」之稱。
70 趙紫陽同志在華南分局一九五二年七月擴大會議上的發言。

一些違背政策的內容之外，在以後有關趙紫陽的資料中，沒有看到他提及一九五三年初陶鑄所檢討的那些問題，這對於經歷過灣子會議和桐柏土改的趙紫陽來說，顯然是不正常的——也不知道是礙於與陶鑄的關係沒有參與「收拾殘局」，還是收拾殘局之後不便評價。當然了，由於沒有戰爭年代的壓力，對於這次土改遺留問題的「糾正」時間就拉長了，一直等了三十年。一九八六年十月，葉劍英在北京逝世，中共中央才對他建國初期主政華南的工作給予充分的肯定，還特別指出：他在領導廣東的土地改革運動，根據黨中央的方針、政策，同廣東省的實際相結合所制定的一系列具體政策，注意保護華僑和民族工商業者的利益，歷史證明，是完全正確的。71

改革開放以後，廣東土改僑房問題因大量資金陸續到位而給予了補償，廣東土改「整隊」中受到錯誤處分的一批幹部得到改正了，方方和古大存等人的「地方主義」問題得到平反了。雖然時間有點晚，也算是糾偏的繼續。

當然，廣東土改的問題與河南也有差別。戰爭時期的河南土改因為敵人大兵壓境，還鄉團倡狂，農民不敢要分得的土地，趙紫陽還得給幹部打氣；可是現在全國都解放了，到處都已經「土改」成功，農民不想再去開會鬥地主，只想著直奔主題——快點把土地分到手，趙紫陽又得強調還是要提高農民階級鬥爭的覺悟，要鬥地主，要把地主作為一個階級來消滅。河南逃跑的地主，跑到國民黨那裡成了還鄉團，加重了阻力，所以得趕快糾正，儘量別讓他們

71《人民日報》，一九八六年十月三十日。

成為反對力量；而廣東的地主都逃往境外，雖然趙紫陽發誓「把逃亡的（地主）追回來，隱蔽的挖出來，反抗的打倒」，真正追回來恐怕不大可能，再說也對新生政權造不成什麼威脅，跑就跑唄……河南土改中，趙紫陽將「只看窮不窮，只看積極肯幹，結果導致一些村莊夾夾雜雜有些流氓竊取領導權」作為清理基層組織的大問題，而在廣東土改中，葉劍英曾經向南下幹部介紹過的「流氓爛仔」借著土改之機挑起宗族之間、私人恩怨的報復，致使冤案叢生，這一切卻不見趙紫陽提起，只見到大力清理黨內與地主劃不清界限的「地方主義」者；在河南土改中趙紫陽還反覆重複毛澤東在「子虞電」中提出的要克服貧雇農「打江山必須坐江山」的思想、切實保護中農利益、嚴格執行工商業政策，停止沒收地主、富農開辦的工商業……可是在廣東土改中，一切與之相反的事情都在大量發生。

從貧困的河南到了繁華的廣州，趙紫陽還遇到一個頭疼的問題。一九五二年七月十八日，趙紫陽在關於「三反運動」的自我鑑定中寫道：

> ……
>
> 和資產階級的關係是一個長期的問題，既要長期相處，又要劃清界線，既要團結又要鬥爭，是一個很複雜的問題，我今後必須更好地學習……
>
> 在對資產階級的思想侵蝕上，表現了我的警惕性不高，在生活方式上還不能和資產階級嚴格劃清界線。在二中全會[72]傳達之後，在全國解放不久，在自己還在農村或小

72 即中共七屆二中全會，於一九四九年三月五日～十三日在河北省平山縣西柏坡舉行。

城市的時候，警惕還是比較高，嗅覺也較敏感，自己的生活也一般還保持著樸素。還在一九四九年春天，因看到幹部中有些鬧待遇，鬧地位的問題，我即認為這是全國勝利和平環境下滋長著的一種蛻化傾向，就提出與開展過一次反蛻化鬥爭。當時對於城市的一些鋪張浪費也認為是錯誤的。但是當周圍的鋪張浪費之風發展更嚴重的時候，當自己由農村小城市走到大城市的時候，自己的警惕性反而減少了，嗅覺遲鈍了，隨著整個風氣，自己也在變化著。我是去年四月從河南調來廣州的。初來時對廣東的鋪張浪費是很看不慣的，覺得太過分了。但久而久之，有一些就習以為常，比較地看慣了，嗅覺也逐步遲鈍下來，原以為是錯誤的、不應該的事情，也覺得無什麼了（當然還有許多仍看不慣仍認為太過分）。這一方面是由於自己覺悟還不高，界線劃不清。在這樣一個風氣下面，自己不能保持清醒的認識，對於那些所謂「國家規模」、「主人翁氣魄」、「大城市生活環境」、要「大方」，要「排除（農民式的小氣）」等一些鋪張浪費進行維護的論調，雖不全以為然，亦不以為全無道理，亦是受了這些論調的影響。但最主要的還是由於自己的生活也有了變化，過得比較舒服了。因而對那些鋪張浪費的現象的感覺就遲鈍了，原來認為不應當的事，也覺得無什麼了。

趙紫陽的檢討，顯然來自中國共產黨七屆二中全會上「要防止敵人糖衣炮彈攻擊」的提法。可是由於上面政策對於資產階級的態度不明確，對於如何處理「對資產階級的態度」和「資產階級思想」，趙紫陽實在有些為難，而且還將繼續為難下去。

風起雲湧的廣東土改終於過去了。後來毛澤東說了一句話：「趙紫陽在廣東搞得不錯嘛！[73]」

大家都鬆了口氣，滿以為已經用嚴峻的手段消滅了萬惡的私有制，完成了「均貧富」的偉大歷史任務，共產主義也就不遠了。一九五三年二月，中共華南分局成立農村工作部，趙紫陽兼任農村工作部部長，他頭上那頂「農業專家」的頭銜，應該起作用了。在接下來的農村各種各樣的運動中，還有太多太多的事情等著他。

73《王力反思錄》，香港北星出版社。

第二部分

成長

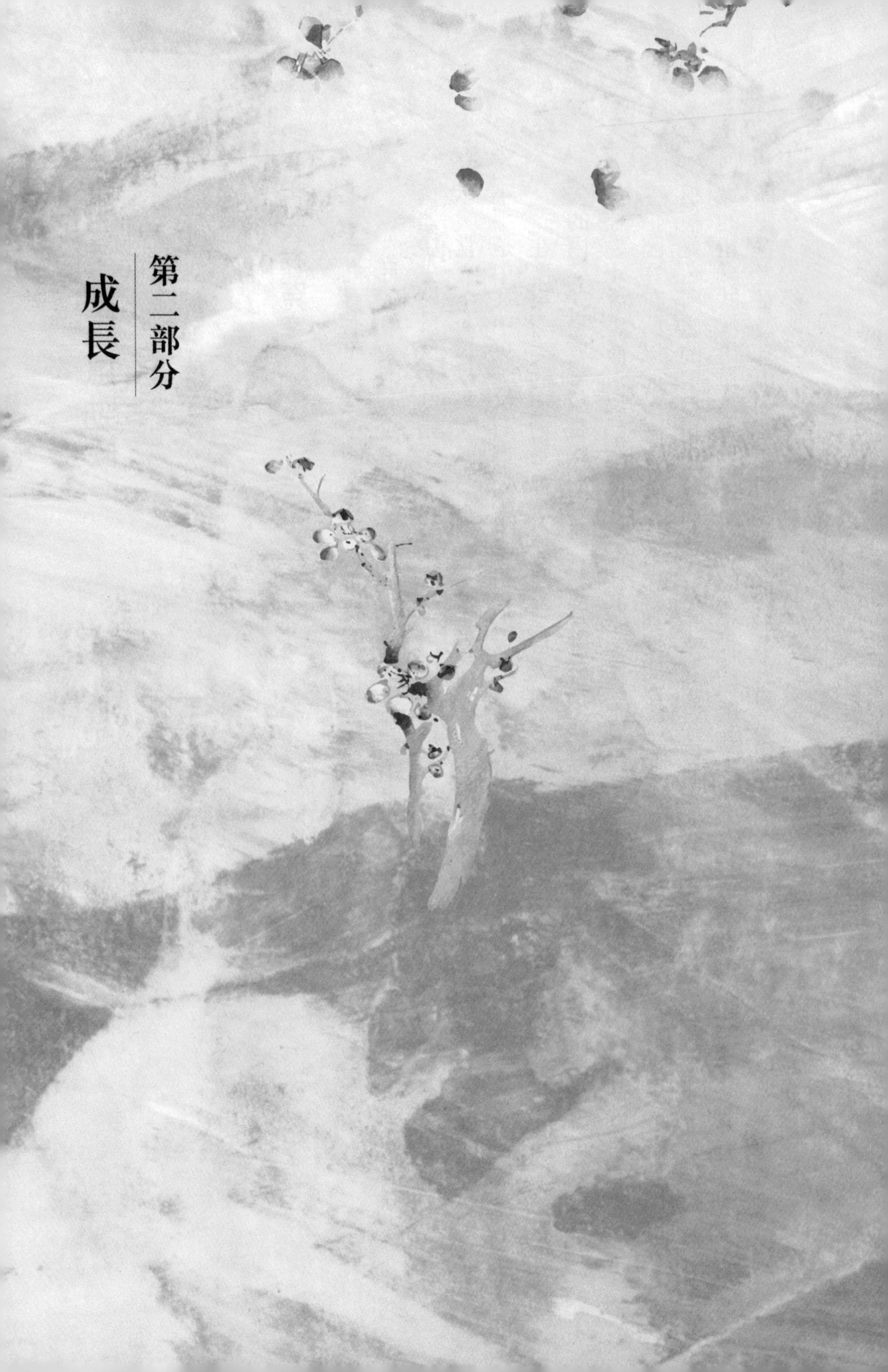

第三章　虛風勁吹

古大存冤案

一九五七年，是中國歷史上很重要的一年。

六月，中共中央政治局常委和書記處總書記鄧小平到了廣州，向中共廣東省委領導同志傳達中央關於反右的指示。此時中共中央剛剛發出〈組織力量反擊右派分子的倡狂進攻〉的指示，當天《人民日報》發表了題為〈這是為什麼？〉的社論，標誌著反右派鬥爭正式開始。鄧小平是中共中央「反右領導小組」組長。

在廣東省委的大禮堂裡，召開了三百人的大會，鄧小平作了報告。據趙紫陽的回憶，報告的內容就是要「放長線釣大魚」，那就是打招呼準備反右派了。時任《新華社》廣東分社社長杜導正說，廣東反「右派」是滯後的，遲遲不動，這與陶鑄和趙紫陽有決定性的關係。

因為在此以前，廣東省委是很認真地開展整風運動的，大家認為：由於廣東的社會階層很複雜，所處的環境也比較複雜，幾年來在工作中有不少缺點，領導作風也存有毛病；再從黨的組織狀況來看，解放以後入黨的占黨員總數九十%，而對他們的思想教育又做得很不夠；即使在老黨員當中，有些同志也滋長了不良的思想作風；因此，這次中共中央決定開展整風運動，反對官僚主義、宗派主義和主觀主義，來提高黨員的馬克思主義的思想水準，改進工作，正確地處理人民內部的矛盾，對於廣東省來說有著異常迫切的必要[74]。就在《人民日報》吹響「反右號角」的前幾天，中共廣東省委書記陶鑄還在華南師範學院和中山大學與教授們舉行座談會。教授們提出共產黨員歧視知識分子，黨員和知識分子間形成了一堵「牆」，黨員對知識分子批判而不團結、缺乏感情，非黨人士有職無權等。陶鑄當即發言說，希望教授們幫助中共整風；黨員要動手拆「牆」，和知識分子搞好關係，不能用簡單粗暴的作風對待知識分子。趙紫陽到華南農學院參加教授們的整風學習座談會時，很明確地表態說：「在整個黨組織來說，報復是不能容許的，大家可以相信，被打擊的人將不是被報復者，而是企圖報復的人。」

可話音未落，大規模的報復運動就開始了。當天發言的那些教授，都成了「右派」。

「反右」是中央統一的部署，廣東必須搞。到一九五八年夏基本結束，廣東省在這場運動中被劃為「右派分子」的人達三萬七千五十九人。其中民主黨派一千六百二十三人，占當時全省民主黨派成員總數八千七十六人的二十%。

「提意見」的不僅有知識分子和黨外人士，還有很多黨內的幹部，尤其是地方幹部，有的意見還提得相當尖銳，主要是對廣東的歷次運動（包括土改、鎮反、合作化運動等）表示不滿。但是這些人又不夠劃「右派」的條件，於是他們就在接下來的十二月份掀起的第二次「反地方主義」運動中，被劃入了大大小小的「地方主義反黨集團」。作為以整治地方主義為初衷的外來幹部，陶鑄下了決心要把廣東的地方主義「徹底搞掉」。於是廣東全省就這個問題發動了一

74《中國共產黨廣東歷史大事記》，第七七頁，廣東人民出版社二〇〇五年七月版。

場自上而下的、聲勢浩大的「廣東歷史問題大辯論」，陶鑄明確地說：毛主席曾指出「地方主義就是右派」，兩者均屬敵我矛盾。[75]由於馮白駒最後也「反戈一擊」，「揭發」了廣東黨內資格最老的古大存，所以最後所有的「炮火」都集中在了古大存身上。為了打倒古大存，全省從上到下地廣泛發動，由下而上地層層揭發批判。凡是認識古大存，或者是工作上接觸過的，都要提高認識，揭露古大存的錯誤言行。按照古大存對妻子的說法：「陶鑄不是要整馮白駒，而是要整我。」

之所以說古大存事件是陶鑄政治生涯中的一個污點，因為其中有「公報私仇」的嫌疑。他與古大存的矛盾起源最早延安整風期間，在延安中央黨校學習的陶鑄夫人曾志被列為搶救對象，其白區工作經歷和曾在湖北被捕一事被窮追猛打，而時任中央黨校一部主任的古大存對於曾志的求告不予表態，導致問題久拖不決。陶鑄在一九五八年批鬥古大存的時候還提到過此事，可見怨恨一直是有的。[76]到解放戰爭時期，古大存在東北局任組織部副部長，反「高饒集團」時與陶鑄也有過直接的衝突。這些積怨都被雙方帶到了廣東，即使在陶鑄主政之後也沒有化解，反而愈來愈深。[77]

普遍認為陶鑄一生有三個敗筆：廣西剿匪四十五萬，殺人四萬，其中三分之一可殺可不殺；[78]廣東土改搞得過頭；在廣東大搞地方主義，整倒了一大批地方幹部，特別是整倒古大

75《帶刺的紅玫瑰—古大存沉冤錄》，一五六頁。
76《一個革命的倖存者—曾志回憶實錄》。
77 楊立《帶刺的紅玫瑰—古大存沉冤錄》。
78 一九五一年陶鑄給毛澤東的電報。毛澤東回電稱：廣西應該殺。

存。前兩個事件他事後都有所檢討，但是對於地方主義、特別是古大存這件事情上卻變本加厲。幾年以後的「七千人大會」以後，陶鑄在廣東也召開「出氣會」，還表示絕不打擊報復。古大存舊話重提，認為對自己的處理不公平，陶鑄居然逼著古大存在幹部大會上當場立據，作出「永不翻案」的承諾。

對於古大存的批判在廣東全省全面鋪開，廣東省委書記區夢覺[79]對古大存做了全面的批判。在她的帶動下，很多人在發言中生拉硬扯，上綱上線，明確指出古大存「反對陶鑄同志」、「反對省委的領導」、「和右派分子一個鼻孔出氣」……作為陶鑄的得力助手，趙紫陽也參與了批判，做了長篇發言。

如果是「反右」的前後矛盾令趙紫陽有些尷尬，有些被動，有些措手不及，那麼他在中共廣東省委第八次全體（擴大）會議上批判古大存，顯然是做了些認真的準備，這裡引用如下：

……在土改問題上，古大存一回到廣東就是右傾的，他對當時分局領導（指葉劍英、方方）在土改問題上犯的嚴重右傾錯誤毫無嗅覺，而偏偏在反「左」，到處散佈他的右的言論。在土改運動剛剛興起，即在雪峰同志來到廣東，分局開了「四月會議」，批判了右傾，展開了「八字」運動[80]時，古大存下鄉由惠陽到汕頭，搜集了一些所謂「左」的材料，不外乎鬥爭不講「策略」、「吊打」、「鬥了幹部家屬」之類的東西，一路上是邊走邊向分局發電報、電話反映；回來之後，也在會上會後到處宣揚。他那次下鄉，可

79 區夢覺，一九二六年入黨，時任廣東省委書記。

80 指一九五一年在廣東六十三個縣開展的清匪反霸、退租退押的運動。

以說基本上是找岔子，潑冷水。在反對右傾思想的鬥爭正處於緊張的時候，古老對於農民對地主的鬥爭口口聲聲說什麼「鬥爭太粗暴」、「吊打」，宣揚所謂「三句半話就可以把地主鬥倒」的右傾觀點。在土改運動末期，也就是在土改取得了決定性勝利的時候，古老則否定成績，到處講土改問題很多，偏差很大，並且說廣東是「坐在火山上，不一定哪天就會爆發。」

……古老還經常講這一句口頭禪：「土改當中一定要殺人嗎？」、「只有殺人才能把群眾發動起來嗎？」古老講：「鎮反殺一個人就樹立幾個敵人。」還說：「父親被殺，子女入黨入團不是又有了殺父之仇嗎？」、「殺人之後就不能糾偏了，別的方面可以糾偏，唯獨人被殺死，這個偏可沒有辦法糾正。」

……古老講：「過去我們在國民黨統治時期搞暴動是那樣的困難，現在如果我們不是有很大的問題，人家[81]能夠那樣容易的搞起來？」[82]

解放後排山倒海的大運動，一次是土改，那是戰爭的餘波，打的是階級敵人；一次是剛剛過去的「反右」，打的是聲稱與共產黨同舟共濟的「朋友」；而趁勢而來的這場運動，打的完全是「自己人」，其來勢之迅猛，手段之無情，連古大存都成了靶子，令所有的人不寒而慄。

古大存是什麼人？廣東五華人，一九二四年的黨員，一九二七年的東江工農革命軍第七團團長，一九三〇年東江工農民主政府副主席兼中國工農紅軍第十一軍軍長及政委，一九四

81 指當時一些地方出現的群體事件。

82 楊立《帶刺的紅玫瑰—古大存沉冤錄》。

五年黨的七大代表，中央候補委員；一九四七年東北局委員、組織部副部長，解放後的中共中央華南分局常委、廣東省人民政府副主席、廣東省委書記兼副省長，曾經被毛澤東譽為「帶刺的紅玫瑰」……時年已經六十一歲。

很多人在批判現場的聲色俱厲，實際上掩蓋著自己內心的恐懼，三十九歲趙紫陽肯定也不會例外。與其他人不同的是：此時的趙紫陽已經經歷了北方和南方的土改，吃了不少「偏激過頭」的苦頭，花費了大力氣去糾正，他就是在這樣的糾偏過程中獲得了「土改專家」和「南陽小諸葛」的美稱，並以此獲得重用提拔。他在發言中批判古大存說的這些話到底是真是假，是對是錯，心裡頭應該明鏡似的。很多人都東拉西扯上綱上線，避開實質性問題，他卻要「哪壺不開提哪壺」，弄得現在聽起來就像為古大存評功擺好似的。

具有諷刺意味的是：在批判古大存之後不久，大躍進就發生了，瘋狂的浮誇風把個繁華富足的廣東搞得民不聊生，老百姓成群結隊冒著九死一生的風險逃亡香港。趙紫陽痛心地說：很多農民想往外面跑，說「挨不住，頂不住」；農民對黨發生了很大的懷疑，已經到了失望甚至絕望的邊緣，覺得「黨變了」。[83]

此話與他不久前批判的古大存的那些言論，是何其相像。

被猛烈批判之後，年邁的古大存帶著他的九個孩子，被貶到山區窮縣增城「鍛煉」。一九六六年十一月四日，「文革」浪潮風起雲湧之時，革命了一生的古大存含冤逝世，作為省委書記的趙紫陽，主持了他的追悼會。也就在這一天，趙紫陽被迫代表中共廣東省委，向「紅衛

83 趙蔚《趙紫陽傳》，第一〇六頁及《南方日報》，一九六七年十二月十九日第三版。

兵小將」作檢討，承認省委犯有「方向、路線的錯誤」，並作了很多辯解。可是廣州和外地來的那些紅衛兵根本就不聽他的辯解，認為檢討是假的，是陰謀，是為了蒙蔽群眾。[84]

兩件事情在同一天發生，細細想來，對於趙紫陽應該有著特殊的意義：從這個時候開始，趙紫陽也開始經歷古大存的遭遇。

一九八三年二月九日，古大存的冤案經過諸多曲折終於平反，其時陶鑄已經冤死於「文革」之中，陶鑄的夫人曾志就如何在《當代中國的廣東》一書中評價「地方主義」問題時對編纂委員會的同志說：「馮白駒、古大存長期堅持革命鬥爭，對廣東是有貢獻的。把他們打成『反黨集團』是不對的。」曾志還說：「趙紫陽也有這個意思。」

二十五年過去了，此時的趙紫陽經歷重重磨難，已經是國務院總理。

大躍進的前因後果

一九五八年的春天來了。趙紫陽挽起褲腿，下到了農村。

聲勢浩大的「反右」運動，和農村好像沒什麼關係。他得趕快去抓糧食生產，得讓一九五八年的糧食有個大豐收。

一九五七年十月中旬中共廣東省委召開了一屆六次全體委員（擴大）會議，趙紫陽傳達了

84 趙蔚《趙紫陽傳》，第一四四～一四五頁，中國新聞出版社一九八九年版。

中央糧食工作會議精神，其中一這樣的內容：

根據一九五七年六月的資料：與一九五五年至一九五六年相比，一九五六年至一九五七年因為大面積受災、國家從糧食上支持合作社的農副業生產、有些省份自動提高了留糧標準等原因，在糧食支出方面比上年度超銷一百三十一億斤，實際徵購的糧食卻比上年減少二十七億斤。按照當時的情況，國家的庫存糧食在五年之內必須準備應付兩個災荒之年，每年年底的庫存糧食必須能夠應付第二年的災荒，如果不是這樣的話，糧食情況就會發生危機。所以說，如果在一九五七年（秋）或者一九五八年再遇有大災荒，恐怕難於應付。

中央糧食工作會議上，還專門提到了瞞產問題：最近各省均反映，合作社瞞產的現象普遍而嚴重，隊向社隱瞞、社向國家隱瞞，社幹、鄉幹如果同農民站在一起帶頭向國家鬧糧食，社員就沒意見；反之，如顧全國家利益而不肯瞞產，就被孤立，在「民主辦社」的選舉中就要落選。以致有許多社幹、鄉幹就同農民站在一起向國家瞞產、鬧糧食。在一九五六年糧食情況較緊的地區，社同鄉和區、鄉和區同縣、縣同省等上下之間的關係非常緊張。其次是幹部思想問題，特別在廣西事件[85]處理之後，在糧食工作方面黨內的右傾思想非常嚴重，片面的強調農民利益，有些幹部也不敢去打通思想，完成糧食計畫，反而強調多留多吃。

也許因為一九五七年糧食工作會議提出的嚴重問題，更是因為一九五七年的「反右」運

85　廣西省在一九五五年遭受了嚴重的水災和旱災，到一九五六年，先後共約有一萬四千七百多個農民外逃；全省可以確定因缺糧餓死的約五百五十多人。為此廣西省委多名負責人受到處分。

動掃清了所有的反對者，一九五八年一開年，全國在糧食問題上都唱起了高調。春耕一開始，陶鑄和趙紫陽一趟接著一趟往鄉下跑，作報告。趙紫陽說：「必須切實做到和保證一九五八年大豐收。資本主義國家在看著我們的結果，因為亞洲很多國家的糧食問題解決不了，如毗鄰我國的印度是一個資本主義國家，年年鬧災荒；過去說日本的農業了不起，現在看來並沒有什麼，我們是社會主義國家，又是一個大國，我們很快就超過它。」

農民已經不再叫農民了，成了農業高級合作社的社員，成天在地裡把泥土搬過來弄過去，學習愚公移山，累得直發牢騷：「社會主義好是好，就是太辛苦，將來到了共產主義，恐怕更吃不消。」為了緩和情緒，趙紫陽一邊強調要抓緊生產安排，一邊提醒在農忙之後要停止開夜工，每個月最好給公社社員放一到兩天的假，讓大家恢復體力，拾掇一下家務；還得允許社員幹點副業，包括社裡的副業和家庭副業，也就是養點家禽家畜。

長期做群眾工作的趙紫陽提醒基層幹部：單靠政治工作，群眾的熱情是不能持久的，還必須使集體利益和個人利益得到合理的解決，使按勞取酬的分配原則得到真正的體現，以促進生產的發展。

剛剛經歷了「反右」的趙紫陽，一到農村就回復了他的本性：主張寬容對待反面意見，反對扣帽子、集中批判等極端方式。他反覆解釋：

> 農村兩條道路的鬥爭，不完全是資本主義與社會主義兩條道路的鬥爭，應造成自由討論敢於講話的空氣，使群眾敢於講正面話，也敢於講反面話。應更好聽取正面的意見和反面的意見，先進的意見和落後的意見。少數人講了落後的意見並不可怕，不講出來才難於發動。經過討論以後，正確的意見為多數群眾所接受，錯誤的意見有些

就可以改正，有些就變成少數人的意見。制服群眾是不行的。不要加壓力、不要戴帽子、不要採取集中批判的辦法，要對事不對人（當然不是任何人都不可以批判，比如懶漢、二流子是可以集中批判的），講錯話沒關係，這樣是可以解決問題的。[86]

真是此一時彼一時。

這一年的六、七、八三個月，在廣東大躍進最火熱的時候，也是趙紫陽和陶鑄思想起伏跌宕最激烈的時期，時任廣東人民廣播電台記者佘國耀[87]經歷了這個完整的過程，他撰寫的〈大躍進時期我隨趙紫陽下鄉〉，當屬反映趙紫陽思想反覆過程最權威的文章。

參加一九五八年六月廣東省委組織的「夏收夏種農業生產萬人檢查團」的活動，是佘國耀跟趙紫陽第一次長時間的直接接觸。這次的「萬人檢查團」，除省一級幹部外，地委、縣委都派出幹部配合，省、地、縣三級共萬人。從一九五八年六月這個日期看，是和中共八大二次會議（一九五八年五月五日至二十三日）緊相接的，而八大二次會議則被認為是國家全面進入大躍進的一次總動員會議。陶鑄、趙紫陽等廣東省委領導人在這次會議上「聽到各地的發言，覺得廣東落後了，要加勁」，他們就在會議結束後，便馬不停蹄地從北京返回廣州，並立即組成了這個「萬人檢查團」，以表明廣東省委對大躍進的態度和決心。

趙紫陽率領中北路分團出發時，他隨身只帶省委副祕書長楊應彬、祕書高敏、省農業廳總工程師謝煥庭，包括廣東人民廣播電台佘國耀在內的幾個新聞記者共七個人，分乘一輛中

86《南方日報》，一九五八年四月二十三日第一版。

87 佘國耀（一九三一～），廣東普寧人。曾任國務院農村發展研究中心局長、研究員，資深新聞工作者和農村問題專家。一九五八年大躍進期間，曾以記者身分在較長時間裡隨趙紫陽下鄉。

巴和一輛吉普，離開廣州後首站從化縣，後經新豐縣、翁源縣，過曲江縣，進入連縣、連山縣，末站陽山縣，六月底回到廣州，歷時一個月。

趙紫陽自廣州出發來到從化縣的第一天，中巴車沒有開向縣委會，而是在廣（州）從（化）公路路旁的一個地方停了下來。韶關地委書記左銘帶著從化縣委呂書記等幾個人早在公路一旁迎候，見面後便帶著趙紫陽來到距公路邊不遠的一片稻田考察，現場聽取鄉村幹部的介紹。

「畝產能打多少？」趙問。

「估產四百五十斤。」一位鄉幹部答。

趙微微點頭，表示滿意。從化縣地處山區、半山區，過去畝產二、三百斤，今年能達到四百多斤，已經是大豐收了。這一天，趙紫陽除了在田裡活動，進到村子後便同幹部農民開會，晚飯後還圍坐在汽燈下繼續細談，直至深夜十一二點鐘才回到縣委招待所。第二天又從招待所來到另一個村子的稻田考察，再次跟幹部群眾座談。這樣一連三天，直至第四天才在縣裡坐定下來，聽取縣委彙報。離開從化縣時，趙紫陽給廣東省委寫了一篇題為〈從化四日〉[88]的報告。他以從化縣為「點」作為「解剖麻雀」，向省委報告了農村夏收夏種奪取高產的情況，反映從化縣鄉村基層幹部和群眾對韶關地委提出一九五八年全區實現畝產八百斤、爭取達到一千斤的高指標「思想有負擔」、「擔心實現不了」。趙紫陽在〈報告〉中明確指出，韶關地委提出的「高指標」脫離客觀實際的可能性，不利於調動幹部群眾的積極性，他針對當時

88〈從化四日〉是趙紫陽一九五八年六月初給廣東省委寫的一個報告，刊登在《紅旗雜誌》，一九五八年第六期。他在這個報告中極其敏銳地抓准當時經濟工作和政治思想領域中的要害高指標問題，並把它提到省委討論。

已出現的高指標問題，向省委提出建議：「保證指標應低些，爭取指標可以高些。」

應該說，這時的趙紫陽敢於講「高指標」問題，唱的又是低調，是要有一定的政治勇氣的。要知道從一九五七年九月八屆三中全會通過的〈農業發展綱要四十條〉以來，毛澤東批評了周恩來、陳雲等的「反冒進」，開始在全國發起「大躍進」運動，隨之全國出現「高指標」、「浮誇風」，中央在糧食等主要生產指標上一而再、再而三地提高，各省、地、縣更是層層加碼。根據一九五七年九月通過的全國「綱要」發展要求，廣東原計畫要求在一九六七年實現糧食畝產八百斤，但到了一九五八年五月八大二次會議上，陶鑄便提出廣東一九六〇年就要達到這個指標。歷史上的韶關地區糧食畝產只有二三百斤，現在的韶關地委卻在「高指標」的壓力下，提出了一九五八年不僅要實現八百斤，還要爭取達到一千斤的指標要求。要知道韶關地區地處廣東北部，山高水冷，水稻生產季節比較短，在全年水稻的兩造[89]生產中，歷來晚稻生長期短於早稻，當地早晚兩造水稻收成的比例是「早（稻）六晚（稻）四」，即全年水稻產量早稻占六十%、晚稻占四十%的比例。如果要達到韶關地委提出的水稻畝產八百－一千斤，地委要求必須改變「上六下四」為「上四下六」，對於這樣「開口就來」的要求，一些農民質問說：「老天爺答應了嗎？」

可是趙紫陽的冷靜，卻沒有經受得住「群眾熱情」的灼烤。

趙紫陽到了連山縣，縣委特地帶領他參觀一塊名叫「四英姑娘衛星田」。這是該縣三江鄉三才社四位名字中都帶「英」的姑娘——林華英、盧秋英、李晨英和李素英集體種植的一塊水

89 廣東人稱水稻兩「季」為兩「造」。

稻試驗田。最近她們宣布要在這塊稻田放一顆農業高產「衛星」，創造出水稻畝產三千斤的「奇跡」——原來的計畫只有五百斤。

趙紫陽問：「你們本村從前畝產多少斤？收成最高的多少斤？」

「一般三、四百斤，自古以來沒超過五百斤。」

趙紫陽完全明白，這四位姑娘要創造水稻畝產三千斤「衛星」是不可能實現的，但是八大二次會議剛剛說過，領導者不能給群眾潑冷水。於是他鼓勵姑娘們種好這塊試驗田，創造出新成績。趙紫陽坐在往回走的車子裡，向隨行的廣東省農業廳總工程師謝煥庭詢問起水稻施肥的事。一路上都持保留態度的謝煥庭告訴他，按一般情況，一畝水稻施氮肥超過多少個單位就會倒伏，如果「破除迷信」的話，就不好講了。趙認真聽著，微微地點頭。

可是謝煥庭是科學家，錢學森更是科學家，而且是大科學家。這位大科學家在報紙上發表了一篇文章，論證說，如果植物能夠用射到一畝地上的太陽光能的三十％，稻麥的畝產量有可能達到四萬斤。面對這樣的文章趙紫陽不無激動地說：「如能做到這樣多好啊！」

也就是這個時候，全國報紙廣播的競放高產「衛星」報導不斷頻傳，據不完全統計，從六月八日發放河南遂平縣第一顆「衛星」起，到十一月中旬，僅《新華社》、人民日報報導各種「衛星」就達三十九次之多。從第一顆「衛星」小麥畝產二〇一五斤，直到廣西水稻畝產十三萬多斤！而那些懷疑甚至反對高產「衛星」農業科研、教育工作者，被斥之為「右傾保守」、「厚洋薄土」和「三脫」（脫離農村，脫離農民群眾，脫離農業生產實踐）。於是浮誇之風愈刮愈烈，以至於一九五八年七月份農業部根據各省的報告匯總的全年糧食估計總產量，竟然高達一萬億斤（一九五七年是三千九百億斤）[90]。農業部在發布一九五八年夏糧生產公報中宣布：當年夏糧空前豐收，總產量達到一〇一〇億斤，比上年增產四百一十三億斤，增長率為六十%。為此，《人民日報》七月三十一日發表社論〈今年夏季大豐收說明瞭什麼〉中表示「只要我們需要生產多少，就可以生產出多少糧食來」，鼓吹「一切以為農業產量只能按百分之幾的速度，而不能按百分之幾十的速度增長的所謂悲觀論調已經完全破產」。

全國上下都是激情萬丈，省委萬人檢查團沿途看到的都是熱氣騰騰的群眾，紅旗招展，熱火朝天。東路檢查團來到東路的興梅地區，那裡往年每畝稻田下肥一二十擔、或二三十擔，今年增加到一二百擔、二三百擔甚至千擔以上，無論是廄肥、塘肥、家肥都用上了，聽說頭髮也可作肥料，婦女中的積極分子爭相把長髮剪成短髮，甚至有人毫不客氣地要求檢查團的李堅真把頭髮剪下來，留給她們作肥料，為農業大躍進作貢獻——要知道李大姐是位老紅軍，時任省委書記處書記兼監委書記。

可是另外一方面，省委萬人檢查團在韶關地區都遇到趙紫陽在〈從化四日〉中指出的同樣問題，各縣對韶關地委提出來的今年水稻生產的「躍進」指標，都認為嚴重脫離客觀實際，是無法實現的。更使下面幹部群眾無法接受的是，今年早稻預計平均畝產四百斤，比去年早稻畝產二六二斤翻了半翻，是歷史上空前的大豐收，照歷來的「上六下四」比例，今年晚造的產量要求每畝二六七斤就達標了。可是按韶關地委顛倒過來的「上四下六」計算，今年晚稻畝產量必須達到四百到六百斤，這是根本不可能實現。迫於全國大躍進的壓力，韶關地委仍然

90 這樣高的數字連毛澤東本人都不相信，在審閱時一刀就砍去三分之一，以「留有餘地」。

堅持他們原來提出畝產八百斤～一千斤的生產指標，於六月十八日至二十一日在連縣召開了一個全地區縣委書記的「戰地會議」，打算通過這個會議把生產指標「硬壓」下去。趙紫陽率領的萬人檢查團應邀參加了這個會議並作講話指示。令人意外的是：一個星期後（即一九五八年六月二十八日）《南方日報》按照趙紫陽講話對會議進行了報導，趙紫陽在這次會上不但沒有堅持他在〈從化四日〉中實事求是的立場，反而唱起了「生產躍進的程度，取決於群眾發動的程度」的高調，也宣揚「人有多大膽，地有多高產」的時髦。

可是最後的結果是：由於無法實現高指標而虛報產量成績，加上高徵購和公共食堂等因素，到了當年的冬天，韶關地區便有成千上萬的農民逃荒到毗鄰的湖南省郴州覓食討飯。一九五八年本是一個豐收年，可是大躍進這場比天災還可怕的人禍，卻使豐收年變成大災年。

趙紫陽前後態度的變化，既表明了個人很難擺脫大環境的控制，也表明那樣的熱潮是何等的洶湧可怕。[91]

廣東只放一個「衛星」

一九五八年六月下旬，廣東省委夏收夏種萬人檢查團已從省內各地回到廣州集中彙報總結，「廣東要不要放衛星」很自然地成為議論的話題。

在彙報總結會上，省委第一書記陶鑄的發言，內容基本上同他當年五月十四日八大二次

91 本章主要參考資料：余國耀〈大躍進時期我隨趙紫陽下鄉〉。

會議上發言一致。在八大二次會議上，他以廣東為例，論證農業大躍進運動發展的必然。他說從廣東來看，全年全面貫徹小株密植等措施，徹底打破了幾千年來在栽培技術等問題上的保守思想，今年夏收就可增產六十五億斤，增長率達二五%，一年超過以往五年。這樣快的糧食增產速度，在廣東歷史上是從來沒有的。不過陶鑄也引證了日前在汕頭地區親自所見的事實，認為廣東目前雙季水稻大面積畝產只有千斤，就連揭陽勞動模範創造的雙季稻最高紀錄也只有二〇一二斤，至於一季畝產幾千斤的「衛星」一時還做不到。儘管如此，以「革命幹勁衝天」和「不甘落人後」聞名的陶鑄，仍然表示要向放「衛星」的地區學習，他向省委與會者建議：「我們廣東上報放一個衛星，也只放一個衛星。」

這時，會場顯得很安靜。

廣東上報的一個「衛星」，選擇的是連縣星子公社，這個社採用湖北麻田「並田」的作法，由一百畝已近成熟的稻田「並」在一起，算作單位面積一畝的產量驗收，一共五萬多斤。後來省委祕書長張根生說，廣東省內以後出現的更多更高產量的「衛星」，都是下面地、縣「自發」搞的。

趙紫陽對陶鑄的建議沒有提出異議。

七月初，趙紫陽見到了來廣東的國務院總理周恩來。周恩來一九五八年七月一日到廣東新會縣作了長達七天的考察，八日到著名的僑鄉台山縣召開華僑工作座談會，會見僑眷。趙紫陽接到通知後，從四會縣匆匆驅車趕到台山縣見了他一面，然後周恩來一行便離開了台山去江門市，擬經江門市返廣州。周恩來這次行動很低調，一路輕車簡從，不准記者報導，也不要趙紫陽等地方領導陪同。在從台山縣直接回廣州的車上，趙紫陽沒有與同行的人談起這次會見的話題。值得注意的是：時任新會縣縣委書記黨向民，是個說真話、實話的幹部，在他陪同周恩來的七天裡，肯定說了自己的看法，而已經因為「反冒進」被毛澤東批得體無完膚的周恩來，把彙報的內容都壓了下來，就當什麼都沒有看見。

或許是因為在毛澤東發起批評「反冒進」的黨內鬥爭中，陶鑄理所當然地站在擁護毛澤東的一邊、在成都會議上高喊「對主席就是要迷信」的緣故，令周恩來對於趙紫陽也有了戒備之心。

趙紫陽從台山縣回到廣州，於一九五八年七月三十一日召開省縣委書記會議。

面對全國已經掀起如此狂潮的政治背景，省委第一書記陶鑄在會上提出晚稻畝產翻一番、翻半番的口號，號召全省奪取「高產榮譽」，並說「全省再也沒有比奪取榮譽更重要的事了」。陶鑄提出的辦法有兩條：一是拔「白旗」，改組各級司令部，如果產量上不去，人就撤下來。二是實行重獎政策：以縣為單位，晚造畝產達到一千斤以上的，除獎給「指揮生產用的」小吉普車一輛外，還分別獎給拖拉機站一個（拖拉機五～十台），載重汽車十輛，年產二千噸化肥廠設備一套。陶鑄的號召和重獎政策，在全省縣委書記會議中產生了巨大的反響。形勢逼著主管農業的省委書記趙紫陽「亮相」。在「報告」的前半部分，趙紫陽一改過去向來認為「農業生產不簡單」的「保守」觀點，對糧食生產的前景表現出前所未有的樂觀。他說：「在全國農業生產高速飛躍發展的情況下，我國能在很短的時間內根本地解決糧食問題。這對國際形勢必會發生深遠的影響。」

趙紫陽面對的第二個問題是：廣東這樣的全國農業生產先進省，如今居然「落後」了，這個問題必須向縣委書記們鄭重說明。他就廣東本省的糧食生產形勢同兄弟省作了比較：

廣東早稻生產取得了巨大的勝利，今年的春收、夏收增產六十五億斤，比過去成績是很大的。原來我們都以為這已經「差不多」了，但在中南與其他省相比，就不是「很不錯」，而是差得多，廣東在今年早稻是掉在後面的。這無論從放「衛星」，或者從大面積和平均單位面積產量及增產總額等三個方面來講，我們都不是站在前面，特別是從前兩者來講，我們確實已經掉在後面。……至於放「衛星」，廣東則更突出的落在後面，江西、湖南和湖北三個省都有較大面積平均畝產達到一千斤以上的，都出現了水稻畝產八百斤、九百斤、一千斤左右的縣，還有畝產四千斤或五千斤，以至一萬五千斤的高額豐產田，而我們最高的豐產田不過二千來斤，最高的縣不過畝產六百斤。前次，《新華社》發了一條消息，報導廣東全省千斤田有六萬畝，八百斤田有二十四萬畝，《江西日報》把它刊於第一版。第二天，又有一條消息，僅南昌一個縣就有十七％約五萬多畝是千斤畝。廣東一個省的千斤田僅等於江西一個縣，有點太不象話了。

廣東由於早稻收割早，趕在了「大放衛星」之前，各地上報的產量畝產都只有幾百斤，高的也不過千斤，是比較確實的，浮誇相對要少一些。而由於夏季收成季節較遲的河南、湖北、湖南、江西等，正趕上爭相「放衛星」的火熱時節，產量愈報愈高，反而是虛報浮誇的。這在之後的大饑荒中，會有確切的體現。[92]

92　本章主要參考資料：余國耀〈大躍進時期我隨趙紫陽下鄉〉。

八月中旬，趙紫陽參加了新豐縣和連平縣晚稻高額豐產競賽評比活動。在評比結束的總結會上，趙紫陽朗讀了他寫的題為〈雙方都得錦旗還〉的大字報，全文如下：

雙方都得錦旗還

新豐江頭爭上游，九連山下奪紅旗，兩縣好比一對英雄樹，各不相讓比高低。新豐連平本是姊妹縣，早出相逢晚相見，為攀糧食摩天嶺，如今展開友誼戰，連日群眾大動員，六級幹部到田間，學先進、趕先進，縣鄉社隊大參觀。新豐密植抓得好，連平管理占了先，連平種好苗又壯，新豐直播規格嚴。如今插秧已勝利，決勝關鍵在管理，堅決轉、莫遲疑，一氣從頭抓到底。第一要抓思想大革命，「重插輕管」思想要掃清，禾壞管好能增產，禾好管壞增產無保證。第二大抓肥料和農藥，密植增產全靠這一著，萬擔肥才有萬斤穀，否則增產無著落。第三要抓責任制，田有專管人有責，貫徹三包四到田，形式主義要不得。男女老少一齊來，護苗要像護小孩，先攻穗數後攻粒，不獲勝利不離開。大字報是好武器，大搞競賽和評比，思想解放沖天勁，你趕我來我趕你。拋衛星、創高產，實現萬斤只等閒，預祝秋後慶功日，雙方都得錦旗還。[93]

此文是少有見到的出於趙紫陽之手的「通俗文學」。曾經在「舊學」中受到過薰陶的趙紫陽，對於格律嚴謹用語講究的詩詞文賦很感興趣，解放後曾經打算好好研習，只是因為工作太忙不得不放棄。現在他做出這樣的順口溜，不講平仄對仗，只是稍微講究了一點押韻，而且只用平白通俗的白話俚語，朗朗上口，很適合做群眾鼓動。除了其中的狂熱，可以看到他

93《南方日報》，一九五八年八月十五日第一版。

身上濃厚的平民氣息。

這個期間，趙紫陽是很興奮的。一九五八年的七月上旬，他到佛山、肇慶地區檢查工作，為了第二天的報告，熬了一個通宵。這天晚飯後，他邀約三個人去散步，一路上漫無邊際地閒聊，其中一人說起養生之道。趙紫陽說：咱們四個人一起來談論長壽之道，一人講一句，一共四句好不好。大家同意了。有人說了第一句：「飯後百步走」，第二個人接了下句：「活到九十九」，趙紫陽接著說：「吃飯留一口」，有人說還差最後一句啊，開起話題的人急中亂彈：「老婆長得醜！」此言一出，趙紫陽和大家一起哈哈大笑。

警鐘

直到趙紫陽到了汕頭，見到了三個人，才感覺到事情的嚴重性。這三個人，一個是汕頭冠山黨支部書記周秋波，另外兩個是汕頭地委書記羅天和主管農業的副專員余錫渠。

八月初，趙紫陽來冠山，看到新農田的晚稻長勢喜人，心裡挺高興。冠山黨支部書記周秋波告訴他，今年社裡早稻比去年增產了三成，晚稻看來也不錯，平整土地前他們社晚稻畝收四五百斤，今年希望可收六七百斤。

可是趙紫陽並不滿意：「六月份河南小麥高產『衛星』畝產兩千多斤，幾天前（八月十三日）湖北麻田早稻高產『衛星』畝產已達三萬多斤，你們社六七百斤，差太遠了。」

周秋波坦然地笑著回答說：趙書記，你信報紙宣傳的？我看那是騙不懂種田的人。上個月（七月）陶鑄書記來也這樣同樣問我，我告訴他，目前潮汕地區晚稻畝產六、七百斤，七、八百斤，加早稻全年兩季畝收千斤、千多斤就不錯了。全國水稻豐產勞動模範林炎城，一九五五年種的兩豐產試驗田，全年兩季稻平均畝產才收二〇一〇斤，這幾年潮汕不少人都想趕超他，只有袁和坤、陳吉剩、劉賽烈兩三人，他們各自種的一二畝試驗田也僅僅是在二千斤大門口徘徊。自一九五五年以來，以縣為單位畝產千斤的只有潮安、澄海、潮陽三個縣，全省再也沒有千斤縣出現。今年晚稻，我們社一造畝產能收七八百斤，已是了不起，是歷史以來沒有過的豐收。陶書記鼓勵我們科學種田沒有錯。這幾年水稻小株密植已消滅過去六×六、六×七的插秧規格，實行四×六、四×五的規格（即所謂合理密植規格四×六，即株距四寸，行距六寸），一畝田二、三萬棵苗，二十萬穗左右，這規格也只能七、八百斤，最多的水稻模範林炎城，一造收了一千零五斤，要想畝田收幾千斤，穀子從哪裡產出來？還能再密植嗎？如果插秧比現在四×六、四×五的規格再密植，通風、透光怎麼解決？我們縣農科所搞一百萬穗試驗，結果稻秧葉子變黃了，禾苗根部變黑髮爛，臭了，他們用電燈，鼓風機也解決不了這問題。

關於「衛星」的事情，周秋波更是不屑一顧：從報紙上看這「衛星」是用「並田」並出來的！趙書記，你說這有什麼意思嗎？簡直是拿農民肚皮開玩笑。這是誰幹的我不知道，我敢肯定不會是農民自己幹的，反正我們是不會學的！誰愛學誰學去吧！最近（八月一日）《紅旗雜誌》發表陶書記文章〈駁糧食增產有限論〉，說廣東今年水稻如果可以搞到一千二百斤，再過幾年，就可以畝產一萬斤。才隔幾天陶書記的想法又變了，我們可是跟不上呀！不過陶書記在文章中說，如果畝產一萬斤，每人只種一二分地就夠生活了，這話我愛聽，這對於人均只有五六分地的我們潮汕地區來說，真是太好了！我們今後就不怕人多地少了，如果真的有一天達到畝田一萬斤，真該謝天謝地。

周秋波，是一個基層幹部，一個敢想、敢幹、領導群眾創造出聞名全國的「冠山平整土地」經驗的帶領人，一個真正懂得種田的人。他的一席真話，至少讓趙紫陽清醒了許多。

緊接著，趙紫陽去了汕頭市，見到了周秋波提到的地委書記羅天，和地委精通農業的副專員余錫渠，就當前農業生產大躍進問題請他們談談看法。趙紫陽任華南分局副書記兼農村工作部長時，羅天當粵東區黨委農村部長，趙現任主管農業的省委書記，羅是地委書記，兩人在長期的工作中彼此相互尊重，相互信任，相互支持。現在趙提出來探討的問題，也正是羅天在當前工作中碰到的問題。本來只是些農業生產技術問題，可是現在卻變成了政治或帶政治性的問題，動不動就被批判，不過面對趙紫陽，羅天就一定要說真話。

羅天的看法與周秋波差不多，他認為汕頭專區隸屬的潮汕平原七個縣（一九五六年潮汕地區與興梅地區合併為汕頭專署，共十七個縣），解放以來一直是我國的水稻高產區，一九五七年「大躍進」前便創造了全國四個首例：

一九五五年潮安、澄海、潮陽三個縣雙季稻糧食產量平均畝產超千斤；

一九五五年揭陽縣農民林炎城栽培了二．〇四畝雙季稻，畝平均產量二〇一二．六斤，林炎城、袁和坤兩人被國務院、農業部授予「全國豐產模範」稱號；

一九五四年潮陽縣曾昭成種植的一．五畝夏種番薯，平均畝產一萬一千三百三十一斤；

一九五六年潮汕地區平均每畝雙季水稻產量超過八百斤（八一二．二斤），達到了國家農業發展綱要規定的標準。

即便是這樣的「全國模範」，產量也不可能出現像現在報紙上登的那麼高的產量。可是局勢比人強，湖北麻田水稻「並田」放出畝產三萬六千九百斤高產「衛星」在《人民日報》刊登出來後，雖然地委幾個人都認為這樣的產量絕對不可能，但有的地方硬是要跟著放「衛星」，已經在搞中稻並田了。於是地委派了農業副局長和幾個人親自去湖北麻田參觀學習，弄清真假，地委才好拿主意。

關於密植規格，羅天和周秋波的意見差不多，而且不同意過度深翻土地，認為這些作法都會招來減產。可是地委也在積極促進農業生產。比如準備提出「千斤稻、萬斤番薯」運動，這樣的目標很實在。理由有二：一九五五年以來，潮汕已有一些社肥沃的好田達到或超過了這個目標，土質差的低產田還沒達到。兩者之間抽長補短，再加一把力，全區就有希望爭取達到。二是水稻達標不容易，番薯達標容易，潮汕地區番薯一般畝產已有四、五千斤，五、六千斤，高的一萬甚至超過一萬斤，經過努力，使所有番薯田都達到一萬斤也有可能。還有，按國家統計規定，番薯與水稻比例是五比一，以番薯達標之易，補水稻達標之難，也有利於「千斤稻、萬斤薯」運動的全面實現。

趙紫陽聽了，不斷地點頭。

這樣的對話重新喚起趙紫陽對當前大躍進形勢和問題的思考，他更清楚地認識到當前的農業大躍進，並不是他先前認為的「群眾趕緊」問題，而是來自上面的「政治問題」。不過對趙紫陽來說，事情不可能像這些基層幹部那樣簡單：在當前的社會政治條件下，身為主管農業的省委書記的趙紫陽，首先得面對無可抗拒的政治壓力。這樣的局面使得之後的趙紫陽即使心頭明白，還是不得不跟著潮流言不由衷。時任佛山地委第一書記杜瑞芝後來回憶說：一九五八年大躍進，趙紫陽管農業，我管大煉鋼鐵，我和他是不來往的。結果趙紫陽在四會縣搞了高產縣，發動全省很多人都去參觀這個點。我給他說我一個人不去，要去就要帶上人，到收割的時候我要過秤。他說那你就不要去了。他知道我這個人，他要說是高產，我一定要知道產量是多少。杜瑞芝的祕書張敬東後來回憶說：大躍進時期，陶鑄當時講廣東的高指標，杜瑞芝不相信，認為不可能，就跟趙紫陽講。趙紫陽對杜瑞芝說：「既然已經黨代會通過了，陶鑄這麼講已經定了調了，你就不要唱反調了。你唱反調啊，我也保不了你啦。」後來杜瑞芝就變調了，完全按照陶鑄的講，說佛山帶頭可以實現這個指標。可是杜瑞芝心底下不服，待到「浮誇風」已經徹底破產之後又質問趙紫陽：別人都不懂農業，你是專家，你真不懂嗎？為什麼有把產量搞那麼高？

趙紫陽說那周圍人家搞得很高，廣西搞得很凶，河南搞得很厲害，湖北搞得很厲害，就是我們這兒低，那你說我以後該說什麼話？他們搞成了你沒有搞成，那我就無法交代，要是他們也沒搞成，我也沒搞成，那大家沒有話好說。

杜瑞芝說：這才是紫陽給我講的心裡話。[94]

聖人云：君子不立於危牆之下。保存自己是每個人本能。

攪動全國的「反瞞產私分」

現在要說到趙紫陽那份攪動全國的關於瞞產私分的報告。就是這份長達五千多字的報告，

94　蔡文彬採訪杜瑞芝〈風雨蒼黃話紫陽〉。

為那場駭人聽聞的大饑荒，增添了很大一筆死亡數字。

一九五八年廣東省委農業社會主義建設先進單位代表會議上，趙紫陽代表省委宣布：「由於全省早稻獲得了豐收，特別是由於晚稻獲得了特大豐收，全省全年糧食總產量達到七百零三億斤以上，全省當年種植糧食四千二百五十萬畝耕地，平均畝產量達到一千六百五十四斤，使廣東省保持了全國糧食高產的榮譽。」

就全國來說，廣東搞虛報浮誇並不是最嚴重的，可是趙紫陽公布的是兩個被高估了的數字[95]。這是廣東省委集體討論通過的，其中省委第一書記陶鑄和主管農業書記趙紫陽的意見和態度，起了主導作用，並且首先是陶鑄農業「大躍進」思想的體現。一九五八年秋，毛澤東在對全國各地虛報糧食產量信以為真，竟因此「發愁糧食多了怎麼辦」的時候，十月二十五日《人民日報》發表題為〈辦好公共食堂〉的社論，指出「建立公共食堂是我國人民新的生活方式」。陶鑄為了響應「吃飯不要錢」，讓農民「放開肚皮吃飯」的號召，專門召開了一次全省地委書記參加的電話會議進行落實，他親自一個一個點地委書記的名字，要他們表態承諾。他發現有的地委書記回答時語氣含糊，態度猶豫，不乾脆，就對參加電話會議的地委書記說：「廣東如做不到讓農民放開肚皮吃飯，我還有什麼面子去北京開會！做不到的話，以後北京開會，誰去？」[96]

把糧食產量報得這麼高，所以糧食徵購指標也相應提高，加上公共食堂一天三餐幹飯，

95 經過後來核實，一九五八年廣東糧食總產量實際為十一億斤，糧食畝產核實為二百七十四斤。
96 余國耀《大躍進中的趙紫陽》。

三四個月時間就把糧食吃光了。到一九五九年一月，徵購任務還沒有完成，要求返銷糧食的告急之聲四起。陶鑄堅信一九五八年糧食大豐收，不信沒有糧食，懷疑農村幹部隱瞞了產量，把糧食收藏起來或者私分給農民了——這樣的現象中央早在一九五七年十月中旬趙紫陽傳達的中央糧食工作會議精神中就提到過。於是在廣東省展開了一場「反瞞產私分」運動。

一九五九年，剛剛過了元旦，中共廣東省委第一書記陶鑄帶領工作隊到東莞縣虎門公社，指揮反瞞產私分運動。一月十一日，在東莞縣反瞞產大會上，基於強大的政治壓力，基層幹部承認「隱瞞」了兩千多萬公斤糧食。而縣委發誓要追出七千五百萬公斤到一億公斤糧食。陶鑄警告說：「保證三餐幹飯吃到底，全部糧食集中到公社，任何人不能保存糧食。」他寫信給省委，宣布了他的調查結果：糧食反瞞產的矛頭，要對準原來的小隊幹部打埋伏，而不在於反浪費和節約[97]。

一月十九日，根據陶鑄和中共廣東省委的統一部署，趙紫陽率魏今非[98]、孟憲德[99]、楊應彬等組成一支工作隊到位於雷州半島最南端的雷南縣（今徐聞縣）開展「反瞞產私分」試點。一月二十三日，雷南縣召開有四千多人參加的全縣生產隊長、分隊長以上幹部大會。趙紫陽

97 楊繼繩《墓碑——一九五八～一九六二年中國大饑荒紀實》，第四〇一頁，香港天地圖書有限公司二〇一〇年四月版。

98 魏今非（一九〇三～一九八三），江蘇句容人。一九二七年四月加入中國共產黨，中華人民共和國成立後，歷任中南軍政委員會副祕書長，廣州市委常委、副市長，廣東省委財貿部部長，廣東省委常委、候補書記、副省長等職。後任國家工商行政管理總局局長。

99 孟憲德（一九二二～二〇一三），山西長治人，一九三七年加入中國共產黨。一九五〇年南下廣東，時任中共廣東省湛江地委第一書記。

在會上認定，雷南縣有嚴重的瞞產問題，必須緊急動員起來，開展反瞞產運動。並規定，自動坦白的幹部可以保留糧食，用來改善食堂伙食，不坦白的不准回家。一月二十五日，他在雷南縣的講話中指責多數基層幹部都參與了瞞產活動。通過各種辯論會、鬥爭會和大字報揭批，雷南縣有七個生產大隊和生產隊的幹部，被迫承認參與瞞產。在被指控的基層幹部裡，一人自殺，一人自殺未遂，六人被拘捕，二人被監禁，一〇九人被撤職，大約有五十％的基層幹部受到不同形式的批判和處分。有些地方，基層幹部不報瞞產，就不准回家過年；很多農民家裡被搜查，往年的舊糧也被當作「瞞產」沒收，農民家的黃豆、花生、芝麻、菜種也被搜走。雷南縣的「反瞞產」運動，共查出七千萬斤糧食。

短短十八天，趙紫陽取得如此輝煌的戰果，並由此估計廣東有二十五～三十億公斤被隱瞞的糧食，幾乎是一九五八年公布糧食產量的十％[100]

趙紫陽在雷南縣召開廣東省電話會議，把「反瞞產私分」運動擴大到廣東各地，同時將情況寫成報告，於一月二七向中共廣東省委報送。這份標題為〈關於雷南縣幹部大會解決問題的報告〉的報告共五千一百多字，集中了反瞞產私分的情況、方法、經驗等。[101]

這樣的戰果對於已經被糧食問題攪得焦頭爛額的廣東省委大受鼓舞，於一月三十一日批轉了趙紫陽的這份報告，批示如下：

海南區黨委，各地委、縣委並報中央：

100 楊繼繩《墓碑──一九五八～一九六二年中國大饑荒紀實》，第四〇二頁，香港天地圖書有限公司二〇一〇年四月版。

101 中共廣東省委一屆三次會議下發檔之一。

省委認為趙紫陽同志關於雷南縣幹部大會解決糧食問題的報告很好，其經驗是成功的，作法是正確的，特批轉各地。糧食問題必須解決，這是關係到今年生產躍進和整頓鞏固社的最重要問題。許多地方的事實已經充分證明，去年糧食大豐收、大躍進是完全肯定的，糧食是有的，絕不能有所動搖和懷疑。必須堅決領導和進行好反瞞產、反本位主義的鬥爭，徹底弄清糧食真相，才能保證完成外調任務和安排好群眾生活，雷南縣的情況更充分證明瞭這一點。望各地、縣委參照雷南經驗結合本地情況，抓緊這一工作的領導，務求取得全勝。

一九五九年一月三十一日[102]

陶鑄認為這個報告寫得好，以充分的事實證實了自己的懷疑，決定在全省推廣。陶鑄還想讓寫報告的愛將趙紫陽在毛主席面前去「露一手」，於是在發到全省的同時，還上報了中央。一向認為對於農村瞞產問題不必小題大做的毛澤東，被趙紫陽的報告所驚動，親自起草題為〈中央轉批一個重要文件〉的指示。全文如下：

各省、市、區黨委：

趙紫陽同志給廣東省委關於解決糧食問題的信件以及廣東省委的批語，極為重要，現在轉發給你們。公社大隊長小隊長瞞產私分糧食一事，情況嚴重，造成人心不安，影響廣大基層幹部的共產主義品德，影響春耕和一九五九年大躍進的積極性，影響人民公社的鞏固，在全國是一個普遍存在的問題，必須立即解決。各地各縣凡是對於這個問題尚未正確解決的，必須立即動手照趙紫陽同志在雷南縣所採用的政策和方法，迅速予以解決。瞞產私分是公社

102 中共廣東省委一屆三次會議下發檔之一。

成立後，廣大基層幹部和農民懼怕集體所有制馬上變為國有制，「拿走他們的糧食」，所造成的一種不正常的現象。六中全會關於人民公社的決議，肯定了公社在現階段仍為社會主義的集體所有制，這一點使群眾放了心。但公社很大，各大隊小隊仍怕拿走隊上的糧食，並且在秋收後已經瞞產私分了，故必須照雷南縣那樣宣布糧食和幹部兩條正確的政策，並舉行一個堅決的教育運動，才能解決問題。只要政策和方法正確，解決問題的時間只需要十天或者半個月就夠了。此件可登黨刊，並可轉發各地、縣。

中央

一九五九年二月二十二日[103]

這個批示和趙紫陽寫的「報告」傳遍全國，全國各地都搞起了「反瞞產私分」運動，趙紫陽因此出了一回「大名」。

可是惡果很快就出現了。

幾乎就在毛澤東批轉這個報告的同時，趙紫陽去四會縣檢查工作，時任佛山縣委書記的杜瑞芝對人說：趙紫陽到四會了，如果他給我發電報，肯定是要把「產量」增高，要是他沒有電報，肯定有問題。杜瑞芝就等電報，等了七天也沒有等到電報，倒是把趙紫陽等來了。趙紫陽跟杜瑞芝說：四會的支部書記都哭了，拿不出糧食啊，開會叫大家完成糧食任務，大家都哭。他說：「老杜啊，你是不是給省委多增加一億斤的外調糧。」杜瑞芝回憶說：「一九五八

103 中共中央文獻研究室《建國以來毛澤東文稿》，第八冊第五二頁，中央文獻出版社一九九三年版。

年我沒有管糧食，但是我知道佛山地區一九五六年以後糧食產量是不錯的，大概平均畝產有五百斤。」於是就接受了給省委增加一億斤外調糧的任務。

從杜瑞芝的這段回憶裡，幾乎可以聽到趙紫陽焦急的哽咽：禍闖大了。其實趙紫陽很可能已經知道了「瞞產」的真相。不久前他到湛江去「反瞞產」，無論幹部們把糧食產量報多高，他都不吭氣，於是幹部們就愈報愈高，報完了拉倒，趙紫陽並不要求交出那麼多糧食。這事被陶鑄發現了，找到杜瑞芝說：「趙紫陽反瞞產是假的，只報不要。」陶鑄還說：「小杜，咱們兩個是又報又要，畝產八百斤是口號，要到五百斤拉倒。」結果呢，連三百斤也沒有達到[104]。

104 蔡文彬採訪杜瑞芝〈風雨蒼黃話紫陽〉。

第四章　醒悟

面對大饑荒

搞得轟轟烈烈的「反瞞產」，在殘酷的現實面前真相大白，陶鑄、趙紫陽等人去到潮安縣，在群眾大會上向潮安縣人民檢討。陶鑄說：「我來潮安是向全縣人民做檢討的。我頭腦發熱，使群眾餓肚子，幹部受了委屈。我們要共同吸取教訓。今後，不要再搞浮誇，要靠實事求是吃飯。[105]」

但是，檢討並不能補償農民遭受的苦難。大躍進和反瞞產私分給廣東造成的危害還在繼續：廣東的農田減少了幾百萬畝，耕牛死了五分之一，糧食畝產降到了一九五二年的水準，有些農村每人每月只有二十斤口糧。崖縣、南雄、羅定、欽縣等一些地方，因為饑餓發生了大規模的水腫病。據一九五九年四月二十八日中共廣東省委給中共中央的報告，全省不完全統計，餓腫一萬九百三十人，其中已死一百三十四人，絕大多數是在青黃不接的四月以前發

105 楊應彬〈在趙紫陽身邊工作十二年〉。

生的[106]。另據廣東省民政廳四月二十日的一份報告稱，全省水腫病人，已從上旬的四萬三千一百八十一人激增到十二萬七千八百二十一人，十天之內增加兩倍。又據省農業辦公室對部分地區的「極不完全統計」，全省有八十多萬水腫病人，另外還有子宮下垂、閉經、幹瘦病等，成了比傷風感冒流行得還快的病症。陽山縣的非正常死亡比例，占總人口的四．〇二％。高要縣有的生產大隊的死亡率高達十三％。五月六日，中共廣東省委發出〈關於立即全面檢查和採取有效措施消滅和遏止水腫病的緊急指示〉，並撤換了發病率和非正常死亡率最高的那幾個縣的領導。

大躍進浮誇風在全國肆虐，許多省份遭受的危害遠遠大於廣東。比如在趙紫陽的家鄉河南，省長吳芝圃在「大躍進」開始後以「反右傾」為名，鬥倒了當時的省委第一書記潘複生，成為一把手，然後大刮浮誇風，導致河南全省死亡二百萬人，信陽地區就占了一百萬，成為當時駭人聽聞的「信陽事件」。趙紫陽的老家滑縣，儘管一九五八年的農業取得空前未有的大豐產，但是由於全縣八萬多青壯年勞動力都上了山大煉「鋼鐵」，種的紅薯、花生都白白地凍毀在地裡，造成了豐產並未豐收；加上「大辦公共食堂」敞開肚皮海吃海喝，還有一九五九年至一九六一年嚴重的旱澇蟲災相互迭加，農業生產受到了嚴重摧殘。據當時縣公安局統計，一九五七年滑縣人口五十七萬，至一九六一年竟銳減至四十八萬。在減少的這九萬人口中，除少量正常死亡、外出逃荒者外，其中絕大多數為「非正常死亡」，一九六一年一月份死亡人

106《中國共產黨廣東歷史大事記》，第一一四頁，廣東人民出版社二〇〇五年七月版。

數高達一千六百二十七人[107]。

一九六一年六月到七月，滑縣連續下了七場暴雨，降水高達二百四十六毫米，幾近全年平均降水量的四十％，全縣十九個公社中有十五個公社、七十一萬畝莊稼被淹絕收，黴爛糧食達一三三〇萬斤，坍塌房屋五〇二萬間，損壞農具二．一萬件，使滑縣幾乎遭受了滅頂之災。儘管上級發放救濟款一六七．六萬元、扶貧投資款一五四萬元、貸款一〇四萬元和救濟糧若干萬斤，但是剛剛進入初冬，全縣就出現大饑荒，有的村莊「四十天不見米花兒面花兒」，許多人浮腫、生病，青壯年男子無力下田，青年婦女無經無孕，「非正常死亡」人數急劇增加。[108]在滑縣工作的郭萬增、韓九合等人想到了當年的老戰友趙紫陽——此時他正在中共廣東省委擔任常務書記。廣東省雖也無可避免地遭受「大躍進」的影響，但是居民的口糧還維持在每月三十斤，比起河南總體上經濟形勢還是好些，而趙紫陽又是個很念舊情的人，說不定找到他會有辦法，於是建議縣委向廣東求援。

八月，縣委派了當時宣傳部的幹部胡澤普[109]、一九三八年就在趙紫陽手下打遊擊的韓九合，還有趙紫陽的外甥沈秉憲，三個人代表滑縣縣委，去廣州找趙紫陽。門口的警衛員說首長不在家，去海南了，說著給打了一張條子，讓他們去省委招待所住下。趙紫陽一回廣州，就去省委招待所把三個人接到家裡，吃飯。

107《中共滑縣社會主義時期黨史專題資料選編（一）》之〈滑縣農村公共食堂始末〉，河南人民出版社二〇〇四年十二月第一版。

108 參《中共滑縣黨史大事記》，河南人民出版社一九九四年四月第一版。

109 胡澤普（一九二九～），河南滑縣人。曾任河南人民出版社副編審。時任中共滑縣縣委宣傳部幹部。

都是河南人，說著河南話，喝著河南鄉下的常食玉米糊糊，還烙了餅。這樣的飯食在廣州實在是很清寒，可是在河南就豐盛了——那個時候糧食困難，這餅可是吃不上的。同來的三個人，只有胡澤普不認識，趙紫陽問他是滑縣啥村的？胡說楊莊的。趙紫陽說滑縣有三個楊莊，你是哪一個？他說是衛南坡那個楊莊。趙紫陽說哦，我在你們那住過三次。胡高興起來，說有一次李靜宜[110]司令員在那講話，我當時是小學教師，帶著學生，在那維持秩序。趙紫陽說是嗎？李靜宜講話的時候我就站在他後面，我是政委（四地委書記兼政委）。趙紫陽的夫人梁伯琪問：邊營村有一個老太太，戰爭年代在柴火垛底下挖個地洞，我和一個女同志在那地洞裡藏過兩次呢，她還在不在？胡澤普回去之後找上公社書記，專門去訪問了這個老太太，看見梁伯琪過去住的那房，屋頂上頭有個大洞，下雨天都漏水，就把房子翻修一下。

然後大家就說糧食，說家鄉的困難。太困難了，一個月下了七場大雨，遍地的水都可以沖船，房子全給沖塌了，地裡的莊稼基本上絕收，大部分村都有餓死人的，只不過有的是餓死不上報。河南的浮誇風很厲害，省委書記吳芝圃在大會上喊大家報產量，誰都不敢先發言，第一個發言說五百斤，第二個發言的人一定得說他們的產量六百斤，到後面肯定都是一千多斤了。不少人都在會上誇啊吹啊，實際上畝產三百斤都達不到。

當然了，之前的小麥雖然沒有完全絕收，高粱也因為長得高沒有被水淹，有一點的收成，可產量低啊，一畝地連一百斤都打不了，只有七十來斤。但是依然得交高徵購，徵購完以後只給咱們留了三個月的糧食，從六月份開始留三個月，到九月份就沒有了，鄉親們全靠糠菜、

110 李靜宜（一九〇九～一九五五），河南盧氏人。時任冀魯豫根據地四分區司令員。

樹葉、草籽兒充饑……

趙紫陽扼腕長歎，說你們想要多少？

幾個人一聽，來了個獅子大開口，說你算算，咱們滑縣二十二個鄉，十幾萬人口，每人給一百斤糧食吧，一天一斤能吃三個月，這冬天就過去了。

趙紫陽哪裡拿得出那麼多，說這樣吧，每人三十斤，能給多少算多少。

全滑縣每人三十斤，那就三四百萬斤。趙紫陽立即邀集廣東省有關部門負責人，商定援助辦法，最後在國家控制指標之外，籌措含有米糠的次級大米、碎大米、玉米、木薯幹、幹菜等幾十萬斤。可是因為當時糧食很緊張，火車禁止運輸，查得很緊，查到就沒收，這批糧食怎麼運得到河南？那就以飼料的名義拉走吧。飼料啊，不是人吃的，是喂豬餵牲口的糠啊木薯啊，就這些東西對於滑縣的父老鄉親，都是救命的糧食。

二十多天以後，這批發往河南新鄉的「飼料」由火車皮轉運了滑縣，饑餓難耐的滑縣民眾領到趙紫陽發來的救命糧和代食品。雖然碎米中還有糠，可是高粱玉米為主食的滑縣，很多人一輩子都沒有見過白花花的大米，何況那個時候能夠有點碎米中的細糠吃，已經很幸運了。

其時趙紫陽的老娘也在他家裡住著，她跟兒子說你二姐擱家裡都快餓死了，村裡的樹皮都被揭光了。於是紫陽又把二姐一家人接過來，渡饑荒。最後紫陽他娘隨著運木薯幹的車皮回到老家，和家鄉的人們一起度過了大饑荒。

趙紫陽對家鄉的救濟，一直持續到一九六三年。那一年的八月，由於河北的邯鄲、邢台、石家莊、保定等地區連續下了七天七夜的暴雨，引起太行山的山洪和海河各水系的特大洪水一齊向冀中平原灌注，導致二千二百餘萬人受災，殃及毗鄰的河南，生活剛剛有所起色的河南人又面臨著饑餓的厄運。時任中共河南省委常委、趙紫陽在冀魯豫邊區抗擊日軍時的老上級劉晏春，率團南下廣東，再次向時任廣東省委第二書記的趙紫陽求援。劉晏春等人到廣東省委，趙紫陽忙於去北京開會，由他的祕書接待。祕書說事情已知道了，紫陽實在沒有空，留下話請你們到他家，讓他的夫人梁伯琪招待。這次與祕書的談話不過一分鐘，卻得到了趙紫陽協調之後撥給的五百萬斤糧食，排價、議價各一半。有關人員到了廣東省糧食廳辦理，一位原籍河南永城的女同志很熱情，隨即批了。又去找廣東省經委，主管人正巧是原滑縣八里營德豐玉商店監委郝友奇，很快辦妥了。河南因為有了趙紫陽，鄉親們再次免受了饑饉之苦。

事情雖然已經過去了將近半個世紀，滑縣的老年人一提起這段不堪回首的往事，依然對趙紫陽充滿著由衷的敬意。可是「文革」一開始，滑縣縣委就有幹部就這個問題寫了大字報，還不遠萬里親自送到廣東省委的大院裡貼上，說趙紫陽「以權謀私」。這是「文革」中趙紫陽得到的第一張大字報。為此趙紫陽很傷心。

滑縣的災情，加深了趙紫陽對「大躍進」的認識。泱泱大國，太平年辰，只因為這個「大躍進」，搞得哀鴻遍野，餓殍成山，民情洶洶，朝野共憤。這一年的七月二日～八月十六日，中共中央在廬山召開政治局擴大會議和中共八屆八中全會，即著名的「廬山會議」。會議期間，軍委副主席兼國防部長彭德懷向毛澤東寫信，指出大躍進中存在的錯誤，此信引起了黨內很多人的贊同，卻激起了毛澤東的憤怒。七月二十三日，毛澤東在全體會議上發表長篇講話，批判彭德懷的信，認為這表現了「資產階級的動搖性」，是向黨進攻。緊接著全體與會者參與，對彭德懷及其贊同者進行了嚴厲的批判。八月十六日，在舉行的全體會議上通過了〈關於以彭德懷同志為首的反黨集團的錯誤的決議〉、〈為保衛黨的總路線、反對右傾機會主義而鬥爭〉的決議。此後在全國掀起了一場「反右傾」運動，「左」傾路線愈演愈烈，給中國造成了深重災難。

趙紫陽列席了這次會議，由於不是中央委員，他沒有表決權。可是這次發生在黨內高層驚心動魄的鬥爭，給他的內心造成了震撼。

廣東這邊，時任廣東省委宣傳部長的吳南生，正在合浦調查大饑荒餓死人的問題，他親眼看到風一吹，面前一下子倒下四個人，倒下來就死了。類似的情形，一九四三年國民黨統治時期他也看到過。當初這一代人參加革命，就是為了讓人民吃飽飯，他們對人民是有過承諾的，可是解放這麼多年了，口號喊得天響，運動搞了不少，居然還是餓死人！吳南生很震驚啊，馬上就給省委的陶鑄和趙紫陽打電話，可是沒有得到回話。他覺得有點奇怪，人命關天，這麼大的事情怎麼不回話呢？就派了一起調查的地委第二書記和水產廳的廳長去廣州，專門找趙紫陽彙報。兩個人彙報回來，臉都發青，說不出話來。吳南生問怎麼回事？他們說：「趙紫陽說不能牽扯到糧食問題。」吳南生冒火了：「不是糧食問題怎麼還會餓死人呀？哪有這樣的道理呢？這事我不幹了！」說著趕回廣州，去見陶鑄、趙紫陽。兩個人見了吳南生，還是不說話，接下來他們跟著去合浦走了一趟，也不說話。後來吳南生才知道，在剛剛結束的廬山會議上，大元帥彭德懷就是因為給毛澤東寫信，說了全國餓死人的事情，結果被打成了「反黨集團」，連累了全國一大批人，據說陶鑄因為附和了幾句，也被點了名。陶趙兩個人從廬山開完會回來，緊張得不得了，哪裡還敢對吳南生說什麼，什麼都不敢說。[111]

廬山會議後，廣東開始反右傾。時任廣東省委候補書記的張雲，很及時地把矛頭指向了楊應彬。繼陶鑄就反瞞產問題做的檢討之後，楊應彬根據這幾年工作中的經驗教訓，作了一次發言，提出這幾年出現問題的關鍵，是在三個關係上沒有掌握好：一是精神與物質關係上，過於強調精神的反作用，導致主觀脫離了客觀；二是生產關係與生產力的關係上，過於強調生產關係的變革對生產力的促進作用，導致生產關係處於不斷動盪的情況下，生產力又沒有得到發展；三是在上層建築和經濟基礎的關係上，過於強調上層建築對經濟基礎的反作用。

楊應彬這個講話，被張雲認定是典型的彭德懷式的右傾言論，正式提出要把楊應彬打成右傾機會主義分子。這個時候，陶鑄和趙紫陽挺身而出，保護楊逃過了這一劫難。陶鑄說：「在我們身邊工作的同志，他們的思想狀況，我們是了解的，不要因為一次發言就亂戴帽子。」趙紫陽說：「應彬同志的那個發言，我們都是贊同的，如果有錯，那就大家一起承擔。」

類似情況還表現在杜瑞芝的問題上。省委裡面有人反映計委主任王全國，說他對「三面紅旗[112]」講了很多壞話。王全國給陶鑄寫一封信說：「杜瑞芝講得比我還嚴重啊，講三面紅旗啊、講反面意見還多啊，你為什麼不整他，幹嘛老是整我？」還說杜瑞芝主持的佛山縣有宗派主義，有糧食不給省委調。趙紫陽又站出來說話了：「你說老杜有宗派主義，不能這樣講。我困難的時候給他增加了一個億的糧食外調，他一口答應，他怎麼是搞宗派主義呢？」

111 吳南生〈親歷經濟特區的決策過程〉。

112 三面紅旗，指中國共產黨一九五八年提出施政口號，即「總路線、大躍進、人民公社」，其中「總路線」的內容為：鼓足幹勁，力爭上游，多快好省建設社會主義。

雖然親身經歷了廬山會議殘酷的政治鬥爭，趙紫陽在公開場合的講話字字都緊扣時局，可是他畢竟是從基層一步一步上來的幹部，已經對事情有了清楚的認識，在私下裡也是忍不住要講實話的。時任廣東省委副祕書長兼辦公廳主任的歐初回憶：「一九五九年毛主席提倡要學習史達林的政治經濟學，我們廣東省委因此學了一個星期，參加的人都是省委副部長一級。廣東省委有個黨刊，叫《上游雜誌》，有篇文章是我寫的——〈論農業是國民經濟基礎〉，理論基礎就是史達林的計畫經濟。參加學習的時候，這篇文章正好發表，趙紫陽看到了，就跟我說：歐初，你本來是管工業的，怎麼管農業來了？不錯啊！可是他話鋒一轉，又說：計畫經濟不能什麼都計畫到裡面，這是做不到的。廣東人拉夜尿，你能納入計畫裡去嗎？」

這是在半開玩笑呢，還是確有所指？

一九六〇年春天到了，中共中央和毛澤東對當時加快所有制過渡中「共產風」再度氾濫及其造成的危害有所察覺，並採取了一些處置措施，指示各地要堅決糾正「一平二調」的「共產風」，糾正強迫命令、浮誇和某些幹部特殊化的作風。根據這一指示精神，趙紫陽在中共廣東省委召開的電話會議上，就人民公社的過渡和幹部工作作風問題作了講話，算是對這一階段的工作做的總結。他說：

人民公社從生產大隊基本所有制過渡是必然的趨勢，是任何人阻擋不了的，是客觀事物發展的規律。但目前一般來說還不具備過渡的條件。既然不具備條件，過早地過渡就會不利於生產，就會重複一九五八年曾犯過的「一平二調」刮「共產風」的錯誤。一九五八年的經驗教訓對我們是深刻的，全黨都要重視。目前的問題是要準備條件，不能勉強過渡，不能在過渡問題上搶先，要按照客觀的條件和客觀規律去辦事。

他批評了當時盛行的共產風：

應該說，現在在發展社有經濟當中，是有著一種「一平二調」刮「共產風」的作法，這是必須糾正的。從什麼地方可以看出來呢？第一是無償無限度地調撥大隊的勞動力……第二是亂調亂抓或無償調撥大隊的生產資料……公社向大隊調、大隊向小隊調，小隊對社員也來這一套，這不就是「共產風」嗎？這樣就會產生不良的後果，使生產大隊的生產情緒動盪不安，影響大隊生產，造成大批的浪費、破壞，使發展公社經濟走上一個不正確的道路，大大助長公社一級幹部不愛惜民力、物力、財力，沒有經濟核算觀念，不勤儉辦社。

他強調要控制供給，提高社員收入：

我們廣東社員收入的增加是不快的。雖然是政治掛帥為主，但也要有一定的物質基礎，農民終究是農民，苦戰一年，大躍進了，收入也要有較顯著的增加。其次是供給部分的比例高了些[113]，一般占分配部分的百分之四、五十。目前要壓低供給部分有困難，應該往前看，今後供給部分不能再增加，大隊只管口糧或基本口糧供給，小隊及食堂管鹽、油、菜，增加分配的部分應該用來增加工資。再次是要堅持評工記分和三包一獎制度。此外，自留地還一定要有，而且要給群眾一些時間去種，社員的家庭副業，養小量的豬、雞、鴨、鵝是允許的，絕不容許再把農民的豬、雞、鴨、鵝再集中起來。

他還批判了一些幹部的不良作風：

有些人不講真話，不敢講困難，不敢反映問題，謊報成績，隱瞞缺點；工作不夠踏實，

113 大躍進時期吹共產風，對農民實行「供給制」，分配口糧及發「工資」等。

指標搞得很高，但是沒有措施或措施不具體，或有了措施沒檢查，還有鋪張浪費，一些公社大蓋禮堂、辦公大樓和招待所，請客講排場等；在基層幹部中又有一些人滋長著生活特殊化，很少參加生產、吃小灶等脫離群眾的現象。目前我們一方面發動群眾苦戰，多積累少消費，另一方面又這樣鋪張浪費，是一種嚴重脫離群眾的行為，必然會遭到群眾不滿；有些人看到群眾聽話，作風就簡單化起來，而不知道群眾愈聽話，愈要聽取群眾的意見，愈要關心群眾的生活[114]。

儘管有些做表面文章，把責任推到基層幹部身上，可是有這樣的態度，總比沒有的好。再說了，誰又敢去追究「上面」呢？

所有參與鼓吹「浮誇風」的人，無論是始作俑者還是推波助瀾的，無論是主動出擊的還是被裹挾的，都得為自己擦屁股。

一九六二年一月七日，中共中央在北京召開了建國以來規模最大的會議——七千人大會，參加會議的代表包括中央、中央局、省、地、市、縣（包括重要廠礦）五級幹部。會上，針對經濟困難時期，中國經濟損失一千二百億元，餓死病死三、四千萬人的嚴重錯誤，劉少奇、周恩來等人對毛的極「左」路線含蓄地提出了批評，就一九五八年以來大躍進和人民公社化運動的錯誤做了檢討，毛澤東在會上也就「中央犯的錯誤」承擔了「領導責任」。無論是情願的還是不情願的，這可能是毛澤東一生中當著這麼多人、唯一所做過的一次檢討。

114 參趙蔚《趙紫陽傳》，第一〇〇～一〇二頁，中國新聞出版社一九八九年二月版。

趙紫陽參加了這次會議，並與二月三日下午代表中共廣東省委，就廣東省委在大躍進期間犯的錯誤做了檢討：

省委完全同意討論中許多同志指出的「省委絕不要因為廣東的問題不十分嚴重而自滿驕傲起來」的意見。其實，省委的錯誤也是嚴重的，不應該只是與最嚴重的幾個省去比。那不是對黨對人民負責的態度。

他就這樣的錯誤承擔了全部責任：

幾年來的錯誤，主要來源於農業，我是分工管農業的，應由我負責。在省委主要同志中和農業戰線的負責同志中，只有我影響他們，不是他們影響我。這幾個錯誤，主要是我的問題。大家知道，陶鑄同志和省委在農業問題上是尊重我的意見，總是照我的意見辦的。

趙紫陽論述了自己的思想情況：

我的精神狀態是從一九五八年廬山農業書記會議以後開始變化的，到新會農業會議提出少種高產多收時，發展到高峰，到一九五九年四月開會「反瞞產」發現沒有糧食時才回頭的。這個時期真有點像「紅槍會吃朱砂[115]」那樣不清醒。有人說我在廬山會議後變了，我承認這個時期是有些變了。我在一九五六年以前對農業生產的看法還是失之於「保守」的，對自然災害有足夠的估計，考慮問題比較謹慎，比較紮實。一九五七年兩條道路鬥爭以後有些變化，但仍感到農業生產不簡單。但到八大二次會議聽到各地發言，覺得廣東落後了，要加勁，反映

115 紅槍會是清末發展起來的具有濃厚宗教迷信色彩的農民武裝組織，他們在打仗時先喝朱砂符，誦咒念法，然後操著紅纓槍赤膊上陣，認為這樣一來對方有槍炮也打不響，即使打響，自身有神仙保護，能刀槍不入。

了自己有點緊張、怕落後的思想。八大二次會議回來後開了大會，組織萬人檢查，一到韶關地區感到氣候不對，幹部對完成不了高指標有思想負擔，因此寫了〈從化四日〉，提出「保證指標應低些，爭取指標可以高些」，並沿途講群眾路線。接著到廬山開會，聽到各省早稻大豐收的消息，覺得廣東落後得無法比。當時對各地豐收信以為真，報上公布了五個早稻千斤省，覺得自己有問題，就去找原因。[116]

應該說，趙紫陽的這些話是很誠懇的，難怪有人說自從「反瞞產」之後，趙紫陽轉變得很快，而且轉得很徹底。這在以後的工作中，他沒有再出現「紅槍會吃朱砂」那樣荒唐的毛病。

不知道是因為之前趙紫陽的那份關於「反瞞產私分」的長篇報告給毛澤東留下的印象，還是他在這次會議上的發言又一次引起了毛澤東的注意，會議期間兩個人有過一次接觸。他第一次陪廣東省委書記陶鑄向毛澤東彙報，陶鑄想讓自己選中的接班人在毛主席面前露一手，就介紹說他是趙紫陽，讓他先說。趙紫陽有些緊張，毛澤東就問：「你家是哪裡的？」趙紫陽說：「河南滑縣的。」毛澤東就開玩笑：「波者水之皮，坡者土之皮，滑者水之骨。」還問趙紫陽你知不知道這句話誰說的，趙紫陽說：「不知道。」[117]不過心裡就放鬆很多，本來他還打得有彙報提綱的草稿，後來草稿都沒有看就直接彙報了。這次彙報也給毛澤東留下了印象。回來以後趙紫陽到處問那些老學者，毛主席說的「水之皮、土之皮」是什麼意思，才知道這個話

116 蕭冬連《求索中國：文革前十年史》，第五八〇—五八三頁，中共黨史出版社二〇一一年十月版。
117 劉守森《年輕時的趙紫陽》。

是蘇東坡說的。[118]趙紫陽很感慨啊：毛主席讀書還是多，我們現在看的古書還是太少了。

此時的趙紫陽，剛剛升為廣東省委第二書記，第一書記是陶鑄。

七千人大會從一九六二年一月十一日開到二月七日結束，大家都做了檢討，出夠了氣，然後心情舒暢，各自打道回府。可是關於這次人為大災難在全國造成死亡的人數，官方至今沒有一個準確的說法，坊間流傳在三千五百萬上下，這個數字相當於整個二戰期間中國軍民傷亡數字的總和。這麼大的事情，中央可以開一次「出氣會」來解決，毛澤東可以做一次很不情願的檢討來解決，可是趙紫陽和陶鑄不行。

趙紫陽已經看到了局勢的嚴重性。他說：

現在許多地方經過了兩年的農業歉收，再加上兩年的『共產風』，底子已經非常薄弱，是經不起明年再來一個第三次的打擊。農民在目前非常困難的情況下，仍然相信黨，跟著黨走，這是因為農民感念黨以往的恩情，同時盼望毛主席和中央的政策貫徹下去之後情況會改變。如果我們不認真克服困難，明年春天還是一樣發生問題，那就會使農民陷入無望的境地。如果真是這樣，工農聯盟就會發生問題，整個經濟局勢就會嚴重地困難起來，這正是問題嚴重的地方。

不知道在這個時候，他是否想起來不久前自己批判古大存說的那些話。

---

118 北宋王安石作《字說》，以聲、形釋字，其中釋「波」字為「波者，水之皮也。」蘇軾戲曰：「然則滑者水之骨也。」王、蘇分屬新、舊兩黨，針鋒相對，一字之譏，內涵豐富。

最早的「承包責任制」

趙紫陽四處奔走，號召節約用糧，號召大力養豬，要堅決停止公社對大隊、大隊對小隊、小隊對家庭的「共產風」；要搞好按勞分配，設法解決工資問題，每個勞力每月發到三元、四元或五元；必須把六十%～七十%的糧食用作基本口糧，另三十%～四十%作為勞動糧；要把群眾的積極性調動起來，大搞生產，大抓生活，渡過困難[119]；要繼續發揮農村貿易市場的積極作用，限制它的消極作用，使它成為國家計畫市場的有益的補充……

廣東由於剎車轉向都比較快，是受浮誇風危害較輕的一個省，可是趙紫陽公布的數字也不小：全省刮「共產風」的總帳估計可達十億元左右（包括實物折價），需要退還[120]的大約三億至四億元[121]——要知道一九六〇年全國的財政收入，才五百七十二億元。而那幾個問題嚴重的省份：比如河南和四川，死了上百萬上千萬的人，這個賬不知道應該怎麼算。

可是，現在老百姓要的不是這些數字，他們要求吃飽肚子。

趙紫陽帶著楊應彬往鄉下跑，農村已經被「共產風」刮得一片凋零。紫金縣的很多農田沒有進行冬犁，趙紫陽質問縣委的幹部是怎麼一回事，幹部回答說：「現在集體經濟已經垮了，

119 《嶺南紀事》，第一六四頁，廣東人民出版社二〇〇四年八月版。

120 中共廣東省委印發〈關於糾正「共產風」的幾項政策規定（草案）的通知〉，要求：凡是農村人民公社化以來，縣和縣以上機關、企業、事業單位向社隊平調的，以及縣、公社向生產隊平調的，社、隊向社員平調的一切生產資料、生活資料、農副產品、建築材料等各種財物，均必須認真清理，堅決退還。

121 《嶺南紀事》，第一六六頁，廣東人民出版社二〇〇四年八月版。

個人犁田政策又不允許，所以沒有犁。」趙紫陽一發狠：「單幹也是幹，比不幹好！[122]」

只要讓老百姓吃飽飯，管他怎麼幹！

趙紫陽到中山縣沙溪公社視察，時任沙溪人民公社書記的鐘德來領他到下澤大隊去檢查糧食的安排。那個時候糧食很緊張，公社幹部在飯桌上夾肉給他吃，他堅決不吃，他說困難時期啊，陶鑄也不吃肉，我也不吃。他特別關注的是：農民的口糧安排得夠不夠，可不可以撐過去。

中山縣有一個張家邊公社，鬧饑荒的時候這一帶很多人逃港。有一個村，二十六戶人，男人都逃光了，剩下一個歪嘴瘸腿當隊長。那時候逃出去的人被認為是叛國，不能回來，回來就要抓起來坐牢的。整個村就成了寡婦村了，婦女鬧性饑荒了，儘管隊長歪嘴瘸腿很醜陋，但是這些女人基本上都和他睡過覺，因為沒辦法，就他一個男人。工作組說不能讓這個人繼續當隊長，但是這些婦女不幹。於是把這個難題丟給趙紫陽。趙紫陽說還是從實際出發，尊重群眾意見吧[123]。

趙紫陽終於在清遠縣洲心公社，發現了解決肚子問題的好辦法。

大躍進把洲心公社也搞得很慘，一九五九年上半年，這個公社的二十個大隊，餓死了三百六十六人。在當時的公共食堂裡，農民一天只有三兩米，還要分成三頓吃，稀飯裡面還要放很多野菜，煮幾大筐番薯。大家都水腫，婦女子宮下垂。當時的地委書記叫馬一品，來清遠兼書記，他一下鄉，群眾就對他說：「馬書記，我們現在真的有很多怪事物啊，你知不知

122 趙蔚《趙紫陽傳》，第一一七頁，中國新聞出版社，一九八九年二月版。
123 陳開枝《我跟著趙紫陽到庫充搞四清》。

道？」

「什麼怪事？」

「我們現在男人都當了大官了，水腫嘛，腿都大了；女人都變男人了。」

「為什麼女人變男人？」

「她們子宮下垂了，就變男人了嘛！」

大躍進浮誇風的結果拿廣東話來說，就是「砌石中真陰公（真倒楣、很慘的意思）」，搞到人窮家又空」，現在無論你幹部怎麼折騰，群眾就是不動。幹部急了就強迫命令，給誰頭上安個「名堂」就批鬥。群眾也生氣，說你們幹部原來都很好，對我們像是親娘一樣，可現在不是「同志」了，是「統治」。你們是來「統治」我們的！

那時候，一會反左一會反右，做事的是基層幹部，搞糟了做檢討的也是基層幹部。老馬召開了公社黨委會議和支部書記會議，確定了公社書記在萬人參加的社員大會上檢討大躍進犯的錯誤，幹部們成了過街老鼠，聽社員們放開講，有些群眾很激動很偏激，要槍斃公社黨委書記陳鏡全，而且打一槍還不解氣，要打七槍，氣得陳鏡全後來自己做了頂高帽子戴上，上面寫了四個字「左右為難」。其實陳鏡全作風挺好的，年輕而且工作積極，點子也多，可他家裡是富農，群眾就懷疑他是「搞階級報復」。那些天反正是農閒，大會就一直開下去，直到大家把肚子裡的氣都出完了，群眾才說：現在你們幹部講講，今後該怎麼辦？

今後該怎麼辦？以前的作法不行了，乾脆換個思路想想：自留地也沒有幹部監督，怎麼會人人都做得那麼好？說白了，勞動者都關心自己的利益，要想大家用搞自留地的精神搞集體的大田，關鍵一定要解決「分配」問題，種出來的糧食要落實到自家的「碗」裡才行。當時這可是大忌，黨委開會研究來研究去，最後決定：在不觸動「紅線」的前提下，搞一個「承包責任制」——把從插秧到收割這八、九十天時間管理權，承包給農民，具體作法是：集體插秧，然後生產隊幹部對每塊田進行估產，再包給農民管理。如果原來估產三百斤的，到後來收了四百斤，增產了一百斤，那麼就拿出其中一部分作為獎勵分給農民——關鍵是得有意把產量訂得低一點，讓群眾能夠在秋後多得一點實惠。農民當然高興了，大田耕作的積極性就調動起來了，秋後就大見效了，有的人拿到了上百斤穀子的獎勵，少的也有二、三十斤。

糧食產量上去了，群眾歡天喜地，陳國生[124]和陳鏡全也受到表揚，可就是不准往上報，說咱們埋頭幹就行了。但是紙包不住火，很快就反映到省上去了。省委很重視，陶鑄和趙紫陽都帶人到洲心公社來調查研究，外省也有人來了解。華南師範的專家在省裡看到材料，把蹲點書記陳國生叫去給他們講講，陳國生說我連初中都沒上過，怎麼給你們大學的專家教授講啊？那些專家說不要求你講得那麼深刻，就講講故事就可以了。

經過調查總結，洲心公社的這套作法，叫作「聯產承包責任制」，因為怕被扣上「包產到戶」的帽子，到了中央通不過，於是就給它戴上「十統一」的帽子（統一計畫、犁耙、播種、插秧、收割、打場、曬穀、過秤、保管、分配），叫「十統一的田間管理超產獎勵責任制」。雖然很拗口，又諸多限制，但對恢復廣東的農業生產確實發揮了很大作用[125]。一九六二年，洲心公社「上造水稻」在遭受嚴重洪水災害的情況下，全公社糧食總產量比一九六一年增產二成

124 陳國生（一九三三～），廣東清遠人。一九五六年擔任清遠縣委常委祕書長，到清遠縣洲心公社蹲點，一九五九年兼洲心公社黨委書記，一直到一九六六年「文革」發生。

125 楊應彬〈在趙紫陽身邊工作十二年〉。

一，超產糧食五十五萬斤。一九六三年雖然遭受到近百年罕見的大旱，全社早、晚兩造水稻仍獲得大豐收，總產量比一九六二年增加十九．六％；畝產平均八百五十二斤，比一九六二年增加十二％，畝產提前跨「綱要」[126]。

一九六二年六月六日至七日，陶鑄和時任中南局第二書記的王任重到廣西桂林專區的龍勝縣進行調研，訪問了日新公社都坪大隊更坪生產隊和中嶺生產隊。這是一個深山區，中嶺生產隊有七戶，實際為兩大戶：一戶原為富裕中農，全家分為五戶；另一戶是兄弟倆，原為中農，兄弟倆分家，各立一戶。因為土地分散經營，沒有受到大躍進浮誇風的衝擊，除了交糧納稅，在三年自然災害的困難時期，也未遭受饑餓之苦。陶鑄從這個生產隊的經驗中更深深感到「洲心經驗」的成功之處，他決心建立嚴格的生產責任制，找出一條適合中國農村生產力發展的道路。

廣西龍勝調研後，陶鑄返回廣東，王任重趕到長沙，向毛澤東彙報這次調查的情況和與陶鑄商定的意見。

毛澤東就住在停在鐵道線的專列上。聽完王任重的彙報後，便問：「陶鑄的意見呢？」

王任重說：「陶鑄主張實行分戶管理，耕種統一，聯產計酬，增產歸個人。他們那裡的清遠洲心公社就是這樣幹的。」

126 指中共中央於一九五七年頒佈的《一九五七年到一九六七年全國農業發展綱要》，其中的第二條提到：從一九五六年開始，在十二年內，糧食每畝平均年產量，在黃河、秦嶺、白龍江、黃河（青海境內）以北地區，由一九五五年的一百五十多斤增加到四百斤；黃河以南、淮河以北地區，由一九五五年的二〇八斤增加到五百斤；淮河、秦嶺、白龍江以南地區，由一九五五年的四百斤增加到八百斤。

毛澤東說：「對，是包產到戶，不是分田單幹。」

毛澤東接著闡述他的觀點：「什麼叫所有制呀？既然是自留地，農民願意種什麼，就種什麼；既然歸農民所有，他燒掉也可以。所有屬於農民的東西歸農民。」

毛澤東又問：「有些山區，居住分散，你估計單幹戶有多少？」

王任重答：「也可能是十％，也可能低於這個數。單幹，也是像廣東那樣，採取田間管理，包產到戶。」

毛澤東「哦」了一聲，點頭同意。

王任重連夜給陶鑄打電話：「主席贊成你的意見。」

陶鑄接電話後，第二天就找中南局政策研究室主任、著名記者李普向中央寫龍勝縣的調查報告。李普以座談記錄的形式，以〈關於鞏固生產隊集體經濟的問題〉為題，向黨中央和毛澤東提出了在農村建立生產責任制的建議。

毛澤東還特地把陶鑄和王任重找去談話，並交代他們兩個人：「你們代中央起草一個包產到戶的決定。」毛澤東又補充說：「不是分田單幹，包產到戶還是集體經濟的經營形式。」

陶鑄和王任重對〈決定〉的內容交換意見後，即由王任重執筆起草。〈決定〉第一節，王任重就這樣寫道：「『共產風』的危險已經過去，當前的主要傾向，是分田單幹。解決分田單幹的一種好的辦法，是田間管理，包產到戶……」

廣東。七月十五～十八日。

趙紫陽在惠陽縣秋溪公社調研推廣洲心經驗的可行性之後，決定在全省推廣。他的祕書陳仲旋回憶說：在當時的歷史情況下，「洲心經驗」好就好在既沒有分田到戶搞單幹，又調動了農民的生產積極性。

李普的調研報告很快也出來了，對於「洲心經驗」給予了很高的評價：「產量責任制是經營管理的一大革命」、「解決了合作化以來未能解決的問題」，並著手將「洲心經驗」推廣到林業、漁業和手工業中去。

北京，七月二十二日。

中央北戴河工作會議即將召開，毛澤東在陶鑄讓李普寫的報告上作了批示：

印發中央工作會議各同志。這個檔所作的分析是馬克思主義的，分析之後提出的意見也是馬克思主義的。是否還有可議之處，請各同志研究。並且可以發給省、地兩級討論。

毛澤東

七月二十二日

〔中發（六二）四〇九號〕

廣東。七月二十七日。

經過趙紫陽等人的調研和努力，中共廣東省委發布〈介紹清遠縣洲心公社實行產量責任制——批轉省委工作組的一個調查材料〉，將「洲心經驗」推廣到廣東省各地區、各縣（市），並上報中共中南局和中共中央。〈材料〉指出：「清遠縣洲心公社實行的生產責任制是一個好的管理制度。」「這種制度是當前生產隊經營管理工作中的一項值得重視的經驗。省委建議，全省各縣都應立即在一個公社或者若干個生產隊採用這一產量責任制的辦法進行試點，以便取得經驗，準備逐步推廣。」

可是計畫沒有變化快。

幾天後，趙紫陽去北戴河參加七月二十五日至八月二十四日召開的中共中央工作會議，向主管農業的國務院副總理鄧子恢作了彙報，並將廣東推廣產量責任制的詳細材料交給了鄧子恢。黨的七千人大會後，全國社會政治、經濟關係得到逐步調整，農民的積極性有了較大提高，於是各種形式的「包產到戶」又在許多地方自發地搞起來。一九六一年，安徽省委主張對這種形式進行支持和引導，當時負責農村工作的鄧子恢經過廣泛的調查研究，支持安徽省委的意見。就在趙紫陽去之前的七月初，鄧子恢在中央黨校作了關於農業問題的報告，對於各種形式的「包產到戶」作了肯定，現在接到趙紫陽交來的材料自然非常高興，當天晚上他到趙紫陽的住處交談，認為廣東找到了一條很好的路子——它既可提高糧食產量，又不會被批判，決意在這次會議上向各省介紹和推廣。

在此之前，陶鑄也把有關文件送給了國家主席劉少奇，劉少奇表示同意，且相當重視，指示陶鑄和趙紫陽以中共中央的名義起草文件，準備提交給會議，向全國推廣。

之後，這些檔送到了毛澤東手裡，先前積極支持的毛澤東，卻不表態了。據說是一個大區的負責人向毛澤東進言：「可不能搞包產到戶，包產到戶就是單幹，單幹就兩極分化。我們那個地區，搞了單幹，兩極分化很厲害。」

毛澤東聽後，對陶鑄和王任重主張的包產到戶又猶豫了。那份根據毛澤東的要求寫出來的〈決定〉草稿送呈毛澤東後，也就再沒有下文了。

八月六日，毛澤東在大會上作了「階級、形勢、矛盾」的講話，批判「單幹風」，批判鄧子恢，點名批判最先搞「包產到戶」的中共安徽省委第一書記曾希聖。據說還真的有人批廣東，說廣東搞的就是包產到戶。還是周恩來站出來打圓場，說陶鑄同志講的這個承包責任制，跟包產到戶是不一樣的，所以就遮掩過去了。

陶鑄看到形勢不妙，就對趙紫陽說：趕快把試點範圍縮小，一個地區只搞一個公社。趙紫陽打電話回廣東，傳達陶鑄講話精神，但是星星之火已經燎原，擋不住了。趙紫陽回到廣東後，發現不但原來一個縣搞一個公社試點的作法沒有變，而且其他公社都跟著學，「試點」的範圍愈來愈大。這個辦法既能發展農業生產，還能調動農民積極性，老百姓吃飯問題解決了，下面地方政府也喜歡，一舉數得，那還禁什麼禁。瞞上不瞞下就是了。

八月二十二日，中共廣東省委農村工作部發出〈關於徹底建立和健全生產隊的生產責任制問題的意見〉。這個文件是在趙紫陽的主持下制定的。〈意見〉說：

實行包產到隊，責任到組，田間管理農活包括人的管理制度，把生產責任制貫徹到底……為了使社員對農活品質負責，因此，在作業組內，還應當進一步把生產責任固定到社員個人。凡是適合於個人（或戶）操作管理的田間管理農活……可以採取固定地段，一次包工到人（或戶），由社員個人（或戶）連續操作，管理到底的辦法，一次包到底」，「為了加強作業組和社員個人的生產責任制，保證農活品質，因此，必須建立一定的獎罰制度。」

產量責任制的主要框架，由此建立起來了。127

127 趙蔚《趙紫陽傳》，第一一六頁，中國新聞出版社一九八九年二月版。

雖然中共中央不同意搞，但陶鑄和趙紫陽還是將「聯繫產量責任制」推廣到廣東全省，後來就堅持下來。到一九六三年一月十九日，清遠縣四個公社、四百多個生產隊已全面建立田間生產責任制，二十多個公社結束了試點。《南方日報》還發表題為〈全面推行「評比獎勵」的田間生產責任制〉的社論。趙紫陽在調查時說：

蘇聯機械化程度這麼高，還搞包產到組，我們機械化程度這麼低，為什麼不能搞包產到戶呢？……洲心公社實行超產獎勵責任制的辦法，不是修正主義的，如果是修正主義，我願當修正主義的頭頭。[128]

趙紫陽總算找到了向廣東人民做出補償的辦法，而且還是一個穩妥的辦法，他可以暫時舒了一口氣了。這次他不是跟風了，也不是為了自己「好說話」去做違心的事情，以後他再也不會那樣做。他站到了自己參加革命最初的目的上：讓農民過上好日子。讓農民的生活往上升。

一九六一年十二月十六日，中共廣東省委二屆一次全體委員會議召開，選舉廣東省委常委，選舉陶鑄為第一書記，趙紫陽為第二書記。在此前的一九六〇年，陶鑄已經被任命為中南局第一書記，把主要精力都放在了領導中南五省區的工作上。廣東的事情，實際上都由趙紫陽負責。

128《嶺南紀事》。

驚心動魄大逃港

接下來趙紫陽就經歷了廣東歷史上的重大事件：一九六二年大逃港。

一九四九年以前，深圳河南岸香港一側，很多荒蕪空曠的開闊地，兩岸的農民各有些田地被劃在了「對方」的地界，農民世代都是走慣了最便捷的路去耕種，沒有什麼邊界的概念。一九四九年十月十九日，深圳宣布和平解放，以深圳河為界，港英方面拉起鐵絲網。很快，大陸方面也駐兵加強邊界巡查管理，這兩道鐵絲網築成的長達二七．五公里的俗稱「一線關」，終止了農民過往管理自家田園的歷史。雖然深圳河水面最窄的地方，可以跨一步跳到對岸去，可是自一九四九年底開始，人們都要經過設在雙方邊界的哨卡才能過境，那些過境耕田的深圳農民從這個時候起，申領了過境耕種的證件。最初的過境還寬鬆，駐紮偏遠的中國軍人因為到深圳墟市要走幾十里山路，有人就換上便裝，過香港去搭乘公車，再經羅湖進深圳。

可是很快深圳就成為「對敵鬥爭」的前沿。一九五〇年，深圳成立居民小組，以十戶為一個單位施行聯保制，居民小組每五天開一次會，互相彙報思想，通報不明人員的流動情況。這個歷來以農耕和漁業為主的偏遠小鎮，變成了重要的邊防禁區和嚴防「資產階級香風臭氣薰染」的前沿陣地。

最早的「逃港」發生在一九四九年下半年，大多是國民黨軍政人員和那些不願意留在大陸的有錢或者是知識人，據說有時在羅湖橋頭聚集等待過境的人超過十萬。應付不過來的港英方面臨時決定甄別放行辦法是：用廣東話發問，能用廣東話回答的放行，不懂廣東話拒絕過關。被拒的人被迫另想辦法，塞兩根金條，跟著帶路人在夜裡涉過深圳河，逃港的地下通道由此出現。有人估計從一九四七年到一九五〇年，從深圳過境有二百萬人。可是幾乎這次同時，也掀起了回國潮。大陸剛剛解放的時候，香港經濟發展很慢，就業也難，在香港寄人籬下，生活條件不好的人都想回來。知識分子和工人都愛國，回祖國參加社會主義建設，而農民則是聽說有分田分地這等好事，也回到家鄉，參加土改。

可是農業合作化和一九五七年反右，老百姓又開始跑，成規模的逃港開始了，然後是一九六二年、一九七二年和一九七九年……而趙紫陽參與指揮圍堵的，是發生在一九六二年這次。

其實六十年代的逃港，從一九六〇年就開始了。全國各地處於大饑荒狀態，群眾食不果腹，許多人被餓死。因為逃到香港能夠吃飽飯，能夠得到收留，群眾紛紛通過各種管道逃往香港，於是發生了「逃港潮」。時任中共佛山地委書記的杜瑞芝回憶當時的情況時說：「一九六〇年，逃港已經成為一種風氣，寶安縣的男勞動力大部分都跑過去了：因為過去的人都賺了錢了，在家裡的人都很困難。於是逃港風一個高潮接著一個高潮，連綿不絕；只要我們稍微放寬一點，一走就是幾萬人。我跟趙紫陽在邊界上看著，毫無辦法。我跟他開個玩笑說哎！咱們公安可以開槍，但是只能打腿不能打上面。趙紫陽說不行啊！怎麼能夠開槍，那你開槍誰知道你打到什麼地方，打死人還得了啊？」[129]

一九六二年的五月，因為邊界的英國士兵向中方農村孩子發散糖果事件，引發了外交糾紛。邊界的幹部向陶鑄彙報說：我們每年反偷渡，替他們保平安日子。現在他們把日子過安

129 蔡文彬採訪杜瑞芝〈風雨蒼黃話紫陽〉。

穩了，反倒來拿咱們開心。陶鑄很生氣，把茶杯一放，站了起來：「說得對！英國人有什麼了不起！一個彈丸之地，放十萬人過去他就吃不消！打電話，通知邊防來人，把崗哨撤了！」

堂堂大軍區的第一政委，管轄兩湖兩廣還有河南的中南局第一書記，居然一氣之下令中方邊防軍後撤五十里，縱容群眾逃港，以增加香港的壓力。可是他完全沒有想到，事態會發展到那麼嚴重的程度——各地的群眾紛紛向深圳湧去，沖過邊界，逃入香港。第一批逃過去的人留下來了，這樣又帶動了第二批。到五月上旬，逃往香港的人愈來愈多，不僅農村的黨員團員和幹部，而且城鎮機關的黨團員也大量外逃，突然之間形成一股驚人的大潮，致使農民無心生產，城鎮工廠停工。有資料表明：截至一九六二年五月三十一日，寶安縣全縣外逃總人數達一萬一千五百四十七人；截至六月七日，東莞縣外逃人數達二萬七千一百九十七人；其他縣份如台山、高鶴、三水等，都有大量人口外逃。另據《廣東省志．公安志》記載，外逃風潮從惠陽、寶安、東莞、海豐四縣蔓延到廣州、江門、潮汕、肇慶等地的部分縣、市，一九六二年四月底到五月中旬，每天都有數百人從邊境偷渡去香港。五月中旬以後，每天外逃人員增至千人。最高峰的五月十五日達四千九百七十七人。每天集結在寶安、深圳一帶伺機進入香港的都有四五千人，最多一天有八千多人。港英政府當時的政策是：只要非法入境者能進入香港市區範圍，便可申請成為香港永久居民。於是逃港者不顧一切要先進入香港，先登上交界處的華山等山區，然後快速潛入香港街市。如此多的難民，港英政府措手不及，決定調軍警封鎖攔截，只要把過境後的難民攔截在華山山區，就可以直接遣返他們回大陸。事態最嚴重時，動用了軍警五千人，上百條警犬，十八架直升機，使用了警棍，曾有上千員警手牽手結成人牆，阻攔截停難民。港方還在靠近邊界搭建了臨時收容所，凡抓到的，可以飽餐一頓後遣返，這一餐是自助的，隨便吃，有魚有肉有麵包有香腸。據估計當時有半數逃港者遭遣返，但山野間仍滯留大量的人，等待機會進城。

饑腸轆轆的難民激起了香港市民的極大同情，香港報紙每天的最大新聞就是邊界事態，《星島日報》報上發布了〈百名難民寄語香港親友〉，列出一百多名難民在港親友的名字，直接向他們求救；《明報》刊出社論〈火速！救命！——請立刻組織搶救隊上梧桐山[130]〉，也在其中推波助瀾。有統計說，當時的一個難民可能牽動十個港人，前者可能是後者的親友同學同事。一九六二年五月十五日前後，十幾萬人次的港人來到邊境救援接濟難民，報紙報導說「本港親友及見義勇為市民，紛紛自購麵包糧食，尋找難民，山頭上，呼兒喚母，一片混亂」。此情此景讓很多香港員警舉不起警棍，使得很多難民被親友接走。由於被抓後送進收容營的人第二天會被遣返大陸，當夜有三千到四千港人露宿在營地外守候，而香港市區的這一夜，幾乎所有娛樂場所自動熄燈關門，幾乎所有媒體停播娛樂節目，對當局非人地道截堵遣返大陸難民表示抗議，電台現場直播當晚的營救實況。第二天的遣返路上，有人跟著運送遣返難民的卡車，往車上扔食物，喊出留在大陸的親友的名字。而卡車司機故意把車開得極慢，有人乘機沖過去橫躺在路中央阻擋運送卡車，上百人跟隨過去，用身體堵路，人群拼命呼喊難民跳車，幾十輛卡車就這樣被迫停下來……

香港的局勢使得廣東更加混亂。六月一日，廣州鐵路東站廣場聚集的外流人員達兩千多人，這些從全國各地集聚到此的人們，目的都是逃往香港。他們衝擊東站，包圍前來勸阻的

130 梧桐山在邊界上深圳一方，難民們白天躲在山上，天一黑即下山沖向香港。

副市長，搗毀宣傳車，毆打司機、幹警，造成「東站事件」。直到二日淩晨，東站實行戒嚴，事件才平息。

大批的逃港者被國際輿論稱之為中國饑民或者是難民。他們令彈丸之地的香港處於進退維谷之地。當時的台灣占據聯合國常任理事國的席位，美國總統甘迺迪出面關照此事，認為台灣有責任安置饑民，並號召世界各國如澳大利亞、加拿大等國應盡可能多地接受移民。台灣民間成立了「救濟大陸災胞總會」，募集資金和糧食衣物；台灣當局撥大米一千噸捐贈。香港當局根據自願原則，由逃港饑民自由選擇去處。一九六二年七月，台灣多次派出輪船赴港接納大陸饑民，每人發給救濟金七十港元，贈送服裝一套，難民中數萬人移民台灣，多數安置於地廣人稀的屏東縣，開辦農場；台北郊區的興學農場場主溫麟先生，接收了一千人，並解決他們的就業及子女的教育問題。美國民間「救濟中國難民總會」主席陳香梅女士，攜鉅款飛來香港與港府商討安置辦法，並趕赴華山與逃港饑民直接接觸，徵求意見。最終這些大陸逃港者大部分留港，一部分去了台灣，小部分移民美國，加拿大，澳大利亞，巴西，牙買加等國。[131]

事件驚動了中央政府，中南局第一書記兼廣東省委第一書記陶鑄被叫到中央開會，周恩來總理對他提出了嚴厲批評，要求廣東省在十五天內，把逃港風潮剎住！陶鑄在北京打電話給趙紫陽，趙紫陽立刻帶上廣東省公安廳廳長王甯等人到寶安，通知寶安、東莞、惠陽、廣州四個地方的公安局長一起到寶安縣邊防一線實地察看。趙紫陽動員大家想辦法，說中央有

131 陳秉安《大逃港》。

這個意思，要求我們半個月之內控制局面。我們要提前，十天內就得想辦法。你們有什麼辦法可以控制住局面沒有？

其他人都搖頭，只有當時的寶安縣公安局長方苞處理過一九五七年逃港，有些經驗，就提出了三條建議：一、在十天半個月內，凡是往南邊走的，都要出示證件。二、去火車站、汽車站要憑證買票，控制人數，減少去港的人。三、控制公路，攔截逃港的群眾，檢查其證件；對沒有證件的，要勸說其回家，如果不聽勸阻堅持往前走，就收容遣送。

趙紫陽表態說，行，就按方苞同志的辦法辦。

五月十七日晚上，針對「逃港事件」，趙紫陽對廣東各地發出電話指示。他指出，必須迅速將逃港的嚴重情況扭轉過來，否則，政治上、生產上會損失很大。他提出了幾條具體對策：

一、看來等人跑到邊界再勸阻比較困難，主要工作應當做在這之前。發生大批逃亡或正在醞釀逃亡的地方可能是比較困難的地方。首先一條，要安排好群眾的生活，使群眾看到前途。凡生活困難的地區，要派工作組下去解決，糧食主要從當地解決，縣和專區都要清倉，糧食不夠的上報地區，可以由省裡解決。層層扣押糧食的地區，要派工作組下去一級一級地查，為此，召開群眾代表會議也可。要迅速想辦法把糧食搞上去，這是最根本的。

二、做好群眾的思想工作。凡已有外流或將要外流的地區，要迅速開展宣傳工作。群眾確有困難，我們一定要表明態度，要講建設工作有缺點，加上自然災害，但是政府一定下決心解決。不能等到人民過不下去往外跑才去解決。個別地區任務重，政府擬適當應急，先解決群眾的生活和生產。

三、要對群眾講清楚，現在跑到香港不是辦法。如果跑到香港能好過，政府也贊成；而現在的情況是，去一個香港抓一個，抓不住的，香港也要查戶口，吃水、住房、吃糧等問題都解決不了，因此有的人被打傷，孩子死掉。政府事先要將這個情況講清楚，不然群眾為了逃港什麼都賣掉花掉，勞民傷財，家破人亡，非常悲慘，政府要對人民負責。如果真能過去，政府也不反對。香港不讓去，那兒放不下多少人，沒出路，不是辦法。唯一的出路，是搞好生產，否則，生活會困難。

這次大逃港延續了一個多月，有人估計沒有跑成的人在五萬人以上。這些被攔回來的人怎麼處理，陶鑄和趙紫陽產生了分歧。陶鑄要求嚴懲，特別是對共產黨員、幹部、支部書記及那些脫產幹部，要處罰，給重的處分。趙紫陽則不同意陶鑄的觀點。他認同廣東省檢察院檢察長寇慶延的看法，認為逃港是人民內部矛盾。他要求大家要想一想，為什麼我們這兒的人往香港跑，香港的人不往我們這兒跑呢？就是因為我們的溫飽問題沒解決，老百姓餓成那樣子，拼死往那邊沖嘛。他指示邊防民警部隊，要對逃港者做工作，用軟辦法，對於一定要走的，也不要動武，只能作為人民內部矛盾勸阻。特別是對於從深圳遣送回來的人，要有正確的政策，一律熱情歡迎，要表示非常同情他們的遭遇，絕不能歧視。對於遣回的基層幹部和黨團員，要正面教育，認錯的不要處罰，批評一下算了，以觀後效。這些人跑了一場空，吃了大虧，如處理不好，會絕望，到處流浪，或再往香港跑。他還特別提出：對香港要客氣些，不要過於苛求、過於刺激，要注意香港方面不願意美國插手的態度，對我方有利。

此時夏季作物已經成熟，由於貫徹了「七千人大會」精神，當年糧食收成不錯，農民有了糧食，再說香港那邊也不收留，而且逃港一路上也有風險，群眾也就不再跑了。逃港人數在六月大大減少，到七月則基本平息。以後趙紫陽加緊解決群眾和地方的困難：批准恢復了廣東毗連港澳地區的小額對外貿易，放寬了邊防線以外若干地方群眾赴港探親的規定，並另開口岸，幫助在港澳有親友、有生活來源的群眾出境，以解決出口擁擠的問題。當時副食品匱乏，但邊防管得很嚴，不允許老百姓去香港購買副食品。老百姓就只能讓人把東西從邊防鐵絲網那邊扔過來，然後自己在這邊再撿起來。中共寶安縣委為解決這個問題，就提出了「三個五」政策，即所有邊界的老百姓一個月可以去香港探親五次，每次可以帶五斤副食品回來，五斤副食品的總額不能超過五元錢。以往國家農貿公司進行大額貿易，以低價收購老百姓的產品，高價出口到香港，賺取了很多外匯和利潤。但老百姓沒得到什麼利益。邊防地區的老百姓和幹部提議自己經營小額貿易，不和國家爭利。小額貿易政策實行後，邊防地區開始搞活了，老百姓生活也有所提高。

陶鑄接受了紫陽的意見。所有的這些政策，都得到了陶鑄和趙紫陽的支持。[132]

趙紫陽後來在他的回憶錄中還提到：

> 六十年代我曾給中央寫過報告，提出把外貿搞活，以進養出。我們行在廣東就試著採用這個辦法。在外貿部長葉季壯同意下，實乾脆外貿包乾，即進口多少東西，再出口多少東西，賺來的外匯，地方分成。六十年代初廣東經濟恢復比較快，除其他原因外，這樣做起了很大作用。

由此可見，解決「逃港」問題的措施，後來也用在了整個廣東的經濟發展上。若干年之後

132 本章主要參考資料：方苞〈親歷趙紫陽處理逃港潮全過程〉、寇慶延〈趙紫陽認為「逃港」是人民內部矛盾〉、趙蔚《趙紫陽傳》、吳名〈趙紫陽妥善處理逃港風〉、《嶺南紀事》。

趙紫陽走進中南海，著手全中國改革開放大業之時，這個政策也給了他很大的啟發。他在回憶這一段經歷之後說：我深深感到，沿海地區在外貿方面有很大潛力，關鍵是我們的體制和政策把它卡死了，很可惜。[133]

133 趙紫陽《改革歷程》。

第五章　「文革」前奏——「四清」

兩個神仙之間的戰爭

很多人認為「文革」是從一九六六年開始的，標誌就是那份「五・一六通知」。可是細細研究後才知道，它實際上是從「四清」開始的，時間大致是一九六三年的五月。

當然，「四清」的指導思想早就有了。一九六二年八月，當趙紫陽他們迫切希望毛澤東能夠認同廣東「洲心經驗」的時候，毛澤東卻從許多高級幹部贊同「包產到戶」的苗頭中，看到了否定他親手制定的三面紅旗的「階級鬥爭新動向」。在一個月後的八屆十中全會上，毛澤東闡述了他的階級鬥爭理論，說「要承認階級和階級鬥爭的存在」，「要年年講，月月講，開一次中央全會就講，開一次大會就講」，最後這個理論形成了公報，提出「階級鬥爭是不可避免的……我們千萬不要忘記」。會上批判了暗潮湧動的對彭德懷的「翻案風」；把習仲勳[134]支持的小說《劉志丹》定位為「利用小說進行反黨是一大發明」，還批判主張「包產到戶」的鄧子恢，

134 習仲勳，陝西富平人，陝甘寧邊區主要創建者和領導者之一，曾任國務院副總理，中共中央書記處書記等職。一九七八年到一九八〇年曾任廣東省委第一書記、省長，是最早向中央提出在廣東建立經濟特區設想的領導人之一。

說他主持的農村工作部「十年來沒有做過一件好事」（會後不久農村工作部就被撤銷）。會議分別成立了彭德懷、習仲勳兩個專案審查委員會，對這兩個所謂的「反黨集團」進行審查，還撤銷了黃克成和譚政的書記處書記的職務……

七千人大會後剛剛鬆動的氣氛，又開始緊張起來。

九月二十七日中央的會議結束，九月二十九日趙紫陽就在中共廣東省委召開的三級幹部會議上作報告，他首先從概念上與中央的會議撇清關係：「要向群眾講清：我們不贊成單幹或包產到戶」，然後言歸正傳：「要把鞏固生產隊的工作放到極重要的位置上來」、「繼續調整國家同生產隊的關係」、「積極發展生產隊的多種經營」、「抓好今年的秋收分配」、「減少生產隊幹部工分和管理費方面的負擔」、「調整公私關係」……[135]

八屆十中全會之後，按照毛澤東的理論，在全國佈置了「社會主義教育運動」，但是由於國內依然嚴峻的經濟形勢，處於一線的很多黨內領導人像趙紫陽一樣，仍將主要精力放在國民經濟調整工作上，所以當時各地的社教運動，大多未帶有明顯的階級鬥爭色彩，許多地方甚至根本就沒有開展。一九六二年冬到一九六三年初，毛澤東外出視察工作，跑了十一個省，只有湖南省委書記王延春和河北省委書記、省長劉子厚，滔滔不絕地向他講「社教」，其他各省都不講。毛澤東對這種情況很不滿意，認為社會主義教育並未引起黨內許多同志的高度重視。在以後的日子裡，中央就這個問題開了一系列的會議，到五月二十日，中央將保定地委

135《中國共產黨廣東歷史大事記》，第一六四～一六五頁，廣東人民出版社二〇〇五年七月版。

關於「四清」的報告隨同〈前十條〉[136]下發。本來河北省保定地委創造的「四清」經驗，是在整風整社運動中為解決年終分配問題，普遍進行清帳目、清倉庫、清工分、清財物（簡稱「小四清」），這個內容後來發展為「清政治、清經濟、清組織、清思想」（簡稱「大四清」），與毛澤東提倡的「社教」交叉進行，在全國城鄉全面鋪開，並且由劉少奇掛帥。

擔任中國共產黨主席的毛澤東，和擔任中華人民共和國主席的劉少奇，是有分歧的，而且分歧的時間比人們知道的要早。一九六一年三月，毛澤東在廣州主持召開中南局、西南局、華東局各省、市自治區負責人會議，討論《人民公社工作條例草案》的初稿，他讓人打電話到北京，叫劉少奇到廣州。北京回答：少奇同志正在主持西北、東北、華北各省市自治區負責人工作會議，能不能晚兩天來？毛澤東聽了大發脾氣，寫了一個條子給陶鑄，讓陶鑄到北京把劉少奇叫來。吳南生當時是省委辦公廳主任，趕緊為陶鑄準備專機。但是廣州這邊專機剛準備好，北京那邊的專機就到了：劉少奇不請自來了。劉少奇被打倒後，吳南生從中南局檔案館調出了毛澤東給陶鑄的那張條子，只見上面寫著：「是哪個皇帝騎在我頭上拉屎，現任命陶鑄為特命全權大使到北京接駕。」吳南生後來說：這段文字讓他「怵目驚心」、「百感交集」。他分析很可能是陶鑄看到條子給鄧小平打了電話，說主席生氣了，讓少奇同志趕快來吧。劉少奇就立即來到了廣州。

136　即中共中央《關於目前農村工作中若干問題的決定（草案）》，它對國內政治形勢做出了過於嚴重的估計，認為當前中國社會中出現了嚴重的尖銳的階級鬥爭情況，要求重新組織革命的階級隊伍，開展大規模的群眾運動，打退資本主義和封建勢力的倡狂進攻。〈前十條〉為即將開展的農村「四清」運動作了準備。

這張條子後移存中央檔案館。[137]

毛澤東的這張字條，足以說明當時黨內的「生態環境」，也說明了早在一九六一年他與劉少奇的關係，已經發生了惡化——當時劉少奇經過在湖南的調研，思想發生了急劇轉變，已經開始解散公共食堂，糾正大躍進的錯誤。

一九六三年四清開始之前，毛澤東和劉少奇對於早些時候對「三自一包[138]」的態度，也是分歧之一；現在對於「四清」運動的物件，也在分歧之中。毛澤東認為四清的主要任務，是「反修防修，防止資本主義復辟」，到後來，毛澤東的思路發展為打擊「黨內走資本主義道路的當權派」，進而演化為「文革」——目標對上；而劉少奇則認為應該針對「投機倒把、貪污盜竊，還有一些嚴重的鋪張浪費，嚴重的蛻化變質、違法亂紀，嚴重的分散主義」一類的社會性問題，到後來這樣的思路發展為「四清」的重點是黨內、國家幹部中間，以及勞動人民中間的「四不清」問題和新的資產階級的問題——目標對下。沿著這樣的思路，劉少奇在運動中大反「右傾」，下狠手打擊「四不清」的基層幹部，製造了大量的冤假錯案。

一九六四年六月開始，劉少奇到全國許多地區視察「四清」運動開展情況，作了多次講話，認定國內階級鬥爭形勢比預想的更為嚴重，強調要在領導「四清」運動的許多幹部中間反右傾。一九六四年的七月，劉少奇偕夫人王光美到廣東視察工作，趙紫陽陪同視察。視察結

137 吳南生〈親歷經濟特區的決策過程〉，《炎黃春秋》，二〇一五年第五期。

138 「三自」是在大躍進失敗後，劉少奇主持經濟調整工作，恢復了大躍進前的農村經濟政策。具體內容是：自負盈虧、自由市場（自由市場）、自留地。「一包」即「包產到戶」，但不是調整工作的經濟政策，是各地部分農村的自發行為，在一九六二年七月毛澤東明確反對「包產到戶」前，各級黨委沒有多加干預。

束時，趙紫陽說：「劉少奇同志的指示對於搞好城鄉地區的社會主義教育運動極為重要……我們從劉少奇同志的指示中找到了好的方法[139]。」九月三日，趙紫陽在佛山「四清」工作總團幹部集訓會議上講話說：「現在很多地方基層幹部已形成了一個特權階層，富裕階層，成了『新貴』、「農村的特權集團同廣大貧、下中農的矛盾，已經成為農村的主要矛盾。目前農村已經發生新的兩極分化。」這些都是劉少奇的觀點。

趙紫陽的這些觀點和講話，「文革」中成了他「緊跟劉少奇」的罪證，被大批而特批，事情傳到毛澤東耳中，也認為「趙紫陽跟著劉少奇反對我」，給「文革」中趙紫陽的複出增添了很多麻煩。

四清隊員趙明[140]

廣東省根據劉少奇的夫人王光美創造的「桃園經驗」[141]，在一九六四年九月底至十月初，

139 大衛．桑鮑《趙紫陽——從地方幹部到總理》，第三六頁，中國廣播電視出版社，一九八八年九月版。

140 本節主要參考資料：《羊城晚報》、《崗位不同情還在，農民探望中南海》、蔡文彬採訪陳開枝〈我跟著趙紫陽到庫充搞四清〉、蔡文彬採訪陳婉儀、吳秀清〈庫充農民回憶趙紫陽〉。

141 一九六三年十一月至一九六四年四月間，劉少奇的夫人王光美帶領工作隊在河北省撫甯縣盧王莊公社桃園大隊蹲點開展四清運動，總結出一套經驗在全國推廣，其主要內容是通過「群眾運動」、另組「階級隊伍」、實施「奪權鬥爭」，其特點是通過體罰逼供等殘酷手法大批地打擊鬥爭對象，這樣的手法在後來的「文革」中進一步發展。據王光美說：四清時我寫的「桃園經驗」，主席看過，很欣賞，還推薦給江青和身邊工作人員看。可是他在少奇當選國家主席那天，召開中央擴大會議，批少奇把四清搞「左」了，幾天後他提出更「左」的口號。

開展了第一批農村社會主義教育運動。全省抽調十萬名幹部組成工作隊，由省、地、縣委第一書記帶領，到花縣、中山、惠陽等八個縣蹲點。在進村前，對工作隊進行集訓和「三查」[142]，進村後，就「高舉」階級鬥爭的旗幟，按照「桃園經驗」，與農民「三同」[143]，進行訪貧問苦，在公開工作掩護下進行祕密串連發動，逐步擴大隊伍，成立貧協小組。貧協一開始就與「四不清」劃清界限，把矛頭指向基層幹部。整個運動將幹部犯的小錯誇大為「蛻化變質」、「和平演變」，歪曲了事實，誇大了農村的矛盾，並將很多幹部打成「階級異己分子」、「富農階層」和「剝削分子」，嚴重地傷害了基層幹部[144]。

一九六四年九月，由中山縣縣委副書記陳賢芳任大隊長，一百零五人的「四清」工作大隊進駐中山縣庫充大隊，趙紫陽化名「趙明」，名義上是中共廣東省委辦公廳的一個科長，隨隊「蹲點」，住在貧農吳財添、陳二妹夫婦家，與他們同食、同住、同勞動。

兩個老人身體不好，沒有勞動力，兩個孩子還小，因為實在太窮了，平時吃番薯、稀飯、馬鈴薯和大頭菜，吃不上魚和肉。吳家的房子是土改時分的一座舊碉樓，共三層。主人安排趙紫陽住第三層，祕書陳仲旋和警衛員郭繼生、科長老賴住第二層，老貧農吳財添、陳二妹夫婦和兩個女兒住在底層。趙紫陽住進吳家的第二天，就刮大風，把吳家廚房給刮倒了，趙

142 查家庭出身、查階級立場、查思想作風。
143 同食、同住、同勞動。
144 《嶺南紀事》，第二三二頁，廣東人民出版社二〇〇四年八月版。

紫陽和警衛員去河邊推來泥沙，還到縣委「開後門」買到兩包水泥，幫他家搭起了廚房。進村第三天還是第四天，工作隊就搞衛生，趙紫陽戴一頂草帽，卷起褲腳，拿個鏟，和農民一起去積肥。他還帶起祕書陳仲旋，隊員陳開枝，和幾個年輕人一起去割山砍柴，年輕人幫他捆起來，看著他挑著柴回到吳財添家，給他們家燒火做飯。

趙紫陽和吳財添夫婦連續詳談了近二十個晚上，主要內容是徵詢他們的意見，比如怎麼樣搞「四清」運動才好，要注意什麼問題，對大隊幹部有什麼看法等。兩個貧農的主要意見，是希望工作隊對基層幹部，不要採取過激的作法。吳財添說：搞「四清」好啊，但一定要把生產搞好，如果生產搞不好，吃虧的還是我們這些窮人。要是搞得太猛，貧下中農沒人敢出來當幹部，集體生產沒有人領導，生產就搞不好。所以，對幹部不要一下子打擊太猛。如果你們打擊他太猛，他就會頂，你們走後，他還是一樣，社員就會受威脅。比如明天開群眾大會，最好第一講搞好冬種，第二講搞好工分，第三講搞好衛生，第四講搞好積肥。貪污盜竊、投機倒把不要講得太深，不要講具體人，不要講鬥爭，否則社員會有顧慮，不知道這次運動又要鬥爭多少人，要抓多少人。等到貧下中農發動起來了，有了力量，再逐步講深一些。要告訴幹部有什麼問題就自動坦白，坦白了就沒事，然後抓好生產。特別是馬鈴薯的生產——我們種的馬鈴薯都是出口的，對農民的收入和生活影響很大。貧下中農要慢慢組織起來，開頭範圍小一些，以後再擴大，不要一下子合起來，這樣是沒有力量的。把貧下中農團結起來，團結就是力量，有了力量，幹部就怕了；那時你們走了，幹部如果還是這樣，我們寫個條子給你們，你派一個人來調查一下，他們就有幾十個怕啦！還有，搞完運動後，最好你們工作隊留下一個同志，這樣可以管得住幹部。

後來趙紫陽果然聽從兩位老貧農的建議，留下了一個「鞏固組」。吳財添和陳二妹，還很有些民主意識，說你們清理的帳目，清完了要出大字報，公布給大家知道。貧協籌委辦事，要個個籌委都蓋上章才能辦，不能一個人蓋章了就辦。要是一個人說了算，就容易被人拉攏收買……

這兩位貧農的意見，與趙紫陽向來寬容的心態暗合。他讓祕書陳仲旋將他們的談話記錄整理出來，在之後的「四清」工作隊第二次全體會議上的講話中，要求全省「四清」工作隊按吳財添夫婦的建議辦。趙紫陽還將這份談話記錄拿給陶鑄看，陶鑄看後又送給了毛澤東。毛澤東本來就認為修正主義的根源出自黨內上層，黨內已經形成了一個「官僚主義者階級」，不同意劉少奇把運動的矛頭對準下面的基層幹部。他看了這份談話記錄後，在上面做出批示：「這兩個老貧農是我們全黨的老師。」還讓中央辦公廳發給中央工作會議的與會者。

這份文件讓毛澤東對於趙紫陽又有了很深的印象。

由於採納了吳財添夫婦的建議，廣東的「四清」運動對全省農村幹部的傷害有所緩和。趙紫陽很感慨地說：「四清運動是群眾的自我解放運動，如果群眾主要依靠貧下中農協會的力量，就能鞏固勝利；如果只依靠工作隊，就不能鞏固勝利。」

「四清」推廣王光美的「桃園經驗」，就是要殘酷鬥爭，這就和吳財添夫婦的說法大相徑庭，一貫實事求是的趙紫陽也不願意。他成了「變壓器」——上面來的風很大，溫度很高，他可以給你調，調到適合的點。那麼厲害的「四清」，庫充又是省委書記親自蹲點的地方，別的大隊都有幹部自殺，可就這個大隊沒死一個幹部，只是「鬥」得厲害，要麼「大鬥」，要麼「小鬥」，用不同程度的「鬥」來解決問題。大鬥的人就那麼兩個，有個叫吳計鵬的隊長，還有個叫靳光璞的治保主任。鬥隊長，是因為他是「當權派」，按照王光美的「桃園經驗」，「奪權」是「四清」運動的重要內容，當權派肯定是要挨鬥的。而治保主任這個職務當時是最容易受賄的——那些逃亡香港澳門的人，無論是跑掉的和被抓回來的，都歸治保主任管，很多地方都是給點錢就放一馬：都是鄉里鄉親的，何必那麼認真。所以治保主任，也是必須挨鬥的。

吳計鵬被批判之後，委屈，想不通，不想當幹部了，「四清」工作隊隊員的陳開枝就到他家裡，在那張沒有蚊帳的床上，和他一起睡了三個晚上，也談了三個晚上。陳開枝說老吳你是黨員，就不要計較個別群眾過火的意見了嘛。開會的時候別人有說得不對的地方，你有什麼意見，就提出來，有不實事求是的地方，你也可以提！吳計鵬心裡暖和，說沒有什麼意見啊，就是太委屈。這三個晚上，吳計鵬感到了工作隊員的真誠，也感到組織上還是信任自己的，所有的委屈就化了，後來繼續做他的隊長。「四清」搞了一年，工作隊要撤走了，按照當初對吳財添夫婦的承諾，要留下一個「鞏固組」。吳計鵬他們就給趙紫陽說，你們那個大學生陳開枝很接近群眾，我們要求他留下。趙紫陽對小夥子說：開枝，群眾要求你留下，你就留下吧。於是陳開枝就又留了一年，直到文化大革命開始，「打倒趙紫陽」的大字報都出來了，趙紫陽怕陳開枝在鄉下受到衝擊，才讓他撤回來。至於那個叫靳光璞的治保主任，後來趙紫陽到北京開會，直接打電話到庫充大隊，給陳開枝交代：「你要適可而止啦，他不一定貪污很多的。」於是治保主任也「解放」了。一般來說，那時候幹部拿點生產隊東西的情況可能比較多，真正的貪污受賄畢竟還是少數，真要查也查不出幾個。有的幹部被批判，不過是吃了一個「集體地裡」的番薯而已。

還有一件事情讓人印象很深。一些地方批判基層幹部多吃多占的問題，還把幹部家裡的自行車沒收了——想來那時候家裡值錢的東西，就是個自行車。可是在廣東的農村，自行車是基本的生產工具，運種子、運肥料都靠它，把自行車沒收了，叫人家怎樣搞生產？趙紫陽知道了，就讓工作隊把收繳上來的自行車統統還回去。要知道在那場運動中，對於「四不清」的幹部都是往死裡整，可是趙紫陽連沒收一輛自行車都要退，難怪這裡沒死人。

趙紫陽蹲點的庫存大隊的「四清」就這樣搞，對幹部的挫傷積極性不是很大，運動完了之後，好多幹部又用回來了。

要把他們吸引回來

說起來也奇怪：全國的「四清」運動都是搞階級鬥爭，唯有廣東一開始，趙紫陽就在「四清」工作的團長會議上明確提出了「『四清』政治運動要落實到生產」的口號。其根據顯然是來自毛澤東在〈中共中央關於農村社會主義教育運動中目前提出的一些問題（上）〉（即二三條）中「關於運動的標準」。毛澤東提出衡量運動好壞的標準有六條，其中第四條明確提出「要看是增產還是減產。」到了趙紫陽這裡，就演化為「四清」工作隊制定的〈建設社會主義新庫充的初步設想〉，他認為建設社會主義新農村，是一項遠大的目標、遠大的理想、巨大的動力，可以使所有人看到前途，有奔頭，鼓舞人們的信心和鬥志。這份〈設想〉明確指出「庫充大隊在結束清經濟以後，突出以生產為中心」，要求「『四清工作』以生產的好壞為檢驗運動好壞的主要標誌，要把『四清』運動的每一個成果都落實到生產上來」。對此趙紫陽提出的具體指標是：水稻畝產超千斤，農民人均收入達到二百元，每個生產隊的資產超過二萬元；鼓勵農村發展多種經營，還要實現水利化、化學化、電氣化和機械化。他響亮地提出：要把當年跑到香港和美國去的人吸引回來！

需要提醒的是：即使是在廣東佛山這樣富裕的地方，那個時候農民幹一天也只有兩、三毛錢。人均收入二百元，這是何等偉大的數字。在剛剛經歷過「共產風」洗劫的中國農村，這個口號顯得很有號召力，吸引了《新華社》的記者來庫充蹲點，寫文章。

改變農村面貌，趙紫陽說幹就幹：村委會沒有電話，他就幫著裝了一部電話，這部電話的號碼是八八三七二四五四，從一九六五年一直用到現在；趙紫陽看到許多人家沒有男人，女人樁大米很辛苦，就搞來一台打米機；大隊開會點的都是汽燈，他就讓縣委給安了電燈；凡是村裡面有人生病，他就讓工作隊找醫生來看病……這些都給庫充人留下了永久的記憶。庫充那時候還很落後，道路怎麼搞得暢通一點，環境衛生怎麼搞得好一點，村裡面的房子建設怎麼更有規畫一點，都在趙紫陽的腦瓜裡轉。趙紫陽讓工作隊的隊員們出去學習，除了學別人「怎麼學習毛主席著作」，怎麼搞群眾思想工作，更重要的是叫大家學習農村的建設規畫啊，農村衛生環境的管理啊，農村的道路怎麼弄啊，怎麼推廣良種啊，搞多種經營等等。為此他還批准進口並翻譯了一批介紹美國、法國等國農場管理的書籍——難怪多年之後黨內元老們說他「對西方那一套感興趣」，其苗頭其實從這個時候就開始了。

那個時候，很多地方還把農村的多種經營看成「資本主義尾巴」，趙紫陽卻把開展農村多種經營作為農民增收很重要的一個條件，在組織庫充的貧協幹部座談的時候說：庫充地好，水利基本過關，勞動力足，多種經營路廣，土地利用率高，可以一年四熟，還有出口產品，只要努力搞好生產，增加收入完全有條件……庫充的荒山很多，可以種竹，種鳳梨，種樹，收入大。土壤也很好，有河，有沙，可以入沙改土，有許多東西可以出口，比如馬鈴薯等，價格又高。

可是如果要騰出一些土地去搞經濟作物，就得減少水稻的面積，水稻的產量怎麼辦？那就要靠好品種解決水稻的單產。趙紫陽在庫充推廣「矮腳南特[145]」這個優良品種，管理上強調算細帳，細到每一窩多少株，每株多少粒，水稻的行距間距是多少，這樣就可以算出每畝多少產量。

幾十年後，當年的工作隊員陳開枝都還會算這個賬。到後來趙紫陽讓省委專門派了三部車，拉上幹部們出去觀光，到南海縣去看水稻怎麼管理，怎麼灌溉，還帶了一個老農回來教大家如何種田；到新會去看怎麼種竹子，發展副業，還去看積綠肥的紫雲英怎麼種。

廣東除了兩季水稻，通常第三季還要種椰菜花、馬鈴薯和紅心番薯，這種紅心番薯出口到香港做糕點的餡，很賺錢的，馬鈴薯也能夠出口賺錢。為了種好馬鈴薯，趙紫陽不但從內蒙、還特地從荷蘭引進優良品種，又從省上給搞了很多豆枯（大豆榨油剩下的渣）回來，給馬鈴薯做肥料。他在第五生產隊親自種了一畦馬鈴薯，種得很上心，比當地的農民在旁邊種的馬鈴薯都好。大家開玩笑，說咱們老農民種的馬鈴薯，怎麼趕得上他「帝王」種的馬鈴薯啊。說這話的庫充老農民，絕對沒有想到趙紫陽日後會做國家總理和黨的總書記。

這個時候的趙紫陽，讓人不禁想起了他那精明能幹足智多謀的父親——這父子倆在如何

145「矮腳南特」水稻良種是廣東潮陽農民洪春利培育的中國第一個水稻矮稈品種，一九五八年首創潮汕平原早稻小面積畝產超千斤的記錄，結束了水稻種植高稈品種易倒伏減產的歷史，在我國農業史上具有里程碑的意義。

搞經濟方面，確實都很有一套。

群眾經驗的批發商

一九六五年年底，「四清」到了尾聲。

廣東的「四清」和全國一樣，由於貫徹了劉少奇的方針，農村幹部同樣受到了不同程度的傷害——全省在一九六四—一九六五年秋冬「大四清」的試點中，共發生自殺案件六百零二起，死亡五百零三人[146]。中山縣沙溪公社有個聖獅大隊，一直是趙紫陽樹立的一面旗幟，農業先進單位。可是「四清」中又被否定了，認為幹部有「四不清」的問題，後來這個大隊的支部書記陳華自殺，沒死，送到醫院搶救過來了。漁湖公社幹部陳舜卿，被認為是「漏劃地主」，經揪出後批鬥、抄家，最後送往「勞教」，後平反；「四清」期間海豐縣縣委機關裡面查出了一個「反黨集團」，竟把我國早期農民革命領袖彭湃的母親（時年已經八十多歲）指認為是「反黨集團」在上面的「根子」和「保護傘」。彭湃是赤山人，出身地主，他母親就住在海豐縣赤山鄉的家裡，為了配合海豐縣查、批、鬥「反黨集團」，有關方面居然組織了一批農民到彭母的家門外，高喊口號「打倒地主婆×××，打倒反黨集團總後台、保護傘」——根據工作團指示，只搞「背靠背」鬥爭，沒有讓彭母到會場接受群眾批鬥，這算是開了大恩。

所有的「因」都會產生「果」，所有的人都得為自己的行為負責。廣東「四清」的總負責

146 薄一波《若干重大決策與事件的回顧》，第一一一五頁。

人趙紫陽用了半年時間，來考慮怎麼樣把遺留問題解決好——所謂的遺留問題，就是因為運動搞得很左，幹部怨氣大，雖然後來大都複職了，卻沒法開展工作。

趙紫陽帶著這個問題來到中山縣，和縣委副書記陳賢芳一起，找到了古鎮公社的黨委書記謝明仁，讓他彙報「四清」以後的路子是怎樣走的。謝明仁說，要化解幹部中的消極因素，必須協調幹部與貧協的關係。按照「四清」定的調子，貧協和幹部的關係是對立的，是監督和被監督的，成天有一撥腰杆挺直的貧下中農虎視眈眈地盯著，幹部的工作自然是沒法幹了。我們就給幹部評功擺好，讓大家都看看除了批判過的那些錯誤，人家這些年還是為集體做了很多事情的，這樣做挖掘了幹部的積極因素，肯定了幹部的成績，也調動了他們的積極性。我們還制定了新的發展藍圖，大家要共同為新藍圖而奮鬥，這樣一來，幹部和貧協關係就比較融洽了。謝明仁彙報了將近半天時間，趙紫陽一聲不吭，很耐心的做筆記，最後說了一句：這個路子走得比較順當。接下來，趙紫陽讓陳賢芳告訴佛山地委，中山古鎮的作法很有借鑑性，把他們的報告登載在《佛山通信》上，一連登了五篇[147]。

趙紫陽常常說，自己是個「批發商」，把群眾中好的經驗總結起來，再「批發」到群眾中去。他不是那種坐在辦公室裡要麼根據上級指示要麼根據什麼理論醉心於「頂層設計」的人。他的思路總是來源於基層的實踐，他總是相信在時局需要的時候，民間一定會「生長」出好的辦法來。在他沒有辦法的時候就下去走一走，回來就有答案了。趙紫陽很感慨地說，人在一個地方時間待久了，容易產生固定的眼光，一定要到一些比較先進的地方去看看，開開竅，

147〈謝明仁回憶趙紫陽〉。

拓寬思路。他有時間就到遠的地方走走看看，比如茂名呀，湛江呀，汕頭、中山那些地方，沒有時間就往近的地方走走看看，比如他經常去的南海、順德。汕頭地區南澳縣，是趙紫陽走完全省的最後一個縣。汕頭地委請了當地海軍幫助，派了艘護航艦載送趙紫陽和他的祕書陳仲旋到南澳。途中，大浪滔天，軍艦俯仰搖擺三十度，陳中旋這個海邊長大的人早已暈船躺倒，而趙紫陽這位不近大海的河南人，卻始終手扶舷欄眺望遠方，給人留下了長久的記憶。

這樣的工作作風，貫穿著他的整個政治生涯，對於今天的政壇，也是一種啟示。

歷時兩年的「四清」運動終於結束了。趙紫陽一方面忠實地執行了上級的指示，導致運動鬥爭打擊面擴大化比較嚴重；另一方面卻在實際工作中發揮他的創造性──他巧妙地將毛澤東關於搞好「四清」運動的「六條標準」中的最後一條「要看是增產，還是減產」提出來，置換成了「『四清』政治運動要落實到生產」，和「『四清』運動要落實到建設社會主義新農村」的口號，廣東各級黨和政府也都認真貫徹執行。奇特現像是：凡工作隊搞「四清」運動的地區(占全省三分之一的鄉村)，雖然因「四清」運動「打擊一大片」左傾政策的錯誤，農村基層幹部受到嚴重傷害，但因各級領導自趙紫陽做起，認真抓生產，全省農業確實有了好收成：一九六四、一九六五、一九六六年連續三年增產豐收，成為廣東「四清」運動的最亮點。對此廣大農民是歡喜的。這在當時是件很了不起的事情。

在蹲點期間，吳財添夫婦一直不知道趙紫陽的真實身分，只是覺得他親，有時候在飯裡埋個煎雞蛋，趙紫陽都不讓，夾出來放在吳財添碗裡，說你老，給你吃著下酒。夫婦倆就跟工作大隊隊長陳賢芳說：陳隊長，你們工作隊開會時一定要表揚這個趙明啊，他表現很好，幹活積極，沒有架子，我們給他飯裡埋個雞蛋他都不讓。

陳賢芳聽了，哭笑不得。

好多年以後，趙紫陽還關心著這家人。有一年老吳滑倒摔傷了，住在廣州的醫院裡，趙紫陽和陳二妹一起去照顧。後來吳家的二姑娘長大了，嫁了人，生孩子的時候得了腹膜炎，當地治不了，送到廣州，可是廣州也不行，已經當了國務院總理的趙紫陽聞訊從北京派了醫生來，為她動手術。

四清結束這一年，趙紫陽四十六歲。二月，他當選為廣東省委第一書記，成為當時中國最年輕的省委書記。

這段時間，趙紫陽的生活也是安定的。他家小院有塊空地，他就在空地裡種菜，還讓人從家鄉帶回一些掃帚苗種上，澆水啊施肥啊都親自幹，就當是鍛煉身體。他家斜對門住著省政府副祕書長歐初，孩子歐偉明是大軍的同學，經常在晚飯後到趙家的小院裡，跟大軍下玻璃彈子跳跳棋。偉明的跳棋下得很糟，老是贏不了大軍，有時紫陽叔叔忙完公務，喜歡背著手站到偉明背後，一看他又要輸了，就急得直喊偉明偉明！然後指點他該怎麼怎麼下，直到贏了大軍為止。你看啊，一個是鄰居家的孩子，一個是他兒子，但他每次都幫那個下不過兒子的弱者。後來偉明上初中了，十二三歲了，就跟紫陽叔叔下象棋，因為已經知道他是省裡最大的官，所以有些拘謹。紫陽叔叔的象棋下得很好，跟偉明下棋的時候很有意思：他坐在對面，右手下他自己的棋，左手抓住偉明的棋。每當偉明走得不好的時候，他就伸出手來抓住中學生的手：「偉明，這個棋你不要這麼下，你應該這樣下。」結果他那個手老是在偉明這邊，動他的棋子，幫助他下贏自己。

紫陽叔叔的院中間有一棵老楊桃樹，每年都結很多果子，每年一到採果子的時候，孩子們就去摘楊桃。有一次大軍還有一幫同學想吃果子，偉明就爬到樹上去摘，紫陽叔叔從屋裡出來直喊：「哎，偉明，下來下來，楊桃樹很脆，危險！危險！」他緊跨兩步伸出手來，讓偉明踩著他的肩膀再抱著他回到地上，然後把院子旁邊的一把舊木椅子端過來，自己站到了木椅子上去幫孩子們摘楊桃。當然了，記得紫陽叔叔的，絕不只是歐偉明，省委大院的孩子們都跟他熟，其中就有區夢覺的女兒區惠風。記得那個時候，省委小禮堂每個星期三、星期六晚上放電影，小禮堂旁邊放著乒乓球桌，早到的孩子們就在那兒打乒乓球。紫陽叔叔走過時，就會過來打幾拍。哈哈！他的球技跟孩子們也差不多，所以沒人怕他，就跟他打！待到小禮堂一放電影，大家一哄而入，都高興。省委十一號樓有個游泳池，也經常看到紫陽叔叔在那兒游泳。他游泳可是很厲害的，比打乒乓球厲害，孩子們都貪玩，在水裡橫著劃一下，豎著劃一下，可是紫陽叔叔一直在游，轉著圈地游，游夠了才上岸。

可惜這樣的時光，以後不會再有了。

「文革」前，趙紫陽已經人到中年，成長的過程已經結束。在此之前他基本上是一帆風順，接下來應該遭受些磨難了。

第三部分
磨難

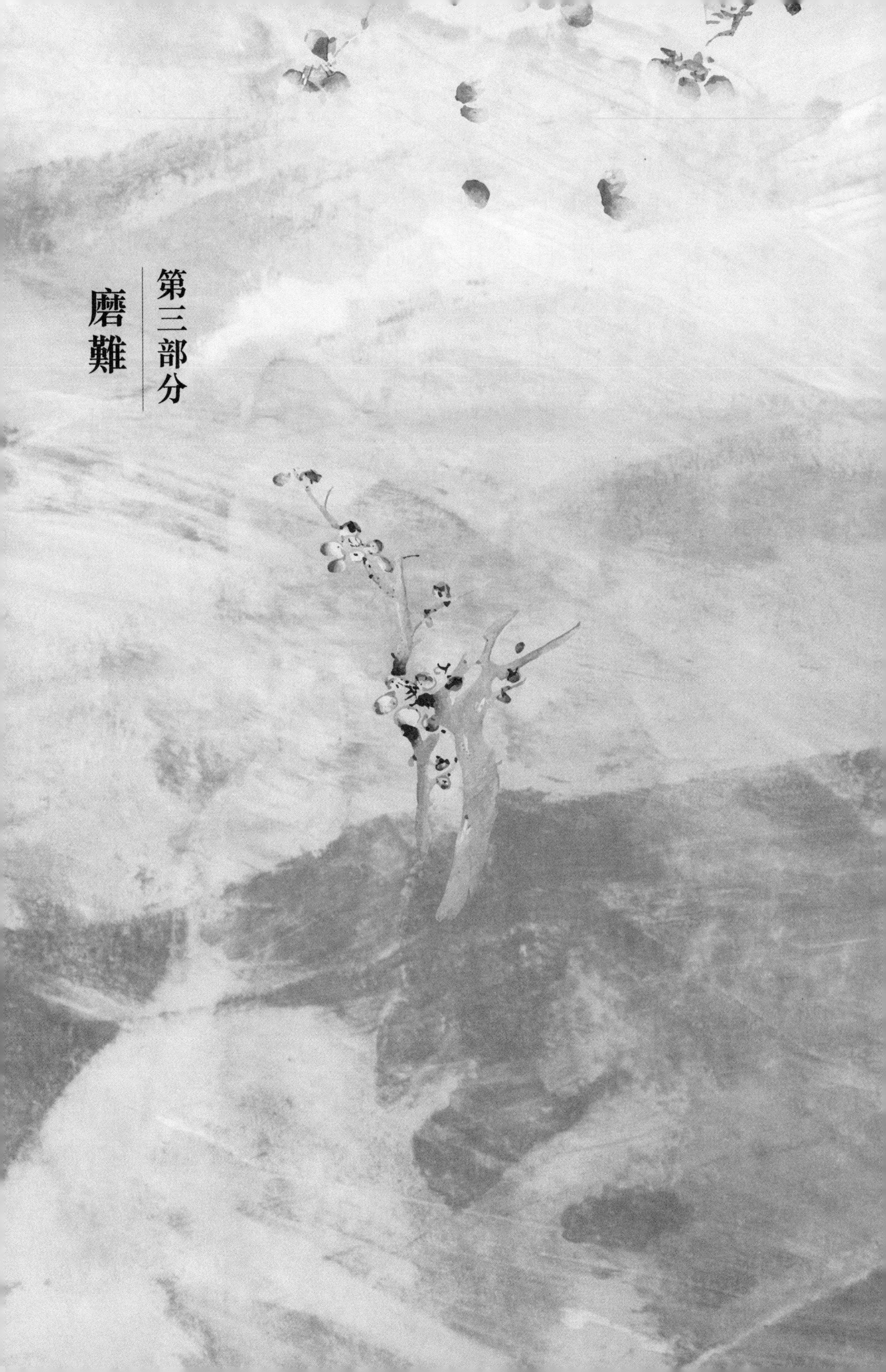

第六章　陶鑄倒了

亂局

對於趙紫陽來說，「文革」中陶鑄的倒台，是他一生的大轉折。在這之前，陶鑄是他身後的大樹，在這之後，一切都只得由他自己去承擔。

「文革」開始，風狂雨驟，人人自危，誰都有可能隨時被打倒，可是誰都沒有料到陶鑄會倒——一九六五年一月，「文革」還沒有正式開始，陶鑄就被增補為國務院副總理。次年五月，「文革」已露崢嶸，陶鑄擔任中央書記處常務書記，並取代陸定一兼任中央宣傳部長。六月二十三日，陶鑄出任專為「文革」成立的中共中央宣傳部「文革」小組組長。在一九六六年八月初召開的中共八屆十一中全會上，陶鑄位列毛澤東、林彪、周恩來之後，號稱中央第四號人物。

陶鑄突然變成毛澤東的近臣，公認的說法是因為他對毛澤東的忠誠，特別是在一九四九年後的一系列黨內鬥爭中。在毛澤東發起批評「反冒進」的時候，陶鑄是理所當然地站在擁護毛澤東的一邊。在五六十年代的政治風雲中，陶緊隨毛澤東，「左」的調門往往高得出奇，為毛澤東的失誤辯護。在八大二次會議[148]上，他提出了「當我們堅決執行黨中央和毛主席的方針路線的時候，革命就能取得勝利，反之就一定蒙受損失。這一教訓，在革命的年代裡，已為無數次的事實所證明；在建設的年代裡，經過這次反『反冒進』的反覆，也已為鐵的事實所證明。」在一九五八年的成都會議上，他更是表態說：「對主席就是要迷信。」一九六六年初陶鑄還沒有調到北京，他主管的中共中央中南局，就宣傳毛澤東個人以及毛澤東思想方面的調子之高，無疑在幾個大區內是首屈一指。如二月二十四日《人民日報》在頭版頭條刊登中南局的〈決定〉，標題是通欄大字口號「把毛主席的書當作我們各項工作的最高指示」，毛澤東思想「最高最活」、「頂峰」、「最高指示」一類語言，在這一版上全齊。再如五月二十九日，《羊城晚報》再發表社論〈三論當代馬克思列寧主義的頂峰〉，內稱：「毛澤東思想是當代馬克思列寧主義的頂峰，是中國革命和世界革命的指路明燈……毛澤東同志不僅是中國人民最敬愛的偉大領袖，而且在全世界馬克思列寧主義者和革命人民中享有最崇高的威信，成為當代國際共產主義運動中最偉大的旗手」、「國際無產階級革命運動所肩負的空前偉大的歷史任務，就更需要自己的英明領袖，需要具有最偉大天才的革命舵手。」作為陶鑄的助手，這些活動都有趙紫陽參加或者是親自掛帥，比如召開各級學習毛主席著作積極分子代表大會，在報紙上發表署名文章，把廣東農業取得巨大成就歸功於堅持毛澤東思想等等，忙得不亦樂乎。

所以在毛澤東眼裡，讓陶鑄來接管中央宣傳部，至少比陸定一順手很多。

148　一九五八年五月，中央八大二次會議在北京舉行。會議根據毛澤東的建議，通過「鼓足幹勁，力爭上游，多快好省地建設社會主義」的總路線。肯定了當時已經出現的「大躍進」。

中央調陶鑄去北京擔任中宣部長，陶鑄第一個就跟趙紫陽商量，趙紫陽極力反對陶鑄去北京任職，舉例說：古代的時候，重耳在外而安，申生在內而亡。現在中央氣候變化無常，你這個人又是感情用事。恐怕不好辦。趙紫陽還開了一個玩笑：「北京城是天子腳下，京官不好做，沒聽說過五日京兆的話嗎？」這句話陶鑄進京以後說出去了，一九六七年被揭發出來，成為趙紫陽的罪行之一。陶鑄也將去中宣部的事情告訴了妻子曾志，曾志也說你這脾氣不適合，你是搞實際工作的，也沒有那麼深的理論基礎——這話明的是中宣部是專門講大道理的地方，你的理論水準不夠；實際上誰都知道，中宣部長都沒好下場。陶鑄歎了口氣，說紫陽也說我不適合，我自己也覺得不適合啊！但是他說沒辦法啊，這次不好推辭。臨危受難，已經定了，非得去。[149]

陶鑄去了北京，但是他哪裡放得下他苦心經營了十五年的廣東，仍然非常關心廣東的局勢，趙紫陽也經常直接向陶鑄請示報告。據趙紫陽後來在「文革」中的「交代」，「文革」初期趙紫陽打了三十次電話給陶鑄，陶鑄回了二十次，可見聯繫之緊密。

廣東省和廣州市的「文化大革命」形勢，雖然較北京慢一拍，但也以迅猛異常之勢展開。面對突如其來的「文革」風暴，趙紫陽和他主持的中共廣東省委十分被動，只得緊跟中央的步伐亦步亦趨。五月，北京拋出了三個文化人組成的「三家村」和一大批文化界的名人，六月開始，中共廣東省委機關報《南方日報》與中南局主管的《羊城晚報》同時發表署名文章，批判廣東省作協副主席、《羊城晚報》副總編輯秦牧的「反黨反社會主義的罪行」；接著又點名批

149 陶斯亮《陶家趙家兩世情》。

判了廣東人民廣播電台台長兼省廣播事業管理局局長田蔚；撤銷中山醫院黨委第一書記兼院長柯麟和黨委副書記劉志明兩人的一切職務，改組學院黨委，指他們是一小撮「反黨反社會主義反毛澤東思想的黑幫」……六月初《人民日報》發表社論〈橫掃一切牛鬼蛇神〉，全文刊登了北京大學聶元梓等人「炮轟」學校領導的大字報，發表評論員文章〈歡呼北大的一張大字報〉，《南方日報》馬上全部轉載；六月三、四日，中共中央關於改組北京市委、北京大學黨委的消息傳到廣東，全省各地群眾紛紛集會，擁護中共中央決定。廣州大專院校停課鬧革命，幾十萬中學生也開始「造反」，這些學校的領導階層基本上陷入癱瘓狀態，一片混亂。六月七日中共廣東省委決定，仿照北京派工作組的辦法[150]，立即從省直各機關單位抽調九百人，組成工作隊（組），分赴各高等學校，力圖將「領導權」抓在手裡……

可以肯定的是，這一切決定都和趙紫陽有關係。

陶鑄到北京第二十二天，從北京打來第一個電話，要趙紫陽研究大、中學校裡的奪權問題，並提醒廣東省委，派到學校裡的工作組，要處於省委的嚴格控制和監督之下；學校裡一哄而起的學生運動，一定要由工作組加以控制。陶鑄還特別指出，要謹防以「左派」面目出現的敵人奪權。

六月二十六日趙紫陽召集廣東省委派駐各單位的工作隊隊長會議，傳達了陶鑄的指示，

150　六月初，在劉少奇、鄧小平主持下，中共中央政治局常委召開擴大會議，決定向北京市的大學和中學派工作組，協助各單位黨組織領導「文化大革命」。同時，制定了八條指示，要求在運動中要「內外有別」、「注意保密」、「大字報不要上街」、「不要舉行示威」、「不搞大規模聲討會」、「不要包圍黑幫住宅」等。在此後五十多天裡，北京和各地都採用了派工作組的辦法領導「文化大革命」運動。

對運動的領導權表示了擔憂。他說：

總的來講，除了個別單位以外，至今我們還處在被動狀態。所謂被動狀態，就是說，這個運動我們還未真正領導起來，運動的領導權還未真正抓到手，學生還不太相信我們……學生有一股革命熱情，但缺乏經驗，盲目性大，判斷是非能力還差。我們跟不上去，他們就會離開工作隊的領導。

和當時絕大多數領導人一樣，他們完全沒有察覺毛澤東的真正意圖，還是想把「文革」的領導權牢牢抓在黨委的手裡。

趙紫陽還講道：

對於這場鬥爭的領導權問題，要估計到三種情況。一是我們黨所領導，這是我們要爭取做到；二是自發半自發狀態，如現在的許多院校的情況那樣。三是為個別壞人所操縱。自發久了，也勢必被別人所操縱，對這些，我們要有所認識。

此時的趙紫陽，或許還會想起當年在滑縣批評的「兒童亂鬥」現象。他認為這樣的亂鬥「特別需要給予適應的制止」，因為不但「無策略可言」，而且「往往以鬥爭為遊戲」。現在他又提出來：學生很可能會被「個別壞人所操縱」。只是他沒有想到這個「壞人」不是別人，而是全黨全國人民包括他本人都很敬重的偉大領袖毛澤東。

六月的廣州，局面還未亂到不可收拾的地步，中共廣東省委、廣州市委也還能繼續開展一些工作。這期間，由於長期主持廣東工作的陶鑄在中央的地位明顯的上升，其名次僅排在毛澤東、林彪和周恩來之後，成為當時的「中國第四號人物」，因而廣東不少幹部認為這不僅意味著廣東以往的工作成績得到了肯定，而且意味著大批廣東的幹部都是隸屬於「無產階級司令部」的幹部。不消說，這一點對於一直受到陶鑄重用的趙紫陽也是完全適用的。那段時間，還沒人提出「炮轟省委」或者是「打倒趙紫陽」的口號，他與廣東省委所受的衝擊和壓力相對來說要小得多。加上陶鑄勸告趙紫陽做自我檢查，並在北京接見南下革命師生時說：「趙紫陽很聰明，學生叫他怎麼做，他就怎麼做，不與學生鬧對立。」[151]

但是八月中旬開始，在首都紅衛兵的影響下，廣州成千上萬的紅衛兵嘯聚街頭，張貼標語、傳單、大字報，集會演說。八月二十五日、二十六日，紅衛兵搗毀了廣州大佛寺等十四個教堂和寺廟，燒毀了各種神品；全市有四十間天主教和基督教教堂被掃蕩，宗教活動全部停止，神職人員被揪鬥、關押和被迫還俗。八月二十八日，黃花崗七十二烈士墓的自由神像也被砸毀。八月三十日，著名作家歐陽山的家被抄，所有稿件、書籍、資料、書信、衣物、傢俱，都被抄走。九月三日，北京南下的部分紅衛兵，聯合廣州十幾個中學的紅衛兵，大鬧華僑新村。他們搜查了黃潔（歸僑，原廣東省副省長）等四戶人家，全部沒收了華僑資本家曹冠英的財產，裝了九大車運走，聲稱華僑新村是「小香港」，要大舉清掃。

八月底，北京紅衛兵南下，分五批共六十五人來到廣州，分散到各學校進行「煽風點火」，廣東更加混亂。陶鑄的電話內容也不再從容。八月，他進入權力超過政治局的中央文革小組[152]，任顧問。似乎和很張狂的「中央文革小組」的調子不同，他從北京兩次打電話給中南局，

151 丁望編《文化大革命資料彙編》，一卷，五二七頁。

152 中央文化革命小組簡稱「中央文革小組」或者「中央文革」。中國共產黨中央委員會在一九六六年五月二十八日設立的一個機構，隸屬於中共中央政治局常委之下。陳伯達任組長，康生任顧問，江青、張春橋等任副組長。它逐步取代中央政治局和中央書記處，成為「文化大革命」的實際指揮機構。一九六九年中共九大後自動撤銷，中央文革小組經過不斷清洗之後僅存的五位成員，全體進入政治局。文革結束後三個被判刑，兩個已經去世的被批判。

要求謹慎處事：不要提「保衛中南局」、「陶鑄是正確的」等口號；廣州的中山紀念堂不能砸；「浩氣長存」[153]四個字可用紙蓋上，以後處理。九月，陶鑄多次電話指示中南局：要說服紅衛兵不要隨便抄家和沒收財產；回墓[154]、朱執信墓[155]勸說（紅衛兵）不要挖；把工廠和農村穩住，大、中城市放手革命，沒有什麼可怕；外地學生搞串聯只到大中城市，不要到縣城去，縣城中學生也不要到工廠農村去串聯；對幹部處理要慎重，領導不要隨便罷官。民主黨派頭面人物還要照顧。九月十三日，陶鑄針對當時出現紅衛兵、學生亂鬥亂搜亂抄家的嚴重狀況，打電話給中南局：「（紅衛兵）搜查主要是（針對）反革命，政治性的，藏有武器和反動證件。此外便不要搜查，不是一般的不搜，就是不搜。」陶還指示「戰線太長，同意收縮：宗教暫不搞；文物不動……

陶鑄在電話中之所以要說「沒什麼可怕」，是因為幹部們對於「學生運動」如臨大敵，對於這場運動充滿了疑惑甚至恐懼。最初趙紫陽也認為中央的意圖還是當年的「反右」，是「引蛇出洞[156]」。按照這個思路，他在七月二十一日召開的廣州高等院校工作隊長會議的講話中說：「要讓各種人物登台表演，要有意識地亂一陣，給予表演的溫度和條件。」「要把假左派、真右

153 指廣州黃花崗七十二烈士陵園大門上鐫刻的孫中山手書。

154 回族公墓。

155 朱執信（一八八五～一九二〇）廣東番禺人，著名民主革命家，在虎門被桂系軍閥殺害，葬於廣州先烈東路朱執信墓園，一九三六年遷至執信中學內。兩處墓園均為廣州市文物保護單位。

156 一九五七年，毛澤東先是號召全國人民特別是知識分子積極向共產黨提意見，協助「整風」，後來又將這些人打成右派分子，還說先前的號召是「引蛇出洞」。

派引出來，要讓『紅皮白心』的人跳出來，抓住它，聚而殲之。」[157]

其實早在運動剛剛開始的五月，趙紫陽就處理過一樁「反革命集團」案件：廣州美院赴陽春的四清工作隊的隊員、大學生李正天由中共廣東省委農村部直接調回廣州，參與廣東省農村學習毛澤東著作展覽的籌備工作。一起調回的共有六人，李正天任展覽總設計組的組長。由於總設計組對當時具體主管展覽會工作的段姓領導有些意見，那位領導就把以李為首的幾個年輕人說成「反黨小集團」，並組織「大字報」對李進行圍攻。李正天把意見反映到省委趙紫陽那兒，趙紫陽說：「幾位年輕大學生反對你的具體作法，怎麼能說是『反黨』呢？」然後指派廣東省委農村部馬倫部長去調查處理，把這個「事件」妥善解決了。[158]可是之後的局面以後容不得這樣「溫良恭儉讓」了。六月二十四日，華南工學院五年級一〇一六班的學生高翔接到在北京醫學院的妹妹寄來的一封信。這封信介紹了北京高校運動「如火如荼」的情況，指出按照中央的精神，鬥爭的鋒芒應該指向「黨內的走資派」；還說到除了黨中央和毛主席以外，誰都可以懷疑[159]。高翔將這封信的內容抄成大字報張貼出去，不但在學生和社會上引起轟動，也驚動了廣東省委高層——經趙紫陽同意，省上的有關領導王蘭西、焦林義、白雲起等簽名向廣州公安局交辦：要控制華南工學院高翔的「北京來信」。大字報隨即被撕掉，工作隊和學院黨委深夜緊急動員全校黨團員和家庭出身好的同學，連夜寫大字報批判這封「北京來信」；

157 葉曙明：《見證一九六七年．廣州地區文革實錄》，第二八～三十頁，自印本。
158 李正天《回憶趙紫陽》。
159 周恩來一九六七年四月十八日在廣州時說：「『北京來信』的這個觀點是陶鑄講的，他還很得意，到處講，流毒全國。」

為了防止學生「暴動」，學校工作隊正副隊長配了手槍，保衛處不但集合學校保衛隊，在高翔住宿的西六宿舍武裝警戒，還聯繫了廣州警備區，準備隨時前來支持……七月一日，中南局也表態了，稱「北京醫學院寄來的煽動學生進行反革命活動的反動信件，就是打著『紅旗』反紅旗的標本」。接著趙紫陽親自給省公安廳廳長王甯一個批示，確定由副廳長白雲起和十處處長掛帥，把「北京來信」當作大案抓。七月七日，廣東省委批復同意了省公安廳在「廣州市大專院校開展技術偵察工作的意見」……

前後不過一兩個月，在對待大學生「反革命集團」的問題上，趙紫陽就判若兩人：前者和風細雨，後者如臨大敵。真可謂此一時彼一時。

可是，八屆十一中全會來了。

八月一日中共八屆十一中全會在北京開幕。毛澤東主持會議。參加會議的除中央委員、候補中央委員，各中央局和各省、市、自治區黨委負責人，中央文革小組成員，中央各部門負責人之外，還有「首都革命師生」代表四十七人列席會議——一批連黨員都不是的人參加黨的中央全會，這是開天闢地第一回。

作為中共廣東省委第一書記，趙紫陽奉命進京參加會議，由於不是中央委員，他在會上沒有表決權。會議第一天，劉少奇報告了十中全會以來的中央各項工作，對派工作組承擔了責任。毛澤東插話，嚴厲指責工作組犯了方向性、路線性錯誤，說工作組實際上是站在資產階級立場，反對無產階級革命。

看來派工作組這一招犯大錯了。當晚趙紫陽便打電話給廣東省委，指示儘快解決工作組問題——因為北京已經宣布撤銷工作組。

北京的會議由八月一日開到十二日，通過了〈中共中央關於無產階級文化大革命的決定〉（簡稱「十六條」），這個決定強調：「這次運動的重點，是整黨內那些走資本主義道路的當權派。」八月七日，毛澤東寫的〈炮打司令部——我的一張大字報〉印發中央全會。毛的這段文字，矛頭直指劉少奇、鄧小平，立即改變了全會原有的議題和日程。

陶鑄就是在這次全會上躍升為中央政治局常委，但是中南各省、區黨委面對的局勢，卻更加緊張了——看樣子文化大革命熊熊烈火，很快就要燒到各地各級黨委頭上。敏銳的趙紫陽聞風而動，在北京通過電話口述了一份題為「歡迎大家貼我的大字報」的大字報，由廣東省委的工作人員於八月八日貼到省委辦公大樓入口處，表示「引火焚身」，歡迎群眾揭露、批判自己的錯誤。翌日，區夢覺、林李明、尹林平等廣東省委的書記、常委們，也聯名寫出一張內容大體相同的大字報，以表示歡迎群眾揭發、批判自己及省委的錯誤。

八月十七日，回到廣州的趙紫陽召開省直機關幹部大會，傳達八屆十一中全會精神。趙紫陽還在省委常委會議上明確地說：「（這次運動省委）機關是罷一批人的官，保一批人的官，升一批人的官。」[160]可是到底要罷誰保誰升誰，誰的心裡都沒有底。

眼看大火就要燒到眉毛，陶鑄打電話通知趙紫陽，要他「火速採取果斷行動，控制住大、中學校裡那股不斷高漲的狂熱勢頭，免得為事態的迅速發展搞得措手不及」。剛剛貼了大字報歡迎群眾揭發批評自己的趙紫陽，又馬上會見了廣州各中學紅衛兵組織的頭頭，千方百計地

160 余汝信〈趙紫陽與廣東文革〉。

阻擋這股浪潮的擴展。趙紫陽還打電話叫廣州東方紅中學「花府造反隊」的頭頭到其辦公室談話，勸他不要在學校裡張貼「炮打省委」的大標語。與此同時，趙紫陽讓省委祕書長楊應彬給機要室科長李美清傳話：「現在文化大革命怎麼搞誰都不清楚，但是對每個共產黨員嚴重的考驗。你們搞機要工作，這個時候就對你們保守黨和國家的機密的事啊，你們要心裡頭有數！」李美清隨即將機要室的檔案送到軍區保管。

「文化大革命怎麼搞，誰都不清楚」，這才是絕大多數幹部的心裡話。運動的發展愈來愈遠離陶鑄和趙紫陽們的願望：毛澤東根本就沒有打算讓他們去領導運動，更沒有打算讓他們在學生中去「抓右派」，而是要讓狂熱的學生們把他們一律先「打倒」再說——至於「再說」是怎麼說，誰也不知道。這樣的大潮，哪裡是趙紫陽之流「控制」得住的！

北兵又南下

八月底到九月初，大批北京紅衛兵南下，到各地串聯，傳授北京「黑色八月」的打人經驗。幾個北京大學附中的紅衛兵跑到廣州市委，勒令把所有政協委員名單、大資本家名單交出來，他們肆無忌憚地說：「我們在北京每天都打死地富反壞分子幾十人，廣州打死幾個有啥問題？打死就算了！」北京國際關係學院三個紅衛兵到廣州市十一中召開學生大會，傳授打人經驗：「北京鬥爭時是將對象押上高台，要他們跪下，用皮帶打，對頑固派就把他打死。搞完校內就搞校外，限令四類分子離開北京，不執行就打死他。北京每晚外出打流氓，一晚就打死十個、二十個。我們南下時，在火車上就把四類分子打死了十多個，打死後由車窗丟出去就算。要搞紅色恐怖。」被稱作「武裝到牙齒的好鬥分子」北京一〇一中學的紅衛兵，在本校就打死逼死八個教職員工，連女生都以打死多少人而炫耀。他們向前來「取經」的廣州十七中紅衛兵介紹「經驗」：第一條就是「你們就把黨支部砸了，可以抓他們遊街，遊街不算武鬥，北京就打死被遊街的五十人……」161

終於，趙紫陽要和從北京來的學生面對面——南下到廣州的北京一〇一中學紅衛兵，決定衝擊中共廣東省委機關，幹當時最時髦的事情：揪鬥省委的領導們。

鑑於他們在北京打人臭名昭著，有人急中生智，通知了時任中共廣東省委常委、祕書長楊應彬的兒子楊小村。還在華南師院附中讀書的楊小村，也算是高幹子弟中廣州中學紅衛兵最早發起組建人之一。他主持了這次「保衛省委戰役」，若干年後，他在回憶文章中還對當時的情節記憶猶新：

一九六六年十月中旬的一天，鄧北生（鄧發獨子）把我叫去，很嚴肅地對我說：「現在北京一〇一的紅衛兵日夜在衝擊省委機關，你立即回校組織人馬來這裡保衛省委。」我說：「沒問題！保護省委就是保爹。要造反也輪不到他們來反。」我立即回校組織二三十人，其中包括省委書記區夢覺的女兒區惠風，省委組織部副部長李漢輿的女兒李小玲等人開進省委。

下午我們在省委五樓的大門前和衛兵及工作人員一起，成功地攔截要衝進大樓的一〇一中學的紅衛兵，與他們發生了激烈的肢體接觸和口水戰。對方首先氣勢洶洶地質問：「你是什麼出身？」我們有力地回答：「革命幹部！」「三代貧農！」對方見我們

161 葉署明《文革時期的大學生》。

回答堅定，又都穿著黃色的舊軍裝，紮著寬大的老式牛皮武裝帶，帶著紅衛兵袖章，不免有所顧忌和收斂。162

晚上，根據一〇一中學紅衛兵點的名，廣東省委主要領導在五樓旁的小禮堂集中，準備接受審訊。小禮堂中間擺放了一條長桌，靠東面一排凳子上坐著省委第一書記趙紫陽、書記處書記區夢覺、林李明、李堅真、尹林平，候補書記張根生、張雲、李子元等人。靠西面的一排凳子上坐著五、六個一〇一中學紅衛兵的頭兒，後面站著十多名手執武裝帶和短棍的男女紅衛兵。我領著二十多名華師附中南海紅衛兵則站立在省委大員們的身後，大家一字排開，氣氛相當緊張。

「審訊」開始了。一個頭兒站起來，向這些接受審訊的書記們大聲吼道：「你們統統給我自報家庭出身！」我一聽，沒戲了，他們又是在搞血統論這套，心裡反而踏實了。書記們你看我，我望你，相對而笑，個個都不說話。

頭兒急了，指著坐在對面的老紅軍李堅真的鼻子問：「你是什麼出身？」李大姐淡定地回答：「貧雇農。」頭兒反應很快馬上回了一句：「那你是貧下中農的叛徒！」「那你呢？」頭兒又指向尹林平，他堅定地回答：「貧農！」頭兒轉過臉去，對著第一書記趙紫陽喝道：「你叫什麼名字，什麼出身？」。

「趙紫陽，富農出身。」、「好哇！你是地主階級的孝子賢孫！」頭兒終於感到抓到稻草了。大概他沒有聽清楚趙紫陽濃厚的河南話報出的姓名，頭兒的嗓門提得更高了：

162 這些行頭都是軍幹子弟標誌性的穿戴。

「趙紙簍！你必須老實交代反對毛主席，反對毛澤東思想的罪行！」趙紫陽也不示弱，提高了聲調反駁說：「我是趙紫陽，不是趙紙簍！我沒有反對毛主席！」對面一排紅衛兵立即解開武裝帶，黃銅皮帶扣在燈光下一閃一閃地泛著金光：他們要準備動手打人了！我一看也迅速作出反映，大聲高喊「要文鬥，不要武鬥！」我們二十多人也立即解開武裝帶，做好隨時應戰的準備。對方一看，我們人數比他們多，加上小禮堂外還有鄧北生組織的機關幹部在策應，於是他們不敢輕舉妄動。

這一晚，我們雙方僵持良久，但北京一〇一中學紅衛兵終於無所作為，領頭的憋了半天才丟下一句話：「明天你們每個人都要交一個檢查給我們。」這夥人趕忙灰溜溜地撤離了，省委大員們終於免除了皮肉之苦。那天晚上一直搞到半夜，省委食堂還煮了雞蛋花糖水，蒸了饅頭來犒勞我們。

好多年過去了，現在看到這段文字，令人啼笑皆非。可是當時若不是楊小村站出來「保爹保媽」，省委的大領導們，多半會被打得很慘。

當然這次化險為夷是很偶然的。南下的紅衛兵已經點燃了熊熊烈火，在以後的日子裡，昔日高高在上的省委領導們，處境愈來愈困難。

十月五日中共中央批轉軍委、總政〈關於軍隊院校無產階級文化大革命的緊急指示〉。其中有這樣的內容：「在運動中不許挑動學生鬥學生，要注意保護少數，凡運動初期被院校黨委和工作組打成『反革命』、『反黨分子』、『右派分子』和『假左派、真右派』等的同志，應宣布一律無效，予以平反，當眾恢復名譽。個人被迫寫出的檢討材料，應全部交還本人處理，黨委或工作組以及別人整理的整他們的材料，應同群眾商量處理辦法，經過群眾和被整的人的同意，也可以當眾銷毀。」中央的批語則稱，「中央認為，這個文件很重要，對於全國縣以上大中學校都適用」。

這裡所指的「黑材料」，就包括像當初各個學校跟蹤搜集高翔那樣「反動學生」的材料。依據以往各次政治運動的作法，這些材料將作為處理這些學生的依據，然後進入他們的檔案，讓他們終身背黑鍋，在任何地方都不得翻身。所以學生們對此是深惡痛絕，非挖出來不可。到後來「黑材料」的含義已經擴大到所有的紙質檔，甚至包括所有的檔案和機密檔。

〈緊急指示〉下達後，因所謂「黑材料」問題，中共廣東省委陷入更深層次的被動挨打狀態。十一月初，中南林學院紅衛兵就「黑材料」問題和中共廣東省委的領導們展開長達三天三夜的辯論，要求趙紫陽等立即交出「黑材料」。趙紫陽不得不為自己在七月說的諸如「要把假左派、真右派引出來」之類的話擦屁股，為批復同意省公安廳在廣州市大專院校對高翔之類的學生「開展技術偵察工作」的舉動擦屁股。現在學生們把這樣的事情推而廣之，擴而大之，一口咬定「黑材料」多得如山高如海深，一定還有深藏未露的，無論怎麼解釋都不相信。在趙紫陽的意識裡，打成「反革命」是有一定組織程式的，一定要有最後的組織結論；而學生們則認為你只要有了某個念頭就算。趙紫陽被這樣的概念被弄得很惱火，他於十一月五日給陶鑄打電話：「材料問題，很尖銳。什麼叫打成反革命？排個隊也叫打成反革命？現在兩派都往省委沖，說我們抗拒中央軍委指示。」陶鑄於十一月六日電話答覆說：「鑑於目前兩派爭執不下，處理材料有困難，材料暫時由你們保管，中央將有一個關於材料的補充規定，四、五天之後就發下來，你們再按這個補充規定處理。」[163]

163 葉曙明《見證一九七六年——廣州地區文革實錄》，第一〇四頁。

這個「規定」就是十一月十六日中共中央做出的〈關於處理無產階級文化大革命中檔案材料問題的補充規定〉，內稱「中央認為，對於文化革命中各學校、各單位編寫的整群眾的檔案材料，都應該宣布無效，全部清出，一律當眾焚毀。」

雖然機要室的機密檔案提前轉走，可那只是很少的一部分。此前的十一月九日，已有學生衝擊了中共廣東省委專案組、祕書組、地區組，搶走了一部分材料，省委組織部檔案被封。之後的十一月二十三日，大批紅衛兵從下午三時至清晨六時，包圍和衝擊省委大院，圍困趙紫陽長達十五個小時，勒令他交出「黑材料」。趙紫陽打電話給陶鑄說：「現在廣州情況愈來愈緊張，問題的焦點還是材料問題，很難處理。現在少數派[164]（全市約一千多人）激烈得很。」、「因為材料問題，省委同少數派的關係鬧得很僵，本來從北京開會回來後是準備同少數派在一邊的，但現在無法做到，反而愈來愈糟……平反問題，也與材料問題有互相聯繫，糾纏不清，在這種情況下，多數派[165]與少數派的關係自然緊張，我們每天的時間，自己無法支配，掌握不了自己的命運。」[166]

十二月三日趙紫陽用電話向陶鑄報告：「最近學生到省委搶材料很厲害……在學校，少數派與職工多數派關係也很緊張。現在廣州各大專學校的少數派聯合行動，很容易衝突起來。」

十二月十日趙紫陽向陶鑄彙報說：「造反派的火力，現在集中攻省委在十一中全會後和工

164 即聽從毛澤東號召的造反派。他們因為運動初期被打成「反革命」，怨氣很大，言行激烈。

165 即誓死保衛各級黨組織的保守派。大多由黨團員和受到重用的「先進分子」組成，因為人數眾多，也被稱為多數派。

166 葉曙明《見證一九七六年——廣州地區文革實錄》，第一〇八～一〇九頁。

作會議後，仍堅持反動路線；材料（問題）處理不下去，平反問題中央補充規定傳達得晚，省委挑動群眾排外，機關運動停下來……」

十一月開始，廣東以及全國的「文革」進入高潮。終於在廣州越秀山召開了十萬人的群眾大會，第一次批鬥趙紫陽，批判的內容也沒有什麼要害的東西，無非是他「挑動群眾鬥群眾」，搞「經濟主義」之類。趙紫陽在會上作了檢討，但是和所有當權派的檢討一樣，他的檢討也被認為「是假的，是陰謀，是為了蒙蔽群眾」，通不過。從這個時候開始，他被紅衛兵和造反派搶來搶去，參加大大小小的批鬥會，其中十二月的兩次批鬥會規模都在十萬人左右。趙紫陽一邊挨鬥，一邊在電台廣播上發表講話，高度評價革命師生和紅衛兵的豐功偉績，並代表中共廣東省委向首都和全國各地到廣東的革命師生和紅衛兵戰士致敬，熱烈支持首都和全國各地師生的革命行動……中共廣東省委召開省、地、縣三級幹部會議，會議要求各級幹部：對「文化大革命」的某些政策和作法不理解，也要堅決貫徹執行；要有戴高帽、遊街的思想準備。[167]

到了十二月下旬，以趙紫陽為首的中共廣東省委已無法正常地開展工作，省委書記處的辦公地點亦需保密和經常變換，住宿地點也不能固定，需要不斷變動，以防被紅衛兵衝擊——實際上已轉入「地下」。[168]可是紅衛兵還在到處找他搶他，其中的驚險故事，夠寫一本書。

隨著北京學生南下「大串聯」，全國各地的「革命師生」都開始了這種免費的旅行。他們來到廣州，不要其他省委書記接見，點名只見趙紫陽——因為趙紫陽是第一書記，而且說話

167 一九六六年十二月十日趙紫陽向廣州市民發表的廣播講話內容。

168 趙蔚《趙紫陽傳》，第一四五頁，中國新聞出版社一九八九年版。

算數，哪怕是後來被「奪權」以後，他說話也是算數的。剛剛開始的時候還談不上批判他，只是要東西，有的要錢，要吉普車、宣傳車、答錄機，要單車，要經費……去「鬧革命」，還要趙紫陽表態支持自己。

為了協調這些事宜，廣東省委成立了「外地師生聯絡組」，省委辦公廳副主任汪石任組長，任務就是在安排接見的同時保護趙紫陽。這個組很熟悉情況，哪一個省哪個地方的什麼造反派，有多少人，帶隊的是什麼人，來廣東目的是什麼，很快就了解清楚，寫一個簡報，趙紫陽馬上就批。後來中山大學造反派知道汪石掌握情況最多，就沖他的辦公室，聯絡組十多個大漢都頂不住，他們衝開門進來，首先檢查值班人的辦公桌，找值班記錄。可是汪石之前就跟值班的人講，記錄不能用普通的文字，只能用特殊的符號。造反派弄不懂，一氣之下砸掉了汪石的辦公桌，誰知道汪石的辦公桌根本就不放任何文字的東西，他們最終一無所獲。

那次越秀山體育場開大會，聯絡組安排了八個大漢保護，趙紫陽講話一完立即上台把他包圍起來，護送他出會場。一些來「搶人」的學生擠不進會場，就把停在會場外面趙紫陽的車占了。趙紫陽出來剛剛準備上車，車裡公安廳的人馬上把他推出來，拉到旁邊的救護車上，送到公安廳保護起來。在車上，副省長范希賢說紫陽同志，你是不是叫汪石同志到那些學生的總部去，說你明天接見他們一下。結果汪石去了，說紫陽同志明天接見你們，你們就不要去他開會的地點搶人了。那些學生聽了一陣歡呼，說好啊，趙紫陽終於打算要接見我們了。

還有一次，一派學生見不到趙紫陽，就抓汪石，翻來覆去抓了好幾回，要他說出趙紫陽住在什麼地方。汪石就是不說，學生們沒辦法，一打聽還有省委副祕書長馬甫知道趙紫陽的住處，就把馬甫抓了。誰知道馬甫也是死硬派，也不告訴他們趙紫陽在哪裡。這些學生想了個很污辱人格的辦法，叫馬甫拿個銅鑼，滿街敲著，咣咣咣邊敲邊喊「趙紫陽，你在哪裡啊？我是馬甫——」他們自己在一邊起哄大笑。

時任中共中央中南局任第三書記陳郁的祕書王景泰，回憶當時的情況說：記得有一天在回家的路上，遇到紫陽同志，他請我到他家坐一坐。此時正值「文化大革命」的高潮，紅衛兵全國串連，各地批鬥當權派，奪權鬥爭此起彼伏。紫陽同志向我了解中南局的有關情況，我向他介紹了中南局群眾組織批鬥領導幹部的情況，並說一些領導同志在批鬥中隨便承認自己是「走資派」，不能堅持原則等。趙紫陽說，我們過去工作中可能犯有這樣或那樣的錯誤，但應實事求是，是什麼問題就說什麼問題，不能一概而論，更不能無原則的什麼都承認。

趙紫陽自己是有原則的。他絕不輕易否定什麼，也絕不亂喊口號。這個在後面還會很詳細地說到。

貧則觀其所不受，賤則觀其所不為。在困難的處境中，我們清楚地看到了趙紫陽的本性。[169]

陶鑄之死

幾乎與此同時，趙紫陽的大靠山——陶鑄的日子也是愈來愈不好過了。

陶鑄雖然非常忠於毛澤東，也在毛澤東的旗幟下衝鋒陷陣，做過一些過頭的事情，但是

169 此章主要參考資料：葉曙明《荒唐歲月》。

骨子裡是個正派人，做人也是有底線的。導致他倒台的原因很多，比如：反對在農村工礦企業深化「文革」，連續搞了幾個社論和指示，提出了「抓革命促生產」的口號；作為中央文革小組的顧問，他對江青等人的諸多作法極為不滿，特別是與江青的關係到後來發展為白熱化，幾乎在每一次會議上都發生直接衝突。尤其引起對方反感的，是他對於很多「被打倒」的老幹部採取了保護的態度，比如因為癌症剛剛住院開刀的中宣部長周揚，還有因為肝硬化、天天低燒而不得不去廣州養病的湖北省委書記、中央文革副組長王任重。

一天，陶鑄晚上回家，神情陰鬱地對妻子曾志說：「我剛坐車回家，看到造反派抓了十幾個副部長以上的領導同志，就蹲在中南海牆根下，這麼晚了，又這麼冷。」說到這裡，他的眼圈都紅了。

這些都同毛澤東的「文革」思維是背道而馳，令毛澤東很不高興。

一九六六年的十一月，陶鑄進京的第五個月，毛澤東就對陶鑄暗示甚至明示，要他「到中南、華北去了解情況」，可是陶鑄覺得責任所在，堅持不走，而且仍然企圖按照自己的意志來左右文化大革命，於是毛澤東做出了打倒陶鑄的決定。一九六七年一月四日，陶鑄被打倒，罪名是「中國最大的保皇派」。

從陶鑄高調進京算起，到他的倒台僅僅過了六個月。

本來陶鑄的「上升」是毛澤東發動文化大革命的一個極重要的人事佈局，可是其後陶鑄對於文化大革命言行、對於中央文革小組的「對抗」態度都令毛澤東日益不滿，甚至陶鑄在明白了「文化大革命」的真實意圖之後仍然執拗地表白：「江青、陳伯達、康生的那些觀點，那些作法，我認為不對，我不能跟著他們轉，我按照我的理解和我的原則去幹。」更讓毛澤東不能容忍的是：面對各種「罪名」，陶鑄居然凜然地宣布：「咎由自取，我對我所做的一切負責。」[170]所以陶鑄倒台，在毛澤東看來完全是「咎由自取」，同時也是毛澤東至死不悔的決策。但是，江青等人在其中的作用也是重要的。

文革結束之後，趙紫陽在一九七八年十一月二十日的中央工作會議上說：「一九七一年我去內蒙工作時，周總理找我談話，講道：陳伯達所以要打倒陶鑄是為了搶他第四的位子。毛主席本來要把陶鑄的問題放在中央內部解決，可是陳伯達把這個問題搞到社會上去了，造成既成事實[171]。我認為『打倒陶鑄』還有一個原因，就是陶鑄在『文化大革命』初期，為各省和中央各部領導同志說了很多話，保了不少人，所以遭到陳伯達、江青的打擊迫害。[172]」

一九六九年十一月三十日，陶鑄因為胰腺癌在合肥含冤病逝，死得很慘。文革剛剛結束的一九七七年，在四川省委書記任上的趙紫陽，收到老上級陶鑄的女兒陶斯亮的一封信，提出對於中央專案組審查陶鑄問題不相信，認為他們只看一面的材料，要求增加一些新成員。趙紫陽將此信轉給了當時黨和國家最高領導人華國鋒，認為有關陶鑄的材料應該轉到中央組織部處理，陶鑄的審查結論要與家人見面。可是由毛澤東親自定性的陶鑄案，一直在「兩個凡是」的大帽子下得不到解決。好在中共中央組織部部長任上的胡耀邦，開始了「平反冤假錯案」的大動作，在一九七八年十二月中央工作會議上，陳雲、王任重、趙紫陽等人挺身而出，

170〈陶鑄是如何靠邊站的〉。
171 指陳伯達將毛澤東要拿掉陶鑄的消息透露給紅衛兵，在社會上大肆張貼打倒陶鑄的大字報。
172 曾志《一個革命的倖存者．曾志回憶錄》。

都作了長篇發言，認為現在已經到了實事求是地解決陶鑄問題的時候了[173]。一九七八年十二月二十四日，中共中央在北京舉行隆重的追悼大會，為陶鑄徹底平反，中共中央副主席陳雲致悼詞，對陶鑄的一生給予了高度評價。

陶鑄對於趙紫陽，有知遇之恩。

趙紫陽自一九五一年四月調到廣東後，配合陶鑄工作了十五年。陶鑄從一開始就非常賞識趙的才幹和能力，並一路破格提攜趙紫陽成為廣東的第一把手。趙紫陽也非常欽佩陶鑄的豪爽、果斷、機智、大刀闊斧又敢於承擔責任的作風，兩個人在工作中密切配合，可謂志同道合、得心應手。曾經擔任趙紫陽祕書的楊應彬回憶：「趙紫陽後來說過，他對陶鑄是『永生難忘』。一九七九年是陶鑄逝世十周年祭，時任四川省委第一書記的趙紫陽為緬懷這位恩師，特意把我請到四川去，按照他的口授為他寫了一篇紀念陶鑄的文章，發表在《人民日報》上。趙紫陽在和我討論怎樣全面評價陶鑄時，曾說過：『陶鑄是大刀闊斧，能夠很快打開一個局面的帥才。但他的不足之處是沒能再深入下去，有些事情就不仔細了，就沒能辦好了。』我根據趙紫陽的這個觀點，在文章中也把這個意思寫了進去。[174]」

由於陶鑄在「土改」和「反地方主義」以及後來的一系列的極左表現，有人斷言他在廣西剿匪中「踢開張雲逸」，在廣東踢開葉劍英和一大批地方元老取而代之，最後榮獲毛澤東極度

173 曾志《一個革命的倖存者．曾志回憶錄》。
174 楊應彬《回憶趙紫陽》。

信任，是「善於黨內鬥爭」的具體體現。為此一向大度的葉劍英對他一直耿耿於懷，那些在土改和「反地方主義」中受到冤屈的人也不原諒他，尤其是為古大存鳴冤叫屈的人們，一致認為他打擊古大存這位德高望重的老革命，就是要公報私仇，是品德問題。可是更多的人，認為他在廣東的所作所為應該「三七開」。他們認為，除去「路線鬥爭」的因素，就陶鑄個人品質而言，是正派的。

陶鑄的女兒陶斯亮回憶起父親在廣東的表現時說：「當時政策非常『左』，他還極力想糾正過來。所以每一次都是一個很奇怪的現象，每次運動來的時候，他不得不執行，但稍微有點放鬆，他馬上就轉向，馬上就改，比誰轉得都快。」這也的確是事實——當然「反地方主義」除外。不過相信如果上天假以時日，他也會因為自己在「文革」中的切身經歷，就這個問題「轉向」的。好在若干年後他的夫人曾志替他作了些彌補，並向受害人道了歉，也算是圓滿了。

第七章 「讓權」事件

過程

陶鑄被打倒的第二天，廣州市內貼滿了批判陶鑄的大字報。趙紫陽對中共廣東省委的其他書記和常委說：「陶鑄被揪後，紅衛兵小將對省委的看法將會根本改變，省委書記處的同志、特別是我本人，可能會被揪來揪去，今後省委書記處碰頭的機會將更少更困難了，希望大家獨立作戰，處理工作中的問題。」

在省委碰頭會上趙紫陽還說：「看陶鑄的問題是什麼性質，廣東省委就是什麼性質的問題。陶鑄被揪，省委很快就會癱瘓了。我是重點人物，準備被打成黑幫。」[175]

打倒陶鑄的第八天，工人造反派向走資派「奪權」的上海「一月革命」發生了。已經對年少輕狂的紅衛兵感到失望的毛澤東，對此表現出極大關注，認為工人階級有可能是「掌握新政權」的希望。於是在毛澤東的要求下，中共中央、國務院、中央軍委、中央文革小組等一起表態，並發出〈給上海市各革命造反團體的賀電〉，對他們公開提出了「反對經濟主義」給

175 趙蔚《趙紫陽傳》，第一五一～一五二頁，中國新聞出版社一九八九年版。

予支持。「一月風暴」很快波及全國，廣州幾個本地造反派組織和兩個外地紅衛兵組織聯絡站迅速聯合起來，成立了「廣東省革命造反聯合委員會」（簡稱「省革聯」），向中共廣東省委發出最後通牒，要求省委準備交權。

在一次批判會之後，趙紫陽和幾個書記被拉到了中山大學，折騰了一個通宵，無非是讓他們檢討自己的「罪行」之類的，趙紫陽從始至終都是笑笑的，不說是也不說不是。一直鬧到很晚了，趙紫陽才說你們叫我們來，應該要給我們吃飯吧？學生們覺得也是，一個叫王家吉的紅衛兵頭頭就去飯堂給他們用臘腸雞蛋炒冷飯——於是後來就有人說他用一碗臘腸炒雞蛋飯收買了趙紫陽，把省委的「權」拿到了手。

第二天淩晨五時左右，學生們起草完畢「奪權通告」，命令手下將趙紫陽從關押地點中山大學外語系「語音室」，拉到二樓的「紅旗公社」總部辦公室，五個頭頭讓趙紫陽站著聽完了這份「通令」，然後說：我們莊嚴宣告：今天，我們革命造反派奪了廣東省委一小撮黨內走資本主義道路當權派的大權！你有什麼意見？

趙紫陽說：「我響應毛主席和黨中央的號召，支持造反派奪權。可是奪了權，你們怎麼辦？」

當時學生們只知道趕緊聯合一些哥們組織去奪權，然後向毛主席、周總理和中央文革小組邀功，壓根就沒有想過奪權之後怎麼辦的事。他們只有一句豪言壯語：「以後你們聽我們的，我們聽毛主席的。」

紅衛兵說是這句話，是有根據的。一九六七年一月以來，各省的造反派開始向行政機關「奪權」。一月六日，上海造反派宣布奪取上海市黨政大權；一月十日，黑龍江造反派組成省級機關接管委員會奪了省級機關的權；一月十四日，山西革命造反總指揮部宣布於元月十二日奪了省委、省人委、市委、市人委等黨政機關的權；一月十六日，哈爾濱軍工學院等二十三個單位的「紅色造反者」宣布成立「哈爾濱紅色造反者聯合總部」，宣布奪取省、市黨政財文大權；一月十七日，湖南長沙市造反派奪市委、市人委的權；一月十八日，浙江省造反派奪權……轟轟烈烈的奪權大潮席捲中國大地，廣東中山大學紅衛兵駐京辦事處的學生找到了《紅旗雜誌》主持工作的林傑，問上海他們都奪權了，我們廣東能不能奪？林傑說可以奪啊，現在向走資派奪權是已經是一個形勢需要了，雖然你們兩手空空也沒有部隊也沒有武器，但是你可以給紫陽講：你聽我們的，我們聽毛主席的。當時「傳達毛主席聲音」最權威的「兩報一刊[176]」，《紅旗雜誌》是其中之一，林傑說話在中宣部那邊都管用，他都管趙紫陽叫「紫陽」，可見他和廣東那邊也熟，聽他的保證沒錯。於是北京那邊就打電話回廣州，才有了這次聯合奪權的行動。

可是紅衛兵沒有想的，趙紫陽不能不想。這麼大的一個省，老老少少這麼多人口，吃喝拉撒生老病死，什麼都得管。這不是喊喊口號就可以完成的政治活兒，是技術活兒，還是力氣活，不但要學習還要實踐，不但要實踐還要千方百計去完成，要不然就會出事情。趙紫陽用手支著頭，想了幾分鐘回答說：「奪權嘛，是毛主席給你們的權力。要奪權，我看有兩種辦法，一種是監督我們的工作，另一種是徹底的辦法：你們幹，我們靠邊站。」

趙紫陽講完之後，五個紅衛兵代表要在場的書記、常委們表態。大家都覺得紫陽說得對。

176　指《人民日報》、《解放軍報》、《紅旗雜誌》。

紅衛兵們開始商量，也許是因為他們認識到自己確實沒有能力去管理廣東這樣一個大省，之後同意了趙紫陽的第一個方案：監督省委的工作，但是要把公章管起來。他們要求趙紫陽給主管公章的代理省長、書記處書記林李明寫了一張條子：本地和外地革命造反派，向省委奪權，這是革命行動。請把省委、辦公廳、文化革命辦公室三個印交給他們。

可是當紅衛兵拿著趙紫陽的條子去省委收公章的時候，卻遇到了麻煩：林李明不同意「交權」。他說：我無權將公章交出，這事必須由省委書記處全體決定。他的意思是這麼大的事情，趙紫陽一個人說話不管用，省委的權力去向需要省委集體決策，到時候書記們都要承擔責任。可是那麼多書記，誰知道他們是怎麼想的啊，只要有一個人不同意，這事就要泡湯，所以紅衛兵們堅決不同意。他們不同意，林李明也有辦法，他拿起電話就給北京掛長途，請示中共中央辦公廳。電話打通了，但對方聽了事由，只說了一句「負責同志不在，過一會再給你回電話」，然後掛斷。

紅衛兵生氣了，說你這是抗拒奪權！

林李明爭辯說：你們造反有理，但我們報告毛主席也應該。

紅衛兵心說誰不知道毛主席是我們的紅司令，我們是毛主席的紅衛兵，就是毛主席讓我們來奪權的，他老人家怎麼會支持你？想著嘴裡就冒出來一句：毛主席根本不是你們的主席！

……

林李明被帶到中山大學，和趙紫陽等人會合，同時被帶到中大的，還有省委書記處候補書記張雲。林李明向趙紫陽彙報了給北京打長途電話的情況。大家都心知肚明：這樣燙手的山芋，北京方面是不會答覆的。

紅衛兵一個個問在場的書記，問他們同不同意交印？大家都同意交印，林李明也說了同意，但要報告中央一下。最後趙紫陽決定說：「考慮到請示中央也不能馬上答覆，我們就一邊請示中央，一邊交印。」

在場的書記都簽了名，算是表示同意。然後由趙紫陽親筆起草，在座的省委書記處成員共同簽署了一份交印協定。具體內容如下：

關於使用公章的協議

省委書記處（某些同志缺席）決定，省委大印（暫時）凍結，省委辦公廳和文革辦公室的公章應在省革聯的監督下使用，省委大印由省革聯保管，上述大印均應移送另一處存放。上述大印須經省革聯指定的監督人員批准方可啟用。（印箱的）鑰匙由省革聯指定的人員保管。

趙紫陽（簽字）
林李明（簽字）
區夢覺（簽字）
張雲（簽字）
一月二十二日

學生們草草寫了張收條：茲收到省委辦公廳、省文革、省委章子三個。

值得注意的是：「交印協議」強調省委大印只是「凍結」，辦公廳、省文革的印章只是「由造反派派人監印」，而並非直接將「三個印交給他們」這麼簡單。據參與了省委奪權全過程的「中大八三一」[177]負責人黃意堅後來稱：「廣東省革聯的奪權與全國都不同。是『我聽毛主席的話，你聽我的話』。它只派監督小組進駐省委，省委書記處是不解散的，還要繼續工作，整個省委沒有癱瘓……老周（指周恩來）看到後如獲至寶，因為上海的奪權方法，老周是不能接受的。二十二日上午，那天我在八三一（總部辦公室），老周辦公室打電話來：「你們的形式好。」黃意堅說：「老周是點了頭的。」

又據林李明記述，奪權後，國務院總理周恩來曾打電話來，表示同意造反派接管，並命令廣州軍區司令部在必要時出來維持秩序。[178]

這就是著名的「讓權」事件。[179]

其實自打全國性的「奪權」開始，就遭到了高層的異議。一月十五日下午，北京及外地造反派一百五十多個組織在北京工人體育場召開了歡呼中央支持上海造反派「反對經濟主義」的大會。中央文革小組的主要成員陳伯達和周恩來先後在大會上講了話，他們兩個人在講話中不僅隻字未提「奪權」，反而一致強調了反對「接管風」（即後來統稱的「奪權」）。陳伯達明確指責說：接管風是走資派的「新花樣」，讓造反派接管，他們跑到台後，讓我們社會秩序、經濟秩序搞得不好，他們看笑話。陳伯達提出：除個別地點、機關外，應該大量採取派群眾

177 中山大學的一個學生造反派組織。
178 趙蔚《趙紫陽傳》，第一五五～一五六頁，中國新聞出版社一九八九年版。
179 本章主要參考資料：武傳斌《風雨蒼黃三十年——我與趙紫陽的交往》。

代表「監督」的方式。周恩來在講話中也強調了不要形成「接管風」[180]。一九六七年一月十六日，也就是體育場大會的第二天，周恩來在接見全國石油系統職工造反聯絡總站和北京石油學院代表時還說：奪權問題很複雜，現在多數單位的奪權是準備不足。奪權可奪文化大革命的領導權，對生產領導權還是監督好。這樣的話以後他又多次說過。比如就在趙紫陽「讓權」的當天，周恩來接見二機部造反派代表時對該部副部長們說：（造反派）奪部裡的「文化大革命」領導權，是符合中央精神的，對生產、財政等只能行使監督權。你們要好好工作，不能鬆懈。[181]

體育場大會一開完，毛澤東就知道了陳伯達的態度，馬上召開小範圍的常委擴大會，批評陳伯達。然後讓人起草了《紅旗雜誌》一九六七年第二期評論員文章〈無產階級革命派聯合起來〉，經毛澤東審定，當晚由中央人民廣播電台廣播（《人民日報》次日發表）。文章稱：「光榮的上海工人階級，在以毛主席為代表的無產階級革命路線指引下，組成了百萬造反大軍。他們聯合其他革命組織，迎頭痛擊資產階級反動路線的新反撲，從黨內一小撮走資本主義道路當權派的手中奪了權，建立起無產階級文化大革命的新秩序。」並稱上海「創造了在無產階級專政條件下，從黨內一小撮走資本主義道路當權派手裡奪權的經驗，他們提供了正確的方針、政策、組織形式和鬥爭方法」。這是第一次公開贊成上海造反派「奪權」並將其樹為「樣板」的官方說法。值得注意的是：即使這樣，毛澤東依然說：「接管（即奪權）很好，只管政務，

180 清華大學《井岡山報》，一九六七年一月十七日第十一期。
181《周恩來年譜》，第一一六一頁。

不管業務，事情還是原來的人去搞，我們只管監督。」[182]需要說明的是，毛澤東這裡用的「我們」，足見他不是和官員們站在一起，而是站在奪權的造反派一邊。

所以，趙紫陽的這個行動，其實是符合「毛澤東思想」的。可還是引起了軒然大波。起先支持的周恩來後來在此事上大做文章，一些老幹部至今不認同，比如周恩來的首席祕書周家鼎。周家鼎與趙紫陽關係密切，抗戰期間他們都在冀魯豫地區工作，一九四二年至一九四三年在黨校學習的時候，還在一個炕上睡了半年。周家鼎見到趙紫陽就很不客氣，他說：「別的我不清楚，你老趙至少有兩點是錯誤的。第一條，一九五八年大躍進你謊報高產，弄虛作假，給經濟工作造成困難，這是不應該的；第二條就是你讓權，他奪是他的事，你讓就是你的事了。」曾經擔任廣州軍區副政委的劉興元，當時對於趙紫陽「交權」就不同意，「林彪事件」後因為與黃永勝的關係被中央審查，「六四」趙紫陽辭職下台以後，他向中央寫的個人申辯材料裡面，依然堅持自己的觀點，認為趙紫陽是在玩「小聰明」……

他們一致認為，革命的根本問題是政權問題。權力這個東西就是我們的命根子，是不能隨便交出去的。可是趙紫陽好像不這麼看。以後他在廣東和四川擔任一把手的時候，為了讓自己能夠騰出手下去搞調研，都提倡常委們輪流「執政」，處理日常事務。甚至到一九八八年，趙紫陽已經官至中共中央總書記，居然提出了讓政治局常委輪流做總書記的建議[183]；到了第二年即一九八九年，因為軍隊向人民開槍的事情，他毅然辭職而且又絕不檢討，又一次顯示出

182《毛澤東傳》，第一四六八頁。一九六七年一月十六日毛澤東在中央政治局常委擴大會議上的講話。

183 趙五軍〈趙紫陽的一次談話記錄〉。

對權位的毫不在意。有人認為此類事情表現出趙紫陽依然保持著戰爭年代的理想主義，而趙紫陽本人說過一句話：權力是用來幹事的。以此看來，如果不能幹事，拿它來做什麼？如果能夠幹事，沒有權力又有什麼關係？

不管怎麼說，趙紫陽在這個令很多人為難的事情上基本上做到了兩全其美：既滿足了那些紅衛兵小將的虛榮心，應付日益高漲的「奪權」輿論，又保證了省委能夠繼續運用實際權力管理日常事務，令大局不至於陷入混亂之中。當時具有這樣「政治智慧」的官員不僅僅是趙紫陽，南京和安徽的「當權派」，也是這樣和奪權的造反派和紅衛兵們「談判」的。

奪權混戰

奪權之後，認為已經大權在手的廣東「省革聯」隨即通告天下，發出〈給毛主席的致敬電〉、〈奪權通告〉、〈通令〉等信息。當日的《南方日報》刊登了〈奪權通告〉，內稱：

我們莊嚴宣告：今天，我們革命造反派奪了廣東省委一小撮黨內走資本主義道路當權派的大權！長期以來，在黨內一小撮走資本主義道路當權派把持下的省委，結黨營私，招降納叛，陽奉陰違，欺上壓下，幹盡了反黨、反社會主義、反毛澤東思想的勾當，把廣東省搞成了他們的獨立王國。

通告還宣稱：廣東省委就是資產階級的司令部。這樣的省委，非反不可！他們手中的權，非奪不可！

與此同時，趙紫陽則在省委東一樓主持召開了省委書記處擴大會議，決定發出〈中共廣東省委告全省黨員、幹部、人民書〉。他對參與起草這一檔的省委常委說：「省革聯與省委是監督關係」，「奪權只是象徵性的」，「不能承認省委領導是走資本主義道路的當權派」，「不能承認省委領導是堅持資產階級反動路線的頑固分子，只能承認省委執行了資產階級反動路線，犯了方向、路線錯誤，造成工作和文化大革命中的損失。」於是，該常委根據趙紫陽的這一說法寫成〈告全省黨員、幹部、人民書〉，後由趙紫陽批示發出。一月二十三日中共廣東省委發布公告〈告全省黨員、幹部、人民書〉。公告確認省委大印（暫時）凍結，省委辦公廳和文革辦公室的公章應在省革聯的監督下使用，省委大印由省革聯保管。

同日，《南方日報》發表社論：〈這個權奪得好，奪得有理〉。於是全省由省直機關到縣到基層，形成了奪權高潮。從此，廣東全省的運動進入全面奪權階段。

在送走那些省委領導之後，大權到手的紅衛兵和造反派，開始認真地研究趙紫陽提出的那個「怎麼辦」。他們不同於北京的那些紈綺子弟，也不同於那些帶有阿Q氣的「二杆子」，他們開始覺得問題有點嚴重。正如趙紫陽早些時候分析的那樣：學生多數人熱情高，但經驗不足，運動怎樣搞，不清楚，有盲目性……不少人心裡很緊張，很敏感。現在他們就很緊張。因為他們對於如此重要的一份權力如何使用，的確是很盲目，很不清楚，而且不是經驗足不足的問題，是壓根沒有經驗，既沒聽說過更沒見識過。

第一，現在省委的公章交出來了，而且已經掌握在自己的手裡，是嚴格遵照「協定」由凍結呢，還是拿出來自己使用？最後的決定是不能要這東西。公章就是權力，如果誰拿在手裡亂蓋一氣，出了問題犯了錯誤，我們負不起這個責，於是將公章送到了軍區；再說按照協議規定，書記們簽名以後才蓋章，人家不簽名，你自己蓋了章有什麼用？只是既然不動省委的章，我們廣東省革聯自己總得有個章吧。於是一個姓潘的造反派找了塊木頭，刻了個拳頭大的章，要有什麼事情非用不可，就嘭嘭嘭蓋上幾個。即使蓋上這樣的章，也是要負責任的，完全由自己負責，所以也要慎重。至於外面要傳說他們用麻袋裝著很多省裡的公章，成天背到這些章東躲西藏……當事人說，沒有的事。

第二，是否要把書記們都攆出去，然後坐進他們的辦公室去辦公？也不能。因為我們的責任僅僅是監督，又不是書記。可是六、七個人的監督組，也得找個辦公的地方，於是又去找趙紫陽。趙紫陽就把他們安排到一個叫「歐夢久」的招待所——那是政府分給他的臨時辦公處。趙紫陽對造反派們很客氣地說：「你們就在這裡辦公，多少人都行。」於是省革聯就在那裡辦公，在新河浦對外接待處的飯堂吃飯，和省委的幹部們一樣吃著五分錢一份的大鍋菜。

第三，既然是監督，那麼除了部隊，所有的政府部門都要派監督組，包括電台，省委辦公廳，還有公安局。可人家幹的全是技術活兒，咱們懂嗎？比如說如何處理正在全國爆發的流行性腦膜炎。

這裡要對當年的流行性腦膜炎作一個說明。到二〇一九年，包括新冠肺炎在內，新中國有過四次瘟疫大流行，其中就包括一九六六年底到一九六七年初的這次流行性腦脊髓膜炎。流行性腦脊髓膜炎是傳染病，主要通過打噴嚏空氣中傳播，青少年為易感人群，死亡率很高，而首例病人就是廣東陽春縣潭水中學的一名學生。到一九六七年，陽春縣發病四千四百五十二例、死亡三百一十二例。通過「大串連」，該縣中學生又把「流腦」迅速傳播到全國各地。先是各大城市爆發，接著擴散到中小城市及邊遠農村地區，因為文革期間全國的衛生防疫體系已經癱瘓，疫情沒有得到有效控制，致使總人口七．五億的中國，就有三百多萬人感染，最終的死亡數字達十六萬人，易感人群包括六個月到十歲的孩子。為此國務院總理周恩來，從一九六六年的十一月到次年的三月多次下令，終於讓聲勢浩大的「大串聯」逐漸停止，疫情則到一九六八年才消除。就在紅衛兵宣布奪了省委大權的時候，疫情已經在廣東蔓延開來：海南文昌全縣二十一個公社（鎮）和三個國營農場，發病六百四十三例，死亡五十七例，死亡率高達八．八六％；離廣州不遠的湛江也出現了疫情。

省委被「奪權」了，醫院只好緊急請示紅衛兵監督組：怎麼辦？面對如此洶湧的疫情，這些半大的孩子哪裡知道該怎麼辦啊，只好說人命大如天，你們原來怎麼處理的現在就怎麼處理，完了還得坐車到醫院去「落實」，那天晚上搞到十二點鐘才回來。這才知道原來連「監督」也是個燙手的炭圓。

幸虧這些紅衛兵及早明白了這個道理，於是在一月二十六日召開的省委書記處會議上，監督小組提出四點意見：

一、省委文革辦公室要做好接待工作，不能說沒有權。

二、抓革命促生產，要組織一個班子，由省委提出名單，經監督小組審查後可抓工作。

三、監督小組決定省委書記集中在東二樓辦公。

四、省委一定要大抓防治腦膜炎工作。

「文革」時期流行一首順口溜：「權權權，命相連，你不給我權，我就死在你面前！」面對權力真空，任何人都可以拉起旗幟宣布造反，真可謂亂世英雄起四方，誰都想在「權力」的美餐中分一杯羹。一月二十八日，「奪權」後的第六天中午，由中共廣東省委機關幾個一般幹部組成的「硬骨頭」、「工農兵」和「追窮寇」三個造反派的戰鬥隊，在當時省委書記處辦公的省委東一樓樓廳貼出一份〈勒令〉，勒令趙紫陽和省委書記處在二十四小時之內搬出東一樓，將東一樓讓給他們作「總部」。這些人將趙紫陽拉出來，逼迫他念大字報並表態。雙方有一次很有意思的談話。趙紫陽說：「你們的革命行動本應支援，有些具體情況是否可以商量一下，因為省委書記處在東一樓集中辦公是與『省革聯』商定的。」

造反派說：「省委已經被奪權，哪裡來的書記處？你們還有什麼權力，還辦什麼公？」

趙紫陽很明白地告訴他：「奪權是象徵性的。當時我們在中山大學提出兩個方案，一是象徵性奪權，由小將們監督；二是我們徹底靠邊站。小將們選定了第一個方案。現在省委是在『省革聯』的監督下工作，既然還需要工作，那就還要有辦公地點。」

造反派說：「奪權就是奪走資派的權，走資派就得靠邊站。」

趙紫陽坦然笑道：「我現在還不認為我是走資派。勒令的事你們可以與『省革聯』協商一下。」

這幾個省委機關內部的「小造反派」不敢去惹中山大學的「正牌造反派」，只得散去。所謂「勒令」不了了之。

既然「奪權」是象徵性的，以趙紫陽為首的廣東省委就仍在辦公處理日常事務。所不同的是，省委、省委文革小組的兩顆大印交由「省革聯」派來的一個小組保管，用印的時候，由這幾個中山大學學生蓋章。掌握了這兩顆大印，學生們也就心滿意足了。為了表明自己確實在監督省委，他們有時也在省委交來的文稿和批件上作些不得要領的增刪修改，趙紫陽能夠以自己的方式繼續工作——據檔案紀錄，在一月二十二日（交權）至二十六日期間，省委書記處至少開過三次會議。二月二日，省委「被奪權」十天之後，以趙紫陽為首的中共廣東省委，向全省發出「抓革命、促生產」的電報。[184]

過後有人問這些紅衛兵：趙紫陽在被「奪權」之後看你們的笑話了嗎？回答是不會，他這個人很有人品，不會幸災樂禍。省革聯奪權後，由於大家都不懂業務，決定請趙紫陽擔任顧問。趙紫陽當時的處境也很困難，經常被各種群眾組織批鬥，連吃、住、睡都不正常。不但人格被污辱，工作成績被抹殺，還要戴上「陶、趙黑線」的高帽……在這種情況下，他冒著被打成「黑後台」的危險，同意擔任省革聯的顧問。那個名叫武傳斌的紅衛兵頭頭後來說：如果他心中不是裝著全省人民，焉至於此啊？

可是這些不諳世事的小年輕沒有想到，針對他們的滅頂之災已經開始：他們已經陷入了可怕的權力之爭。

就在廣東省委發出「抓革命、促生產」號召的當日晚，因為派往市公安局的「監督小組」受到對立面「一總部」的抵制，「省革聯」調集上千人，衝擊對立面「一總部」控制的市公安局，發生流血事件。次日淩晨，廣州軍區插手，對廣州市公安局實行軍事管制。同日「省革聯」駐市公安局「監督小組」召開「控訴大會」，批判鬥爭了「一總部」負責人。三天後，廣州軍區陸海空三軍部隊舉行萬人誓師大會，支持「革命造反派」向黨內「走資派」奪權。會後，舉行武裝遊行，誓作「無產階級革命派」的堅強後盾。表示對「省革聯」的支持——這算是應了周恩來的那個電話：同意造反派接管，並命令廣州軍區司令部在必要時出來維持秩序。

事情還沒完：得到支持的「省革聯」得意忘形，所屬人員與廣州軍區的軍事管制人員在電

184 趙蔚《趙紫陽傳》，第一六一頁，中國新聞出版社，一九八九年版。

台發生衝突，接下來居然衝擊廣州軍區機關，這就激怒了軍方，於是翻臉——支持廣州大部分造反派組織起來反對「省革聯」。二月十九日，五萬多造反派舉行「大聯合、大奪權誓師大會」，聲討「省革聯」，要奪「省革聯」剛剛奪到手的權。在這樣的形勢之下，「省革聯」派到省委的「掌印小組」驚恐不安，生怕象徵廣東省最高權力的大印得而復失。

各個造反派對「省革聯」聲討中，最主要、最厲害的一條罪名乃是：「省革聯」對中共廣東省委的奪權是「假奪權」，是中了趙紫陽這個「走資派」、「假讓權、真反撲」的詭計。其根據是：

第一，「省革聯」沒有將舊省委的「專政機器」砸爛，而是保留下來。第二，省委還在辦公，二月二日還向廣東全省發出「抓革命、促生產」的電報，趙紫陽還很「神氣」，還在處理全省的大事。第三，「省革聯」的奪權沒有實行真正的大聯合，只是少數組織的行為。[185] 二月十六日，「省革聯」的死對頭「廣州革命造反總司令部」，在《南方日報》發表文章〈「省革聯」錯誤路線的流毒必須肅清〉，批判省革聯奪權和趙紫陽交權。文章說：

「一．二二」奪權是在無產階級革命派沒有實現真正大聯合的情況下進行的，是在沒有「三結合」的情況下進行的，是在對省委「秋毫無犯」的情況下進行的，是在和平桌上祕密談判之下進行的，是在對趙紫陽畢恭畢敬，征得他的同意，「拱手讓印」的情況下進行的。這叫什麼奪權？有人說得好：「這是『省革聯』某些人與趙紫陽做了一宗政治交易，合演了一出『拱手讓印』的醜劇。……客觀效果上，已證明他們與趙紫陽同流合污了——省委用這種名「交」實

185 《南方日報》，一九六七年二月十六日〈省委交權是個大陰謀〉。

保的方法，一直還把權掌握在手裡……

所以說，革命群眾的眼睛是雪亮的，還不到一個月，趙紫陽的這點「小聰明」就被揭穿了。

在這場造反派之間的爭權混戰之中，由「省革聯」控制的《廣州日報》與反對立面控制的《南方日報》大打文字仗，直到二月二十八日，廣州軍區對《廣州日報》實行軍事管制，這場爭鬥才以「省革聯」垮台而告終。

不僅僅是趙紫陽所在的廣東了，就連毛澤東親自樹為奪權樣板的上海，在一月六日打倒市委大會後的一個月的時間裡，其他組織也發動過四次全市性的奪權。[186]「奪權」在全國迅速展開之後，局勢並不如毛澤東預計的的那樣朝著「大聯合」的方向發展，更談不上「達到天下大治」，反而陷入「打到一切」之後的「全面內戰」。在權力面前，當初一致以打倒走資派為目的的造反派們很快山頭林立，「以我為中心」，他們相互指責謾罵，相互爭權搶權，派性武鬥層出不窮，愈演愈烈，而地方黨政組織和公檢法機關幾乎失去作用。工廠停產或者半停產，交通嚴重堵塞，國民經濟狀況嚴重惡化，大批領導幹部被定性為走資派、叛徒、特務、黑幫分子等罪名被任意批鬥，很多人被造反派批鬥殘害致死，其中就有當年欣賞過趙紫陽、此時已經官至煤炭工業部部長的張霖之。

這是掀起奪權大浪的毛澤東沒有料到的。這一年的年底，他在同（阿爾巴尼亞）中友好代表團談話的時候說：「有些事情我們也沒有料到。每個機關、每個地方都分成兩派，搞大規模

186 席宣、金春明著《文化大革命簡史》，中共黨史出版社一九九六年七月第一版，第一三三頁。

武鬥，也沒有想到。」[187]於是他想到了軍隊。可是那個時候的軍隊同樣處於混亂之中，一些軍事院校的造反派頭頭也在帶頭衝擊領導機關，揪鬥軍隊的領導幹部，使得一些老帥憂心忡忡，紛紛認為軍隊重要的是穩定，不同意軍隊介入運動。可是毛澤東為了他「反修防修」的大業，顧不得那麼多了。就在趙紫陽他們「讓權」的同時，中共中央、國務院、中央軍委、中央文革小組作出〈關於人民解放軍堅決支持革命左派群眾的決定〉，軍隊正式開始介入運動，支持「無產階級革命左派」，鎮壓「反革命分子、反革命組織」。由於區別兩者沒有明確的界定，更由於沒有中立者來調和矛盾，本來就混亂的局面更加混亂。軍隊的「支左」實際上就是「支派」，在群眾組織之間拉一派壓一派，圍繞著「奪權」問題展開的爭奪更加激烈。

在廣東，「省革聯」垮掉之後，處於矛盾中心的趙紫陽，不得不站出來解釋。二月二十三日，趙紫陽在省委大院貼出大字報，題為〈對於「省革聯」問題的聲明〉：

> 一月二十二日省革聯向省委奪權，我當時的中心思想是：
>
> 一、認為奪權是大勢所趨，是黨中央和毛主席的號召，造反派起來奪權是革命行動，應當支持；
>
> 二、當時出面的是中山大學「八三一」和紅旗公社，武漢大專院校駐穗聯絡站紅衛兵，還有哈軍工和北航「紅旗」駐穗聯絡站等，我一向認為這些單位是造反派，既然是造反派奪權，我認為只能支持，不能抗拒；
>
> 三、對當時廣州地區造反派的大聯合，我是不清楚的。聽說他們有很多單位參加。

187《毛澤東傳》，一四七二頁。

根據當時情況和我處的地位，不可能先問他們大聯合的情況，然後再去決定對奪權是否接受；

四、在一月二十二日之前，《紅旗雜誌》和《人民日報》關於奪權的一些重要社論和一些省的經驗，當時沒有公布奪權是怎樣奪法，我心中無底。[188]

應該說，趙紫陽說的是實話。

關於「文革」到底最終要建立一個什麼樣的政權，這個政權應該由誰來掌握，恐怕不止是趙紫陽了，就連毛澤東都是「心中無底」。最初他想利用紅衛兵，可是紅衛兵的幼稚和輕狂霸道實在令他不滿意。接下來上海「一月革命」爆發，工人組成的造反派出來奪權，讓他看到了新的希望。可是他很快發現所謂工人造反派，是存在很大問題的。一是工人造反派也分成幾大派別，各派之間相互對立，相互鬥爭，甚至發生流血事件。二是工人造反派也胡來，也搞亂批亂鬥，也有打砸搶行為，並不比紅衛兵差。再說工人也沒有掌權的能力。於是毛澤東發出感歎：「把工人、學生提上來，掌握了權，沒有經驗，幾個月就變了，很不穩定。」[189]，「本來想在知識分子中培養一些接班人，現在看來很不理想。」這裡所指的知識分子，就包括紅衛兵。[190]

毛澤東決定啟用解放軍這張牌，其中最主要的原因還不僅僅是從「槍桿子」的角度，而是

188 載廣州軍區聯合辦公室編《情況反映》，第六十二期，一九六七年二月二十五日。
189《毛澤東傳》，毛澤東一九六七年二月十二日與張春橋、王力、姚文元、戚本禹的談話記錄。
190《毛澤東傳》，第一四八九頁。

因為早在「文革」之前，國防部長林彪就號召部隊官兵「讀毛主席的書，聽毛主席的話，照毛主席的指示辦事，做毛主席的好戰士」，從而在全國掀起了學習毛主席著作的高潮，解放軍也因此成為全國人民的榜樣，在群眾心目中有著很高的威信。毛澤東決定由人民解放軍支持左派奪權開始，就意味著真正意義上的奪權，必須是在軍隊的支持下才能夠進行。那麼奪權之後新組建的臨時權力機關，也必須有軍隊代表參加。這樣，就形成了由解放軍代表和造反派代表（當時稱之為革命群眾）共同組建新的臨時權力機關的局面。但是新的臨時權力機關，不能光是由軍隊代表和造反派代表兩個「元素」組成，還應當有具有管理國家能力和熟悉管理國家事務革命幹部的代表參加。當時毛澤東認為的革命幹部，是指擁護「文化大革命」，能夠「正確對待群眾運動」的幹部。

一九六七年三月三十日，發表的《紅旗雜誌》第五期社論〈論革命的「三結合」〉中，傳達了毛澤東的指示：

在需要奪權的那些地方和單位，必須實行革命的「三結合」的方針，建立一個革命的、有代表性的、有無產階級權威的臨時權力機構。這個權力機構的名稱，叫革命委員會好。

自此，「三結合」的臨時權力機構的名稱，就定下來了。毛澤東當時十分樂觀地設想，到一九六七年五月，「三結合」的革命委員會可能成熟了，至少在省一級能夠成熟或者接近於成熟了，那時，「文化大革命」的局勢就穩定了，「文革」提出的「鬥批改」三個階段就完成了前面兩個，可以進入「改」的階段了。此時他在同外國軍事代表團談話中也很有信心地說：從一月風暴奪權到大聯合、三結合，這可以算（文化大革命）的第三階段。這時，已經從「走資派」手中奪回了權力，局勢也就穩定了。

一九六七年的春天，在混亂中到來了。二月二十三日，周恩來與各大軍區負責人談話，要求省、地、縣各級都要以軍事部門為主，立即行動起來，組織各級生產辦公室，領導春耕生產。他說：要快一點，季節逼人。各級生產辦公室由軍區領導拿總，吸收省地幹部參加。領導幹部有些沒過關的，可以先出來工作，以後再過關。同日，中央軍委發出〈關於軍隊大力支持地方抓好春耕生產的指示〉。[191]

可是從前與農業生產毫不相干的各個軍區，在選擇地方幹部問題上也拿不準。於是廣州軍區就廣州奪權鬥爭的新形勢等問題，給中共中央軍委等寫了報告。第二天，毛澤東就此報告寫了一段批語給周恩來：

請告廣州軍區，查一查趙紫陽、區夢覺二人政治態度如何，其他省委書記、常委如何，是否可找趙、區二人來京和陳郁[192]、黃永勝一道談一次，加以開導。[193]

從這段批語來看，毛澤東似乎對趙紫陽站出來參加「三結合」寄予一定期望。於是趙紫陽等人隨即到京，參加二月二十六日周恩來召集的會議，討論對廣東實行軍管一事。這個會議的內容事先已經向毛澤東報告，獲得毛贊同。

處理有關事宜之外，會議最後取得了一項看起來與「軍管」沒有關係的共識：一致認為「陶趙關係」屬於工作關係，兩人為了工作的事還經常吵架。這個「共識」很顯然也是在為趙

191《周恩來年譜》，第一一六九頁。
192 陳郁，時任中南局第三書記，廣東省省長。
193《建國以來毛澤東文稿》，第十二冊第二四二頁，中央文獻出版社一九九八年一月版。

紫陽的複出鋪路：趙紫陽的問題歸根結底是受了陶鑄的牽連，如果把兩者的關係掰清楚，趙紫陽就「沒有問題」了。既然是「共識」，就是與會者一致同意，看來參加會議的幾個人包括周恩來，都站在了趙紫陽這一邊。

會議的第二天，即二月二十七日，星期一。晚上，周恩來照例參加了中央文革小組的「碰頭會」，之後給毛澤東寫了個報告，稱：

昨日與廣東來京同志座談了一天。廣東方面同志有黃永勝、陳郁、趙紫陽、陳德[194]、區夢覺等七人。今晚，我們在（中央）文革（小組）碰頭會上討論了廣東問題，一致建議：廣東立即實行軍管，準備籌建三結合的革命委員會。目前以黃永勝為主，陳郁為副，主持廣東全省工作，幫助省委同志檢討，估計有一些同志可得到群眾通過。

周恩來這裡說的「有一些同志」，就是指的趙紫陽。據說周恩來還對趙紫陽說過「估計檢查三次就能夠過關[195]」的話。

毛澤東閱後批道：同意這樣做。[196]

而在《周恩來年譜》中，對於這一事件的記載略有不同：

（二月二十七日）參加中央文革（小組）碰頭會，討論廣東問題。會後致信毛澤東，認為廣東省委主要負責人向造反派「讓權」是錯誤的，廣東局勢，不宜久拖，建議立即對廣東實行

194 陳德，時任廣東省軍區政委。
195 蔡文彬採訪趙五軍。
196《建國以來毛澤東文稿》，第十二冊第二四三頁，中央文獻出版社一九九八年一月版。

軍管，準備籌建三結合的革命委員會。此外，還建議對同廣東情況類似的雲南擬亦先行軍管。毛澤東閱批：「同意這樣做。」二十八日，周恩來再同廣東省委、廣州軍區負責人談話，宣布由廣州軍區和廣東省軍區組織對廣東省實行軍管。下面設兩個班子。一個抓文化大革命，一個抓業務。同日，還與雲南省有關負責人及造反派談對雲南實行軍管事。[197]

在《建國以來毛澤東文稿》和《周恩來年譜》中，內容都基本上相同，不同的是《周恩來年譜》中多了一個內容：

在中央文革小組的「碰頭會」上否定了前一天廣東會議上所有人支持趙紫陽出山的傾向，做出了由軍隊代表黃永勝、幹部代表陳郁，加上造反派代表組成新班子的決定。理由是認為廣東省委主要負責人向造反派「讓權」是錯誤的。

根據以後發生的事情，可以認定《周恩來年譜》上的這一條屬實。而根據《建國以來毛澤東文稿》上的記載，可以認為二月二十八日的會上，「讓權錯誤」這一條沒有向廣東的領導們傳達。

那麼在與中央文革小組的「碰頭會」上，周恩來是否表達了頭天會議上那個一致達成的「共識」呢？可能沒有：因為在碰頭會上對於趙紫陽的否定，沒有提到趙與陶鑄的關係問題。

由於毛澤東的批示，趙紫陽「站出來」在短時間內已無可能。他也沒有如某些省、區第一把手留在北京受到保護的運氣，很快就被令回到廣州，繼續接受「幫助」，繼續他的檢討，以求得「群眾通過」。他回來坐的是黃永勝的飛機。在飛機上，趙紫陽有些沮喪，說現在我連檔

197《周恩來年譜》，第一一六九頁。

都沒有地方看了，什麼都沒有了。

自打建國初進駐廣州，黃永勝和陶鑄就是鄰居，又同屬林彪屬下「四野」幹部，他對陶鑄是很尊重，趙紫陽每每去陶鑄家，都要從黃永勝門前過，雖然他們之間沒有深交，應該說彼此之間印象還是不錯的，見了面互相都要打個招呼。可是「文革」來了，人際關係起了大變化，趙紫陽這個省委書記被造反派打來打去，而黃永勝這個軍區司令當上了實際上的一把手，連他的祕書遲澤厚[198]也當上了廣東省革命委員會辦事組副組長，廣州軍區軍管會副組長，支持造反派清算「中國最大保皇派陶鑄」的罪行，鬥爭陶鑄在廣州的代理人趙紫陽。祕書遲澤厚多次聽黃永勝講，想把這個得罪人的軍管會主任（後來的革委會主任）退回去，只當他的大軍區司令。那多瀟灑啊，不愁吃不愁喝，出門有專機、專車，當個省委書記不也就如此嘛。而且這才是他的本行，他熟悉。什麼軍管會主任，什麼革委會主任，老百姓沒有飯吃了，幾天不下雨了，地瓜長甜了，鬥這個鬥那個……什麼事他都得考慮，煩心！

至於讓軍隊「支左」，這是「大伯子背著兄弟媳婦過河，費力不討好」。因為支左肯定犯錯誤。首先支左的對象中央不說清楚，他黃永勝對地方工作又不懂，雖然職位很高，權力很大，可是一旦群眾不接受，就跟你鬧對立。上面把那樣混亂的局面交給你，既要叫你支持造反派、造走資派的反，又要叫你抓革命促生產。可造反派的特點就是戰鬥力極強，沖衝殺殺，他是不從事生產的，你能把他們怎麼樣？黃永勝這樣的軍區司令還算有能力的，拿著這個權力都

198 遲澤厚（一九三一～二〇一二），山東萊蕪人。曾任廣東省革命委員會辦事組副組長、廣州軍區司令部動員部部長。時任廣州軍區司令員黃永勝祕書。

作難，縣以下那些掌權的武裝部長，那個水準能擔當得起來嗎？[199]

所以說，黃永勝打心底還是同情趙紫陽的。這次他和幾位書記暗中想幫他一把，真心希望這位「群眾工作專家」能夠重新站出來，以後大家團結互助，工作好做一些，沒想到卻以失敗告終。此刻聽趙紫陽說他沒地方看檔，語調裡多少有些悽惶，黃永勝便說：你可以到軍區來看嘛，我沒有聽說你這個軍區政委免了吧？軍區政委沒有免，你到軍區來看文件。

語氣中很有些安慰的味道。

三月十五日，遵照中共中央指示，廣東省軍事管制委員會成立。主任黃永勝，副主任劉興元、陳德。廣東省軍管會下設辦公室、革命委員會和生產委員會，對全省實行統一領導，為全省最高權力機關。省軍管會成立後，隨即陸續派出部隊或軍事代表，對全省各級機關、企業、事業單位實行軍事管制。在軍管期間，一切工作均統一由軍事管制委員會領導。軍官會同日發出佈告，宣布廣東省自一九六七年三月十五日起，實行軍事管制，對全省實行統一領導。廣東省軍事管制委員會，是全省最高權力機關。[200]

儘管很不願意，黃永勝和趙紫陽的關係，從此還是進入了一個尷尬的時期。

北京之行，趙紫陽沒有被「解放」，留下一個爭取「得到群眾通過」的尾巴。為了表示自己願意繼續接受批判的態度，趙紫陽於三月三十一日約請中共廣東省委機關造反派組織「東

199 蔡文彬採訪遲澤厚。
200 當代廣東研究會編《嶺南紀事》，第二五九頁，廣東人民出版社二〇〇五年版。

方紅公社」的幾個負責人談話。他說：

我想和同志們多接近，想和機關各造反派保持接觸。一方面，把自己的想法告訴同志們，另一方面，想聽聽同志們的意見和批評。我腦子裡經常起伏的是兩個問題：一是我這個人在廣東應不應當被打倒？我有嚴重錯誤，在廣東黨內有相當影響。但是，我這個人真就這麼壞？我今天還不完全通，在理智上通，在感情上不完全通；二是相信群眾的問題。我不跟群眾一起揭發自己的錯誤。陶鑄問題出來，省委的蓋子逐步揭開，我思想上有比較大的抵觸，認為別人攻擊一點、不及其餘，總覺得只講了我的一面，認為你們怎樣講就怎樣講吧，我是怎樣的人，我自己知道。

他在自己與陶鑄的關係上繼續解釋，但是堅持不對陶鑄「揭發」。他說：

我和陶鑄在廣東相處時間很長，就像同志們講的，陶鑄是我的後台。陶鑄的問題揭出後，勢必和我連在一起。這在一開始我就估計到了。廣東的文化大革命溫度會迅速加高，而且造反派會對我的看法發生根本變化。我和陶鑄的關係，的確是工作關係，但一下子說不清楚，以後會講清的，同志們將來會理解的。現在要我交代和陶鑄的關係，與同志們完全站在一起，談出更多的問題，我有困難。所謂跟陶鑄的關係，主要是文化大革命這一段[201]。過去幹了些什麼，同志們都看到。我不交代，同志們都會揭。[202]

201 趙紫陽講的文化大革命中的情況，是指在一九六六年下半年中共廣東省委曾向陶鑄電話請示三十餘次，陶回電話二十餘次的事情。這些電話記錄，均已被造反派搞到，作為「罪證」予以公布，這在當時可算是炮轟省委和趙紫陽的「重磅炸彈」。

202 載廣東省軍事管制委員會文化革命小組編《情況反映》，特第十四期，一九六七年四月二日。

應該說趙紫陽的態度是誠懇的，是希望得到造反派諒解的。他依然將問題之所在歸結於與陶鑄的關係和自己所犯的「錯誤」上。這一點也印證了前面的估計：在北京，周恩來沒有向他傳達「讓印」問題。

趙紫陽雖然多次被批判，可是他與造反派的關係，並不是想像中的那麼糟糕。

首先，他沒有民憤。對於普通老百姓來說，「文革」對於幹部的過頭行為，很多來自一些幹部在過去十七年中積攢起來的民憤，對於趙紫陽來說，最大的問題在於土改和大躍進搞的「瞞產私分」。可是土改他不是「主犯」，再說土改定下來的「地富反壞」是鐵案，沒有人敢翻這個「案」；大躍進也是毛主席黨中央肯定的「三面紅旗」，也沒人敢翻這個案。所以造反派也沒有翻出他有什麼實際的「罪行」。趙紫陽最大的「罪行」，應該是由劉少奇主持的「四清」運動，可是當清華大學的造反派帶著趙紫陽到他蹲點搞四清的庫充，「發動群眾」起來揭發的時候，庫充的貧下中農卻沒人批判他，反而又是倒水又是拿凳，對趙紫陽很客氣。大家說趙紫陽他沒有傷害庫充的幹部，自己幹活也很賣力，打柴都自己挑，我們要幫他還不讓，下田的時候腿上爬了螞蟥咬得鮮血直流，我們都很緊張，他卻不以為意；生活上也和大家一樣，沒有搞特殊。你叫我們揭發他什麼啊？[203]

第二，趙紫陽對造反派也不錯。運動剛剛開始時，很多紅衛兵到處找他，不是為了批判他，只是要錢，要吉普車、宣傳車、要罩車，要經費……去「鬧革命」，還要趙紫陽表態支持自己——不僅因為他的廣東省委的第一書記，還因為大家都知道他說話算話，哪怕是被「奪

203 蔡文彬採訪陳開枝。

權」之後，他依然是說話算話。一九六六年九月十三日，造反派已經成了氣候，那位因為轉抄〈北京來信〉而被趙紫陽逼成造反派的大學生高翔，被趙紫陽接到省委，作了一次長談。趙紫陽承認了工作隊在處理〈北京來信〉的問題上犯了錯誤，也承認了廣東省委所犯的錯誤。他認為雖然對高翔採取了「技術手段」，最後卻沒有真正將他打成「反革命」，於是以商量的口氣跟高翔說：「能不能說我們犯的是帶有方向路線性的錯誤（而不是方向路線錯誤）？[204]」一個省委書記對一個給自己造成了大麻煩的學生有這樣的態度，很難得。

第三，趙紫陽為人說話是有原則的。一九六六年十一月中，廣州地區大專院校紅衛兵革命造反第三司令部，廣州紅一司，廣東省委及人委機關的造反派組織和首都「三司」等群眾組織，在廣州體育場召開「廣州地區徹底批判資產階級反動路線大會」。這是趙紫陽第一次參加大型批判會。當場有人給他戴上高帽，他並不反抗；一個紅衛兵頭頭雖然批趙的言詞非常激烈，但不同意給趙戴高帽，摘下了他的帽子，他也沒有表示什麼，只是一直在認真作筆記。但是，他只承認自己犯了嚴重錯誤，就是不承認自己反黨反毛主席。說起來沒人相信：就這一點也是「符合毛澤東思想」的，因為毛澤東在一九六六年十月二十四日聽取中央工作會議彙報，聽到東北的負責人說他們承認自己犯了嚴重錯誤仍然不能「通過」時，毛澤東說：「反黨反社會主義絕不能承認，承認了還能夠工作嗎？」[205]

第四，趙紫陽的原則性不但表現在他在最困難的時候不「自賤」，還表現在他同時也不「賤

204 高翔《追憶我人生軌跡中的趙紫陽》。
205 《毛澤東傳》，第一四四九頁。

人」。批判會上群眾喊口號，打倒這個打倒那個，可是但凡中央沒有表態、沒有正式登報的，他都不舉手，包括運動初期喊打倒劉（少奇）鄧（小平）陶（鑄）——在當時的情況下沒幾個當權派敢於不舉手，那可是要冒著挨打的風險。後來造反派找他調查別人的情況，也發現他絕不會為了洗刷自己而貶低別人，更不會去「揭發」。上面的人他不會「揭發」，比如陶鑄，他是不會說的，即使已經宣布被打倒了他也不會說，公開表示就是不說。楊尚昆「文革」前在廣東工作過，問他楊尚昆的事情他也不說。如果要調查他的下屬或者是同僚，他都講好聽的。一次批判大會上，省長林李明當場揭發趙紫陽，說他反對毛主席，說過「天子腳下，京官難當」。趙紫陽馬上就反駁說：「這句話本來就是你說的，你說楊尚昆本來是在毛主席身邊的，彭真也是在毛主席的直接領導下出問題的[206]。這我才講了這句話。」可是後來造反派來調查林李明的問題，趙紫陽又一個勁給他說好話，他說林李明這個人不錯，就是辦法少一點，他是個老實人。不僅是對在大會上當場揭發他的林李明，省委的其他領導同志，他都一律說好話。比如說區夢覺，當時被打成了大叛徒，來調查的人問他區夢覺是不是叛徒，還說她自己都承認了，你難道一點不知道嗎？可趙紫陽說區夢覺是個老革命，是俺們的老大姐，怎麼怎麼好，至於叛徒的事情，不要說以前了，就現在也不知道。

第五，趙紫陽講話四平八穩，不出格，讓人覺得「有水準」。文化革命初期，他希望大家學好毛澤東著作；對大批來廣東串連的紅衛兵，他下命令不惜一切代價接待好；在對學校工作隊的講話中，他分析學生的心理時說「學生有一股革命熱情，但缺乏經驗，盲目性大，判

206 當時彭真和楊尚昆都已經被打倒。

斷是非能力還差……」這些話現在看來也不過時。總之他讓造反派抓不住什麼把柄，在罵他「滑頭」之餘，也不得不佩服他「薑是老的辣」。

儘管趙紫陽「倒楣」了，但是人人心裡一本賬，這些舉動讓很多人暗地裡很佩服，常常明裡暗裡保護他。有一次造反派把省委市委的廳級以上幹部約三百多人，全部拉出去遊街，從省委機關到廣州市的長堤，往返二十里。中共廣東省委的主要領導幹部全部被戴了高帽，其中趙紫陽的高帽子是皇冠式的，約重四十多斤，走路都走不穩。監護幹部黃文忠看到這種情況，就和身邊的人扶著趙紫陽走，並扶著他的高帽以減輕壓力。遊完街後，趙紫陽掉了眼淚。黃文忠就對趙紫陽說：「他們的這種作法我是不同意的，但是我們有責任來保護你的安全。在中央沒有免掉你省委書記之前，你還是我們的書記，所以我們有責任來保護你。」趙紫陽一邊流淚一邊笑著說：「好在有你來保護我，不然的話，我回去後躺在床上起不起得來還是一個問題。」[207]

造反派很囂張，但是總的說來都「聽毛主席的」，一旦「上面」稍微有點暗示，一律鼓掌通過。其實和任何時候一樣，群眾是否「通過」並不重要，何況是趙紫陽這樣跟群眾沒有深仇大恨的當權派。

207　黃文忠〈四清運動他只是執行中央政策〉。

第八章 被「監護」的日子裡

謎一樣的周恩來

就在這個時候，周恩來到了廣州。

周恩來是為了一年一度的廣州春季交易會[208]來廣州的。這個交易會已經舉辦十年，對於中國的商品對外貿易有著非常重要的作用。廣東在非常困難的情況下還撥出專款做些準備工作，可是造反派卻在其中互相攻擊，貼封條，還把時任外交部長陳毅為廣交會題寫的招牌砸了，局勢亂成一團，眼看交易會能不能在四月十五日按時召開，都成了問題。一九六七年四月十三日，周恩來約了廣東省軍管會主任黃永勝談廣州交易會問題，並審改中共中央、國務院、中央軍委、中央文革小組就開好廣州春季出口商品交易會給廣東省軍管會和中南財經委員會並各軍區、各省市自治區的通知稿，在修改時增寫「不在交易會及其所屬組織內進行奪權」一句。這份「通知」提出了保證交易會順利進行的五點指示，由毛澤東批發。[209]第二天，周恩來

208 廣州交易會即中國進出口商品交易會，簡稱廣交會，創辦於一九五七年春季，每年春秋兩季在廣州舉辦，一直是中國層次最高、到會客商最多、成交效果最好的綜合性國際貿易盛會。文革期間照樣舉行。

209 《周恩來年譜》，第一一七五頁。

又就廣州交易會問題致信毛澤東、林彪：

對廣州交易會雖有五點指示發出，但據黃永勝報告，情況較緊。而軍管會又難於控制。因此，今晨在解決內蒙古問題之後，特約外貿部和外貿學院兩造反派商談，他們願意派人去協助解決。考慮到目前各院校和機關造反派多忙於內爭，因而影響了廣州交易會各公司、各館的內部領導，並與各地方造反派形成派別……如不立即勸阻，對明（十五）日開幕，極為不利。我現定今晨七時同黃永勝同志飛廣州，親往解決此事。

周恩來在廣州期間，多次同黃永勝、劉興元、林李明、盧緒章、陳德、溫玉成[210]等黨、政、軍負責人談話，與廣州各群眾組織代表座談，並到交易會產品陳列現場了解情況。他還在廣州市各界群眾代表大會上講話，強調並解釋中央關於開好廣州春季商品交易會的五點通知，做了很多工作，終於保證了交易會的按時召開。

問題處理之後，受黃永勝的挽留，周恩來向毛澤東打報告，要求在廣州多待幾天，以處理廣州群眾組織的諸多問題，獲得了毛澤東的同意。在三天時間裡，他在廣東開了一次大會，開了三次中等規模二百多人的內部座談會，看了中央文革小組派出的記者們送來的很多資料，然後於四月十八日做了一次總結性的長篇講話，講了七、八個小時。當時中南局和廣東省委參加的主要領導有陳郁、王首道、李堅真、林李明、寇慶延等人。

趙紫陽除外。

210 黃永勝，時任廣州軍區司令員兼廣東省軍管會主任；陳德，時任廣東省軍區第二政委兼廣東省軍管會副主任，溫玉成，時任廣州軍區副司令員；林李明，時任中共廣東省委書記處書記、副省長；盧緒章，時任對外貿易部副部長。

周恩來在四月十八日總結講話中，很嚴厲地批判趙紫陽，說他讓權以後坐山觀虎鬥，利用年輕人沒經驗，在一邊看熱鬧，不堪重用。211

現將當年周恩來的這段講話記錄，引用如下：

一．二二奪權當時就犯了錯誤了，成了一個祕密奪權，不公開的，參加奪權的只有兩個學校的革命左派組織，一個工人聯合的組織，一個機關的造反組織，加一個珠影，就是五個單位，加外地四個單位來支援，九個單位。奪權的形式成為一個不公開的談判的方式，就是一個要印，一個讓印，就是讓權。這種形式是不足為訓的，不可效法的，是錯誤的。奪權的方向是對的，但辦法是不可取的。我們不願意公開來指責，因為在南京也是用這樣的方式談判，安徽也是這種方式。所以對奪權的方向我們都沒回答……趙紫陽和舊省委利用了這個錯誤，是他的責任。他很善於說話，到北京以後，我們批評這個讓權不對，沒有去強調奪權的問題。強調讓權不對，你是省委書記，中央還沒有免你的職，你怎麼可以在一個小範圍會議上，在中山大學住了一個晚上，第二天早上一談判你就簽字，就讓了印了呢？……真正的徹底的奪權，那個印有什麼要頭。所以後來奪了印的那些革命派，印拿到身上也沒有辦法，後來把印交給軍區，代為保管了。

……

所以，應該說趙紫陽他們懂得，這不能夠怪學生。因此我們說他讓位不對。人家要印是有權力要的，你為什麼讓呢？你不簽字，我們相信革命的學生也不會把你怎麼樣。比如開群

211 當代廣東研究會編《嶺南紀事》，第二六〇頁，廣東人民出版社二〇〇五年版。

眾大會，群眾大會就是鬥嘛！你不交他也沒有辦法，而且你可以說要請示中央嘛，就解決了。你也不請示中央，連書記處、常委都沒開會，就交了，這不失職呀！是極其嚴重的。舊省委的領導犯了很多的反動路線的錯誤，當時還說到反動路線。趙紫陽在回答的時候，他就集中到讓位「讓印」這個問題上，他說這是一個反革命犯罪行為。這句話他說了以後，我當時沒有注意，回來一想，這個不妥。因為省一級的讓權的很多，至於地委、各個企業、部門裡頭被人家把印搶去的更多得很。如果凡是把印交給人家就叫犯了反革命的罪，這個就不勝其數了。所以，在他走以前我就打了個電話，我說這件事可不能叫反革命罪，是犯了極其嚴重的錯誤。因為讓位讓印這一件事，就叫反革命現行犯，這個案辦起來也沒有多大辦頭嘛！其他執行資產階級反動路線那一套通通可以不管了？當時我沒有覺察，後來一想，他這句話有點很調皮哩！所以我同時打一個電話告訴黃永勝同志。哪曉得他回來以後，就把我說的讓權不是反革命罪這句話擴而大之，說他沒有犯反革命罪。這樣他就躲開了，反革命修正主義，都可以躲開了。[212]

……

今天回過頭來看，周恩來對廣東省委及趙紫陽本人的指責，實在很牽強：

一、一九六七年一月六日，上海領全國之先奪權，毛澤東雖然對此大力支持，但是強調「造反派奪權只管政務，不管業務，對業務只能夠監督」；[213] 周恩來本人也秉承這個口徑，也多

212 周總理四月十八日在廣州各革命群眾組織代表座談會上的講話。

213 《毛澤東傳》，第一四六八頁。

次對造反派說過此話，甚至就在趙紫陽他們離開北京之後的第三天，他還在工交口各部部長和造反派代表會議上說：我向主席談了中央各部奪權情況，認為各部的業務權還是監督為好，主席同意了。這說明趙紫陽當時的作法完全是符合這個精神的。

二、按照周恩來的說法，當時的南京、安徽也都用了這種方式，說明大家都依毛澤東和周恩來的這個說法為據。

三、至於說沒有經過中央的批准，也不確實。林李明在「交印」之前，給中共中央辦公廳打過電話，雖然沒有得到答覆，可是之後卻得到了周恩來的肯定。據自始至終參加了奪權過程的中山大學造反派頭頭黃意堅後來稱：奪權的當天上午，老周（即周恩來）辦公室打電話來說：你們的形式好。黃意堅還說：老周看到廣東奪權的報告後如獲至寶，因為上海的奪權方法[214]，老周是不能接受的。又據林李明記述：奪權後，國務院總理周恩來曾打電話來，表示同意造反派接管，並命令廣州軍區司令部在必要時出來維持秩序。[215]後來「省革聯」與公安局的造反派發生糾紛，軍區也確實出了面，這也是反證。

周恩來還說「連書記處、常委都沒開會」，這個說法也有些牽強，因為能夠到場的省委領導都簽了字，還有一個書面的協議，趙紫陽做得也算是盡力了。

本來贊同趙紫陽的周恩來，為什麼會在廣州突然以如此大的力度打壓趙紫陽，很是令人費解。是因為要扶黃永勝嗎？黃永勝作為軍隊代表，已經穩坐廣東一把手的位置。是因為要

214　一九六七年一月四日，上海《文匯報》造反派宣布接管報社；五日，上海市委機關報《解放日報》的造反派也宣布接管報社；六日，上海的造反派組織在人民廣場召開大會，會後市委市政府所有機構停止辦公，被奪權。

215　趙蔚《趙紫陽傳》，第一五五～一五六頁中國新聞出版社一九八九年版。

扶陳郁嗎？沒有人會否定陳郁這樣的老實人。是怕趙紫陽不服氣嗎？恐怕當時的趙紫陽還沒有這樣的膽量。要知道，周恩來一向很會「保護同志」，而且是以「巧妙」的方式。他是個何等嚴謹的人，在這樣的時候，這麼多人面前，說出這樣牽強的話來，現在看來原因只能是兩個。

第一、他在表明自己的態度。之所以一九六七年三月在北京與中央文革小組的「碰頭會」之後，沒有向廣東的領導們傳達認為「趙紫陽向造反派『讓權』是錯誤的」這樣邏輯混亂的話，是因為周恩來在事情發生之時的確很贊同趙紫陽的作法，而且明確表過態，此時突然改口，實在有些說不出口。可是既然中央文革小組在碰頭會上已經做了定論，毛澤東也就此作了「同意」的批示，他最終得說，於是就選擇在廣東的造反派面前，以激進的方式來說，算是彌補。對於一向對毛澤東唯唯諾諾的周恩來來說，這應該是最重要的原因。

第二、實際上贊同趙紫陽的周恩來本來不想說，可是因為得到了錯誤的「情報」，一氣之下衝口而出。

這第二條的根據，就是他在大會關於趙紫陽「反革命罪」的那一大段話。他特別提到趙紫陽故意將「讓位讓印」說成「反革命犯罪行為」，被周恩來否定之後又趁機自辯，拿自己做擋箭牌。周恩來說到這裡，口氣相當激烈。趙紫陽知道後，給黃永勝寫了一封信，說他沒有講過類似「反革命犯罪行為」這樣的話，可能是總理記錯了，請黃司令員幫助回憶一下。以趙紫陽當時的處境，並沒有寄希望黃會幫他證明，只是想申明一下而已。不料幾天後，黃永勝的祕書來電話，說黃司令員讓他告訴趙紫陽：他的印象與你（趙）是一致的。[216]

216 蔡文彬採訪趙五軍。

黃永勝的「仗義」，在此又見一斑。

既然都證明趙紫陽沒有說過這樣的話，周恩來是從什麼地方聽來的呢？十有八九是從中央文革小組指派到廣東的那些記者送的材料裡。據說這些記者五花八門，既有《新華社》的，也有軍隊調來的，調子都很「左」，他們在廣州提供給周恩來的材料一口袋一口袋的，其中「謊報軍情、煽風點火的事情幹了不少」[217]。周恩來常常是晚上聽他們的彙報，白天聽軍區常委們的彙報，但最後由中央文革定調子，周恩來表態，結果鬧得很糟糕。

有一件事情可以佐證：周恩來在這次講話中對廣東的群眾組織表態，肯定了中山大學的紅旗八三一、華南工學院紅旗、廣州醫學院紅旗、廣州工人組織中的工聯和紅旗工人是革命左派；而廣州最大的兩個工人組織地總、紅總是「保守的群眾組織」。周恩來的講話很快傳遍了廣州，被肯定的一方歡聲雷動，而「地總」、「紅總」則對周恩來批評他們「保守」想不通，紛紛到軍管會質問，弄得軍區也很尷尬。結果在周恩來剛剛飛回北京十來個小時之後，周恩來辦公室祕書周家鼎打電話給省軍管會，逐字逐句傳達了周恩來對關於地總、紅總評價的修改意見：地總、紅總擁有大量工人群眾，他們都是廣州工人的革命組織，只是有些偏於保守。五年以後的一九七二年，當年跟周恩來到廣州的祕書錢家棟見到了廣東的閻仲川[218]，對他講：「唉呀，總理叫我向你說個話，總理講，六七年四月那次啊，他在珠江賓館講話，那時候啊，他要不表那個態就好啦。」[219]

217 蔡文彬採訪遲澤厚〈我了解的文革中的趙紫陽〉。
218 閻仲川時任廣州軍區參謀長，省革委副主任。
219 葉曙明《廣州地區文革實錄》。

周恩來頂著中央文革的壓力，對於廣東群眾組織「定性」作了修正。正是這個重要的「修正」導致了這一派群眾組織沒有被「徹底剷滅」，緩和了廣東的社會矛盾。可是卻沒有證據表明他對趙紫陽的誤解做了什麼說明。作為除了毛澤東最具權威的國家領導人，他將那個「讓權錯誤」的觀點一口氣捅出來，給趙紫陽帶來了很大的傷害。

在這次大會之後，周恩來找了當時的廣州軍區的主要領導談話，就談到一個問題：你們要保護好這批領導幹部，不能一一讓人家抓去遊鬥，將來的工作還要靠這批地方領導幹部來管。你們軍管會只是暫時的，將來的主要職責還是要保護國家的安全。[220]

即使這樣的話對於廣東省委的領導同志起到了一些保護作用，其中也不包括趙紫陽。周恩來在群眾大會上的講話對於處境艱難的趙紫陽，無疑是雪上加霜。被肯定的「革命組織」為了顯示自己的「革命」，被定為「偏於保守」的組織為了顯示自己「不保守」，都要把趙紫陽拉出來無情鬥爭。一個名叫「廣州市批鬥趙紫陽聯絡站」的組織更加活躍起來，就批判趙紫陽的現狀及規畫，向廣州軍區文化革命辦公室作了一個詳細的彙報。這個「彙報」認為，雖然「文革」已經進行了大半年，作為廣東省頭號走資派趙紫陽非但沒有被「批倒批臭」，反而在群眾中依然有著良好的印象：「……趙紫陽的問題之所以揭得不深，有兩個主要原因：一，趙紫陽的真正面目還沒有為廣大革命群眾所識破。由於廣東農業生產的恢復和發展很快，趙紫陽把黨的領導和群眾的努力所取得的成績，記在自己的賬上，從中撈取政治資本，加上陶鑄多年來一直吹噓趙紫陽為『三大專家』（土改、農業和群眾運動）……其實，情況也不是這樣。趙

220 黃文忠〈趙紫陽抵制「政治邊防」〉。

紫陽在農業上一向是搞資本主義的東西。二，知情人還沒有真正站出來進行揭發，省委常委和書記處成員中，雖有揭發，但是多限於在文化大革命中的問題，而對趙紫陽的『三反』罪行（指反黨、反社會主義和反毛澤東思想）揭的少。根本的問題是發動群眾不充分，火力還不夠集中。」

為此，「廣州市批鬥趙紫陽聯絡站」負責人提出如下計畫：「我們對下一步作法的意見是：一，針對上述問題，進一步揭發批判，造成鬥批趙紫陽的高潮；二，採取內外結合，大會小會結合的辦法，把要害問題揭深揭透，發動已經站出來的革命領導幹部進行專題揭發，組織力量進行重點調查，發動地委第一書記們和省委內部知情人揭發，從各方面收集材料；三，迅速綜合編印已經揭發出的材料發下去，作為線索，順藤摸瓜，把揭發趙紫陽的鬥爭引向深入。」[221]

在這樣「引向深入」的誘導下，造反派對趙紫陽的鬥爭大大升級，在一九六七年整個春季裡，廣州的各個造反派組織召開批判鬥爭趙紫陽及省委其他領導人的大會多達數十次。各派組織爭相鬥爭，每天的日程排得滿滿的，搞車輪戰術，甚至整夜鬥爭，強迫趙紫陽承認自己是「三反分子」，逼他交代與劉少奇、鄧小平和陶鑄的關係。一九六二年，劉少奇來廣東視察時曾到趙紫陽家中小坐，這也成為一條大罪狀。趙紫陽曾講過「鄧小平講話斬釘截鐵」，這也被挑出來大加批判。在越秀山開萬人批鬥大會，中山縣來的造反派硬說他是沽名釣譽，把

221 載廣東省軍事管制委員會文化革命小組編《情況反映》，特第十二期，一九六七年三月十七日，「鬥批趙紫陽聯絡站朱某某反映鬥批趙紫陽的情況及今後打算」。

中山落後的地區劃進門門縣，好把中山這邊搞成模範縣。可是趙紫陽在萬人批鬥會上就跟那些造反派頂起來了。他堅決否認，說絕不是這樣的，而是因為中山太大，要分出來加強領導，把它搞上去。而且此事不是我一個人說了算，都是省委一起討論的。

至於他與陶鑄的關係問題，就更不用說了。無論他怎麼檢討，都過不了關，其實大家心裡都明白：什麼時候上面說可以了，你不檢討也能通過。

就在趙紫陽被大批大鬥的時候，險情發生了。

軍隊監護

一九六七年五月初的一個晚上，廣州軍區一線領導正在黃永勝的辦公室裡面碰頭，黃永勝、劉興元（廣州軍區政委）、孔石泉（廣州軍區政委）等人都在。這時候廣州警備區打來電話，說趙紫陽剛才到珠江南岸某單位接受批判，回來路過北京路財政廳的時候，車子被人打了一槍。

黃永勝一聽很緊張：「趙紫陽雖然說現在是走資派，但他省委書記的職務沒有撤，他還是廣東省的省委書記，現在軍管了，出了事還是我們負責！我們對趙紫陽的人身安全負全責，要打死了人，我們也不好向中央交待，趕快給總理打電話報告，看怎麼辦？」

工作人員立刻打電話，周恩來的祕書錢家棟接了電話，黃永勝親自對他講：「趙紫陽剛才被批鬥回來，在路上車被人打了一槍。局面這麼混亂，我們也不可能老看住他，安全沒有保證。請示總理一下，看是不是把他監護起來？馬上請示！」錢祕書說不要掛電話，總理就在這兒，我馬上請示。沒有兩分鐘，祕書說總理同意監護。

具體佈置監護任務的是軍區參謀長閻仲川，具體管理交給了廣東省軍區政治部主任齊勇，由廣州警備區負責。他們在白雲山部隊的一個營房給趙紫陽騰出一間房子，屋裡一張床，一張小凳——之所以只給小凳，就怕他站在高凳子上搞摸電燈上吊之類的自殺。伙食費標準為每天八角至一元錢，可以聽廣播、看報紙。群眾組織要批鬥，要在警備區登記。[222]

此頭一開，包括趙紫陽身邊的筆桿子楊應彬及劉田夫等隨行的幹部都跟著一道去了警備區，總算是過了幾個月的安穩日子；還有一些被批鬥的領導人主動要求「被監護」。五月五日周恩來向廣州軍區下達了「對廣東省幾個當權派實行監護」的指示，並命令廣州軍區司令員黃永勝將執行情況上報。[223]

很快，負責監護工作的廣州市警備司令部向廣州軍區做了〈對趙紫陽、區夢覺、尹林平實行監護鬥爭的措施〉的報告。

報告說：「為貫徹總理五月五日關於『對廣東省幾個當權派實行監護』的指示，經有關革命組織協商，廣州市警備司令部於五月五日二十二時三十分之前，已將趙紫陽、區夢覺、尹林平三人送往監護駐地（軍區白灰場特務營營房）。警司確定，由工交武裝部政委負責，並抽調參謀、幹事三人，警衛戰士三人，在警司成立一個監護組（簡稱二組），採取二對一的辦法實行監護，另由特務營抽調一個班負責駐地警衛。對趙、區、尹在駐地的活動採取半自由式，

222 蔡文彬採訪遲澤厚〈我了解的文革中的趙紫陽〉。
223 趙蔚《趙紫陽傳》，第一六五頁中國新聞出版社一九八九年版。

即可以外出散步、但不能走得過遠，三人之間不能互相往來和交談。在某單位拉去鬥爭時，監護人員同行，鬥爭結束即返回駐地，監護人員主要負責安全、生活、思想活動，並及時向上反映。給每人訂閱兩份報紙及《紅旗雜誌》等。三人的伙食，每天按八角至一元開支。監護中（對群眾批鬥）應注意的問題，初步考慮有五條：一、保證安全，不許武鬥，有去有回；二、要做好鬥批的準備；三、事先看好會場；四、研究確定往返路線；五、掌握鬥爭時間。」

這樣一來，群眾組織批判鬥爭趙紫陽，即受到一定的約束，不可以再為所欲為。

報告寫道：「趙紫陽、區夢覺、尹林平到警司後，副司令員和副政委分別與他們談了話。趙、區反映較好。他們認為：『這樣很好，對於人身安全、生活學習都有較好的保證，』也願意考慮自己的問題。對趙、區、尹實行監護鬥爭，尚需考慮解決以下三個問題：一、目前揪鬥趙、區、尹的革命群眾組織很多（學生、工人、農民各系統都有），需要統一安排。現劃由警司一組歸口安排，文革專案組、機關組參與商定，可否，請首長批示；二、需要儘快將總理的指示傳達到較大的革命群眾組織中去，充分依靠群眾，幫助我們做好這項工作，可通過座談會等方式分別進行傳達；三、趙紫陽原配備的警衛員這次未隨同來監護駐地，警司考慮，為工作方便，是否可以來，請首長定。」

報告還講到三位省委書記的身體思想近況：「趙紫陽有腸胃病。他承認過去很嬌，伙食硬、冷一點覺得受不了，前幾天犯過一次病。區夢覺主要有高血壓，最近血壓有些高，頭暈，曾發生嘔吐現象。尹林平有心臟病，據說前些日子曾暈倒過一次。現在趙紫陽和尹林平情緒比較鎮定，區夢覺有些悲觀。」

報告專門講到趙紫陽所謂的交代問題的情況：「對趙紫陽正面突破比較困難，曾經鬥爭、批判了五個通宵，但收效甚微。他對搞經濟主義、執行資產階級反動路線已表示承認。群眾在鬥爭時喊『打倒趙紫陽』，『打倒走資本主義道路的當權派趙紫陽時，他也舉手，但群眾在鬥爭時喊『打倒劉鄧陶』口號時，他堅持不舉手。」[224]到後來，趙紫陽連打倒自己也不承認了。一次被拉到越秀山批鬥，造反派高呼：「火燒趙紫陽！」趙紫陽跟著舉手喊：「火燒趙紫陽！」；造反派高呼：「打倒趙紫陽！」趙紫陽不舉手也不喊。造反派質問他，趙紫陽回答：「我有缺點錯誤，你們要火燒一下，當然可以。但中央沒有給我定性，你們要打倒我，我是不同意的。」[225]

趙紫陽的這點骨氣，想必也是毛澤東欣賞他的原因之一。因為在毛澤東的計畫裡，紅衛兵也好造反派也好，最終是代替不了這些做實際工作的幹部的，批一批鬥一鬥不過是教訓他們一下，輕易就給自己扣大帽子，承認「反黨反社會主義」，以後怎麼出來工作。[226]

實行監護之後，趙紫陽的人身安全有了基本保障，生活也有了最低限度的安定，雖然還得不時地去接受各種各樣的造反派組織的「批鬥」，但在批鬥大會上，有廣州警備司令部的監護人員在場，鬥爭會不能再像以前那樣野蠻，也不能像從前那樣頻繁地舉行了。

趙紫陽在軍隊監護和禁錮中度過了整整三年。在這期間，儘管廣州軍區和造反派為了表示自己緊跟中央的部署，對於趙紫陽加緊了大批判的力度，逼著趙紫陽做了長篇檢討，到處

224 趙蔚《趙紫陽傳》，第一六五～一六六頁中國新聞出版社一九八九年版。
225 楊應彬〈在趙紫陽身邊工作十二年〉。
226《毛澤東傳》，第一四六八頁，中央文獻出版社二〇〇三年版。

找材料無限上綱，可是中央卻沒有進一步表態，以至於趙紫陽到底是什麼問題，在很長時間裡各種各樣的人們都在猜度。這裡有兩個資料或者可以做些回答。一個是在一九六九年「九大」召開之前，各地省革委相繼成立，一些老幹部紛紛復出，可是趙紫陽的前途依然渺茫。趙紫陽的老戰友、時任政治局候補委員的紀登奎對老朋友說：中央讓紫陽跟陶鑄劃清界限，紫陽堅決不劃，很可惜了。[227]紀登奎是個很有原則、不亂說話的人，當時很受重用，他說此話是有根據的。加上前面從周恩來那裡透露出來的中央文革小組的資訊，可見趙紫陽的問題依舊是陶鑄的問題。江青恨陶鑄，趙紫陽又不願意和陶鑄劃清界限，於是江青就對他的復出反覆設障。至於栽在趙紫陽頭上的「讓權」問題，顯然是強詞奪理。

被「掛起來」的趙紫陽在軍隊的監管下，轉移了好幾個地方，繼續交代自己的問題。其間，《人民日報》於一九六七年九月八日發表姚文元〈評陶鑄的兩本書〉一文，對陶鑄一九六二年出版的《理想．情操．精神生活》和一九六四年出版的《思想．感情．文采》進行批判——對陶鑄的強化攻擊，使趙紫陽的處境進一步惡化。此時廣州市和廣東省的造反派，分化為「紅旗」和「東風」兩大派，各自控制勢力範圍，組織武鬥隊伍，在全市和全省大肆展開武鬥，爭奪地盤，私設公堂，自行審人處決人。他們甚至還動槍動炮劫奪鐵路上運輸援助越南抗美戰爭的軍事物資，引起了高層的震驚，而廣州軍區雖然對重要目標實行了軍管，但下屬各部隊也時有參與武鬥、散發槍支事件發生，對此類事件管不了。造反派們自然顧不上趙紫陽了，可是此時已經以軍區的人員為主成立了一個「趙紫陽問題專案組」，專門負責審查趙紫陽的「問

227 蔡文彬採訪聶啟讓。

題」。這個專案組不同於以往的造反派，它是由「上級組織」專門成立的。

「文革」進行一年多了，儘管參加了很多次批判會，作了很多次檢討，回答了很多造反派提出的問題，可是大多只是勞累奔波，窮於應付。只有到了這個時候，趙紫陽才能夠稍微安靜下來，喘口氣，然後認真考慮自己的「問題」。一九六八年的三月三日，也就是被「監護」九個月之後，他經過字斟句酌，向「專案組」交出了一份上萬字的〈我的檢討〉。

在「檢討」中，趙紫陽只承認自己在「文化大革命」之前及「文化大革命」中犯有嚴重錯誤，執行了劉鄧陶的路線，但是不承認自己是「走資派」和「三反分子」。他承認自己沒有突出政治，沒有狠抓階級鬥爭，注重生產而忽視革命等等。在與陶鑄的關係上，他承認，由於陶鑄對自己長期重用和支持，自己對陶有好的印象，長期形成「盲從」，並在「文革」中接受陶的指示，成為陶在廣東的代理人。

在談到「犯錯誤」的主要原因時，趙紫陽寫道：

我之所以犯這樣多、這樣嚴重的錯誤，我的立場和世界觀之所以長期沒有得到改造，最最根本的問題，還在於我對毛主席、對毛澤東思想的根本態度有問題。我沒有真正地「讀毛主席的書，聽毛主席的話，照毛主席的指示辦事」，對毛主席的指示，也不是「理解的要堅決執行，暫時不理解的，也要堅決執行，在執行中去努力理解」。這是我對毛主席和毛澤東思想根本態度上的不忠。我對於毛主席的著作、對於毛主席的指示學習很差，沒有下苦功夫，沒有堅持學習的毅力，不是如饑似渴，至今對毛主席的著作和指示，還是粗枝大葉，一知半解，很不熟悉。因此當解決問題時，對於毛主席的教導，不是忘掉了，就是根本不知道，還是憑自己的「想當然」去辦。

趙紫陽接著寫道：

我過去對待許多重大問題，採取了一種實用主義的態度。在處理問題時，往往不是首先去對照一下，看是不是符合毛澤東思想的原則，著重地去考慮根本的、長遠的、政治方面的後果，而是多從眼前的效果、特別是眼前經濟方面的效果出發去考慮，依靠自己的「感想」自作聰明地去想一些小方法，打一些小主意。結果就不能不脫離毛澤東思想的軌道……對待毛主席的著作和指示，我理解了的，合乎自己的想法的，執行起來堅決、迅速，抓得緊，但遇到不理解的和不合乎自己的想法的，執行起來就不那麼堅決，抓得不那樣狠，不是立即拋掉自己的想法，徹底排除自己思想的干擾，緊緊跟上堅決執行。更嚴重的是，我有時不是努力領會毛主席指示的精神和實質，按毛主席本來的意思去理解毛主席的指示，而是按照自己的想法去理解，帶著自己的傾向去接受毛主席的指示，把毛主席指示中某些合乎自己思想的話，片面孤立地加以強調，這樣形式上是執行毛主席的指示，實際上卻違背了毛主席的指示，更是對毛主席和毛澤東思想的不忠誠。228

趙紫陽在「文革」中寫過很多「檢討」，此是目前看到的比較認真的一份。若干年辭職下台之後，趙紫陽再次談到過這些檢討文字。他說那個時候總是認為毛主席是對的，自己總是有什麼地方錯了。可是趙紫陽又是個很認真的人，既然錯了就得檢討到底錯在什麼地方，為什麼會錯。偏偏在這個問題上他一直都沒有鬧明白。他是一個做具體工作的人，他的工作是解決具體問題，而不是去檢驗什麼思想。他所能夠做到的，只能是拿著解決問題的辦法去「尋

228 趙蔚《趙紫陽傳》，第一七〇～一七二頁，中國新聞出版社一九八九年版。

找」與之對得上號的「毛主席指示」，表示這樣的辦法「符合毛澤東思想」。要不然叫他怎麼去工作？

這個問題其實很多在「文革」中做檢討的幹部也沒有鬧明白，只不過他們可以亂給自己扣大帽子，爭取「過關」。可是趙紫陽做不到，於是這份檢討給人的印象，就是不認錯。

由於趙紫陽「不低頭不認錯」的態度，更加重要的是中央沒有讓他「過關」的意思，他被廣東省一號人物黃永勝斥之為「假檢查，真反撲」，招來了更大規模的批判。在目前能夠收集到的廣東「文革」中關於批判趙紫陽的各種小冊子和文集中，絕大部分批判文章寫於趙紫陽的這份「檢討」交出之後，調子之高，火力之猛，可謂前所未有。這些都是軍區「趙紫陽問題專案組」的成果，從一個側面反映了黃永勝惱怒的程度。

在趙紫陽被「監護」期間，廣東省革委會成立了。一九六八年二月二十日，中共中央、國務院、中央軍委、中央文革小組在關於其成立的批文上，稱陶鑄為廣東第一號走資派，趙紫陽為第二號走資派。二月二十三日，《人民日報》發表了剛剛成立的廣東省革委會在慶祝大會上〈給毛主席的致敬電〉，其中的提法為「陶鑄、趙紫陽之流復辟資本主義的反革命迷夢」。這算是趙紫陽正式被「點名」定性。

趙紫陽被關押前後，他的全家也從美華中路的住宅被趕到合群三馬路一間狹窄的小房間裡，日子過得很是煎熬。小兒子五軍只有十三、四歲，因為「亂說話」，也被關押在東山少年之家的院子裡「收容教育」。楊應彬家的老二知道後，經常和五軍約好時間，然後到少年之家對面一家叫做「北方館子」的小餐館裡買一大包饅頭，從高大圍牆邊把饅頭拋進去，以解五軍的饑饉之苦。[229]在被軍隊監護的省委幹部中間，只有區夢覺的女兒區惠風每個月還能夠去見一次母親，送一次衣服和食品。楊應彬的孩子們連想看看父親都不行，更不要說探望趙紫陽了。區惠風想代趙家的孩子們去探望一下趙叔叔，可是監護的軍人不讓見，說不行不行，你只能見你媽媽。一直到一九七〇年初，也就是趙紫陽被監護近三年之際，「趙紫陽專案組」將他移到山腰上的廣東省軍區櫻花園，孩子們才被允許在那裡陪他居住。在他們旁邊的一排營房裡，住著一個班的「警衛」。

229 楊小村〈我所認識的趙紫陽伯伯〉。

第四部分

復甦

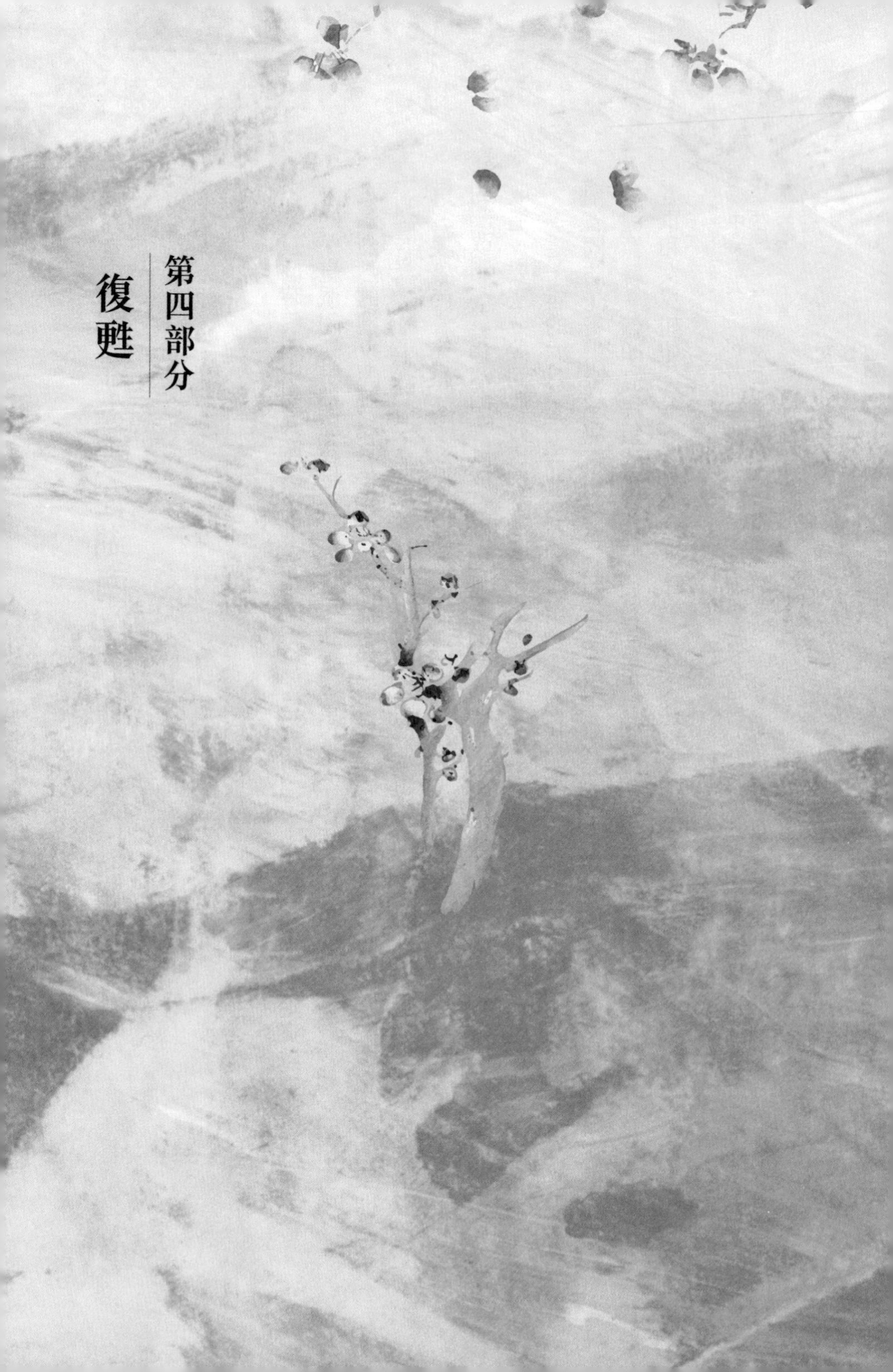

第九章 患難夫妻在湖南

這個時候，中國共產黨第九次代表大會[230]已經開過了，中國「最大的走資派劉少奇」和「最大的保皇派陶鑄」都已經慘死在異鄉，在毛澤東提出「團結起來爭取更大的勝利」的口號中，轟轟烈烈的造反運動總算告一段落，他希望國家進入「從大亂走向大治」的階段。毛澤東開始「卸磨殺驢」——解散了他親自發動組織起來的群眾組織，然後將紅衛兵發配到農村去插隊落戶，讓農民看管起來了；造反派被「清理階級隊伍」，實際上是被「秋後算帳」了。各種各樣的「改制」五花八門，亂成一團，無暇顧及的「走資派」們，要麼被放在「五七幹校」去勞動改造，要麼分散到農村工廠，閒置起來。

這一年的六月，「上面」對趙紫陽說：給你找個地方勞動吧，就去湖南的漣源縣。於是湖南省國防工業辦公室祕書組組長劉福壽，奉上級之命護送趙紫陽一家去到與廣東毗鄰的湖南省漣源縣一個叫高坪鎮的山溝裡，同行的還有趙紫陽的夫人梁伯琪和最小的兩個孩子：兒子五軍和女兒妞妞。

230 中共九大於一九六九年四月一日至二十四日在北京召開，它在狂熱的個人崇拜的高潮中，肯定了「文化大革命」在思想上、政治上和組織上的錯誤理論和實踐。之後全國的「造反運動」告一段落，進入「從大亂走向大治」的階段。

在山溝裡的工廠，有個大煙囪，還寫著「總路線萬歲」的標語。這個廠對外叫國營湘中機械廠，對內叫九八一廠，是個規模有兩三千人的軍工廠，年產三萬三千支槍，廠長副廠長都是軍人。根據湖南省的交代，廠裡真正知道趙紫陽身分的就一兩個人，他被安排在三車間六班當工人。這是個鉗工班，班長安排趙紫陽在鉗台和鑽床工作，由副班長劉湘安做他的師傅，做五六式半自動步槍加工後修銼、鑽孔的活，其實就是那些槍栓的鑄件出來以後放涼了，有些邊角的毛刺需要用銼子挫圓，再送去精加工，沒什麼技術含量。

因為趙紫陽的到來，班裡特地開了一個歡迎會，領導在歡迎會上介紹說這位老同志叫趙明，廣東省佛山地委的副書記，是下放到我們廠來勞動鍛煉的，以後大家要多多關心。趙紫陽對工人師傅的熱忱相待非常感激，他說：「我是來接受工人階級再教育的。今後大家就叫我趙老頭吧！」於是，「趙老頭」就成了工人們對他的稱呼。

這一年，趙紫陽五十一歲了。他剛剛到廣東的時候才三十二歲，年輕英俊、頭上頂著「農業專家、群眾運動專家和土改專家」三個桂冠。他在這裡摔打，在這裡成長，由於得到了陶鑄的幫襯，他所有的才華都得到了展現，幾乎是一路順風，才四十六歲就成為了中國最年輕的省委書記。可是當他離開的時候，卻成了隱姓埋名的流放者。

已經年過半百的趙紫陽拖家帶口離開了大都市廣州，來到山溝裡，雖然前程雲遮霧罩，也總算鬆了口氣。首先是身分變了。他不再是被「監護」的物件，周圍沒有看管軍人的吆喝，沒有造反派的揪鬥，再也用不著坐在那個不能伸腿的小凳子上寫檢查——這幾年他腿部肌肉萎縮，就跟這該死的小凳子有關係；其次是他的經濟狀況也好了許多。趙紫陽的「窮」在圈內是有名的。解放初期幹部實行供給包乾[231]的辦法，基本上可以滿足入城幹部的個人及家屬的生活所需，甚至因為生一個孩子就可以享受一筆生育費、保育費、保姆費，一個普通幹部生養一個孩子所得保育費和保姆費，接近於自己的全年津貼，因此多生孩子也可以在相當程度上改善生活條件，那時候他的日子還過得去。到了一九五五年，幹部由供給制轉為工資制，陶鑄是五級，省委書記處的趙紫陽、區夢覺、林李明、尹林平、李堅真，他們這些人都是六級。六級工資應該是三百二十元，按照那個時候的物價水準，也行。可是毛澤東一直都很留戀戰爭時期的供給制，工資改革工作的帷幕剛剛落下，他就在八屆二中全會上對國家機關工作人員工資標準提出批評：「現在高級幹部拿的薪金和人民生活水準相比，懸殊是太大了，將來可以考慮也減少一些薪金。」根據這個講話，國務院就迅速擬定降薪方案，經毛澤東和中共中央批准後，隨即發布指示：黨政高級幹部，即行政十級以上幹部全面降薪。各級降低的比例是：一至五級為十%，六至八級為六%，九至十級為三%。降薪後趙紫陽工資由三百二十元降為三百零一元。可是廣東省委書記處的書記們，覺得還不夠，在一次會議上自動要求再降一級，全體降為七級（出差在外的不算），而此時的七級工資已經由二百八十元降為二百六十三元。加上七零八碎的補貼，趙紫陽每月拿到手的工資也就三百來塊，他的工資要養五個孩子、一個保姆、還有家鄉的母親和姐姐，還要款待不斷從家鄉來的親朋故舊，總是入不敷出。他家

231 按照一九五〇年有關檔除規定，實行供給制的國家機關工作人員的生活費，包括糧食、菜金、煤炭、細糧補貼、鞋襪棉被補貼、過節費、輕病號補助費等，連同其他津貼，一律折成米數發給個人包乾使用，另加其他如技術津貼、保健費、老年優待費、婦嬰費（婦女衛生費、生育費、育嬰費、托兒費、保姆費、五～十五歲孩子生活費等），以及住房、水電、傢俱等項，均照舊供給。

小孩穿的衣服都有補丁，小的接大的舊衣服穿，家裡涼席是破的，蚊帳也是破的，一件像樣的傢俱都沒有。在當時廣東的領導幹部裡面，他是相當困難的，簡直可以用「窮」來形容。

趙紫陽窮到什麼地步，可以舉個例子來說明：

一九四九年前廣東沒有什麼像樣的工業，獲取政權之後因為毗鄰港澳，中央一直把廣東作為前線來對待。所以第一個五年計畫，尤其是蘇聯援建的一百五十八個工業項目，沒有一個放在廣東。一九五八年大躍進的時候，廣東因為沒有化肥，糧食生產上不去，常委開會時陶鑄就提出來要建立化肥廠，號召全省幹部每人捐一個月工資。陶鑄一提出來，陳鬱[232]就贊成，別的常委，沒人贊成，也沒人反對，這個事情就這麼定下來了。開完了會，他們走了，趙紫陽連連說：「哎呀，他們兩個老人家沒有那麼多孩子，就不知道孩子多的苦。」關相生說：沒有一個月的工資，趙紫陽一家人飯都吃不起，這是很現實的。可是沒辦法，全省的幹部都要捐，你省委的祕書長能不捐嗎？一九五八年，全國解放已經九年，身為廣東省委祕書長的趙紫陽從貧窮的河南到富裕繁華的廣東已經七年，可是他連一個月工資的儲蓄都沒有，說起來現在的人肯定不相信。

再舉一個例子：還是「文革」以前，妻子梁伯琪將紫陽的一件大衣送給了家鄉一位生死與共的好姐妹，可是不久又重新寄了件破的去，說你把那件好的給我寄回來，紫陽接見外賓都沒有衣服穿了——他個子高，自己的一丈三尺五布票都不夠做身兒衣服。當時廣東省委是沒

232 陳鬱（一九〇一～一九七四），廣東寶安縣南頭客家人，中國工人運動的先驅者之一，曾先後參加香港海員大罷工、省港大罷工、廣州起義；新中國首任「能源部長」；一九五七年後任中共廣東省委書記、廣東省省長。（此人的經歷在前面已經有說明瞭）

有特供的，只是每到廣交會讓領導們去領一些東西，趙紫陽從來沒有去領過。出差也好自己生病買點中藥也好，票據也不拿去報銷。母親來了都不用給他配的車去接的，讓人雇個三輪車拉回來。這些都在無形中增加了家庭的開支。「文革」以來，他的工資常常被無緣無故地扣發，以前每個月要給家鄉老娘寄個十塊八塊的，「文革」期間連這點錢也沒法寄了，可見他的經濟狀況有多窘迫。

可是在湖南，趙紫陽的工資恢復了：行政七級，每個月三百多塊——要知道那年月，毛澤東的月薪才四百零四塊八毛錢。因為他們一家子不是廠裡的職工，雖然妻子梁伯琪被安排在半成品庫房當保管員，小兒子五軍在車間開銑床三班倒，都拿不到工資，可是也不交伙食費。大兒子大學畢業了，分到貴州的一個廠裡，有工資收入；老二從部隊復員了，也有工資。老四是知青，在老家插隊，也沒要家裡補貼。小女兒妞妞在廠裡的子弟校上學，估計也沒收學費，就是要收，那時候的學費也不過幾塊錢。按照兒子五軍的說法：老爺子那時候，是很有錢的人了。

有了錢的趙紫陽日子照樣過得很緊巴，不抽煙不喝酒，吃的也很簡單，煮點麵條唏哩呼嚕吃下去就得，可是工人當得很認真。鉗工班的工作是流水線作業，工件一批又一批地接來，又一批一批地送走，中間如果有人動作太慢或停頓，就會影響下一道工序。趙紫陽和大家一樣不敢怠慢，工人加班他也跟著加班，幹到晚上十一、二點，還時不時提點合理化建議，很受廠裡的重視。勞動量大，飯量也加大，糧票不夠吃，就上街去買烤紅薯吃。以前作為省委書記，他經常在外面吃飯應酬，感覺每月二十五斤糧食都定量就夠了，困難時候他帶頭降低糧食標準，居民都是三十斤，可是他每月只吃二十五斤。現在他真正做老百姓了，這才知道每月只有二十五斤糧食，日子會過得多麼的艱難。幸好他和工人們的關係不錯。工人們心裡明白：這個神祕的老頭肯定是個「走資派」，可是這和咱們沒關係，他既然下放到咱們這裡來「接受再教育」，咱們就得把他照顧好了。趙紫陽在這裡患上了嚴重皮膚病，全身奇癢，做一會兒工就要用手搔癢。雖然他不吭聲，但是工人們很關心，多次陪他翻山越嶺去醫院看病。平素和大家也有走動，常常有人會送來點湯圓、水餃之類的「好東西」，讓這位溫和可親的趙老頭也嘗嘗。233

趙紫陽一家人被安排在半山腰上一棟小樓裡，給了個三十平米的小套間裡。一生都很忙碌的他，也只是在這一段時間裡，才得空歇歇。不開會了，不出差了，不接待外賓了，不被批過去鬥過來、晚上回家不挨黑槍了。他和妻子梁伯琪，終於能夠帶著兩個幼小的孩子，過上了安靜的生活。

趙紫陽二十五歲和梁伯琪結婚，風裡雨裡一起走過了這麼多年，可是他們不是結髮夫妻。趙紫陽的結髮妻子姓賈，叫賈藏。賈藏的祖父政法學堂畢業，父親賈朝卿是賈岸下村的首富，和趙紫陽的父親合夥在鎮上開了家「德泰糧行」，兩個人從前是老同學，又是交心的好朋友，喝酒喝得高興的時候說，如果咱們倆一個生兒一個生女，就是倆親家。後來果然就成了，只不過賈家姑娘屬馬而趙家小子屬羊，姑娘要大一歲。賈姑娘長大之後，高個兒，皮膚白皙，人長得俊俏，看上去和趙家小子一個郎才一個女貌，又門當戶對的，也配得上。大約是一九三二年，十三歲的趙修業和十四歲的賈藏，用兩抬大轎抬著成了親。一九三三年黃河決堤，

233〈婁底歷史上的今天〉，婁底市政協官網載文。

滑縣被淹，河裡的魚隨水到處流淌，新女婿趙修業還住到岳父家裡，系網撈魚。十三歲的小女婿來到岳父的村子走親戚，那些小輩的大孩子光逗他，合起來抬他的「夯」[234]，膽兒小的修業被逗哭了好幾回。

後來他去開封讀初中，再後來去武漢讀高中，還沒有讀完日本鬼子就打來了。這時候的趙修業已經改名趙紫陽，是十八歲的高中生，相當於舊時的「舉人」，已經有了做「縣令」的資格，而且在武漢這樣的大都市見過大世面，懂了好多為國為民的大道理，而賈藏依然是一個只在村裡讀過幾天私塾、大門不邁二門不出的鄉下媳婦，距離自然就拉大了。一腔熱血的趙紫陽辭學回鄉去抗日，十九歲就入了黨，二十歲當了縣委書記，不久就升為地委宣傳部長，打鬼子，滅漢奸，帶著宣傳隊一群青年人唱歌跳舞搞演講，到處宣傳抗日救亡，基本上就不回家。

期間他曾經動員妻子去參加抗日訓練班，可是不願意出門的賈藏堅決不去，這讓在外面鼓著勁動員婦女參加抗日的趙紫陽很沒面子。在一群熱血青年中，趙紫陽要身分有身分，要文化有文化，要能力有能力，要個頭有個頭，要模樣有模樣，真正的少年才俊，豫中翹楚，連地委書記張璽都誇他是才子。自從知道他們夫妻關係冷淡，多少女孩子窮追不捨，其中就有他十九歲那年在抗日訓練班認識的梁伯琪。最後梁伯琪在那些能歌善舞的女孩子中脫穎而出，其中的原因恐怕不僅僅是因為她漂亮。

被稱為「邊區四大美人」之一的梁伯琪，是河南內黃城關鎮南莊人，一九一八年生，中學

234 民間的一種遊戲，被一群人拋起來又接住，猶如匝地打夯。

也在開封、武漢求學，算起來和紫陽也是先後同學。跟紫陽一樣，她也在「七七事變」後輟學返鄉，一九三八年四月參加共產黨領導的抗日運動，八月加入中國共產黨，十月擔任群眾組織「中華民族解放先鋒隊」冀魯豫總隊隊長，同時還任冀魯豫邊區婦救會宣傳部副部長。一九三九年一月，她被黨組織派到滑縣任滑縣婦女救國會主任，與紫陽相遇，成了戰友。因梁伯琪年長一歲，紫陽尊稱她為「大姐」。

很多人還記得那時候的梁伯琪，常穿一身白色衣裙，亭亭玉立。她有才有貌，有膽有識，有文化有涵養，真是百里挑一的好人兒。她和趙紫陽一起，在極端險惡的形勢下組織抗日救國會，舉辦抗日訓練班，籌建抗日武裝部隊，領導群眾搞民主民生鬥爭，反匪反霸，防奸鋤奸，減租減息……也算得上生死與共。直到今天，滑縣還流傳著許多關於兩個人的故事。

趙紫陽決定和梁伯琪好了，但是兩個都是結了婚的人，梁伯琪還有一個女兒，都得先離婚才行。梁伯琪的離婚過程不清楚，只知道她的女兒沒有跟過來，趙紫陽這邊可是費了不少的周折。先是找好朋友去勸說兩邊的老人。誰知道一聽說趙紫陽要離婚，老人哭得鼻涕一把淚一把的，老岳丈說女兒「活是他趙家的人，死是他家的鬼，有我在世，不能離婚。」老父親說：「我寧要媳婦不要兒。」這話是沒法說下去了，趙紫陽只得自己出馬。

一天紫陽他媽看見兒子回家了，一頭鑽進媳婦的屋裡關上了門，就趕緊對他爹說：「我看他鬧離婚這事不真。」他爹半信半疑，躡手躡腳走到窗戶沿下面聽兩人說話。只聽見兒子在屋裡說：「咱倆還是離婚吧，你還年輕，長得又好看，不愁找不到一個好婆家。」兒媳婦也不吱聲，只是哭，看來這婚兒子鐵了心的要離，兒媳婦又是鐵了心的不離。

本來在舊社會，丈夫是可以休妻的，但是女人被休了是件很丟人的事，趙紫陽怕傷害對方，堅持不寫休書。事情就這麼拖下去，一直拖了兩、三年。一九四二年，邊區下了佈告，規定可以離婚不離家，這就不涉及「被拋棄」，不傷害名譽了，賈藏才同意了。兩個人辦理了離婚手續，後來賈藏再嫁他鄉。

又過了兩年，日本鬼子都快投降了，局勢也沒那麼緊張，趙紫陽和梁伯琪才結了婚。這個時候趙紫陽二十五歲，梁伯琪二十六歲。一年以後有了兒子大軍，梁伯琪抱著兒子回來看老人。紫陽他爹抱著孫子正高興，猛一看梁伯琪一邊鬢角有個猴痣，心中又是一喜：他老人家看過相書，兒媳婦這猴痣長得，分明是國王夫人的相。她是國王夫人，咱兒子不就是那……什麼了嗎？早年紫陽還年輕，沒有出過大場面，為了在群眾大會上演講，頭天晚上拿著稿子在屋裡走來走去大聲嚷嚷，好像面對著台下成千上萬的父老鄉親。看他如此魔怔，旁邊的朋友說紫陽啊，看你這陣勢，將來恐怕要當中央委員呢。這中央委員是啥職位老人家不知道，可是總比不上國王大吧？

還有一件事：梁伯琪那時候用過的一個蚊帳，帳簾上寫有一首詠梅詩：丰姿自覺宛如仙，傲骨紅時冰雪天。慢道寒酸無發跡，狀元宰相許他年。詩寫得確實不怎麼樣，可是最後一句說的，後來居然應驗了，你說怪不怪？

從此，老人家只說兒媳婦的好。何況這兒媳婦也確實是好。

趙紫陽和梁伯琪從戀愛到結婚這麼多年，旁邊人說三道四的多，有說梁伯琪棄舊攀高枝，也有說趙紫陽的不對，可是兩個人都穩住了，趙紫陽堅持說這是自己的私事，沒有損害到黨和人民的利益。

趙紫陽與梁伯琪婚後生下五男一女，解放戰爭初期他們已有了三個孩子。一九四七年秋趙紫陽奉命從濮陽帶隊渡河南下，梁伯琪跟隨激戰中原。他們將孩子大軍、二軍送至親戚家撫養，三軍因工作繁忙無暇照料，出生不久即夭亡。趙紫陽闖南走北，梁伯琪婦隨夫唱，一邊工作一邊操持家務。無論官至何級，只要是老朋友老戰友，趙紫陽就會說你們要是找我不方便，就找老梁，說著就留下家裡的座機號碼。遇到客人來了，趙紫陽脫不開身，就會在電話上說：「回家去老梁接待。」老梁和紫陽一樣，都念舊，遇到老鄉老戰友，除了敘舊還幫忙，只要不違反原則。當然了，因為孩子多，工作也忙，梁伯琪身體不好，遇到不順心的事情也要吵架，這個時候趙紫陽就只是聽著，不開腔。若干年以後，趙紫陽已經是國務院總理，當年的老朋友到趙家做客，碰上紫陽正用熱毛巾為梁伯琪敷腿，朋友問怎麼了？紫陽說梁大姐的腿受了風寒。又一次進門，只見梁大姐一人在家，問及紫陽呢？大姐說：「趙老正在學習，你等一會兒吧。」

這麼多年了，趙紫陽在家依然尊梁伯琪為「梁大姐」，梁伯琪則稱趙紫陽為「趙老」。受其影響，身邊的工作人員也都稱他們為梁大姐和趙老——這「老」字後面，恐怕是省略了一個「弟」字。晚年趙紫陽辭職，梁伯琪對來看望的親朋好友說：「他們想氣死咱，這會兒咱們也想通了，咱也不生氣。」在趙紫陽被軟禁的那些日子裡，梁伯琪被朋友們戲稱為「寵物飼養員」——「寵物」就是趙紫陽。

梁大姐和趙老弟，一起走到第二十六個年頭，被流放到了湖南大山的工廠裡。十個月過去了，這期間「上面」已經宣布趙紫陽為「人民內部矛盾」，專案組送給中央的關於趙紫陽的〈審查報告〉沒有得到批復，報紙上對他的批判文章也漸漸銷聲匿跡。從自身的處境上來說，趙紫陽的「文革」自此就算是告一段落，唯一沒有結果的，是對他以後的安排。他對兒子五軍說：「我認為我將來可能是這個縣裡管農業的一個副書記，要不為什麼放我到裡這來鍛煉呢？我覺得很好，我有信心能把這個縣的農業搞上去。」

可是等待他的，不是副縣長的職務。

第十章　牛刀小試

苦難北疆

一九七一年五月九日晚上十一二點鐘，有人敲開趙紫陽的房門，告訴他說：「廠裡剛剛接到緊急通知，讓你馬上到長沙，現在就走。」趙紫陽與家人匆匆告別後，隨手披上一件工作服，就跟來人走了。工廠就一部汽車，軍代表已經把車準備好，當晚即奔赴長沙。一路上他有些忐忑，這麼突然讓我去長沙，為什麼啊？想來想去，結果只有兩個可能：第一，可能我的問題「升級」了，嚴重了；第二，可能某個路過長沙的要人，想見見我，順便看看我的改造情況。就這麼兩條，其他的想不出來。

第二天抵達長沙，見到廣東省軍區的某處長，第一句話就說：「接到中央通知，馬上進京，我陪你去。」於是又從長沙乘坐十六次火車赴北京，然後直奔人民大會堂，看見周恩來總理正在主持開會。趙紫陽一進來，周恩來就說這個會要中斷一下，我要跟他談談。說著就指著開會的人問趙紫陽：都認不認識啊？趙紫陽點著頭，說大部分都認識，然後在一邊坐下。周恩來當即宣布，內蒙古自治區第三次黨代會明天就要召開了，中央決定，趙紫陽到內蒙古任自治區黨委書記。

趙紫陽聽了很突然，連忙說我前兩年認識不夠，我這個問題啊……周恩來擺擺手，意思就是沒工夫說這些事了，接著說：「中央決定，你到內蒙，黨代會馬上就開，你要馬上走。」

趙紫陽說，我這些年什麼事情都不知道……

周恩來說我都替你想到了，從「文革」開始到現在，中央的檔我給你準備了一套。

趙紫陽還是覺得很突然，指著身上的工作服說：「總理，我得回去換身衣服。」周恩來說已經來不及了，你明天必須趕到內蒙古參加黨代會的開幕式。說完用車把趙紫陽拉到北京飯店住下，第二天就坐火車赴內蒙。從五月九日深夜離開工廠到五月十三日抵達內蒙古的呼和浩特，一共就四天時間。

事情的緣由很快就知道了。

「文革」進行到第五個年頭，人們慢慢發現，先前被「砸爛」的秩序悄悄在恢復，就連毛澤東大力讚揚的、文化大革命的巨大成果「革命委員會」，也不再是唯一的權力機構——前期被紅衛兵和造反派打得七零八落的各級黨委，又重新淩駕於上。一九七〇年的十月二十八日，中共中央發出〈關於召開地方各級黨代表大會的通知〉，全國各地先後召開各級黨的代表大會，成立黨委。那些被「結合」進了革委會的造反派頭頭們，紛紛被他們曾經堅決打倒的「黨委」吸收入黨，成了黨的一分子。

要成立黨委，就得有人，這樣的人選不會是已經失寵的造反派和紅衛兵頭頭，也不是那些因為沒有被中央「點名」而進入了各級革委會的領導幹部——他們中的很多人因為全力支持造反派，捅出了許多亂子，已經被擼下台。此時周恩來向毛澤東請示：九大開過了，人心都要穩定一些，要鞏固革命成果，農業問題也不能久拖不決，還是要有人把吃飯問題抓一抓。毛澤東就此同意解放一批「民憤」比較小的省部級幹部，第一批就有趙紫陽。毛澤東問黃永勝：你說廣東這個趙紫陽，就真的跟著劉少奇反對我？黃永勝大概聽出了話音，說不會的，他不會。毛澤東說：他還可以出來工作嘛！[235]

此時任國務院副總理並分管組織工作的，正是趙紫陽的老部下紀登奎。聽到消息的紀登奎就去找黃永勝，核實毛澤東當時怎麼說的，於是知道了毛澤東當時並沒有指定趙紫陽到何地「工作」。很快，就決定趙紫陽去內蒙古。

關於趙紫陽到內蒙，普遍認為有幾個原因。一是紀登奎的奔走努力；二是老部下尤太忠的接納——當年兩個人都隨劉鄧大軍挺進大別山，趙紫陽為十縱副政委，尤太忠為六縱副旅長、旅長，兩人雖然沒有直接的隸屬關係，可從職務上算起來，尤是趙的下級，對於趙紫陽的能力早有耳聞。他很樂意這位大名鼎鼎的「農業專家」，到自己的地盤來工作。另外據黃永勝最後對兒子說的話，是他向周恩來推薦解放趙紫陽。[236]

可是最重要的，還是內蒙古的局勢已經非常嚴峻，急需治理方面的人才。

內蒙古自治區地處中國的北部邊疆，土地總面積為一一八．三萬平方公里，占全國總面積的十二．三％，它對內橫跨東北、華北、西北三大區，是全國第三大行政區，軍事編制上

235 毛澤東說此話的時候，時任中國人民解放軍後勤部長的邱會作也在現場。此事被他的兒子邱晨光記錄在其回憶錄中。

236 黃春明與父親黃永勝的談話記錄《父子問答》。

隸屬於北京軍區；對外則與當時的死對頭蘇聯、以及蘇聯勢力範圍之內的蒙古國接壤，國境線長達四千二百公里，是重要的「反修防修前沿陣地」：據說當年蘇聯在此陳兵百萬，百分六十的核武器都佈置在這一帶的邊境線。「文革」初期，內蒙古黨政軍一把手烏蘭夫作為資產階級當權派被打倒。內蒙古各造反派魚龍混雜，派系林立，局勢陷入混亂。一九六七年四月，中央決定派原北京軍區副司令員滕海清緊急前往內蒙古執行支左任務。滕海清到內蒙之後，將一個含義模糊的「新內人黨」[237]作為「烏蘭夫反黨叛國集團」的重要組成和內蒙地區「清理階級隊伍」運動的主要內容，在全區範圍內開展了廣泛的「挖掘內人黨」運動，造成遍地冤獄。他們甚至荒唐地揚言「要把內人黨挖到蒙古包裡去，挖到羊群裡去」，其結果致使大量良種牲畜慘遭滅種。

由於得到「中央文革小組」的支持，這場冤案愈演愈烈，一九六八年十一月以後至一九六九年的五月達到了頂峰。遭受迫害的內蒙古人民帶著墨寫的、血寫的漢文、蒙文的各種告狀信、申訴書、親人的遺書、血衣、刑具，紛紛以步行、騎馬、扒火車等各種手段，歷盡千辛萬苦彙集到北京告狀，北京站、中山公園、國家民委、民族文化宮、中南海外面都坐滿了來京告狀的內蒙古人。與此同時，經過急風暴雨的「文革」高潮後，為了順利召開中共第九次黨代表大會，毛澤東認為應該給「文革」適當降溫。在這個大背景下，「內人黨」案件的受害者來京上訪，引起了中央的重視。

237「內人黨」全稱為內蒙古人民革命黨，一九二五年建立，一九四七年解散。一九六八年二月至一九六九年五月，北京軍區副令員兼內蒙古軍區司令員滕海清在中央文革小組康生等人授意下，聲稱內蒙出現一個所謂的反動組織「新內人黨」，於是內蒙古自治區全境發起「肅清內人黨」運動，引發了遍地冤獄。

一九六九年四月，中共九大召開。五月十三日－十九日，在政治局成員接見內蒙古領導人時，滕海清受到批評。五月二十二日中共中央針對內蒙古發出了二十四號檔（簡稱「五二二指示」），毛澤東在檔中批示「在清理階級隊伍中，內蒙古已經擴大化了」，檔要求對誤傷的好人要徹底平反，關押者除了重大嫌疑的，其他立即釋放。可是進京上訪的人依然不斷，一致要求懲辦滕海清，於是滕海清不得不在批判會上面對種種血淚控訴。最後因為他是老紅軍，「對革命有功」，調往青海軍區任副司令員，一九八八年獲紅星一級勳章，八十八歲終得善終，葬於家鄉紅軍烈士陵園。

滕海清下台後並沒有立即撤離，內蒙古各級權力機構運作癱瘓而導致的權力真空和動亂局面依舊存在。一九六九年十二月十九日，北京軍區司令員鄭維山率部前來執行軍管，組成「內蒙前線指揮所」統一領導，宣布對內蒙古實行軍管。可是鄭維山的軍管會雖然揚言要落實政策，實際上並沒有緩和被激化的社會民族矛盾，也並沒有停止這場「肅反」，只不過是以「一打三反」的名義在進行。他們將受害者看作是搗亂分子予以打壓，草菅人命的事情時有發生，同時又將那些民憤極大、犯有血案的官員調離出內蒙古，以逃避追查。一年之後，因毛澤東與林彪之間的矛盾，鄭維山被打成「陳伯達集團」的成員，被停職審查。

以「內人黨」為藉口的這場肅反運動，在內蒙古產生了災難性後果。據中華人民共和國最高人民檢察院特別監察廳對於林彪、「四人幫」的起訴書稱：「內蒙古自治區因『內人黨』冤案，有三十四萬多名幹部、群眾遭到誣陷、迫害，一萬六千二百二十二人被迫害致死……康生[238]、

238 康生，中央文革小組成員，與江青一起為滕海清的積極支持者。

謝富治[239]等挖所謂『內蒙古人民革命黨』冤案造成慘重後果，大批幹部和群眾被迫害致死致殘。林彪、江青反革命集團危害各少數民族人民的生命財產和自治權，給各族人民帶來極大的災難。」而內蒙古黨委後來在總結這場運動的報告中則稱：「滕海清等人採取了混淆是非、顛倒黑白、憑空捏造手段，用盡駭人聽聞的極其野蠻、殘酷的各種刑罰，大搞逼供信，造成特大冤案，共將四十八萬多人打成『新內人黨』分子。」前內蒙古黨委第二書記廷懋於一九八一年八月一日致信黃克誠，信中稱：「內蒙在『文革』中打『烏蘭夫反黨叛國集團』和挖『新內人黨』，死兩萬多人，傷殘十七萬，被株連的上百萬人。」民間上訪的受害人尤其是寡婦們的統計數字是：致死四萬多人；傷殘人數為十四萬多人；被抓、被迫害的人數大約有七十萬。

老百姓把這場運動，叫做「鬧軍管」。

就在趙紫陽到北京領命的當天，中共中央對北京軍區內蒙古「前線指揮部」黨的領導小組〈關於內蒙古自治區革委會補台的請示報告〉做了批復，確定尤太忠[240]為內蒙古自治區革委會主任，增補徐信、鄧存倫、趙紫陽等七人為副主任。趙紫陽乘坐火車到達內蒙的首府呼和浩特後，直接參加了正在舉行的中共內蒙古自治區第三屆代表大會，就在這個會上，宣布他作為幹部代表參加正在舉行的黨代會，並當選為第三屆委員會委員。

第三屆黨代會的召開，標誌著內蒙古自治區處於非常時期的軍事管制正式結束。北京軍區副司令員尤太忠帶著一群部下，連同剛剛空降內蒙的趙紫陽，著手收拾滕海清等人擺下的

239 謝富治，文革中任公安部長。

240 尤太忠，河南人，一九三二年參加紅軍，一九四五年任晉冀魯豫第六縱隊第十六旅旅長，一九八八年被授予上將軍銜。他接任內蒙古一把手之前，職務是北京軍區副司令員、黨委委員。

爛攤子。趙紫陽身為內蒙古自治區排行第五位黨委書記，得了個外號叫「五把手」，分管農牧業生產、建設等實際工作。

被稱為「二野虎將」的尤太忠也是軍人，只不過是個聰明的軍人。他的聰明在於懂得中國的一句老話：文安邦，武定國，在「安邦」方面，要絕對依靠趙紫陽這樣能幹的「文臣」。趙紫陽乘坐的火車五月十三日上午抵達呼和浩特時，尤太忠帶領著一大群自治區的領導在月台上迎接。本來應該按時召開的黨代會因趙紫陽沒有趕到，竟推遲了十多分鐘，會議主持人向大家解釋說：中央決定派趙紫陽同志到我區工作，現在他還沒趕到……話音一落，台下立刻就響起一陣持續了很長時間的掌聲，當穿著一身勞動布工作服的趙紫陽出現在會場主席台上的時候，台下又響起更熱烈的掌聲。

可見剛剛經歷的大劫難的內蒙古，對於這位大名鼎鼎的實幹家，寄予了多麼大的希望。

那個時候對於各級領導，是不興迎來送往的，何況是剛剛被「起用」的趙紫陽，會場上的熱烈氣氛更是讓他感到意外。尤太忠還為趙紫陽配備了專車、司機、警衛員，趙紫陽入住的呼和浩特市新城賓館，也是尤太忠、徐信等領導住宿和辦公地點……這樣的待遇讓剛剛走出噩夢的趙紫陽，著實很感動。後來尤太忠對他說：我們沒有搞過地方工作，只是掌握一些原則，你還是大膽幹吧，沒有關係。

尤太忠的這些話，實際上把全面的工作都交給了趙紫陽。

內蒙的工作稍微作了安排之後，趙紫陽返回湖南去接家眷：此時他的身分已經在報紙上公開。車到長沙，時任湖南省委第一書記兼革委會主任華國鋒前去看望，和他一起吃了一頓飯。趙紫陽由原廣東省軍區副司令、時任湖南省軍區副司令孫正乾一路陪同，回到工作了十個月的湘中機械廠。此時的他再也不是那個隱姓埋名的鉗工「趙老頭」，而是曾經名噪一時的廣東省委第一書記、現在的內蒙古自治區黨委書記趙紫陽。以前以他只能夠待在車間裡為槍栓的鑄件銼毛刺，現在工廠的領導為了表示對他尊敬，特地陪他參觀了這個大型的保密軍工廠。可是他的家眷都不在廠裡，而是聽說他到長沙了，正在趕往長沙的路上。其中的五軍，自從父親的身分被公開之後，也不上班了，由廠裡的副廠長陪著，去找一個很著名的老中醫看病，才知道自己一段時間身體不舒服不是因為肝的問題，而是因為膽的問題。

一家人在長沙團聚，湖南省軍區的副政委兼湖南省委書記李振軍，代表湖南省委請他們全家人吃了一頓飯，這個人後來成了五軍的岳父、趙紫陽的親家。

離開長沙之後，五軍帶著還在上學的妹妹留下，自己繼續在湖南治病，趙紫陽和梁伯琪回了廣州。一是趙紫陽認為很多事情要對廣東省委有個交代。二是因為既然調去了內蒙，就得回去搬家，還得遷移戶口。其實當時所有調到內蒙的幹部家屬都沒有遷移戶口，只有趙紫陽把全家的戶口從繁華的廣州遷到了內蒙，連梁伯琪也在內蒙古自治區衛生局當了個副局長——或許他們打算把自己的後半生，交付給那片蒼涼的大草原。

搬家期間，趙紫陽夫婦見到了國務院副總理紀登奎。口風很緊的紀登奎只對趙紫陽說：你出來工作，這是毛主席提名的，說讓趙紫陽出來工作，毛主席沒說去哪個省。

林彪「九．一三」事件發生之前，全國登報點名批判過的省委書記中，趙紫陽是第一個出來工作的。先於他的只有出任山西省委書記的張平化[241]，但是張平化沒有在報紙上被點名。可

241 張平化，湖南人，一九二六年入黨。

見儘管有陶鑄問題的牽連，有江青等人的干擾，可是毛澤東對於趙紫陽的印象，一直都是不錯的：因為他太能幹了。

這一年的七月下旬，趙五軍從湖南趕到內蒙去和父母團聚，可是父親不在家，大熱天的，他帶了一群人下鄉去了，在廣東的時候叫做下基層。

這已經是趙紫陽從廣東回到內蒙之後的第二次下基層了。第一次是六月初至中旬，歷時半月餘，走了兩個盟七個旗縣[242]；七月下旬至八月中旬，趙紫陽第二次到農村牧區進行考察研究。這次隨行陪同調研的有自治區革委會辦公室政策研究組的林武漢、革委會生建部水利局的幹部小王，草原管理站的幹部楊真——這個楊真是學草原學的，應該叫草原專家了；還有一個是軍管的楊參謀，負責安排這次考察的路線以及聯絡事項；再加上趙紫陽和他的祕書、警衛員、兩個司機共九個人，乘坐兩部車出發，行程近一個月，共跑了四盟市十二個旗縣（市）、三個礦區。加上後來他去的錫蒙，大約三個月的時間，趙紫陽跑遍了內蒙古自治區這個全國第三大的行政區，之後就這次調研的結果，召開了會議，產生了一個被叫做「十七條」的檔，在中國的農業改革上具有劃時代的意義。

說到內蒙古，不得不說到烏蘭夫。烏蘭夫是蒙古族人，一九二五年加入中國共產黨，「文革」前一直擔任內蒙古自治區「一把手」。他執政期間，內蒙古工業、農業、畜牧業和林業均衡發展，還對民眾採取了比較寬鬆的政策，比如不劃「階級成分」，不徵收「過頭糧」；農牧民

242 當時內蒙古自治區只轄呼和浩特、包頭兩市和錫林郭勒、烏蘭察布、巴彥淖爾、伊克昭等四盟。

劃足了自留地，自己可以養三五隻羊，如果公社、生產隊條件允許，你還可以多養一點，沒有限制。因為政策寬鬆，土地多，草場面積大，而且保護得不錯，內蒙的生活還過得去，六〇年代初的「大饑荒」時期全國餓死幾千萬人，這裡雖然也挨餓了，但沒有餓死人，而且還接納了全國各地大批因為父母死於饑荒的孤兒，和許多逃荒來的南方人，這在當時是非常罕見的。內蒙被國務院總理周恩來譽為「全國模範自治區」。

可是「文革」一開始，烏蘭夫就被打倒，他推行的所有政策都成了「反革命罪行」予以批判，被農牧民稱為「救命地（畜）」的自留地（畜）全部被沒收交「集體代耕代管」，由軍隊和知青組成的「建設兵團」在草原上大肆開墾草場種糧，僅僅在趙紫陽到來的一九七一年，內蒙生產建設兵團在錫林郭勒盟開墾草原達一百零五萬畝，按照開墾一畝草場會引起三畝草地退化的規模來計算，這一年毀掉的草場面積達到三百多萬畝。墾殖草原的錯誤作法使得已固定的沙丘活化，一些村莊被沙漠吞沒，成為不毛之地。解放以來，僅內蒙古的伊克昭盟，被開墾的草地就達六百萬畝，造成沙化面積一千八百萬畝；在鄂托克旗，就有二千二百零三間房屋、三千三百一十二間棚圈和一千四百三十八眼水井被流沙埋壓，六百九十八戶農牧民不得不離開他們世代久居的家園。群眾痛心地說：「一年開草場，二年打點糧，三年五年變沙梁」，整個大草原一片荒蕪狼藉。

草原來了趙紫陽

荒蕪的草原上，走來了趙紫陽：他足登布鞋，上穿灰色滌卡中山裝，頭戴大牙草帽。他的身後沒有了「監護」者，也沒有了用同情的目光看著自己的工人師傅，而是跟著警衛員，祕書和司機，還有一群願意幹事的年輕人。他又可以去鄉下走走，搞調研，抓生產，算起來已經很長時間沒有這樣走過了——整整五年。

從四十六歲到五十一歲，正好幹事的五年，就在亂糟糟的年月中流失了。有些感慨的趙紫陽，儘管對「文革」的事情很低調，很忌諱，但是會突然給年輕人講那麼一點點。比如「人家鬥我，說我是陶鑄死黨，我就認帳，我本來就是陶鑄死黨嘛」；還說「我的字寫得不好，在文化大革命中我有對付造反派的辦法：你不是要我寫檢討嘛，我就工工整整地給你寫，叫我寫檢討，我正好練練字兒。哈哈哈哈！我又練了字，又應付了他們。」

夏天正是草原最美的季節。風如悠悠的長調[243]掠過大地，卷起滾滾草浪，繽紛的花朵撒在綠浪之上，空氣中彌漫著花草的芬芳。可惜不是每一處都有這樣的美景。在那些「墾荒種糧」的地方，大片的草原變成了大片的黃沙地，汽車開過，塵土飛揚，坑坑窪窪的草原路，更是不好走。什麼叫草原路？方圓幾十里，兩邊有點山崗，中間就是「路」——實際上就沒有路，只有方向沒有標誌，你就隨便跑吧，找對了方向，路的盡頭就是你要去的那個招待所。要是方向錯了，你跑了十里八里的再返原地，重新來。

天氣熱得不行，好容易看見有個水渠，車停下來休息。趙紫陽在水渠邊洗臉，路邊一個農村幹部要求搭車。就兩部車，一部已經坐滿了五個人，就趙紫陽的車裡只有四個人：他、祕書、警衛和司機，後面還空一個位置。可那是趙書記的車啊，大家都有點為難，對那個農

243 長調，蒙古族的民歌，以雄渾悠長的聲調為特點。

村幹部說你再等一會兒，等公車或者別的什麼車吧，我們這裡實在有些不方便（沒有跟他說這是趙紫陽或什麼領導）。可是趙紫陽卻說方便方便，上來吧！就把那農村幹部讓上去了。車到西山嘴，那人下車走了。

第二天趙紫陽在前區召開座談會，公社幹部介紹的時候也沒有說趙主任趙書記什麼的，只說這是紫陽同志，召集大家來了解些情況。呵！頭天搭車的那個人到場了：原來他也是趙紫陽找來開會的基層幹部。他感動得不行，反覆說：「我要是知道是趙書記的車，怎麼還敢上車呀？」

趙紫陽開完會接著走，車到某個公社，到飯點了，趙紫陽對公社的幹部說就煮麵條，最方便的就是煮麵條。趙書記用大碗吃了兩大碗麵條，外加兩個荷包蛋，跑餓了，吃得挺香。又到五原縣，一路上都是黃沙路，一天下來人人灰頭土臉，沙子都蒙了眼睛。趙書記說「找個地方洗個澡吧。」可是五原縣城就一個大澡堂子，燒上一池子熱水，除了趙書記帶的幾個人，還有那些陪同的盟委書記啊公社書記啊軍管幹部啊……統統都跳下去，趙書記也跳下去，大家脫了衣服，變成了一樣的人，痛痛快快洗了個熱水澡，第二天繼續上路。

一九七二年一月，內蒙古奇冷，趙書記踏著冰雪帶著人下鄉，晚上突然來到特拉特旗。因為他下鄉總是不通知當地政府，所以旗裡一點準備也沒有，招待所都沒地方住。趙書記叫服務員抱來被子，幾個人就在會議室住了一夜，第二天一大早又走了。

好多年以後，一位當晚也住在那個招待所的女記者還在感歎：特拉特旗與包頭市僅僅隔著一條黃河，大約一個小時左右的車程，那裡有著很多豪華氣派的大賓館，其中包括周恩來、董必武、賀龍、陳毅、烏蘭夫等中央領導下榻過的青山賓館，坐落在一座大花園裡。紫陽書記去其中的任意一家賓館住下都不為過，怎麼能在寒冬臘月去睡冰冷的會議室呢？

和那些動不動就拉人出去拷打槍斃的「軍管會」相比，溫暖寬厚又腳踏實地的紫陽書記，完全是一個大受歡迎的嶄新形象。

趙紫陽下鄉行進的路線，當然是經過挑選的，都是先進的、積極的、幹得比較好的地方，比如烏審召公社。地處毛烏素沙海的烏審召，五〇年代大旱，風沙肆虐，牧草不長，當時還是烏審召公社布日都大隊黨支部書記的寶日勒岱[244]，帶領大家在毛烏素沙海裡掀起了治沙造林的熱潮，為牧區建設養畜開闢了一條新路。一九六五年，烏審召公社被冠名為「牧區大寨[245]」，是全內蒙牧業學大寨的典範，一九六六年六月十二日，「文革」雖然開始，但是身為外交部長的陳毅還沒有被打倒，他陪同來自於撒哈拉大沙漠的馬利共和國（Mali Empire）代表團到烏審召參觀，留下了一首熱情洋溢的詩：「治沙種草獲勝利，牧業農業大向前。馬利貴賓來參觀，烏審召美名天下傳。」由此可見這裡的名氣。

趙紫陽到內蒙的時候，公社書記寶日勒岱已經成為九大的中央委員。大約是那一年的七月六日，她給自治區去了一封信，要求派幹部到該公社蹲點，加強工作。包括尤太忠、趙紫陽在內的自治區領導都同意從生產建設部、革委會辦公室政研組、保安部、證據部抽調五個

244　寶日勒岱（一九三八～），女，蒙古族，內蒙古烏審旗人。曾任中共內蒙古自治區黨委常委。時任內蒙古自治區伊克昭盟革命委員會常委、烏審旗革命委員會副主任、烏審旗烏審召公社革命委員會主任。

245　大寨地處陝西省昔陽縣虎頭山下，自一九五三年開始，群眾在黨支部書記陳永貴等人的領導下將大片山地改造成良田。一九六四年五月，毛澤東提出了「農業學大寨」的口號。

漢族和蒙族的幹部去組成了工作組。八月，趙紫陽帶人下鄉，第一站就去了烏審召公社，工作組在那裡已經工作了四十五天，副組長闞松林要求單獨向趙紫陽彙報。可是趙紫陽卻說明天上午開會，公社、旗裡、盟裡的領導都來，你們隨便說。小闞遲疑地說會議上人多，有些問題可能不大好談。趙紫陽說你就說嘛，不要有其他想法，咱們一塊兒研究。

在工作組的同志講了許多成績優點之後，闞松林的彙報開始了，他主要講發現的問題，有些內容出人意外。

內蒙古是牧區，牧區和普通農村有很大的區別：生產和生活都離不開牲畜。那個時候的純牧區，國家要供給牧民一部分口糧，可是自古以來，牧民完全吃糧食是不行的，一定要吃肉，要喝奶，吃酥油，喝奶茶，不然就活不出來。所以公社化之後的「三自留」（即自留地、自留畜和自留樹），除了彌補一般農村需要的蔬菜糧食之外，其中的自留畜就是解決牧民所需的肉食和奶食問題。「文化大革命」一開始，有人認為它們是「資本主義尾巴」主張沒收，只是因為關係到廣大社員的利益，全國大多數地方都或多或少保留下來。可是在內蒙古，很多地方將「三自留」收歸集體所有，改了個說法叫做「集體代耕」，就是統統交給集體幫你來耕種。這就使得群眾的生活更加困難。烏審召公社分散在毛烏素沙漠邊緣，本來就窮，又因為沒有大型草場，也就養不起馬牛等大牲畜，不能列入國家的「大牧區」，國家也不供應糧食，牧民只靠集體地裡種的那點產量很低的「三結合」粗糧——糜米、高粱還有一點玉米過日子。自古牧民們不種田，也不會種田，所以對莊稼基本上是不管理也不施肥，產量非常低。又因為連蘿蔔白菜土豆都種在集體的地裡，偶爾才能分到一點，所以普遍都吃不飽。因為沒有自留畜，牧民們除了冬天裡按照人頭分到一點羊肉，平日裡連羊奶都喝不到一口，唯一的「福利」

就是國家供給牧民一點兒湖北出的青磚茶，因為沒有奶，喝起來清湯寡水，還因為沒有了自留樹，牧民連做飯的柴火都沒有。

按照當時的口號，窮並不可怕，努力學習毛主席著作，以愚公精神改天換地，改造荒漠種草種樹，就是向貧窮開戰。可是工作組發現，因為做和不做都一樣，群眾「改天換地」的勞動積極性也不高。「文革」之前，烏蘭夫在農牧區實行「兩定一獎」政策：定牲畜群，定死亡率，超過有獎勵。比如說你承包了一百頭牲畜，包成活率是九八％，如果達到了百分百，超過的兩頭就歸你。「文革」一來，這些措施都變成了「走資派的罪行」，一掃而光。講一個實際的例子：每年的七月羊群要剪羊毛，剪羊毛的好手一天能剪三、四十只，可是他和只剪十五、六隻頂多二十隻的人，得到的報酬沒有什麼差別。再比如我放養的這一群羊，懷胎的母羊產羔率達到百分之八、九十，人家產羔率只有百分之五、六十，可是我沒有得到獎勵，他也沒有處罰，我們所得的一個樣，群眾的積極性從哪兒來啊。當然了，放羊的積極性就要好一點。因為產了羊羔以後，母羊還有奶，除了餵養小羊羔，牧民自己還可以得到一點，大人能夠喝上奶茶，小孩還能喝到一點羊奶。

關松林還說：牧區今後怎麼發展，怎麼養活自己，得重新考慮。這幾年雖然在人工種草方面下了很大的功夫，但是由於天旱少雨，種草治沙的成功率並不高，面積不可能是年年都增長。他仔細觀察後發現：在毛烏素沙漠的邊緣因為地勢偏低，沙子裡面還是能夠把水涵住，如果地下水位能夠提高一點的話，在小沙包上面栽樹或者是灌木都能活，能不能在這些地方也想想辦法。再一個就是要求自治區考慮，參照其他大牧區的政策，對烏審召牧民生活比較困難的地區，由國家供應一些糧食，反正公社人口不足兩千人，牲畜也不多，這樣有助於改善群眾的生活。

公社書記寶日勒岱聽到這裡，有點不高興了。此前內蒙牧區因為要推進墾殖，喊出了「牧民不吃虧心糧」的口號，意思是我們自己吃的糧食自己種，怎麼能要國家供應口糧呢。雖然這個口號已經在一九七〇年九月國務院召開的「北方農業會議」[246]上受到周恩來總理的批評，指出牧區發展畜牧業就是對國家的貢獻，不能說這是吃什麼「虧心糧」，可是因為事關面子，這個口號在幹部們心目中依然印象深刻。寶日勒岱用不熟練的漢語說：不是那樣的，你們了解的情況不是那個樣的。

場面有些尷尬，一直聽著的趙紫陽插話了，他對工作組的同志們說：「你們談到的問題，是農村牧區普遍存在的，不只是烏審召有，這些問題具體怎麼解決，你們再進一步核實。」

當天晚上，趙紫陽跟寶日勒岱個別談話，談了一晚上。這次談話趙紫陽到底對寶日勒岱說了些什麼，這麼多年來她始終沒有談及。

工作組離開一個月後，革委會主任尤太忠去了烏審召公社，然後在一次常委會上公開批評工作組給烏審召潑冷水。工作組的同志們很委屈，去找趙紫陽。趙紫陽說：嗨！這個事情我在會上都說了，給尤書記也說了，不提了，以後你們也不提了。

事情就這麼過去了。

246 在毛澤東批示「照發」的一九七〇年十二月一日〈關於北方地區農業會議的報告〉，就是針對學大寨出現的「左」的政策偏差而發的。〈報告〉重申必須堅持《人民公社工作條例（六十條）》的政策規定，引導各地不要照搬大寨大隊自行規定的那些「左」的作法。

唐代王昌齡有一首很著名的邊塞詩：「秦時明月漢時關，萬里長征人未還，但使龍城飛將在，不教胡馬度陰山。」這個陰山就在內蒙，武川縣就處於陰山北麓寒冷乾旱區，地裡只能種耐寒耐旱的莜麥。一見趙書記，幹部都叫苦，說我們這大山裡面，地廣人稀，天寒地旱，可是給我們提的任務是畝產四百斤過黃河，畝產八百斤過長江，我們什麼時候才跨得過去啊。趙紫陽就跟他們商量，說我們能不能用一些別的辦法學大寨呢？他試著提出一個用噸糧田記「貢獻」的方法，就是你這一個縣，一年賣多少糧，就等於「過黃河」了：比如說一萬噸——當然這個數位要根據實際情況來核定。後來這個觀點，果然形成了檔。

趙紫陽一路走去，在滿杜拉公社登上邊境哨所二十八米高的鐵塔瞭望哨，看邊境；在達茂牧區考察自留畜和草場建設的問題，還有就是牧區劃成分問題（文化大革命之前，牧區是不劃成分的）；還坐船去考察內蒙的內陸湖烏梁素海，問為什麼從灌區的水進到烏梁素海就出不去了？搞水利的小王說需要把下游疏順，這樣水才能暢通無阻。於是趙紫陽就跑去看了一個出水口。內蒙古的礦藏很豐富，他還去過白雲礦區和烏達的五虎山煤礦。幾十年之後，烏達的幹部們還記得兩件事。第一件事情就是趙書記他沒有住賓館，而是住在武裝部的辦公室裡，晚上就在辦公室外面的花台上，搖著一個大芭蕉扇，一邊乘涼一邊和地方幹部聊天；再一個就是趙書記考察煤礦時，下到礦井了解作業流程和安全生產情況，他對於井下的生產流程太熟悉了，連「皮帶溜子」和巷道等專業術語都懂——這個書記既懂經濟，又懂生產，不光懂農牧業，而且也懂工業，真是了不起。開座談會的時候，井下工人反映口糧定量太低，粗糧多細糧少，油也不夠吃。趙書記向自治區革委會提出建議，很快就提高了礦工口糧標準和細糧比例，每月增加了半斤油。

大家對趙書記太敬佩了，說他到這裡來多辛苦，咱們拿點什麼招待他啊？不知道是誰說的去打點麻雀，再搞點油，炸麻雀給他嘗嘗。結果油炸麻雀端上來，讓趙紫陽狠狠地批評了一頓，說這是特殊化，沒吃。

從烏達回來到磴口，趙紫陽去了內蒙生產建設兵團一師，那個師大部分都是外地知青，他在那裡待了半天，跟知青們聊聊生產建設兵團農場的建設情況。出來從烏達就來到海勃灣了，他看了兩個地方，一個是公烏素煤礦，露天煤礦，正在建設；第二個就是考察黃河南岸的引黃灌區。從海勃灣出來，路過鄂托科旗八一大隊，這個隊都是南京的知青，去看望知識青年和阿爾巴斯山羊，這是內蒙的一個山羊好品種……他還去看了成吉思汗陵墓，大名鼎鼎的成陵，搞成了戰備倉庫，堆的全是鹽，除此以外什麼都沒有。從伊盟出來過黃河到包頭，看了包鋼和兩個機械廠，都是軍工廠，主要生產導彈發射架、坦克和大炮，有東風導彈發射架。

趙紫陽從南向北，一個旗縣一個旗縣地走訪調研，每到一地都不作指示，只聽別人講，直到調研的最後一站東烏珠穆沁旗，他才發表講話。在這裡，他提出了「牧區以牧為主，農牧林結合，因地制宜，全面發展」的建設方針。這個意見，成為自治區之後制定政策的重要指導思想。

軍管結束了，但是軍管的幹部們還沒有撤，趙紫陽一路走來，到處都碰得上。他在磴口就烏梁素海的治理問題，去見了六十三軍的副軍長余洪信（這傢夥當時負責內蒙巴盟地區的軍管工作，一九七二年五月因姦污婦女被審查，隨後試圖槍殺軍長、政委未逞，打死軍政委曹步墀之妻邢玉榮後潛逃，旋即被全國通緝，一九七二年六月在山西省榆次的麥田裡自殺）。後來又在伊盟見到軍管處長常道德。這個常道德先是不見，後來開座談會的時候來了，橫眉毛豎眼睛地跟趙紫陽拍桌子。隨行的幹部都很生氣，說這小子太狂了，太不知道天高地厚：按級別，你只是個副師級幹部，相當於行政級別的副局級，可人家趙書記再怎麼也是個省軍級，年齡比你大，資格比你老，他老人家和日本鬼子浴血戰鬥的時候，你小子還不知道在哪兒撒尿和泥玩呢，誰拍桌子都輪不到你常道德；更何況即使是對平級甚至下級，都不應該在會議上拍桌子，這是一個幹部最起碼的修養。

可是看看咱們的趙書記，不動聲色，嘻嘻哈哈的也就過去了。他之前已經和這些軍人打過交道，以後還得繼續和他們交道下去，早已經處變不驚。

亂中求治「十七條」

八月中下旬，調查結束了。趙紫陽帶著全班人馬回到呼和浩特，稍作修整，就開會。

會議叫「農村牧區問題政策研究座談會」，於九月六日召開，歷時二十三天，全程由趙紫陽牽頭組成的領導小組主持，區政策研究組全體參加並作了調查情況彙報。這次座談會是自治區新一屆黨委成立後召開的一個重要會議，各盟、市分管農牧業的書記都來了，也有部分旗、縣、公社和大隊的負責人或代表。討論的主要議題都是趙紫陽幾次調研的內容，包括「三自留」，口糧分配，國家徵購，幹部的違法亂紀等等。其中「三自留」的問題爭論得最激烈。正處於「文化大革命」時期，人民公社的「一大二公」已經發揮到了極致，自留地、自留畜等作為應該被割掉的「資本主義尾巴」，是最為敏感的神經末梢，弄不好就說你為烏蘭夫翻案，為資本主義喊魂，完全有被「第二次打倒」的可能，所以在這個時候討論，趙紫陽是要冒很大風險的。可是他有自己的「保護傘」，這個「保護傘」就是一九六一年三月二十二日中央工作會議通過的《農村人民公社工作條例（草案）》（簡稱《農業六十條》）。為了挽回大躍進之後嚴重的亂局，這個文件由毛澤東親自主持制定，被認為是公社制度規範方面最權威也是最主要的檔，有「人民公社憲法」之稱，而當年趙紫陽和陶鑄、陳伯達等人，就在廣州參加了它的起草。247《六十條》最主要的成就是明確界定了公社、大隊、生產隊三級各自的責權利，確立生產隊為基本核算單位，從制度上杜絕了上級對其財產的無償「平調」和生產隊之間的平均主義。這個規定的意義，就是基本上回到中級社二三十戶人家的核算規模，讓鄉親們的勞動收益看得見摸得著。條例還重申，社員的私有財產「永遠歸社員所有，任何人不得侵犯」，從而根除了公社各級無償剝奪社員私有財產的「共產風」，也部分地克服了社員之間的平均主義。

《六十條》的另一亮點，是單列一章恢復了被大公社一度取消的家庭副業，規定了家庭副業的經營範圍以及社員可以自由處置產品，這也可視作消解社員間平均主義的有效舉措。《六十條》的頒行，穩定了自人民公社化運動以來動盪混亂的農村形勢，農業生產開始恢復，農民生活趨向穩定。由於它曾經在全國農村廣泛傳達，基本上達到了中央「從頭到尾一字不漏地讀給和講給人民公社全體黨員和全體社員聽」的要求，在群眾中有著廣泛的基礎，此時給趙紫陽創造了極為有利的條件：在它的「籠罩」下，很多問題都迎刃而解。比如在內蒙古牧區，「文革」中大搞「擴社並隊」，並到最後就沒有生產隊這一級，經濟核算只有大隊和公社，一

247 一九六一年二月二十五日，毛澤東在廣州指定陶鑄掛帥，陳伯達輔助，廖魯言、田家英、趙紫陽、王錄等人起草《公社條例》，後經中央廣州會議討論和胡喬木等人的修改，定名為《農村人民公社工作條例（草案）》（即《六十條》），於三月二十九日正式向全國下發。

到利益分配的時候生產隊和大隊的領導就吵架，都認為自己吃了虧，最後大家誰都不願意幹。現在把毛主席當年主持制定的《六十條》拿出來一對比，問題就解決了。

當然依然有些爭論。比如說自留樹，老百姓在自家的屋前屋後種樹，不但可以綠化環境，還能夠解決燒柴做飯的問題，是件大事情。可是有人說絕對不可以種樹，這是資本主義的尾巴，應該繼續批判；有的人說種也可以，只能夠種三棵，屋前一棵、屋後一棵、左邊一棵，右邊不准；有的人說可以種四棵，前一棵、後一棵、左一棵、右一棵……趙紫陽半開玩笑地說：「那就種五棵吧！」還有自留畜，老百姓自己能夠養多少羊呢？能不能養牛馬等大牲畜呢？能不能養雞養豬呢？山區養的毛驢算不算在自留畜的數量內呢？與會者對這個問題爭論不休，趙紫陽說：「毛驢在山區主要是交通工具，這個就不要算在自留畜數量裡了。」

會議進行中，林彪墜機的「九．一三」事件發生了。這個在當時驚天動地的事件，其重要意義將在以後慢慢展現，而對於正在進行的會議並沒有多大的影響：因為中央在第一時間只通知了內蒙古黨委的幾位領導，而對一般人保密。所以當趙紫陽和其他書記各自帶人去處理有關事項的時候，會議依然在進行。會後根據趙紫陽講話和會議討論精神，自治區革委會辦公室政策研究組負責形成了《關於當前農村牧區若干政策問題的規定》（簡稱「十七條」）和〈關於牧區開展階級複查的決定〉，經黨委討論修訂後，於十月二十一日以黨發「一九七一」六十五號檔下達，發各盟市、旗縣貫徹執行。對牧區階級複查，通知要求先行試點，總結經驗，逐步展開。

《十七條》的宗旨就是糾正「文革」中極「左」思潮對農村牧區的破壞。它明確指出：畜牧業是牧區的主業，農林業的發展必須為牧業服務。社員的自留畜每戶可養羊十到十五隻，最多不能超過二十隻；用於騎、役和乳用大畜由旗（縣）根據當地實際情況規定，自留畜已經收歸集體所有的要按數量退給本人，不足部分要作價分期償還。檔還指出：「堅決反對平調，嚴格控制非生產性開支」、「不得以任何方式隨意增加脫產人員和脫產人員的補助工分」，而且還提到了要大力「發展和辦好社隊企業」，明確提出了「反對平均主義」，認真貫徹執行「多勞多得」的原則，嚴格禁止在牧區開荒種地，防止草原沙漠化等等。其中很多項目都只定了原則，具體作法交給各盟、旗去自行制定，留下了很大的空間。重要的是：這個檔的精神與「文化大革命」前烏蘭夫在牧區推行的「兩定一獎」（定畜群、定任務、超產獎勵）政策基本一致。《十七條》的檔精神傳達到農村牧區以後，被極「左」路線殘害已久的農牧民欣喜若狂，敲鑼打鼓放鞭炮。正在土默特左旗「勞動改造」的歷史老師陳錫增[248]回憶說：

這個檔推出以後，農村的老百姓特別的高興，真是歡欣鼓舞。我待的那個地方，是蒙漢雜居。很多蒙古人被「內人黨」事件打得相當淒慘，其中一個蒙古人的十個腳趾頭全被打斷了。因為這個檔的出台，當時他就站在雪地唱民歌，歌頌趙紫陽，一邊唱還一邊跳舞，因為他的腳壞了舞跳得很蹩腳，但是表達了農民對趙紫陽由衷的一種敬仰。

一個叫謝小慶[249]的北京知青很快分到一頭懷著牛犢子的母牛，到了一九七七年的秋天，他的自留牛數量就已經發展到了八頭。在他的記憶中，《十七條》文件中還規定：牧區的糧食供應，繼續執行對邊境地區牧民「憑證不限量」、內地牧民「控量供應」的

248 陳錫增（一九三六～），內蒙古烏蘭察布人。內蒙古師範大學歷史系教授，內蒙古中共黨史專家。
249 謝小慶，北京人。中國社會科學院經濟研究所原工作人員，曾任漢語水準考試中心副主任。

辦法，但不要卡得過死，對個別吃糧困難的，要給予適當照顧。在這份檔中還提到，旗縣以上單位發往基層的檔「必須用蒙文或蒙漢兩種文字」，提到要辦好蒙語授課的中小學，提到注意發揮「老藝人、民間歌手」的作用，提到重視蒙醫作用和「提倡蒙醫帶徒弟」……

這些都是在「文革」初期被摧毀的內容。

一個半月過去了。一九七一年十一月十八日至十二月六日，自治區黨委召開全區農業學大寨經驗總結會議，共有一千一百八十餘人出席，歷時十九天，是自毛澤東於一九六四年發出「農業學大寨」號召以來，內蒙古召開的規模最大、人數最多的一次學大寨會議。會議期間趙紫陽做了〈認真落實黨的政策，調動一切積極因素，把農業學大寨的群眾運動推向新高潮〉的講話，用了一多半的篇幅，對農村牧區若干經濟政策問題作了說明。

這些問題包括：(一)關於《六十條》問題以及自治區黨委的《十七條》，是不是「右傾」，是不是「倒退」、「復辟」的問題；(二)關於所有制問題，公社大隊在經營管理上，當前要不要堅持和「穩定不變」、「三級所有，隊為基礎」的核算體制；(三)關於「三自留」問題，要不要留，要留應留多少；(四)關於「按勞分配」問題，是堅持評工記分，還是搞平均主義「大鍋飯」；(五)關於糾正「一平二調」問題；(六)關於嚴格控制非生產性開支和用工問題；(七)關於社員超支欠款（清理）問題；(八)關於農村手工業勞動者的管理問題；(九)關於困難戶問題以及牧區階級複查問題等。

趙紫陽的講話，引起了與會人員的極大反響和熱烈討論。

就在會議結束的前一天晚上七點半，趙紫陽召集各盟市主要領導進行座談。趙紫陽身穿一身灰色中山裝，和包頭市委書記趙軍等領導攀談：「怎麼樣，你們呼（呼和浩特）、包（包頭）二市有沒有可能實現糧食自給？」幾位領導說有困難。趙紫陽又說：「如果國家今後每年仍然按現在的數量向你們提供糧食，將來增加的部分由你們自己解決行不行？」後來這個意見形成了檔。

會議開了三個多小時，不僅讓許多人振奮，也讓會議記錄的整理者曲哲[250]對趙紫陽的能力驚歎敬佩不已，其中有三點尤其印象深刻：

一是趙紫陽處理問題的思辨能力和決斷能力。他對於大家提出的疑難問題總能給出最佳方案。比如「三自留」（自留地、自留樹、自留畜）問題，在當時不僅面臨著巨大的政治風險，而且把握政策尺度的難度也很大。可是趙紫陽沒有回避，他堅持要順應廣大農牧民的意願，權衡各方利益，既鼓勵「三自留」適度發展，又維護集體經濟，讓反對者很難抓住把柄。

二是趙紫陽對民情、區情的準確把握，這是他具體問題做出正確決斷的基礎。從他第一天到內蒙古，到這次會議召開，只有六個多月的時間。在這六個多月和以後的日子裡，他大部分時間都是在基層搞調研。他下去不是去作指示，而是去聽別人說，掌握第一手情況。這一年的十一月，有人在呼和浩特市繁華的舊城區遇到趙紫陽的祕書蔡肇發，說是來給趙書記買皮帽子的。他剛剛和趙書記一起從錫盟草原回來，那裡已經下雪了，可是趙書記連頂皮帽子都沒有。記者們下鄉採訪，常常會遇到一些農牧民，都說見過自治區的趙書記，有的牧民

250 曲哲（一九四六～），北京人。曾任內蒙古自治區人民政府辦公廳祕書處副處長。時任中共內蒙古黨委政策研究室工業政策調研員。

還說別看我這蒙古包破破爛爛的，趙書記還來包裡喝過我家的奶茶呢。一九七一年的春節，是趙紫陽在內蒙古過的第一個、也是唯一的一個新年，為了躲別人給他「拜年」，他帶上兒子和警衛員也往鄉下跑，這一點他的兒子五軍記得很清楚。

三是對幹部要求嚴格。他不允許幹部占國家的便宜，也不允許幹部占生產隊和社員的便宜，對幹部和幹部家屬在生產隊的自留地、口糧甚至發放布票的數量等問題上做出明確的限制，很多東西農牧民可以有，幹部沒有。因為在「文革」中挨整挨鬥，常有幹部常常流露出怨氣、洩氣、不服氣，也挨過鬥的趙紫陽卻不以為然，他認為幹部在任何情況下都要積極地工作，當官就是要為民做主，誰讓你是官呢。如果因為「挨整」就消極，那是因為還「整得還不夠」。

要知道，這一切都是在恐怖的氛圍中進行的。之前大挖「內人黨」之風雖然已經剎住，但是「一打三反」還在進行，全國殺了不少人，軍人控制的內蒙古殺風更甚。「三反」中的一「反」，就是「反投機倒把」，所謂的投機倒把，幾乎涵蓋了國家壟斷之外所有的個人的商業行為，不但是長途運輸轉手買賣，連老百姓將自己種的養的祖傳的東西拿到市場上去，也都屬於犯罪，格抓勿論。在「一打三反」高潮中，每次宣判都會拉出一百多人。一九七〇年四月五日一次就殺了九個人，十六日又殺了九個人。很多人至今說起，還是不寒而慄。在這個情況下，趙紫陽重談《六十條》，頒佈「十七條」，農牧民們不僅可以養雞，可以養豬，還可以養牛和養馬，而《六十條》規定的「家庭副業的經營範圍以及社員可以自由處置產品」，就是可以自由買賣，真是需要非凡的勇氣。

一九七二年五月到內蒙的趙紫陽，十月就頒發了他的《十七條》，一個半月之後召開內蒙史上最大規模的「農業學大寨」會議，就一些妨礙《十七條》推廣的意見表示了明確的看法，在恐怖尚存的內蒙掀起了湧動的熱流。其實和全國其他地方一樣，此間的內蒙人民，也在暗地裡為爭取基本生存條件而鬥爭。比錫林郭勒盟東烏旗道特諾爾公社吉仁寶拉格大隊，就在趙紫陽到達前後悄悄地恢復了「文革」前烏蘭夫實行的「兩定一獎（定工、定產、超產有獎）」的家庭聯產承包，其具體實施方案是由大隊書記坡土木勒和大隊會計阿日華兩人商量擬定的，這個方案得到了時任公社書記的阿拉希道尼日布的默許之後開始執行，使吉林寶力格大隊很快從落後的窮隊，變成富裕的牧業生產先進單位。[251]

人們紛紛讚揚趙紫陽的卓越遠見，讚揚他的魄力膽識，讚揚他不顧自身安危、一心一意為老百姓著想的高風亮節，和殫精竭慮、不辭勞苦、四處奔波的偉大精神。可是隨趙紫陽在內蒙古生活的小兒子五軍卻說：他父親最高興，心情最愉快的時候就是在內蒙古，能做點事情，不需要擔負主要責任，尤太忠對他的工作也很支持。按照趙紫陽自己的說法，他這輩子生活到頂點，吃得好，住得好，也是在內蒙古——全家人都跟軍隊住在一起，在小食堂和領導們一起吃飯的夫婦倆每人每天一塊錢，已經算是「高消費」；家人和客人和祕書、司機、警衛戰士一起吃飯，只交幾毛錢。趙紫陽說他這輩子沒吃過這麼好的伙食。

在別人眼裡，趙紫陽是捨生忘死，力挽狂瀾，拯救了一千萬內蒙古人民；而在趙紫陽看來，事情卻很輕鬆。作為看慣了宦海沉浮的部省級官員，他難道真的忘了彭德懷是怎麼被打

251 內蒙黨委正式發文在全自治區推行「兩定一獎」是在一九七二年的九月二十四日。

倒的？劉少奇是怎麼被打倒的？陶鑄又是怎麼被打倒的？他真的想再被打倒一次，甚至可能「永世不得翻身」？

細細想來，《十七條》的制定過程對於趙紫陽來說，真的是輕車熟路。常說最輕鬆的就是習慣，調查研究就是他年輕時候在戰火中就養成的習慣，這樣的習慣在廣東一直都在進行，而且以後也會進行下去。他一生都在調查研究中發現問題並尋找解決問題的方法，現在不過是把這樣的習慣自然而然地帶到了內蒙古。何況在遼闊蒼茫的大草原上馳車奔走，對於五軍這樣的孩子都是一種「旅遊」，對於剛剛擺脫了各種糾纏恢復了工作、而且工作又得到老戰友全力支持的趙紫陽來說，又何嘗不是一種享受，一種身心愉悅、心曠神怡的享受。至於《十七條》所向的目標，對他也很簡單——兌付當初參加革命時對老百姓的承諾：讓老百姓吃飽飯，過上好日子。雖然這樣簡單的承諾做起來往往都有些麻煩，但是這樣的麻煩他在廣東都已經遇到過並且都解決了，現在雖然局勢比當初還要嚴峻，也不過要做得巧妙一點而已。他知道，每一次「左」的大動作之後，都會有一次合理的「右傾倒退」，而已經「左」到極點的內蒙古，已經到了應該「右傾倒退」的關口，只要能夠收拾殘局，「上面」就可以睜一隻眼閉一隻眼。

話又說回來，萬一呢？

如果真的有萬一，那就該咋辦就咋辦唄。反正解放以後這麼多運動，打倒的幹部那麼多，人家不也在過嗎？大不了再隱姓埋名到某個機械廠去當鉗工，再去某個縣當主管農業的副縣長，挺好的。

經歷了各種政治運動的趙紫陽，幾乎成了運動之後收拾殘局的專家。他的才幹足以讓他在其中遊刃有餘，舉重若輕。

一九七二年的三月，趙紫陽與祕書蔡肇發、警衛員李澤田，還帶著兒子趙五軍到巴盟五原縣鄉下考察。中旬的一天，他白天和農民一起在地裡打土坷垃塊兒，夜裡突然接到通知，讓他當天晚上乘坐從蘭州過來的火車回呼和浩特，說是有重要事情。趙紫陽帶著祕書蔡肇發、警衛員李澤田從五原縣乘火車到呼和浩特市，天明就到了機關，洗了臉吃完飯，北京的飛機就接人來了。到了北京以後，依然是副總理紀登奎和他談話，然後去見國務院總理周恩來。

此時離他到內蒙，剛剛十個月。

一九七二年三月十八日至二十五日，北京正在舉行政治局會議，會議照例由周恩來主持，內容是討論兩廣和四川、湖南等地「批林批孔」整風中存在的問題，並商定廣東和四川軍政領導人的職務安排。經報請毛澤東批准，中共廣東省委負責人為丁盛、孔石泉、陳郁、王首道、趙紫陽。時任廣東的一把手的劉興元調四川任一把手，還沒有離任，和丁盛、陳郁、孔石泉都在會場。周恩來顯然對趙紫陽在內蒙的情況很了解，見到他就問：「你到了內蒙，跑了多少縣，跑了多少地方？中央決定讓你回廣東，你什麼意見？」

趙紫陽說：「我的意見就是最好不回，還在內蒙；但是如果已經決定了，那我克服困難嘛！」一聽到這裡，大家都笑了。周恩來當著軍隊主政的丁盛和地方主政的孔石泉說：「紫陽同志回去，主管黨務工作。」

趙紫陽離開內蒙回了廣東，家裡人都還不知道。和上次離開湖南一樣，趙紫陽接到的通知只說是回市裡有要緊的事情，便在夜間匆匆離去，留下兒子五軍和司機姚東海。等他們開車兩天回到呼和浩特，一進家門就看見副書記鄧存倫的警衛員小楚，他對五軍說：「還不知道你爸調走了？」五軍一點摸不著頭腦：「調走了？那人呢？人上哪去了？」小楚說走啦！接了通知馬上就走了，當天晚上從巴盟到呼市，第二天一大早就帶上老蔡和小李，三個人去北京了。

紫陽此去沒有再回內蒙，到了廣東才給家裡寫了一封信，真是來也匆匆，去也匆匆。事情都過了好久，區委的幹部和老百姓才知道趙書記回廣東了。趙紫陽離開內蒙五年以後，「文革」結束，然後就是改革開放。在恢復生機的過程中，內蒙古所有的新政策都是在《十七條》的基礎上加以充實擴展；到一九八一年，內蒙古成為安徽、四川之後的第三個農業改革省。這些都和一九七一年的夏秋，趙紫陽在內蒙古的調查研究和果斷決策有直接的關係。252

物是人非

趙紫陽是以中共廣東省委書記、廣東省革命委員會副主任的身分歸來的。排在他前面掌握實權的兩位都是軍人，第四位六十二歲的王首道，之前是中南局書記處書記。位於第三的老省長陳鬱是趙紫陽尊敬的老領導，只是在任上說不起話。和內蒙一樣，趙紫陽這次又是個

252 本章主要參考資料：石圭平〈趙紫陽在內蒙古〉、曲哲〈我為趙紫陽召集的座談會做記錄〉、謝小慶〈趙紫陽在內蒙工作的一些情況〉、蔡文彬採訪趙五軍〈父親調任內蒙古的內幕〉、蔡文彬採訪陳錫增、王遛〈趙紫陽在內蒙古制定《十七條》始末〉、蔡文彬採訪關松林〈趙紫陽鼓勵我如實反映問題〉、蔡文彬採訪林武漢〈他走遍了內蒙古〉。

「五把手」。

在離開廣東政壇五年之後，趙紫陽歸來了。五年之前，廣東人批判他、鬥爭他、監禁他，打他的黑槍，把他劃成了「陶趙死黨」、死不悔改的走資本主義道路的當權派並在報紙上公開點名，發誓要「踏上一隻腳，讓他永世不得翻身」，最後把他驅逐出去……待等五年之後他重新歸來時，廣東已經受盡了磨難，江山依舊，物是人非。

林彪「九・一三事件」於上年爆發，它對於全國正在進行的「文革」是一個標誌性的大轉折，對於廣東則是一場大地震。廣州軍區部隊因為是林彪屬下「四野」的老底子，又有黃永勝在此的多年經營，被看成是「林彪一夥另立中央的根據地」。黃永勝成了林彪「死黨」，已被隔離審查，而在他手下的廣州軍區幾個主要領導人，因為同林彪的關係也非常密切，早就引起了毛澤東的注意，以至於還在「九・一三」之前的八月，毛澤東就在長沙對時任廣州軍區司令員的丁盛和劉興元（黃永勝的親家公）說：「丁盛、劉興元，你倆和黃永勝的關係這麼好，來往這麼多，黃永勝倒了你們怎麼得了？」[253]除去黨內鬥爭的種種因素，這些軍人滿懷著對「階級敵人」的深仇大恨，在廣東製造了遍地冤獄，聲譽也極壞。例如廣東地下黨大冤案，被非法關押和批判鬥爭者達七千一百餘人，其中省軍級領導十二人，地師級縣團級幹部數以百計，遭株連者近萬人。

這場「清理地下黨」的運動，致使經歷了兩次「反地方主義」的廣東地下黨幹部雪上加霜，在政界已經蕩然無存。一九六八年三月黃永勝被林彪調往北京，提拔到解放軍總參謀長的位

253《丁盛將軍回憶錄》。

置；一九六九年四月，中央軍委成立了日常工作辦事機構——軍委辦事組，取代了中央軍委的職權，黃永勝被任命為組長，成了林彪手下權傾一時的紅人。黃永勝被打倒後，中央文件指出他「對反對過他的人進行打擊報復，私立專案，私設監獄草菅人命等」，顯然包括這些作為。

要把趙紫陽調回廣東的另外一大原因，還因為廣東人沒有飯吃了。當年趙紫陽剛到廣東的時候，中央要調糧食支持廣東；到五〇年代後期，廣東糧食可以自給了；大饑荒時期，別的省居民口糧都是每月二十幾斤，有的甚至低到十幾斤，可是廣東人的口糧依然是三十斤，引得多少人羨慕；到了六〇年代，廣東糧食可以上調中央了。「文革」前的一九六五年，紫陽當了廣東的一把手，廣東上調中央糧食已達十億斤，直到一九七〇年，廣東還能調出四．五斤糧食。後來趙紫陽走了，廣東就沒有糧食可外調了。到他回來之前，廣東又回到解放初期，需要中央從外省調糧食進來，而且是調大米——因為廣東人不吃粗糧。

令趙紫陽痛心的是：煌煌商業古都，欣欣魚米之鄉，插根筷子都能發芽的廣東，農民的實際收入，還不如當下的內蒙牧民，以至於地處邊界地區的農民大量逃港，田地無人耕種。為此林彪高舉階級鬥爭的旗幟，把所有外逃的人都押回來判刑判罪，家屬也受到牽連——真是民不聊生啊。

趙紫陽歸來了。在他離開廣東之前，他的背後站著陶鑄；在他離開內蒙之前，他的背後站著尤太忠。他們都是他身後的大樹。可是現在，回來的只有他自己。他必須孤軍奮戰，完成自己的使命。

一九七二年五月四日上午，趙紫陽回廣東一個多月之後，廣東省、廣州市各條戰線的青年代表五千多人，在中山紀念堂舉行隆重集會，紀念「五四」青年節。廣東省新班子及廣州市黨政領導人全體到場，與群眾見面。會上介紹新任一把手丁盛時，大家都稀稀拉拉的鼓掌，但是介紹到趙紫陽的時候，掌聲全場經久不息，趙紫陽多次站起來，向大家致謝。

在經歷了五年的浩劫之後，群眾用掌聲表達了對他的希望。

當然了，迎接趙紫陽的，不僅僅是掌聲。把廣東搞得一塌糊塗的黃永勝已經落馬，廣州軍區其他幾個領導人也已經列入被監視的名單，可是毛澤東一時還沒有從「林彪事件」中緩過氣來，更無暇顧及處理一大批已經登上高位的林彪部下，只得讓他們繼續身處要職。例如四川的一把手張國華去世後，黃永勝的得力幹將劉興元平調去四川擔綱；另一幹將丁盛繼任廣州軍區司令員的同時，又兼任著中共廣東省委第一書記、省革命委員會主任，依然獨攬廣東省黨、政、軍大權。在丁盛下面擔任省委常委、書記處書記的，還有孔石泉、單印章、任思忠、邱國光等，都是來自廣州軍區的軍人，他們組成了一個色彩鮮明的軍管省委、省革委領導班子，全省各縣隸屬於省軍區的武裝部長，都兼縣委第一把手，地方幹部基本上說不起話。至於省委、省革委機關各部門單位，當班辦事的絕大多數是來自部隊的新人，「文革」前原省裡機關幹部，十之八九都下放到遠離廣州的粵北山區「五七幹校」，去「接受再教育」了。

作為「五把手」的趙紫陽，依照組織原則，還得在以丁盛為第一書記的省委班子領導下工作。那個時候的氛圍，按照《新華社》廣東分社的記者雷力行的話說：特別是在軍隊統治的時候，好嚇人。

就在趙紫陽在「五．四」大會上受到群眾歡迎的頭一天，廣州軍區就林彪問題寫給中央的檢查，被認為「很不深刻，避重就輕」而沒有通過。趙紫陽在群眾中受到歡迎的程度，更令廣州軍區的一班人倍感緊張。他們沒有按照周恩來的指示讓趙紫陽抓黨務工作，只是讓他分管工農業和科技，而且在公開場合擴展周恩來的話，說趙紫陽回來是因為以前犯了錯誤，「欠了廣東一個賬」，這次回來是「還帳」來了。但是趙紫陽對這樣的說法，實際上是沒有理會的。

經過幾個月的調查研究之後，七月四日趙紫陽在廣東省農林科技會上發表講話，第一次提出了自己的施政綱領。他首先反對「批林整風」空對空的作法，認為重要的問題是把「路線問題」（即林彪的反革命路線和毛主席的革命路線）和本地區本單位存在的實際問題結合起來批判——這樣就會涉及到對於軍隊幹部的批判。然後就談到農業問題。回到廣東才三個月，趙紫陽已經深入了解到廣東的客觀實際，他認為廣東總的來講糧食偏緊，市場供應緊張，農業基礎薄弱，農業生產跟不上去。他提出農業生產的發展必須貫徹毛澤東很早就提出來的「以糧為綱、全面發展」的方針，其中首先得考慮吃飯問題，如果糧食繼續這樣很緊張，農民就沒有心思去「全面發展」搞多種經營。

趙紫陽明確表示不同意廣東大搞重工業的發展戰略，對當時廣東分散的工業重點提出異議……這些都是他在此間對省委工作提出的建議，但是趙紫陽的思路以及決策建議並不為丁盛等人所接受。

為了掩蓋廣東的亂局，他們認為趙紫陽提出的這一切是承不承認「革命形勢一片大好」[254]的問題。他們不同意趙提出在「批林整風」中聯繫廣東的實際；不同意在「大好形勢」下找差距、揭矛盾；反對趙紫陽提出的地、縣委要用主要精力抓農業；反對國民經濟各部門以農業

254 毛澤東說：「全國的無產階級文化大革命形勢大好不是小好，整個形勢比以往任何時候都要好。形勢大好的重要標誌，是人民群眾充分發動起來了。從來的群眾運動都沒有像這次發動得這麼廣泛，這麼深入。」因此誰不承認形勢大好，就意味著「反對毛主席」。

為基礎，反對工業轉移到支持農業的軌道……趙紫陽所做的所有工作都得向丁盛做出彙報，但是他提出的所有思路和意見都得不到支持，反而遭到攻擊，比如孔石泉就反問趙紫陽說：「地委縣委主要抓農業，全黨大辦農業，把政治放在什麼位置？」還有人反問：「政治標杆呢？階級鬥爭放哪兒？」

為了抓好廣東的農業生產，趙紫陽一手策劃了全省農業學大寨會議，原定於當年的十月十八日在東莞縣召開。眼看各項工作都準備就緒，有的地區代表已集中，準備出發，但十月一日省委常委討論「大會報告」時，卻遭丁盛、邱國光等軍人的反對，會議被迫延期。到了十二月一日，常委再開會討論，「大會報告」的修改稿仍被否決，致使那次全省的農業學大寨會議最終流產，沒有開成。

趙紫陽這次回來，家被安排住在新河鋪二橫路中南局幹部宿舍樓。老朋友杜瑞芝來看望，趙紫陽說：「我家旁邊就是軍隊，我不一定安全。」可見他對於軍隊的戒備程度。更加可怕的是：趙紫陽在廣東工作三年之後調往四川，廣東省委的警衛處長居然在珠島賓館七號樓他的辦公桌上，在那部他用了三年的軍用電話機裡，發現了軍隊幹部安裝的竊聽器。這東西，大多數中國老百姓都是在剛剛發生的「水門事件」中才聽說，而且遠在美國。

不但是軍隊的人反對他，就連已經被「結合」進革委會的老朋友也有點「自危」，比如時任常務書記林李明，就在一個場合說過：「趙紫陽，過去在廣東你說了算，現在情況變了，不一定聽你的。」趙紫陽聽了這話，對前來探望的老朋友杜瑞芝笑了笑說：「林李明不懂事，中央叫我回來，當然是將來的第一書記嘛。」

四面包圍中的趙紫陽之所以如此自信，是因為他非常明確當時全國的政治大形勢：林彪

九．一三事件的爆發，實際上宣告了文化大革命的失敗，毛澤東至高無上的威信受到強烈的質疑，而國家也已經被那些熱衷於打打殺殺的軍人們搞得血雨腥風，百業蕭條，混亂不堪，一片恐慌。為了挽回頹局，毛澤東不得不支持周恩來重新主持中央日常工作。從一九七一年到一九七二年秋，國務院總理周恩來乘著「批林整風」運動之風，提出了「消除林彪一夥對經濟工作的破壞」的口號，先後在全國計畫會議、公安工作會議、出版工作座談會、科學工作會議、衛生工作會議等許多場合，提出了批判極「左」思潮和無政府主義的口號，鼓勵各級幹部理直氣壯地抓生產、抓業務。趙紫陽返回廣東工作，是由周恩來建議、經毛澤東批准的。在這樣的大背景下啟用一貫重視經濟工作、關注農業生產的趙紫陽，周恩來的用意太明顯不過了：林彪事件的大爆發，必將伴隨著對治理國家一竅不通的軍隊幹部的失勢，最後收拾河山的，還是要像趙紫陽這樣的實幹家。

大局勢也確實逐漸朝著有利的方向在發展。一九七二年十一月十日，中共廣東省委召開常委擴大會議，由丁盛傳達周恩來總理、葉劍英副主席接見廣東省委、廣州軍區負責人丁盛、任思忠等人所作的指示：要恢復黨的優良傳統，搞好團結，防止「家天下」，要恢復統戰工作等。會上決定撤銷省革委會生產組設的各口，調整領導班子，抽回一部分軍隊幹部。[255]指示的內容似有所指，而且軍隊幹部的撤離已經開始。

趙紫陽繼續著他前進的步伐，每一步都踏踏實實。十二月十五～十八日，中共廣東省委常委擴大會議上討論一九七二年工作總結與一九七三年任務，趙紫陽做了長篇發言。他在發

255《嶺南紀事》，一九七二年十一月十日條目。

言中依然堅持自己的主張，明確地提出了「加強工業對農業支持」的觀點，同時對煤、電、運輸等基礎工業提出了「保重點」的思路。在農業方面，趙紫陽非常細緻地提出了那些需要急迫解決的問題，比如完全可以在一、兩年內生產出超過二百萬噸氮肥（折算產量）的化肥，全省農田每畝可以攤上四十斤左右；大搞水利設施的資金預計需要投資七千萬元；應該增加農機具維修，小農具，灌溉農田所用電力，農藥，漁業等諸多方面的投資和材料……

趙紫陽不樂意搞「政治掛帥」，也不積極「以階級鬥爭為綱」，而在工農業生產方面顯示出來的內行以及細緻，特別是他的執著，肯定令丁盛等人心裡很不高興。實際上不高興的不僅僅是丁盛。周恩來領導在各個領域批判極「左」的努力，還引起江青等人的恐慌。很快就連毛澤東也發現周批判林彪「極左思潮」的矛頭指向，有可能沖毀自己親自發動的文化大革命的全部基礎，便出來扭轉運動方向。十二月十七日，毛澤東召見周恩來、張春橋、姚文元，指出林彪路線的實質是「極右」，是「修正主義」。周恩來不得不就自己原來的提法，作了自我批評。毛澤東的指示精神，迅速傳達到全國全黨。此後，除外事工作外，就只准批「極右」，不准再批「極左」。

像周恩來一樣，趙紫陽也在一九七三年元旦之後舉行的廣東省革委會召開的第九次會議上做了檢查。只不過他檢查的不是什麼極左或者是極右之類的提法，更不是目前的事情做得不對，而是炒陳飯。他檢查自己曾經在廣東執行了劉少奇路線，犯過錯誤，承認「文化大革命的衝擊、批判，震動了我，使我不能不重新解剖自己，逐漸認識到自己確實是犯了很多嚴重錯誤的……」[256]

256 余國耀〈我在廣東所接觸的趙紫陽〉。

從一九七二年的三月到第二年的八月，差不多一年半的時間，趙紫陽都處於這樣尷尬的局面，占了他在廣東幾乎一半的時間。期間他所能夠做的事情，只能是調查研究，而且在調查研究的同時小心謹慎地處理各種各樣的人際關係。

說到人際關係，首當其衝的當然是以丁盛為首的軍隊幹部。「文革」中一直有個觀點，認為地方幹部都是「劉少奇反革命修正主義」那條線上的，而軍隊幹部都是「林副統帥革命路線」這條線上的，特別是廣州軍區的軍隊幹部，一直都以「林彪嫡系」自居，有些耀武揚威，哪怕在林彪已經倒台、趙紫陽剛剛回到廣東的時候也是如此。好在趙紫陽這個人，輕易不會跟人撕破臉，即使是知道你存心跟他過不去，也不會抓住點把柄讓你難堪——而對於生產一竅不通的丁盛，抓他的破綻也太容易了。

比如趙紫陽到中山去調研，聽說中山這些年因為農業生產上不去，一直受到丁盛的批評，說「同耕大沙田[257]，共喝珠江水，為什麼東莞上得去中山上不去？」可是再嚴厲的批評也沒用，產量就是上不去。趙紫陽不去評價丁盛，只是告訴中山的書記謝明仁說，這是因為中山地區的地下水位比較高，稻穀老是泡在水裡，所以就長不好，生病的比較多。你們只有靠搞好水利，疏通水道，改良品種，才能改變生產面貌。後來趙紫陽還幫助中山解決了一大批木材，用於做船拉河泥，把河泥挖上來推到田裡邊去做肥料。[258]

還有一次在越秀山賓館開省委擴大會，會上說到廣州氮肥廠生產用的氯化鈉問題。丁盛

257　大沙田是沖積平原，宜於耕種。
258　蔡文彬採訪謝明仁〈趙紫陽「批發」中山四清好經驗〉。

大發脾氣，說現在市面上缺鹽，就是因為你們的氮肥廠用的鹽太多了！趙紫陽知道丁盛弄錯了：雖然所有的鹽都叫「氯化鈉」，但是做氮肥的「氯化鈉」（工業鹽）和普通人食用的「氯化鈉」（食用鹽）完全是兩回事。可是他在會上不說，等散了會，他對身邊的陳開枝說：「你下午陪丁盛到廣氮廠去看一下。」當然了，結果會讓丁盛難堪，可是看上去跟趙紫陽沒什麼關係，既解決了工作上的難題，又顧全了丁盛的面子。

值得一提的是，即便是在丁盛失勢之後，趙紫陽也在繼續顧全他的面子。一九七三年的十月，趙紫陽當上了中央委員，地位上升，而丁盛等人因為林彪事件的牽連岌岌可危，不得不同意趙紫陽的主張。就在這樣的情況下，趙紫陽在會上會下依然處處將「丁盛同志」放在自己前面，這樣的修養，很讓下面的幹部感歎。

第十一章　歸來

曙光熹微

一九七三年的夏天到了。八月，黨的第十次代表大會在北京召開。

「十大」是一個充滿矛盾的大會：既指名解放了鄧小平等十三名老幹部、使得之後解放幹部形成了風潮、基本上否定了「文革」初期「打倒幹部一大片」的作法，又提拔了首先在上海發起「奪權」的造反派頭頭王洪文[259]為中央委員會副主席，為江青等人結成「四人幫」創造了條件；既批判林彪「反革命集團」的罪行、取消了「九大」通過的黨章中關於林彪作為接班人的條款、把批判林彪的「極右實質」作為當前的首要任務，又認為確定林彪政治地位的九大「政治路線和組織路線都是正確的」，號召全黨「堅持無產階級專政下的繼續革命」，「堅持無產階級文化大革命」，「把批判修正主義列為加強黨的建設的長期任務」……它體現了毛澤東在林彪事件面前既尷尬又不肯認錯的心境。但是，十三名老幹部重返政壇，特別是在此之前鄧小平就以國務院副總理的面目出現，等於啟動了幹部「解放」的大幕，也讓人們看到了新的希望。

259 王洪文，上海工人群眾組織頭頭，後與江青、張春橋、姚文元一起成為「四人幫」。

趙紫陽在「十大」當選為中央委員，第一次進入中央高層，他在廣東的處境進入了第二個階段。

趙紫陽政治地位已經上升，在省委說話的分量也在加重，而丁盛雖然仍為第一書記，但是隨著「批林整風」運動的深入開展，軍區一班人因林彪事件的種種牽連，已經惶惶不可終日，顧不上與趙紫陽作對了。八月，廣東省委決定把「批林整風」同「農業學大寨」統一結合起來，在全省開展基本路線教育、進一步開展農業學大寨、促進農業大幹快上群眾運動，派出第一批工作隊進駐公社開展工作。十一月，省委又召開擴大會議，趙紫陽對農村工作的思想至此已被大多數人所接受，特別是丁盛對這次農村運動明確表示了支持的態度。這次會議使得趙紫陽提出的解決農業問題的思路和決策，已真正成為省委的決策和行動。對趙紫陽來說，前段日子受壓制、排擠和「邊緣化」的處境已經得到改變。

十二月二十日，中共中央召開了八大軍區司令員對調會議，毛澤東接見了參加會議的全體解放軍高級將領。十二月二十二日，各大軍區司令員、軍兵種主要領導再次集中，正式宣布對調命令，其中廣州軍區司令員丁盛與南京軍區司令員許世友對調。根據毛澤東的要求，所有調動人員都在十天之內調動到任。許世友到任廣州後只任廣州軍區司令員，不在廣東地方任職。從此時起，趙紫陽實際負責廣東省的全面工作。

一九七四年四月四日，趙紫陽任廣東省委第一書記、省革命委員會主任兼廣州軍區政委，軍人退出廣東政壇。不久，曾經在廣東獨攬大權的劉興元和丁盛，也遭到批判。

廣東歷史上的趙紫陽時代，來到了。

趙紫陽在廣東展開了他的「在全省開展基本路線教育，進一步開展農業學大寨運動，促進農業大幹快上」群眾運動。這裡需要解釋的是：當時所指的基本路線，不是後來鄧小平搞的「一個中心兩個基本點」，而是毛澤東「階級鬥爭要年年講月月講天天講」那一套，而「十大」的新黨章在「左傾」方面的新發展，主要是充實所謂兩條路線鬥爭經驗的內容，把「批判修正主義列為加強黨的建設的長期任務」，而修正主義到底是什麼又沒有具體的說法。它的空洞性，加上在幹部政策上所表現出來的矛盾性，使得趙紫陽等地方官員面對的局面更加蕪亂複雜。

不過「文革」中這樣的事情太多了，正是因為「空」，才可以「結合實際情況」來闡述和解釋；也正是因為「矛盾」，就可以「以子之矛攻子之盾」，用最簡單的辦法來應付。這些辦法老百姓叫做「大帽子底下開小差」，造反派叫做「打著紅旗反紅旗」或者是「披著馬列主義的外衣」，毛澤東心裡明鏡似的，稱之為「為了打鬼借助鍾馗」，還說「我就是鍾馗」……簡而言之就是借上面的口號，做自己的事情。

這一招趙紫陽也用過，比如在內蒙他就借著糾正大躍進浮誇風的《六十條》，來包裹「包產到戶」甜心的《十七條》，結果取得了成功。現在，他把「極左」浪潮中的「農業學大寨」變成了大抓農業基礎設施建設，貫徹「以糧為綱、全面發展」的方針；把所謂的「基本路線教育」，置換為解決幹部的精神狀態問題。在一次地委書記會議後，趙紫陽提出了配合城鄉「運動」整頓機關作風的問題，一是要圍繞著基層抓大事；二是解決一些幹部精神不振——有些人認為在「文革」中挨了整，成天發牢騷，不幹事情。

廣東大幹農業的戰役開始了。在趙紫陽看來，廣東的農業首先需要解決兩個問題，一個是化肥，一個是水力設施。廣東有大量的水田，而且是一年兩季甚至三季，可是肥源稀少，以往大都只靠著挖河泥，土地的肥力嚴重不足，化肥就顯得很重要。關於化肥趙紫陽有一個規畫：除了主打的廣州氮肥廠之外，主要依靠各地區對小化肥廠的擴建和技術改造來增加產量。小化肥廠交給下面去辦，他自己對於廣州氮肥廠抓得很緊，常常去。第一次去聽彙報，廠裡的負責人拿著本子念，趙紫陽說：「我不聽你念本子。」就一個問題一個問題地問，很多問題彙報的人都答不出來。趙紫陽就說：「過一禮拜我再來，你現在究竟生產多少化肥，都用在什麼地方，你給我一個活的字據，我問你們答，你不要再拿本子了。」一個星期之後，趙紫陽沒有去，可是派陳開枝去了，再下個星期，陳開枝又去，一個星期去一次，每次去了回來都給趙紫陽做彙報，化肥的產量就是這麼抓起來的。[260]和化肥相比，農田水利就費事得多。

趙紫陽時常找幾個縣委書記來座談，比如南海的梁廣大，順德的李俊龍，中山的謝明仁，聽取他們的意見。當時廣東的情況是：旱澇保收的農田面積很少，五十%的農田沒有修建水利設施，大大影響到糧食產量。比如中山地區的地下水位高，稻穀老是泡在水裡，如果水不排出去，無論上面怎麼批評，稻穀還是長不好。還有孫中山的故鄉南朗，也是產糧區，可是經常被淹，趙紫陽親自到工地，看著南朗的書記搞了五條排洪渠，把水排出去。大搞農田基本水利，不能老是靠人踩水車擔子挑，就得搞農業排灌電氣化。

老百姓倒是很積極，可是需要的物資當時都要計畫分配，工廠都短缺，哪裡有你農田水利的份兒，於是就交換。農民沒錢，可是有魚，有副食品，農產品，農民給工廠多少噸農產品，

260 蔡肇發〈祕書眼中的趙紫陽〉。

工廠給農民生產多少電纜啊機械什麼的。看在那些城裡稀罕的魚啊蝦的份上，工人們馬上就做，加班加點也得趕出來。

趙紫陽每到週末就去廣州附近的南海縣，找上梁廣大，到鹽步、大瀝、平州、小塘這幾個公社轉悠，和幹部們商量，時不時還帶上工業商業方面的領導，幫著協調解決這樣那樣的問題，農田水利基本建設就這樣搞起來了。那時候搞的很多大型的排灌系統，南海縣現在都還在用。一些問題廣東甚至國內都解決不了，那就去國外引進——比如說水稻種子，趙紫陽幫著從古巴引進了一些雜交稻，這些雜交稻長得高，產量也高，至於「水土不服」，引進來以後再改造。

在短短兩、三年間，廣東在趙紫陽的領導下由亂而治，引起了北京方面的關注。主管農村工作的中央農林部，從部領導到部裡的政策研究室、農業局等部門，都先後到廣東考察，總結經驗。廣東也成為《新華社》宣傳報導的重點。一九七四年十月中共中央擬召開全國農業學大寨會議，由國家計畫委員會主管農業的副主任林乎加、農林部副部長楊立功負責，組織一個寫作班子，起草農業學大寨問題和農業機械化問題的會議檔，特別指定湖南省和廣東省派人參加。湖南是因為已經任政治局委員的華國鋒曾在該省主管農村工作，長期擔任毛澤東故鄉湘潭地委書記並在此被毛澤東賞識提拔；廣東則因趙紫陽「複出」返粵後發動全黨抓農業大幹快上，見了成效。[261]

在趙紫陽一手扶持起來的南海縣，一九七八年農民的收入還只有一百二十五元，一九七

261　余國耀〈我在廣東所接觸的趙紫陽〉。

九年就已經是三百元了。一九七九年，《人民日報》社社長胡績偉來南海，問梁廣大：「什麼時候你們農民的收入能夠上到四百塊，我就來向你祝賀。」梁廣大說再過一兩年吧。結果就在第二年，全南海縣人民的分配收入真的達到了四百多塊，一舉成為全國首富縣。胡績偉沒有食言，他主持的《人民日報》，接連發了好幾篇社論。中央新聞電影製片廠專程來到南海，給他們拍了部紀錄片。一九八一年六月三十日，時任總書記的胡耀邦在一份調查報告上寫道：從生產發展速度和總產值上看來，現在全國有兩個典型，一個是城市，即常州市；一個是農村，即廣東南海縣……南海縣的八十萬人口，現在的生產總值是十個億，每人達一千二百元……我國農村人口現在是八個億，如果十年之後，同樣只達到南海的三分之一，即達到小康之家的社會了。

文化革命後期，廣東的經濟到了崩潰的邊緣，和江蘇不相上下，但是很快，廣東就把江蘇遠遠拋在後面。

這些都是後話了。

一九七四年的十一月二十八日，四千多名代表出席了廣東省第二次貧農下中農代表大會。根據此次會議提供的數位，廣東已經改變了前兩年糧食連年減產的局面。一九七四年，全省糧食總產三百三十二億斤，突破歷史最高三百一十四億斤的水準，創全省糧食總產的最高紀錄。一九七四年廣東的糧食比一九七三年增產三十八億斤，為一九四九年以來增產最多的一年：比一九六五年二六三．九億斤增長二二％，比一九七〇年二九八．六億斤增長八％。經濟作物和林、牧、副、漁各業也都有較大的增產。一九七四年分給社員口糧每月四十．二斤，比一九七三年三十六．二斤多四斤。市場供應緊張也有了緩和。[262]在這次大會上，趙紫陽在報告中不僅提出了全省一九七五年的農業生產計畫指標，還提出了五年之後——即一九八〇年的規畫草案。在這個草案裡，一九八〇年要有一批畝產雙跨《綱要》的縣、畝產二千斤的生產隊、大隊和公社。甘蔗、水產、橡膠等也要有大的發展。他特別提到養豬業，農村要實現一畝一豬，一人一豬（按農業人口計算）。趙紫陽在廣東雖然只幹了一年，但是關於養豬的問題談了多次，以至於鄧小平準備在北京召開一個全國養豬和農副業發展的座談會，請趙紫陽作主講，後被陳永貴等人反對掉了。

四十多年以後，參與林區和沙田地區兩個調查的黃文忠很感慨地說，在這兩個問題上，紫陽同志是為廣東立了大功的，是有貢獻的。

可是他在一九六二年提出的「讓香港人往這邊跑」的設想，還要若干年以後才能夠實現。

收拾殘局

曾經為廣東的發展立下汗馬功勞、又在廣東遭受了人生大辱的趙紫陽，現在回來了，而且是周恩來親自點的將，毛澤東批示同意，以中共中央政治局的名義發布的公文。那些曾經批過他的人，鬥過他的人，對他落井下石的人，先於他被啟用的人……心裡都在打鼓，不知道趙紫陽會怎麼樣對待自己。

262 余國耀〈我在廣東所接觸的趙紫陽〉。

對於過去，趙紫陽說了一句話：不耿耿於懷。

趙紫陽一回廣東，第一件事就請人吃飯。當年軍區負責「監護」他的三個人中請了兩個：一個姓劉的處長，一個老周。吃飯的時候趙紫陽一直說：我的這個專案組，都是講政策的。後來趙紫陽到北京當了總理，廣東省報上來一個處分名單，要處分監護過他的幾個人，其中就有這個劉處長，趙紫陽沒有同意。

那些曾經「監護」他的小戰士也常常來看望。一個叫陳安斌的警衛戰士後來轉業到廣東梅田礦務局，到了廣州專程去探望「首長」趙紫陽，和他聊聊煤礦的人和事。還有一個小戰士，給趙紫陽寫了一封信，他在信中很誠懇地向首長趙紫陽道歉，說我當年對你的態度不好，是因為我不懂。我現在轉業回家種田了，想買一個手扶拖拉機，請您幫忙解決一下。一九七三年，很多地方連買鹽都憑票，何況是拖拉機了。趙紫陽在心裡覺得那些戰士都還是十八九歲的孩子嘛，「文革」這麼複雜的事情，許多大幹部都沒有弄懂，他們怎麼會懂！他給陳開枝說你快點去給他解決。於是陳開枝到省裡的拖拉機廠，真的給那個小戰士弄了一台拖拉機。

可是趙紫陽並非對所有的人都原諒。他請當初的監管者吃飯的時候，還有一個姓趙的沒有請。這個姓趙的是省軍區的一個處長，一九四二年入伍的山東老兵。雖然監管時沒打人也沒有罵人，但是骨子裡確確實實把那些虎落平陽的幹部們看成了死不悔改的走資派，三反分子，反黨反社會主義的壞人，動不動就吆喝這個吆喝那個「老實點」，不單趙紫陽討厭，包括李子元在內的很多被「監管」的幹部都告他的狀。後來趙紫陽到北京當總理，審核廣東送上來的那份要求處分的名單時，只對這個姓趙的說了句話，說這個人態度不太好。一九八〇年整黨期間，趙處長雖然已經離休了，還是挨了一個黨內警告處分。

趙紫陽是個有自尊的人，他可以原諒那些不懂事的孩子，也可以原諒「出於無奈」做事的人，但是不喜歡那些借著什麼機會在別人面前耀武揚威的人，當然也不喜歡別人拍馬屁。

在處理人際關係的同時，趙紫陽做了幾件大事。

第一是解決廣東人民的吃飯問題。

一九七三年一開年，趙紫陽帶著司機、警衛和黃文忠[263]下鄉，專門就逃港情況進行考察。從解放前夕到現在，二十多年過去了；從趙紫陽參與阻止的一九六二年大逃港到現在的一九七二年，又是十年過去了，「逃港」依然是廣東邊防的一大重症，愈演愈烈，屢禁不絕，而當初趙紫陽定的那些寬鬆的政策，「三個五」也好「小額貿易」也好，從「四清」一直到「文化大革命」，被批得一塌糊塗。儘管基層幹部和百姓一直都很留戀那些政策，但是此時它們已經蕩然無存，邊界地區的經濟從此沒有發展，一九六二年趙紫陽和方苞阻止大逃港的時候，這一帶的農民人均年收入就是一百二十元，到一九七三年趙紫陽重返這裡調查，還是一百二十多元。

趙紫陽一行最先到了東莞的樟木頭公社，這是當時逃港最嚴重、也是逃港人數最多的公社；完了以後又到東莞的茶山公社，再到寶安縣逃港最前沿的黃岡公社——這裡和香港新界只隔了一條河。趙紫陽每到一地，先和當地的幹部談，只談三個問題：第一，群眾為什麼會逃港，現在被送回來的有多少人，他們的情況怎麼樣？第二，你們的生產搞得怎麼樣；第三，

263 黃文忠，原共青團廣東省委機關的幹部，一九六四年調四清運動辦公室，一九六八年任廣東軍管會辦公室（地方幹部）祕書，革委會第一祕書室祕書。趙紫陽返回廣東後，黃文忠繼續在他手下工作。

你們用什麼辦法來解決逃港的問題？和幹部談完了又直接找農民談，找逃港的家屬談，就問他們為什麼會逃港。所有的人只有一個答案：我們這邊的生活太差，一個農民勞動一天的收入平均是七毛錢，而香港那邊則有七十元港幣，兩邊的收入相差一百倍。農民說趙書記，你看那些逃出去的人家，至少都有四大件──電視機、電冰箱、洗衣機、電飯煲；可留下來的人有什麼？除了鐮刀、鋤頭，什麼也沒有。我們怎麼不外逃？

說到底還是一句話：沒飯吃。

當年和趙紫陽一起阻止逃港的寶安縣公安局長方苞，現在已經成了寶安縣委書記，趙紫陽讓他把縣裡公社書記以上的幹部召集到「逃港前線」深圳（那時候深圳還只是隸屬於寶安縣的小漁村）聽報告。趙紫陽在會上說：現在我們面臨的核心問題，是經濟發展問題，而不是林彪提出的「政治邊防」。我們得想辦法把邊防地區的生產搞上去，讓群眾增加收益，日子要過得好，否則這個問題永遠解決不了。回廣州後，趙紫陽召開中共廣東省委會議，研究邊防地區的經濟建設問題。因為主要勞動力都已大量外逃，剩下的只有老人和小孩，生產根本沒有辦法搞，也沒有人管。即使是那些逃港不是很嚴重的地區，生產條件也差，沒有拖拉機，沒有化肥。還有一個比較嚴重的問題，是大量人員逃港之後，邊界地區更加地廣人稀，在內陸地區人均耕地面積只有一畝甚至幾分地的同時，這裡的人均負擔的耕地面積達到十五到十八畝地，根本就顧不過來。這次省委會議的決定是：第一，向邊防地區加重農業機械的配置；第二，要調撥化肥；第三，加強組織管理，要儘快恢復生產。然後趙紫陽根據這次考察的情況，給中央寫了一個報告，闡述了自己的觀點。[264]

這次的考察之後，趙紫陽開始考慮廣東的全域——因為廣東面臨的不僅僅是邊防問題，更重要的還有整個經濟，特別是農業。他要求黃文忠和陳開枝搞兩個調查，一個是沙田地區的調查，一個是林區情況的調查。

先說林區。廣東除了南部少量的平原外，大面積還是山區和丘陵地區。這些地區的耕地面積很少，人均只有兩三分地，絕大部分是靠林木生產。「文革」前廣東每年生產的木材七八百萬立方，「文革」後掉到了一百萬立方米都不到，山林面積也下降得很厲害。經過調查，發現其中的原因主要是毀林開荒。因為山區耕地很少，按照耕地面積上報給國家返銷糧食的指標也很少，山民們口糧緊張，只有自己上山開荒種糧來補救，不然就要挨餓。趙紫陽看了調查報告，提出廣東除了農業以外，林業也是一個重點，不發展廣東的林業，將來山區的經濟，山區的農民，山區的農村都將是一個大問題，一定要把發展廣東的林業作為廣東省的一個重點經濟工作來完成。他在省委工作會議上將如何解決林區糧食問題提出來，經過研究之後，決定拿出三到五億斤的糧食指標，增加幾個重點林區縣的糧食供應量，讓山民們在毀掉的林區開出的農田上，重新種樹繼續造林。

再說沙田。

珠江是我國僅次於長江的第二大河流，它起源於滇，流經黔、桂、粵、湘、贛等省及越南的東北部，最後經過廣州市區匯入南海，在身後留下了一大片叫做珠江三角洲的沖積平原，

264 黃文忠〈四清運動他只是執行中央政策〉。

這片平原就是沙田。地處沙田地區的好幾個縣，一眼望去都是良田好土，也曾經是魚米之鄉繁榮地區。可是解放以來頻繁的政治運動致使人們生活貧苦，各個階層的人們不斷逃亡香港，至於數字，有人估計到七〇年代逃港者已經高達一百萬，有人估計是二百五十萬，而一九四九年人口才一百多萬的香港，到一九八〇年停止逃港時已經是五百萬左右。這些人來自廣東、湖南、湖北、江西、廣西等全國十二個省、六十二個市（縣），但是其中絕大部分就是與香港連界的沙田地區的農民，有的幾乎整個村子都遷了過去：比如位於香港新界的羅芳村原來並不存在，村裡那些人幾乎都是從深圳羅芳村遷過去的。[265]

青壯勞力都走了，良田好土無人耕種，人均耕地面積太多而勞動力太少，一個農民從早上太陽出來開始犁地，到下午太陽落坡才犁了一行，可見他分攤的土地面積有多大。土地面積這麼大，可是耕種的工具依然是鋤頭加犁鏵，很原始，耕種方式也很粗放，一些地方用大排大灌的辦法澆灌農田，幾萬畝地留出幾個口子，嘩嘩的水從這個口子灌進去，那個口子排出來，滿地流淌，精耕細作合理施肥基本談不上，所以產量很低：一畝地兩季收成合起來一千斤，就算是高產了——即使都這樣「高產」，農民也得不到多少錢——那個時候一百斤穀子才四、五塊錢。

趙紫陽處理一九六二年大逃港的風潮時，就不同意將逃港者視為階級敵人，不同意處理逃港未成的幹部和黨團員，主張給政策，給物資，改善邊防地區人民的生活條件。現在否定了林彪的「政治邊防」，他依然是這個態度。可是在「文革」這樣的非常時期，物資本來就短缺，

265 陳秉安《大逃港》。

二來再給也比不上人家香港的水準，再說總是「輸血」也不是長久之計；至於「政策」這條路，更是想都別想：原來趙紫陽參與制定的寬鬆邊境政策已經在「文革」中遭到批判，而且軍隊幹部正在一旁虎視眈眈，等著抓你「穿新鞋走老路」的過錯，所以不能隨便動這個禁區。趙紫陽以往抓農業，手裡都有一件「一抓就靈」的寶物，那就是「包」——無論叫「責任制」還是叫「十七條」，反正要和農民的個人利益掛鉤，調動他們的積極性。可是現在不行了。

一是不占天時：一九六五年剛剛度過嚴重的經濟危機，毛澤東還在「包」與「不包」之間搖擺，而現在任何沾染了「個人」二字的東西都是資產階級思想，都是與毛澤東提倡的「大公無私」相對立，都屬於堅決打倒的範圍。二是不占地利：邊陲內蒙地廣人稀，經濟落後，社會影響力薄弱，只要能夠瞞上不瞞下，還容易幹成點事情；可是廣東是南方重鎮，水陸大碼頭，資訊靈通，極「左」空氣濃厚，「無」中都要生出「有」來，不能讓人抓住把柄。三是不占人和：現在趙紫陽是孤軍奮戰，他的身後已經沒有了擋風的大樹——沒有了陶鑄，也沒有尤太忠……

趙紫陽認為問題要解決，而且要從根本上去解決，只有調整沙田地區的農業生產的結構——不能再是單一的「以糧為綱」，光是種水稻，還是要恢復這些地區原來的經濟形式，要拿一部分來種甘蔗、蔬菜、蠶桑等經濟作物，同時還要挖魚塘，蠶糞正好養魚。這個思路得以展開並付諸於實施，使得珠江三角洲整個地區的經濟很快就出現了大發展，到七十年代後期成為了廣東最富裕的地區。趙紫陽成為國家總理之後，又在此基礎上擴充發展，演變成了改革開放時期的一個重要政策：貿工農政策，不但惠及廣東，而且惠及全國。

一九七三年初。已經在廣東工作過二十年的趙紫陽，對於廣東已經非常熟悉，從前他和陶鑄都不大坐機關，總往鄉下跑。可是那個時候下鄉，大多是為了貫徹上面關於「運動」的指示，比如土改啊，農業合作化啊，大躍進啊，四清啊等等。現在不同了。現在要認真為了廣東的未來著想，需要做大量的工作，問題是他的手下沒有了以往那些熟悉業務的幹部，除了專門與他過不去的軍人，還有一群曾經在政治舞台上無法無天、鬥過自己的造反派頭頭。他們後來以「群眾組織」代表的身分進入新的權力機構——各級革命委員會，被稱之為「群眾代表」。

本著對過去「不耿耿於懷」之心的趙紫陽，已經不再把他們看成造反派，而是看成一群有可塑性的「新幹部」盡力去培養。比如在廣東省革委會當副主任的梁錦棠，是當年廣東最大的工人群眾組織「地總」的頭頭，周恩來在狠批趙紫陽「讓權」的同時，也批判他們這一派是「傾向於保守的群眾組織」。梁錦棠他們心裡不服氣，從軍區把趙紫陽為首的省委領導班子都統統抓起來，用灑水車拉到廣州市第一文化宮，開了個大會批他們一通，其中的重點自然是廣東的一把手趙紫陽。

趙紫陽回到廣東時，梁錦棠具體職務是省總工會主任[266]，趙紫陽常常把他約到家裡談工作，對省總工會的工作很支持。

一次梁錦棠說：「我們工會要在各地搞工人文化宮，可是錢被省裡凍結了，趙書記您能不能支持我們，撥些款子？」趙紫陽說：「你要搞幾個？需要多少錢啊？」梁錦棠說：「中等城

266 文革初期全國工會系統統一發文規定，地方工會一把手職務由「主席」一律改為「主任」，以免與「毛主席」的「主席」相混淆。

市像江門啊、海口啊、汕頭啊，準備都要搞，而且規模要大一些。」趙紫陽說：「好啊，你做個計畫，要多少錢就報上來吧，我批。」於是這些城市的文化宮都搞起來了，而且搞得不錯。

由於港口城市的特殊性，廣東要建海員俱樂部（廣州要建兩個，黃浦要建一個，汕頭要建一個），所需款項中央要撥一部分，省裡邊也要撥一部分，廣東省的這些款項，也都是梁錦堂找到趙紫陽批的。革委會還有個從基層上來的造反派頭頭莫超海[267]，「文革」前是電影機械廠的工人，趙紫陽從內蒙回來時他已經是廣東省革委會常委，省工代會常務副主任。這個人一直都捨不得自己的工廠，到了省工會也往基層跑，而且在基層幹得不錯。情況反映到趙紫陽那裡，他就在地委開擴大會議上說：「我們的群眾代表都要學莫超海！學莫超海堅持在基層，做好基層工作。」接著又把莫超海派到廣東省最大的火力發電廠烏石電廠，去那裡整頓領導班子，要把這個廠的發電量從五十萬千瓦提升到一百萬千瓦。下去之前趙紫陽跟他談話說：「你有什麼事，可以隨時打電話直接跟我通話。」因為有了直通省委的「尚方寶劍」，烏石電廠的情況都能夠及時反映到省委，及時得到解決。比如電廠打算把煤渣煙灰和一些廢品用來做磚頭，要求省委解決儲存之地，省委很快就派人來了。

多年以後莫超海回憶起這段經歷，由衷地說了一句話：「這是趙紫陽對年輕一代的培養和幫助，我能感覺到他對我們這些個群眾代表是愛護的。」廣東還有一個「文革」時響噹噹的造反派，他就是趙紫陽運動初期曾經「動用手段」監視過的高翔。高翔在趙紫陽歸來之後也受到

267 莫超海（一九三九～），廣東廣州人。原廣東省電影機械廠工人，文革時期任群眾組織「地總」（毛澤東思想工人赤衛隊廣州地區總部）頭頭，屬於「東風派」。

重用和信任，在軍工系統被提拔為副局長和黨的核心小組成員，事業如日中天。268

趙紫陽離開廣東政壇已經六年了，六年來積累的問題就像大路上的石子兒，一出腳就踢得到。廣東省委只有一部破舊的英國吉普——據說還是二戰時期英國軍官的指揮車，趙紫陽坐著它在南粵大地上遊蕩。廣東工業要想上去，能源是個瓶頸，可是廣東自產的煤炭只有四五百萬噸，而一年卻需要一兩千萬噸，遠遠滿足不了，一直靠北煤南運；可是那時候交通運輸也不行，就只有一條京廣線。所以毛澤東才提出口號，要扭轉「北煤南運」的狀況。趙紫陽回到廣東，抓工業就得抓煤炭。他帶著廣東的各路諸侯跑礦區，在條件艱苦的四望嶂煤礦，看到工人連吃飯都成問題，就現場召開辦公會，要給礦工增加肥皂、糧食、黃豆、食用油的配給，還有酒，用於礦工下井驅寒。其他幾個廳局也沒說什麼，就商業廳廳長覺得有點為難——肥皂供應很緊缺，居民每人每月一小塊肥皂我都保證不了，你礦工要兩條肥皂，四塊啊，這個壓力太大了。趙紫陽就親自帶隊下井，說帶你們下去看看，到井下走一圈上來以後，商業廳長忙著拿起肥皂洗臉啊手啊脖子啊……洗掉了半塊肥皂都還沒洗乾淨，還是黑的。最後他感歎地說：「兩條肥皂，不多不多，一點都不多，我保證供應！」

在那個沒有福利的時代，趙紫陽到處給老百姓發放「好處」。一次報紙登了一則報導，說是天熱了，火車南站的搬運工人看到貨主的玻璃瓶裡泡的是人參之類的藥材，打開就喝，一連喝了三瓶，第二天流鼻血上不了班。趙紫陽看了報紙，就跟車站的站長和鐵路局的記者去

268 此節主要參考資料：何蜀主編《記憶》，第一四八期薛聲欽、阿陀〈廣東省、市革委會「群眾代表」的升沉軌跡〉。

南站，才知道問題很普遍。那個時候吃大鍋飯，幹多幹少都一樣，車站碼頭的搬運工人工資不過三、四十塊錢。工人幹活沒勁頭，都懶散，搬運瓷器玻璃等易碎品的時候亂扔，打碎的貨物多得很，反正也賠不了幾個錢，弄得很多貨主有意見；至於見到好東西打開就吃就拿的情況也常見，恐怕不止是人參水或者什麼貴重藥酒了。他又去了黃埔港碼頭，情況也一樣。

於是他和工人們一起去扛包，告訴工人：「有些易碎品該輕拿輕放，不要亂摔，人家好不容易寄過來，寄到這裡了，你給摔壞了人家收不到，浪費好多錢，真正叫你賠，你是賠不了的。」完了他下來給幹部們說：「這樣吃大鍋飯不是個事，能不能給工人搞計件，多勞多得，哪怕稍微一點點的補貼，對大家也是個鼓勵。比如一包貨物，重的給多少，輕的給多少，每天完成了多少，就應該獎勵多少……你們廣州南站先搞個試點，怎麼樣？」

「文革」還沒有結束，在廣州這樣的「大地方」他就敢重提「多勞多得」、「計件工資」，真是要點膽子。

很多問題都是「順手」解決的。比如有一回去了中山縣，到山上去看和平水庫。這裡修建水庫的時候淹了很多田，但是公購糧的任務一直沒有減免。地委書記孟憲德提出要減徵購三千萬斤。趙紫陽認為這個要求是合理的，自己拍板也沒有問題。但是這些具體的事情是林李明省長管的，他讓祕書晚上代自己打個電話，跟林李明省長報告一下，聽聽他的意見。如果他同意了，就可以叫糧食部門去執行。事情就這樣解決了。還有一次去了龍川礦泉水廠，從水池裡拉上礦泉水直接喝一口，馬上就感到氣泡咕嘟嘟往外冒，跟喝汽水一樣，只是味道完全不一樣：它的二氧化碳完全是天然地溶解在裡面的，而汽水是強壓進去的。可是當地的農民不知道，拿這樣好的礦泉水來洗衣服。

趙紫陽說「你們浪費啊！」隨後龍川礦泉水就開發出來了。第一批產品拉到廣州來賣，廣州很多人也不懂的，曾經跟隨趙紫陽參觀過龍泉的幹部們就去幫助宣傳，跟消費者說「這個礦泉水才叫真正礦泉水！」當然了，現在用不著宣傳了，現在的龍泉礦泉水，已經成了一知名品牌。

……

就在各種調查緊張進行之時，趙紫陽把小腿摔斷了，骨折。

「文革」進行到後期，特別是林彪事件之後，人們不再關心政治，民間興起的一些養生「怪招」愈演愈烈，比如打雞血針和甩手，說是用這些辦法可以消除百病，以至於城市乃至機關幹部家家都養雞，養公雞。趙紫陽帶著幹部們下鄉還特別叮囑：農民送的喂雞的糠，大家一定要給錢。趙紫陽自己選擇甩手鍛煉身體，據說每次要甩三五百下才有效。一次他在家裡甩手摔倒了。他個子高，摔得也重，期初他還不在意，後來疼得厲害了，一照片子才是小腿骨折，住進軍區總醫院治療。開始不能動彈，司機祕書警衛員都在醫院照料，孩子也趕回來看望，一天夫人梁伯琪找到司機小董，說是在佛山機場當兵的五軍吃了晚飯要回部隊，一同回去的還有機關裡好幾個當兵的孩子，你能不能送送他們。小董知道首長趙紫陽一向不許孩子們用車，但是也知道他怕老婆，現在梁大姐都明說了，也不好拒絕。於是小董就和祕書老蔡說了，老蔡說你送吧，反正首長也沒有什麼事，不告訴他就是。那時候路上的車輛少，不堵車，來回不到一個小時，可是到醫院也是晚上八點多了。趙紫陽發火了，問小董：「你到哪裡去了，這麼晚才回來？」小董也不敢說是去送老五了，就說晚飯開得太遲了。可是趙紫陽還是知道了，第二天對小董說：「你都不講老實話，怎麼回事啊？你送人就送人了嘛，還整個吃飯太晚了……」

趙紫陽對手下的人從來不發火，這次算是例外。小董的解釋是他心情不好。本來滿腹的韜略，可是虎落平陽，英雄無用武之地，就夠煩的了。調查搞得正忙，卻不料又摔成了個骨折，還說要養幾個月，豈不是煩上添煩，心情怎麼好得了。

後來小董用山藤給他做了支很漂亮的拐杖，他拄著這支拐杖去開會，上主席台。內蒙古的同志們從電視上看到了，說趙書記怎麼啦？都拄拐杖了！

在這段很憋氣的日子裡，趙紫陽去聽了一場關於日本見聞的報告。

大約是一九七三年的春天，中國文物局局長王冶秋帶隊去日本，搞一個文物展覽，回國路過廣州有一個小型的報告會，給幹部們講講在日本的觀感。吳南生去找紫陽：「你去不去聽聽呀？」紫陽說聽！

這個報告會，對大家都有很大的啟發：那時候中國閉關自守很厲害，儘管都是省一級的幹部，也曾經對很多外國元首迎來送往，可是外面的世界到底是什麼樣子，還真的不知道。王冶秋說，文物展開幕式上，許多大學校長、專家都來了，坐得滿滿的。日本首相田中角榮也到會致辭。會場上沒有人給他讓路，防衛廳長在前面直嚷嚷：「請大家讓一讓，讓一讓！」這樣才擠到主席台。田中的講話完了，也沒有人鼓掌，他說自己還有什麼事，先走一步，下了主席台要出去，也沒有人理他。

田中走了以後，日本博物館館長上去講話，大家卻都給他讓路——這讓中國的專家們奇怪啊：「怎麼國家首相上去講話大家都不讓路，反而給博物館館長讓路？」走出會場，抬頭看到天上飄著個「打倒田中」的氣球，還以為日本也和我們一樣搞什麼文化大革命呢。後來日本朋友說：「那有什麼啊。他田中被選上了，就當首相；過兩天選不上，就什麼都不是了。而這些教授專家都是有學問的人，我們是尊重他的學問。」你看，這些觀念和我們差別多遠！

王冶秋還說，給我們代表團服務的一個日本女孩，二十歲左右，每天上午開著小汽車來，下午開小汽車走。大家都給她開玩笑說：「你是不是晚上去會你的男朋友，談戀愛？」她說不是啊，我是去念大學。在我們日本，初中生打工的工資很低，高中生稍微高一點，大學生的工作還要高一些。「所以，每天晚上我都去上大學，希望多賺點錢。」

「你沒錢嗎？那你這汽車怎麼回事？」這是分期付款買的。

吳南生從來沒有聽說過這樣的觀念，趙紫陽也沒有聽說過。記得剛解放的時候，在廣州招待日本教育代表團，請他們吃飯，日本教授掉眼淚，說：「今天中國這麼好，日本到現在連飯都吃不上。」當時日本還很困難。可是曾幾何時，人家趕到我們前面去了，其中的原因固然很多，可是他們尊重知識和知識分子，肯定是重要的原因之一。[269]而我們，把領袖抬得太高，把知識分子整得太慘了。難怪有人說，「文革」是一場粗暴「無知」對高貴「有知」的戰爭，最後高貴的知識猶如秋風落葉，一片凋零。

這一次很可能是趙紫陽最初接觸國外的情況。後來局勢不那麼緊張了，一到禮拜六，他就調香港電影片子來看。當然，在內地是看不到香港片的，可香港離廣東這麼近，它的電影公司和廣東有關係，每到禮拜六下午把片子調過來，第二天就還回去了。不但他看，廣東的

269 吳南生〈親歷經濟特區的決策過程〉載於《炎黃春秋》，二〇一五年第五期。

領導幹部都在看，祕書們也在看。那些年看了不少香港電影，不但對他開闊視野有幫助，也是一種娛樂。

大平反

除了振興農業，趙紫陽在廣東做的第二件大事，就是平反冤假錯案。

一旦大權在手，趙紫陽調集精兵強將，首先在省委信訪處成立了落實幹部政策領導小組，由李堅真、寇慶延[270]兩位老同志來主持，公安局長王寧，還有後來主政廣東的吳南生，都是這個小組的成員。

信訪處每天接到「趙紫陽書記親啟」的信件就有幾十甚至上百封，字裡行間寄託了人們對他希望。趙紫陽和省委常委、處理信件領導小組的成員，就這些信裡反映的問題作了很認真的批示，工作人員根據這些批示將信件反映的情況分門別類，梳理出了十幾個問題，處理的同時也上報中央。後來中央發了一個檔，其中「處理群眾來信」的條目裡有十幾條規定，成為全國處理群眾來信的政策依據。這裡面很多都來自於廣東省委在處理信訪時總結出來的意見。[271]

那時候廣東所謂最大的問題，就是所謂的「海外關係」。按照葉劍英在解放初期的說法，

270　寇慶延時任廣東省委政法委員會主任。

271　李美清、楊開茂〈趙紫陽在廣東率先平反冤假錯案〉。

全國一千萬華僑中，廣東就占了六七百萬；假定當時廣東有三千萬人口，平均五個人中就有一個是華僑，幾乎三十％的家庭有海外親戚。「文革」中把這些海外關係都打成「黑關係」，很多人因此成了「特務」、「反革命」。還有的案子令人啼笑皆非：有一個人是單位的會計或者出納，把報紙鋪到辦公台上。那時候的報紙上每天都有很多毛澤東的像，他蓋章的時候不小心就把印油擦到了「毛主席」的臉上了，於是這個人就被打成反革命，親友都被株連。他覺得自己冤啊，說我從心裡不是反對毛主席的啊，我是熱愛毛主席的啊，但是抓他的人說人證物證都俱全，抵賴沒用。還有兩個農民在犁田，前面那人褲子上的補丁走線了，風一吹就嘩啦啦的，後面那個人就說：嗨，就像紅旗在你屁股後頭飄。就這樣一句話，那人也被打成了反革命。諸如此類的問題，趙紫陽都主張翻案。他認為應該實事求是，不能把那麼多人隨便打成反革命，特別是對海外關係，不能說有海外關係就是有特嫌，就是特務——要知道那時候還是一九七四年，「文革」還在進行中，全國性的平反冤假錯案，都還要等到六七年之後。

作為省委的領導人，趙紫陽首先抓幹部解放。廣東那些被整的幹部，大都歸結於一個罪名：陶趙死黨。當初被流放到湖南的趙紫陽突然歸來，還當了省委書記，令很多人防不勝防，拿這些還沒有解放的幹部們怎麼辦，就成了大問題。於是有人靈機一動，將罪名中的「趙」字去掉，就成了「陶鑄死黨」，這個做法已經暗示幹部們的「解放」已經有了盼頭，就等人來戳破這層紙。

趙紫陽一回廣東就打聽幹部們的情況，還組織調去外省的幹部回來座談。對於很多「有歷史問題」的幹部，比如後來做了廣東省長的劉田夫，因為抗日戰爭時期參與廣東的遊擊戰爭被牽連到「地下黨」大案裡，一直都做不了結論，趙紫陽就一句話：問題掛起來，人先用起來再說。

由於大勢所趨，很多人一時還動不了，那就出手幫忙。當年和他一起被軍區「監護」的省委書記區夢覺被打成叛徒送到監獄，後來從監獄出來，眼睛高度近視加白內障和散光，視力只有〇・一，基本上就看不見。區夢覺聽說趙紫陽回到廣東工作，就給省委有關部門遞了一個報告，請他們轉給趙紫陽書記，要求調一個孩子回到身邊來照顧起居。趙紫陽接到報告，馬上就批了，並請專案組速辦。前後不過一個多月，區夢覺的女兒區惠風就從海南回到了廣州照顧母親。事情辦成了，趙紫陽還派兒子趙二軍前去看望。[272]

順德有個很能幹的公社書記叫黎子流，合作社和「四清」期間跟趙紫陽一起工作。黎子流在「文革」初期被造反派打倒以後，坐了兩年本地的監牢，一直到一九六九年才算解放出來，然後流放到橫琴島中心去圍海造田。橫琴島是邊防地帶，在大海中間，對面就是澳門，水淺的時候，兩邊的距離只有七十米，所以這兩個島駐有三個連的解放軍，管事的還是軍代表。黎子流在這裡，第一年當副指揮，第二年當總指揮，在這個工作條件極為艱苦的地方待了五年。

大約是一九七四年，趙紫陽到這裡的甘珠灘發電站來檢查工作，向軍代表嚴朴德問起四個人，都是基層的幹部。一個是歐陽紅，在那個工作站他見到了；一個是呂根，當過順德縣縣長，此時下放到順德縣一個勞改農場；一個是黎廷光，在長春當過公社書記，是有文化的人；還有一個就是黎子流。黎子流到了哪裡？軍代表都如實彙報了，趙紫陽只說了一句話：「這幾個基層幹部應使用得當。」於是黎子流一九七四年就調回順德，在縣革委會當辦公室主

272 蔡文彬採訪區惠風。

任，很快就成為常委；一九七五年，黎子流當了順德的縣委書記。

那個時候趙紫陽還不是一把手，在軍隊幹部的干擾下去解放被打倒的幹部，事情做得很困難，得用點心思。

比如說杜瑞芝。

趙紫陽和杜瑞芝，是可以推心置腹的老朋友，他看重杜瑞芝從來不講假話，從來不見風使舵，從來不搞陰謀詭計。可是一直都沒有把他放上很重要的崗位，其原因就是因為這位老兄嘴巴亂放炮，總是被人抓住把柄，說他不是一般的「右」，而是「極右」。比如在大饑荒年代，他去見前來視察的毛澤東，嚇得屁股都只敢坐半邊沙發，可是一旦回答毛主席的提問，還是忍不住說真話：「如果這樣搞下去啊，您還可以吃早飯，我們可能就要餓肚子了。」你看這話是不是嚇死人。紫陽從內蒙古回來，就問杜瑞芝怎麼樣了，聽說他「（在牢裡）還沒出來」，又問開除黨籍沒有？聽說是「沒有」。趙紫陽舒了口氣，說沒有開除黨籍就好辦，慢慢來。

過了些時候，杜瑞芝「出來」了，趙紫陽把他放到肇慶一個農場去「勞動改造」，臨行前交代說：「你去勞動，千萬不要說話。」他就怕老杜又被人抓住把柄。可是杜瑞芝為難的，是他的黨費問題。按照黨章規定，一個黨員三個月不交黨費就算是「自動退黨」，可是杜瑞芝從「文革」開始就挨整，那麼多年一直都沒有交，應該怎麼辦？沒有想到一向謹慎的趙紫陽在這個問題上卻大大咧咧的，說這個事情很簡單，在你個人，你願意交就交，不願意交就不交，沒有什麼錯和對的問題。杜瑞芝直到一九七四年才恢復工作，正值趙紫陽在廣東大搞農業，就把他放在農委做副主任，後來提成了主任。當時的農委是大農委，全省的農業、林業、水利都管，黨的建制是黨委而不是黨組，有任命幹部的權力。「文革」前杜瑞芝是佛山地委書記，趙紫陽在那麼困難的條件下將他從地區調到省裡，主管全省的農業，讓他在之後廣東的農村改革中，發揮了巨大的作用。[273]

還有一個例子，就是歐初。

趙紫陽剛剛回到廣東不久，在一次省委的會議上提出：調「文革」前的省委副祕書長兼辦公廳主任歐初，去英德茶場。英德茶場是廣東當年最大的茶廠，職工就有一萬多人，因為英國女王喝過那裡的紅茶，所以很出名，也被認為很重要。趙紫陽叫歐初去當黨委副書記，軍隊的人堅決反對，說你開玩笑！他現在是降三級、留黨查看一年、黨內嚴重警告，帶著這麼多帽子，怎麼能當黨委副書記？趙紫陽輕描淡寫地說：「他懂生產啊，你讓他去管生產嘛。怕什麼？」意思是又不是去管政治，跟那些政治帽子不沾邊。於是歐初戴著這麼多帽子去當一萬多人的黨委副書記了。

一年以後，形勢起了變化，省裡的很多老幹部為歐初鳴不平，說文化大革命鍛煉了十年，歐初他還沒有鍛煉夠啊？於是歐初順勢就被調回來了，可是還戴著「留黨查看」的帽子。紫陽對他說：「廣東輕工業很重要，你去當輕工廳廳長。」當時輕工廳是四個廳並成的一個廳，確實很重要，很需要歐初這樣有經驗的幹部。正值中南局撤銷，中南局那些委辦主任、副主任十幾個人來下來，也分配到輕工廳，當歐初的副廳長。又有人反對，覺得歐初的資歷壓不住。趙紫陽卻說：「歐初能團結幹部，他可以的。」

後來歐初不當輕工廳的廳長了，去當了廣州市委書記。

273 杜瑞芝《風雨蒼黃話紫陽》。

第十二章　李一哲案件

青年黑格爾派

此間趙紫陽處理的「李一哲案件」，是由一群年輕人「調查假案」延伸而來的，其意義無論是對廣東還是對全國甚至於他個人，都是一個里程碑。

一九六七年夏天的大武鬥，使得喜歡戰爭的毛澤東異常興奮，認為是「亂了敵人，鍛煉了群眾」，在給江青的信中表示還要繼續「武裝左派」。與此同時，很多有思想的年輕人卻在殘酷的槍炮面前冷靜下來，放慢了跟隨的腳步，開始思考這場號稱「史無前例的文化大革命」的真正意義。到了一九六八年的七月二十七日，毛澤東接見北京五大學生領袖，宣布：

現在學生的缺點在什麼地方呢？學生最嚴重、最嚴重的缺點，就是脫離農民，脫離工人，脫離軍隊，脫離了工農兵，就是脫離生產者。」[274]，十來天之後他又說：「學生為人民沒做什

274《毛澤東傳》，一五二四頁。一九六七年七月，毛澤東派遣工人宣傳隊進駐北京各大學，替換紅衛兵領導學校的運動，並親自會見北京著名的五大學生領袖：北京大學的聶元梓、清華大學的蒯大富、北京航空學院的韓愛晶、北京地質學院的王大賓、北京師範學院的譚厚蘭。毛澤東在會見時宣布了這句話。

麼好事，怎麼能取得人民的信任啊？要二十年、三十年做了點好事，才能取得群眾的信任。[275]

自此開始，當初不可一世的紅衛兵們很快受到鎮壓，打入了社會底層甚至監牢。林彪事件之後雖然他們的處境有所寬鬆，但是對於他們的「罪行」一直都沒有一個明確的說法。他們中的很多人，也都加入了思考的群體，成為思想者的先驅。

廣東也有這麼一批人，比如說後來很有名的李一哲。

李一哲是由三個人的名字縮寫而成，其中的「李」，就是在運動初期被趙紫陽拉了一把的李正天[276]，在「文革」中已經成為紅衛兵頭頭。「文化大革命」一開始，他親眼看見尊敬的師長被打成「走資派」、「反動學術權威」、「黑幫分子」，不需要經過任何司法程式，就關進了「牛棚」[277]，要鬥就鬥，甚至要打就打。在那些批鬥中，青年女教師韓寶琳被逼成了精神病，著名花鳥畫家趙崇正被迫上吊自殺，而李正天本人因父親曾經是國民黨少將，被打成「黑五類」、「狗崽子」，又因為成績好有天分，成了「封資修的寵兒」、「白專道路的典型」，被剝奪了加入紅衛兵和去北京串聯的權利。到了一九六七年，已經是大學本科五年級的李正天沒法畢業——因為「文化大革命」的「武鬥時期」開始了。他親眼看到了廣州鬧市區路旁的榕樹上，掛著兩三人一組或單個的屍體，都是四十歲左右的農村婦女及十歲左右的男孩女孩，屍體尚有

275《毛澤東傳》，一五二五頁：一九六七年八月八日毛澤東接見中央文革小組碰頭會成員和吳德談高等學校時的談話。

276 李正天（一九四二～）山東臨沂人，著名油畫家，廣州美術學院教授，兼任中國後現代研究所所長。時在廣州美術學院監督勞動。

277 即每個單位都可以私設的土監獄。

體溫，鮮血長流。到了一九六八年，廣州軍區居然動用軍隊鎮壓群眾，下令向手無寸鐵的群眾開槍，李正天身邊的同學張宗佑，就被亂槍打死。

而李一哲中的「一」，叫陳一陽[278]，「哲」叫王希哲，兩個人都是廣州十七中學一九六六級高中生，紅衛兵頭頭。一九六七年的八月十一號，他們聽說金敬邁在白雲機場讓一幫人給綁架了。這個金敬邁，不但是當時為數不多的「紅色小說」《歐陽海之歌》作者，還是「中央文革小組」的工作人員。一九六七年的中央文革小組，是毛主席的司令部，當時有句口號：誰反對中央文革就打倒誰。兩個紅衛兵頭頭帶著自己的隊伍趕去「搶救」，沒想到經過省政府門口被另外一派伏擊，發生了激烈的槍戰，結果死了五個同學，傷了十幾個同學，王希哲屁股上還中了一槍。此事的全部善後工作都由陳一陽全權處理：他帶人把這五個同學送進火葬場，武鬥期間火葬場的工人都跑光了，得去找回來；火葬場連燒屍體的重柴油都沒有了，又得去找油，最後還得同學們自己把屍體送進火化爐去。這件事情直到現在還令他刻骨銘心，對於他的那些同學也是。他們很快冷靜下來，對人的生命、對文化革命、對社會主義的理論等等，開始反思，學校形成了一股讀書的風氣。後來他們都下鄉當了知青，到了社會底層，反思就慢慢的成了「研究」，結合社會的現實來研究。

一九六七年的大武鬥之後，李正天帶著諸多「想不通」的問題，一頭鑽進廣東省科學館的二二七號房間，研究馬（克思）、恩（格斯）、列（寧）、史（達林）著作和大量的理論著作

278 陳一陽（一九四七～）廣東廣州人。原在廣東省社科院圖書館工作，華文國學院客座教授。時為廣東省紫金縣竹公社知青。

和歷史書籍。他每週主持召開定期串連會，和朋友們探討產生這些問題的緣由，研究國際共運的教訓，尤其是第三國際的問題。他們認為「公安六條」中「誰反對毛主席就打倒誰」、「誰反對林彪就是反革命」、「誰反對中央文革小組就是反革命」的原則是一種非法之「法」——因為頒佈這個法的程式就不合法。由於有了這個非法的「法」，千千萬萬的人就犯下了無罪之「罪」。以此類推，他們對整個「文革」，乃至一九五七年的「反右」鬥爭及歷次政治運動都產生了懷疑。

這些觀點當時都是殺頭之罪。可是初生之犢不畏虎，每每形成一個觀點，李正天都會想方設法寫成大字報到處張貼，文章中明顯表現出對林彪和黃永勝等在全國、在廣東鎮壓幹部群眾的揭露，對江青的幹將康生和張春橋也表現出極大的反感。他寫過一篇〈社會主義與中國〉，其中提出對共和國要進行本體論的分析。那個時候人們天天把馬克思曾經讚揚的「巴黎公社」掛在嘴邊上，可是李正天不以為然：我們是社會主義制度下的共和國，而「巴黎公社」的體制是同時兼管行政與立法的工作機關，非常強調管理權，就等於說運動員與裁判是一個人，這是非常荒唐的。他還模仿恩格斯的《反杜林論》，寫了一篇文章〈反絕對論〉，批判林彪吹捧毛澤東「是馬列主義頂峰」這種非常絕對的觀點，和「政權就是鎮壓之權」的話。他反問：難道一個政權不是應該關心人民的福利，進行建設，而僅僅是為了鎮壓嗎？

就因為這篇文章，他被抓進了廣州警備區監獄，關了四年。

等到李正天從監獄裡出來，林彪事件已經爆發，軍隊幹部失勢，包括劉興元、丁盛在內的將領都被批判，清算那些製造冤假錯案的「支左人員」呼聲，在幹部和群眾中間逐浪高漲。

一些心懷正義的年輕人就此祕密進行調查，其中就有李正天的老朋友鄭慶和[279]調查的「海南儋縣大屠殺案」。

海南儋縣是革命老區，大饑荒時期受害嚴重，死人很多；「文革」初期在毛澤東反官僚主義的號召下，民眾的「造反意識」強烈，群眾組織風起雲湧。到一九六七年三月，海南儋縣軍管會把該縣三個大型群眾組織宣布為「反革命組織」，並於一九六八年八月調集野戰軍、地方部隊（包括炮兵）和全島八個縣十四個國營農場的武裝基幹民兵，對全縣各個公社、國營農場，包括一百九十八個老區村莊的「反革命組織」實行武裝圍剿和燒殺。全縣被殺害的幹部群眾有七百多人，燒毀民房七百多間，設置臨時監獄五百多所，非法關押五萬多人，許多人受到了嚴刑拷打，致傷致殘者數以千計。[280]

林彪事件之後，此案被下放到海南「勞動改造」的大學生鄭慶和等人冒死進行調查，在重重圍追中輾轉於儋縣各地，整理出八萬字的材料，數百張照片。他們在當地群眾的掩護下，終於帶著材料及膠捲渡過瓊州海峽，進入廣州，將這些資料祕密沖曬、刻印、裱裝成冊，定

279 鄭慶和，海南人。一九六三考取中南林學院森林工業系，文革中系學生領袖，後期被打成「現行反革命」下放勞改。在調查儋縣問題的同時還調查了海南東方縣、海南三亞、石碌等地的冤假錯案，並據此撰寫了〈無產階級專政與無產階級文化大革命〉及〈關於無產階級文化大革命的戰略反攻〉等反思性的文章。文革後在趙紫陽的干預下獲得平反。

280 「文革」後，儋縣「六八·八」事件被定性為：原海南區革委會、儋縣革委會和軍管會的某些負責人及其追隨者執行極左路線造成的大慘案。中共儋縣委員會宣布：為在這一事件中被迫害致死的幹部群眾公開平反昭雪，為被迫害的廣大幹部、群眾公開平反、恢復名譽，對主謀殺人者及其兇手依法進行懲辦。（一九七九年八月十九日〈中共儋縣縣委平反座談會紀要及最近情況反映〉）。

名為《廣東省儋縣一九六八年法西斯大鎮壓案圖片資料簡編》。此「簡編」大十六開本、折迭式，拉開數十米長，可隨時展覽，前言寥寥數語：儋縣這場鎮壓，比當年日本帝國主義和國民黨反動派有過之而無不及。這是一場大浩劫、大災難！

一九七三年的五月，鄭慶和帶著調查得來的一大堆材料，輾轉找到當時的廣東省委大學處處長周焱，請周轉達複職不久的趙紫陽書記。沒多久周焱告訴鄭慶和：「材料給趙書記送上了，趙書記看了說能否借給他一個月，讓省委常委傳閱一遍。」鄭慶和非常感動：他還是個帶著「現行反革命」帽子的人，省委書記要將材料借給常委們傳閱，居然要徵求他的意見。不久周焱後來又帶話過來：「趙書記說了，鄭慶和很聰明，有頭腦，就是思想過激了一點。」寥寥數語，鄭慶和已經領悟出紫陽書記的傾向，心裡暗自高興。一個月後，常委們傳閱完畢，周焱將材料如數轉還回來，這又讓鄭慶和感動了一回：趙紫陽身為廣東省委書記，對我這樣一個未滿三十歲且「冤名」在身的青年人都如此講信用，真有些儒家讀書人的風範。又過了一段時間，周焱又來轉告：「趙書記要你到寇慶延家，有什麼事及時向寇老反映。」寇慶延和善客氣地接見了這位年輕人，還為此約見了公安廳長王甯。他跟鄭慶和說：「據調查，文革期間廣東全省非正常死亡人數五萬多，關入正規監獄就達五十多萬人。」

鄭慶和等人關於儋縣的資料受到了國務院總理周恩來的重視，據說周恩來對上報的材料批復大意是：我們那麼多公安的同志們到哪裡去了，這樣的情況怎麼不反映上來，要組織人員到海南去調查落實。公安部、組織部據此組成的聯合調查團到了海南調查，落實情況，還給儋縣死難人員每人補助八百元撫恤金，被燒的房子由政府重建後給還村民。到一九七九年，中共儋縣委員會正式宣布此案平反，主謀殺人者及其兇手依法進行懲辦。

儋縣問題的最後處理，趙紫陽起了積極的作用。他在很多場合提過包括儋縣在內的假案，要求進行妥善處理。這些意見和批示，被登載在這些年輕人自辦的油印小期刊《動向》上。

趙紫陽的態度，令年輕人們欣喜，興致勃勃的鄭慶和四處串聯，與當初的學生領袖們一起討論關於「文革」的種種命題，其中就有李正天。

鄭慶和找到李正天的時候，他雖然被放出來了，但依然被學校「監視居住」，每天到規定的地方挖地種莊稼。他詳細閱讀了鄭慶和調查整理的材料，和朋友們的聚會和討論又恢復了。李正天利用在學校圖書館清理書籍的機會，又閱讀了孟德斯鳩、伏爾泰、盧梭、黑格爾、費爾巴哈、亞當．斯密等人的書，認為這些著作不僅僅屬於資產階級，而是全人類政治文明的成果；當時還有一本內部書籍《第三帝國的興亡》在年輕人中間很流行，這本書闡述了「法西斯」為何物以及它興起的緣由，很容易讓人與當下的中國狀況產生聯想。

大家決定要把討論的成果寫成一篇有分量的東西，給黨中央和毛主席「上書」。至於什麼內容，李正天和他的朋友王希哲、郭鴻志決定來個《三國演義》上古人用過的辦法：把主意各自寫在手心裡，張開一看：李正天在手心寫的「法制」兩個字，王希哲寫「民主」兩個字，連起來就是法制與民主，郭鴻志看了說不錯，就用「民主與法制」這個名寫篇文章上書吧。咱們闡述一下什麼是無產階級專政下的民主與法制。

要弄清這個問題，首先要弄清楚什麼是無產階級專政。李正天以「反對林彪副主席」的罪名被關進廣州警備區監獄之時，和絕大多數紅衛兵一樣，還是一個虔誠的列寧主義者。他向看守借了一本列寧寫的《無產階級革命和叛徒考茨基》，列寧在書中寫道：無產階級專政是「直接憑藉暴力不受任何法律約束的政權」。

後來李正天向郭鴻志講了自己的想法和體會：看來搞「無法無天」的老祖宗就是列寧，這也就是為什麼（布爾什維克）黨內鬥爭如此殘酷，動輒混淆兩種性質的矛盾的原因，因為這些也是列寧所稱道的革命秩序。他認為毛澤東的很多錯誤繼承了列寧的東西，可是在這個問題上卻高於列寧：比如他主張正確處理人民內部矛盾，反對殘酷鬥爭，無情打擊，反對混淆不同性質的矛盾，主張「一個不殺」、「大部不抓」……為了回答這些問題，李正天在中山圖書館和廣州美院圖書館精心研讀了大量的法學論著和法律條文，郭鴻志則花了很大力氣尋找、研究國際共運史和中共黨史的正反面材料。最後郭鴻志說，他查閱能找到的所有的毛澤東的論著，沒發現有一句話講要法制，倒是大量材料證明毛從來就得意於自己是「和尚打傘，無法無天」，這就是禍亂之源。

他們由當下談到以往，談到了當時最忌諱的廬山會議和彭德懷[281]。老郭表示，「民主」主要講主權在民，而中國習慣主權在君。比如彭德懷，他在黨內提出自己的看法，就算是干擾了毛澤東本來打算反「左」的部署，錯怪了毛澤東，也屬於正常的黨內民主。但說這是搞「反黨集團」、「裡通外國」，就太過了。再說彭真[282]，他主張「真理面前人人平等」，也沒錯啊。所以說，中國的民主首先要從黨內民主開始，「兩彭」問題不解決，黨內民主的空氣就不會正常。

281 彭德懷，歷任中華人民共和國元帥、中國人民志願軍司令員、國防部長等職，一九五九年因為在廬山會議上指出大躍進的弊病，被打成「反黨集團」頭目，文革中被迫害致死。

282 彭真，文革前任北京市副市長，他有兩句口頭禪，一句是「在法律面前人人平等」，一句是「在在真理面前人人平等」。「文革」一開始彭真就被打倒，這兩句話成了他的主要「罪行」。

這些都能夠寫進文章裡去嗎？當然不能。那我們就先不談列寧，而是集中來談法制與民主，毛主席現在大談儒法鬥爭，力挺歷史上的「法家」[283]，不是正好切合大形勢嗎？此時的李正天，還想說明白一個問題：除了林彪之外，他現在反的不僅僅是江青手下的康生和張春橋，而是直接反對毛澤東的夫人江青了。在監獄裡的那些年，他把「文革」從頭到尾回首了一遍，覺得紅衛兵「文革」初期狂熱地信賴江青，的確辦過不少錯事蠢事，可是到頭來我們這些狂熱的學生當了她的替罪羔羊，她卻「一貫正確」。那個時候的李正天對於毛澤東還是很敬仰的，還是堅信：毛主席是希望我們關心國家大事的。我們一定要挖出睡在毛主席身邊的定時炸彈，那個定時炸彈除了林彪以外，還有江青他們一夥。李正天就下定決心：一旦出獄，堅決與江青鬥爭，要向黨中央、向全國人民揭露她形「左」實右的反動面目：她和林彪在本質上是一夥的。於是他的文章中就提到了一個概念：堅持林彪體系的頑固派。

其中「林彪體系」的提法，來源於陳一陽在鄉下讀了恩格斯《費爾巴哈與德國古典哲學的終結》之後的感想。他認為年輕時候的恩格斯和馬克思都是「青年黑格爾派」，但是後來他們揚棄了黑格爾的體系，高揚了辯證精神，這是一個偉大的轉變。而這樣的轉變正符合黑格爾本人所說：我們必須把青年時代的理想轉變為反思的形式[284]。我們這一代人深受毛澤東影響，

283《毛澤東傳》，一六五六頁。一九七三年七月，毛澤東在對王洪文、張春橋的談話中指出：林彪同國民黨一樣，都是「尊孔反法」的。他認為法家在歷史上是向前進的，儒家是開倒車的。毛澤東把「儒法鬥爭」和批林聯繫起來，目的是為防止所謂「復辟倒退」，防止否定「文化大革命」，而不是李正天他們猜測的從此「要重視法制」，是「民主的思想飛躍」。

284《黑格爾通信百封》，上海人民出版社一九八一年版第五八頁。

可以說我們都是「青年毛澤東派」，我們也應該揚棄毛澤東體系，高揚辯證精神。只不過「揚棄毛澤東體系」這話現在不能提，那咱們就轉換為「林彪體系」。

必須把青年時代的理想轉變為反思的形式。黑格爾的話說得是何等的深刻。

應付江青

年輕人們對於這篇炸彈一樣危險的文章，充滿了信心。

一九七三年十二月，文章二稿定稿。他們把初稿日期故意定為一九七三年九月十三日，以紀念林彪「爆炸」兩周年。此文連同其他三篇調查文章，被他們委派專人送往北京，途中被丁盛、孔石泉主政的廣東軍政當局截獲，被稱之為「四份反動油印品」。可是很快，八大軍區的領導對調了，許世友調來廣東，任廣州軍區司令員，趙紫陽任廣東省委第一書記兼省革委會主任和廣州軍區政委。這「四份反動油印品」不但沒有看成「炸彈」加以懲處，趙紫陽反而通過省委宣傳部副部長張作斌在省委接待室接待了李正天，給予鼓勵。張部長傳達了趙紫陽書記的話：幾個年輕人的文章「提出民主與法制，提得很准，抓到點子上了。」還說他們受了冤屈但是「不是僅僅申訴個人的問題，而關心的是國家的重大問題」，這一點不簡單；希望他們「繼續作社會調查，因為沒有調查就沒有發言權」。

儘管年輕人們都很興奮，可是文章畢竟還只是停留在省委的領導們手裡，並沒有起到「炸彈」的作用，他們還是不甘心的。於是從一九七四年的三四月開始，他們把自己的一些想法寫成大字報，陸續貼到廣州的鬧市區北京路等處，這些大字報一反運動初期的胡攪蠻橫，擺事實講道理，很是引人關注。在第一張大字報「廣東怎麼辦」貼出以後，陳一陽馬上寫了封信，貼了四分錢郵票寄給趙紫陽。他在信中提出大字報貼在最繁華的北京路口，看的人很多，恐怕會對交通造成比較大的影響，建議廣東省委設立一些大字報區，既能夠開展「批林批孔」運動，又不影響交通秩序。沒幾天陳一陽就發現，在他建議建設大字報區的第一工人文化宮前面，果然搭建了大字報架，但是不知道為什麼沒有幾天就又拆了。看來趙紫陽收到了這封信並且同意了陳一陽的建議。至於什麼原因拆了，不清楚。

到了一九七四年的十月，中央下發〈中共中央關於準備在最近期間召開第四屆全國人民代表大會的通知〉，其中有一條是：「抓緊專案清查工作……對於極少數屬於敵我矛盾的林彪死黨要繼續清查批判。」幾個年輕人決定將〈民主與法制〉再度修改，然後以「獻給四屆人大和毛主席」的名義寫成大字報，公開張貼出去。

在最後的定稿裡，這份大字報列舉了對全國人民代表大會的六點要求：一、制定法律「保障人民群眾的一切應有的民主權利」；二、採取措施「限制特權階層」；三、採取措施保障「人民群眾對黨和國家的各級領導的革命監督的權利」；四、制定條例嚴禁拷打、誣陷、草菅人命以及其他形式的「法西斯專政」；五、政府和黨的政策不要經常改變；六、實行「各盡所能，按勞分配」的原則。

作者聲稱他們的建議「絕不是異端於馬克思主義體系之外的東西，只不過是企圖以馬克思主義的思想武器，去對林彪體系的影響、禍害所及作一番認真的清理罷了」。

一九七四年十一月十日，李正天與陳一陽、王希哲、郭鴻志等人以「李一哲」為筆名正式公布了〈關於社會主義的民主與法制——獻給毛主席和四屆人大〉一文，並抄成多份大字報，張貼在廣州市最熱鬧的北京路等處。署名時他們各取了自己名字中的一個字，卻將老大哥郭鴻志排除在外——他年齡最大，是黨員，有家有室還有公職，而幾個年輕人一無所有，也就無所畏懼。

當時全國幾乎沒有什麼大字報上街了，可是在每年舉辦兩屆交易會、一向注意「對外形象」的廣州，一篇洋洋灑灑二．六萬字、由六十七張白紙抄成的大字報在鬧市張貼出來，立即萬人矚目。北京路上白天人頭洶湧，圍觀大字報，夜裡路燈明亮，上夜班回家的工人也踏自行車趕來看大字報，導致交通堵塞，公車只好繞道行駛。

很快，這篇大字報影響遍及中國，傳出國門，還流傳到香港、澳門、台灣以及海外其他地區，引起國內外強烈反響。廣州美院的領導找李正天談話，在場的還有《新華社》廣東分社的記者宮策和雷力行。他們問大字報中「堅持林彪體系的頑固派」指的是誰，李正天很明白地說：就是針對江青這些人。江青聞訊，說它是「解放後最反動的文章」。

當時的廣東省委對於批不批「李一哲」，是相當為難的。這不僅僅因為江青當時是中央政治局委員，又當過中央文革的負責人，而且成天宣稱自己「代表毛主席」，還因為那段時間，她頻繁拉攏趙紫陽，這從她給趙紫陽的兩封信上可以看得出來。

第一封信寫於一九七四年一月。一九七三年底到一九七四年初，江青為了扳倒周恩來，自行發動「批林批孔」，到處送書，甚至以個人名義給中央軍委和全軍指戰員寫信，在北京召開一萬多人參加的中央直屬機關和國務院各部門「批林批孔大會」……到一九七四年的一月二十五日，中國人民解放軍南海艦隊一部與陸軍分隊、民兵協同作戰，對入侵西沙群島的南越軍隊進行了反擊作戰，取得勝利。三天後，正值正月初二，江青安排作家浩然、詩人張永枚、

《新華社》記者蔣豪濟代表她去慰問前線軍民，並帶去她寫給廣州軍區全體指戰員和海南島、西沙群島群眾的一封信，贈送《林彪與孔孟之道》等三種書各五百份。信件全文如下：

洪文、劍英、春橋、小平、錫聯、振華同志：

請轉世友、紫陽同志：

請代我向廣州軍區全體指戰員、海南島、西沙群島全體軍民同志們，致以無產階級革命的敬禮！祝賀西沙群島全軍、民兵、漁民同志們與敵周旋，獲得維護祖國主權的偉大勝利！

我身在北京，心逐南海，洶湧澎湃！雖不能與同志們一塊持槍戰鬥，但在思想上、政治上，正在進行著一場大鬥爭，這場鬥爭是大是大非，是路線鬥爭，是在以毛主席為首的黨中央直接領導下，在上層建築、意識形態領域中，進行的一場持久的鬥爭——批林批孔運動正向縱深發展，勢若燎原。我們是心連心的，我們都要打倒帝修反，為建設社會主義的新中國，各自在黨分配的工作崗位上戰鬥著。

為了表示我對同志們的祝賀，特請作家浩然同志、詩人張永枚同志、記者蔣豪濟同志[285]代表我前去看望堅持在前線的英雄們！並送你們：《林彪與孔孟之道》五百份；《五四以來反動派、地主資產階級學者尊孔復古言論輯錄》五百份；《批林批孔文章彙編》（一）、（二）各五百份；《魯迅批判孔孟之道的言論摘錄》五百份。學習的第一單元是：一、毛主席的〈我的一點意見〉；二、〈毛主席致江青同志的信〉；三、〈毛主席在外地巡視期間同沿途各地負責同志的談話紀要〉。以上三份檔請世友、紫陽同志為你們準備。中央的通知還會告訴你們其他讀物。

285 此行不久，作家浩然寫出詩體小說《西沙兒女》，張永枚寫出詩報告《西沙之戰》，成為當年最被推崇的文學作品。

致

無產階級革命戰鬥的敬禮！

江青

一九七四年一月二十八日凌晨五時

這裡值得注意的是：當時雖然丁盛已經和許世友對調去了南京，但是廣東省的領導班子還沒有調整到位，趙紫陽還處在第四把手。可是江青的在這封信的開頭卻是「……請轉世友、紫陽同志」，在那樣的敏感時期明顯地暗示了趙紫陽的前程。三個月之後趙紫陽果然升為廣東省委的第一把手。

第二封信是在這一年的七月，著名粵劇女演員紅線女[286]到北京學樣板戲《杜鵑山》十六天，江青親自接見兩次。紅線女於三十一日寫信給江青，述說廣東粵劇的處境困難。八月四日江青就此信作了批示，讓紅線女帶回給廣東省委第一書記趙紫陽，信中要求趙紫陽親自過問粵劇《杜鵑山》及粵劇改革，說：「粵劇改革多災多難，移植樣板戲困難重重。」江青這次給趙紫陽帶信，很大程度上源於一九七二年五月一日她到廣州時，剛剛從內蒙回來的趙紫陽負責接待，趙紫陽安排江青在廣州留園餐廳吃飯，丁盛在場，紅線女作陪，也就是在那次的餐桌上，江青講了紅線女可以演《杜鵑山》裡的女主角柯湘。

可是此一時彼一時，一九七四年底的江青，地位已經起了變化。

286 粵劇著名女演員鄺健廉，藝名紅線女。

江青這個人，既膚淺又霸道。她的膚淺令老人們瞧不起，霸道又讓上上下下都反感。此時儘管她已經是政治局委員，手下還有幾個幹將，可是遠遠比不上當初在「中央文革小組」掌舵時一呼百應，加上「恨鐵不成鋼」的毛澤東已經轉變了對她的態度，對她到處插手抓權很不滿意。感到勢力有些單薄的江青急需拉攏人才，所以才派人到處給人送信，這其中也包括送給廣州軍區的許世友和趙紫陽。對於趙紫陽來說，無論是剛剛從內蒙回廣東立足未穩之時，還是即將從「五把手」升為「一把手」的關鍵時刻，對於這種微妙的關係，至少不能去打破它。所以許世友和他對於江青的兩封信都表現出積極的態度：當三位文人抵達廣州軍區招待所後，廣州軍區司令員許世友、廣東省委書記趙紫陽等領導立即去探望。他們從三位「特使」手中得到了江青的慰問信，立即鉛印下發，廣東大陸部隊發到團，地方發到縣；海南島駐軍發到連，地方發到公社，要求「貫徹落實江青同志的講話精神」。而在收到第二封信之後，他按照江青的意思，將紅線女提為文化局副局長，兼粵劇改革領導小組組長，還為她配備了班子，把粵劇改革的工作抓起來。

李一哲大字報貼出不久，趙紫陽應召進京。一九七五年一月十五日，廣東省委常委會開會，傳達趙紫陽從北京打回來的電話內容。趙紫陽在電話中說：李先念、紀登奎同志和我談了，支持廣東批判「李一哲」三人不再擴大的意見。中央領導提醒我們，批判高潮一起來，下面容易搞大，要注意控制批判面。趙紫陽在電話中還強調：各單位不准抓小「李一哲」，不要抓其他反動大字報，這個問題要切實控制。

趙紫陽從北京返回廣州之後，立即安排對大字報的批判。在到達廣州前，他已通知各級領導、各群眾組織代表集中到白雲機場會議廳，一下飛機直往會議廳作指示。他先傳達上面的指示：對李一哲大字報必須徹底批判、徹底批倒，然後交代政策：「在批判過程中要文鬥，不要武鬥，要充分讓他們說話，允許他們反駁。」[287]

關於這些「政策」，坊間廣泛傳說是「上面」發了話。至於「上面」到底是誰，各說不一。有人說是毛澤東，更多的說法是周恩來。可是此時毛澤東正在武漢長沙等地修養，周恩來則因為膀胱癌正在做第二次手術，即使他們稍有空隙，也得忙於準備即將召開的第四屆人大，特別是在人事上防止江青等人插手鬧事，顯然沒有更多時間顧及廣東的一張大字報，所以無論是《毛澤東傳》或者《周恩來年譜》上對這張大字報都沒有提及。而且即使這張大字報涉及到江青，也已經不重要了：因為此時毛澤東對江青到處插手已經極不耐煩。就在李一哲的大字報貼出的那段時間，毛澤東甚至當著已經出任第一副總理的鄧小平批江青，在江青寫來的信件上批示說她積怨甚多，沒有自知之明[288]。

因此趙紫陽上北京，很可能是在不大的範圍之內討論這個問題[289]，提出了「只批判李一哲三人不再擴大」的意見並且得到了李先念和紀登奎的支持。而最後「政策」的確定，還有一個大背景。這個背景首先是毛澤東本人對於「文革」已經感到疲倦。在中央剛剛下發的〈中共中央關於準備在最近期間召開第四屆全國人民代表大會的通知〉中，傳達了毛澤東在武漢所講的「無產階級文化大革命，已經八年了。現在，以安定為好。全黨全軍要團結」的話。以後類

287 鄭慶和〈回憶趙紫陽文革中的幾件事〉。

288 《毛澤東傳》，第一七八九頁。

289 據後來習仲勳透露：中央在關注此事，中央政治局也在就此事討論。

似的話又多次說過，表明他希望全國上上下下不要再發生什麼重大的事情，也隱含著打算結束「文化大革命」的意思。

而在民間，全國上下對於那種強詞奪理、不讓人說話的「大批判」已經厭惡，各級幹部都嘗過這種「大批判」的苦頭，特別是趙紫陽。當時負責與這些年輕人聯繫的宣傳部副部長張作斌說過：其實我們當時都是贊成這篇文章的基本思想的，不認為是反動的，而認為是進步的，因為民主與法制這個問題本來就是進步的話題。趙紫陽認為不要把這篇文章的問題看的太重：他們就是話講早了一點。現在既然說他們反動，就多印一些出來，讓老百姓去辨別、去批判吧。290

由此可見，趙紫陽對於極力拉攏自己的江青，表面是極力應付，其內心也是有原則的，用得上中國的一句成語：「陽奉陰違」。

經過評定其是「反革命」還是「反動」的爭論，中共廣東省委最終擇其「輕」——在一九七四年十二月初將〈關於社會主義的民主與法制〉定性為一張「反動大字報」，並迅速組織全省批判。其屬下的廣東省革委會不敢怠慢，在全會上組織了大批判，會上不少委員的發言，都隱指「群眾代表」武傳斌是「大後台」——因為李正天、陳一陽和王希哲在「文革」中都是武傳斌領導的學生組織「紅司」的頭目，而且和他個人關係密切。也就是在這次會上，趙紫陽提出要組織專家批判，要允許李一哲現場發言，要從理論上「駁倒」他們，並強調只准「文鬥」……會間休息時，趙紫陽走過來向武傳斌示意：「來，借支煙抽抽！」就在武傳斌給他打火時，趙紫陽輕聲問：「你是不是李一哲的後台？」武傳斌實話相告：「我不是後台，但這篇文

290 張作斌〈趙紫陽支持民主與法制的主張〉。

章我比你們提前看過，也不同意上街。」趙笑了笑說：「不用緊張，我們不查（你這個）大後台。」

當時武傳斌就感覺到：趙紫陽並不那麼反對這篇文章。[291]

一九七四年十二月三日，為批判做準備，廣東省委印發了署名「宣集文」的批判「李一哲」的長篇論文，並下發到各單位，隨後「宣集文」還寫了「二批」、「三批」的文章，批「李」運動宣布開始。緊接著有關部門將〈關於社會主義的民主與法制的批判發言〉等文章一道彙集成冊，分發給各級單位和群眾，人手一冊。當時人們都有看「批判材料」的習慣，比看「正面」材料還積極。一個工人朋友連夜將這樣的小冊子送給了陳一陽，陳一陽簡直是大喜過望：你想想，一份幾十張紙的大字報用手抄，幾個人得忙活一整天；刻一張蠟紙去油印，最多也只有幾百份。可是省委現在像中央文件那樣大規模的印了幾百萬份，又印得這樣漂亮正規。這樣宣傳效果遠非自己能力所及，真是不得了！

脆弱的萌芽

一九七五年一月，省、市有關部門按照上級佈置，在許多機關、學校、工廠大張旗鼓地開展批判「李一哲反動大字報」活動。同時，黨校、省直機關、各高等院校、各大型廠礦、市總工會、市城建、市教育戰線、廣州鐵路分局、市建工局、黃埔造船廠、《南方日報》社等各級行政、企、事業單位，寫了大量批判「李一哲」和〈關於社會主義的民主與法制〉大字報的

291 武傳斌《風雨蒼黃三十年—我與趙紫陽的交往》。

文章，中山大學的領導甚至說：駁不倒李正天的大學生不能畢業。廣州市批林批孔運動辦公室將其中有代表性的文章收入《革命大批判稿選刊》，大量發行。此間趙紫陽又發話了：李一哲提倡民主與法制，我們也不能違反民主與法制，批判他們不能亂來，要堅持黨的政策，要文鬥不要武鬥。有關方面要採取措施，要給水喝，給凳子坐，給麥克風，要允許李正天、陳一陽反駁。

既然可以反駁，事情就變得熱鬧非凡：針對批判文章，李一哲迅速寫出「反批判」的大塊文章，然後抄成大字報貼出來，經大家輪番修改定稿，他們先後發表了〈反批判書〉、〈嚇人戰術〉、〈請君入甕——二評某些權威的批判〉、〈這是馬克思主義的原則嗎〉、〈杜崗的把戲〉、〈二十五個問答〉、〈特權階級論綱〉、〈誰反對毛澤東思想就打倒誰的口號對嗎？〉……文章雖然標題有些聳人聽聞，可是內容言之有理而且旁徵博引，將官方的《宣集文》駁得體無完膚。這些反駁文章由有關方面收集成冊，以「供批判」的名義廣泛下發之後，社會輿論明顯傾向李一哲，使得批判陷入尷尬的局面。

當時力主批判李一哲的廣州市委第一書記兼革委會主任焦林義，後來在他的《對一九六六～一九七六的一些回憶》中寫道：「現在看來，大字報是針對江青，也針對時弊，提出了很多問題，有些的確很值得注意，大字報說當時的中央領導人違背馬克思主義……在廣州組織了幾次批判會，將這張定性為反革命大字報[292]的作者拉出來批判，可是很難批倒，批不到點子上。」

大批判當然不僅僅是筆戰了，還有多達百場、歷時一年多的批判會，許多還是萬人大會。由於省委第一書記趙紫陽指示允許答辯，結果批鬥會都變成了被批鬥者與批鬥者的辯論會，特

292 其時廣東省委定性的是「反動大字報」。

別是在各個大學的批判會上，秩序井然，有一次陳一陽講了二十多分鐘也沒有人打斷，這樣的情景在今天也很難得。作為「李一哲」的主要成員李正天，幾乎「出席」了全部的批判會，與批判者們開展了面對面的辯論。在大約三十多場辯論中，允許他講話，允許他有麥克風，讓他喝水，讓他坐著。而且在這些萬人大會上都嚴格遵守省委的規定，不許像運動初期那樣戴高帽、「坐飛機」、強迫低頭，戴牌子；就連「不批倒李一哲的學生不准畢業」的中山大學也是這樣。

當然有的人搞習慣了，在他經歷的一百多場批鬥中，其中有七十多場因演變成武鬥而無法辯論下去。常常剛上台就因為不低頭而遭到一頓暴打，其間更有不少「勇敢分子」沖上台來施以拳腳。為了制止這種局面，趙紫陽專門派出一批人負責對李正天實行「監護」，以後的每場批鬥會，都有身材魁梧的「保鏢」陪同在李正天身旁，廣州美院保衛處的黃煜光等人經常站在李正天身邊為他擋駕，不允許他人輕易靠近。黃煜光說：「李正天現在正在受批判，事情鬧得這麼大，社會都關注他，海內外都關注他，如果有人趁機搗亂傷害李正天，那就會損害黨和國家的威信，問題就複雜了。所以我們監護，就是要監督保護。」李正天本人會畫畫，如果挨了打，他就把打人者的畫像交往省委有關部門，這些人後來也被「約談」。其實這些想顯示自己革命的「勇敢分子」也不敢真正靠近李正天，因為有「監護者」警告說：「李正天會武功的，如果你把他逼急了，他來一個反踢腿，點你的穴，你自己負責任！」

在批鬥期間，李正天發現經常有人跟蹤，很生氣，問他為什麼，那人說我們是按省委指示，來監護你，負責你的安全，不能讓你在批鬥期間出現任何問題。而陳一陽身邊不但有一些同學暗地裡跟著，也出現了奉上級指示的「陪鬥」，其中有一個是東山區教育局幹部。他後來透露給陳一陽說，「上面指示」在批鬥的時候不能提家庭出身問題——這肯定是因為陳一陽和李正天的家庭出身都「不好」：要知道「文革」時期的家庭出身問題是個非常大的大問題，很多人就是因為父輩或者是祖輩是地主資本家或者右派反革命，被活活打死。

趙紫陽的態度，也影響到一些高級幹部。比如在大會上有人高呼「打倒李正天」的口號，應者雲集，可是在場參加批鬥的一大片穿綠軍裝的軍人就是不舉手，有人問他們為什麼，帶隊的人說「上級沒通知。」這是一個很重要的暗示，以後再有人高喊「打倒李正天」時，全場舉手的人便七零八落了。後來聽說廣州軍區司令員許世友和下面的人打了招呼：這個李正天反不反動我不清楚，但是我欣賞他的氣節，怎麼打也不低頭，你們沒有我的通知別亂舉手。十二月二十四日，廣東展開對於「李一哲」大字報大力度批判一個多月後，時任國務院副總理的李先念在國務院一個會議上說：「廣東的反動大字報，發動了幾十萬、幾百萬人批，廣東好，不怕大字報。」

這也從一個側面證實了高層對此的關注和傾向性。

對於「李一哲」大字報的批判，進行了接近一年。民眾在會上辯論、會下討論，李正天用詞簡短精闢，妙語連珠，辯論會上的趣聞逸事到處流傳，「民法與法制」這五個字搞得家喻戶曉。到一九七五年的十月，趙紫陽被鄧小平點將去了四川，廣東進入了韋國清[293]時代，事情立即起了顛覆性的變化。

李正天至今認為：韋國清發現「李一哲」大字報指出的某些當權派無法無天、大肆迫害群眾的問題正是自己主政廣西時的所作所為，而一九六八年廣東發生的儋縣等血腥事件，只不

[293] 韋國清，自一九五五年主政廣西，一九七三年任廣州軍區第一政委，一九七五年十月趙紫陽去四川之後，韋國清即任廣東省第一書記、廣東省革委會主任。一九七八年十二月離開廣東，任解放軍總政治部主任等職。

過是受到廣西局勢的「影響」而已，因此對「李一哲」的態度變得很兇狠：被打成李一哲「組織部長」的陳錦祿最早被收進監獄，被打成李一哲「宣傳部長」的張嘉琪也批鬥看押起來，陳一陽被押到農場監督改造……李正天本人則被押往粵北礦區石人嶂鎢礦石坑「井下安全措施小組」（即搶險隊）接受監督勞動改造，隨時都有生命危險，而且遭到輪番批鬥，「武鬥」升級。一九七五年十一月十一日，在師姑山坑口的批鬥中，他被打得躺在血泊中達三小時之久。恢復後他連夜逃往廣州，向省委監委書記、老紅軍李堅真大姐反映在礦山慘遭毒打的事，在場的還有時任廣東省委常委、省委書記吳南生。他們聽了事情的經過之後非常生氣，大聲說：「怎麼能這樣？中央不是講過不許打人，不許抓人嗎？」並立即通知下面不得亂來。至此，對李正天等人進行的長達一百多場的批鬥，才算宣告結束。

「四人幫」垮台後，韋國清繼續對「李一哲」進行清算。一九七七年十二月中旬舉行的廣東省第五屆人民代表大會，公開宣布「李一哲」是反革命集團，其罪名為「『四人幫』大亂廣東的社會基礎」。李正天、陳一陽、王希哲、郭鴻志等人分別被判有期徒刑，一批與「李一哲」有牽連的幹部和青年，也受到隔離審查和內部批判。李正天在監獄中繼續申訴，直至在獄中絕食抗議……一九七八年底，接替韋國清主政廣東的習仲勳[294]決定重新複查「李一哲」案。兩

294 一九二六年參加革命的習仲勳，因為「反黨小說《劉志丹》案件」的牽連，被打成「習仲勳反黨集團」的首犯，從一九六二年受審查然後下放勞動改造，直到一九七八年三中全會之後才獲平反，一九七八年四月入主廣東，歷任中共廣東省委第二書記、第一書記，廣東省省長，廣州軍區第一政委、黨委第一書記，並在十一屆三中全會上被增選為中央委員。他繼承了趙紫陽實事求是的思想作風，大刀闊斧地撥亂反正，平反冤假錯案，妥善解決歷史遺留問題，堅決貫徹執行「把工作重點轉移到經濟建設上來」的重大決策，讓廣東在改革開放中走出了最早的一步。

個多月後，中共十一屆三中全會召開，廣東省委終於正式在廣州召開群眾大會，宣布為「李一哲反革命集團案」平反，並於十二月三十日釋放此案的全部人員。

現在的人們對於趙紫陽在「李一哲案件」中的政策，給予了很高的評價。正是因為這樣的政策，在別處說不定會被「槍斃」的幾個年輕人，居然獲得了反駁的機會，在那個非常黑暗的時代，把一場大批判在某個時段變成了「大辯論」，讓「民主與法制」的觀念實質性地浸入民眾的心裡，這個現象不僅僅之前沒有過，之後也沒有。人們將此稱之為「民主與法制」的偉大嘗試，偉大開始，是中國社會走向文明的開端，是趙紫陽經過「文革」大徹大悟的具體表現……

可是實際上，趙紫陽心裡是很苦的。後來習仲勳曾經多次就此案與李正天個別交談，說：「你當時提出『誰反對毛主席就打倒誰，是違背了民主與法制的封建專制口號』，你這樣的話在別的地方，早就把你槍斃了。而且你還對組織上說，文章是針對江青他們的，江青是中央政治局的，她要批，他趙紫陽不批別人也會批；你們又反對特權階層，觸動了很多人的既得利益……趙紫陽有什麼辦法？紫陽同志當時是盡可能保護你的，沒有定你是反革命，允許你長篇反駁，給你麥克風，給你凳子坐，還阻止別人打你，不容易啊！後來省委定你們是『反革命集團』時，紫陽同志早已調去四川了。」

此時的趙紫陽已經不是大躍進時期的那個趙紫陽了，也不是「文革」初期的趙紫陽。那時候的他本質上是個實幹家，比較專注自己眼前的事務，好像不大喜歡理論上的「務虛」，何況年輕人們在文章中闡述的某些觀點過於膽大（比如巴黎公社的政治體制、青年黑格爾學派的反叛、無產階級和資產階級的最後歸宿等等），他未必就完全同意或者是「敢」同意。可是不要忘了他是一個「群眾運動專家」，經歷大大小小的運動之後，他不但深知馬克思說的「任何時候占統治地位的思想是統治階級的思想，在精神產品缺乏的時候尤其如此」的論斷，還深知群眾在「運動」中喜歡順著「上面」指引的方向大哄大嗡，最後鬧得不可收拾。這樣既不符合當時毛澤東提出的「安定團結」的口號，更不符合久亂思定的民心。況且此時的趙紫陽，已經親身體驗了「史無前例」的「文革」，對於以往那種胡亂栽贓卻不准申辯的批鬥方式深惡痛絕。

到一九八〇年九月，改開放剛剛開始，人民大眾追求幸福生活的願望也才剛剛萌芽，時任國務院總理的趙紫陽說過這樣一段話：「僅僅解決了人民生活問題，生活富裕了，並不是社會主義的全部目的，社會主義還應該使人民享受充分的民主。社會主義者必須十分珍惜資產階級民主革命的成果，資產階級民主革命的成果對社會主義有更為重要的意義——資產階級民主是社會主義的起點，請注意這一點……」到一九八九年的那場學生運動，他終於不再屈從壓力，大聲提出了「要在民主與法制的軌道上通過協商對話來解決政府和學生之間的分歧。」並將這個信念一直堅持到最後。為此趙紫陽付出了沉重的代價，可是他有了思想準備。也許這個準備，從「李一哲案件」就暗自開始了。

細細想來，在體制中成長後來又突破了體制的趙紫陽，把青年時代的理想轉換為反思形式的趙紫陽，何嘗不是又一個「青年黑格爾學派」中人。

第五部分

走進四川

第十三章　老娘親

親疏兩重天

一九七三年的重陽節那天，趙紫陽的母親從河南滑縣起身去廣州。和老太太一起來的還有四個人：始終伴著老太太的二姐趙秀、趙秀的兒子秉憲、孫女小英，共一家四代。同行的還有趙莊的大隊支書宋省。

趙紫陽讓陳開枝去接人，可是反覆交代了幾遍，一定不能開他的車去接。陳開枝說從車站回來，好遠的路，不開車怎麼回得來？他說你接到以後就租個三輪車嘛！結果陳開枝只好用三輪車，把省委書記的老娘和親戚朋友們拉回來。

大隊女支書宋省，從來都沒有見過趙紫陽，但是仗著趙紫陽的親娘親二姐，敢說話。她說：「我今天來，一是代表群眾來看你，你當這麼大的官，也不知道你的情況，俗話說眼見為實，耳聽為虛，回去也好給大家有個交代；二是想問你要點東西：家裡搞運輸沒有錢，想要你支持支持，拖拉機也中，錢也中。」最後她還補了一句：「我是代表群眾的意見來的。」

看看，這個連共和國官譜都上不去的村支書，有了群眾做後盾，腰板是多麼地硬朗。

村支書宋省驚訝地看著趙紫陽家的大院子，更驚訝趙紫陽這麼大的官兒——廣東省委第一書記啊，見了她這個村支書，居然一點架子都沒有，還時不時對來家的人介紹說：這是我們村的老支書，來看我。她當了多少年的支書，把我們村搞得很好。

宋省連忙謙虛，說都是黨給的，是群眾的擁護。

趙紫陽說著跟宋省一樣的話，和她聊家常。他問群眾生活怎麼樣了。宋省說以前群眾沒權，現在有了；也有錢有地了，過得都挺好，很滿意。趙紫陽還問趙莊東地、西地那兩條河還有沒有？東地那座小廟還有沒有？兩條河邊打遊擊很方便，地也肥，可以種高粱。他們還聊起村南邊某人的爺爺，趙紫陽說知道知道，個子低低的，白白的、胖胖的。

至於買拖拉機的事情，因為指標確實緊張，有點不好辦。宋省大大咧咧地說：紫陽，你給河南省寫個信，聽說俺們河南的省委書記戴蘇理，你們從前打遊擊的時候搭過夥，一起共過事兒，看能不能解決這個問題？紫陽說誰知道俺寫信能管多少事，頂多就是三十%的希望。試試看吧。然後就寫了。

宋省在趙家住著，吃飯的時候紫陽自己不讓別人盛飯，反過來倒給宋省盛飯，讓她有點著慌。紫陽看她閑得很無聊，就找事給她做，說：「你會炸面坨嗎？就是我們家鄉那種圓圓的油炸麵食？」宋省說當然會啦。「那你教教梁大姐做面坨好不好，我們什麼時候想家了就能炸面坨，吃吃家鄉的味道。」

住了一個星期，宋省對紫陽說：「事也辦了，你那麼忙，我們明天準備走了。」她說的「我們」，還包括紫陽他娘他二姐和兩個孩子。紫陽一時回不過神來，說「你們住多久了？」宋省說都一個星期了。紫陽看看他娘，說「一個星期你們就走啊？再住一個星期。」宋省說我們票都買了，紫陽說你把票退了。就這樣把票退了又住了一個星期，還讓他們去參觀廣交會，順便去看了動物園。回來紫陽問宋省都看了些啥，她說啥都有，看了大老虎。紫陽說：「是嗎？那傢夥我都沒有見過。」

宋省他們走的時候，有人找紫陽彙報工作，他有些抱歉地說：「我就不下樓了，拖拉機能不能買成，也只能試試看了。以後要東西提前給我打招呼，能辦我就辦，不能辦咱就不辦。」宋省擺起架子，說反正群眾意見我是跟你說了，你看著辦吧。說著就自己下了樓。可是車要開動的時候，紫陽還是下來了，說：「我要是不下來送送你們，心裡過意不去。」

宋省回到滑縣以後，信就來了，說是拖拉機的事情落實了，給了兩個指標，兩部東方紅拖拉機，趙紫陽的家鄉趙莊和他二姐家的塚頭營，一個莊一部。[295]

村裡的事情就這麼辦好了，可是自己老娘要求的事情，卻是一件都沒有辦。

老太太此行來一趟，主要是來看看兒子紫陽。自從一九六〇年回去，娘兒倆就沒有見過面。「文革」那陣子，傳言滿天飛，說紫陽成了「走資派」，被打倒了，家族裡的人都受牽連，紫陽的堂兄百業被說成是紫陽的狗腿子，黑爪牙，硬是伸不起腰。後來紫陽去了內蒙，老娘打算去一趟，可是他在內蒙的時間太短了，還沒等起身就調回廣東，老娘內蒙也沒有去成，就來了廣東：老太太就紫陽一個兒子，還是掛牽得很。除了看兒子，老人家還有一件事：要紫陽給外甥秉憲和外甥孫女小英找份工作。

「秉憲他爹當初跟著你們幹革命，被敵人活埋了，是烈士，他怎麼說也是個烈士的娃，可是現在連個工作都沒有，這說不過去；現在他的女兒小英初中畢業了，也找不到工作。小英

295 蔡文彬採訪宋省。

這孩子，從小跟我一床睡，吃啊住啊都顧著，比你家妞妞待我都親，她要是回家晚了，我會迎出一里地去。糧管所一個月給我三十斤白麵，你二姐蒸點白饃給我，我都捨不得吃，留著給小英吃。這些年，先是你二姐帶著她到趙莊俺們的老屋來住，後來你姐的塚頭營說歡迎我過去，我就一直跟著你二姐。她在替你這個兒子盡孝，你說你這麼大個官，幫她的孩子找份工作，於公於私也都說得過去吧？」

當然這些話都不是他娘嘴上說的，說出來的只有一句：你當這麼大個官兒，還找不到一份工作？

可是紫陽說這個事情我還真沒辦法解決。小英你畢業了，回鄉去勞動。

後來小英沒有回鄉勞動，而是去安陽上了中專技校，畢業之後就在安陽上班；她的父親沈秉憲在縣裡煙廠找到份工作，再後來又到煤建公司，說白了就是個賣煤的。這個時候趙紫陽已經在國務院當總理了，說起這事兒北京根本就沒有人相信。最後煤建公司效益不好，秉憲身體也差了，他的母親趙秀和兩個兒子都有病，一家人都靠著舅舅紫陽接濟，否則生活醫療都不能保證。

趙紫陽這人，就這忌諱：怕別人說他一人得道雞犬升天，特別是在他當上國務院總理之後，發現家鄉有人打著他的名義要這要那。一九八五年秋，滑縣農業「大包乾」，糧食空前豐收，竟破天荒地出現了「賣糧難」。秋天，趙紫陽的二堂弟趙百業隨縣長冉繁廣去北京找國務院有關部門請求解決，順便到中南海去看望久違了的堂兄。沒想到紫陽劈頭就問：「聽說你當了縣農委副主任啦，是不是要的？」堂弟說你十九歲就當了縣委書記，二十一歲當了地委書記，我今年已經年過半百，當了個小小副科級的縣農委副主任，還用別人看你總理的面子？

紫陽仍窮追不捨：「你是學師範的，不懂農業，怎麼能當農委主任？」堂弟不高興了：我從學校到水利局已經幹了十六年了，農業我還能外行？趙紫陽嚴肅地說：「我告訴你，你切不可借我的名義向組織上伸手！」

這一句話捅到了堂弟的傷心處：我從來沒有向組織上伸過手！「文革」中我落了個你「走資派」的黑爪牙，誰理過我？現在撥亂反正，我當幹事當了二十年，不用伸手，論資排輩也應該給我安排副科級了。即使不安排到農委當副主任，按照政策也得給我安排個副主任科員，工資一分不少拿！

紫陽的態度這才緩和下來，仍然語重心長地說道：「我不是說你不能當那個副主任，而是說不要因為我當了總理而向組織上要。既然你當了農委副主任，就要從頭學起，認真工作就是了。」

一九八六年，本村同姓街坊叔、滑縣計委主任趙煥嶺去北京拜訪趙紫陽，他卻當面對這位街坊叔提出了嚴厲批評：「現在滑縣還不富裕，不要因為我當了總理就把柏油路修到咱們村，應該把錢用到最需要的地方。」

趙煥嶺急忙解釋道：「紫陽啊，咱那一帶是黃河滯洪區，省黃河河務局為了修築濮陽縣渠村的黃河滯洪閘，還為了方便遷移安置災民，不僅從留固鎮至渠村修築了二十多公里長的三級柏油路，還修築了滑縣大寨鄉至滑縣、長垣邊界十八公里長的鄉間小柏油路，這條路正好路過咱村東頭。修到村裡邊的不僅僅是趙莊，還有桑村集等好幾個大村莊。你擔任國務院總理，俺們滑縣的幹部和群眾都高興，不會給您臉上抹黑的。」

趙紫陽沒有再說什麼，但是一九八六年十一月十九日，國務院「趙紫陽同志辦公室」致函中共滑縣縣委、滑縣人民政府負責同志，並抄送河南省委、安陽市委，指出「同關心全國一樣，紫陽同志對家鄉的建設和父老兄弟的生活也十分關心，但他多次強調，家鄉的繁榮和群眾致富，只能靠政策、靠科學、靠群眾勤勞的雙手去創造。切望你們對鄉村幹部多加教育，使他們在各方面起模範作用。」

信中傳達了趙紫陽一再強調的兩點具體指示：「第一，不要因為滑縣是紫陽同志的家鄉就搞這樣或那樣紀念性的東西，如保留和修繕他曾住過的房屋等。這種作法只能脫離群眾，造成不良影響，而沒有一點好處。紫陽同志多次向我們說過，堅決反對辦這類事。第二，請轉告紫陽同志家鄉的鄉、村黨組織和幹部，絕不能因此而自恃特殊，向上級、向其他單位伸手要東西，求照顧。不可存在依賴思想，更不能搞特殊。」

知道了他這德行，親朋好友有事也不好張口了。比如他的堂叔趙英賓，專門到四川和北京去看過他，什麼事情都不托辦，別人問他為什麼，他說紫陽這個人，不拉感情，私事兒不要找他，辦不成。俺不找他辦事兒，就不張那個嘴；再說他也不能給你辦，如果他給你辦了，那全國不亂套了？

其實紫陽這個人，戀舊。無論在哪兒工作，都給祕書警衛員打招呼，說：「是我打游擊時的老戰友、老房東來訪、來電話，你們一定要認真接待，記住名字，我在家給我說；我不在家給老梁（梁伯琪）說；都不在家時，你們要熱情接待。該幫忙的一定要幫，該報答的也一定要報答。」

一九五六年，趙莊的村長趙正玉給趙紫陽寫信，說是村上要打井搞水利，沒錢購水泥，請他投資三百塊錢。信一寄過去，趙紫陽就把錢寄過來了。要知道那是一九五六年，三百塊錢是個了不得的大數目，得他自己掏腰包。一九七七年，老戰友聶耀民到四川，找紫陽「支援」汽車和鋼材。紫陽說不好辦，耀民說那你能不能幫忙搞一台一套自動電話設備？紫陽讓省計委查了查，倉庫還有三套，就說支援河南一套吧。還有，黃河邊上有個老姑奶奶叫趙寬，曾經是有錢的大戶人家，抗戰時期趙紫陽和他的戰友們曾經藏在她家裡，追來的三個日本兵把大屋都翻遍了，就沒去他們藏的那屋，那次要是被日本人翻出來，就沒有後來的趙紫陽了。趙寬嫁到河那邊的山東高村，到老了窮愁潦倒啥也沒有，當初一起去躲避的老戰友告訴紫陽了，紫陽就讓祕書給老太太所在的縣委寫了一封信，給她蓋了三間瓦房，當五保戶對待。後來趙寬到北京去，趙紫陽還接見了她。

可是對於自己的親人，他一樣事情都沒有辦到，心裡一直都歉疚。

娘親劉穩

家鄉人都說紫陽這孩子，不但模樣長得像他娘，心思也像。他娘姓劉名穩，黃河邊上小渠村的人，記性是特別的好，在娘家就聽過很多《聊齋》故事，嫁過來紫陽他爹又常常給她念古書，《三國演義》、《水滸傳》、《西遊記》、《封神演義》什麼的，只給她念一遍，她就能背下來很多，有空講給孩子們聽。那些戲文，她也是聽一遍就能夠背下來，演員出來唱幾句，她就知道是唱的是哪出，台上唱了上句，她就知道下句，腦子靈光這一點，紫陽跟她很像。他娘心善，紫陽小時候見到破廟裡的乞丐，就回去和娘商量咋救濟，娘還誇他。一直到了北京，當了國家總理的紫陽還惦記著娘做的熬餅，把餅子烙出來以後再熬一熬，好吃。廚師崔學武到河南滑縣去接紫陽二姐上北京看病，就專門到街上去轉悠，說是首長喜歡這一口，我看看哪一家的熬餅好吃，買回去給他熬一熬。

有人說聰明能幹和老實厚道不大容易擱在一個人身上，可是紫陽他娘就是。土改的時候，紫陽的爺爺和爹都挨過鬥，可他娘沒有。不光因為她是不當家的婦道人家，還因為她人老實，話也少，沒得罪人。可是她差點被餓死。那個時候，最熱鬧的是「分浮財」，老百姓一集合就是百十來號人，幹部指揮著把財主的東西抬出來，其中也包括紫陽他娘的嫁妝，找個大院壩擱一地，分！就在這當兒，有人把紫陽他娘鎖在屋裡了——有一說是讓她反省，後來給忘了；又一說是怕有人去裡邊亂拿東西，不知道他娘在裡頭。反正他娘在屋裡被餓了三天還是五天，直到民兵隊長趙文剛進去找個什麼東西，一開門才看見紫陽他娘在裡頭，餓得不輕，跪在地上給趙文剛只是磕頭。趙文剛趕快給她找點吃的，才算緩過來。後來文剛說要不是我去開門，她肯定都餓死在裡頭了。你說她餓成那樣都不敢喊一聲兒，也太老實了。

恐怕不僅僅是老實。她老人家是被嚇壞了。

一九五一年，全國已經解放，紫陽在南陽當地委書記。爺爺和爹都不在了，自己奔波這麼多年，現在總算安定下來，就把老娘和二姐一家都接過來，打算都在南陽落戶，還打算讓二姐的兒子秉憲在南陽讀書，那裡的條件怎麼也比滑縣好。可是老娘在南陽住了一段，非回老家不可，紫陽勸她不要走，猜她怎麼說：你能保證你們能永遠站得住腳？你已經把秉憲他爹帶出去，最後被敵人殺了，我不能再叫他這一脈絕後。老人家說了這絕情話，硬是拽著女兒一家都回了老家。你說一個地委書記的老娘都這樣，是不是讓兒子特沒面子？不過要是真的隨了兒子，「文革」一來她老人家親眼看著兒子戴著高帽子遊大街，也得氣死。

一九七三年廣州一別，老娘的事情紫陽一樣都沒有辦成，等到再去看紫陽，他已經調到四川工作。那時候老人家身子骨已經不大好，依然沒有住多久。不知道咋的，紫陽固有千般的孝心，也留不住自己的老娘親。老娘一說要走，他就會說你又想俺姐了？每每提起這事，他都有些傷感，說俺娘不偎我，就偎俺姐。

一九七六年的九月，從四川回去沒多久，老娘覺得吃飯有點堵，去醫院一查：潰瘍性食道癌，一吃就嘔血，沒法治。生病那時節，紫陽在四川忙得很，回不去，四個兒子大軍、二軍、四軍、五軍都回來看奶奶。一九七六年十二月二日，因為癌症轉移大出血，老太太去世了。為答謝趙紫陽在三年自然災害時期對河南的慷慨支持，中共滑縣縣委、縣政府給趙太夫人準備了一口上好的柏木棺材。

正在四川的趙紫陽得到消息後，對家鄉的厚愛表示感謝，但堅決謝絕使用那口柏木棺材。還說明由於工作繁忙，他無法回鄉為母親送葬，為此匯來了二百元錢，把喪事交給外甥秉憲，又派次子趙二軍回鄉料理並叮囑：「不放炮，不演戲，不立碑，一切從簡，自已辦，不向政府伸手。」可沒想，老太太的遺體從女兒家拉回趙莊之後，按當地民俗前來弔唁的鄉親達百多人，都要吃流水席，趙母喪事五天，趙莊人借此大吃大喝了一場，殺了四頭豬，吃完一算帳，花了八百元。村裡讓秉憲打了六百元錢的欠條。秉憲說俺乾脆把老屋的東廂房給村上，頂了賬算了。可是村支書（不知道還是不是到趙紫陽家去要錢要拖拉機的那個宋省當村支書）不同意，說那老屋在趙莊，是趙莊的財產。秉憲急了，說：「你以為俺姥姥走了沒人住了，這屋就是你們趙莊的了？告訴你，那是我們家個人財產，受憲法保護，我想怎樣處理就怎樣處理！」結果秉憲稀里嘩啦把東廂房拆掉賣了，就那磚錢就夠還帳了。剩下的檁子每根賣了二十五元，到了還賺了幾十元錢。

紫陽去世之後，趙家莊的村民將其老屋設為「趙紫陽故居」，供人憑弔參觀。大約是二〇一三年的春天，由村民、趙家後人和遊客共同出資，才恢復了當年拆掉的三間東廂房。

紫陽他娘下葬那天，應該由兒子摔碗，可是她的兒子紫陽沒有回來，就改由孫子二軍。二軍說他姑照顧奶奶這麼多年，咱們應該一起摔，他扶著他姑的手，為他奶奶把這個碗給摔了。

一年以後，秉憲和他媽趙秀給老娘去世過周年，上四川去找舅舅紫陽。晚上紫陽把秉憲叫到樓上，問他姥姥去逝的情況，一聽老娘臨死時還呼喊著想見自己，紫陽架不住失聲痛哭，嚇得梁伯琪直喊「別說了別說了，反正事情都過去了。」秉憲就沒敢繼續往下說。

老娘最後那次到四川，給紫陽說過她死後要立個碑，紫陽當著她的面答應了的。一九八六年年前，秉憲到北京給他舅說：「是否把姥姥的墳加固一下，再按照姥姥的遺願給她立個碑？」他舅紫陽只是應付說看看吧。秉憲和五軍議論了一下，找到作家李準起草了個碑文，那文字寫得的絕對漂亮，最後還附了一首詩，兩人商量弄個漢白玉的碑石，刻上去。碑文拿回來，五軍想先給他爹看看，這一下子不得了，趙紫陽發火了，說：「誰叫你們幹的？胡來！」五軍不敢認帳，說是秉憲讓幹的，趙紫陽把侄兒大吵一頓。秉憲雖然不敢頂嘴，但還是說明了理由。他說：「這是姥姥生前的要求，舅舅你也當面答應過，立碑的事現在商量了，這有啥不對的？」趙紫陽說：「那是我應付她，誆她的！」其實趙紫陽給他二姐聊這事的時候，就說明了自己當官的時候不能立這個碑，沒准消息傳出去，有人就會用「公家」的錢，搶著給辦了。這事等以後他不當領導了再說。他二姐不高興，說俺拿錢都不中嗎？紫陽說你拿錢也不中。

事情沒法再說下去，就這麼擱下了。

又過了一年多，一九八八年八月十七日，農曆的七月七。這天有兩個自稱是紫陽老部下的人，開著吉普車到滑縣紫陽家鄉的村裡，找到村主任，說要替紫陽掃墓。村幹部帶他們找到紫陽母親的墓地。當天晚上下了小雨，早上紫陽的堂兄廣業上地裡看看，發現紫陽他娘的墳被扒開了。

老人家這輩子一沒有跟誰結怨，二沒跟誰結仇，她墳裡面也沒啥值錢的東西，就一根她多年用的拐杖，人家會盜墓？廣業趕快報告了派出所，又報告給公安局，縣委很快派副縣長李會英和政法委書記許金朝，領著公安局的人來了。李會英後來說：扒墓人先從東南角掘開一個口子，見棺材已塌，又因為墳上長了很多櫥桃樹，樹根多不好挖，就改由左側西邊扒，從中間扒開一個口子，把趙母的棺材搗了一個大窟窿，把大部屍骨盜去。這個口子是用很鋒利的圓頭鐵鍬挖的。可惜的是，當時趙家人發現後，不知所措，怕不好看，先將兩個口子封上，實際上把現場破壞了。等報了案，現場只發現在墳西邊，由東南西北方向等距離插了七根櫥桃條子，清理現場時另發現一個皮鞋後跟。縣裡隨即成立了專門領導小組，事情直接報告省委和中央，中央由喬石過問，河南由省委書記楊析綜[296]親自抓。一切指示均不用文字，只是口頭傳達。楊析綜的意見是不聲張，要淡化。省裡令安陽、新鄉、鶴壁、濮陽市三十餘縣，將那些看風水的算命的降仙的……都盤查了一遍；對過去趙紫陽經手鎮壓對象的後人也進行粗略調查。開始是一天一彙報。後是三天、一周、三周、一月一彙報。十個月之後，趙紫陽辭職，此事不了了之。

296 楊析綜，四川人，曾經與趙紫陽一起在四川工作，時任河南省委書記。

紫陽他娘的墳，是他爹親自看的。他爹學過點陰陽，說就這兒風水好。一九四七年土改的時候，這塊地被分了，他爹拿自己的地又給換回來，去世後就埋在裡面，紫陽他娘的墳地也一塊兒。當初他娘下葬的時候，墓地挖了不多深，就挖出了四具屍骨，大家很奇怪，不知怎麼辦，把事情告訴給本家叔趙英賓，趙英賓說不要挖了，就埋在上邊吧。後來有人說，這預示著「四人幫」還沒露頭，就被打倒了。但是據小英子說不是什麼屍骨，而是一些「小土人」。所以說，這地的風水真是好。

紫陽他娘年輕的時候也算過卦，說她命裡是塊「糟木頭」——沒用的木頭，所以當時人人都瞧不起。沒想到因為兒子紫陽，最後她居然主「貴」了，就有人扒她的老墳。按照當地民間的說法，墳裡的骨頭拿出來見天了，這個墳的風水再好也被破了，墳西頭一溜插的七根檞桃樹小棍，也應該是破風水的什麼法術。為什麼要破風水？據說當地有個奇怪的風俗，說是如果自己家什麼人生病或者是倒楣，去挖了貴人的墳墓，就會讓好風水好運氣轉到自己家來。

這些鄉間傳聞都源於對一個事實的無知：當時正值「十三大」之後趙紫陽大力推行政治體制改革的關鍵時刻，也正是趙紫陽的對手大刮「倒趙風」之時。有人將朝野兩處聯繫起來，認為此事開啟了中國骯髒政治時代的先河[297]。

一九八九年「六四」之後，趙紫陽辭職，小英子拿著他的八字，找到一個鄰縣的算命瞎子，那瞎子一聽這生辰八字，就說我算了一輩子的命，沒見過這麼好的。這人要是在舊社會，可以當宰相，若是他老伴兒的命裡也有福，他就是皇帝。小英子說他家裡老墳被人破了，算命

297 吳稼祥《中南海棋局》。

的說要老墳不被破的話，他能當四代皇帝。小英子看他說得有板有眼的，就伸出手說那你給我算算？瞎子摸摸她的手，說北方有棵大樹，你以前都是依靠這棵大樹，現在大樹倒了。接下來又給小英弟弟摸手相，也是這麼說。

一直到了一九九五年，趙紫陽辭職已經六年了，他才實現了多年前給老娘的承諾，先圓了墳，然後立碑。所謂圓墳，也是當地的風俗，要是別人把墳破了，家裡人就要在墳裡挖個坑，放點什麼東西。老人家墳裡是按她的樣子做了個面人放裡面。圓墳的人有紫陽的三兒子四軍，代表他爸爸趙紫陽，女兒妞妞代表她媽梁伯琪，小英子代表她已經去世的母親趙秀，另外還請了個圓墳的人。幾個人從北京坐火車，回來老家都半夜了，先找了一家旅館睡了一會，晚上一點到三點去到墳前，做完了天都還沒有亮。至於那碑，也很氣派。碑帽和碑身是一體的，四噸多重，前兩條繡龍，後兩條浮龍。墓地短牆的長短、石頭的大小均是按五台山和尚的指點辦的，都有尺寸，很講究。開始立碑時，背面原打算用李准起草的碑文。小英子請人編了碑正面的對聯、橫批，給紫陽舅舅寄去。不久舅舅來了信，那碑文沒有用，寄來了他親筆撰寫的很簡單的碑文。正前面是他爹娘的名諱，還有立碑人的名字。背面只寫了兩人的生卒年月。

立碑那天，正是一九九五年的清明節，四軍在場，舉行了揭碑儀式。

異客不歸鄉

戰爭年代趙紫陽很少回家，回家都帶著戰友下屬，吃過飯就睡到西邊草屋，黎明就走，就那樣第二天日本人就來抄家。解放後他好像只回去過一次，那是一九五二年從北京開會回來，到家住了三天，帶個吉普車，村幹部很熱情，學校老校長楊廣興還組織學生歡迎、獻花。趙紫陽到廣東以後，他的祕書一直感到奇怪：首長對家鄉來客那麼好，可是為什麼一直都沒有打算回去看看？不但他自己不回去，連祕書們也不讓去。有一次他的女婿王志華在吃飯的時候順口說，想回河南老家去看看。趙紫陽問他回老家幹啥？志華說就回去看看唄。趙紫陽低頭吃他的飯，沒開腔。一九八四年春，趙紫陽到河南省濮陽市中原油田考察工作，距滑縣縣城只有百里之遙，距他的老家趙莊更是近在咫尺。滑縣縣委積極邀請他到縣城看看。時任縣委常委、縣委辦公室主任盧獻芝回憶說，他灑掃庭除，準備好了趙紫陽愛吃的小米豆麵窩窩頭、小米綠豆粥和胡蘿蔔涼拌粉條等各種食材。但是，趙紫陽卻藉故有公事要提前返京，婉拒了——實際上他去了安陽，在太行賓館悄悄住了一夜。

據趙紫陽的祕書蔡肇發說，趙紫陽參加革命之後就沒有怎麼回過家，連他母親去世都沒有回去，主要是不願意，連我們都不讓去。有些事情我說我回去幫他家裡處理一下，他都不讓。不回家大致兩個原因。一是他父親是地主身分，他又一直都在政壇上，那個時候怕受影響。二來呢，後來他當了領導以後，又不願意人家說他一人得道雞犬升天，不好照顧家裡，更不願意讓縣裡省裡費這個心。最大的一個原因，是村子的人很討厭，有些人過去攻擊過他，後來還不斷地攻擊他。大饑荒時期，他給河南也給滑縣弄了些糧食，沒想到「文化大革命」中滑縣的幹部就這事還把他批判了。他們鄉裡的書記我見過一面，到廣東去找他，要東西，要汽車，我記得我在廣東給他弄了兩部汽車。[298]

298 蔡文彬採訪蔡肇中，此處說的汽車，可能就指宋省要的那兩台拖拉機。

據紫陽的外甥孫女小英子說，家鄉有三件事很讓趙紫陽和梁伯琪很傷心。第一件事是「文革」中送大字報。趙紫陽說我的第一張大字報竟是滑縣送來的，我救了那麼多人的命，反而寫我的大字報，太令人傷心了。第二件事就是平墳。一九七七年，紫陽他娘剛剛去世一年，鄉裡為了擴大種地面積，在黨委書記朱海修的主持下平墳，家裡人聽說後就找朱海修，說儘量別把棺材露出了。因剛去世不多長時間，請照顧照顧。朱說到時間儘量照顧吧。不久秉憲和母親去四川看舅舅趙紫陽。一天舅舅把秉憲叫到辦公室，臉色很不好看，手裡拿著一封信，啪一聲往桌子上一摔，發了火。秉憲趕緊把信抽開一看，原來是滑縣桑村公社的信，蓋著大紅公章，說是趙書記你是領導幹部，鄉裡要移風異俗節省土地，開展平墳運動，打算把你父母的墳刨開，落到耕作層以下，希望你能帶個頭，是否同意請回信。趙紫陽對他外甥說：「你把信帶回去，我也不給他回信了，你就說，他們願意怎麼辦就怎麼辦，我都沒意見！」秉憲說：「我舅舅實際上很傷心。」他回去後把信藏起來沒有交，很快一陣風過去了，也就沒人不再提平墳的事了。第三件是件小事。土改那年，紫陽他爹死後，村裡把他娘禁閉了好幾天，差點餓死。後來又來挖浮財，把梁伯琪托人給小孩子做的連腳棉褲也給「轟」（搶）去了。梁伯琪從縣城回來後，跟趙莊農會的婦女主任要，怎麼也要不回來，她本人又不會做，當時很惱火，說這又不是老人的東西，是小孩子的，根本不應該轟（搶）走。

也許趙紫陽不回老家，並不是因為這些事情，或者是不僅僅因為這些事情。可是有一點是肯定的：自己那生前死後都不結仇怨的老娘，到頭來卻被人扒了墳，與這事多少都一點關係。

俺那親親的老娘親啊！[299]

299 此章主要參考資料：劉守森《年輕時的趙紫陽》。

第十四章　亂中求穩

臨危受命

一九七五年，對於很多人是印象深刻的一年。尤其是在這一年的九月十五日至十月十九日，在山西大寨召開的第一次全國農業學大寨會議。

召開這次會議的前提，顯然是全國農業的形勢日益嚴重。據農林部一九七三年統計，全國有七十二個縣的糧食產量還停留在解放初期的水準；近一百萬個生產隊（約占全國生產隊總數的二十％）每人每年平均分配收入在四十元以下——扣去支付口糧的費用，這些隊基本上沒有現金分配，有的隊甚至連進行簡單再生產也很困難。[300]而「文化大革命」以來，全國農村人口每年以一千六百多萬的速度在增長，土地則以每年五八二萬畝的速度遞減，人均耕地面積由之前的二．六一畝降至一．九六畝，在江、浙一帶農村，人均土地不足半畝，有的地方僅有三分。[301]由於農民生活得不到改善，不少地方流傳著「若要富，外出找門路」的說法，

300 一九七五年六月二十四日，李先念向毛澤東的報告。
301 顧洪章、胡夢洲《中國知識青年上山下鄉始末》，第一四五頁，中國檢察出版社一九九六年版。

出現了勞力外流、棄農經商、長途販運、自由市場活躍等現象。多年來一直禁止的分田到戶、擴大自留地、副業單幹、組織地下包工隊等現象再次抬頭，其中在貴州、甘肅、福建、四川、浙江、廣東等地，分田單幹呈現出擴大、蔓延之勢。這些現象當時被列入「大揭大批」的「資本主義傾向」，卻遭到基層農村幹部的變相抵制，以至於禁而不止。

比農業本身的情況更為嚴重的，是各派政治勢力之間的鬥爭。於一九七三年復出擔任國務院副總理的鄧小平，此時已經進入中央領導核心，代周恩來總理全面主持工作，面對滿目瘡痍的國家，以「鋼鐵公司」的強硬風格啟動了他的「整頓」程式。被自己發動的「文革」弄得疲憊不堪的毛澤東，此時也認識到了目前國內問題的嚴重性，多次表露出整頓的意向。一九七五年一月初，毛澤東提出「軍隊要整頓」，接著又提出要解決黨內的積案問題。三月五日，毛澤東親自批准下發中共中央〈關於加強鐵路工作的決定〉，支持鐵路整頓。三月八日，毛澤東又批准了〈關於專案審查物件處理意見的請示報告〉，釋放了二百五十名被關押的幹部，給他們安排了工作，有病的安排住院治療。[302]五月三日，毛澤東在中央政治局會議上說：「教育界、科學界、文藝界、新聞界、醫務界，知識分子成堆的地方，其中也有好的，有點馬列的。」、「老九不能走」[303]——當時造反派把知識分子稱為「臭老九」，毛澤東借用「老九」二字，提出了要落實知識分子政策的問題。

為了平衡，或者說是為了把那個一步登天的上海的造反派王洪文留在中央，毛澤東也為造反派說了一句話：對造反派要高抬貴手。

302《毛澤東傳》，第一七二一～一七二二頁。
303《建國以來毛澤東文稿》，第十三冊四三一頁。

毛澤東的態度為鄧小平的整頓提供了依據，也堅定了他的決心。鄧小平首先拿如日中天的軍隊開刀，接下來又強力整頓混亂的鐵路系統，不過兩三個月的時間，嚴重堵塞的鐵路全部疏通，全國鐵路平均日裝車數創造了歷史最高水準，列車正點率大為提高。鄧小平好像沒有聽見毛澤東那句「對造反派要高抬貴手」的指示，對於那些被結合進各級革委會的造反派頭頭採取強硬手段，引起了江青等人的反撲，雙方為取得毛澤東的支持你來我往明槍暗箭，但是鄧小平的整頓方針依然在強硬地進行。

全國第一次農業學大寨會議，就是在這樣的背景下召開的。參會的有中央各部的主要領導，各省、市、自治區黨委和革命委員會的負責人，各地區、各縣和國營農場、牧場的負責人，農業、農業機械企業、事業和科教單位的代表，財貿系統的代表，上山下鄉知識青年的代表，大慶油田的代表，中國人民解放軍有關單位的代表等等，共三千七百多人——單就人數上看，是一九四九年以來僅次於「七千人會議」的一次全國性會議。會議從九月十五日開幕到十月十九日結束，不同的政治勢力在會上表現出來的不同觀點，大致有三種傾向：

第一種傾向的代表是江青等人。他們打著「反覆辟」、「反回潮」的旗號，繼續批判「唯生產力論」和「三自一包」的「修正主義路線」，推行「限制資產階級法權」和「割資本主義尾巴」等作法，高喊「寧要社會主義的草，不要資本主義的苗」、「只要革命搞好了，生產下降也可以」、「階級鬥爭抓好了，就是顆粒不收也不要緊」等口號。江青在發言中說中央「有人架空毛主席」（顯然是暗指鄧小平），後來被毛澤東斥為「文不對題」。[304]

304《毛澤東傳》，第一七五一頁。

第二種傾向的代表就是陳永貴[305]等人。陳永貴雖然是從大寨幹農業起家，對「四人幫」批判「唯生產力論」甚為不滿，但是他們真誠信奉人民公社「一大二公」的優越性和無產階級專政下繼續革命的口號。在政治上，陳永貴「狠抓階級鬥爭」、「大批促大幹」；在經濟上主張不斷變革生產關係，搞「窮過渡」；在勞動管理上實行「推行一心為公勞動」的「政治工分」等，要把人民公社體制由「三級所有、隊為基礎」向大隊或公社結算的所有制過渡。由於李先念等人的極力反對，陳永貴在大會的開幕詞中雖然沒有再提「過渡」，但把大寨的根本經驗概括為「堅持黨的基本路線，大批修正主義，大批資本主義，大幹社會主義」，使以艱苦奮鬥為特色的農業典型具有了大批「修正主義」和「資本主義」的特點。

第三種傾向的代表是周恩來、李先念[306]等人。周恩來等在「文化大革命」中堅持以生產為中心，先後主持召開了北方地區農業會議等一系列會議，把農業生產提到重要位置，並以《農業六十條》[307]的基本原則，來糾正全國「學大寨」運動中出現的一些「左」的現象，以調動農民的生產積極性。為此在大會籌備階段，以李先念為代表的求實派就與華國鋒陳永貴等人有過爭執。一九七五年五月十日，農林部負責人向李先念、華國鋒、陳永貴彙報工作，談到農民在自留地生產的產品如何處置時，華國鋒說：「下令（自留地產品）不讓上市，還是發展集體經濟，

305 山西大寨大隊的黨支部書記，時任國務院副總理。六〇年代初期陳永貴帶領山西昔陽縣大寨大隊的隊員自力更生、艱苦奮鬥，大搞農田基本建設，成為農業領域戰天鬥地的先進典型。

306 李先念，時任國務院主管經濟的副總理。

307《農業六十條》指一九六一年三月二十二日中央工作會議通過的《農村人民公社工作條例（草案）》，主要是糾正大躍進浮誇風造成農村的混亂局面，比如規定人民公社各級規模不能過大，避免平均主義等等。

把集體經濟辦好了。」李先念說：「你這個政策不行！過去毛主席說過：分給他（農民）的糧食，吃了也好、賣了也好、燒了也好（極而言之，不用管它）。」、「自留地問題要慎重，集體經濟超過了個人，他就不搞了，問題很複雜，涉及到價格問題。」八月二十六日，大寨和昔陽縣準備的大會發言稿送審，農林部負責人針對其中依然提到的擴社併隊、沒收自留地、砍家庭副業、搞「一平二調」等「左」的作法，明確表示不同意。[308]可是九月二十三日至十月二十一日於北京召開的「農村工作座談會」上，各省的主要領導還是按照毛澤東的指示精神，又討論了陳永貴的一封信。陳永貴在信中堅持提出要將在農村現行的人民公社以生產隊為基本核算單位，在近期內過渡到以大隊為核算單位的建議。這個建議實際上是以「均貧富」為名，在農村搞新的平均主義和「窮過渡」，因而遭到了從事實際工作的幹部們強烈的反對，浙江省委第一書記譚啟龍、廣東省委第一書記趙紫陽都明確表示了不同意見。最後在李先念的主持下，會議決定暫時不改變農村現行的「三級所有，隊為基礎」的政策。這讓趙紫陽和他的同道者們鬆了一口氣。

在這樣的氛圍裡，鄧小平代表黨中央和國務院在大會上所作的報告，就顯得格外醒目。已經大權在握並且自以為有毛澤東撐腰的鄧小平，在他的報告中顯示了鋼鐵般的強硬。針對江青等人一味鼓吹的「形勢大好不是小好」，鄧小平毫不客氣指出：我們不能吹牛。類似大寨型的縣、社、隊，各地都有，但是很不平衡，全國還有部分縣、地區，糧食產量還不如解放初期。江青不高興了，插話說不能那麼說，那只是個別。鄧小平提高聲音說：據二十三個省、市、自治區統計，人民公社基本核算單位農業產值按人口計算，平均一百二十四元。四川倒

308 張力〈全國農業學大寨會議的籌備召開與對農業發展的不同認識〉載於《黨的文獻》，一九九九年第六期。

數第二，人均一年九十幾塊錢。類似四川這樣一個社員一年產值才一百元左右的還有好幾個省，可能有的沒有在農村工作過的人並不曉得，這個一百元還只是講產值，不等於社員的收入，社員的實際收入還拿不到一百元，許多地方社員從早幹到晚，一天才兩三分錢，這種狀況，我們能滿意嗎？[309]

在這次大會的講話中，他多次談到四川，其中在談到農業的重要性時，批判一些地方領導只重視工業，他說：「……但是糧食不夠，副食品不夠，提供給工業的原料不夠，你就不拉後腿嗎？現在已經有拉後腿的現象。我就是四川人，我們那個四川就是這種狀況。」[310]

鄧小平說的這些話，是有根據的。兩個月多前他就去過四川，鄧小平向四川的一把手劉興元指出：四川要樹立「農業第一」的思想，四川沒有肉吃，沒有菜吃，要從很遠的地方去拉菜，就不能安定。四川省委要加強管農業的班子，注意研究農業方面的政策，包括養豬政策，政策不能隨便改變，改變了群眾就不信任。要在幾年內把農業搞上去。[311]

其實四川的問題，豈止是拉工業後腿那麼簡單。據國家統計部門一九七五年六月的統計，一九七四年四川財政收入下降了十九．四％，收支相抵赤字超過五億元，為一九四九年以來的最大額。四川糧食增產的比例是全國倒數第一，全省人均農業產值全國倒數第二，農民分配水準全國倒數第二，農業機械化程度全國倒數第三。[312]也就是這個一九七五年，四川的糧食

309 吳啟權《小平蜀鄉情》，四川人民出版社二〇〇五年。
310 鄧小平在〈全國農業學大寨會議上的講話〉記錄稿。
311 楊汝岱〈中國改革初期的四川探索〉。
312 陳文書〈紫陽作風五記〉。

購銷倒掛五．四八億公斤，從外省調入糧食二．五三億公斤——有「天府之國」之稱的四川，也吃上了外省糧，此事令朝野震驚。

就是因為要把四川的農業搞上去，鄧小平看上了趙紫陽，派他去了自己的家鄉四川。

趙紫陽去四川，一般有兩種說法。一說是周恩來向毛澤東推薦的，周對毛說我給你物色一個人到四川。這個人就是趙紫陽。還有一種說法，是由重病中的周恩來，與當時主持中央工作的鄧小平聯合提名推薦、毛澤東批准的。不過總的說來，趙紫陽去四川，與四川省委書記李大章的請辭有關係。

李大章，四川合江縣人。自一九五五年起，除了短期到貴州代理省委第一書記之外，一直在四川擔任省長、書記、革委會副主任等主要領導職務。四川是「文革」的重災區，最早的李（井泉）廖（志高）倒台之後，舊時機關人員大多下放到幹校，繼任的軍隊幹部派中有派，又在社會上各持有派，你打過來我打過去，一朝天子一朝臣，在機關中頻繁地換人換馬，這些頻繁的變故積累了大量的社會矛盾，民謠「寫不完的檢查站不完的隊，挨不完的鬥爭受不完的罪」是當時從上到下的真實心態。

毛澤東深知四川複雜，也知道那些走馬燈似的幹部們壓不住陣腳，一直都力挺李大章出來主持實際工作，還通過王力、謝富治[313]等人去給造反派做工作。所以「文革」期間四川擔任一把手的軍隊幹部換了三個，可是李大章負責實際工作的地位一直都沒有改變——他於一九

313 王力，原《紅旗雜誌》副主編，中共中央對外聯絡部副部長，「文革」中受命列席中共中央書記處會議；謝富治，開國上將，「文革」中任國務院副總理見公安部長，「文革」後被定為「林彪、江青反革命集團主犯」。兩個人在「文革」中都很活躍，曾經與一九六七年六月在對成都有關會議上多次傳達毛澤東的意思：李大章可以用。

六八年三月被「解放」，五月任四川省革委會第一副主任，以後遞補為中央委員等職務。一九七三年劉興元自廣州軍區調來四川擔任一把手之後，地方事務特別是農業方面，依然李大章負責打理。

李大章深知四川長期積累下來的矛盾紛繁複雜，多次向中央請辭。一九七五年，李大章已經七十五歲，感到體力不支，更何況四川的情況愈來愈糟，特別是他主管的農業。為此心力交瘁的他又向中央提交了辭職報告，說自己年齡大了，在一線工作有點力不從心，希望辭去四川的職務，退下來。一九七五年的十月二十一日，鄧小平在給毛澤東的報告中說：政治局一致的意見，擬於近期召開一次人大常委會議，補選兩位副委員長，一為鄧穎超，一為主席和中央已決定的李大章同志。毛澤東於十月二十二日批示「同意」。一九七五年十一月五日，中共中央決定調李大章到北京任中央統戰部部長，第二年五月他在北京去世。

李大章退下來，四川這個問題成堆的農業大省應該去一個能力強的一把手，才能夠把擔子擔起來。此時趙紫陽的舊部——國務院副總理紀登奎[314]，在中央有關會議上提出了建議：趙紫陽同志很合適。他說：如果大章同志退下來，可以先擔任中央統戰部部長，全國人大開會後再任命為全國人大副委員長；至於四川的一把手劉興元，全國像他這樣到地方主政的軍隊幹部早在前一年就陸續回歸部隊了，就讓他回部隊吧。紀登奎的建議獲得大家的同意，提交

314 紀登奎（一九二三～一九八八），山西省武鄉縣人，一九三八年四月加入中國共產黨，長期在冀魯豫邊區工作，曾經在趙紫陽的手下任抗聯主任。解放後歷任中共第九屆中央政治局候補委員，第十、十一屆中央政治局委員，國務院副總理，中央政法小組組長，中央軍委領導成員等職。一九八三年後，被任命為國務院農村發展研究中心正部級研究員。

給中央政治局後又得到鄧小平支持——鄧小平正愁找不到得力的人呢，當場拍板報給毛澤東圈閱。[315]

大批代表在山西參加全國農業學大寨會議的同時，趙紫陽等地方領導幹部都在北京參加九月二十三日至十月二十一日舉行的農村工作座談會。會議即將結束之時，趙紫陽被鄧小平約去單獨談話。鄧小平提出讓韋國清[316]去廣東，趙紫陽去四川。趙紫陽這次去四川，與之前去內蒙和回廣東完全不同。一九七一年趙紫陽去內蒙之前，還是一個在湖南工廠裡勞動改造的「罪臣」，即使是在內蒙去當了個書記，也只是個「五把手」，在他前面的四位都是軍隊幹部。後來他回到廣東依然是「五把手」，主政的軍隊幹部們對他不但防之又防，而且處處掣肘。可是這次到四川，他一開始就是一步到位：任中共四川省委第一書記、四川省革委會主任、成都軍區第一政委，三副擔子一肩挑。鄧小平為這位曾經在自己屬下名聲赫赫的愛將掃除了一切阻力，鼓勵他大膽工作，不要怕第二次被打倒。

鄧小平說：「你去了以後，要準備艱苦奮鬥，就是搞得好，也要三年才能見效果。」[317]

此時四川的那些縣委書記們，正是滿肚子牢騷。四川是全國的大省，參會的縣委書記也

315 蔡文彬〈紀登奎識賢薦紫陽〉。
316 韋國清（一九一三～一九八九），廣西東蘭縣人，開國上將，建國後歷任福州市委書記、市長，廣西壯族自治區黨委第一書記、自治區主席、中南局第二書記，廣東省委第一書記，廣州軍區第一政治委員，中國人民解放軍總政治部主任等職。
317 梁守勳《四川省「主攻中稻」始末（綜述）》。

多，這支人數眾多的隊伍從山西大寨到北京，一路上都在聽別人的閒言碎語。那些給大四川送「救濟糧」的外省代表，見了他們就指指點點，有的說「我們種的包穀是送給四川的。」還有的說「我們種的高粱是送給四川的。」說得這些縣委書記，恨不得找個地縫鑽進去。四川是天府之國，從一九五〇年全國統購統銷開始，外地的十幾個省市就吃四川調出去的糧食，到一九六一年一共吃掉三百六十四億斤。[318]大饑荒的那幾年，就是因為往外調運糧，四川餓死了上千萬人，可是現在居然落得靠人家施捨、受人家奚落的下場。內江地委第一書記牟海秀[319]，心急如火，半夜還把人叫起來開會，要大家想辦法。大家說我們有什麼辦法？叫四川的第一書記劉興元到會上來，回答大家的問題，問他有什麼辦法！

其時鄧小平的家鄉廣安縣，人民生活很悲慘，就像鄧小平說的：我的家鄉廣安，人平占有糧食二百多斤，一個農民年平均收入才幾十元。許多社員從早幹到晚，一天才兩三分錢……[320]因為沒糧食吃，好多老百姓就步行到重慶，再從重慶擠火車到成都，買米粉加石灰做成的涼粉來當飯吃（因為涼粉不要糧票，而且價格便宜，只賣八分錢一斤），因為擠火車摔傷摔死了人，這次在北京開會，縣委書記楊鐘說起這些事情，哭得傷心。會議的後期，楊鐘去見了鄧小平，鄧小平可能跟這位家鄉的縣委書記透露了要派趙紫陽來四川，楊鐘回來就告訴大家了。於是都在猜：這個趙紫陽，是個什麼樣的人？

318 周燕採訪李井泉的祕書陳振寰〈祕書眼中的李井泉〉。
319 牟海秀，一九三七年入黨。「文革」中在宜賓第一書記任上被打倒後複出，後任四川省革委會副主任，四川省副省長，浙江省副省長等職。
320 吳啟權〈鄧小平緣何認定「四川是改革之鄉」〉。

在大寨會議結束後，趙紫陽在北京民族飯店的一個會議室接見了四川代表團的部分代表，代表團負責人向大家宣布了中央調趙紫陽同志到四川工作的決定，請趙書記講話。五十六歲的趙紫陽，看上去很精神，他從衣兜裡掏出了一個小本，大致講了他對治理四川的想法，尤其是四川的農業。他說了一個治理原則：實事求是，一切從實際出發，經過調查研究，是可以解決的。不要長期爭論不休，久拖不決。

看來趙紫陽對於四川的情況，已經有所了解。

十月二十三日，趙紫陽乘四川代表團的包機入川，在家的四川省委領導和省委祕書長兼省革委辦事組組長杜心源等人在機場迎接。

趙紫陽到四川的第二天一大早，就到四川省委辦公廳看望全體工作人員。辦公廳是直接服務於省委領導的辦事機構，當時有十多個處室，三、四百人，辦公的地點很分散。趙紫陽一個一個處室地走，到每一個辦公室去看望，讓大家很受感動——要知道許多人在辦公廳工作多年，甚至半輩子，也沒有這樣近距離地接觸過省委的一把手。

四川的趙紫陽時代，就在這樣的印象中開始了。

新官上任

一九七五年的四川省，還包括現在的重慶地區，幅員面積五十七萬平方公里，是全國第五大行政區，也是全國第一農業大省。四川是個盆地，被雲貴高原、西藏高原、秦嶺山脈及其餘脈大巴山脈所環繞，真正稱得上「天府之國」的只有西部盆地八千多平方公里的成都平原，僅占幅員面積的二．五％。四川還是人口大省，當時的人口號稱七千萬，實際人口超過九千四百萬，接近一億，人均耕地還不到一畝。因為蜀道險峻，出入困難，遠離帝都，守兵不足，一有動亂則不易平定，故有「天下未亂蜀先亂，天下已治蜀後治」之說，眼前的「文革」就是一例。經歷了十年動亂之後，四川國民經濟極其糟糕：一九七六年全省糧食總產量為五百零八億斤；全省糧食平均畝產三百二十五斤；農民人均收入五十三．六元，比全國農民人均收入低九．八元；農民人均口糧三百六十九斤，比全國人均口糧低四十斤。「文革」後期，四川一些地方的農村，誰給一個姑娘幾十元錢或一、二百斤糧食，她就嫁給誰。農業如此，工業也是千瘡百孔。一九七六年全省三千多個縣以上工業企業，不僅沒有給國家上繳分文，反倒虧損近一億元。這樣的工農業生產，只能夠靠中央補貼過日子。[321]

大亂中的四川人民渴望大治。可是對於趙紫陽來說，嚴重的派性是橫亙在中間的大問題。

就在趙紫陽到四川的當天晚上，剛剛提任省委書記兼祕書長的杜心源帶著祕書陳文書，去到金牛壩招待所平房別墅[322]看望新任四川省委一把手趙紫陽並請示彙報工作，送來了省委、省革委人員組成及其機構設置，以及全省人口、面積、地理氣候條件、糧食生產、工業發展等等四川基本情況的資料。趙紫陽在北京受命之後，乘著幾天的空閒，在中央辦公廳翻閱了大量「文革」以來中央關於四川問題的檔，包括歷次解決四川問題時中央領導的講話，特別是總理周恩來和鄧小平的講話等等，對四川「文革」期間的人和事，腦子裡有了初步的印象。他

321 田紀雲〈我所了解的趙紫陽〉。
322 毛澤東住過的別墅。

知道四川是派性鬥爭的重災區，雖然兩派的群眾組織早已經解散，但是餘波激蕩，而且在政府和黨委機關中依然有影響，已經干擾了日常工作。他聽了杜心源的彙報，又問了一些情況，然後提出：要立即組織開展整頓機關的工作，批判資產階級派性。

杜心源一聽格外興奮：好！很有必要，早就該這樣了！

回省委的途中，杜心源在車上一直很興奮，他很感慨地說：四川有希望了！[323]

「文革」中由於中央一級的派系直接插手，也由於四川本地特別是重慶地區大中型兵工廠密佈，導致全川的派系鬥爭很快就由口誅筆伐的「文鬥」升級為駭人聽聞的武鬥，兩派都動用兵工廠生產的機槍坦克甚至軍艦大炮參與其中，爭鬥之慘烈，手段之殘忍，死人之多，地域之廣闊，反覆之大，遺留問題之複雜，在全國都是首屈一指。

趙紫陽到四川的時候，群眾組織已經解散了，頭頭們作為「群眾代表」大都安排進了革委會擔任主任副主任之類的職務，可是由於大規模的群眾運動在慣性的趨使下左右搖擺，與毛澤東神秘的「策劃」總是不吻合，導致運動起起落落，造反派反覆被打壓又反覆「落實政策」，遺留下很多問題無法解決。於是那些在運動中被錯捕錯判者要求徹底平反，被撤銷革委會職務者要求恢復職務，進入革委會者要求給予實權，家庭出身「夠條件」者要求入黨……這就是杜心源說的「鬧而優則仕」。

機關裡的問題也很複雜：由於上層派系爭鬥激烈，幹部們大都被捲入、被反覆清洗或者是重新「站隊」，弄得矛盾重重，九人十條心，什麼都幹不成。省級以及省級以下的各級黨政

323 陳文書〈紫陽作風五記〉。

機關都不例外，一些地方的政務由此而癱瘓。

要搞好四川，這是一個邁不過的坎。可是趙紫陽在這個問題上又不太願意花太多的精力。於是想了個辦法：把消除派性整頓機關作風，和樹立「農業第一」的思想，合成了一個任務，即以「學大寨」的名義，大幹農業。

剛剛入川的趙紫陽很忙，忙的程度可以看一看他的排程：

十月二十三日抵川履職，當天召開省委常委會，對省委領導成員進行分工。

十月二十四日，主持經濟工作會，聽取四川經濟特別是農業生產情況彙報。

十月二十八日，在成都召開二十萬人參加的大會，傳達全國農業學大寨會議精神。

十月三十日，去川西平原的郫縣和灌縣農村調研。

十一月一日上午，在省委辦事組二樓會議室召集各部、委、組、局和各大口負責人會議。趙紫陽非常低調，講話很簡短，只說剛剛來到四川，對四川的情況不熟悉，第一步要調查研究，以後和大家一起把四川的工作做好。

十一月初，找人了解四川各大派系的當前的情況。

十一月八日，主持召開省委常委會，專題研究關於縣委整風和抗旱救災問題。

十一月十一日，召開樂山、溫江、內江、綿陽、江津、南充、達縣、宜賓、自貢等九地市委書記座談會，研究農村工作，

十一月十八日，在夾江調研時發現紅萍肥土的經驗，立即召開全省發展紅萍經驗交流會。

十一月中旬，奉中央指示召開批派會議，點了四個人的名，決定對態度惡劣的黃廉「揭開問題」。

十一月下旬，趙紫陽親赴川東，於二十五至二十七日在重慶主持召開了重慶、萬縣、涪陵三市地的縣委整風和抗旱救災工作座談會。與此同時報紙上發了消息：四川省委要求各地今冬明春大幹一百天，掀起農田水利建設高潮。[324]

十二月六日，赴雅安參加地委整風會議，第二天去樂山等地推廣雅安經驗。

十二月中旬，在省委擴大會議上，把發展社隊企業作為必須認真抓好的一項重要工作提出來，並詳細地闡述了如何發展及途徑。

……………

以上所有的會議，都是兩個議題同時進行：批判派性整頓作風，大抓「農業學大寨」。他繼續用廣東主政時期的辦法：確定省委書記[325]中一位同志主持常務工作（謝正榮、段君毅、趙蒼璧、魯大東、許夢俠等幾位都曾做過常務書記），自己則利用大量的時間到地、市、縣，深入基層調查研究，抓農業。

正如鄧小平把清除派性和「整頓」結合起來一樣，趙紫陽也把清除派性和大搞農業結合起來。只不過鄧小平手段強硬——他在那次農業學大寨會上的講話中對造反派專門有一段：對那些搞打砸搶的分子，要嚴肅處理，不聽招呼的要調離，還不聽再調動，一年調他三百六十次！鄧小平說的「搞打砸搶的分子」，就是指的造反派，因為在他的眼裡，這些人都是搞打砸搶鬥當權派起家的。而在廣東就對造反派出身的「群眾代表」酌情使用的趙紫陽，則有些分寸。

324《四川省二十一世紀全紀錄》。

325 當時除了一把手被稱為省委第一書記，其他的副職都稱省委書記。

在一次省委工作會議上，四川的幹部們聽到了新來的省委一把手一個很令人吃驚觀點：我們解放後的歷次政治運動，都要湧現一批積極分子，我們對待「造反派」，就要像對待政治運動中的積極分子一樣——在趙紫陽看來，「文革」也是黨和毛主席號召起來的歷次政治運動中的一次，造反派不過是運動中的「積極分子」而已。在這樣的方針指導下，儘管「批派」的會開了很多，聲勢也很大，可是強調自我教育，不登報，也沒有公開點名。趙紫陽指示：對於搞派性干擾了「學大寨」的幹部，要進行批判，但不能單獨作為派性來批，而是要他們在「農業學大寨」中去立新功，改正錯誤。只要把「農業學大寨」的積極性調動起來了，派性、矛盾之類的事就會減少。[326]趙紫陽還有一個原則：重在搞清思想，處理上要慎重。對頭頭不是以他們的言論治罪，而是根據他們是否參加打砸搶燒、貪污盜竊等罪行，由法院審理判決，這樣就把打擊派性的問題納入了法制軌道[327]。這在動不動就「嚴打」的「文革」中間，不能不說是一個難得的進步。

但是並不是所有的問題都能夠用和風細雨的方式解決的，特別是對那些有一定影響力並且派性立場又很「堅定」、一心想要「掌握實權」的派頭頭，趙紫陽的態度還是很堅決。在十一月中旬的一次會議上，按照中央的決定，趙紫陽就點了四個人的名[328]。他們是鄧興

326 熊清泉〈回憶趙紫陽在四川工作的點點滴滴〉。
327 楊汝岱〈中國改革初期的四川探索〉，《炎黃春秋》，二〇一〇年第七期。
328 陳文書〈紫陽作風五記〉中記載：紫陽同志說：中央定了，四川要批派性，點四個人的名，這四個人是調（離崗位）了再批，還是批了再調（離崗位）？

國[329]、楊志誠[330]、周家瑜[331]、黃廉[332]。趙紫陽在會上著重談了根據他們在批派性自我教育中的不同表現，對他們區別對待的問題。趙紫陽說：這次我們「批派」的方針仍然是自我教育，不點名。但是這四個人在運動中做了不少壞事[333]，從未作過檢查，省委發了通知給他們，要他們在一個禮拜之內拿出檢討來。後來鄧興國、楊志誠、周家瑜三個人按省委要求，拿出了檢討，他們還分別找省委、重慶市委領導談話，並表示希望得到省委的幫助，還要繼續作檢查。但是黃廉態度惡劣，表現很壞。對此省委經過反覆考慮，並找有關的人徵求過意見，認為應根據黨的歷來的方針，對不同情況應有所區別。因此，應根據他們的表現和態度，對他們的處理有寬有嚴：三個接受省委方針的人，還要繼續幫助，促進他們進一步檢查；而黃廉不僅有派性，還有其他嚴重的問題。他至今執迷不悟，現在只有「揭開」，最後如何處理，還要看他最後的態度。[334]

可是對黃廉的「揭開」還沒有進行，風向就變了。

鄧小平的大力整頓，漸漸逼近了毛澤東發動的「文革」本質，也就是逼近了毛澤東的底線。

329 鄧興國，「文革」前成都公共汽車公司工人，成都工人革命造反兵團的頭頭。時任四川省革委副主任。

330 楊志誠（一九三九年～），成都國營九七零廠技術員。工人群眾組織「紅衛東」的頭頭，時任四川省革委會副主任。

331 周家瑜，重慶大學學生，重大「八一五」的頭頭。省委常委。

332 黃廉（一九三三～二〇一七），原為重慶木材公司下屬木材廠採購員。「文革」中任工人造反派組織「重慶工人造反軍」總部勤務組長，重慶反到底工總司的頭頭。時任四川省革命委員會委員，重慶市革命委員會副主任。

333 例如多次參與、策劃了死傷慘重的大規模武鬥等。

334 陳文書〈紫陽作風五記〉。

一九七五年的十一月二十日，政治局召開會議，專門討論對「文革」的評價。會前毛澤東提議由鄧小平主持，中央做出一個肯定「文化大革命」的決議，按照毛澤東的說法，這個「決議」對於「文革」的基調評價是「七分成績三分缺點」——這樣既可以堵住那些對於「文革」不滿的人、特別是老幹部們的嘴，又可以讓鄧小平改變對於「文革」的否定態度。可是鄧小平沒有接受這個「任務」。他明確地說：由我主持寫這個決議不合適。我是桃花源中人，「不知有漢，何論魏晉」。鄧小平的意思是：「文革」九年中他被打倒了六年，已經是脫離運動的世外之人，對於「文革」他既沒有參與也「不了解」，因此由他來寫「不適宜」。[335]

鄧小平這種完全不讓步的態度，令毛澤東惱怒，不顧他主政三個月來治理整頓國家所取得的巨大成就，決心拋棄這位力挽狂瀾的大將，停止了鄧小平的大部分工作。毛澤東在二十日召開的政治局會議上對鄧小平進行了批判之後，又向一部分老同志、各大軍區司令員和政委、以及各省市一把手發了個〈講話要點〉，算是「打招呼」。這個〈講話要點〉中明確指出：（否定「文革」）是一股「右傾翻案風」。[336]於是在啟用鄧小平兩年之後，一場批判鄧小平的運動，又以「反擊右傾翻案風」的名義，在全國轟轟烈烈展開。

趙紫陽的心本來就不在「批派性」上，而在於四川的農業，所以對於「批派」能拖就拖，一拖再拖——因為當時四川的農業局勢實在是很嚴峻。四川雖然有「天府之國」之稱，但是旱澇保收的只有川西平原，全省大面積的丘陵和山區，卻是十年九旱，而一九七五年的旱災特

335 毛毛《我的父親鄧小平（文革歲月）》，第四二六～四二七頁，中央文獻出版社二〇〇〇年六月版。

336《毛澤東傳》，第一七五五～一七六〇頁。

別嚴重——從春天開始的旱災延續到了秋天，直到十一月都沒有下雨。這樣的春夏秋三季連旱，使得本來已經艱難的農業更加雪上加霜，加上人口的增長，社員分得的口糧按混合糧（即稻穀、雜糧和薯類三折一）計算，由一九六五年的一百九十九公斤減少到一百九十公斤。許多生產隊的勞動日值只有幾分錢，出現不少倒欠戶（一年掙得的工分買不下應分得的糧食），全省半數以上的農戶處於半饑餓狀態。四川成了全國最窮的省份之一，鐵路沿線成千上萬的農民爬火車外出逃荒，長江邊上萬縣、雲陽等地農民甚至出現斷炊，不少地方又出現大饑荒時候的水腫病人。據四川的幾個部門統計，那兩年四川被拐賣或者是逃亡出去的年輕姑娘，就達三十九萬人之多。[337]

趙紫陽於一九七五年十一月八日主持召開省委常委會，專題研究抗旱救災工作，做出了關於災區群眾口糧標準的決定：災區缺糧農民，退庫[338]的按每人全年三百斤（市斤，下同）、返銷[339]的按每人全年二百八十斤發給，在缺糧期間每人每月按照二十四斤或者二十三斤逐月落實。他還明確提出，災區要在做好各項工作的基礎上，做到不死人，人口不外流，生產要搞上去。隨後又指派楊萬選[340]到川東具體指導抗旱救災工作。

337 梁守勳〈四川省「主攻中稻」始末（綜述）〉。

338 退庫是指徵收機關根據財政、稅務管理體制的有關規定，將已入庫的預算收入從國庫中退付給納稅人的一種方法。其中允許辦理情況的第四條規定：按照國家政策法令決定需要辦理收入退庫的。如農業稅災情減免。

339 國家向農村缺糧地區（如因自然災害帶來糧食歉收或貧困落後地區沒有能力達到糧食自給，或因國家徵購糧食過頭等）當年返銷給農業生產單位的口糧、種子和飼料糧，價格略高於當地收購價格。

340 時為省委常委，後為分管農業副書記。

十一月十一日，趙紫陽召開了樂山、溫江、內江、綿陽、江津、南充、達縣、宜賓、自貢等九地市委書記座談會，研究農村工作，然後就是對四個派頭頭的「處理會」。可是還沒有執行處理結果，就被北京叫去參加「倒鄧」的「打招呼會議」。趙紫陽從北京一回來，顧不上傳達「倒鄧」的會議精神，匆匆奔赴大旱之中的川東，於二十五～二十七日在重慶主持召開了重慶、萬縣、涪陵三市地的縣委整風和抗旱救災工作座談會——還是要執行鄧小平先前關於整頓和「農業第一」的部署。到十二月六日，剛剛從川東回來的趙紫陽看到省委調研處派駐雅安的聯絡員王能典於十二月三日寫來的一份簡報，說雅安地委的機關作風整頓工作搞得不錯，沒有了多年來在「文革」中聽到的一片「打倒」聲，既和風細雨又開展了積極的思想鬥爭，達到了「思想鬥爭很尖銳，但是結果很愉快」的目的。他立刻偕省委書記王黎之和隨行人員趕到雅安，召集地委常委成員聽取彙報。趙紫陽說：「這次整風會議，我反覆強調要注意兩個問題：一是不要開成工作會議，要真正的整風；二是對軟、散、懶等問題，不能只作一般泛泛的檢查，要抓住班子和成員中存在的具體問題、突出事件，特別是影響當前工作和生產的突出矛盾，加以解決。你們搞得好，這個經驗要迅速推廣。」他當即回過頭來，要祕書馬上打電話，請溫江地委書記宮韞書帶著常委和縣委書記，今天晚上就來雅安，明天參會聽他們介紹經驗。接著他又對雅安地委書記秦長勝說：「老秦，今晚我們就住這裡了，明天你就隨我們到川南幾個地市去傳經送寶吧。」秦長勝有點為難說：「我的會還有後半截沒有開完，怎麼能走？簡報是你們派來的老王寫的，還是帶他去講吧。」坐在角落裡的王能典站起來，紫陽同志看著他說：「呵，你就是調研處的王能典同志？我可算認識你了。好！那就是你隨我們去講。」

經歷了這次會議全過程的王能典，在當年的筆記本上記錄了趙紫陽在雅安的所有安排：

當天晚上，趙紫陽召集參會的縣委書記座談，大家圍繞整風、農田基本建設、當前小春田間管理、積肥造肥、興辦社隊企業、防疫治病等問題，搶著向剛剛認識的紫陽書記彙報情況，趙紫陽也不斷插話，期間談笑風生，這哪裡是省委書記在開會啊，明明就是一位深諳農村經濟的專家，在同一群莊稼漢擺「龍門陣」。蘆山縣是血吸蟲病疫區，經過多年的治理，疫情有較大好轉，但是還有很多問題需要解決。縣委書記沈思俊說有個疫情嚴重的公社要搞沼氣化，差三百噸水泥，地區雖有，但標號不夠。趙紫陽一聽就說：這個由省上來支持解決——區區三百噸水泥，他都要操心。

十二月七日上午，趙紫陽在同連夜趕到的溫江地、縣委的同志談了一陣之後，又開了當地的公社書記座談會，會議仍然圍繞當前農村的緊要問題，暢所欲言。全省學大寨的先進典型——地處山區的漢源縣大樹公社書記陳林春，彙報說他們經過連年大幹苦幹，全社耕地從解放初期的七千畝增加到一萬一千畝，水田從一百畝增加到七千畝，年人均分得糧食已經達到七百多斤，除了貢獻給國家一百斤，社員自己還分得口糧五百多斤、現金七十多元……趙紫陽興奮地站起來說：「好哇，我們也要大幹苦幹幾年，讓全省達到你這個水準。」

吃過午飯趙紫陽沒有午休，即趕往川南的樂山，途經洪雅羅壩鎮，還冒雨下車察看了羅壩大型水利工程的前期準備工作，撐著雨傘同一群工程技術人員談了約半個小時[341]，入夜時才到達目的地。八日淩晨，趙紫陽因急事趕回省委，留下王能典隨王黎之相繼在樂山、自貢、內江、宜賓地區的整風會上，介紹雅安情況，僅用四天時間，便把雅安經驗傳播到整個川南

341 後因國家缺錢，此工程未能立項。

片區。

四十多年之後，王能典從筆記本上抄下這些文字，再次想起當年行色匆匆的紫陽書記，心裡依然感慨萬千。

一九七五年的十二月，全國「反擊右傾翻案風」已經如火如荼，很多地方的「整頓」工作都已經停止，「寧要社會主義的草，不要資本主義的苗」喊得天響，可是趙紫陽只是在省委很小的範圍內傳達了北京的「打招呼會議」精神，弄得四川「反擊右傾翻案風」一點實質性的動作都沒有，這讓聞風而動的老造反派們大為不滿。拖到十二月十八日，四川省委不得不召開地市州委書記會議，學習討論毛澤東關於「反擊右傾翻案風」的指示。可是十二月二十六日至二十九日，趙紫陽依然主持召開省委常委擴大會議，重點是縣委整風和基層組織的整頓，以及如何大搞農田基本建設的問題。為了從根本上防治四川的旱災，趙紫陽提出在這個跨年度的冬春要大戰一百天，掀起規模空前的農田基本建設高潮：全省上陣的勞動力一千五百多萬人，建立八萬多個專業隊（四百四十多萬人），新增灌溉面積二百二十九萬畝，改田、改土四百五十三萬畝，成片造林八十九萬畝……為了完成這樣大規模的行動，趙紫陽在會上推廣廣東的兩條經驗：各地一要發展社隊企業，二要搞好市場，要搞錢，有了錢才能幹事，才能夠自力更生解決生產資金問題。

都這種時候了，他還在鼓勵基層幹部去搞錢，而且是通過市場去搞錢！

一九七五年就在這樣的匆匆忙忙中過去了。進入一九七六年，迎頭碰上的就是一月八日，周恩來去世。毛澤東貶黜鄧小平之後手邊無人，依然讓鄧小平致悼詞。老百姓敬佩在亂局中苦苦支撐國家的周恩來，痛恨一味攬局的江青等人，對毛澤東和他發動的「文革」也積怨已深……這一切都令高層的「文革」派很恐慌，在悼念周恩來的問題上嚴格控制，並且以中央的名義層層下發通知，不准召開追悼會，不准宣傳部門報導群眾自發的追悼活動，還要追究在群眾中廣泛流傳的關於「中央首長講話」和「總理遺言」等政治謠言[342]。其時由四川省委派到德陽二重廠兼任黨委副書記的汪友根[343]，也接到了省委轉發的通知。廠黨委開會研究時，汪友根表態說：總理追悼會一定要開！如果錯了，由我負責向省委請罪。德陽二重廠是國家級重工大廠，全廠職工、家屬，甚至包括從幼稚園孩子到子弟校的小學生和中學生，總共十幾萬人參加了周恩來的追悼會，作為四川省委書記和掛職的廠黨委副書記，汪友根在追悼會上致了悼詞。成功開完追悼會之後，汪友根主動到省委去作檢討，紫陽書記沒有責怪他，只說了一句「開了就行了」。

下來有人說，老汪你的膽子太大了！[344]

和汪友根一樣，中國民間早已經按捺不住，幾乎每個單位都為周恩來設置了靈堂，群眾自發帶黑紗，紮花圈，寫祭文，舉行悼念活動，很多人舉著悼念的花圈走上大街，把悼念文章也貼上了大街。在北京的寒風中，周恩來的靈車駛過十里長街，人山人海為敬愛的周總理

342 所謂「政治謠言」，一是關於對江青等人的不滿言論，二是當時有人偽託一份「總理遺言」，矛頭也是直指江青等「文革派」的罪行。

343 汪友根（一九三七～），「文革」爆發時為重慶電業局供電公司修試場工人，中共黨員。曾任重慶反到底工總司勤務組副組長、重慶市革命委員會常委、重慶市總工會主任、中共重慶市委常委、中共四川省委書記。

344 林雪採訪何蜀〈關於汪友根〉。

送行；在成都，市總工會在地處鬧市的勞動人民文化宮設置靈堂，大門上高懸「中國人民偉大的無產階級革命家、傑出的共產主義戰士周恩來永垂不朽」的黑白橫幅，前來悼念的群眾水泄不通。就連四川省委也不顧禁令，在成都市委禮堂設置了靈堂，雖然身為第一書記的趙紫陽沒有出面，但是省委書記許夢俠、杜心源都參加了追悼會……

這一切都與高層的禁令形成對抗，局勢劍拔弩張。

一天晚上大約十點鐘，趙紫陽悄悄地來到《新華社》四川分社社長孫振家裡，對著周總理的遺像三鞠躬以後，就躺倒在沙發上淚流滿面。他擦了一下滿是霧氣的眼鏡，心情沉重地對好友孫振說：「看樣子還要亂一陣子哩！」他搖了搖頭：「你還記得嗎，那天金牛壩招待所的服務員叫我們吃飯的時候，說是請吃麵食的首長坐左邊，吃乾飯的首長坐在右邊。我當時就說我們是吃乾飯的首長，坐到右邊去了。唉，什麼事情都幹不成，當然就是只吃乾飯的了。」

兩個人愈談愈深，最後趙紫陽說：「最近我反覆想過了，與其困守在成都，整天應付那些麻煩事情，一事無成，還不如到農村去走走，也許可能發現一些問題，解決一些問題，做一點對人民有益的事情。」

「你這個主意太好了，我也想跟你一起走，行嗎？」

「好啊，就這樣說定了，我們一起走。你就等電話通知吧。」345

深夜十二點，趙紫陽才離開孫振家。成都的大街上，隨處可見「趙紫陽為何入川？」、「打

345 孫振〈關於趙紫陽的三篇文章〉。

倒二趙一許」（趙紫陽，趙蒼璧，許夢俠）的大字報和大標語。「二趙」中的趙蒼璧，是分管公檢法的省委書記，也分管剛剛佈置下來的「批鄧」運動；而許夢俠時任省委書記兼成都市委第一書記，是省會成都市的一把手。

夜深人靜，寒風凜冽。趙紫陽從這樣的大標語面前走過，讓人想起那些很時尚的口號：走資派還在走！

他們上竄下跳，策劃於密室，點火於基層！

…………

現在，趙紫陽又要去基層了。趙紫陽和他的祕書、警衛員和司機，加上孫振一共五個人，乘坐一輛白色的小麵包車，開始了真正的「微服私訪」。一行人從成都西邊的綿陽開始，經廣元、綿竹、西充、廣安、南充、閬中……走了十多個縣市。

泰山壓頂

「私訪」回來，正值春節。期間趙紫陽正在成都錦江飯店主持一個重要會議，孫振連夜前來，將他請到旁邊小會議室，說紫陽同志，我要向你彙報一個重要情況。

孫振彙報的事情事關重大：最近由江青直接操縱，在北京辦了個記者訓練班，要求受訓的記者到各省委和軍區蹲點，列席省委和軍區黨委會議，採寫的稿件可以不經分社社長審批，直接發到北京江青那裡。她要求記者不准對外洩露自己的特殊身分和稿件內容，包括對省委和軍區領導人在內。孫振手下有兩位老記者去了這個訓練班，回到成都以後立即向他如實彙報，他感到事關重大，因為這分明是避開中央，派記者刺探「各路諸侯」的政治情報。

趙紫陽說：「上面有江青的要求，下面也可能有人回應，你的困難不小啊。」

孫振說：「我要向大家說清楚，我這個分社長是經過中央有關部門批准，由新華總社任命的，我的職權和任務，也是中央多次檔明確規定的。在我沒有被撤銷職務以前，相關文件沒有被宣布作廢以前，一切仍然按老的規矩辦事。比如列席省委常委會議，審閱記者的稿件，都是分社社長的任務，必要時可以由分社社長委託的人員，臨時代表社長來執行這些任務。目前，必須由我來列席省委常委會議，也應該由我來審閱記者稿件。」

趙紫陽又說：「我還擔心，你能不能做好你們機關裡的群眾工作？」

「我相信我能。」孫振奉命赴川以後，對於《新華社》四川分社歷史上形成的派性鬥爭一律不管不問，只要求大家努力工作。在新聞報導上，他們只公開報導工農業生產狀況，採寫各地經濟發展遭到嚴重破壞的內部參考，這些稿件引起了廣泛的關注，提高了《新華社》四川分社在社會上的地位，孫振本人也贏得了大家的信任。因此他有信心說服大家，拒絕執行江青的那一套所謂的「規定」。

趙紫陽說：「好，那就照你說的辦。」

孫振回到新華分社以後，把自己的想法對兩個老記者講了，他們完全同意孫振的想法和決定，支援他的工作。孫振再三叮囑兩位老記者絕對保密，關於趙紫陽對這個問題的態度，一個字也沒有洩露。此時的江青已經把趙紫陽認定是「鄧小平的人」，這樣的談話內容如果洩露出去，不但會在四川引起更大的動亂，甚至還可能傳到高層「文革派」那裡，麻煩就大了。[346]

形勢很緊張啊。就在這樣緊張的形勢裡，趙紫陽去了北京，參加二月初中央在京西賓館召開的「轉彎子會議」。

二月十六日下午，四川組的代表就傳達的內容展開討論，正在發言的段君毅突然就停下來不說話了，坐在他對面的唐克碧覺得奇怪，再看看旁邊的趙紫陽，怎麼也不說話了？她順著兩人的目光側過頭，才發現江青和王洪文還有張春橋從背後進來了。江青進來就坐在趙紫陽的旁邊，整整兩分鐘都沒說話。氣氛一下子變得很悶，大家都憋著氣不敢出聲：她來幹什麼呢？坐了半天她才說：「這幾天，我等了三天三夜沒睡覺，就等著一個人發言。」她聲音非常小，仔細聽才聽得到。唐克碧心裡想她等誰發言呢？不會是我們三個年輕人吧，我們也沒惹到她，肯定是這四個老頭，不曉得指的是其中哪一個。這時她就看見趙紫陽的臉紅了，都紅到脖子根兒，知道江青肯定說的是趙紫陽。果然江青提高了嗓門喊：「趙紫陽，就說的你呀！現在有些人對中央的會議不理解，有意見、有情緒，趙紫陽你是怎麼想的？」

趙紫陽之所以有點緊張，是因為他知道江青是指什麼。早些時候，江青在政治局會議上說：「現在關於我的謠言四起，特別是在廣州和四川！」她說的這個「謠言」，指的是毛澤東批評江青的那些話[347]。而那時節，北京的元老們因為毛澤東批評了江青，也確實是歡欣鼓舞，四下串聯打招呼。

346 孫振〈文革後期我與四川省委書記的交往〉，《炎黃春秋》，二〇〇八年第十期。
347 一九七四年六月二十四日，毛澤東第一次在中央政治局會議上批評江青，而後又多次表達對她的不滿（《毛澤東傳》，第一六九三頁）。這些批評流傳甚廣，包括廣州。而其時趙紫陽還在廣東任第一書記，江青認為與他有關係。

在此背景下，葉劍英到了海南，將此事向趙紫陽交了底。幾乎與此同時，王震也在廣州向趙紫陽打了招呼。後來形勢突變，要批鄧了，大家才慌了起來。一九七六年文革結束後，一次王震見到趙紫陽，說：「我那時真怕你出賣了我呀！」趙回答說：「我也怕你出賣我呀！」言畢相對大笑，這是後話了。

當時的江青，可能是看到北京那些老人都往廣東跑，就起了疑心，加上一九七五年鄧小平又將趙紫陽從廣東調到四川，這就更可疑了，她之所以把「四川、廣東」一勺燴，矛頭就是直指趙紫陽而來。

江青的話讓政治局會上的葉劍英很是緊張：莫不是葉趙的談話被趙洩露了出去，「漏了湯」？葉劍英知道趙紫陽要來北京開「轉彎子會議」，就讓兒子選寧去打探。選寧去京西賓館，說是趙紫陽還沒有到，於是他找到紫陽叔叔在北京工作的小女兒妞妞，把葉帥的擔心告訴了妞妞，讓她轉告。很快妞妞就來回話：「請葉帥放心，我爸對誰都沒有說過。」

其實江青心裡也沒有數，又不好直接說追查「謠言」——因為那確實不是謠言，而是毛澤東對於她實實在在的批評，於是就「使詐」。她說：「趙紫陽！你是毛主席重點培養的人，毛主席對你很信任，你不跟毛主席走，跟著鄧小平跑，你怎麼能這麼對毛主席啊？」又說：「趙紫陽你知道鄧小平那麼多事情，怎麼不揭發？」

江青雖然蠻橫，對於地方大員卻很少這樣指名道姓地嚴厲指責。趙紫陽卻聽出了她的心虛，很平和地做了說明：「第一，我到四川來是中央決定的（不單單是鄧小平）。第二，當時我本來想到小平同志那去問一問還有什麼說法，鄧小平同志忙，就沒去。第二天就不是我自己去的了，還有廖志高和其他人。我問了小平同志，我到四川去還有沒有其他指示，小平同志說你去好好幹就是了，把四川穩定下來，經濟發展上去。從此之後，我和小平同志沒有任何接觸。」

這樣，趙紫陽就把江青懷疑他跟鄧小平有什麼特殊來往的事情「講清楚」了，只是絕口不提鄧小平說的那句「大膽工作，不要怕第二次被打倒」的話——要知道同期鄧小平對調任雲南省委第一書記的賈啟允，也進行了同樣內容的談話，只不過說的是「不要怕別人說你是還鄉團」。在反擊右傾翻案風中，賈啟允把這句話揭發出來了，「還鄉團」就成了鄧小平的一條罪狀。[348]

江青追不出趙和鄧小平的關係，轉了個圈又問：「中央關於文藝政策的調整，你是怎麼知道的？」

趙紫陽一聽心裡更有底了：文藝政策的調整不是什麼大事，只不過文件只發到政治局，她這是在打探我是從什麼渠道知道的——是鄧小平還是葉劍英？於是趙紫陽說：「此事我確實聽說過，是聽韋國清同志說的，他說了以後，我對任何人都沒提過，包括我的老婆我都沒說。我可以保證，我家裡人都不知道。」

江青只好言歸正傳，說：「還有你趙紫陽到四川，為什麼一去就批造反派？」說著拿出那個趙紫陽準備「揭開」的老造反派黃廉給她寫的一封信。江青說黃廉的信寫得很好，對當今幹部的態度是最正確的，然後就開始念黃廉在信裡寫的詩，還說主席也看了。她說：「趙紫陽，你要是不轉彎子，我就把這封信譜成歌，搞成樣板戲那樣唱，到全國去唱。黃廉是個好同志，

348 楊繼繩〈改革年代的政治鬥爭〉第一三六頁。

他入黨了沒有？」

趙紫陽說沒有。

江青又問那他有沒有申請？

魯大東說有。

江青問申請了為什麼沒批准？

魯大東說當時沒有介紹人。

江青說沒有介紹人？我來當他的介紹人！接著她對著坐在對面的唐克碧說：「克碧同志，我們兩個當他的介紹人！」

趙紫陽看了唐克碧一眼，見她的手一直托著下巴，一動沒動：在想要怎樣答覆江青的問題。事後唐克碧說，她當時想好了幾個理由：一、黨章規定介紹人要和被介紹人在同一個支部，而我和他不在同一個支部。二、介紹人要了解對方，而我不了解他，跟他從來沒共過事。三、你是毛主席夫人，你可以代表他，可是我不能代表啊，我有什麼資格跟你平起平坐，給他當介紹人？

氣氛很緊張，都等著小唐說話。唐克碧被逼到了牆角，硬著頭皮正要回答，趙紫陽出來為她擋駕了。

趙紫陽說：「不是不介紹他，不讓他入黨，是他歷史有點問題[349]。」

349 黃廉的檔案中記錄了部隊對他不利的評語，以及在「反右」中被「內定右傾」、大饑荒時企圖逃港等問題。後來有人向趙紫陽提到這些問題時，趙紫陽覺得無所謂，足以見得此處他是為了應付江青而言。

江青大聲喊：「什麼問題？哪個沒問題？我們在座的哪個沒問題！只有他有問題？我們這些老傢夥個個有問題！」

大家都不說話了，氣氛有點僵。江青只好自己轉彎：「哎哎哎，不要緊張嘛，好好談好好談。」

氣氛終於平靜下來，接下來是趙紫陽的發言，他說要思考一個問題：為什麼這幾年老同志總犯錯誤？江青對這個問題顯然沒興趣，起身走了。[350]

二月二十一日號下午三點二十五分，這個「轉彎子會議」結束，重慶的群眾代表汪友根等在大廳門口，讓在座的中央首長們先走。江青走到門口，輕聲對他講：要給黃廉做工作，不曉得他能不能顧大局。[351]

看來江青也害怕黃廉這樣的派頭頭舊病復發，亂來一氣。可是放出去的鬼怎麼收得回來。二十五日，江青要求趙紫陽發展黃廉入黨的消息傳回成都，正在鬧事的造反派勢力大受鼓舞，在省委裡面靜坐兩天兩夜。

三月三日，中央發了「一九七六」五號檔，轉發了華國鋒關於這個會議的講話，開篇就是「根據毛主席的指示，中央先找問題多點的五個省的同志來談，後來又找了十二個省、市、自治區和一部分大軍區的同志來開會……」四川就是「問題多點的五個省」之一，趙紫陽因為被江青等人當面質問，成了全國各省一把手中承受壓力最大的省委書記。他於二月底召開了省

350 蔡文彬採訪唐克碧〈趙紫陽智鬥江青〉。
351 蔡文彬採訪汪友根〈趙紫陽與造反派周旋〉。

委和成渝兩市市委擴大會議，傳達中央的這個文件精神，開了一個多星期。

趙紫陽不得不認真面對形勢了。此前的他，對於「批派」實際上是應付，真正的目的在於把機關幹部的作風整頓好，抓農業，讓老百姓有飯吃。可是現在不行了。派頭頭們已經被江青等人煽動起來，準備大幹一場，雖然他們人不多，但是興風作浪的能量卻不小。重慶的黃廉等人受到江青的鼓舞，開始在基層發動群眾，重拉山頭，激化矛盾。老造反派紛紛質疑趙紫陽：你到底是誰派到四川來的？是毛主席還是鄧小平？

在這期間，省委的一位領導接到北京打來的一個神祕的電話，電話那頭的人說：在現在的形勢下，你們已經在領導崗位的同志，應該出來「揭發批判鄧小平的『整頓』、『批派』、『復辟』」，「現在領導幹部出來批鄧，實際上就是保鄧[352]」。現在這個說法已經有了依據：一九七五年底，在一次外事活動後，候機室裡有鄧小平、李先念、華國鋒、紀登奎、陳錫聯、吳德等人，鄧小平見沒有「四人幫」的成員，就對大家說：「毛主席已經對我不滿意了，下一步就要批我，把我打下來。你們這幾個人在毛主席面前要帶頭批我，與我劃清界限，目的是保存實力。我們不能把所有的位置都讓『四人幫』占了。如果你們為我打抱不平，受到牽連，都垮了，問題就嚴重了。」[353]那位老省委領導接到的電話，顯然就是這次「密謀」的結果。無獨有偶的是：若干年以後，趙紫陽本人也被鄧小平打倒時，也讓自己的老祕書李樹橋給四川那些受到壓力的同志捎話：在必須批評我的時候，該應付也要應付一下，你們在台上比那些極左派在台上

352 陳文書〈紫陽作風五記〉。

353 〈一九七五年鄧小平為何讓人主動「批鄧」？〉載於《人民網》，四川頻道。

對老百姓要好一些。[354]

難怪有人說，鄧小平之所以選擇趙紫陽，是因為他和自己很相像。此事為例證之一。

在接下來的日子裡，趙紫陽和省委的每一位領導，都做了自我檢查，都對鄧小平進行了揭發批判。三月八日，趙紫陽在省委召開的省委常委和成渝兩市市委常委會議的總結會上，又代表省委對一九七五年底整頓機關和成、渝兩市機關開展的「批派」的自我教育運動做出檢查。這期間省委和趙紫陽的處境已經很困難，但他在檢查「整頓機關、批判資產階級派性」的「錯誤」時，儘量自己承擔責任，為省委其他領導和地縣領導開脫。在北京的會上，趙紫陽被人指著鼻子，叫他回來要向四個曾被點名批判的老造反派承認錯誤，賠禮道歉。趙紫陽在傳達時表情平靜，照本宣科，沒有發揮：「四個人被點名，責在省委，不在（成都重慶）兩個市委。責任應當由我來負。我們已經向他們承認錯誤，賠禮道歉。」最後他還特別強調：「以後逐級開會，只能按我這段話傳達。」[355]

趙蒼璧在檢查中說：「有一次段君毅、許夢俠、我和紫陽同志在一起，紫陽同志說：中央定了，四川要批派性，點四個人的名，這個人是調（離崗位）了批，還是批了調（離崗位）？回來我就找（魯）大東[356]、（崔）大田[357]同志研究哪種辦法好。」趙蒼璧講到這裡，趙紫陽馬上

354 蔡文彬〈軼事三則〉。
355 王能典、楊忠好〈四川農民懷念紫陽〉。
356 主管重慶的省委書記。
357 成都市委書記。

插話說：點四個人的名，接觸的是四個人：我、大章、興元、君毅四個同志，與他（指趙蒼璧）無關。他在這裡，為趙蒼璧承擔了責任。

趙紫陽又說：我們去了七個人。中央領導同志講：批派是鄧小平搞的，責任在上邊。四川同志是聽打招呼的，但對批派還不認識。在給中央寫報告中，還說有成績。蔡協斌（群眾代表）同志講：算了吧，路線都錯了，還講什麼成績？現在機關還有人在講批派的成績。那些都是我們省委定的，我們思想沒有轉過來。在北京，是三個人（群眾代表）推動我們四個人（省委書記）前進。趙紫陽在這裡，又為省委其他領導解脫，為各廳局，各地市領導承擔責任。

趙紫陽還講：鄧小平的那一套我們犯錯誤，主要不是組織問題，主要是政治思想上的合拍。他在這裡，也沒有把責任推給鄧小平。他的意思很清楚：整頓機關、批判資產階級派性不是鄧小平強迫他幹的，不是組織服從，而是「政治思想上的合拍」，是自覺接受的。

但是，趙紫陽對於江青的「指示」並沒有逢迎。他派已任省委書記的群眾代表汪友根到重慶去工作的時候對他講：黃廉入黨問題，按規矩來；至於介紹人，要他自己找。

正是由於趙紫陽和一班人的堅持，四川省委才能夠極其困難的情況下維護了工作、生活和社會的秩序。

就在這個期間，一位叫白智清的人出現了。

白智清，男，一九四五年生人，重慶鋼鐵公司機修廠技術員。從一九七四年起，他以「心赤客」為筆名，發出數封信件，分別送交瀋陽軍區司令員李德生，國務院總理周恩來，主持軍委日常工作、後任國防部長的葉劍英，國務院副總理、中國人民解放軍總參謀長的鄧小平，甚至包括被他稱之為「江皇后」的江青。因為這些信件毫不隱晦地鞭撻「文化大革命」和批判以江青為首的「四人幫」，甚至請求手握軍權的高級將領們「抓緊時機」消滅之，因此被公安部列為「心赤客反革命案件」而受到追查。一九七六年二月七日夜，白智清乾脆署以「祖國忠誠的兒子、重鋼職工白智清」的真實姓名，寫下題為〈我愛我的祖國〉的大字報，於二月十八日上午貼到重慶鬧市解放碑的交電大樓牆上。白智清的大字報在重慶引發強烈反響，解放碑前頓時成了人的海洋，看大字報的人群圍了一層又一層。白天下雨，人們撐著雨傘看；夜裡人們打著電筒傳抄。有人在大字報上批道：「寫得好，有膽量，說出了我們的心裡話。」

白智清一不做二不休，又把第二張大字報抄好，於深夜十一點多踏上了開往成都的列車。三月四日早上八時許，他來到成都最繁華的市中心鹽市口，把那份長達六千多字的大字報掏出來，從容不迫一張接著一張，一直貼完第十二張。大字報的標題是〈試問，到底是哪家主義？——評張春橋[358]的「破除資產階級法權思想」〉，指名道姓地批判以「馬列主義的理論家」自詡的張春橋：事實告訴了大家，張春橋不是馬列主義者，而是個打著共產主義旗號，給國家、給革命、給人民帶來深重災難的修正主義。」他批判張春橋在〈破除資產階級的法權思想〉一文中所提到的「共產主義供給制」，認為一九五八年爆發的大饑荒，正是因為農村實行了「包吃、包穿、包住、包教、包治病」等等這樣的「供給制」，才造成了大量餓死人的慘劇。

這張把矛頭對準張春橋的大字報一貼出來，就轟動蓉城，人們奔相走告，聚集起來的幾萬群眾堵塞了交通要道鹽市口。人太多了，後面的看不見，有人騎上道旁的法國梧桐，在樹

358 張春橋（一九一七～二〇〇五），「文革」的主要策劃者之一及「四人幫」成員。

丫上高聲朗讀，每念完一段，人群中就爆發出一陣熱烈的掌聲。下午，聞訊趕來看大字報的人愈來愈多，晚上人們打開了手電筒，一直看到三月五日凌晨，大字報的空白處，寫滿了贊同鼓勵的批語，其內容很快傳遍了四面八方。

貼大字報的鹽市口離四川省委和成都市委都很近，官方卻沒有任何動作，可是將自己的前程與「四人幫」緊緊相連的老造反派卻很快行動起來。三月五日上午，成都矽酸鹽廠的造反派趕到鹽市口，擠進人群撕毀大字報，與圍觀的群眾發生爭鬥，憤怒的群眾把他們打得頭破血流，然後一哄而散。這就是轟動一時的「成都三・五事件」。這個事件與趙紫陽在廣東遇到的「李一哲事件」，有同工異曲之處。359

可是現在，雖然趙紫陽也是四川省的第一書記，面對的也是江青等人，但是處境不同了。當年的江青因為被毛澤東疏離，不得不四處籠絡人心，包括籠絡前途看好的趙紫陽；可現在趙紫陽卻是江青在會上點名「不跟毛主席卻跟鄧小平跑」的人，這在當時全國的省委書記中恐怕是唯一的。那些緊跟江青的老造反派被群眾打得頭破血流之後大吵大鬧，而此時的趙紫陽正在參加省委常委和成渝兩市市委常委會議，對他們置之不理。造反派們大怒，於三月十日糾集幾百人衝擊省委和成都市委機關，進駐省委大院三天兩夜，提出「打倒二趙（趙紫陽、趙蒼璧）一許（許夢俠）」的口號，要求揪出四川的「還鄉團團長」，矛頭明確指向趙紫陽。此時的趙紫陽腹背受敵，所受的壓力可想而知，可是他對於白智清事件的處理依然是儘量拖延，

359　一九七四年初，廣東四個年輕人化名李一哲在廣州的鬧市區貼出大字報，借著批判林彪「政權就是鎮壓之權」的論點提出了「民主與法制」的主題，很快傳遍國內外，被江青認為是「解放後最反動的大字報」。趙紫陽在處理此事時本著「讓人說話」的原則，讓這些年輕人得到了保護。

淡化處理，以至於讓造反派們抓住把柄，說省委在處理反革命分子白智清的問題上不積極。

為此，他們於三月十三日挾持兩位省委書記段君毅和許夢俠到北京「告狀」，還準備向中央遞交揭露四川省委「抵制批鄧」和「包庇反革命分子白智清」的材料，要求改組四川省委的領導班子。趙紫陽急了，直接給華國鋒打電話，說：「他們本來是要抓我，沒有抓到我才抓了段君毅和許夢俠兩位同志。」華國鋒也很生氣，說：「中央是不同意他們這樣搞的！叫他們放人！如果真的是抓到了你，事情不是這麼簡單了！」

很快中央派了國務院辦公廳祕書長羅青長來，明確表態挾持省委書記上訪的行為是錯誤的，要他們放人。可是這些人根本沒有把羅青長放在眼裡，只是派了一些人回成都，去抓趙紫陽，留下的人繼續看住段、許兩位書記。三月的北京很冷，段君毅很快就生病了，住進了醫院，緊接著許夢俠也病了，先是感冒，接下來視力嚴重下降，聽力也下降，只看見那些人對著自己大喊大叫，根本聽不清他們喊的什麼。就這樣一直關了一個多月，直到五月，中央讓造反派的代表人物王洪文出面，那些人才讓許夢俠回成都。

許夢俠回到成都之後，專家診斷為耳內出血，經過一段時間的治療，聽力終於恢復了，可是眼睛的病情依然嚴重。趙紫陽到醫院看望他，說成都的眼科不如廣州，醫療設備也不行。廣州有一個專門的眼科醫院，有全國一流的眼科專家。還說工作上的事情你先放一放，去廣州治療一段時間再說，接下來趙紫陽就給廣東省委寫了一封信，請他們為許夢俠書記安排治療的有關事宜。廣州醫院檢查的結果，許夢俠的眼睛不但有黃斑病變，而且眼底多次出血，還有白內障，治療非常麻煩。不久許夢俠就聽廣州的醫生說，四川來了一夥造反派，在廣州的大街上張貼「打倒許夢俠」的大字報，而且跑到醫院來，要院方交出四川來的走資派。醫生說我這裡只有病人，沒有什麼走資派。硬把他們頂回去了。

一直到「四人幫」倒台之後，許夢俠才接到四川省委的電話，回到成都。[360]

由於類似事件屢屢發生，後來中央於三月二十四日專門發了一個七號檔，禁止在反擊右傾翻案風中各地人員來京上訪。[361]

可是這些人並沒就此甘休。他們中的一部分人從北京回來十天以後，就是清明時節，北京天安門爆發以紀念周恩來為名義的「四五運動」，戴著白花的人們從四面八方向天安門聚集，發洩對「四人幫」的憤怒，群情激奮，釀成事件。重病中的毛澤東清楚地意識到「矛頭是對準我的」，由他親自批准、中央政治局決定，五千民兵[362]趕到天安門以棍棒驅趕聚集群眾，並將此定性為鄧小平操縱的「反革命事件」。此事促進毛澤東痛下決心，徹底罷黜鄧小平所有職務，將他列入「敵對」之列。四川的造反派勢力重新抓住白智清事件，對省委特別是趙紫陽進行批判，甚至將他在廣東受到的「批判」也翻出來，還說他耍滑頭躲避運動，說他不出面接見造反派……雖然這些輿論並沒有「命中要害」，但是其兇猛的聲勢還是給這個省委一把手平添了不小的政治壓力。

趙紫陽的拖延救不了闖下大禍的白智清。在王洪文的授意下，公安部的一張捉拿白智清的通緝令飛遍全國[363]，四川省公安廳也於三月十三日下達了一份「由公安機關內部掌握，請勿

360 許夢俠《從齊魯大地到巴山蜀水》，四川人民出版社，二〇〇二年版。
361 中共中央關於在反擊右傾翻案風中，各地禁止來京上訪的通知。
362 國家基層不脫離生產的武裝組織，是常備軍的助手和後備力量。
363 余習廣《位卑未敢忘憂國－「文化大革命」上書集》。

張貼」的通緝令，稱白智清張貼大字報「是一個重大的反革命事件」。三月二十六日，在離成都四十來公里的廣漢縣一個小旅館裡，正在寫另一張大字報的白智清以「反革命罪」被捕，押到成都一所監獄關押。被捕之後的白智清，一直就這麼關著，直到北京「四五事件」之後，「批鄧」浪潮勢不可擋，這個膽敢鼓動鄧小平學習拿破崙東山再起的小人物，才被押上批鬥台。四月二十五日，成都市體育場為他召開了五萬人參加的批鬥大會，會場上的廣播車不停地高喊：「反革命分子白智清上書鄧小平，要鄧小平效法拿破崙搞反革命政變！」、「反革命分子白智清吹捧鄧小平的修正主義路線，要把鄧小平抬出來當總理！」五月八日，在重慶大田灣體育場也召開了有五萬軍民參加的集會，大會主席台上方的大字橫幅寫著：批判走資派鄧小平，鬥爭反革命分子白智清大會。大會主持者公布白智清的「罪行」：反革命分子白智清狂吠：鄧小平捨得他的官，我還捨不得我的命？

白智清被捕十個月之後，毛澤東去世，包括江青在內的「四人幫」被逮捕，「文革」宣告結束。一九七八年十二月，中共中央十一屆三中全會在北京召開，認真討論了「文革」中發生的一些重大事件，肯定了鄧小平在一九七五年主持中央工作期間的成績，開始了思想路線、組織路線和政治路線上的撥亂反正，之後大規模的平反冤假錯案在全國範圍內開始。而在此之前一個月，趙紫陽主持的四川省委做出議決，為白智清徹底平反，恢復名譽，於一九七八年十一月釋放。

「白智清事件」尤其體現了趙紫陽在兩難情形中對人的慎重態度：一方面不惜頂著政治壓力儘量拖延、淡化和減輕對他的刑事處理；另一方面，那些老造反派人員以白智清事件為藉口來威逼省委，步步緊逼，趙紫陽雖然非常反感，但是在以後的日子裡，仍然採取各種方法做他們的思想工作。這是後話。

據傳當初劉興元來四川之前，毛澤東找他談話，要他去成都武侯祠看看前清學者趙藩寫的一副對聯：能攻心則反側自消從古知兵非好戰；不審勢即寬嚴皆誤後來治蜀要深思。此事在四川婦孺皆知，趙紫陽當然也知道。看來面對四川的混亂局面，其中的「攻心」和「審勢」兩個詞，對於趙紫陽的治蜀方略的確有影響。

智護[364]

北京天安門「四．五事件」被定性為「反革命事件」之後，鄧小平被撤銷一切職務，從上到下的「造反派」更加興奮，也在四川追查詆毀江青等人的「政治謠言」，抓捕「現行反革命」，四處造謠生事，煽風點火；成都和各市地州縣首府城市的大街小巷，到處張貼著「批鄧、反擊右傾翻案風」的大標語、大字報，再次向當地領導機關發起「造反」風潮。也就是在這個時候，成、渝兩市的四個老造反派大頭目黃廉、鄧興國、楊志誠、周家瑜，聯合貼出了〈致趙紫陽、趙蒼璧同志的一封公開信〉，認為一九七五年十一月組織他們批判資產階級派性的學習，是一次有綱領的「右傾翻案風」的典型案件，是否定文化大革命，是翻文化大革命的案，必須要為他們平反！

364 本節主要參考資料：林雪採訪趙陽民、許夢俠《許夢俠八十回眸》，四川人民出版社二〇〇二年版、陳文書〈杜心源智護趙紫陽〉。

這些行動，迅速地把「批鄧、反擊右傾翻案風」推向高潮。

為了不讓自己被造反派糾纏而使全域工作癱瘓，也為了更好地解決四川人民的吃飯問題，趙紫陽一到四川，就啟用了在廣東的工作方法，把日常工作分派給其他幾位書記和常委，自己老是往鄉下跑，省委的領導們也都理解他，主動為他承擔責任。造反派找不到趙紫陽，就只好去找別的書記，經常被圍堵的，就是二把手段君毅，和分管政法工作的趙蒼璧。

已經六十多歲的段君毅，很有一套對付造反派人員的辦法：你說什麼他都不理睬，你提什麼要求他都不表態，從來不發脾氣，不管那些怎麼說，也不管怎樣指責他，他就在那兒睡覺。那些人一鬧，祕書就解釋說他昨天晚上沒睡好，他有梅尼爾氏綜合症，頭暈。造反派都知道找他解決不了問題。三月份把他弄到北京之後，那些人就去找分管運動的趙蒼璧。趙蒼璧「文革」前就管政法，「文革」中重新出來工作後也管政法，那些「文革」中被抓被判的造反派人員，要翻案要平反，有許多問題難免牽涉到他，自然要把他列為施壓對象，再說頭年的「批派」也是趙蒼璧負責分管。

從一九七六年三月開始，經常有成群結隊的造反派人員到省委門口靜坐，也到多子巷二十三號趙蒼璧家門口靜坐，由於找不到趙紫陽，趙蒼璧就成了受到衝擊最多的省委書記。趙紫陽知道了，就通知住在趙蒼璧隔壁的蔡文彬[365]去解圍——蔡文彬雖然此時已經成為四川省團委書記，但是好歹也曾經是四川紅衛兵一大派的頭頭，在老造反派中還說得起話，趙紫陽要求他一定要把群眾情緒穩定住，要向他們說明凡是過去被整錯了的，省委一定會實事求是給予解決。

365 成都電訊工程學院（現在的電子科技大學）學生，「文革」中學生組織「紅衛兵成都部隊」的頭頭。

可是那些人認為你蔡文彬啊、江海雲[366]啊，都是被走資派「招安」了的「在朝派」，和自己這些「在野派」不是一路人，讓蔡文彬常常無功而返。

造反派還是要找趙紫陽，他們認為上次挾持段君毅和許夢俠上京沒有成功，就是因為沒有拿住趙紫陽這個「一把手」。於是有人提出：抓住趙紫陽，帶上他和趙蒼璧再次上京，手裡有了「二趙」，中央一定不會對我們的要求坐視不管。於是尋找趙紫陽，就成了這些人的緊要任務。在這個階段，杜心源就成了他的保護神。

杜心源，山西人，「文革」前歷任中共四川省委宣傳部長、四川省委書記兼任《四川日報》社社長、總編輯等職。「文革」中復出之後，先任省革委辦事組組長、四川省委辦公廳祕書長。杜心源特別佩服趙紫陽，認為在他平生見過的許多領導人中，紫陽同志是最好的一位。他對祕書陳文書說，我們一定要在前面頂住，保證省委和紫陽及其他省委領導的安全。只要省委主要領導不被他們抓走，省委工作就不會癱瘓，全省工作也不會癱瘓，否則後果不堪設想。

杜心源以衰老之軀在這方面做了很多工作，有的堪稱驚心動魄。

這裡舉幾個例子。

第一件事情是在錦江賓館保護趙紫陽。

一九七六年四月上旬一天下午，省委在錦江賓館九樓會議室召開會議，趙紫陽也參加了這個會議。一個開會的老造反派代表看到了，就在西二樓服務台給外邊的同夥用暗語打電話：「三級花茶二兩，九點鐘送來！」因為那段時間老造反派到賓館會議上來揪鬥領導幹部的事情

366　四川大學數學系學生，「文革」中成都學生組織「川大八二六」的頭頭。

常發生，服務員有所警惕，覺得這個人打電話神情不對，趕緊把這個情況向會務組的人報告，會務組立即轉告杜心源，杜心源則報告給在九樓會議室開會的趙紫陽，讓他馬上離開。但趙紫陽還沒有來得及走，一夥人就吵吵嚷嚷地沖上來了。杜心源急中生智，讓會務組的人把趙紫陽請進另一個房間，把房門鎖上；他自己和會務組的人去勸說這夥人離開這裡，說趙紫陽沒有來參加這個會議。可是那些人不相信，沖進會議室到處找趙紫陽，找不到就不走，鬧得會議也無法進行。杜心源一邊應付，一邊叫人從門縫中給紫陽遞紙條，要他千萬別出來；同時又把時任宣傳部副部長的江海雲幾個人找來，要他們去勸說。

江海雲幾個人向衝擊會議的人說，杜心源說的是實情，趙紫陽今天確實沒有來參加這個會議，人在哪裡我們也不知道。這夥人根本不相信，大罵當了宣傳副部長的江海雲是「宋江」，是「投降派」，是「被招安的既得利益者」。他們在會議室鬧了幾個小時，最後確實沒有找到趙紫陽蹤影，才罵罵咧咧地離開。杜心源馬上找到也在會上的郵電局副局長張利，讓他親自開著郵電局的車，大搖大擺從大門出去，把趙紫陽送到了金牛賓館。

後來才知道，在那夥人暗語中，「三級花茶」是下午三點，「九點鐘」是東方紅賓館九樓會議室，「二兩」是要他們開兩部汽車來抓趙紫陽，也有說「二兩」是指「二趙」。

杜心源還做了一件事情，是在多子巷省委宿舍保護「二趙」之一的趙蒼璧。

在「打倒二趙一許」的形勢下，趙蒼璧也是被抓的重點人物，當時他和杜心源都住在省委附近的多子巷同一個大院內。大約是一九七六年的八月，老造反派就糾集了幾十個人，把多子巷大院的大門嚴嚴實實地圍阻起來，與警衛處的戰士相對峙。他們目標很明確：就是要抓趙蒼璧，讓他給我們「落實政策」，其他人包括杜心源，都可以自由出入。但是造反派的心態一時三變，一旦抓不到趙蒼璧，說不定見到杜心源在內的書記都要抓。為此杜心源的祕書陳文書以開會為由，三四次進入大院，要把杜心源接出來。可是倔老頭他就是不出來，還說你先別管我，趕快去向省委報告，同警衛處商量，儘快把趙蒼璧同志救出去。我在這裡還可以穩住他們，一旦我出去了，他們很可能就要衝擊大院，破門而入，那時趙蒼璧就非被抓去不可了。為了趙蒼璧的安全，我甘願在這裡當他們的人質！

可是你杜心源一個單槍匹馬的老頭子，哪裡擋得住那些牛高馬大氣勢洶洶的造反派！這些人不但把大門圍得水泄不通，而且闖進了趙蒼璧的家裡，在每個房間裡搜查。趙蒼璧畢竟是老公安，機警，聽到響動立即跑到兒子趙陽民的房間，翻身從窗戶跳出去，躲在窗戶下面堆放雜物的過道裡。造反派推門看看屋裡沒有趙蒼璧，就過去了。但是他們也不離開，就守在趙家，輪換吃飯，輪換把守，晝夜不離人。好幾天過去了，造反派的包圍封鎖愈嚴密，趙蒼璧出不來，家裡人著急，外面的人也著急，急壞了杜心源也急壞了趙紫陽，都在擔心趙蒼璧的安全。後來團省委的幹部和警衛處發現了一個祕密通道：團省委多子巷辦公區和趙蒼璧的住處只有一牆之隔，可以設法翻牆進入趙蒼璧家，把他接出來，再從團省委開在小街上的後門出去，用車送走。這個營救方案非常安全，但要在晚上夜深人靜時進行。陳文書知道這個方案後，立即去向杜心源報告，杜心源這才放下心來，同意和陳文書一起出去，但走到宿舍大門口就被攔住，說是「沒有見到趙蒼璧之前，誰也不許出這個大院！」

就在這個時候，省裡文化系統一個人要找杜心源辦一件急事，找到了陳文書。陳文書知道這個人和那些造反派認識，就說你去給那些人說，把心源同志接到辦公室去辦理你這件事。然後我們倆一起去接心源同志出來。那夥人根本就不同意，來人好說歹說軟磨硬泡「協商」了好久，對方才答應准許杜心源去辦公室處理這件急事，但事畢後必須立即回來。

陳文書兩人把杜心源接到辦公室後，立即告知警衛處：「心源同志已到安全地方。」警衛處按照原定的計畫，終於將趙蒼璧接到團省委在多子巷的辦公區，再用車從後門送出去。趙蒼璧這才避免了一次被抓走的危險。

趙蒼璧逃出來之後，很長一段時間和趙紫陽一起住在軍區招待所望江賓館，繼續主持工作。「文革」後趙蒼璧調北京任公安部部長，一九九三年去世時已經下台的趙紫陽聞訊，堅持要去參加趙蒼璧的追悼會。那天在八寶山的悼念室裡，家屬們靜立一旁，趙紫陽在警衛局幹部的跟隨下進來，向著昔日同甘共苦的老朋友趙蒼璧遺體三鞠躬，同家屬們一一握手，才愴然離去。然後其他親友才進來悼念。

後來杜心源果然也被那些老造反派抓去遊街，不但逼他說出「二趙」的下落，還打算把他也弄到北京去，幸虧祕書陳文書急中生智，才從去火車站的路上將杜心源救回省委，多年之後陳文書將這些經歷寫出來，還禁不住熱淚盈眶。

杜心源於一九八五年十二月十八日去世，其時趙紫陽已經在北京任國務院總理，專門送了花圈。他多次感歎：杜老是一個好人呀！

夾縫之間

「文革」中那些被鬥過的幹部，不敢對發動運動的毛澤東有什麼不恭，只好把氣撒在鬥爭自己的造反派身上，對於他們多少都有些報復心。可是趙紫陽不同。趙紫陽在座談中跟幹部們講，「文革」中自己在廣東受到衝擊、批判，從沒有怨言。他認為群眾過激行為中存在很多合情合理的東西，是針對我們在執政中的很多錯誤，不能一概視為搗亂。但是他不主張繼續亂下去。任何當政者，都希望有一個穩定的局面，尤其是在一九七六年這個亂世，特別是亂世中的四川。

趙紫陽一邊抓緊抗旱救災，機關整頓，一邊約請一些老造反派頭頭來談話，談話時往往沒有祕書在場，就兩個人，他自己拿著個筆記本，偶爾作些記錄。由於氛圍很放鬆，加上趙紫陽本人的親和，對方一般都是暢所欲言，無話不說，很多人都願意幫助省委去做些促進穩定的工作，把四川的工農業生產抓上去。當然對於那些一味鬧事者，趙紫陽也絕不姑息遷就，不同意就是不同意。與趙紫陽不同的是：鄧小平一旦主持工作開始整頓，就拿老造反派開刀。面對鄧小平佈置下來的「批派」問題，趙紫陽當然要執行，可是他也多次在省委有關會議上提出自己對造反派的觀點，給幹部們做工作。

一九七六年的「四五」天安門事件[367]前後，「批鄧反右」的風聲愈來愈緊。四月七號，報紙上公布了「天安門事件」為反革命事件，撤銷了鄧小平的一切職務，華國鋒擔任中共中央第一副主席、國務院總理，全國又開始批鄧——反擊右傾翻案風。四川的老造反派趁勢而起，四處串聯鼓動，重慶的老造反派頭頭黃廉和周家瑜到曾經武鬥最嚴重的楊家坪地區的工廠去

367　一九七六年四月五日清明節前後，北京市民在天安門聚集，悼念在一月去世的國務院總理周恩來，同時把矛頭直指毛澤東扶持的「四人幫」甚至毛澤東本人，當時被定為「反革命事件」遭到鎮壓，一九七八年十一月中共中央和北京市委宣布對此事件平反。這場被稱之為「四五運動」的非暴力的抗議活動被歷史學家定位為具有歷史里程碑意義和象徵意義的歷史事件，直接導致了半年之後的「文革」結束。

演講，號召大家起來批鄧，結果卻被群眾群起而攻之甚至追打，狼狽逃竄：興奮的派頭頭和厭倦了派性的群眾之間，分野已經很明顯。為了避免矛盾激化，趙紫陽在所有的指示中都明確自己的態度：執行「批鄧」指令的同時，必須堅守底線。

四月八日晚上，趙紫陽找到以重慶「群眾代表」的身分來擔任省委書記的汪友根說：明天要召開五十萬人批鄧大會，你要轉告黃廉幾個問題：一、整個「反擊右傾翻案風」的目的，主要是解決領導應該旗幟鮮明地站在運動前面的問題而不是其他。二、給黃廉指出，他們的一些提法是錯誤的，首先串聯不能搞；其次在工廠裡面劃分什麼「批鄧派」和「保鄧派」是不對的，不要在工廠裡激化矛盾。三、工作上、活動上必須要在黨委統一安排下進行。

四月十四日，趙紫陽按照毛澤東「對造反派高抬貴手」的指示召開會議，專門講要解決好革委會發揮「群眾代表」作用的問題：在這次運動中表現好的，可以提拔為副書記，或提升高一點的職務。還有在本廠沒有職務的省市革委會委員，可安排在基層搞點實際職務，不是黨員的，也可以安排一些實際工作；沒有進入革委會但是表現好的，也可以安排當副組長、副經理……

四月十九日上午，趙紫陽在會議上提出：對黃廉和周家瑜，正確的意見要聽取，錯誤的要表態，要明確地給他們提出來，要在一定場合講，凡在一定場合講的，都要先給本人講。為此，之前他曾經接見了成都重慶四個著名的老造反派頭頭：黃廉、周家瑜、鄧興國、楊志誠；專門就他們給「二趙」寫的那封〈公開信〉，聽取的意見。

一九七六年六月初，剛開始主持中央工作不久的華國鋒陪同尼泊爾國王比蘭德拉，來成都參觀都江堰，見到趙紫陽的時候「很正面」地提出要給造反派落實「高抬貴手」政策：過去挨了整的要平反，關進監獄的要及時釋放，符合條件的要吸收為黨員，具備條件的要提為幹部。華國鋒離開後不久，四川省委專門下發了中共四川省委一九七六年第二十七號文件，部署各級黨委貫徹落實毛澤東「對造反派要高抬貴手」的政策。這種觀點，過去只是口頭說說，現在卻以正式檔下發，更加引起幹部們的不滿，造反派們也變本加厲，對其職務安排愈來愈不滿足。社會更加動盪了，內江地委被造反派占領，幹部無法辦公；江津地委受內江、重慶兩地造反派的夾攻，苦不堪言；宜賓、萬縣等地幹部不時呼救……一天接到宜賓地區緊急報告，說省上派去的地委書記　革委會主任張敏被抓去戴高帽子遊街，下落不明，而當地的武鬥非常厲害，張敏隨時都有性命之憂。趙紫陽知道後不停地打電話到「一祕」（第一祕書處）詢問張敏的消息，但一直無果。當晚趙紫陽就和一祕的幹部在會議室坐等，一直等到深夜之後，宜賓來電話說已經找到了張敏，身體無大礙，趙紫陽才鬆了一口氣。那天晚上的夜餐是酸菜肉絲麵，趙紫陽吃了一碗後連連誇讚：「這麵好吃，還想吃一碗。」祕書就再給他盛了一碗。

那天晚上，張敏接到三個電話，趙紫陽打完電話之後，趙蒼璧、段君毅的電話也打來了，都勸他到農村去避一避。但張敏沒有接受，他說那樣造反派就會說我是逃跑，會鬧得更凶更厲害。我現在不能離開。

趙紫陽顯然被感動了。他很快把張敏的態度向華國鋒做了報告，華國鋒說這是正確的。接下來省委開了一個全省的電話會議，趙紫陽在電話會上講話，說張敏這個行為，華國鋒總理肯定了，老幹部就應該像張敏這個樣子，堅守崗位堅持原則。重慶的市委書記是魯大東第一個表態，說要向張敏同志學習，堅守崗位堅持原則。

形勢很嚴峻啊。省委不得不派了時任省委辦公廳第一祕書處副處長的熊清泉和組織部的李洪仁，去聽聽下面的聲音。他們所到之處，幹部們大都對「二十七號文件」怨聲載道。回來後熊清泉忍不住問趙紫陽：為什麼要發這個文件？趙紫陽說：小熊，你們不懂，為了穩定局勢，必須出這麼一個文件。在這樣的情況下，一切為了穩定，穩定就是勝利。[368]

儘管趙紫陽親自主持制定的這個檔，在幹部中引起了很大的爭論，但是在一九七六年那樣的形勢下，它安定了老造反派的情緒，對穩定四川的局面起了重要作用。文件中有這麼一段話：「……我們要虛心地聽取群眾的意見。特別是要聽一聽受錯誤路線壓制的同志的意見，他們由於所處的地位不同，對錯誤路線的危害，體會就比我們深刻得多。不要怕聽不同的意見，對於反對自己的意見更要聽，有些話聽來刺耳，但往往有真理。」

這恐怕不僅僅是趙紫陽對於造反派的應付，而是他對於所有不同意見、不同地位人事的態度。今天看起來，依然可取之。

趙紫陽極力與造反派周旋的同時，四川的民生愈是艱難。一九七五年川東地區三季連旱，直到冬天也沒有緩解的跡象，以至於趙紫陽從到達的那一天開始，整個冬天都在佈置抗旱和農田水利建設，希望扛過這一關，來年會有好轉。可是老天不遂人願，一九七六年春夏，川東又接連出現大旱，而且波及到川北地區。眼看收成沒有指望，逃荒大潮更加洶湧。從三月開始，成渝、渝達、川黔鐵路沿線均有農民爬火車流向外省，其中鄧小平的家鄉廣安，城中的梧桐樹皮幾乎被饑民剝光吃盡，全縣百萬人口中逃荒下重慶的農民就達十多萬。廣安縣委將全體幹

368 熊清泉〈回憶趙紫陽在四川工作的點點滴滴〉。

部兵分五路，到境內五個車站去勸阻災民，縣委書記楊鐘到了最擁擠的前鋒車站，只見那裡人山人海，不僅是車廂內的行李架上爬滿了人，就連火車頂棚上都坐滿了人，一旦車過隧道，極容易被刮下來摔死。楊鐘和幹部們要勸農民不爬車是不可能的，只好勸他們不要上頂棚，那是要出人命的。可是農民們說：「我們不逃荒只有餓死，在火車頂棚上摔下來也不過是個死，可是萬一沒有摔下來，我們就撿回一條命。」到四月初，成渝路上的重慶至永川段的爬車雖然被人為制止，但是上萬人邁過永川站到下一站郵亭站，繼續爬車至成都，每天還有三千災民從成都及其附近的站口爬上翻越秦嶺的火車，沿寶成線逃到陝西或者繼續往北，乃至到達風沙漫天的新疆——即使是那些在四川就被攔截下來的災民，收容遣送工作也極其困難。

關鍵的是除了爬火車，還有更嚴重的問題：從廣安火車站開始，有災民在火車車廂上用油漆寫駭人聽聞的「反動標語」：我是廣安叫花子，最恨江青幾爺子，小平同志快出來，免得我們餓肚子[369]……

四月二十七日，省委要求各地開展生產抗災自救，勸阻災民外流。

五月二十八日，在四川省委召開的生產自救、節約度荒會議上，有關部門拿出資料，表明四川省一九七六年度徵購糧食三百六十八萬噸，銷售卻是四百二十三萬噸，虧空五十五萬噸。由於四川糧庫告急，趙紫陽急報中央，要了二十五萬噸糧食救災。四川再次仰面伸手，令省委很沒面子，趙紫陽希望大家努把力，本年度不要再吃外省糧。[370]

369 吳啟權《小平蜀鄉情》，四川人民出版社，二〇〇五年九月版。
370 《二十世紀四川全紀錄》。

可是局勢還在繼續亂下去：

六月十二日，四川地震部門對汶川、北川、寶興、天全、蘆山一帶發出六級地震預報，四川省委決定成立防震抗震指揮部，並且發出緊急通知。全省上下一片恐慌，不少人到處投親靠友，去外省避難。

七月六日，有中國「紅軍之父」稱譽的全國人大委員長朱德去世。這是繼一月八日周恩來去世之後中國逝去的第二個「巨頭」，不祥的兆頭在國民中彌漫。

七月二十日報載：地處川黔之交的南川縣連續五十天伏旱，人畜飲水困難，農作物受災面積三十餘萬畝。[371]

七月二十八日，河北唐山爆發七．八級地震，從黑龍江以南到揚子江以北，從渤海灣到內蒙古、寧夏都感受到了震感，首都北京天安門上高大的樑柱痙攣般嘎嘎作響……若干年以後，官方公布的唐山地震死亡數字為二十四萬多人，重傷人數為十六．四萬人，位列當年世界地震死亡人數第二位。之前因為成都也的地震傳聞也盛，一些成都市民逃往唐山躲避，沒有想到反而在唐山大地震中遇難。消息傳回來，更引起了恐慌，成都市民紛紛在大街中央用塑膠布和席棚搭建防震棚居住，遠遠望去猶如彎彎曲曲的長龍，城市交通狀況一片狼藉，工農業生產幾乎停止。

八月報載：四川北部的閬中，出動三十萬人抗旱。

……

371 以上皆引至《二十世紀四川全紀錄》。

在此期間，重慶的周家瑜和黃廉卻在加緊把重慶的「批鄧、反右」運動推向高潮。六月下旬，中共重慶市委召開部、委以上黨員負責幹部會議，會議開始不久，就在魯大東作「轉彎子」檢查時卡住了。黃廉、周家瑜等人對魯大東的檢查很不滿意，就是通不過，上綱上線，糾纏不休，中途不得不休會一周。與此同時，各級領導都被強行「轉彎子」，許多單位的老造反派都起來鬧，有要求落實政策的，有要求平反、補發工資的，有要求「納新（入黨）」的、「提幹」的……問題愈來愈多，都鬧到市裡這個會上，到了七月中旬，部長會擴大成了局長會。局長會開了沒兩天，魯大東被趙紫陽叫到成都彙報工作，局長們吵吵鬧鬧亂成一團，會也開不下去了。七月二十二日，黃廉、周家瑜提出要趙紫陽來重慶參加會議解決問題。他們把趙紫陽電話的聲音在會議上「現場直播」，讓全體與會人員都聽到。

趙紫陽在電話中說目前來不了重慶，希望大家把會開好。黃廉馬上接過話頭在電話中說：「你來不了重慶，我們就到成都來開！」當天傍晚，黃廉、周家瑜從公交公司調來幾部大客車，拉上參加會議的三位市委書記和部、局長等大約一百五十人，連夜去了成都。

黃廉和周家瑜等人如此鬧騰，也引起了很多人不滿，其中就包括重慶一些老造反派，比如李木森[372]、陳萬明[373]、熊代富[374]等群眾代表。他們一直都對黃週二人有看法，認為這樣對待魯大東，這樣搞「批鄧反右」運動，不符合中央「在黨的一元化領導下搞運動」的精神。現在

372 李木森（一九三八～二〇一六），國營重慶江陵機器廠助理技術員，「文革」前期重慶造反派群眾組織中的反到底派主要負責人。時任重慶市革命委員會副主任。

373 陳萬明，重慶鋼鐵公司機修廠工人，重慶八一五派革聯會頭頭，省革委常委。

374 熊代富，重慶大學學生，重慶八一五派頭頭，市革委副主任、市委常委、共青團重慶市委書記。

黃廉周家瑜要鬧到成都，很可能造成趙紫陽對於重慶全體群眾代表的錯誤印象，認為大家和他們是一夥的。於是李木森和陳萬明決定要向趙紫陽當面彙報自己的想法。那時候，見到趙紫陽的確不容易——他從一九七五年底到四川上任都大半年了，還沒有開過一次省革委常委會，連陳萬明這樣的省革委常委，都還沒有跟他這位省革委主任見過面。可是黃廉周家瑜卻經常跑到成都去向他彙報情況。趙書記他也許不知道：重慶已經不存在當年的兩大派了，當年的那些頭頭們已經分化成不同觀點了，得把這些情況向他說清楚……

這樣到成都的重慶群眾代表就有五位：黃廉和周家瑜是一派，李木森和陳萬明是一派，還有一個老工人袁金梁[375]，兩頭都想討好，但是兩頭都避他。

從重慶公交公司調集來的車隊浩浩蕩蕩，把一百五十位重慶的幹部拉到了成都市中心的錦江大禮堂，可是並沒有、也不可能如黃廉周家瑜他們所要求的那樣在大禮堂繼續開會。根據省委的招呼，省上的各個部門對口接待了重慶的部局級幹部，黃廉、周家瑜、李木森、陳萬明、袁金梁五位領頭的群眾代表被安排在錦江賓館住下來。七月二十六日，趙紫陽與二把手段君毅在省委三號樓接見重慶的五個群眾代表，再次明確表示不同意局長會在成都開，認為那必然會影響各個專縣——都把會拉到成都來開，哪能行呢？回重慶去開最好，可以叫成都軍區值班飛機送大家回去。實在不行，在成都附近專縣開也可以考慮。但黃、周兩個人仍然堅持要在成都開，並提出如果回重慶開，紫陽書記就必須立即去重慶。

七月二十七日上午，趙紫陽和段君毅在省委三號樓再次接見五位群眾代表。趙紫陽說，

375 袁金梁，重慶特殊鋼廠工人，重慶八一五派工總部勤務組成員，時任重慶市革委副主任，「九大」代表。

他昨晚沒有睡著覺，想了一個晚上，想出一個新方案：在成都開部委會，局長們在省委接見後回重慶去開會。但黃、周仍然不同意。趙紫陽不高興了，乾脆攤牌說：「如果硬要逼我對大家來成都一事表態，我只能說是錯誤的。但最好還是回避這個問題吧。」

第二天就是七月二十八日，唐山大地震發生，引起全國震動，成都松潘地區的地震預告依然沒有解除，更加人心惶惶。可是趙紫陽為了平息重慶政治上的這場「地震」，居然花了整整四天的時間，在接下來的二十八日、二十九日和三十日上午，抽出時間分期分批接見了重慶各部、委、局這次到成都的幹部；三十日下午，趙紫陽準備分別接見重慶的五位群眾代表，他大概從前兩次接見中已經看出五人之間有不同意見，就讓他的祕書安排分成兩批，先通知黃廉、周家瑜和袁金梁去。但黃、周二人不願意與袁金梁一起，大概是怕他回來後會把有些話講給李木森他們聽。於是趙紫陽只好先接見黃、周二人；然後在第二天上午再接見李木森和陳萬明、袁金梁三人。但是李木森和陳萬明也不願意讓袁金梁一起參加接見，也怕他把有些話傳到黃、周的耳朵裡去。趙紫陽又不得不只接見李木森和陳萬明兩人。這樣，最後老工人袁金梁面子最大，趙紫陽在三十一號下午單獨接見他了。四十年後，七十多歲的李木森回憶此事的時候很感慨，說真是苦了我們的趙書記！趙紫陽的工作作風確實與許多領導幹部不一樣，要是換一個人，根本就不會理睬我們的要求。

唐山大地震的恐怖影響在成都迅速發酵，鬧得人心惶惶，常常半夜裡有人叫一聲「地震了——」立即全城驚慌，聽說西邊的一三二廠就有人聽到風就是雨，跳樓摔斷了腿……重慶來的一百多人也無心久留，趕快回去了，可會還沒有開完啊，得繼續。這次重慶歷史上史無前例的「馬拉松」部、局幹部大會，從六月開始，從重慶開到成都又開回重慶，到八月十三日才算正式結束。最後黃廉、周家瑜作了個聯合發言，號召大家起來「反逆流」，可是開會的人們已經四散。眼下亂世紛紛，誰也不知道明天上面又會出啥麼蛾子，再說黃、周二人在重慶已經眾叛親離，誰還跟著他們去反什麼「逆流」啊。

三天以後，四川西部地處龍門山脈的松潘、平武一帶，發生了七．二級強烈地震。大災難真的來臨了。[376]

這一年，由於鄧小平治理整頓的餘波，全國工農業生產略有增長，四川全省糧食總產量卻下降到五〇八億市斤，倒差四．五二億公斤[377]。這麼大的糧食缺口，致使一九七七年初全省繼續鬧春荒，青黃不接。川北各縣特別是廣安的災民成群結隊南下，到了重慶的郊區北碚。災民們湧向北碚的原因，一是路途只有一百公里，更重要的是北碚有個西南製藥廠，要用很多玉米製藥，因為這些玉米在製藥過程中要用亞硫酸浸泡，剩下的玉米糟就有一股刺鼻的硫磺味，吃起來很澀口，卻比梧桐樹皮和觀音土強多了，於是成了災民們的「高級食品」。可是十多萬災民啊，哪來這麼多的玉米糟？那些吃不上的人嘯聚在小小的北碚，令人心驚膽戰。[378]有人報告常駐重慶的省委書記的汪友根，說是農民在北碚造反。汪友根馬上叫祕書去調查，祕書回來說是農民餓慌了，在那裡剝榆樹皮吃。汪友根打電話給成都的紫陽書記彙報，趙紫

376 本節主要參考資料：李木森〈趙紫陽聽我們當面指責〉。
377 趙文欣〈要吃糧，找紫陽——趙紫陽同志在四川振興農業、探索農村改革記事〉。
378 吳啟權《小平蜀鄉情》，四川人民出版社，二〇〇五年九月版。

陽叫主管農業的李子元給中央彙報時加上這個情況。事後《新華社》四川分社社長孫振給中央彙報情況的時候說，汪友根這件事情辦得很及時。[379]

各地陸續將缺糧問題反映上來，趙紫陽十分焦急，多次向中央反映了四川缺糧的問題，要求支持。在他的協調努力下，中央又給了四川省六億公斤調糧指標。趙紫陽指示時任四川省委祕書長周頤和省糧食局長管學思，具體負責此次調糧工作。兩個人每天和支援四川糧食的兄弟省電話聯繫，落實向四川調糧的數量、時間，安排糧食到川後迅速調撥到各缺糧地區；同時還按照趙紫陽的要求，每天將糧食調撥的情況向他進行了彙報，有什麼問題及時做出處理。在趙紫陽的努力下，東北、山西等省支援的大批糧食源源不斷地運抵四川並迅速調撥到省內缺糧的地區，最後雖然由於鐵路運輸困難有〇．七億公斤未能運到，但也解決了當年全省的春荒，沒有出現餓死人的情況。

天府之國的四川人好幾年吃外省糧，這是一件很沒面子的事情。要知道中國官員的面子有多麼重要。當年四川的一把手李井泉[380]打腫臉充胖子，大饑荒時期明明沒吃的還一個勁地往外調糧食，害得四川死了上千萬人，對他恨之入骨的群眾在「文革」中起來打他鬥他，最後弄得他妻離子散，家破人亡。趙紫陽來前的一九七五年，四川的糧食購銷倒掛五．四八億公斤，四川人吃了外省糧二．五三億公斤，結果在運來的玉米袋裡發現了「救濟天府之國懶漢」之類

379 林雪採訪何蜀〈關於汪友根〉。

380 李井泉（一九〇九～一九八九），江西臨川人，一九三〇年入黨，曾任毛澤東辦公室祕書長。建國後歷任成都市軍官會主任，西南軍區副政委兼四川省委第一書記，四川省政府主席，成都軍區第一政委，西南局第一書記等職。主政四川十七年。

的紙條，四川人群情激奮，心力交瘁的李大章愧而請辭，幾個月之後在北京去世。現在趙紫陽來川一年，四川的局面不但沒有好轉，人民群眾反而拖兒帶女背井離鄉去逃荒，他這個救過內蒙也救過廣東的「高手」，顏面實在是不好看。可是群眾的命比自己的面子重要，為此他毅然向中央要了比上年多出一倍的糧食，救了四川多少人的命。

至於面子，他會在未來適當的時候挽回來。

松潘平武大地震[381]

一九七六年，繼河北唐山一個月之後發生在川西的松潘平武大地震，在四川人民心目中留下了深刻的印象。

一九七六年一月，趙紫陽到四川僅三個月。地震部門不斷監測到一些地震將發生的前兆，國家地震局根據松潘、龍門山地震帶地下水下降，旱象嚴重，地形變化，以及水氡、形變電阻率、土地電、地應力、磁偏角等產生異常的趨勢，將松潘、茂汶列為全國近期可能發生地震的第三個重點危險區，此事引起了剛到四川工作的趙紫陽的高度重視。四川省委於四月召開了全省地震工作會議，省地震局也派出多批專業人員，先後到松潘、南坪、平武、茂汶、汶川、黑水、理縣、江油、大邑、邛崍等地震重點防範區，做好地震監測預報工作，收到了

381 本章上主要參考資料：《四川日報》記者陳煥仁〈頂住政治壓力，成功防震抗震—趙紫陽在松潘、平武大地震中〉等回憶文章。

明顯的效果——兩個多月中，這些地區監測到不少地下水、地光、地氣及動植物的宏觀異常現象，證明松潘、茂汶及其鄰近地區確實可能發生強烈地震，而且時間判定在七至八月之間。國家地震局和四川省地震局彙集全國十三個單位的專家及四川相關地區的代表，在成都召開了南北地震帶近期地震趨勢會商會，認同四川省地震局做出的判斷。趙紫陽主持省委會議，決定相關地區進入臨震狀態，成立防震抗震指揮部。六月二十二日，中共四川省委發出了〈關於切實做好防震抗震工作的緊急通知〉。

七月二十八日，河北唐山發生了大地震，毀掉了唐山市，造成了數十萬人傷亡。四川省地震局根據各方面監測到的情報判斷，分別於八月二日、八月七日兩次發出預報，明確指出，八月內在四川龍門山中南段茂汶、北川一帶或康定、瀘定一帶，可能發生六級或者六級以上甚至七級強烈地震。

與此同時，毛澤東親自發動的「批鄧反擊右傾翻案風」運動正在全國廣泛進行，它被當成「全黨全國全軍的頭等大事」，誰不重視批鄧反擊右傾翻案風運動，誰就是對「文化大革命」的態度不端正，誰就有被當成搞「右傾翻案」的鄧小平一樣被打倒的危險。可是趙紫陽卻置之不理，於八月十一日晚連夜召集省委常委會議，要求全省各級黨組織和革命委員會採取果斷措施，盡可能最大限度減輕地震給人民生命財產造成的損失。

八月十二日淩晨，綿陽、阿壩、溫江、成都等地、市、州按照省革委防震抗震指揮部和省地震局的緊急通知，進入臨震狀態。省地震局派出六十多位專家，深入到可能發生地震的平武、松潘、南坪、茂汶、北川、安縣、江油、汶川等縣，開展流動監測，嚴密分析已經設立的五千多個群眾觀測哨觀測到的情報，各地迅速組織了救災隊伍，將城鄉人員及工廠精密設備轉移到防震棚裡，郵電部門做好應急通訊準備，交通部調集足夠的防災救災的車輛，物資部門儲備了救災物資，衛生部門組織了醫療隊，準備足夠的醫療器材與藥品，解放軍進入待命狀態。

四川全省都已經做好了充分防震準備。

八月十六日二十二時六分，地處龍門山脈的松潘、平武一帶，果然發生七．二級強烈地震（當時報為七．九級）。這次地震由於震源深度只有六．七公里，地處震區的涪江上游兩岸山崩地裂，海拔三六六七米的元寶山嚴重崩塌；震中地區大多數磚木結構的房屋牆壁開裂，部分房屋倒塌，即使穿鬥結構的木架房也普遍掉瓦和傾斜；地震連同大雨形成的巨大泥石流，淹沒了小河鄉等不少村莊，毀壞大量農田，摧毀了道路，阻斷了交通，中斷了通訊，山體崩塌造成河道阻塞，形成大大小小的堰塞湖。地震不僅使四川的松潘、平武、南坪等縣遭受嚴重破壞，同時還波及陝西寧強、勉縣，甘肅康縣、文縣，四川旺蒼、青川、廣元部分農村。四川大部分地區和內蒙、寧夏、北京、山西、湖南、甘肅、貴州等部分地區均有震感。

地震剛剛發生，趙紫陽立即在省委四號樓召開省委、省革委、成都軍區領導參加的緊急會議，請衛生、交通等相關部門領導參加，佈置抗震救災工作，要求把搶救受災民眾的生命放在第一位。他任命省革委副主任、共青團四川省委書記蔡文彬為抗震前線總指揮，組織醫護人員和解放軍，帶著醫療藥品及救災物資，連夜奔赴災區，搶救人民的生命財產，救助受災群眾。

八月十七日淩晨，中共中央、國務院給災區發來慰問電，撥專款一千萬元支援災區抗震救災。十九日，中央慰問團到達成都。二十日，趙紫陽率領省委慰問團，隨同中央慰問團到達地震災區平武縣城。縣城一些房屋發生了垮塌，不少房屋牆壁裂了口，但是由於縣委在震前採取了一系列防震措施，地震發生之時群眾已經住在地震棚裡，所以縣城沒有人員傷亡。而地處崇山峻嶺中的廣大農村，雖然岩石崩塌發生了嚴重的泥石流，全縣農村也只死了十二個人。後據四川省地震局事後統計，這次七．二級地震和此後發生的六．七級和七．二級兩次強烈餘震，整個松潘、平武地震死亡四十一人，失蹤三人，重傷一百五十人，輕傷六百人，震塌房屋一萬四百七十二間，損失牲畜二千八百頭，毀壞耕地一萬五千一百八十六畝，受災群眾四萬九千人，累計財產損失四千八百一十一萬元。

如此強烈的三次地震，造成的災害損失如此之輕，與地方政府及時進入臨震狀態，採取了大量的預防措施是分不開的，由此受到中央慰問團的高度讚揚。

趙紫陽率領的省委慰問團隨中央慰問團，深入大山之中的平武縣。

天上一直下著大雨，震裂的山崖在暴發的洪水衝擊下崩塌，匯集成無數的泥石流，掩埋了道路，沖倒了電話線杆，堵塞了河道，沖毀了橋樑。早先挺進災區的救災部隊被阻隔在深山中，急需的救災物資無法運進去，前來支持的救災隊伍也被迫停在半途，中央慰問團和省委慰問團被阻隔在深山峽谷中的一個名叫水晶堡的小場鎮，進退無路，只好在此安營紮寨。

水晶堡地處兩條河流的交匯的三角地帶，三面環水，背後是一座已經震鬆的大山。趙紫陽和中央慰問團的領導以及鎮上的老百姓和抗震救災前線指揮部的人員，一同在山下水邊一塊不大的濕地上用磚頭墊上木板搭起帳篷，木板下面就是流淌的雨水和泥漿，頭頂上帳篷還滴著雨水。垮塌的山崖堵塞了河道，暴漲的洪水隨時都可能漫上來淹沒帳篷區，而後面已經震鬆的山崖在雨水的浸泡下，也隨時可能垮塌下來。水晶堡鎮上的居民大都是農民，口糧本來就非常有限，外面一下子來了這麼多人，一連多少天要在小鎮上吃喝，也面臨著斷糧的危險。更加危險的是餘震不斷發生，僅從八月十六日到八月二十九日就發生餘震一千二百零七次，其中六．七級至七．二級強震三次，三級以上的餘震二百七十四次。也就是說，趙紫陽在水晶堡指揮救災那些天，大地每天抖動一百三十四次，平均十二分鐘就有一次抖動。趙紫陽通過軍隊架設的一條時斷時續的電線，指揮戰士們把救災的糧食一袋一袋地背進深山，送到受災群眾的手中，同時還得兼顧處理全省的事務。

八月二十一日，松潘地震發生的第五天，慰問團到達水晶堡的第一天，向震中運送糧食的解放軍戰士被泥石流掩埋，出現傷亡。就在這時，一支由羌、藏、回、漢四個民族組成的抗震救災小分隊，從西邊的茂汶縣穿越了整個震中地區，來到了水晶堡，彙報震中區受災的情況。八月二十二日和二十三日，強震發生後第六和第七天，又連續發生六．七級和七．二級兩次強烈餘震，其中是二十三日的十一時三十分發生的餘震尤其危險。當時趙紫陽正在水晶堡小學的一間教室裡召開會議，《四川日報》的記者陳煥仁正在另一間尚未垮塌的屋子裡撰寫稿件，桌子突然晃動起來，頭頂上的瓦片像雨點似的砸下來，陳煥仁抓起雨衣護著頭，一個大步躥進了天井，身後的房屋隨之傾倒，旁邊一個反應稍微慢了一點的人被瓦片砸得頭破血流。陳煥仁趕緊跑到趙紫陽開會的教室，才知道當時教室剎那間傾倒，從屋頂上掉下的瓦片砸爛了桌子上的暖水瓶，滿屋都是垮塌石塊、泥土與瓦塊。幸好機警的警衛人員立即將趙紫陽按倒在課桌底下，餘震一停，趙紫陽和所有人趕快撤出教室，大家才倖免於難。

這次餘震雖然沒有一人喪生，但此後趙紫陽等人完全轉入潮濕漏雨的帳篷裡指揮救災。那些天，趙紫陽帶領大家冒雨加固堤壩，以防止隨時都可能爆發的山洪漫入帳篷區。鎮上的糧食快吃光了，整個災區都面臨著斷糧的危險。趙紫陽跟成都軍區商量，派飛機為災區空投食品。但是山實在太高，雨霧實在太大，每當雲層上面傳來飛機的轟鳴聲，趙紫陽趕緊和大家跑到壩子頭仰望天空，直到雲層上飛機的轟鳴聲消失得無聲無息，他才和大家失望地回到帳篷裡。

趙紫陽等人被困在水晶堡期間，國務院副總理吳桂賢兩次打來電話，詢問受災和抗震救災的情況，而隨團採訪的新聞記者突然聽到傳聞，說中央批評趙紫陽在「批鄧反擊右傾翻案風」的關鍵時刻躲進深山，消極抵制運動，用地震轉移「批鄧反擊右傾翻案風」的大方向。趙紫陽冒著生命危險在如此艱難環境中指揮抗震救災，竟然有人還說得出這種話來，記者們非常反感，有人憤憤地說：「他們應該批評趙紫陽發動了這次大地震，其目的是以地震轉移『批鄧反擊右傾翻案風』大方向！」

到八月二十九日，大雨終於停了。趙紫陽果斷決定留下省委抗震救災平武前線指揮部繼續指揮平武的抗震救災，將中央慰問團和省委慰問團撤離水晶堡返回成都，再從汶川方向進入震中的松潘災區慰問。從八月十六日晚進入水晶堡到八月二十八日撤退的前一天，趙紫陽通過各種管道，指揮成都軍區派出三千五百三十六名解放軍指戰員，以及由地方和部隊組成的四十八個醫療隊共五百二十四名醫務人員，奔赴災區救災；先後派出三百八十車次運送物資一千二百多噸，六次派飛機向災區空投八噸多食品及藥品，使得災區形勢逐步穩定下來。

在任命蔡文彬為抗震前線總指揮的同時，趙紫陽又任命了省委書記汪友根為整個平武松潘震區的抗震救災總指揮，為了他的安全，還特別囑咐說你在指揮部不要隨便離開。可是汪友根則求紫陽讓他下到最危險的震中現場。他說我汪友根個人不能代表黨，但是我的行為要代表黨對群眾的關懷，我就是冒著山崩地裂的危險也要去。趙紫陽看他的決心大，就派了直升飛機，可是直升飛機到了之後機長卻說：汪友根的名字已經被劃掉了，你不能坐。原來前些時候福建軍區司令員皮定鈞就是因為坐直升飛機撞山犧牲了，中央決定省級以上的領導暫時不能坐直升飛機。飛機不能坐了，那就走，汪友根徒步走了一天一夜，露宿荒山野嶺，終於走到了震中災區，身任副總指揮的五十軍軍長張志禮，派了工兵在前面，為他修復一路上被震壞的公路。汪友根決定所有的救災物資必須直接讓人送到災民家裡，嚴禁層層克扣，更不准截留。

從抗震救災一線回來，汪有根病倒了，趙紫陽讓祕書蔡肇發給他送去一隻活雞。那年月物資嚴重匱乏，女人坐月子也不一定能夠吃上一隻活雞，何況紫陽的夫人梁大姐身體也一直都不好，汪有根堅決不要。可是很快蔡祕書又把雞送回來了，說這是紫陽同志的關心，你一定得收下。汪友根只好收下了，心裡一陣溫暖。[382]

中央慰問團和省委慰問團到達震中松潘災區不久，傳來了毛澤東逝世的消息，中央慰問團火速返回了北京，省委慰問團也回到了成都。

趙紫陽在成都主持悼念毛澤東逝世活動之後，繼續指揮抗震救災工作，在很短的時間內，受傷的民眾得到救治，災區重新架設了通訊線路，修復了道路，大批救災物資源源進入，震中區被泥石流淹沒小河鄉的五個居民組一千多農民也得到了妥善安置。後來，趙紫陽決定將

382 林雪採訪何蜀〈關於汪友根〉。

中央、省裡給南坪縣一百七十萬救災款中餘下的七十八萬元，用於修建重災區雙河至勿角、馬家、羅依三個鄉的簡易公路。這些措施都使得災區的生產、生活很快得到了恢復，當年南坪縣不僅糧食豐收，其經濟總產值也較上年增長五％以上。

南坪縣在抗震救災中被省裡評為抗震救災的先進單位，出席省裡召開的表彰會議的代表受到了省委一把手趙紫陽書記和其他省領導接見。紫陽書記說：這次表彰會是在很困難的情況下召開的，連豬肉都供不上，我們很感謝阿壩州州委支援了兩車犛牛肉，才使我們這個會議有了肉吃。你們吃煙的同志也要諒解，這次會上只能供應你們三包「紅芙蓉」香煙。希望你們回去以後繼續努力工作，待以後經濟生產大發展了，再給你們補起來。

如此嚴重的大地震，趙紫陽作為省委一把手，冒著高度危險親自深入地震的中心地帶指揮，在群眾中引起了很大的反響，成都到處都在傳說「趙書記他們被泥石流困在松潘裡面了」，很多人在為他擔心。可是「文革」派卻不這麼想。

唐山大地震發生前後，中央的「文革」派喊出一個口號：不能讓走資派借「防震抗震」干擾批鄧反右的大方向！還批判趙紫陽「在批鄧反右的關鍵時刻躲進深山，用地震轉移鬥爭的大方向……」為此當六月四川省地震辦預測到省內可能發生強烈地震之時，趙紫陽就找來蔡文彬，讓他把主持的「批鄧學習機關調查組」改為「批鄧與防震抗震學習調查組」，並把「防震抗震和反擊右傾翻案風怎麼結合」這個題目給了他，讓他想辦法強調防震抗震，淡化批鄧運動。趙紫陽明確表示：要通過總結宣傳防震抗震救災的經驗，來淡化造反派和當權派的矛盾，遇到尖銳的矛盾衝突，要通過協商來化解矛盾、消除分歧，切實解決幹部和群眾在防震抗震中的實際問題，努力使形勢趨於穩定。有人出於重重顧慮，在一次總結會議上也提出要以「批鄧為綱」來推動抗震救災，但是蔡文彬秉承趙紫陽的意圖，在會上「批鄧」的事情一字未提，此事自然也就不了了之。

一九八六年八月，松潘、平武大地震十周年之際，四川省綿陽市人民政府、阿壩藏族自治州（現阿壩藏族羌族自治州）人民政府、平武縣人民政府、松潘縣人民政府、四川省地震局等，在平武北山公園建立松平地震紀念碑。紀念碑高十二．七米，主體為一截角的正三角形，碑體頂部象徵我國古代科學家張衡製作的地動儀，碑體正面上部刻有「松平地震紀念碑」七個大字，碑體左側刻有「預防為主」及此次地震等裂線圖，碑體右側刻有「專群結合」及此次地震參數，碑體下部周圍石壁，為抗震救災浮雕群。

松平地震紀念碑碑文寫道：

一九七六年八月十六日二十二時六分、二十三日十一時三十分，我松潘、平武二縣間，接連發生兩次七點二級強烈地震。極震區裂度九度，震波撼及我國三分之一國土。是時，震中地區山崩地裂，繼之暴雨、泥石流交相肆虐，房坍塌、橋斷折，林毀田沒，交通阻絕。八百多人傷，四十一人亡，牲畜斃以千計。

天災人禍，自古在劫。但黨和政府救民於水火，地震科學工作者處艱難環境中，成功地做出了震前預報，使震災損失降為最低限度，眾多人民得以倖免。震後，中央與地方慰問團即赴震區，組織軍民搶險救災，各地援助，由陸由空，源源不斷。

重建家園，已歷十載。萬象更新，盛世當前。感功績於有方，懷同胞於罹難，特立此碑，永志紀念。

綿陽市人民政府阿壩藏族自治州人民政府
平武縣人民政府松潘縣人民政府
四川省地震局
西元一九八六年八月十六日立

紀念碑上雖然沒有趙紫陽的名字，但是「黨和政府救民於水火」，切實包含著趙紫陽的一份辛勞。

第十五章　一個時代結束了

一九七六年九月九日，毛澤東終於死了。

關於他的死，很多人已經暗地裡等待很久了。早些時候，年輕的蔡文彬和老成的趙紫陽就此進行過一次深入的談話。這個時候的蔡文彬，已經不是十年前的學生造反派頭頭，他作為群眾代表進入四川省革委會當副主任以及團省委書記，已經八個年頭，協助老幹部們管理過軍工、財貿、農業等部門，「批鄧反右」以來又多次受趙紫陽的派遣，去做過老造反派的協調工作。他已經能夠從一個體制內年輕幹部的角度，對國家的未來進行一些觀察和思考：眼下中央的老幹部們都不服「文革」派，「文革」派也不服老幹部們；形勢如此不穩定，生產也上不去；泱泱大國，六億人口，這樣下去怎麼得了……憂慮之至，一些話衝口而出，他對趙紫陽說：「中央鬧成這樣，繼續下去局勢堪憂，主席百年以後，中國現在這個局面怎麼收拾？」

前不久的白智清，只是貼了張春橋的大字報就被定為「反革命罪」遭到逮捕；以後北京群眾在天安門抗議「四人幫」也被定為「反革命事件」遭到打擊，年紀輕輕的蔡文彬居然在省委一把手面前妄議毛澤東的生死，此話一經出口，把他自己也嚇了一跳。沒想到趙紫陽反問他一句：小蔡，你以為主席繼續健在，就能收拾得了這個局面嗎？

蔡文彬一下子愣住了：省委書記的言下之意，好像是中國現在的局勢，連偉大領袖毛主席也無法控制了。

趙紫陽接著又說：毛主席說文化大革命搞半年，卻拖延為三年，然後又延續到現在。目前這種局面，你認為主席能夠控制得住嗎？

蔡文彬被問得啞口無言，不知所措。[383]

趙紫陽的憂患，是全中國的憂患。開年周恩來死了，夏天朱德死了，在如此的動盪的時局中，那個人還會活多久呢？他死之後國家會怎麼樣呢？雖然像周家瑜這樣忠心耿耿的老造反派還胸懷知其不可而為之的悲壯，要誓死捍衛毛澤東的思想和路線；雖然那些早就胸懷謀反之心或者是治國之志的「少年匹夫」們在翻閱大量的禁書之後，已經在鄉村的油燈下擺弄國家未來的棋局，可是誰的心裡都沒有數，包括趙紫陽，以及和趙紫陽一樣的高級幹部們。

人們久久等待的這一天終於來到了：毛澤東真的死了。全中國爆發出雷鳴般的哭聲，其中飽含著大悲痛、大解脫、大恐懼……也包含了趙紫陽心中的那種大憂患。只是誰都沒有想到，這樣的大憂患居然被一次祕密的「宮廷政變」給解除了：幾個毛澤東的身邊人指揮著一群禁衛軍沖進中南海，輕而易舉就完成了。

四川省委書記徐馳的祕書章均權[384]記得很清楚：就在毛澤東去世一個月之後的十月八日或九日的上午，他在院子裡見到趙紫陽的夫人梁伯琪，梁大姐對他直是招手：來來來，章祕書，告訴你一件事：抓起來了。她右手伸出四個手指：四個！接著梁大姐數落出了四個人的名字：

383 蔡文彬〈趙紫陽叫我搞改革〉，載於《趙紫陽在四川．一九七五～一九八〇》，香港新世紀出版社二〇一一年版。

384 章均權（一九三三～），後任中國科學院成都分院副院長、黨組書記。

毛澤東的理論家張春橋、毛澤東的筆桿子姚文元、毛澤東扶持起來的造反派小人物王洪文，還有就是毛澤東那張牙舞爪的夫人江青——合起來就是中央「文革」派的四個核心人物，很長時期以來，包括毛澤東在內，都簡稱他們為「四人幫」。

梁大姐補了一句：第二次解放！

這個說法很快成為全黨全國人民共同的共識，雖然第一次解放人民的大救星必須死了才能換得全國人民的第二次解放，真是一個悖論。不管怎麼說，年輕的小章舒了一口氣。全國人民都舒了一口氣。人們敲鑼打鼓奔相走告：「文革」終於結束了。

亂了十年的國家，已經到了崩潰的邊緣，四川亦是百廢待興，多少事情等著省委一把手趙紫陽。他在大會上揮動著手臂：把四川工農業生產搞上去，是四川實現大治的重要標誌！各級幹部們也受到鼓舞，都充滿信心。

可是他還是不能一門心思抓生產，還得像一九四九年以後的每次運動之後一樣，要打倒一批人，將其批倒批臭，再要踏上一隻腳，叫他們永世不得翻身……在這樣的宗旨下當時喊出的口號是：狠批「四人幫」及其流毒，對緊跟「四人幫」的幫派人物進行「揭、批、查」。

造反派這個群體，今天已經被妖魔化，認為是一群壞人。其實他們的「得勢」不過兩年多的時間，而後他們被夾雜在高層的矛盾之中，反覆挨整又反覆崛起，個人的起伏和國家的磨難混雜在一起，使得其中的很多人特別是青年學生，很快就產生了懷疑。隨著層層深入的探討，這樣的懷疑不僅是針對「文革」，還涉及到「文革」之前的十七年、甚至涉及到毛澤東本人，到了毛澤東去世前夕，已經泛化為全民性的反感和抵觸，於是才有了聲勢浩大的北京天安門「四五運動」，而趙紫陽在廣東經歷過的「李一哲案」以及在四川經歷的「白智清案」，都清楚地顯現出這樣的軌跡。可是由於一九四九年以後對於意識形態的嚴酷封殺，造成朝野上下在理論方面的嚴重僵化和貧瘠，加上歷次政治運動在心底烙下的深深的恐懼，對於毛澤東之後到底應該怎麼辦，包括上層在內幾乎沒有比較完整的思考，即使有些想法，也全是碎片。一九七七年的八月，也就是毛澤東去世一年以後，在中共中央召開的十一次代表大會上，身為中央主席的華國鋒在報告中宣告「文化大革命結束」同時，也比照毛澤東生前的說法宣布「安定團結不是不要階級鬥爭，像文化大革命這樣的性質的政治大革命，以後還要進行多次。」這個沒有根基卻因為在群雄爭霸中顯得老實巴交才被皇冠砸中的人，怎麼敢背叛他的大恩人毛主席；再說他也真的不知道毛澤東之後怎麼辦才好。

於是在「文革」結束之後，出現了一個奇怪的現象：既大張旗鼓地撻伐「四人幫」，又堅定不移地推行「文革」路線；既熱火朝天地批判「極左思潮」，又不遺餘力地捍衛「文化大革命的偉大成果」，包括各省舊案的審定依然將案犯執行槍決，而很多被槍決的犯人稍後就成為革命英雄；既明令清查「四人幫」組織系統的幫派骨幹和在組織上與「四人幫」有牽連的人和事，但真正屬於這個範疇的人，大多依然是各級政權中的掌權者，以後他們還將繼續掌權下去……因此一九七六年底到一九七九年秋冬的「真理標準討論」之前的三年，被後人稱之為「不明不白的三年」。可是這三年裡開展的全國範圍的「揭、批、查」運動，倒是毫不含糊地啟用了歷次政治運動的作法，對老造反派進行了大批判、大清查、大逮捕。打擊的範圍遠遠超過了從一九七六年三月開始到十月（四川在平武松潘大地震的八月）結束的「批鄧反右」運動。全國各地各行各業各單位，凡與「造反」有牽連的人和事，一律新賬老賬一起算，有些省份，甚至將省、地、縣、區、公社各級凡是「文革」時當過造反組織頭頭的人一律列為打擊對象。

大批人被批鬥、遊街，大批人被抓捕、判刑。對不夠抓捕條件的人，進行政治定性記入個人檔案永不重用。政治定性分四類：幫派骨幹為一類，嚴重政治錯誤為二類，一般政治錯誤為三類，說錯話做錯事為四類。

值得注意的是：這一類清理「造反派」的運動，一直延續到十年之後的一九八七年。而其中最積極的，很多都是與趙紫陽一樣在運動中挨過批鬥的老幹部。只不過趙紫陽認為「文革」中群眾的怨氣也有一定的道理，跟「我們黨」奪取政權後所作所為傷害了人民利益有關。而那些人則對此懷著深深的怨恨，決心要報那一箭之仇。

所有的人都把目光投向之前對造反派說過很多好話的趙紫陽，此時他應該怎麼辦？

儘管四川的老造反派直到一九七六年的七八月還在為平反和入黨、當官、「落實政策」而鬧事，鬧得趙紫陽很頭疼，但是此時的他卻比較注意政策界限，使得這些人在整治大潮之中實際遭受的打擊，要比全國許多省份輕得多。許多省份一九七六年十月起就開始抓人了，雖然四川的「揭、批、查」運動和全國各地一樣開展得轟轟烈烈，但主要限於官方報紙、廣播的宣傳和各個系統、各個單位內部的大揭發和大批判，只是對幾個鬧騰得太厲害的老造反派頭頭如重慶的周家瑜、黃廉和成都的鄧興國採取了隔離審查方式。趙紫陽在「揭、批、查」運動中有兩個基本觀點：批判要嚴，處理要寬。一是對「四人幫」的思想體系和幫派體系一定要批判，一定要肅清流毒；二是對「文革」造反派不搞一刀切，對具體人員的處理一定要謹慎，不要隨便抓人，不要製造新的冤假錯案。他說昨天造反派整所謂走資派，今天又把造反派當成走資派來整。「文革」中翻來覆去的「烙燒餅」，已經把人整得遍體鱗傷，不能再這樣幹了。要保持四川局勢的穩定，對人的處理一定要謹慎。

趙紫陽之所以如此「護」著老造反派，是因為對他們很了解。如周家瑜、黃廉等人所代表的一批人，雖然有他們自己的野心，但也是因為他們在運動中反覆被折騰，不得不用「緊抓權力」這一招來保護自己。而另外有一種人，則是因為之前在群眾中威信就很高，在「文革」那個短暫的「大民主」時期被群眾擁戴出來，成了頭頭。他們當初「造反」的動機比較單純：就是為了「響應毛主席的號召」，結合進革委會之後又能夠按照上面的指示辦事，與老幹部們也能夠溝通協調，基本上符合幹部提拔的標準。至於工作不熟悉的問題，趙紫陽倒是不擔心：當年大批從戰爭中走出來的年輕人，對於一個龐大的國家如何管理不也是什麼都不懂嗎？都是在實踐中幹出來的，老的帶新的培養出來的。當年他在廣東的時候，就有意培養那些「群眾代表」熟悉業務，還讓一個大學生當上了軍工局的局長，工作也能夠勝任。在四川也是如此：蔡文彬當了團省委書記；江海雲到了宣傳部副部長，特別是從重慶上來的工人汪友根，在省委書記的職位上，發揮了很大的作用。

汪友根是重慶電業局的工人，「文革」前就入了黨，因為工作中肯鑽研，外號「汪專家」。「文革」一開始，電業局的兩派群眾組織都拉他當頭頭，一九六八年各級革委會建立，他先後當上重慶市革委常委，市委常委，市總工會主任，省總工會副主任……很多人說你到市委找不到魯大東，把汪友根找到也就行了。

趙紫陽到四川的時候，汪友根已經是四川省委書記之一。沒過多久，趙紫陽就安排他做了省委常務書記。之所以這樣安排，就是因為汪友根的確很能幹。當初讓他去內江繳造反派的槍，三個人用槍抵著他，說我們只認識黃廉周家瑜，不認識你！汪友根不慌不忙拿出一張紙條，幾個人一看：原來是軍區一把手張國華政委的指令，連忙請他吃飯，於是任務完成了。

到了省委讓他管軍工企業，趙蒼璧讓他去辦了幾個案子，都辦得很滿意。他還常常到大山裡的軍工企業去視察，可是對軍工一點都不懂，就把那些幹部叫來開會，他先仔細聽，記下各自講話的要點，講得好的、有道理的就肯定，再用自己的話表達出來，於是幹部們回去就說：這是省委汪書記講的三點指示。時間一久，他的本事就不一樣了：一是結合中央的精神，二是結合省委的指示，三是根據單位部門和企業的情況，再調查研究加上自己的一套東西揉合在一起，汪書記的指示的確就有了新意。對於趙紫陽來說，最重要的當然是在「批鄧反右」期間，他奔波於成都和重慶之間調和兩派的矛盾，做了很多工作，趙紫陽在常委會上表揚說：友根同志把成渝兩地的工作做好了，成渝兩地穩定了，四川的局勢就穩定了。

一次汪友根跟趙紫陽一起去農村搞調查，紫陽書記說友根啊，你想管啥呢？汪友根說你是農業專家，我就跟你管農業。四川是個農業大省，我年輕，可以去跑田坎，搞農村調查。可是紫陽書記說趙蒼璧同志叫你管政法，我們幾個研究後，決定你任常務書記。段君毅患有梅尼爾氏綜合症，幾天幾夜睡不好覺，不能上班，常務書記就像軍隊參謀長一樣，參謀長都生病了這個仗還怎麼打呢？於是工人出身的汪友根，就成了趙紫陽之下的二把手。二把手要分管地方部隊，趙紫陽對汪友根說成都軍區你不管，那是中央軍委管的，省軍區和地方部隊、武裝部，你都可以管。[385]

如果有一點可能，趙紫陽都要為那些踏實工作的「群眾代表」承受壓力，對於幫過自己的人絕對不會過河拆橋，比如曾經保護過他的郵電系統造反派頭頭張利。一九七六年四月，一

385 林雪採訪何蜀〈關於汪友根〉。

群老造反派沖上錦江賓館的九樓，要抓趙紫陽第二次上京告狀，是杜心源把他反鎖在一個房間裡才得以躲過。會還沒有開完，有點著慌的杜心源把張利喊到錦江禮堂的後台去，說今天他們要抓「二趙」，你能不能用車從後門把趙紫陽接出去？這個事情不要跟任何人說，走漏消息就不得了。張利當時是郵電局的副局長，同時也是郵電系統「造反兵團」的頭頭，那些造反派都眼睜睜盯著省委的車，對他的車不會注意。於是張利拉上趙紫陽、杜心源、還有一個領導和警衛員四個人，大搖大擺從錦江禮堂的前門開出來，可是到哪兒一直都拿不定主意。張利說到北校場軍區吧？杜心源最後說：「直接到金牛賓館。」

粉碎「四人幫」後，大肆清查幫派骨幹，郵電系統說張利是造反派頭頭，在上層活動頻繁，他手下的人甚至衝擊過省委大院，當然要點名！於是就把他的名字報上去了。可是省裡主管清理的主任召集各廳局級幹部開會的時候，卻閉口不談張利的事情。後來主任跟張利說：「你之所以沒點名，是因為紫陽書記說，這個人不能點名，幫助我們做了不少工作。」於是主任就按著這個意思，說張利是紫陽書記要保的，他沒做什麼壞事，犯錯是有，但說清楚就了啦！

相比之下，趙紫陽最為關心的，還是那些造反派中的學生。他曾經對杜心源說過：「那些造反派中的學生頭頭，本身並不壞，他們也是『文革』和『四人幫』的受害者。」[386]比如說「紅成」派的頭頭蔡文彬，還有川大八二六的政委江海雲，和團長游壽興。

和全國一樣，成都「文革」中的派系也是從最先起事的大學開始，其他系統的造反派後來

386 盧子貴〈滴水映紫陽〉。

分而屬之，比如號稱幾十萬人馬的成都工人造反兵團靠攏四川大學的「八二六」，而對立面的工人組織紅衛東則靠攏「紅衛兵成都部隊」。江海雲就是「川大八二六」的頭頭，而蔡文彬則是「紅衛兵成都部隊」的頭頭。這兩個人作為群眾組織代表都進了省革委做副主任，後來一個是宣傳部副部長，一個是團省委書記，趙紫陽入川以後，都幫助他為穩定四川的局面給老造反派做了很多工作。「文革」結束之後，兩人作為「表現好的群眾代表」，受到趙紫陽極力保護，而且在一九七七年「四人幫」垮台一年以後，中共中央召開第十一屆代表大會，曾經是造反派頭頭的江海雲，還成了十一大代表。

一九七七年的七八月份，對造反派大規模的「揭、批、查」運動已經進行了幾近一年，老造反派被抓得雞飛狗跳，很多省的造反派頭頭都被關進了監獄，可是江海雲居然還有這樣的境遇，就是因為她的背後站著個趙紫陽。江海雲在「文革」之前就是學生黨員，「文革」中是造反派頭頭，九大、十大都是代表。據她的丈夫劉安聰[387]說，九大的時候當時四川一把手張國華就江海雲的代表資格問題請示周恩來，周恩來給張國華發電報，要求把身為預備黨員的江海雲「立即轉正當九大代表」：這是周恩來親自給江海雲講的。可是十一大的時候，江海雲已經是「待罪之身」了，怎麼還能繼續當了黨代會的代表？是因為有人在省裡的會上推薦她，這個人就是趙紫陽。趙紫陽在會上說，我們要講政策，對江海雲這一類表現好的造反派要保護，所以我們應該提她當十一大代表。此話一出，一片譁然，大家議論紛紛，都覺得江海雲不適合。趙紫陽就找到川大的黨委書記丁耿林。這個黨委書記曾經是被江海雲率領的「八二六」、

387 劉安聰與江海雲同是「川大八二六」的頭頭，後來與江海雲結成夫婦。「文革」期間曾任成都市革委會常委。

「打倒」過的，但是確實是個不計前仇的好人，他在會上講的全都是關於江海雲的好話。於是大學組的黨委書記、校長們，最後一致同意選江海雲當十一大代表。當時參會的除了大學組，還有工業組、財貿組、農業組等若干個組，那些負責人看到大學組都通過了，也就不再反對，江海雲的代表資格，就這樣通過了。

趙紫陽保護的不僅僅是江海雲，還有與江海雲並列的蔡文彬。一九七七年二月，為了配合廣泛開展的「揭批查」運動，機關搞了個「三大講」，人人過關，每個人都要講自己在「文革」中的表現，也算是「自查」。四川省級機關開始揭發批判幾個擔任省革委副主任的造反派代表，團省委內部也有很強烈的聲音，說造反派頭頭蔡文彬，搞了幫派活動，是幫派分子。整個團省委的「三大講」，變成了蔡文彬一個人講，他在全機關的大會上至少講了一個多星期，說自己確實沒有搞什麼幫派體系，可是通不過。有人說你向趙書記推薦過「紅衛東」[388]的頭頭陳述泉，這不是搞幫派是什麼？

蔡文彬確實向趙紫陽推薦過陳述泉。那是為了貫徹毛澤東「向造反派高抬貴手」的指示，趙紫陽問蔡文彬在他過去所代表的「紅成」派當中有影響的人物，還有沒有未被妥善安置的。蔡文彬說軍工企業中有一個「紅衛東成都部隊」的頭頭陳述泉，是電子工業部第十研究所的工程師，在工人中很有影響，只是現在他不再參與社會政治活動，一心從事科研技術工作，後來擔任了運載火箭上微波天線技術組長，幹得不錯。趙紫陽派人去研究所調查，很多人都說陳述泉的好話，連單位的黨委書記都說這個人「肯幹、能幹、巧幹」。於是紫陽書記派祕書把

388「紅衛東成都部隊」是「文革」中軍工企業中的工人群眾組織，觀點屬於「紅衛兵成都部隊」一派。

他接到辦公室談話，第一次見面兩個人就長談了四個多小時。趙紫陽一是希望他能夠推薦老造反派中一些有能力的人進入權力機構，二是希望像他這樣有影響的頭頭能夠在造反派中幫助做些工作：「文革」開展了快十年，四川不能再亂了；你要做好下面的工作，你們這一派有什麼意見，可以提出來商量解決。談到晚上十二點，紫陽書記請陳述泉吃飯。原以為省委書記請吃飯嘛，多少會來點魚和肉，結果廚師端出來的就兩碗麵條，只有點番茄和雞蛋，兩個人一人一碗。都說紫陽是生活非常儉樸，不搞特殊，果然名不虛傳。

下來之後，陳述泉在電訊工程學院（現在的電子科技大學）的階梯教室裡召集原來他領導的「紅衛東」的頭頭們，傳達了趙紫陽的意見。不久成都市國防工辦召集下屬企事業單位原兩派主要頭頭，組成「批鄧反擊右傾翻案風」工作團，要下到大型企事業單位去發動群眾，掀起運動高潮。參加討論的陳述泉提出反對意見，指出這樣必定把企事業單位再次搞亂，到時候脫不了手。那次討論，由成都市委副書記王楓和國防工辦主任李國珍、趙宏圖等領導主持，國防工辦所屬企事業單位知名的造反派頭頭都來了，一致同意陳述泉的意見，當場撤銷了原有動議。這個「工作團」好在沒有搞成，否則，過後受害的還是造反派，有關頭頭事後肯定脫不了手。當時王楓副書記說老陳有獨到見解，也反映到紫陽書記那裡去了。過後紫陽書記先後幾次找陳述泉參加他召集的會議，參會的還有段君毅、趙蒼壁、唐克碧等省委負責人，陳述泉都對討論的具體問題提出了自己的看法。這些意見不管趙紫陽是否採納或採納了多少，陳述泉都非常敬佩他的這種作風，感激他對自己的信任。

粉碎「四人幫」後，開始鎮壓造反派，起初陳述泉沒事，可是過了些時間鄧小平來成都，風頭很快緊張。有些派頭頭被抓起來了，陳述泉也被貼了幾張大字報，說他到處串聯，搞幫派。陳祇泉屬下的那些人頂不住了，就說有什麼問題你們去找趙紫陽！我們是按陳祇泉傳達趙紫陽的指示辦的！陳祇泉聽到這話，就站出來：「有問題就找我，不要扯到紫陽同志頭上去了。有錯誤是我理解和傳達上的問題，與趙紫陽無關。」陳祇泉的這些話，很快也傳到趙紫陽那裡。不久趙紫陽傳話過來：**是我讓陳祇泉去做紅衛東造反派的工作的，不能認為他在搞幫派，陳祇泉同志各方面反映都不錯，而且很顧全大局。請轉告他不要有什麼顧慮。**

二〇一〇年十二月，陳祇泉在美國丹佛寫下了一篇題為〈回憶文化大革命，追懷趙紫陽同志〉的文章，文章中說：紫陽不是那種風吹兩邊倒的牆頭草。

陳祇泉的事情就這樣平息了，可是蔡文彬還是說不清楚，弄得他很抵觸，冒火連天，於是又批判他的態度，從一九七七年二月批到一九七八年二月，折騰了整整一年時間。可是在當時，趙紫陽不能直接站出來干預對蔡文彬的政治審查，於是拐了個彎，讓省委常委兼分管黨群口的負責人張力行出面處理。張力行先找蔡文彬談話：「紫陽同志很關心你，他跟我打了招呼，說蔡文彬同志做個檢討就行了。大家都知道蔡文彬同志在『文革』中是支援省委工作的，沒有跟那些人一起鬧。但是你現在這個態度也不行，要糾正。」緊接著省委專門開會，討論蔡文彬的事，趙紫陽為了說服反對意見並平息輿論，指示成立了關於蔡文彬問題的專案調查組。

專案調查組只有兩個人，組長廖萬模，組員邱祥倫，由於此事絕對保密，他們騎著自行車在外面跑了幾個月，很多人都不知道他們整天忙忙碌碌的在幹什麼，就連蔡文彬本人，也是在很多年以後才知道細節。保密還有一個原因：當時中央對造反派查得非常嚴，調查組的人有些害怕——到時候如果上面追查下來而趙紫陽又頂不住的話，他們有可能會被打成「包庇罪」。可是張力行這個人很慎重，他要求調查一定要客觀，要實事求是，還鼓勵他們大膽工作。張力行說全國造反派的頭兒差不多都抓起來了，四川這邊遲遲沒動靜，上面很可能要追問，到時候就說我們還在調查核實。

幾個月過去了，專案組通過調查確認：「文革」中成都地區所有打砸搶事件和武鬥事件，蔡文彬都沒有參加；沒有一個老幹部反映蔡文彬在「文革」中對他們進行過迫害與揪鬥；一九七三年以後成都造反派的幾個大事件：一九七四年在省體育館召開的「批林批孔」大會上造省委的反，一九七六年的「造反聲明」和「打二趙」事件，蔡文彬都沒有參與。最後的結論是：蔡文彬在特定的歷史時期被推上了特定的位置，犯了一些錯誤，後來社會上一些人利用他的名義幹了些壞事，但是他本人不知情也沒有參與，不應該承擔責任。

張力行將調查情況和最後結論向紫陽書記彙報，趙紫陽說蔡文彬的事，就這樣了。

一九七八年二月份，張力行到團省委講了一次話。他說蔡文彬同志「文革」當中說了錯話辦了錯事，有錯誤，但是他在「文革」當中不屬於幫派體系的人，他是支持省委工作的，是保護老幹部的，是支持工農業生產的，幫助省委做了大量工作，當然對於錯誤應該好好總結經驗教訓。這個結論既保護了蔡文彬，也給了對立面一個台階下。清查就此畫個句號，調查組也就此撤銷。

也就在這個一九七八年的二月，四川對造反派溫吞水似的「揭、批、查」運動，調子起了變化。[389]

389 本章主要參考資料：蔡文彬〈趙紫陽叫我搞改革〉、蔡文彬採訪張利〈我祕密轉移趙紫陽〉、陳述泉〈回憶文化大革命，追懷趙紫陽同志〉、林雪採訪劉安聰〈趙紫陽保護江海雲〉、林雪採訪何蜀〈關於汪友根〉。

在肅清造反派的運動中

一九七八年的二月三日，春節之前，鄧小平回了一次四川，省委向他彙報揭批「四人幫」的工作，期間鄧小平插話，問那些「幫派」頭頭都抓起來沒有？趙紫陽說對「幫派」體系的人都進行了揭發、批判、清查。鄧小平又追問了一句：抓沒有？趙紫陽只得說還沒有抓。鄧小平強硬地說：四川幫派體系裡面幹了嚴重壞事的幫派頭子和骨幹，一定要嚴懲；幫派骨幹都應該抓起來。

之前在成都金牛壩召開的會議上說到造反派，王震[390]也戳著拐棍連喊「抓！抓！抓！」看樣子不抓不行了。趙紫陽來到了汪友根的家裡，說友根啊，你看這怎麼個抓法啊？汪友根說，抓肯定是要抓，但是肯定不能亂抓。四川這麼大，又搞得這麼亂，不抓當然不行，也不好向上面交代，明擺起的事情：那就要抓鬧得凶的人。可是要注意的是：這個事情一定要把握好，宣傳好，做好工作，亂抓就要出問題。

鄧小平走後，省委立即開會傳達和落實他的指示，內容很簡單：小平同志指示我們：一定要嚴懲「文革」中鬧事的幫派骨幹。

一九七八年二月十一日，正月初五，過完春節的人們剛剛上班，四川省就召開了一個全省規模的公捕大會，每個地區都設了一個分會場，全省統一大規模抓人，設在成都的主會場主要是抓省一級的造反派人員。然而就是在這種形勢下，全省範圍的抓捕對象，也主要限於

390　王震，時任國務院副總理和中央軍委常委，中央政治局委員。

「文革」中的重大事件責任人和武鬥命案責任人，一九七四年「批林批孔運動」中和一九七六年「批鄧運動」中為首鬧事的人，而沒有像有些省份那樣把知名造反派頭頭都收入網中。比如省裡的四大造反派頭頭，就只是抓了黃廉周家瑜和鄧興國，他們幾乎與所有的事件有關，而在一九七六年鬧事時參與挾持兩個書記上京的楊志誠就沒有抓：因為趙紫陽了解到楊志誠的態度實際上沒有那麼激進，是有分寸的——即使在那麼大的壓力下，趙紫陽對造反派採取的仍然是比較溫和的政策。更為引人注目的是，成都地區結合進省革委的八九個造反派學生代表一個都沒有抓。蔡文彬和江海雲兩個造反派學生的主要代表不僅沒有被抓，而且蔡文彬繼續擔任省革委副主任和團省委書記，江海雲繼續擔任省革委副主任和省委宣傳部副部長。甚至到了一九七七年十二月四川省第五屆人民代表大會上，「文革」中結合進省革委的造反派代表全部被驅逐，他們兩人仍然擔任省革委會委員。當然了，以他們為首的學生代表沒有被抓的原因，主要是身上沒有武鬥命案，而且一九六九年以後基本沒有參與造反派活動，然而蔡文彬和江海雲仍然擔任省革委會委員和縣級領導這樣的事，在全國實屬罕見。

一九七八年二月十二日，四川省大規模抓人的第二天，張力行找蔡文彬談話。他說：根據紫陽同志的意見，你不能留在省上了，要離開省團委到基層去。到工廠還是縣上，你自己考慮一下。省委認為你可能希望到工廠。後來紫陽同志說蔡文彬到工廠不一定合適，他喜歡到農村基層去，他喜歡搞農業，就到農村去鍛煉。張力行還說：是紫陽讓我和你談話，等你考慮好後，紫陽還會找你談。

蔡文彬知道自己沒有被抓已經是「特別保護」了，自然明白不可能繼續留在省上，所以表示接受省委的安排。四月十九日，趙紫陽正式找他談話，大意是：你和幫派體系那些人還不一樣，沒有跟著他們跑，有抵制、有頭腦、有能力、有獨立見解、能獨立思考，你不是頭上長角、身上長刺那樣的人。儘管團委對你有意見，但是省委對你還是體現了政策的，始終沒有把你搞到「那一邊」去。但是你不要只想到自己正確的一面，要多想一想不足的一面。粉碎「四人幫」，你沒有彎子可轉我承認，「四人幫」的東西你有一些是不贊成的，但有一些你可能是贊成的，因為當時有當時的歷史條件。「文革」的問題相當嚴重，搞得怨聲載道，民不聊生，再繼續搞下去不堪設想。文化大革命中起來的這批人，一部分垮台了，還保留了一部分，這部分人將來有兩種可能：一種是不自覺地鍛煉自己、改造自己，將來垮下去；另一種在群眾鬥爭中有新的鍛煉、提高、改變群眾的觀感。現在黨委給了條件，你要靠自己的努力，在縣裡搞上三四年，能夠把一個縣搞好，就有了比較全面的經驗，群眾的看法也就會改變，不再會認為你是派頭頭了。你還不到四十歲，還很年輕的，前途是無量的，是很有希望的。

值得注意的是在這次談話中，趙紫陽承認「文革」對他自己的影響也不小。作為隨時都會被「打倒」的老幹部，過去那些講錯了的話，有些是出於策略上的考慮，有些則是自己也搞不清楚，認為是毛主席的意思，想努力跟上去。

這次談話之後不久，張力行再次找蔡文彬談話，說紫陽同志認為你最好到一個條件差一點的縣，這樣對你的鍛煉機會更大。省委覺得去邛崍很合適，那裡三分之一是山區，三分之一是平原，三分之一是丘陵，有典型性，而且距離成都八十多公里，回來跟紫陽和省委彙報也方便一些。家就不搬了，團省委的房子留給你繼續住。你屬於帶職下放，職務保留，在省上享有的一切待遇不變。

對於蔡文彬去邛崍，省委的領導們有兩種意見。一種是紫陽的意見，讓他下去大膽地幹，鍛煉好自己；而其他大多數人則是希望他到了一個人生地不熟的地方，一定要謹慎，不要輕易表態，不要擅自做主，不要造成不好的影響。言下之意是你有「造反派頭頭」身分，下去以後最好不要惹事生非，平安躲過這個風頭再說。

一九七八年五月，蔡文彬離開團省委，擔任了邛崍的縣委副書記。舊時川西有句民謠：邛、蒲、大，鬼害怕。可見這三個縣窮到什麼程度。趙紫陽執意要安排他去那裡，除了能讓他在艱苦環境經受鍛煉，還可以應付輿論，讓人以為是對他的變相懲罰。

此時的中國，距離具有轉折意義的十一屆三中全會的召開還有半年多時間，政治形勢仍然處於一種十分嚴峻、複雜、敏感的狀態，全國上下正熱火朝天地揭發、批判、處理造反派人員，作為重要標誌的北京五大學生領袖，都在之前的四月十九日左右被抓進了監獄，大都被判了十幾年的徒刑。四川也剛開了公捕大會不久，對造反派頭頭不能重用，這是當時中央文件明文規定的，換了其他老幹部，誰也不敢拿自己的政治前途來冒風險。可是趙紫陽卻敢於實事求是，把這個學生造反派頭頭安排到縣裡當了副書記，既是一種保護措施，又考慮到了這個年輕人今後的發展前途。

就在蔡文彬去邛崍的前幾天，已經是省委書記的汪友根，也去了樂山東風電機廠當黨委副書記。趙紫陽對他說你要聽從省委的安排，汪友根說我明白。汪友根到了樂山的這個工廠，以前拖了三年都沒有完成的任務提前半年就完成了。開始還時不時通知他去省委開會，後來就不通知了。他省委書記的任命也不知道是什麼時候結束的。後來汪友根被調動了幾次，職務愈來愈低，最後他自己提前退休，去了一個私營企業。好在汪友根這個人，對於這些都不大在乎，本來他就是一個小工人，「省委書記」的帽子是被歷史的浪潮強行戴上的，不是他自己的意願。直到今天，也沒有開除汪有根的黨籍，沒有對他進行任何處理。

回過頭來，再看看江海雲。

蔡文彬在「文革」初期少有參加對於老幹部的批鬥，「民憤」不大，可是「川大八二六」的頭頭江海雲就不然了。江海雲出生在江蘇省無錫市一個工人家庭。「文革」前考入四川大學數學系，成為中共黨員。「文革」爆發後，身為「好黨員」的她覺得川大的工作組和毛主席的講話精神不一致，於是在四川大學貼出了第一張反工作組的大字報，而後被學生們擁戴為「川大八二六戰鬥團」的政委，成為在四川「文革」舞台上的風雲人物。她率領的「八二六」，是造反派裡的激進派，不但在社會上造反，還把李井泉這樣的政治局委員抓到川大去開鬥爭會。她帶人去省委找不到當權派，就圍著省委辦公區和宿舍樓一路高喊：李井泉，出——來！廖志高[391]，出——來！嚇得正在會議室開會的領導們立即關了燈不敢吭聲，最後還是辦公廳的負責人下來說了許多好話，才把這幾位革命小將哄走：一個年紀輕輕的女大學生，不到一米五的個子，卻有這麼大的膽量，你說嚇人不嚇人。更何況，她既受到過周恩來的特別關照，也和江青手挽著手照過相，以後又是川大校革委會的主任，一把手，大學生們心目中的靈魂人物。

可是一九六八年作為群眾代表進入四川省革委會擔任副主任，繼而擔任了主管文藝的宣傳

391 廖志高（一九一三～二〇〇〇），四川冕寧人，一九三四年加入中國共產黨，建國後歷任中共中央西南局委員，西康省委書記，西南局軍政委員，四川省委書記處書記，四川省委第一書記等職。

部副部長之後，江海雲卻表現出她性格中謙和的一面。以前她是造別人的反，抓別人工作中的小辮子，動不動就說誰誰誰是反黨反社會主義；現在自己當了宣傳部的副部長了，才知道什麼叫作「如臨深淵」——無論是自己所管轄的領域，還是手裡的具體工作，都出不得半點問題。她是學數學的，但是中學時候就對文學感興趣，文革中曾經讓男友劉安聰拿本《紅樓夢》，說你隨便說出其中某個故事的上半截，我就能夠說出下半截，對於這樣的「大部頭」熟悉到如此程度，讓劉安聰很是驚訝。可是進了宣傳部之後，有人看見她回川大圖書館再借《紅樓夢》，說是宣傳部的老部長、作家馬識途的建議。江海雲也曾經在造反派對馬識途發起攻擊的時候保護過他，當然了，其中最起作用的還是趙紫陽。「批鄧反右」的時候，造反派說馬識途抵制拍一部「批判走資派」的電影，揚言要把他和趙紫陽和趙蒼壁兩位書記一起拉到北京去告狀。趙紫陽得知情況後，叫馬識途去了雲南拍攝基地的片場，向那裡等候的造反派宣示：省委同意他們拍「批判走資派」的電影！馬識途才得以度過難關。[392] 趙紫陽是一個十分注意勞逸結合的領導人，在廣東和四川工作期間，只要沒有特殊情況，堅持和四大班子的領導幹部每週三和週六晚上看電影，有時候也安排看些戲曲和文藝節目，那些被列為「內部觀看」的影片，都由江海雲負責排片，而且還要陪同到底。後來趙紫陽到了中央，一直保存這個愛好，讓辦公室幫他找來錄影帶，會在閒置時間一個人細細品味。有身邊的同志勸他去劇場，他說一是容易興師動眾，二是隨便議論幾句都會產生影響，不利於創作自由和不同表現風格的發展；第三領導來看戲，演員也會緊張，不利於他們把戲演好。電影《芙蓉鎮》拍好以後，爭議很大，一位官員請

392 馬識途〈追蹤趙紫陽〉。

已任中央領導的趙紫陽表態，趙紫陽說：「我們看電影，不審查電影，如果要我們指示，我們只好從此不看電影。」從此政治局、常委、書記處不管文藝作品的審查。在趙紫陽擔任總書記的兩年半中，中國沒有增加一個政治犯，沒有封閉一家報紙，沒有取締一家雜誌、關閉一家出版社、宣布一部電影禁演、一本文學作品非法。這在一九四九年以後的中國，極為稀有。

趙紫陽這個人，對於青年學生特別保護，從之前廣東的「李一哲」案到一九八九年的「六四」都看得出來。經歷了「文革」之後的趙紫陽，已經大徹大悟，他對那種你整我然後我整你的運動非常反感，何況「文革」那麼複雜，連那些高級幹部都不知所措，還別說這些不諳世事的年輕娃娃了。「文革」後他是一心想保江海雲的，不希望把更多人推到對立面去。可是剛剛從「文革」的陰霾中走出來的老同志們，對「造反起家」的江海雲幾乎是一片喊殺聲，一定要把她定成「幫派骨幹」，說什麼也不聽。於是趙紫陽用了個緩兵之計，說那我們就把江海雲這個情況上報中央吧，看看上面怎麼說。情況上報之後，趙紫陽馬上找到還在台上的紀登奎，說江海雲這個人在四川有一定威信，不能把她定為幫派骨幹，否則四川受傷害的人會更多。還說我說服不了省上的這些老同志，你出面說個話吧！果然紀登奎就出面了，說江海雲這種人怎麼能定為「幫派骨幹」呢？393

大名鼎鼎的四川學生領袖江海雲，就這樣逃過了一劫。

不過險象環生的局面沒有改變，逃得過初一逃不過十五，唯一的辦法就是換個環境，讓

393 車中慧〈趙紫陽助我上大學〉。

老頭子們眼不見心不煩。就在動員蔡文彬去邛崍的同時，省委也為江海雲作了同樣的安排，只是她去的地方要近一些條件也好一些，是離成都只有三十公里的資陽，工作是縣委副書記。川大方面聽到這個消息就找上門來，要求省委把江海雲弄回去接受批判，還找到成都市委，要求把她的丈夫劉安聰[394]也弄回川大去接受批判。省委同意了，派人專門找江海雲談話，說我們準備把你安排到縣裡工作，川大有不同的意見。現在你先回川大聽聽群眾意見，接受批評，把過去的事情做個了斷。但是我們跟你交個底，我們不把你當「造反派」看待，省委對你是非常好的，這個你也清楚。我現在作為省委代表正式告訴你，省委是這個態度，紫陽同志也是這個態度，對你們這種人是要保護的。

江海雲回到川大，川大組織幾十個人聽她就「文革」的那些事作檢討。檢討過程中下面不斷地哄鬧，指著江海雲大喊大叫，說你江海雲根本沒有認識錯誤的誠意，還有人罵粗話，場面和當初鬥爭走資派差不多。江海雲這個人，在原則問題上是絕不會隨便讓步的，更何況見過大世面，這樣的事情在過去十年裡見多了。她拍案而起，跟下面的人對吵。這下子會場裡炸了鍋：一個被批鬥的對象居然敢拍著桌子跟我們鬥，跟我們吵，這還了得！吵著吵著江海雲突然站起來，把包一拿，頭也不回地走了，那意思是我抗議！我不接受這樣的批鬥！

所有的人都愣在那裡。

事後川大的黨委書記趙鐸來找省委，說江海雲在批鬥會上又拍桌子又吵架，最後居然拂袖而去，態度實在太惡劣，要求繼續開會批鬥她。江海雲知道再進川大肯定愈弄愈僵，她肯

394 川大「八二六」的頭頭之一，「文革」期間任川大革委會副主任，成都市革委會常委。

定不會屈服，那些人也肯定不會放過她，於是就去找到紫陽書記哭訴，說自己實在是很委屈。趙紫陽也明白江海雲如果再回川大，矛盾肯定會成倍增加，於是就說算了，你不回川大了，我找省委宣傳部去做川大的工作。從此不僅江海雲再沒有回川大，連她的丈夫、也是「八二六」頭頭的劉安聰也被成都市委保護下來，沒有回川大去「接受批判」。

事情雖然過去了，可是政治上失勢的局面是無法改變的，即使是有職務，也無法正常發揮作用。夫妻倆商量，決定今後脫離政治，依靠自己的的真才實學，在科研方面做出成績。於是江海雲說自己懷孕了，不能去資陽上任。她給省委寫了信，希望在成都安排個科研單位，不要任何職務，今後從事技術工作，不再搞政治。省委說好，你自己選，願意到哪裡都可以。江海雲就選了四川省科技情報所，當了一名資料員。

一九八〇年，趙紫陽離開四川去了北京，當國務院總理。臨走的時候他留了話，說是像江海雲蔡文彬這些造反派，要體現政策，要保護。所以蔡文彬、江海雲都還掛著省上的職務，而且還是黨員。

一九八二年九月，黨的十二大在北京召開，決定要從一九八三年下半年開始，用三年時間分期分批對黨的作風和黨的組織進行一次全面整頓，力爭實現黨風和社會風氣的根本好轉。關於之前以多種名義追查的造反派骨幹，集中冠以「三種人」的概念，在會上正式被提出來，即：追隨林彪、江青反革命集團造反起家的人；幫派思想嚴重的人；打砸搶分子。並具體指明：「造反起家的人」是指那些在「文化大革命」期間緊跟林彪、江青一夥拉幫結派，造反奪權，升了官，幹了壞事，情節嚴重的人。「幫派思想嚴重的人」指那些在「文化大革命」期間極力宣揚林彪、江青反革命集團的反動思想，拉幫結派幹壞事，粉碎「四人幫」以後，立場觀點沒有轉變，明裡暗裡繼續進行幫派活動的人。「打砸搶分子」指那些在「文化大革命」期間誣陷迫害幹部、群眾，刑訊逼供，摧殘人身，情節嚴重的人；砸機關、搶檔案、破壞公私財物的主要分子和幕後策劃者；策劃、組織、指揮武鬥造成嚴重後果的分子。

陳雲發言中再次談到「三種人」問題。他說：「文革對黨造成的損害是嚴重的，最危險的是黨內混進了一批『三種人』」。他在講到當前清理「三種人」過程中存在的問題時說：「粉碎『四人幫』以後，對浮在面上的『三種人』，在揭批查中清理了一次。但因為各種原因隱蔽埋伏下來的『三種人』和他們的『軍師』還不少。『文革』中各地都有兩派，發生了派性。現在有的領導幹部用派性對待清理『三種人』的工作，只清理對立派中的『三種人』，而對自己支持的那一派中的『三種人』不積極清理，這是錯誤的。」陳雲要求「這次整黨必須把『三種人』清除出黨。」他再次強調：「因為這些人是黨內最不安定的因素，他們彼此間還有聯繫，若干年後，氣候適宜了，他們還會興風作浪。」

鄧小平與陳雲相呼應，對此作了進一步的說明：「危險的是『三種人』……說他們最危險，是因為：一、他們堅持原來的幫派思想，有一套煽惑性和顛覆性的政治主張；二、他們有狡猾的政治手腕，不利時會偽裝自己，騙取信任，時機到來，又會煽風點火，製造新的動亂；三、他們轉移、散佈和隱蔽在全國許多地方，祕密的派性聯繫還沒有完全消滅；四、他們比較年輕，也比較有文化。他們當中有些人早就揚言十年、二十年後見。總之，他們是一股有野心的政治勢力，不可小看，如果不在整黨中解決，就會留下禍根，成為定時炸彈。」[395]

395《鄧小平文選》，第三卷第三十七頁。

可見清除「三種人」特別是其中的中青年骨幹，在十二大上的呼聲有多麼強烈。一九八二年十月，黨的十二屆二中全會通過〈中共中央關於整黨的決定〉。其中指出：為了防止走過場，在整黨結束時，驗收的標準是「堅持反對黨、危害黨的分子，特別是『三種人』，是不是都得到了嚴肅的處理。」十二月三十日，中共中央發出了〈關於清查領導班子中「三種人」問題的通知〉。一九八四年，根據陳雲的建議和意見，中共中央又發出〈關於清理「三種人」問題的補充通知〉。396

陳雲的發言中還提出了其中的政策界限。他說：「對於跟著跑的人，只要他們真正認識了自己的錯誤，與『三種人』堅決劃清了界限，而且在粉碎『四人幫』以後表現一直好，黨就應該信任和使用他們，並在工作中對他們繼續加以考察和幫助。」可是實際上在大轟大嗡的清查過程中，這樣的政策界限很容易被模糊掉。一九八四年二月二十七日，中央國家機關兩位幹部反映：有的單位在整黨中混淆「老紅衛兵」與「三種人」界限——這裡提到的「老紅衛兵」，實際上就是在運動初期很囂張的幹部子弟。陳雲在此類問題的來信上批示：「這些紅衛兵不屬於『三種人』，其中好的還應當是第三梯隊的選拔物件。清理『三種人』是一場政治鬥爭，要防止有人把水攪混。」這個批示印發給了中央政治局、書記處及中央整黨指導委員會、中組部。事後有人解讀為陳雲是在為那些運動初期真正打砸搶抄甚至害死人命的高幹子弟們解脫，因為陳雲認為他們都是「自己人」，是要接班的：他們不會挖我們的祖墳。陳雲認為：把自己人捲進「三種人」的大潮裡進行清理，就是故意攪渾水的「政治鬥爭」。

396 張曙〈「文革」後陳雲力主清理「三種人」：一個也不能提拔〉。

雖然一九八二年就提出了以上目標，可是並沒有立即執行，其中的原因之一，顯然是主持國務院工作的趙紫陽不以為然。直到一九八四年三月，趙紫陽視察川渝黔湘時還在湖南說：中央希望湖南通過整黨，進一步解決清理「三種人」。組織要純潔，但「三種人」的界定要注意。要進行歷史的分析，考慮當時的背景和情況，要注意各種各樣的關係。確實是「三種人」，又確實清理不出來（問題）也要注意。除組織處理外，也要通過談心座談把「文革」中的問題講清楚，提高覺悟。基本上是好的同志，由於「文革」中造成的隔閡要消除，把大家的思想用在四化建設的大方向上來。[397]

在這個問題上，就連主持意識形態的總書記胡耀邦也不積極，他認為：造反派特別是紅衛兵，是在「文革」那個特殊的年代產生的，他們中間有很多能幹人，不能把歷史的罪責加諸彼身[398]。

一九八七年一月，胡耀邦因為「反資產階級自由化」被迫下台，這一年的十一月要開黨的十三大，之前要完成黨的「思想組織整改」，薄一波是整黨指導委員會主任。由於在「文革」中受到的衝擊，薄一波對於造反派恨之入骨，為這次組織整改定下最為重要的基調，就是要把那些「殘餘的造反派頭頭」開除出黨，以純潔黨的組織。這次沒有再搞群眾性的大揭發、大批判，打擊重點也轉為造反派中「混入」共產黨內的「新老隱蔽分子」，基本方式也改為組織審查、個人交待、黨內定性、行政處理。全國省、地、縣三級都成立了專門的清查辦公室，

397 郭延斌〈趙紫陽視察湖南時的談話（整理稿）——一九八四年三月四日至十六日〉。
398 林雪採訪劉安聰〈趙紫陽保護江海雲〉。

由組織、人事、紀律檢查、公安政法部門抽調專人組成，重點清查領域為各級黨政機構和企事業單位的領導班子和組織、人事、機要、公安、政法等機要部門。清查對象一旦被定性為「三種人」，一律開除黨籍和撤銷黨內外一切職務；受到懷疑和審查但又不足以定為「三種人」的，一律給予降職或調換工作部門的處理；而且這些人都不得選派為出國人員。

薄一波發現四川居然還有江海雲、蔡文彬、游壽興三個造反派頭頭留在黨內，就通過自己的辦公室指示四川省委，要把這三個人開除。雖然趙紫陽早已經離開，四川省委依然按兵不動，薄一波通過辦公室幾次下達指示，敦促四川省委要這三個老造反派頭頭處理了，省委還沒有動。最後薄一波辦公室派了兩個人到成都來，督導省委要處理。省委沒有辦法再拖，只好開常委會，就在上面一再施壓一再點名的情況下，常委會上仍然有三分之一的常委不同意。可是已經兵臨城下了，只好做了決定，還是把三個人的黨籍處理了：「文革」前入黨的游壽興和江海雲都是開除黨籍，蔡文彬當了十年的縣委副書記，最後決定是黨籍不予登記——也等於是開除，只不過名義上稍微好聽一點。

省紀委副書記袁記賢找江海雲談話：你的黨籍我們保不住了，是薄老逼著我們幹的，省委沒有辦法。

江海雲決定要給省委常委寫封信，劉安聽起了個草稿，其中有這樣幾句：我的黨籍和連續三屆全國黨代表大會資格，是兩屆總理周恩來、趙紫陽親自過問，直接處理的，你們有什麼資格開除我的黨籍？可是江海雲覺得不妥，於是另外起草，口氣有所緩和。最後「處分」的檔還是下了，按照規定，江海雲要在這份文件上簽字，她只簽了一個字：冤。

一年以後，江海雲又給中共中央總書記趙紫陽寫了封信，述說被開除黨籍之後內心強烈的不平。趙紫陽下台之後，江海雲到北京看望他，說起自己被開除黨籍的時候曾經問過四川省委副書記聶榮貴，此事紫陽同志知道嗎？聶書記說不需要紫陽同志知道，我們省委自己處理。一九九四年二月趙紫陽第一次回四川，四川省委書記謝世杰、副書記聶榮貴等人陪同進餐，聶在席間也彙報了開除江海雲黨籍的事情，趙紫陽說：「造反派分兩種，一種是好的，一種是不好的。耀邦同志和我的意見是一致的。」

江海雲不是寫文章的人，但是在被開除黨籍以後自己寫了兩萬多字的回憶錄，標題就叫〈我的回憶〉，從自己小時候在貧苦工人家庭中的生活遭遇，一直到上大學，「文革」中奉旨造反……她說我從小到大這麼熱愛共產黨，處處都聽黨的話，一切都按照黨的要求行事，最後共產黨卻把我開除了，真是太不講道理了。

據說這篇文章，看過的人都很感動。

好在江海雲是個意志很堅定的人，對於生活並沒有悲觀失望。她和丈夫劉安聰積極履行著自己的諾言：一定要在科技領域幹出成績來。她創辦了四川省第一個互聯網站，被後人譽為「四川省互聯網之母」。她主研完成的「國外期刊收藏結構和合理佈局研究」、「電子資訊系統直接促進地方經濟發展的突破口和工作模式研究」等四項科研成果，分別獲得四川省科技進步二、三等獎，國家科技進步三等獎。她本人亦在一九九六年十月被國家科委、國防科工委、中科院、中國科協、國家自然科學基金會評為全國科技資訊系統先進工作者，歷任四川省科技資訊研究所研究員、四川省科技顧問團顧問、四川省資訊產業專家委員會成員、四川省有突出貢獻的優秀專家、四川省學術技術帶頭人；她還先後擔任了四川科技資訊研究所資料中心主任，四川英特耐特資訊公路有限公司總經理，四川省中藥通科技發展有限公司總經理，《技術與市場雜誌》總編等職。

因為當初中央文件有過「受到懷疑和審查但又不足以定為『三種人』的，一律給予降職或調換工作部門的處理；而且這些人都不得選派為出國人員」的規定，已經脫離政界的江海雲因為在互聯網方面做出了成績，被國家科委選派出國去參加學習，可是卻被四川省委組織部卡了下來。江海雲不肯放棄這個難得的機會，到處找關係疏通，最後由四川省委老組織部長安發孝和副省長聶榮貴出面擔保，說江海雲絕對不會出國叛逃，組織部這才鬆了口。

繁重的工作損害了江海雲的健康，致使她患上了肝癌。二〇〇六年一月十六日，江海雲在四川省人民醫院逝世，終年六十歲。[399]

說完了川大八二六的政委江海雲，再來說說團長游壽興。

游壽興，一九四〇年出生在長江邊上的一個世代貧窮的縴夫家庭，從小到大一直享受著「紅五類」的榮耀，「文革」期間擔任了「川大八二六戰鬥團」團長，後任四川省革命委員會常委，四川大學革委會第一副主任和教務處處長。一九七六年「打倒二趙」風起之時，趙紫陽約見了「八二六」派的三個頭頭，其中也包括了游壽興。游壽興記得紫陽書記當時很誠懇，希望他們三個人做好「八二六」派的工作，跟原來的「紅成」派團結起來，不要再鬧派性了。紫陽書記還說四川的老百姓很不錯啊，四川又是個天府之國，生活卻這樣的苦，不應該啊。大家都應該團結起來，抓革命促生產，讓工人好好上班，農民種好地，搞好四川的工作。針對江

399 本章主要參考資料：林雪採訪劉安聰〈趙紫陽保護江海雲〉、周倫佐《文革造反派真相》，香港田園書屋出版。

青等人散佈的「趙紫陽是鄧小平派來的」這個說法，紫陽書記特別說明：「我是毛主席派來的。我到四川來是響應毛主席的號召，來搞好四川的工作，解決老百姓的吃穿問題。」

當時「倒趙」的聲勢排山倒海，在座的三個人聽了都不說話，趙紫陽有些尷尬。眼看約見都要結束了，游壽興站出來表態說：我們是聽黨中央、毛主席話的，既然你是黨中央、毛主席派來的，我們是堅決支持的。此言一出，馬上就有人在省委門口貼大字報，一邊是：打倒走資派趙紫陽。一邊是：打倒宋江式的投降派游壽興。弄得游壽興的壓力很大。為了不讓游壽興為難，以後趙紫陽都是通過祕書蔡肇發，藉口到川大看望老鄉去與游壽興聯繫。比如請游壽興去說服那些熱衷於「倒趙」的頭頭啊，還有徵求他的意見，老造反派中哪些人可以入黨，或者是可以增補進革委會等等。

「四人幫」被打倒之後，游壽興也被「隔離審查」，一審就是三年。三年裡他的妻子車中慧因為游壽興的問題，入黨的事情吹了，很傷心；更傷心的是兩次報考大學，也因為游壽興被「刷」下來。車中慧中學的時候數學就特別好，後來在成都名校十二中任數學老師，「文革」一結束她就去參加高考。第一年的成績是成都市的前幾名，很多人認為她報北大清華都沒有問題，別說是川大了。可是背後有個游壽興，她哪兒敢啊，尤其是不敢報川大，就填了個邊遠的蘭州大學。可是沒有被錄取。第二年又考，又考得很好，比川大川師的錄取線都高出二、三十分，又是填蘭州大學，可是游壽興的審查還是沒有做結論，又沒錄取，很多人都為她抱不平。川大有個幹部叫趙世黎，和游壽興很熟，恢復高考以後被借調到招生辦，看到車中慧的分數這麼高，而且因為是「文革」前的高中生，現在年齡大了，只有這最後一次機會了，很是惋惜。他對車中慧說：「聽說北京某某人的女兒考了高分，也是因為『政審』沒有錄取，人家就給有關的領導寫信，然後就被錄取了。你也是類似的情況，你的分也考得很高呀，看能不能向上面反映一下。」車中慧所在的十二中書記叫袁中智，也鼓勵車中慧寫信試試。車中慧回去和游壽興商量，正在審查中的游壽興膽小，說你不要去了，你去鬧的話，可能對我還不好。可是車中慧鼓起勇氣，還是寫了信。

車中慧那封信底稿，至今都還保存著。信的內容分成兩部分，第一，我也是勞動人民出身，祖祖輩輩對黨、對毛主席是很感激的。我們家裡覺得應該培養我上大學，現在因為各種原因失去了這個機會，我很痛苦，也很難過。第二，我失去這個機會是因為我的愛人游壽興。他雖然犯了錯誤，但是我覺得他也不是什麼敵我矛盾，就算他有什麼問題，也不該株連到我。我為黨的教育事業工作那麼多年，培養了那麼多學生，我在學校的工作表現你們可以調查，一直都是先進工作者。我相信我們的黨不會搞株連，而應該憑我個人的表現……

車中慧把信抄了三份，一份投給了省委書記趙紫陽，其他兩封寄給了四川省副省長兼祕書長劉海泉，和招辦的主任余潤南。此時高考的招生工作結束都一個多月了，游壽興嘴上不說，實際上不抱什麼希望。沒有想到的是，趙紫陽和劉海泉的信，都轉到了省招辦主任余潤南手裡，只是趙紫陽在信上沒有作任何批示。余潤南這個人與游壽興的關係也不錯，討論的時候說游壽興這個人我了解，他不是壞人。可是承辦的人說：「政審反正就是這樣，她這樣的情況就是不合格。」余潤南也沒有辦法。

後來趙紫陽給余潤南打電話，提到車中慧給他寫的信，說其他省外學校不行了，你們是不是就在川內的學校裡給她安排一個？這樣省招辦才重新研究，然後把車中慧叫去談話。招辦有個姓王的，見到車中慧的第一句話就是：「你的分確實考的高，但是你對你愛人的問題沒有一個字的認識。所以，我政審的時候就把你刷掉了。現在上面領導要我們重新研究，我們就重新研究。但是我們還要調查。」那意思就是說沒有錄取你車中慧，不是我們省招辦的問題。

余潤南東考慮西考慮，認為安排在川大肯定是不行的，那就在成大吧，剛剛組建不久的成都大學。那裡的老人不多，都是從各個單位調去的幹部，不大糾纏那些與自己無關的陳年往事。

車中慧終於上了大學，這時候全國高考的錄取工作，已經結束了三個月。全家人高興啊，父親說我們居然還遇到了這麼好的幹部！

游壽興這些年，內心裡對趙紫陽都充滿感激，不僅僅是因為車中慧的事情，也包括他自己。他雖然在學校受了三年審查，最後黨籍和川大革委會第一副主任及教務長職務都沒有了，但是工資和教師資格保留下來，以後才得以繼續留在川大教書。與此形成對比的，是全國各省的與他「同級別」的學生領袖，比如北京啊河南啊包括趙紫陽走後的廣東，幾乎是一網打盡，大都進了監獄。就連同是在四川只不過是趙紫陽鞭長莫及的重慶，「重大八一五」的頭頭周家瑜也在監獄裡關了十幾年，弄得妻離子散，沒有聽說誰還能夠留在大學裡教書，當什麼教授副教授。所以游壽興一直認為，關於對他的處理，趙紫陽肯定也是說了話的。趙紫陽這個人，講情義，也愛護年輕人，不像鄧小平薄一波那些老幹部，一上台就對造反派要斬盡殺絕。[400]

有資料表明，截止到一九八六年六月底，全國被定為「三種人」和犯嚴重錯誤的人中，縣處級以上的黨員幹部近三千人，其中不少是新提拔的；到一九八七年五月，歷時三年半的全

400 本章主要參考資料：車中慧〈趙紫陽助我上大學〉。

國整黨工作基本結束。全國（不包括廣西）清理出「三種人」五千四百四十九名，相當一部分已經占據了領導職務。401

這些資料中，就包括了蔡文彬、江海雲和游壽興。

轟轟烈烈搞了十年的「文化大革命」，最後以嚴厲打擊草根造反派作為收尾，人們皆大歡喜，滿以為「文革」的火種從此被徹底撲滅，可以安安心心去搞四個現代化了。沒有想到的是不過十來年，這樣的火種卻又在中國的大地上蔓延開來，侵蝕到社會生活的方方面面，包括那些被老幹部認定「不會挖我們祖墳」的「自己人」，最後葬送了鄧小平辛辛苦苦開創的改革大業。這其中那些深刻而又詭異的祕密，人們至今還在苦苦探尋。

四川所有被打擊過的老造反派人物，無論是被保護下來的還是最終坐了十幾年監獄的，至今對於趙紫陽依然都懷著好感。趙紫陽被逼下台之後，蔡文彬成了他家的常客，為以後研究趙紫陽及其時代留存了寶貴的資料。江海雲曾經十三次去北京探望紫陽，每次都有記錄，如今這些記錄和她的回憶一起，正在被她的丈夫劉安聰融入了回憶錄——這部不知道什麼時候才能夠出版的書，將作為四川「文革」史的重要組成，而趙紫陽則是其中的一個不可或缺的人物。

一次江海雲去探望的時候，也約請了後來任全國總工會女職工部部長的唐克碧。其時身居四川省委書記之一的唐克碧，至今沒有忘懷紫陽曾經為之抵擋江青質問的那些細節。她給

401 張曙〈「文革」後陳雲力主清理「三種人」：一個也不能提拔〉。

了紫陽書記很多的安慰和建議，其中的一條是建議這位前中國共產黨中央委員會總書記篤信佛教。還有趙紫陽的得力助手汪友根，也多次去到趙紫陽簡陋的家，一次趙紫陽拿一瓶茅台酒出來，汪友根說：「我今天是不喝酒的哈，我還有事情。」紫陽說：「不准走，喝！」

第六部分

撥亂反正

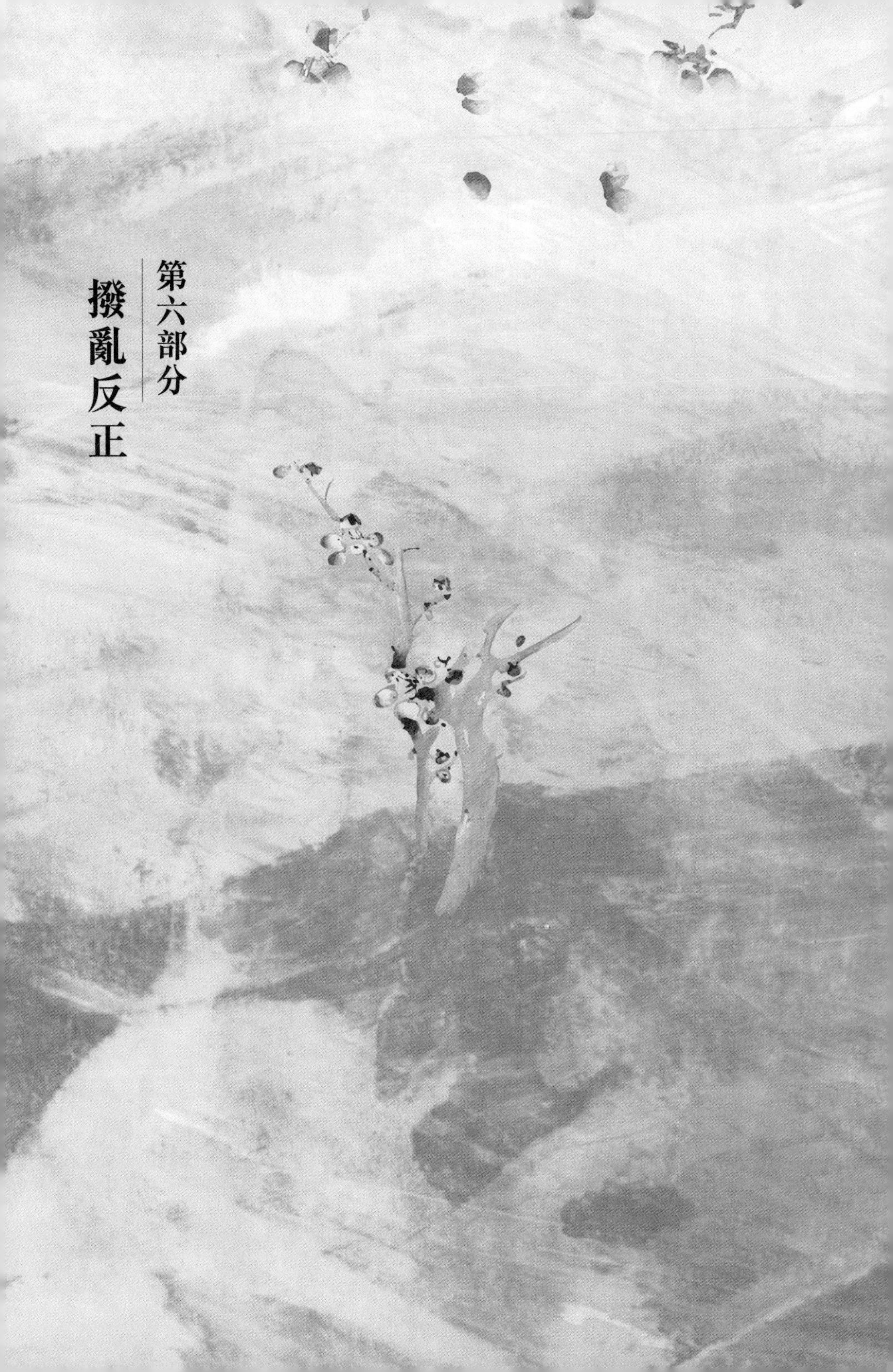

第十六章　眾望所歸

周恩來在一九六八年三月十五日處理四川問題的會議上有個講話，其中引用了古人對於四川的評語：天下未亂蜀先亂，天下已治蜀後治。有人認為此句最早的因由可能來自《北周書》描寫蜀人的一句話「貪亂樂禍」，也可能來自隋文帝曾經說過的巴蜀「人好為亂」，總之是說四川人好亂刁頑。好亂刁頑的四川遇到「文革」甚至「文革」之前的亂世，必然生出無限禍端，給「文革」後來川主持工作的趙紫陽，增添了諸多麻煩。

「文革」結束之後，幹部群眾對平反冤假錯案的呼聲非常高，擔任中共中央組織部長的胡耀邦等人也在積極推動。由於歷次政治運動積累的冤假錯案太多，更由於涉及到毛澤東和黨的「政績」臉面，這項工作在全國範圍內普遍進行得緩慢，可是因為趙紫陽態度強硬，四川在平反冤假錯案方面走在全國的前面。在積極支持「實踐是檢驗真理的唯一標準問題」大討論的過程中，趙紫陽說過這樣的話：

> 我們思考問題，講開動腦筋，講敢於從實際出發。當然不是說上面的東西可以不執行了，自己想怎麼搞就可以怎麼搞了，而是說思想要活躍，要大膽想問題，敢於從實際出發去研究問題。當然有一些問題，你還只能夠試驗，全國沒有規定時不能大搞。但是有些東西屬於你的許可權的，你就可以去解決，出點問題也不要怕，回頭要總結經驗。

有些可以積極向上提出建議，這也不違背組織原則，是民主集中制允許的。現在還不是說組織原則有什麼問題，而是思想狀況，精神狀態有束縛，這是個比較大的問題。402

在一九七八年關於「真理標準大討論」時說的這段話，可以看作趙紫陽在四川改革的總方針：既要敢於解放思想，又要堅持實事求是。其中當然也包括「撥亂反正」在內。

從官方出版的權威史料中，從一九七九年初開始的四川省委關於平反的正式檔以及有關資料如下：

一九七九年一月二十四日，省委三屆一次全會上鄭重宣布，經中央批准，給李井泉、廖志高、黃新廷、郭林祥等被錯誤地定為「走資本主義道路的當權派」的同志平反。

一九七九年二月十九日，四川省委發出〈關於為四川地下黨平反的通知〉。〈通知〉指出，必須推倒一切誣衊不實之詞，為四川地下黨徹底公開平反，恢復歷史的本來面目。

同日，四川省委發出〈關於鄧自力、崔璋、陳懷堂同志平反的通知〉。〈通知〉說，一九五九年反右傾鬥爭中，省委對鄧自力、崔璋、陳懷堂同志的批判鬥爭和處理是錯誤的，予以平反，恢復名譽。

一九七九年八月十五日，四川省委宣布：對一九五七年反右派鬥爭中錯誤處理的〈草木篇〉、《星星詩刊》詩刊、「四川省文藝界反革命小集團」和「反動組織裴多菲俱樂部」等問題，予以平反。

一九七九年九月三日據四川省有關部門在部分地區的調查估算，「文革」期間定為反革命

402　盧子貴〈滴水映紫陽〉。

案件應予複查平反糾正的有一・九二萬件，截至本年七月底統計，已平反糾正九千七百多件，還有近萬件待複查。其他刑事案件需複查的約有二・五萬件。

一九八〇年二月十一日，省委批轉省公安廳黨組〈關於抓緊複查平反因劉少奇同志被整而受冤案件的報告〉，要求對因擁護劉少奇、為其鳴不平而被打擊處理的人徹底平反。截至三月底，全省共清理出因劉少奇冤案受牽連而判刑的案件二千九百三十二件，涉及三千二百零二人；平反糾正二千一百七十四件，占七四％。

一九八一年一月，全省地下黨歷史遺留問題複查結論任務已完成七十％。開展這項工作兩年多來，對解決四川地下黨、西康地下黨歷史遺留問題做了大量工作，平反糾正了一批冤假錯案，解決了一批地下黨組織和黨員的黨籍等遺留問題，正確估價了四川省地下黨的歷史地位和作用。

一九八一年二月二十日，四川省信訪和落實政策工作會議在成都召開。會議指出，經過近三年的努力，四川落實政策工作取得了很大成績。截至一九八〇年底，全省「反右派」、「反右傾」、「四清」、「文化大革命」等運動應該複查的案件約七十三萬多件，已複查六十八萬多件，占九三％。其中，「文化大革命」案件已複查九五・六％，「反右派」的案件已複查九七・六％，「反右傾」的案件已複查九三・八％，「四清」的案件已複查八六・四％。這些運動中的冤假錯案平反糾正後收回安置的有兩萬多人，辦理退職退休的有五千多人。對其中判刑和勞教的六萬多人也進行了複查，屬於冤假錯案的也進行了平反糾正。此外，對十一萬多件歷史老案的申訴也列入正常工作範圍，根據黨的政策規定複查處理了八萬多件。

一九八一年五月二十七日，四川省委批轉高教局黨組〈關於大專院校學生因思想政治問題受處分的複查處理意見〉。〈意見〉指出，在一九五七年至一九六六年期間，全省約有一千名學生因「思想政治問題」受到批判而被開除學籍、黨籍、團籍，未分配工作。對於這些因「思想政治問題」被錯誤處理的至今尚未安排工作的學生（包括家在四川的外省學生），由學生現在所在地的組織部（或人事局）就地安置適當工作。

……

一九八一年四月一日，四川省委批轉省委落實政策領導小組〈關於善始善終地做好平反糾正冤假錯案，落實政策工作的意見〉。〈意見〉要求，為了堅決徹底乾淨、全部地善始善終地做好平反糾正冤假錯案的工作，必須對「四個運動（文革、反右、反右傾、四清）」應複查而未複查和待批的案件抓緊辦理，要在年底以前搞完；要認真做好檢查驗收工作；要認真抓好案件材料的清理和處理工作；各級黨委要繼續加強對平反冤假錯案工作的領導。[403]

當然了，還有很多事情發生在文件之外，後面還要提及。

平反「新叛」[404]

現在看來，趙紫陽在撥亂反正中所做的最偉大的事情之一，恐怕就是為「文革」期間四川藏族地區的三萬「叛亂分子」平反。

403《四川大事輯要》。

404 本章主要參考資料：蔡文彬採訪楊嶺多吉〈一個民族幹部心中的趙紫陽〉、蔡文彬採訪孫自強、林雪採訪趙五軍。

事情要從時任四川省阿壩藏族自治州黨委書記楊嶺多吉[405]說起。一九七五年十二月以前，楊嶺多吉在甘孜藏族自治州民族幹部學校任黨委書記兼校長；十二月以後任毗鄰的阿壩藏族自治州委第一書記、阿壩藏族自治州革委會主任。次年一月走馬上任，在阿壩州府馬爾康的辦公室待了一個月以後，楊嶺多吉下了鄉，去到所屬的馬爾康、理縣、汶川、黑水、松潘等幾個縣轉了一圈。他一路問當地的老百姓：「你家裡有多少人？都是些什麼人？」回答的不是說自己哥哥參加了「叛亂」就說自己父親或者舅舅「叛亂」了，幾乎家家戶戶都在說自己家裡面有叛亂分子。新任的書記第一次發現：怎麼到處都是叛亂分子！這樣怎麼得了？以後革命和建設誰來搞？他開始一邊調查一邊思考，可是也只能是思考而已，這麼大的事情，不敢說。直到一九七八年，關於「真理標準」的討論打破了以往的諸多禁忌，解放了人們的思想，楊嶺多吉的的思考也基本成熟，覺得此事應該平反。

可是當他提出這個問題的時候，偌大一個阿壩州委，竟沒有一個人同意，沒有人敢參與，沒人敢支持。他們認為只能說「擴大化」，不能說「平反」——因為這是經過州委、省委、中央軍委、國務院拍板認定，已經頂到天的事，搞不好就成了為叛亂分子說話，就成了立場問題。楊嶺多吉決心一條道走到底，他開始組建由州委和縣委幹部組成的工作組，自己擔任組長，也請省裡派了兩個人參加，正式開始調查。

所謂藏彝地區「叛亂」，主要分兩個時段。第一個時段是上世紀五十年代後半期，藏彝地

405 楊嶺多吉（一九三一～）藏族，四川巴塘人。原四川省政協副主席、中共西藏自治區委副書記、政協主席、自治區副主席。時任中共阿壩藏族自治州委第一書記、阿壩藏族自治州革委會主任、四川省副省長。

區進行民主改革，少數上層反對者舉行的武裝叛亂，這就是「老叛」。對於「老叛」事件的處理，也因為亂抓亂捕，造成了擴大化，過後又來擦屁股，進行甄別。而區別於「老叛」的「新叛」，則發生於「文革」期間的一九六八年。那時候藏區也有造反派，而且和成都的造反派掛上鉤，一樣分成了「紅成」和「八二六」兩派，在很多問題上互相博弈。阿壩這樣的民族地區和內地不一樣，有宗教問題，老百姓要念經，兩派就在念經問題上發生了嚴重的爭論和衝突。「支左」部隊支持一派，壓制一派，主要壓以紮西等人為代表的紅成派，部隊不支持他們，認為他們就該被打擊，因此紅成這一派就有很多過激行動，有砍電線杆的，也有拆橋樑的……有一次在阿壩縣的麥爾瑪地區，部隊架起機槍在一個小山坡上防守，紮西領導的紅成派居然組織了一百多人的馬隊衝擊山坡上的部隊，部隊就用機槍掃射，按老百姓的說法是當場打死了六十一個人，省裡的政法部門去調查，結果確定打死了四十五個人……這也不是個小數字啊，躺中地上一大片！打傷的就更多了。

這件事經過層層上報，被中央定性為「新叛」，批准進行大規模的「平叛」行動。此事涉及到阿壩州的四個縣：阿壩、紅原、若爾蓋、壤塘，還有松潘的一個藏區毛爾蓋區，總人口十五六萬人，「叛亂分子」就定了三萬人，幾乎家家都有叛亂分子。後來因為打擊面實在是太廣，也進行過「反擴大化」的甄別處理，解脫了一些人，但是沒有解決根本問題。

經過省、州、縣聯合調查組的共同調查，很快把性質定清楚了：這是「文革」中的派性武鬥，屬於人民內部矛盾。楊嶺多吉認為，既然不是「叛亂」，搞錯了，就是一件錯案，問題就要徹底解決，應該徹底平反，而不只是「反擴大化」的處理。這個問題如果不解決，以後就沒辦法工作。調查組在阿壩縣開會，把「平反」這個意見定下來，然後回到州委所在地馬爾康。

楊嶺多吉在樓上開常委會，其他人在樓下討論「平反問題」，開著開著突然跑上來一個人，說省裡的馮冰向同志又不同意平反了。楊嶺多吉吃了一驚：不是都討論一致同意了嗎，怎麼又不同意了？他馬上跑到樓下去發了一通言，堅持一定要平反，即便你馮冰向不同意我也要堅持。老馮見他態度如此強硬，也就沒有再說什麼。

一九七八年十月份，楊嶺多吉去成都參加省委召開的縣委書記會，會議結束後留下來，參加接下來的民族工作會。這次會議的內容本來是討論如何進一步發揮少數民族地區的優勢，加快少數民族地區的建設步伐、尤其是畜牧業和林業建設步伐的問題。楊嶺多吉所在的阿壩州是民族地區的大頭，他在會議上發言的內容有十五、六件事情之多，其中「平反」事件是重中之重。以他這幾年在工作中對紫陽書記的了解，覺得此事是符合他這段時間的講話精神的，他應該會支持。當然，事情還是有風險的，而且是大風險，所以州委裡面才有那麼大的阻力。既然這樣，那就不以州委的名義，而是以自己個人的名義提出來，天大的事情自己一個人來承擔。

第二天開會，省委書記趙紫陽第一個就點到楊嶺多吉，請他到省委領導們就坐的主席台，坐在自己身邊發言。

楊嶺多吉把要說的事情一件一件都講了。講到應該對「新叛」問題「平反」這件事時，把調查的事實一件一件擺出來，有理有據，鐵證如山。趙紫陽激動了，指著台下楊嶺多吉的前任郜志遠[406]說：「這些問題你以前怎麼沒說？」他之所以指著郜志遠，是因為趙紫陽此前到阿壩去的時候，郜志遠陪了他半個月，關於「新叛」這麼大的事情，沒提半個字。楊嶺多吉連忙

406 郜志遠，時任省委民族事務委員會副書記，一九七二至一九七七年任中共阿壩州委第一書記。

給部志遠解圍，說以前思想沒有解放，他也不敢說。趙紫陽沒接楊嶺多吉的話，還是質問部志遠，部志遠就說這個問題我們以前已經解決了——他指的是「擴大化」的問題解決了。這下子楊嶺多吉不幫他說話了，反駁說這個問題沒有根本解決，解決的只是「擴大化」的問題，可這不是「叛亂」。為什麼內地武鬥就是造反，民族地區武鬥就定成了叛亂？要平反！

楊嶺多吉這句話，趙紫陽直到去世前都記得。晚年趙紫陽在醫院裡，病情已經很嚴重了，楊嶺多吉前去看望，趙紫陽還跟他講：「你提的兩個觀點我的印象最深，第一個是你批判了『民族問題實質是階級問題』，第二個就是你說的『為什麼內地武鬥就是造反，民族地區武鬥就成了叛亂』。」幾十年過去了，趙紫陽他經歷了多少翻天覆地的事情，可是一個民族幹部在一個會議上說的這兩句話他還能記得，楊嶺多吉真是特別感動。

那天在會上，趙紫陽還說了一些更激烈的話批評部志遠，他對這位民委副書記說：「這樣看來，你們民委的工作成問題！」弄得部志遠很尷尬。楊嶺多吉覺得這句話說得很重，想幫他承擔一點，又不能違背原則，看來是把老部也得罪了。紫陽書記接著又問省裡的其他領導，問許夢俠、魯大東等，問他們知不知道這件事，大家都不知道。後來紫陽書記作總結的時候說：「看來這不是叛亂，應該平反。」

此言一出，大家都鬆了口氣。阿壩州委副書記陳殿卿頭天晚上還不敢同意楊嶺多吉在會上講平反的事情，現在一聽到紫陽說話了，他馬上站起來支持平反意見，還做了個說明。

這是一九七八年的十月，在四川發生的事情。在此之前，國外的很多國家領導人都向鄧小平提出了西藏問題，比如前美國總統福特和喬治．布希。看來搞好漢藏關係可以緩解西方對於中國之前處理西藏問題方式的批評，這對於要為中國實現現代化急於與西方搞好關係的鄧小平顯得很重要。再說安定的民族關係可以加強藏人與國家的紐帶，對抗蘇聯可能對於西藏的滲透；可以減少因為藏族的反抗而觸發其他少數民族連鎖反應的風險；可以減少因為不斷的漢藏衝突而給國家資源造成的緊張……於是鄧小平打算彌合與藏族的關係。他在一九七九年的三月與逃亡印度的達賴喇嘛的胞兄見面，向逃亡在外的達賴喇嘛表達了和解的善意。在這次會見幾天之後的一九七九年三月十七日，《新華社》宣布「西藏自治區司法機關決定對所有參與（一九五九年）西藏暴亂的人給予寬大處理」，同日還宣布為「文革」期間受到錯判的許多西藏幹部予以平反。到一九八〇年的五月，中共中央總書記胡耀邦帶領一支八百人的代表團到達拉薩，誠懇地向西藏人民道歉……

趙紫陽在遠離北京的四川處理與藏人的關係，早於鄧小平會見達賴喇嘛胞兄的五個月之前。作為中央的實權人物，鄧小平肯定知道趙紫陽在處理民族關係上的作為，但是沒有證據表明鄧小平是什麼時間知道的，也沒有證據表明鄧對於趙的處理給予了公開的或者私下的指示。而趙紫陽作為一個地方幹部，對於鄧小平的打算不一定都清楚。他只是抱著實事求是的態度，覺得那些冤案應該平反而已。

因為平反問題還要經過省裡、中央一系列的手續批准，楊嶺多吉回到阿壩州開始只是在幹部中間傳達。幹部們都很高興，楊嶺多吉當然也很高興。一九七九年，省委又派了三家政法部門到阿壩州做調查，還出了調查報告。結果不但「新叛」的犯人們都平反，連那些在監獄裡關了好多年的「老叛」也放出來了。[407]

407 蔡文彬採訪楊嶺多吉〈一個民族幹部心中的趙紫陽〉。

此事受惠的不僅僅是阿壩，還涉及到大涼山彝族自治區。當時四川就三個民族自治區，甘孜藏族自治區的書記是羅通達[408]，阿壩藏族自治區的書記是楊嶺多吉，涼山彝族自治區的書記是孫自強[409]，而楊嶺多吉的夫人也是彝族，所以大家都是非常好的朋友，三個人常常一起在省裡開會，有什麼事情也經常向趙紫陽請示彙報。

「文革」期間，民族地區產生「新叛」，阿壩和涼山最突出。涼山的彝族有黑彝、白彝，黑彝是貴族、白彝是奴隸，從來黑彝、白彝的矛盾就很深。上世紀五〇年代民主改革之後，老百姓和白彝奴隸群眾被解放出來，翻身了、社會地位提高了，他們對共產黨、對幹部有感情。可是「文革」一來把所有的幹部都打倒了，政府癱瘓了，群眾弄不清是怎麼回事，就有謠言，說是階級敵人要打垮共產黨，黑彝要乘此機會起來報仇。老百姓就一窩蜂，殺黑彝！殺黑彝殺得很殘酷，從西昌東邊的九龍一直殺到西邊一百公里之外的昭覺，逮到黑彝就殺，根本就不分青紅皂白。一些黑彝子弟就跑。他們要吃飯，於是搶劫老百姓的事情難免發生；面對如此大規模的屠殺，他們為了保護自己的生存要有槍，又發生向部隊搶槍的事情。和阿壩一樣，這些黑彝的後代也被定為「新叛」，被中央軍委下命令圍剿，派部隊去殺啊剿啊，弄得這些年輕人走投無路，慘得很，老百姓你殺我我殺你，心裡都留下了累累傷痕。阿壩的「新叛」經過楊嶺多吉的努力，加上趙紫陽的支持，平反了。涼山「新叛」的平反也要進行。紫陽書記說：

五〇年代初的民主改革一定要進行，當時搞「平叛」是必要的，但是到了今天就不能這

408　羅通達（一九三三～二〇一〇）藏族，四川雅江縣人，後任四川省人民政府副省長、四川省人大副主任等職。

409　孫自強（一九三七～），彝族。原四川省人大常委會副主任、省民委主任。時任中共涼山州委書記、州革命委員會主任。

麼搞了，還是要以團結為重，還是要搞生產。敵對分子改造好了，就不要繼續把他當成敵人，他的子女尤其不能當成敵人。文化大革命「新叛」的問題，明確地講是錯誤的，「平叛」這個作法是錯的，肯定是不對的，是那個時候思想混亂，中央沒有把這個問題搞清楚。這個事情現在既然發生了，肯定要處理好，過去錯誤的就要平反。

於是大涼山的黑彝「新叛」也平反了。紫陽書記已經去了北京，中央出面宣布這個事情處理錯了，不能把那些黑彝的子弟當成叛亂分子，一律都平反。同時還撥了三千萬元作為善後。

隨著「撥亂反正」的進一步深入，黑彝和白彝之間的鴻溝逐漸彌合，「文革」在彝族人民之間造成的社會矛盾，就這樣解決了。[410]

趙紫陽晚年提到的「民族問題不是階級問題」，是楊嶺多吉在此之後一再堅持的主張。他之所以對這個問題如此重視，因為這是一個民族幹部在公開的場合公開地把矛頭指向多年來不可動搖的基礎——毛澤東對於民族問題的定論。

上次關於地區的會議開完不久，中央召開了十一屆三中全會，緊接著上面的政策來了個大轉彎：地、富分子要摘帽，原國民黨將領要落實政策，老「叛亂分子」在押的均釋放，「新叛」問題要平反……很多幹部轉不過來，思想都有點亂，工人、農民也很難通。楊嶺多吉本來想看省裡有什麼指示再行動，後來乾脆不等了，自己主動解決政策問題。州委在若爾蓋召集全州公社以上幹部討論落實政策問題，由州委書記楊嶺多吉主持會議，首先把問題講透，把幹部思想理順，然後傳達到全州。中專學歷的楊嶺多吉，是一九四九年十月就入黨的藏族幹部

410 蔡文彬採訪孫自強。

——那時候不要說藏區了，整個四川都還沒有解放。在擔任甘孜州民族幹部學校校長之前，他還擔任過縣團委書記、團省委統戰部長以及藏區兩個縣的縣委書記，經歷了解放後整個藏區的所有運動，也知道這些運動造成的所有後果。現在他一邊指導這次解放以來最徹底最寬泛的政策落實工作，一邊對於長期以來形成這些問題的原因有了自己的思考。他將這些思考一步步深入，並作了透徹的分析，最終確定：病根在於這些年一直執行以毛澤東講話為依據的「民族問題實質是階級問題」的方針。毛澤東還對於民族問題與階級鬥爭的關係有專門的定義，清清楚楚刊印在當時人手一本而且必須熟記的《毛主席語錄》第九頁，原話是：民族鬥爭，說到底，是一個階級鬥爭問題。[411] 此言一直是核定民族問題性質的依據。

一九七九年十月二十日至十一月四日，四川省委召開市、地、州、縣委書記會議，主要內容是學習討論了中共中央副主席、全國人大常務委員會委員長葉劍英在慶祝中華人民共和國成立三十周年大會上的重要講話，總結建國三十年來的成就、經驗和教訓。和上次一樣，會議之後接著召開民族工作會，楊嶺多吉在阿壩小組會上提出了「『民族問題實質是階級問題』是錯誤的」觀點，並且準備了五千字的發言稿交給祕書處，希望讓紫陽書記看到，能夠發在會議簡報上：他估計會得到紫陽書記的支持。果然，文稿內容很快就大量摘登在了十月二十八日的會議簡報上——一般的簡報都只有四頁，可是這一天的因為內容摘得多，發了整整六頁。要知道「階級鬥爭」是毛澤東思想的核心觀念，是解放以來所有運動的理論依據。在它的強光照耀下，中國當代所有領域都依此生長出錯綜複雜的根系，已經在人們的心裡盤根錯節，

411 毛澤東〈支持美國黑人反對美帝國主義種族歧視的正義鬥爭的聲明（一九六三年八月八日）〉。

讓人誠惶誠恐。

此時還是一九七九年，毛澤東雖然開始走下神壇，但是這些觀念根深蒂固，批判和反批判戰鬥尤酣，楊嶺多吉深深知道如果沒有紫陽書記的支持，這份簡報是無論如何發不出來的。果然，紫陽書記在大會總結報告裡有一段話，專門支持楊嶺多吉的提法，同時還做了補充，提出了要實行「民族區域自治」，比楊嶺多吉的提法更完善。後來趙紫陽對省委組織部副部長李廣德說：「我們的這些民族幹部真是不簡單，他們不僅在完成自己的工作，還在考慮國家大事。」

一九八〇年二月，趙紫陽到中央任職，當年三月就召開了西藏工作座談會，四月七日中共中央轉發了〈西藏工作座談會紀要〉的通知，裡面正式批判了「民族問題的實質是階級問題」這個觀點並闡述了理由。很快《人民日報》以一個整版的篇幅發表了評論員文章〈評所謂「民族問題實質是階級問題」的錯誤理論〉，成為否定階級鬥爭理論的一篇重頭文章。到二〇〇九年，為了紀念改革開放三十周年，國家民委有一篇〈關於改革開放三十年民族工作的承繼〉的文章，第一條就是：我們批判了民族問題是階級問題，端正了民族工作的指導思想。

在趙紫陽的全力支持下，楊嶺多吉的觀點成為了中央的精神，促使中央端正了民族工作的指導思想，成為改革開放三十年民族工作的理念。這是一個重大的突破。

楊嶺多吉理順了幹部的思想，推進了撥亂反正的各項政策順俐落實，政治問題解決了，人們的心態也就平和了。然後他在南坪縣，又以州委的名義召開了公社以上書記會議，解決經濟問題。因為紫陽同志多次教導地、市、州委書記在改革方面要敢闖敢幹，楊嶺多吉就響應號召，提出要把阿壩的土特產特別是麝香等貴重藥材運出去，進入全國大市場。按照當時的政策，麝香是國家規定的一類物資，要由省工商局統一收購，給的價格一兩（十六進位）六十元；可是福建那邊產一種叫「片仔癀」的藥裡面需要麝香，他們收購麝香的價格能高出二十倍都不止。楊嶺多吉就和省工商局坐下來談判，說省上下達的任務我們會保證完成，但是超額收購的部分要留州處理，我們是少數民族地區，有自治權。可是省工商局堅決不同意，談判陷入僵局。楊嶺多吉管不了那麼多了，直接去找福建省主管經濟的一把手，希望他們大力支持民族地區的經濟建設，在價格上給予最大的優惠。福建方面慷慨答應，價格給到了每兩一千五百元，是四川省工商局價格的二十五倍！楊嶺多吉大喜過望，阿壩一次就拉了八公斤麝香到福建，回來的時候變成了多輛豐田汽車，還有大批的電視機，甚至還有極為稀缺的電腦！因為有了電視機，馬爾康城裡的居民吃完晚飯都聚集在一起看電視，街上幾乎見不到人。以後阿壩裡面的貴重藥材源源不斷運出去，錢也源源不斷湧進來。在成都開會，參會的各地代表一看見豐田車，就知道是阿壩的人來了——那時候一般的縣財政，哪裡有錢買豐田！

一九八〇年，已經擔任國務院總理的趙紫陽，親自去阿壩視察，待了半個月才回北京，然後去看望參加全國農田基本建設會議的四川代表，其中就有楊嶺多吉。趙紫陽說：「我去看過阿壩了，原來我對阿壩不了解，阿壩的工作各方面都很好。人均分配很高，電站、機耕道都還不錯……」過去趙紫陽如果要表揚那個地區的話，肯定是單方面，比如閬中縣的「水路不通走旱路」，還有廣漢縣推廣「包產到組」……但是這次他卻對阿壩進行了全面的肯定，一直都在表揚，弄得楊嶺多吉說謙虛的話也不好，說驕傲的話更不行，都不知道該怎麼辦了。因為他知道，能得到紫陽同志全面肯定，是很不容易的事情。

趙紫陽這次到阿壩州之後，阿壩州的若爾蓋成為了牧區的改革重點，要改變過去封閉的自然經濟，推行牧、工、商聯合企業。一九八〇年，推行這項改革的若爾蓋縣委書記辜維忠調任四川省畜牧局任副局長，後來到省農牧廳主持工作。而楊嶺多吉，則在一九七九年十二月至一九八一年六月任四川省副省長，一九八〇年十二月至一九八五年六月任中共西藏自治區區委書記，一九八六年五月至一九九八年任四川省政協副主席，第十二屆中央委員會候補委員。二〇〇〇年，楊嶺多吉在四川省政協主席擴大研討會上，以「十一屆三中全會為民族地區開闢了新天地」為題作了一個發言，講的就是他在阿壩的這段經歷，講了五十多分鐘。後來這篇演講的重要內容被發表在四川省政協報上。北京有關方面認為很好，收集入書，還給予了高度評價。[412]

楊嶺多吉想去西藏工作，趙紫陽是支持並助了一臂之力的。趙紫陽進京之後，一次見到來北京開會西藏自治區第一書記陰發唐，問：「楊嶺多吉在你那兒工作得怎麼樣啊？」陰發唐說人還是不錯的，就是有點民族主義情緒。趙紫陽說：「一個民族幹部，一點民族主義的情緒都沒有，那有什麼用?!」

「方運孚案件」逆轉記[413]

一九七九年春天，全國上下按照十一屆三中全會精神，積極清理「文革」中的冤假錯案並

412 本章主要參考資料：蔡文彬採訪楊嶺多吉〈一個民族幹部心中的趙紫陽〉、蔡文彬採訪孫自強。

413 本章主要參考資料：何蜀〈由趙紫陽指示平反昭雪的方運孚烈士〉、秦明〈劉少奇冤案：曲折的平反之路〉。

給予糾正。重慶市中級人民法院刑事庭把「文革」中上千件政治案件的檔案取出來一一複查，其中方運孚案件被「過濾」出來。

方運孚，男，安徽壽縣人。一九三七年逃難到長沙，在那裡讀完中學和大學。一九四五年流亡到重慶，先後在中國紙廠駐重慶辦事處、四川糧食局汽車運輸管理所和交通銀行工作，「文革」爆發時為建設銀行重慶市分行收發員。「文革」中他收集了大量的傳單、小報和各種「中央首長講話」、「大批判資料」，每天看到深夜，還用紅筆在上面勾畫圈點。他經常與親戚、朋友、鄰居甚至到機關收發室來取報刊信件的同事，直言不諱地談論他思考的結果：

「劉少奇是對的。他主張發展生產，發展經濟，有什麼錯？」

「劉少奇打倒了，但他的這些主張打不倒。」

「劉少奇現在還是全國人民的主席，罷免他的國家主席職務應該經過全國人民代表大會，所以我現在還是叫他劉主席。」

他看了由造反派翻印傳出來「供批判用」的彭德懷的「萬言書」之後說：「彭老總的萬言書字字句句閃金光，說的是真話，老實話。真是人民的父母官。他的行為將與日月同光輝，與天地共久長，千秋萬代受人崇拜。」

他還以對聯形式寫下了對文化大革命的總體評價：

打擊一大片，堯舜禹湯皆右傾

保護一小撮，桀紂幽厲最革命

這兩句話後來成了公檢法軍管會給方運孚定罪的主要「罪證」，罪名是「以書寫反動對聯等方式惡毒攻擊文化大革命運動」。

一九六八年底，按照「毛主席的戰略部署」，重慶建設銀行開始「清理階級隊伍」，方運孚被揭發出許多「反動言論」。一九六九年夏，建設銀行將整理好的方運孚「罪行材料」報到重慶市公安局要求逮捕法辦，公安局認為這些材料的內容還不構成反革命罪，不予接收，叫他們找市中區清隊辦公室處理。可是市中區清隊辦公室也認為：從材料看，方運孚主要是思想問題，未予受理。

一九七〇年一月三十一日，中共中央下發〈關於打擊反革命破壞活動的指示〉，即中發〔一九七〇〕三號檔，加上隨後發出的當年第五、六號文件，「文革」十年中最恐怖、由官方殺人最多的「一打三反」運動開始了。為配合政治運動的需要，要抓一批「典型」來打擊，方運孚立即成了現成的目標。二月二日（即中央三號檔下達兩天後），重慶市公安局報經市革命委員會批准，將方運孚逮捕。隨後市革委人保組承辦人員提出判刑十五年，市公檢法軍管會改批為判刑二十年，重慶市革命委員會審批時加上「該犯思想反動，氣焰囂張」幾個字，升級為判處無期徒刑；四川省革命委員會於二月二十四日終審改判死刑。從逮捕到審批結案只有的二十二天中，所有法律手續都被「精簡」：判處前沒有審訊報告，也沒有進行必要的查證，連宣判後十天的上訴期都沒有。這些「從重、從快」的措施，都讓後來的查辦者大吃一驚。

當局給方運孚定的罪名是「反對毛主席和毛澤東思想，攻擊黨和社會主義制度，攻擊三面紅旗和文化大革命運動，為劉少奇鳴冤叫屈」。一九七〇年三月六日，方運孚被「文革」當局殺害。其親屬至今不知屍身葬於何處，每到清明，祭奠無路。

事情的經過都很清楚了，方運孚肯定屬於平反之列。可是他雖然是個小人物，案子卻涉及到一個大人物——國家主席劉少奇。

劉少奇的案件，牽涉到文化大革命的全域，也牽涉到毛澤東本人：是毛澤東說他是「反革命修正主義路線頭子」，也是毛澤東把劉少奇視為「睡在身邊的赫魯雪夫式的人物」，針對他寫過〈我的一張大字報〉，從而發起「文革」。劉少奇的問題直接關係到八屆十二中全會通過的決議正確與否，關係到對「文革」的評價，關係到毛澤東的一系列論斷和決策正確與否。一九七六年十月粉碎「四人幫」後，劉少奇仍然作為反面人物繼續批判：一九七七年八月黨的十一次代表大會對劉少奇問題的提法，仍然與九大、十大一致：把劉少奇與「林彪、王張江姚『四人幫』這樣的死不改悔的黨內走資派」相提並論。以思想解放著稱的一九七八年十一月的中央工作會議上各個分組提出了很多應當平反的冤假錯案，但因為上述的這些原因，會上極少有人提出為劉少奇平反。甚至在有重大意義的十一屆三中全會上，也沒有提到為劉少奇平反的事情。

即使是鄧小平和胡耀邦這樣的人物，在考慮為劉少奇平反時，也不能不考慮它的後果。一九七九年初胡耀邦在一個內部談話說：「黨中央明明白白知道，現在有許多事情沒有做，應該做，可是現在不能做。劉少奇這個問題，如果匆匆忙忙地，今年上半年拿出個稿子來，也可以，但不好。現在全黨是否意識到劉少奇這個問題過頭了。我覺得是過頭了，『文化大革命』也是如此。小平同志腦子裡沒有譜嗎？有譜，可是，現在解決不了。一部分人的思想跟不上，從去年下半年到現在，我們的步子邁得相當的快啊！我們自己的領導跟不上。歷史局限性不僅是客觀條件的限制，還包括主觀的可能性。」

一九七九年二月五日，地質總局局長孫大光致信時任中共中央政治局委員、中紀委第三書記胡耀邦並黨中央，建議重新審議劉少奇一案。一九七九年二月二十三日，陳雲在孫大光來信上做出批示：「中央常委各同志已傳閱完畢，中央辦公廳應正式通知中組部、中紀委合作查清劉少奇一案。」

鄧小平和陳雲要求中組部複查劉少奇問題的批示，終於在胡耀邦領導下的中組部開始落實。三月二十七日，中央紀委辦公會議研究決定：「劉少奇的問題，經（王）鶴壽同志與（王）任重同志商量，按陳雲同志的意見，由中央組織部和中央紀委共同處理。」一九七九年四月十八日，劉少奇案件複查組正式成立。

這個期間，重慶方運孚的案子也開始複查。

當時劉少奇案有四百二十多卷檔案，再加上王光美等人的一些案卷，總共五百七十卷檔案。複查組在四月至五月中旬集中看材料，五月至六月搞調查，七月至八月做補充調查，寫複查報告……查了約半年，本以為那麼大的帽子、那麼多的帽子，證據應該很硬，不好推翻，結果發現所謂的「證據」全都是子虛烏有，基本上都是偽證、逼供的產物，還有諸如修正主義路線等罪名，更是莫須有。

十一月，複查組向中央正式做出〈關於劉少奇案件的複查情況報告〉。

在重慶，因為劉少奇這個牽連人數巨大的案件還沒有平反昭雪，人們思想還有顧慮，法院專案組的爭論也激烈，最後「為劉少奇鳴冤叫屈」的方運孚只是作為「錯殺案」報經省裡批准「無罪」。一九八〇年一月底，四川省委第一書記趙紫陽到重慶檢查工作，聽取了關於方運孚案件的彙報。趙紫陽明確指出：這個案件處理得不徹底。不是單純宣告無罪的問題，應是冤案平反昭雪的問題。

這是他調任國務院總理之前最後一次到重慶。

趙紫陽離開重慶大約十多天以後，四川省委於一九八〇年二月十一日批轉了省公安廳黨組〈關於抓緊複查平反因劉少奇同志被整而受冤案件的報告〉，要求對因擁護劉少奇、為其鳴不平而被打擊處理的人徹底平反。截至三月底，全省共清理出因劉少奇冤案受牽連而判刑的案件二千九百三十二件，涉及三千二百零二人；平反糾正二千一百七十四件，占應該平反總數的七四%。

可是此時的北京，關於是否應該為劉少奇平反的爭論依然在進行。一九八〇年二月二十三日至二十九日，中共十一屆五中全會在北京舉行。全會在對劉少奇案的複查進行討論時，有人提出如果要為劉少奇平反，就要公開承認黨和毛澤東在「文革」中犯有嚴重錯誤，這樣就可能會引起社會思想的混亂。對此胡耀邦指出：我們黨是一個實事求是、有錯必糾、嚴肅認真、光明磊落的馬克思主義革命政黨，我們要恢復黨的優良傳統，要恢復毛澤東思想的本來面目，就不是一句空洞的口號，而必須貫徹在黨的全部實際活動中。為劉少奇平反，以及為一系列冤假錯案一一平反，正是為了使黨和人民永遠記取這個沉痛的教訓，使這類錯誤永遠不致重演。414

經過討論，全會最終通過〈關於為劉少奇同志平反的決議〉，決定：（一）撤銷八屆十二中全會的決議和相應的文件，恢復劉少奇的名譽；（二）適時舉行追悼會；（三）對因劉少奇受株連的人和事，進行複查，凡屬冤假錯案一律予以平反。

二月二十九日晚，當五中全會公報和為劉少奇平反的決議向全國播出時，劉少奇的夫人

414《胡耀邦傳》（徵求意見稿）第二卷。

王光美帶著她的孩子們百感交集。而遠在重慶那個因為「為劉少奇翻案」而被定為死罪的方運孚的家屬，心情也是一樣。

五月十七日下午，劉少奇追悼大會在北京人民大會堂隆重舉行，作為中共中央政治局常委、中共中央總書記的胡耀邦參加了追悼會。鄧小平代表中央致悼詞，正式宣布：黨中央經過周密的調查研究，根據確鑿的證據，在黨的十一屆五中全會上，徹底推倒了強加在劉少奇同志身上的種種罪名，鄭重地為他平反昭雪，恢復名譽。與此同時，上述五中全會通過胡耀邦主持起草的〈關於黨內政治生活的若干準則〉，特別強調：建國以來的冤案、假案、錯案，不管是哪一級組織、哪一個領導人定的和批的，都要實事求是地糾正過來，一切不實之詞必須推倒。這條規定即是胡耀邦提出的著名的平反冤假錯案的「兩個不管」原則。

在此期間，重慶市委常委專門開會作了研究，法院按趙紫陽指示精神對方運孚重新作出了平反昭雪的結論。一九八三年，經中華人民共和國民政部批准，追認方運孚為烈士。

據最高人民法院一九八〇年九月的統計數字，因劉少奇冤案受株連被錯判的案件多達二萬二千五十三件，涉及二．八萬多人。重慶的方運孚，只是其中之一。

為李井泉擦屁股[415]

一九四九年以來，主政四川的一把手有兩個赫赫有名的人物，一個是李井泉，從一九四

415 本章主要參考資料：林雪採訪廖伯康〈我向中央說實情〉。

九年末到「文革」剛剛開始的一九六六年被打倒，主政四川十七年[416]；一個是趙紫陽，從「文革」結束前夕的一九七五年十月到一九八〇年二月去北京高層，主政四川四年四個月。

四川人說起李井泉和趙紫陽，簡直是冰火兩重天。一個霸道，一個謙和；一個唯上，一個為老百姓；一個大帽子滿天飛，一個實事求是；一個耀武揚威，享樂奢華，一個輕車簡從，絕不勞民傷財……最要命是李井泉以整人為樂，製造了大量駭人聽聞的冤假錯案，趙紫陽卻是處處為人著想，救人於水火之中……在「文革」後的「撥亂反正」中，趙紫陽花了很大的精力，去為李井泉擦屁股。

大饑荒時期，李井泉的惡劣作風在四川幹部中引起了極大的憤慨，不斷有人向中央「告御狀」，接下來不斷遭到報復。其中有個案子特別突出：「蕭李廖反黨集團」案。

「蕭李廖」是三個人：蕭澤寬（時任重慶市委常委、市委組織部長）；李子舟（重慶市委候補委員、兼辦公廳主任）；廖伯康（共青團重慶市委書記，兼辦公廳主任）。他們之所以成為「案件」的主角，是因為向中央反映了李井泉的問題。

一九六二年中央七千人大會後，重慶市的很多幹部議論紛紛，認為身為四川省委第一書記的李井泉，沒有向中央反映四川大量餓死人的真實情況和原因。於是市團委副書記於克書給毛澤東寫了一封信，由人祕密帶到武漢寄出。之後廖伯康利用上京開會的機會，向當時的團中央書記胡耀邦、中央辦公廳主任楊尚昆作了彙報。楊尚昆說：「我們知道四川死人的情況

416　一九五三年前四川分為川東、川南、川西、川北五個省級區域，李井泉主政川西。後來四川統一行政規畫，李井泉一直為四川一把手。

嚴重，但詳情如何，得不到證實。我們要四川報，四川始終未報。我們找民政部問，四川情況如此嚴重，你們是管救濟的，那裡究竟死了多少人？民政部說是四百萬，實際上他們是通過四川省民政廳報的，中央不相信。然後又找公安部，公安部是管戶口的，那時的糧票、布票、油票、肥皂、火柴等一切生活用品都同戶口掛鉤，死一個人就抹掉一個人，這個數字應該準確啊！公安部查的結果，當然也是通過四川省公安廳，說是八百萬。中央依然不相信，但究竟死了多少人，中央不清楚。你說說，四川究竟死了多少人？」

廖伯康舉起一個指頭，說：「死了一千萬。」

「一千萬？你這個數字是怎麼來的？」

「是從省委正式檔上來的。」

「全國縣以上的檔都要送中央辦公廳，為什麼我不知道？」

廖伯康說：「我看文件和你看文件不一樣，你看文件是備查，我看檔是要貫徹執行，所以我要研究檔。一九六二年五月，省委批轉《省委行政機關編制小組關於全省國家機關、黨派、人民團體精簡工作的意見（草案）》，規定各市、地、州要分別按照城鄉人口的比例定編。這個文件本來很簡單，但後面附有一個各個地區的人口數字及各地幹部定編數。我一看，一九六〇年底的四川人口總數是六千二百三十六萬，而國家統計局中國人口統計年鑑上一九五七年的四川人口是七千二百一十五．七萬，兩數相減正好約為一千萬。這只是從文件上推算出的數字，實際上恐怕不止。」

「為什麼？」

廖伯康說：從一九五七年到一九六〇年還有人口的自然增長數沒有包括進來，這還只是到一九六〇年的數字，從一九六一年到一九六二年上半年，全國形勢都好轉了，四川卻還在餓死人。一九六一年底，江北縣還有人餓死；涪陵地區先後餓死了三百五十萬；一九六二年三月省委傳達七千人大會的時候，雅安地區滎經縣委書記說他那個縣的人餓死了一半，前任縣委書記姚青到任不到半年，就因為全縣餓死人太多被捕判刑。可是這些情況別說中央，就連四川的幹部們也不完全知道。雅安地委宣傳部副部長劉恩，早在一九五九年就到滎經調查餓死人的情況，並寫成報告上報，結果被打成「三反分子」。根據這些情況估計，四川餓死的人，起碼比我推算的還要多出二百五十萬！但我正式反映只說死了一千萬。

尚昆聽到這裡，一拍大腿說：「就是你這個數字！」說著吩咐祕書將書記處小會議室裡的一個保密櫃打開，從裡面拿出一個折疊賬本式本子，打開看了一下，又說了一句：「就是你這個數字！」

廖伯康接下來談了問題的根源所在：四川主要的問題是沒有認真貫徹執行中央「糾偏」的有關政策。比如一九五九年六月中央下發〈關於社員私養家禽、家畜、自留地等四個問題的指示〉，指出大集體中的小私有，在一個長時間內是必要的，有利於生產的發展，也有利於人民生活的安排。而李井泉卻把這個檔扣下來了，不准下發。致使老百姓的「救命地」長拖不決，無法自救；從一九五九年起毛澤東意識到「浮誇風」問題，多次提出不得在農民中反瞞產私分，後來中央又就此問題專門發文，可謂三令五申，但一直到一九六一年上半年，四川還在各地大搞反瞞產私分，抄家抓人；李井泉還一貫主觀臆斷，搞瞎指揮。他在全省搞畝產萬斤的「萬斤畝」運動，這明明是假的，也不准人懷疑，哪個懷疑哪個挨整，而且蠻橫地說我就不相信搞不出來，我搞不出來，我的兒子也要把它搞出來；四川餓死這麼多人，李井泉的對策卻是向中央封鎖消息，不准談餓死人的情況，誰要談，就是小資產階級動搖性和軟弱性的表現。一九五八年四川人均占有糧食六百三十多斤（包括種子、飼料和工業用糧）。到了一九六一年，這個數字下降到三百七十三斤。三年之內下降了將近一半！情況已經如此嚴峻，李井泉還是繼續欺上瞞下，硬繃面子，狠心克扣群眾的口糧。四川城市居民每月口糧是二十一斤，幹部只有十九斤，有的地方甚至只有十七斤。農村社員每天的口糧由公共食堂控制，一般是老秤（十六兩為一斤）的四至五兩原糧（即穀子），打出米來只有老秤的二到三兩，折合新秤只有一到二兩米，城裡居民每月供應二兩肉和糕點，農民根本就沒有。這麼低的標準，有的地方還不落實，只有空指標沒有糧食。一九六〇年七月一日，省委突然一道命令宣布糧票作廢，把老百姓苦苦積攢下的四千八百萬斤糧食化為烏有，使得老百姓失去了最後的自救能力，這種作法在全國也是絕無僅有。此外，上調的糧食裡面還有一部分是寶成鐵路修成前邊遠地區運不出來的死角糧，是從萬縣等地調了一批民工用人力去背出來的，而那些地方的人民更加貧困。這樣搞怎麼可能不餓死人！

最後中央採納了廖伯康的建議，直接指派十七名四川籍的副部級幹部借休假的名義去四川調研，其結果不但證實了廖伯康等人的反映，很多人四川幹部還要求將李井泉調出四川，派胡耀邦來川主政。

這十七名幹部回到北京後將調查報告交到了中組部。毛澤東的祕書田家英對這次調查也很關注，看過所有的材料後，送請少奇同志看後再轉毛主席。可是天有不測之風雲。一九六二年八月，七千人大會結束還不到八個月，毛澤東在中央北戴河工作會議上就提出階級、形勢、矛盾問題，這個題目隨後成了九月在北京召開的八屆十中全會的主要議題。毛澤東將當時黨內外一些幹部群眾要求糾正「大躍進」、人民公社化和「反右傾」鬥爭擴大化錯誤看作是「階級鬥爭的反映」，「右傾機會主義即修正主義的表現」，是「黑暗風」、「單幹風」、「翻案風」……還說近年來刮「平反風」是不對的；一九五九年的「反右傾」不能一風吹。在這樣的形勢下，上述所有調查報告一下子沒有了音信。

李井泉通過關係不錯的賀龍看到了於克書給毛主席寫的信，還了解到有人向中央反映過四川的情況，一旦風向逆轉，就開始了大範圍追查，所有平時對李井泉「不恭」的人都受到懷疑，所有與此事有關的人統統落入「天網」，大量的「反黨言行」被揭發出來，最後都集中到了時任重慶市委常委、組織部長蕭澤寬，時任中共重慶市委候補委員、副祕書長兼辦公廳主任李子舟和廖伯康身上，揪出了一個所謂的「蕭李廖反黨集團」。而強烈要求將李井泉調走的重慶副市長鄧墾之所以逃脫，是因為他的哥哥鄧小平打了招呼，最後平調到武漢，當了個副市長。

中央有關部門得知後，通過很多途徑給李井泉打招呼，甚至說你要再查就查到中央頭上了，可他毫不理睬，繼續狠批猛鬥。中央也沒有辦法，只好打算把幾個人調離四川。蕭澤寬被中組部調到了中僑辦，當了個政治部主任。中聯部部長李初梨準備把李子舟調到他那裡去，已經擔任高教部政治部主任的曾德林也準備把廖伯康調到自己手下，算是「惹不起躲得起」。可是當中聯部來調李子舟的時候，李井泉說李子舟是我們準備開除黨籍的人，你們怎麼還要他？弄得中聯部只好作罷，而廖伯康的調動，更是無從說起了。最後，廖伯康被「留黨察看兩年，撤銷黨內外一切職務」，下放到建築工地勞動；李子舟被撤銷黨內外一切職務，下放到一個機磚廠當廠長。重慶團市委的五個副書記被撤了四個。於克書等人被免除職務，調往基層。四川受到此案牽連的幹部達七十多人。

趙紫陽入川主政之後，對於幹部群眾反映激烈的大饑荒時期死人數字做過祕密調查。他把這個任務交給了省委辦公廳第一祕書處副處長何鑑章。何鑑章為了弄到真實情況，就跟原來李井泉祕書班子裡的副祕書長賈光厚套近乎。這個人比較老實，何鑑章問他：「老賈，你跟我說老實話，大躍進我們（四川）死了多少人？」他說：「說實話，據我們實際統計出來的人是一千多萬。後來向中央彙報的時候，李（井泉）政委[417]說打五折，給中央報的是五百萬。」[418]

所以趙紫陽對於所謂的「蕭李廖反黨集團」是心中有數的。他與李止舟接觸之後，認為李止舟有見解有眼光，點名調他任省旅遊局局長。一九七八年三月，中央召開科學大會，趙紫陽會後找到時任中央組織部長的胡耀邦，說四川剛剛成立了中國科學院成都分院，要他支持搞科技的幹部。胡耀邦不知道廖伯康具體學的是什麼專業，但是知道他是解放前的大學生，就對趙紫陽說，四川有的是人才，廖伯康搞科技就很好！於是省委分管科研工作的書記楊超讓省委組織部發函到重慶，於一九七八年六月把正在重慶修長江大橋的廖伯康調到了成都，任命為剛剛成立的中科院成都分院副院長。

此時正值曾經在重慶工作過的魯大東任四川省省長。廖伯康認為：魯大東這個人，本質上是個好人，他沒主動整過人。他最大的優點和最大的缺點，都是組織紀律性強，很「唯上」。「文革」剛剛過去，理論上的問題都還沒有澄清，他對「蕭李廖」的成見還未消除，仍然認為

417 因為李井泉兼任成都軍區政委，所以很多人稱之為李政委。
418 蔡文彬採訪何鑑章。

他們是「有問題」的人。聽說廖伯康來了成都，魯大東就問楊超：是誰把廖伯康調來的？楊超回答說是兩個「一把手」——中央組織部的一把手胡耀邦，四川省委的一把手趙紫陽。

魯大東聽了不再說什麼，卻壓下了廖伯康的任職通知，以至於廖伯康上了半年的班，還是個「不明身分」的人。後來趙紫陽到科分院來，問院長劉允中：廖伯康工作得怎麼樣？劉允中說我們這裡只說他是祕書長，可即使是當祕書長，也沒下文發通知啊！趙紫陽一聽就發火了：本來定的是副院長，怎麼成祕書長了？定了都半年了，為什麼通知都不發？後來又補發了一個廖伯康任副院長的通知。

一九八二年，重慶市委為「蕭李廖反黨集團」徹底平反。一九八三年初中央調廖伯康任成都市委書記，兩周後又通知他：中共中央和國務院決定在重慶進行一項重大改革，由國務院總理趙紫陽委託國務委員、體改委副主任薄一波坐鎮重慶全面負責，已經決定你調任重慶市常務副市長，立即到任。

廖伯康很快升為重慶市委書記，在後面將要提到的「重慶計畫單列始末」中的那場改革中大展身手。而這場大改革自始至終，趙紫陽都是指揮者。

解放「欽定右派」流沙河

有數據稱：一九五七年的「反右運動」中，全國的「右派分子」人數是五十五萬多人，占知識分子總數的十一％，而四川被打成「右派分子」人數是五萬餘人，另外還有六萬多人被打成「中右分子」。因為四川的知識分子占總人口比例低於全國，「右派分子」的人數比例就遠高於全國。

這其中就有一位被毛澤東欽點的大右派：流沙河。

流沙河，原名余勳坦，一九三一年出生於四川省成都市的一個小地主家庭，一九五三年加入中國新民主主義青年團，不久調入四川省文聯。一九五六年，開始走紅的青年流沙河進了中國作家協會文學講習所（第三期）學習，在回程的火車上以白楊、藤、仙人掌、梅、毒菌為賦，寫成了五首寓言式的散文小詩，並將組詩總題冠以〈草木篇〉，後來發表在一九五七年一月一日的詩歌刊物《星星詩刊》創刊號上。

流沙河這樣的小人物完全沒有料到的是：這組花草寓言詩歌，居然被最高領袖毛澤東看中，接下來二十五歲的流沙河便成為四川唯一的「欽定右派」，帽子一戴就是二十年。毛澤東的重要依據，是流沙河的父親在土改中被槍斃，對共產黨有「殺父之仇」。

因為前期毛澤東表態：四川文學界對〈草木篇〉的批判「太粗暴」，導致在「大鳴大放」中很多人為流沙河鳴不平，所以此案還牽連到一大批人。比如曾經做過毛澤東夫人江青老師的四川大學教授張默生，認為從《詩經》起就有「詩無達詁」的說法，一首詩可以有多種解釋，你們怎麼能說〈草木篇〉就是反革命詩呢？成都市副市長、老作家李劼人[419]對川報記者說：〈草木篇〉算啥？中國文人都要寫這類托物言志的詩，把花花草草拿來寫。現在你們報紙上這麼多人在批，硬把一個小青年當成一回事情在那裡圍剿，真是時無英雄，使豎子成名！讓流沙河做個檢討，然後這事就過了！川大教授林如稷來文聯開會，大發牢騷：你們關起門來整人，

419 李劼人（一八九一～一九六二）成都人。著名學者、作家、翻譯家。曾任成都市副市長。

整出問題了才把我們這些委員找來，當初為什麼先不來徵求一下我們的意見？現在毛主席說了你們的批判粗暴，喊你們停了，弄出問題了，才想起來找我們拿主意！上海《新民報》主編趙超構在上海市委宣傳工作會議上談到四川對〈草木篇〉的批判時說：從《文匯報》上看到四川在批判中有亂扣帽子和人身攻擊的現象，要求上海市委把這個意見反映到中央去。華東師範大學周煦良教授曾在《文匯報》上發表〈從「草木篇」說起〉的文章，強調「見怪不怪，其怪自敗」，認為任何諷刺都應允許。在〈草木篇〉受到批判以後，安徽《江淮文學》副主編石青還說：流沙河挨了批評，我們支持他，別人不要他的稿子，我們要去向他約稿！

上述這些人在後來的「反右」鬥爭大多受到牽連。流沙河所在的《星星詩刊》編輯部所有成員全部被打成右派，而且由此衍生出三個「反革命集團」：「四川文藝界二十四人反黨小集團」，「七人反黨小集團」，還有一個是「反動的裴多菲俱樂部」。連常到他家裡來的中學生，全部被劃進「有嚴重政治問題」的範圍。其中有個叫魏明倫的，當時只有十四歲，化名給文匯報寫了一封信聲援流沙河，後來清查筆跡查到他頭上，由於太小沒有資格戴右派帽子，但是給他的檔案裡「杵了一個污點」。若干年後這個魏明倫成了人稱「鬼才」的大作家；還有一個叫周克芹的學生，遭學校開除也是與〈草木篇〉有關，被弄回老家，幸好他老家把他的檔案材料擱在鄉政府再沒有打開過。後來這位周克芹拿了中國文學的最高獎項茅盾文學獎，還當上了四川省文聯的一把手。平反之後，流沙河常常去全國各地出差，到任何一個地方哪怕是鄉下都有人來找到他，說五七年你那個〈草木篇〉也牽涉到我，我當右派有一條罪狀就是支持右派分子流沙河向黨瘋狂進攻。還有人告訴他誰誰誰被整死了，誰誰誰被判刑了，坐牢了，槍斃了……流沙河聽說因為他的那幾首小詩而受到牽連的，高達約三萬人。後來中央給劉少奇平了反，據最高人民法院一九八〇年九月的統計數字，因劉少奇冤案受株連被錯判的案件多達二萬二千五十三件，涉及二．八萬多人。沒有想到一個小小的流沙河，牽連別人的數字居然與共和國主席的大案差不多。

儘管晚年的流沙河認為二十五歲寫的〈草木篇〉實在不怎麼樣，可是酷愛詩詞的毛澤東，好像一直都沒有忘記他寫的那幾首小詩。晚年流沙河看到電視節目裡中國作協書記處書記張光年的回憶說：五〇年代末毛主席對他們中國作協的幾個領導說過：〈草木篇〉哪首不好就批哪首嘛，怎麼能一鍋煮呢？其中有兩首就好嘛。說著還背誦了其中兩首，說這兩首就可以嘛。還有一次是流沙河已經被平反，同樣被打為右派的作家劉紹棠來找他說：老兄，一九六二年夏天，毛主席曾經說到過我們兩個，你知道嗎？毛主席當時在北戴河游泳，突然想起喊毛遠新來，讓毛遠新下水游泳。毛遠新說不會遊。毛主席說，游不來水你下來學，吃兩口水自然就會了。你看人家劉紹棠也是游不來水呀，吃了兩口水，後來人家就學會游泳了[420]。只有那個流沙河才沉到海底下去了。

這些話讓浩劫之後的流沙河一直感到莫名其妙，怎麼聽都有點貓戲老鼠的味道。不過一段近期披露的史實可能會對這個問題有點另外的詮釋。二〇一三年，《墓碑》的作者楊繼繩在獲得美國曼哈頓研究所頒發的「哈耶克獎」之後，接受了《東方歷史評論》記者韓福東的採訪。期間韓福東提到史景遷[421]的一個觀點：一九五六年，毛澤東、周恩來、陳雲、鄧小平、林彪等

420 據一九七八年中共中央十一號檔稱：遵照毛主席指示，從一九五九年到一九六四年，先後五批摘掉約三十餘萬右派分子的帽子。劉紹棠就屬於其中之一。

421 美國當代著名中國歷史研究專家，以研究歷史人物見長。

傾向放鬆對知識分子的管控，而劉少奇、朱德、彭真、彭德懷等人則態度強硬，甚至因為彭真把控了北京的媒體，毛澤東呼籲「百家爭鳴」的講話也未能見諸報端。後來國際上波蘭、匈牙利和國內西藏事件發生，黨外批評升級，國內強硬派抬頭，毛澤東才轉向強硬派。

這個說法在趙紫陽那裡得到了印證。趙紫陽下台之後，曾經對好友李普的女兒李欲曉[422]說：

「陽謀」之說，是毛澤東後來的「托詞」。他是真心希望建設一個光明的中國，他搞百花齊放百家爭鳴，也被蘇聯說成是搞修正主義。（可是）社會上啊民主人士啊原來都說共產黨的好話，一讓提意見，各種意見鋪天蓋地，有的很尖銳，大大出乎他的預料。那時候我在廣東管農業，（被）座談會上一些人指著鼻子罵，真受不了啊。後來接到中央來電，說要「硬著頭皮頂住」，鄧小平也來廣東作報告，說放長線釣大魚，那就是準備打右派了。對當時的大鳴大放，各級幹部都有意見，後來反右派，民主人士說是「陰謀」，毛澤東就說是「陽謀」，是回擊黨外人士，也是對各級幹部的一種交代。[423]

趙紫陽說的「各級幹部」，顯然包括史景遷說的那些中央級「強硬派」，如此看來，「反右」顯然是毛澤東對這些強硬派的一種妥協，他後來說的「陽謀」也好「引蛇出洞」也好，都不過是掩飾他的妥協和轉向。這樣就能夠從另外的角度，解釋毛澤東在不同場合對於流沙河的那些說法。

一九七七年底，「文革」結束還不到一年，關於「真理標準大討論」還沒有展開，毛澤東

422《中國婦女雜誌》記者。
423 李欲曉〈叩訪富強胡同六號〉。

聲望依然在迴光返照，整個中國從理論到實踐都在徘徊之中。十二月十五日，胡耀邦就任中共中央組織部長，到任即過問「右派」問題。但是平反的阻力實在是太大了。到一九七八年四月四日，中共中央統戰部和公安部兩部連署，上報〈關於全部摘掉右派分子帽子的請示報告〉，第二天即獲批准，這就是中發〔一九七八〕十一號檔，檔下發到中共縣以上黨委。

這個報告是在「兩個凡是」的氣氛下形成的，帶著嚴重的歷史傷痕。它首先肯定「一九五七年毛主席親自發動的粉碎資產階級右派倡狂進攻的鬥爭，是一次政治戰線和思想戰線上偉大的社會主義革命。」現在之所以要全部「摘帽」，是因為這些「右派」已經改造好了：「這是毛主席、黨中央改造右派政策的勝利。」文件稱：「……右派分子中的上層分子，絕大多數都已摘掉右派帽子，尚未摘帽子的，主要是原中下層幹部、中小學教員和一部分大學生。他們多數都在農村、街道或勞教場所勞動，有的被管制。」這個檔雖然提出要全部摘掉右派分子帽子，但又重申了一九六二年的規定：「對右派分子一般不搞甄別平反，只有個別完全搞錯了的，即完全沒有右派言論和行動的人，才實事求是予以更正。」本來上報的報告中還有一句「絕不允許右派分子翻案」。時任中共中央主席華國鋒主持討論時，刪去了這句話。

檔在四川省傳達的時候，由省委祕書長杜心源主持。當時下面就有人發問：右派分子全部都要摘帽嗎？杜心源說看來文件是這個意思。那人又問：省文聯的流沙河也要摘帽嗎？杜心源說你好好看看文件，上面有沒有括弧——流沙河除外？下面哄笑，說當然沒有。杜心源說既然沒有，就按照檔辦嘛，問我做什麼！

陽光終於照耀到了海底的流沙河：一九七八年底他摘掉戴了二十年的右派帽子，但是他不能回到當初工作的四川省文聯。省文聯官方的理由，第一是中央十一號檔中的第五條說：

被遣送到農村的右派分子，摘掉其右派帽子以後，一般不再返回城市。你流沙河到現在才摘帽子，顯然屬於「一般」。第二，十一號檔中的第八條說：對右派分子一般不搞甄別平反。你雖然摘了帽子，但是錯誤的性質沒有變。

於是摘帽後的流沙河就留在家鄉金堂縣文化館當了個館員。工資以重新參加工作的標準算起，每月四十五元錢。

由於十一號文件遮遮掩掩，不肯認錯，「右派」問題並沒有就此打住。一九七八年五月，經中共中央批准，中央五部（中組部、中宣部、中央統戰部、公安部、民政部）都指派副部長聯合成立了摘帽工作領導小組，下設相應的辦事機構「摘帽辦」。六月十四日至二十二日，五部在山東煙台召開了關於全部摘掉右派分子帽子的工作會議，討論制定貫徹「十一號檔」的〈實施方案〉。此時關於「真理標準大討論」已經拉開了帷幕，反映在「右派平反」的問題上，兩派爭論激烈。會上以公安部副部長淩雲為代表，不主張再搞右派的甄別平反。而中組部副部長楊士傑引述胡耀邦的講話說：再不能通過我們的手去製造新冤假錯案，也不能因為我們的疏漏，使歷史上的冤假錯案長期不得解決，主張堅持實事求是的原則，錯多少改多少，全錯的就全部改正。

話音剛落，全場響起熱烈掌聲。

煙台會議沒有爭出結果，在胡耀邦提議下，會議於一九七八年九月在北京民族文化宮八樓繼續舉行。五個部的部長除中組部的胡耀邦因公請假由副部長楊士傑代表外，全部出席。在當時「真理標準大討論」的氣氛下，對右派分子的摘帽問題上下都沒有阻力，但對平反問題卻疑慮不少，他們最擔心的是「如果五十多萬右派都改正了，全黨會不會亂了套？」、「全都改了，會不會否定反右鬥爭？」可是爭論到最後，部長們都結合本部門實際情況，發言支持胡耀邦、楊士傑的觀點，認為右派問題必須實事求是地解決。會議決定，立即以五部名義補充修改〈實施方案〉，增加了「關於改正問題」一節，規定了「不應劃為右派而劃錯了的，應實事求是地予以改正」、「恢復政治名譽」、「恢復原來的工資待遇」、「生活困難的給予補助」；「原是共產黨員，沒有發現新的重大問題的人，應予恢復黨籍」；「原是共青團員的，應撤銷開除團籍處分」等極為重要的內容。這個修改方案即〈貫徹中央關於全部摘掉右派分子帽子決定的實施方案〉，中央於一九七八年九月十七日以當年「五五號檔」向全黨轉發了這個方案。

一個被禁錮了二十多年的鐵案終於打開，緊接著在胡耀邦的直接統籌建議下，《新華社》、《人民日報》先後發布了消息，配發社論和評論員文章；隨後公安部、中央黨校和最高人民法院等單位錯劃「右派」被全部改正的消息見諸報端，全國迅速形成一股改正「右派」的強旋風。可是令人不安的是：有關調查的數字也在迅速擴大。關於右派的總數，反右結束時說是全國劃定了右派三十萬，一九五八年十二月統計時為四十三萬三百零五人，一九六一年說是四十五萬，到一九七八年四月「十一號檔」下達時，仍說是四十五萬。可是隨著給右派分子落實政策、安排工作，需要申領「勞動指標」（戶口、糧油等關係）等工作的開展，各地各部門向「摘帽辦」報送數字經過核實匯總後[424]表明，全國右派人數為五十五萬三千四百三十四人，占當時全國幹部總數的五．七％。另有其他如「中右分子」二十一．六萬人、「反社會主義分子」十九萬人，各地名目不同的「地方主義分子」、「民族主義分子」、「階級異己分子」、「壞分子」、「孬

424 一九八一年六月報送中共中央的〈關於處理反右派鬥爭遺留問題工作的總結報告〉。

分子」若干萬人……簡直令人瞠目結舌。

有人有點慌了：「這怎麼辦？太多了！」

胡耀邦說：「當年猛抓『右派』的時候怎麼不嫌多？」

又有人說：「有些人是毛主席點了名的。」

胡耀邦說：「毛主席說錯了的也得平反，不然咋叫實事求是？」

此話對於流沙河和很多大右派，尤其關鍵。

這就是「五五號（檔）解救五五萬人」的說法由來。[425] 其實解放的何止五五萬右派，這一次大解救，使包括家屬子女在內的數百萬人脫離了苦海。

四川有關平反事宜，在趙紫陽的推動下穩步進行。

三月十七日，四川省委發出〈關於落實政策工作中應注意的幾個問題的通知〉。其中指出：落實黨的政策要有領導、有計畫、有步驟地進行。當前主要應抓緊解決「文化大革命」以來的冤、假、錯案，改正錯劃右派和落實農村基層幹部的政策，其他問題逐步解決。六月十九日，中共中央將這一〈通知〉批轉全國各地參照執行。

可是事情的發展並不都能夠按照「計畫」在進行，尤其是牽連甚廣的流沙河案。當初受累諸君還有一些過往甚密的朋友故舊，上上下下一起搖旗吶喊。省委一些人頂著不辦，他們就給四川省第一書記趙紫陽和中央的胡耀邦寫信，聲震朝野。但是都沒有想到阻力這麼大。大

425 戴煌〈五五萬右派大平反〉、胡治安〈全國五五萬右派「摘帽」時的一波三折〉。

約是一九七九年六月前後，省裡召開政協會，會上有委員發言，說省文聯的流沙河的「右派」問題為什麼還沒有給人家「解決」？省文聯黨組書記黎本初在這個會上作答，說流沙河還有三個反革命集團的問題懸而未決，現在還不考慮。大概一個月之後，流沙河的哥哥從成都騎著自行車跑了八九十里路，滿面紅光趕到金堂縣文化館來，說弟娃啊，省文聯的書記黎本初找到我，說只要你的老弟寫個檢討，認個錯，你的問題就能夠解決了。流沙河氣不打一處來，說我的事情哥哥你就別管了，告訴那個黎本初，我不得給哪個寫檢討，我不回去了，我在這裡工作得尚好。哥哥被當頭澆了一盆冷水，覺得這個兄弟都二十年了還沒有汲取教訓。人家黎本初多謙和的一個人，主動來關心你，你還這麼不進油鹽！

很快就到九月中下旬，流沙河案中的「同案犯」——前《星星詩刊》主編白航帶來了口信，告訴流沙河省委七五號檔已經下達。四川省委在檔中正式宣布：對一九五七年反右派鬥爭中錯誤處理的〈草木篇〉、《星星詩刊》、「四川省文藝界反革命小集團」和「反動組織裴多菲俱樂部」等問題，予以平反。《星星詩刊》要復刊，流沙河要調回省文聯，依然做編輯。流沙河回到《星星詩刊》之後，省委宣傳部還讓他去詳細看了七五號文件，整整三頁紙，有紅頭。

後來流沙河才知道，七五號檔產生的整個過程，他的「同案犯」白航功不可沒。

白航和流沙河不同，是個老革命。一九四五年進入晉察冀解放區參加革命工作，一九四六年到張家口華北聯大文學系學習，此時認識了他的老師嚴辰——嚴辰後來在北京《詩刊》任主編。大約是一九七八年春天，剛摘掉「右派」帽子的白航就自己的平反問題，去北京《詩刊》編輯部找到老師嚴辰。嚴辰告訴白航說，你趕快寫一個關於《星星詩刊》的材料，我去想辦法，還說你的問題跟流沙河是連在一起的，都要寫進去。白航回來就寫了一萬多字，在這一年的夏天趕到北京交給嚴辰。嚴辰拿著材料去找到陶鑄的女兒陶斯亮，委託她交給趙紫陽。此時趙紫陽由於在四川農業改革的成功，正在北京參與《中共中央關於加快農業發展若干問題的決定（草案）》的修改工作（這個《決議》將在九月二十八日召開的十一屆四中全會上通過），陶斯亮得以當面把白航的材料交給了他。這個材料到底是哪一天交的，趙紫陽對此都說了什麼，以後又是怎麼做的……期間的詳細的過程流沙河都不知道，可是顯然它成為了日後形成四川省委七五號檔的主要依據之一。實際上在這個檔的操作過程中，四川對於「流沙河案」平反阻力的確很大，宣傳文教部門許多負責人都不同意：即使是五五號檔，也明確「反右」不過是「擴大化」了，總歸還有幾個人就是名副其實的右派嘛。趙紫陽頂住各方面的壓力，專為流沙河和《星星詩刊》平反作過兩次批示，杜心源為此兩次召開宣傳部部務會，傳達趙紫陽的指示：這不僅是流沙河個人的問題，因為還牽連很多人，如四川大學中文系主任、著名教授張默生就是其中之一：一句「詩無達詁」，轉眼之間成了大右派。不平反會失去人心。[426]

在趙紫陽強硬的態度下，才有了四川省委於九月十五日公布的七五號檔。

兩三年以後，流沙河去北京開會，陶斯亮恰好坐在他的後面。流沙河起立，轉過身去，給她深深地鞠了一躬。他沒有說自己是誰，只是感謝她。

流沙河也感謝為他的平反作過許多努力的杜心源，還感謝葉石[427]，感謝山西作家西戎……

426 林雪採訪盧子貴。

427 葉石（一九一三～一九九八），山西人，一九四〇年畢業於延安魯迅藝術學院，一九五七年被打成右派前任成都市副市長兼宣傳部長。一九七九年平反後任四川省文聯黨組副書記，副主席，省作協副主席，作協分黨組書記等職。

當然了，在整個過程中，還有很多流沙河所不知道的人參與其中，才使得這個牽連人數略等於國家主席劉少奇的大案，最終得以平反。流沙河對他們都報以誠摯的謝意。

可是流沙河從來沒有見過趙紫陽，也沒有能夠當面向他致謝，內心懷著深深的感激和歉疚之情。若干年後，崇拜毛澤東風潮又起，上面約請了一大批文學家抄寫毛澤東〈在延安文藝座談會上的講話〉一文，其中也包括學問和書法都已經大有名氣的流沙河。流沙河當即拒絕。他對人說趙紫陽對我有恩，如果是抄寫他的文章，我就願意。

此時趙紫陽，在被幽禁十六年之後已經乘鶴西去，而他的名字，一直都是官方的禁忌。[428]「方運孚案件」逆轉記[429]。

428 本章主要參考資料：林雪採訪流沙河〈感謝趙紫陽為我平反〉。
429 本章主要參考資料：何蜀〈由趙紫陽指示平反昭雪的方運孚烈士〉、秦明〈劉少奇冤案：曲折的平反之路〉。

第七部分

農業翻身

第十七章 讓四川人民吃飽飯

如果把時間推移到七〇年代末，人們可以看到一九四九年之後的三十年來，四川農村經濟發展的座標圖上出現了兩個大的「馬鞍型」，其谷底分別定格在一九六一年和一九七六年。一九五五年，四川全省糧食總產量達到一百九十六・〇五億公斤，比一九五二年增加三十一・八億公斤，增長十九・四%；農民人均純收入為五十七・六六元，比一九五二年增加十二・〇一元，增長二十三・六%。那時，幹部進入農民家，迎面就是一碗荷包蛋，中午還吃老臘肉。但隨之而來的加速實現高級農業合作化和一哄而起的人民公社化，對農村生產力造成了極大的破壞，一九六一年全省糧食和一些主要經濟作物的產量，均低於一九四九年的水準。四川成為全國重災區，餓死上千萬人，其中付出了巨大的犧牲的就是農民。430

六〇年代前半期，全國開始糾正農村工作中的「左」傾錯誤。從一九六〇年十月三日中央〈關於農村人民公社當前政策問題的緊急指示信〉，到一九六二年九月二十七日黨的八屆十中全會通過的《農村人民公社工作條例修正草案》（以下簡稱《六十條》），使農村生產關係改變了之前的一平（平均主義）、二調（無償調撥），定格在人民公社三級所有、隊為基礎、以生

430 林雪採訪廖伯康〈我向中央說實情〉。

產隊為基本核算單位的體制上。農村調減了徵購任務，給社員劃了自留地，允許社員飼養家禽家畜，發展家庭副業，恢復集市貿易，給了生產隊生產管理和分配的自主權……農民才得以從「大饑荒」的絕境中掙紮出來，農業生產得到了較快的恢復和發展。

但是接踵而來的文化大革命十年動亂中，又在農村推行「左」傾政策。一是在所有制上推行「一併三收」，即並生產隊，收自留地、自留山、自留畜，推行以大隊為基本核算單位的管理體制，搞窮過渡。直到一九七六年，全省還有四個公社核算，二千五百四十八個大隊核算。二是「割資本主義尾巴」。取消家庭副業，限制甚至取消集市貿易。三是取消定額管理，推行大寨式評工記分辦法，以平均主義代替按勞分配。四是生產上的瞎指揮和強迫命令捲土重來，剝奪生產隊的自主權。這一系列「左」的作法，致使十年中四川的糧食產量四增三減三徘徊，到趙紫陽赴川的一九七五年，社員分得的口糧按混合糧（即稻穀、雜糧和薯類三折一）計算，由一九六五年的一百九十九公斤減少到一百九十公斤。全省半數以上的農戶處於半饑餓狀態。[431]

一九七一年，趙紫陽曾奉命去了苦難的內蒙，十個月之內就讓那裡的農牧民擺脫了饑餓。可是到了一九七六年，由於複雜的政治局勢，趙紫陽沒有能夠及時扭轉四川的頹勢，致使這一年成為四川農業的第二個「深谷」，不得不向中央要了救濟糧，給趙紫陽心理上留下了的陰影。一旦「文革」結束，他要做的第一件事情，就是要實現當年赴川的目的：讓四川人民吃飽飯。

一九七六年十二月，趙紫陽帶領四川地委書記、縣委書記到北京參加第二次農業學大寨會議。會議結束之後他提了個建議：我們四川的情況太嚴重了，現在全省的縣委書記都在這

431 王能典、楊忠好〈四川農民懷念紫陽〉。

裡，大家都來想想辦法，如何解決眼前的困難。老百姓沒飯吃，縣委書記都著急，於是大家決定先不回去，在北京人民大學附近的友誼賓館開了三天會。一九七七年三月，春節剛剛過去，趙紫陽根據北京會議的提議，召開了四川全省地、縣、公社三級幹部農業學大寨會，這次會議參會人數超過一萬人，當時不僅是四川，就是在全國範圍內也未聽說過這種規模的農業工作會議。趙紫陽在大會上報告的主旨，就是要求各級幹部要充分調動各個方面的積極性，千方百計把四川農業搞上去，爭取今年能夠增長四五十億斤糧食，解決吃飯問題，這才是四川大治的一個重要標誌。

三三得九不如二五一十

趙紫陽著手解決第一個困擾四川農業的大問題就是：強行推廣雙季稻。

儘管四川有「天府之國」的美稱，但是真正稱得上「天府」的，實際上就是成都平原。這裡由幾條江河的沖積而成，自古受都江堰水利之惠，土壤肥沃豐厚，亦無水旱之災，故有民諺曰：「溫（江）郫（縣）崇（州）新（繁）灌（縣），天干不怕旱」，其中位居榜首的溫江和郫縣，又有「金溫江銀郫縣」之稱，糧食生產水稻一直占大頭。但是這裡的氣候和土壤特點是「三低一少」：因為靠近西部的岷山雪山，灌溉也用從雪山上流下來的水，這裡水溫低、地溫低、氣溫低，加上成都特有的氣候特點陽光日照少，傳統的耕作制度都是水稻收割以後種一季小麥或油菜，老百姓叫做「兩季有餘，三季不足」，不足的時間裡讓土地空閒一下，以集聚地力。而四川北部和東北部，都是丘陵或者山地，旱災頻繁，很多時候種一季水稻都很困難。「文革」

期間，由於糧食不足，主管糧食生產的省長李大章心急火燎，號召種雙季稻，即早稻以後再種一季晚稻，晚稻收了後再種小麥。他想當然地認為三季一定比兩季的產量高：按照一季畝產五百斤計算，種兩季才一千斤，如果種三季則是一千五百斤。所以是「二五一十不如三五一十五」。一九七〇年，在成都近郊的郫縣晨光公社望叢四隊試種了兩畝雙季稻試驗田，結果一季早稻的畝產量五百四十來斤，晚稻三百來斤，總共加起來兩季收穫大約八百—九百斤之間，而當時四川普遍種植的中稻一季還不到六百斤，一算「雙季稻」一年每畝就可以多收二百多斤。到一九七五年，這個生產隊種了一百三十畝雙季稻，和只種一季的中稻比，每年的總產量在原來的基礎上多收三萬來斤。

關於雙季稻，趙紫陽很熟悉，在廣東、海南，湖南、甚至湖北都沒問題，四川的西昌和南邊的長江沿岸也沒有問題，那些地方的緯度低，氣溫高，很適合種植雙季稻，而且不影響種植第三季糧食。但是在川西壩子大面積這麼搞就不行。實際上郫縣這增產的三萬斤產量，是用人力硬拼出來的。政策方面的優惠比如肥料種子供應先不說，光是勞力的耗費就很驚人。雙季稻的第一季，要求在三月中旬就要插秧，而此時的四川很容易發生倒春寒，導致爛秧。第二季要求在七月二十號以前栽下去，此時正值盛夏三伏天，四十多歲的生產隊長蔡思成帶領社員們頭頂烈日在水田裡奮戰三十多天，每天只能夠睡三個鐘頭，所以老百姓說：雙季稻雙季稻，累得農民雙腳跳。就這樣累法，也會有相當一部分晚稻錯過了栽種時間，到八月份都快立秋了還在栽秧子。九月十五日之前（即白露節氣前後），田裡的平均溫度如果不到十八度，晚稻就揚不起花，結不起果，或穀米不飽滿，秕殼多，產量肯定上不去，拿老百姓的話說，就是「白露稻穗不低頭，秧苗割來喂老牛」。所以第二季的收成好的就兩三百斤，有時簡直就沒有收成。收了晚稻，馬上要排水種小麥，此時卻常常遇上綿綿秋雨，水排不乾，小麥也種不下去，即使種下去了，收成也不好。結果是三季都累，三季的收成都不高。況且兩季稻一季麥，田土沒有得到休養，愈種愈瘦，惡性循環。

四川地域遼闊，地質和氣候條件千差萬別，在肥沃溫潤的川西壩子種雙季稻都這麼吃力，更不說十年九旱的廣大丘陵和山區。可是在剛剛取得郫縣實驗資料的一九七二年，急於解決糧食問題的省長李大章就在廣漢召開會議，將「雙季稻」定為「路線稻」、「革命稻」，強行推廣，非種不可，農村到處都是「雙季稻是幸福稻」、「雙季稻是路線稻」、「雙季稻是革命稻」的大標語。可是這樣的命令同時也受到廣大農民和基層幹部的消極抵制，待到趙紫陽入川，矛盾已經很尖銳，不但川西北地方「雙季稻」已經成了眾矢之的，即使在雙季稻的實驗地溫江地區，幾個縣的書記都說紫陽同志，這個雙季稻太難而又不划算，你看我們川西壩子可否不搞？一九七六年，廣漢向陽公社百分之九十的稻田都種了的雙季稻。由於早稻產量不高，晚稻揚花時又遇上寒潮，導致當年稻穀總產量減產一百多萬公斤，收割時社員們不得不到稻草叢中去揀穀穗。閬中縣地處川北深丘，秋季陰雨多，氣溫低，日照時間短，加之蟲害大，不宜晚稻生長，一年早稻和晚稻還有小春作物加起來畝產不到一千斤；而種一季中稻綜合畝產卻在一千斤左右。可是上級給縣裡硬性下達了種植雙季稻六萬畝的指令性計畫，在實踐中根本行不通。川東川北那些十年久旱的山地丘陵，那幾年就連一季水稻都再栽不下去，別說什麼雙季稻了，幹部們乾脆提出了「水路不通走旱路」的口號，大種旱季作物。

隨趙紫陽從廣東帶來的農業行家李子元，成了四川省委分管農業的書記，一九七五年十月底，入川才幾天，他就受趙紫陽之命去農村搞調研，到了離成都五十多公里仁壽縣。他跑了十多個公社，發現這裡基本沒有種雙季稻，糧食卻是年年都在增產，就問陪同調研的縣委書記楊汝岱是怎麼回事。楊汝岱彙報說：「李書記，雙季稻在海南島和南方一些省區，的確可以種，四川一些地方也可以種。可是我們仁壽縣是丘陵縣，冬季長，開春晚，根據一九五七年以來的氣象資料記載，每年三月中旬（驚蟄到春分）播種早稻時，氣溫很不穩定。如果出現三、四天以上低溫，溫度在攝氏十二度以下，播種下去的稻種就要爛秧。即使勉強栽上了早稻，還是很容易再遇低溫氣候，早稻揚花結實後稻殼很多，產量不高。再說種雙季稻，季節也搶不過來，非常麻煩。這方面我們吃過很多虧。如果硬著頭皮種雙季稻，一年搞三季，勞民傷財。」李子元又問：你們仁壽縣種雙季稻和種一季中稻比，真的是種兩季不如一季？楊汝岱說：肯定是「兩熟」比「三熟」的產量高。種一季早稻，只能收三百—四百斤，最多五百斤；種一季晚稻，只能收二百來斤；加上一季小春作物三百來斤，全年畝產也就九百來斤左右。可是種一季中稻，可收六百—七百斤，加強田間管理，可達到七百—八百斤，種一季小春作物，可收小麥或胡豆三百—四百斤，甚至五百—六百斤，全年輕輕鬆鬆拿一千多斤。兩者相比，一年種兩熟比三熟省時、省力、省肥，種植成本也要低很多。李子元聽了彙報，沒有做任何表態，回到成都後，向趙紫陽如實作了彙報。

一九七五年十一月十一日，入川還不到一個月，趙紫陽召開了樂山、溫江、內江、綿陽、江津、南充、達縣、宜賓、自貢等九地市委書記座談會，研究農村工作。趙紫陽在會上講，科學種田的中心是合理改革耕作制度，現在基層幹部和群眾反映，種雙季稻不合算，一年搞三季不如搞兩季，老百姓說「三三見九，不如二五一十」是有道理的。以後他又在全川各地調查雙季稻問題，而且在多種場合說過類似的話。一九七六年十二月十九日，「文革」結束才兩個月，中央召開第二次全國農業學大寨會議。會議期間，代表們在紛紛建言獻策的同時，強烈要求解決長期強迫種「雙季稻」的問題。趙紫陽贊成大家的意見。明確指出，要摸透農業生產規律，要改變把「雙季稻」稱為「路線稻」、「革命稻」的提法，省委不再下達硬性指標，全省要主攻中稻。

趙紫陽在以上的種種表態，都只是在局部的會議上，加上「文革」剛剛結束，很多問題都沒有得到澄清，雙季稻的問題以前提得那麼高，大家對此還是有顧慮。一九七七年四月中旬，正值春耕時節，四川省委在大足縣召開全省農業工作會，與會代表要求省委正式表態：四川到底還要不要種「雙季稻」？省委把這個問題交予大家討論，趙紫陽點了仁壽縣委書記楊汝岱的名：「楊汝岱，是不是你說的種三季不如種兩季？三三見九是不是不如二五得十？」在場很多人都為楊汝岱捏了一把汗，希望他說的婉轉些、策略點，沒想到楊汝岱很坦然，把向李子元彙報過的話一字不漏的全部講了出來。趙紫陽聽得很認真，點了點頭，說從仁壽縣的經驗來看，足以說明四川很多地方的確不宜種雙季稻。此言一出，會上頓時響起了熱烈的掌聲。

這次會後，四川很多地方特別是川西北地方，都不種雙季稻了，轉為主攻中稻。一九七七年，全省中稻面積達四萬一百萬畝，比上年增加一成；雙季稻全省總面積則由一千五百萬畝減少到七百萬畝，栽種的地區主要集中在氣溫較高的川東南和長江沿岸。水稻總面積減少的三百一十八萬畝，但是畝產比上年增加四十七公斤，總產量增加了十四．三億公斤。

水路不通走旱路

需要說明的是：水稻面積減少的三百一十八萬畝，主要是貫徹了趙紫陽推薦的「水路不通走旱路」的方針。說到這個問題，不得不提南充地委書記劉純夫，和他屬下的閬中縣委書記鄧元興。

一九七七年十月三十日下午，趙紫陽和杜心源、王黎之等來到閬中縣委機關大院，第二天聽取縣委領導彙報工作。鄧元興在彙報仲介紹：閬中長期抗旱鬥爭中逐步探索出了「水路不通走旱路」的路子。最近連續三年大旱，卻連續兩年大增產。

趙紫陽很感興趣，要他具體談談，鄧元興說：閬中地處川北深丘地帶，受西北氣流控制，蒸發量大於降雨量，加上春季氣溫回升快，風速大，地面失水大，故常年造成冬乾春旱，接下來受連晴高溫影響，又容易出現夏旱、伏旱連秋旱。一九七五年旱情較為嚴重，由於沿用多種水稻的老路，全縣硬性蓄冬水田十三萬畝，導致春播失時，勉強栽上了水稻，又遇上夏旱缺水，結果大部分成了顆粒無收的「懷胎草」，全縣水稻減產五十%，山區水稻產區的部分農民因缺糧，不得不外出逃荒。水路未走通的這一慘痛教訓，使我們的頭腦清醒起來，決定轉變原來搞農業主攻水稻的路子，改為水路不通走旱路。

早在一九七二年，時任縣委書記、後任南充地委書記劉純夫在沙溪公社蹲點時，就開始探索走旱路的路子，而且這樣的探索一直都在進行。總結起來就是做好兩手準備，有水栽水稻，無水種旱糧。一九七五年，這個地區對高塝「望天田[432]」和無水源保證的高塝田[433]，乾脆放棄水稻栽種，春播時就種上旱玉米或薄膜育苗移栽玉米苗，然後再套種紅苕。全年一算賬，

432 除了雨水沒有其他的水源種水稻，稱之為望天田。

433 山坡上的田，即使有雨水也得抽水灌溉。

旱糧每畝可收兩千多斤，比「走水路」增產一倍多。一九七六年儘管繼續乾旱，全縣糧食產量比一九七五年增產四十%。當年旱災更為嚴重，從八月一日至十月二十五日伏旱、秋旱連續六十八天，塘庫乾涸、溪河斷流。有十多個公社因無水吃，用汽車、拖拉機在嘉陵江拉水供應。有少部份玉米抽不出穗，有幾萬畝水稻成了「懷胎草」。儘管如此，但全年糧食仍然比去年大大增產。閬中縣農業局長馮朝強在沙溪公社三大隊蹲點時總結出一組數字：旱地作物小麥加玉米套種紅苕，一年可收糧食兩千多斤。

提起種紅苕，閬中也有一套：發動群眾利用閒散零星地塊壘成土堆栽紅苕，叫做「堆堆苕」。這樣的「堆堆苕」既能保水耐旱，又易於排水防澇，只要早栽肥足，定能高產。獅子公社五大隊三生產隊隊長敬幫興種的一個紅苕，重達二十六斤半，成了有名的「紅苕大王」。趙紫陽看到這塊大紅苕後如獲至寶，連聲說「真了不起，值得總結推廣。」本來按排程，次日一早省委的領導們就要離開閬中，但是到天剛亮，趙紫陽的祕書就來告訴縣委的同志，說是紫陽同志要找種大紅苕的生產隊長敬幫興來談談。敬幫興見到省委的大官兒趙紫陽，已經是下午了，他詳細介紹了自己的作法：選好良種，早育早栽，施足底肥，除草培育等等，說到高興處，念起了順口溜：紅苕是個寶，產量特別高，人有半年糧，豬有好飼料！紫陽書記也聽高興了，當即安排省委農工部負責派人派車，讓這位「紅苕大王」在全省各縣巡迴展示，傳播種紅苕的經驗。

臨別時，紫陽書記很滿意地對縣委書記說：你們在農業耕作方面上闖出了一條新路，經驗可貴，讓省委辦公廳副主任白美清同志留下來，核實情況和總結你們的經驗。接下來紫陽書記把川北、川東很多地區的縣委、地委書記都叫來，請南充地委書記劉純夫給他們介紹經驗，隨即全省推廣。

四川的丘陵區乾旱類型多、頻率高，可謂是「十年九旱」。最嚴重的乾旱是夏旱和伏旱，其次是春旱。秧子栽下去田就乾了，老百姓叫「洗手乾」，太陽一出來秧子全被曬死；丘陵地區冬水田蓄水功能差，栽秧時田就乾了，到處可見「黃渾田[434]」；還有的地方只能夠指望天上下雨水稻才能栽下去，叫做「望天田」……這些地方都不適合大面積水稻栽種。這就是趙紫陽對於閬中的「水路不通走旱路」那麼感興趣的原因，當然了，全省各地也得根據自己的具體情況，配合很多新技術，開展多種類型的實驗，只要能夠增加糧食和收入，紫陽書記都支持，幫助想辦法。從西南農學院土壤農化專業畢業的羅毅，在安嶽縣龍台區當分管農業的副區長，試著用赤黴素「九二〇」[435]浸洋芋種，產量明顯提高。可是當時「九二〇」奇缺，市場沒有貨，趙紫陽認為這也是抗災增產的好措施，馬上叫省農業廳作方案，給安嶽批一個「九二〇」生產項目，不到一年時間，就撥款到安嶽縣，在北壩建起一個生產赤黴素「九二〇」的工廠。

趙紫陽改變四川農業的面貌，主要進行了三大耕作制度的改革。一是「三三見九，不如二五一十」，減少雙季稻；二是「水路不通走旱路」；三是改造冬水田。這三大耕作制度的改革，趙紫陽並不認為是自己的創造發明，而都是老百姓的經驗總結，他不過順應農民的要求，將耕作自主權交給農民，怎麼種，種什麼，都交給農民決定。

434 田裡水太淺，很渾濁。

435 赤黴素九二〇是存在於植物和細菌真菌內的一種植物生長激素，對於馬鈴薯、番茄、水稻、小麥、棉花、大豆、煙草、果樹等作物能夠促進其生長發育開花結果，有明顯的增產效益，直到現在都在農業領域廣泛使用。當時這項技術剛剛傳入國內。

水利建設

其實世界上很多國家，不一定要像中國這樣處處大修水利。後來趙紫陽去國外參觀，發現法國人在滿是鵝卵石的乾旱地上種葡萄釀酒，結果葡萄酒成了品牌，在國際市場上賣高價；希臘人則在乾旱的山坡上種油橄欖樹，也成了大品牌，賺了大錢再花點小錢去買糧食，那日子過得多滋潤。可是中國不行，人太多了，缺吃的，民以食為天，種糧食是第一位的，上面年年下死命令，你這裡必須種多少多少水稻，他那裡必須種多少多少小麥，你的產量必須「過黃河」，他的產量必須「過長江」，也不管適合不適合。你想想，一畝乾田需要三百立方水才能灌飽插秧，即使是終年蓄水的冬水田，到插秧的時候也得灌五十立方。沒有水就要修水庫，修堰塘，出動大量民工，都是苦差事。可是還是得修。

趙紫陽對於水利工程很熟悉，隨口一說都是內行話。他在簡陽視察三岔水庫的時候，說抗旱要重視短平快的小型水利設施，比如農村的堰塘，然後說到堰塘的深度。那時一般堰塘都是兩三米深，一畝三米深的堰塘，蓄水不到兩千方，他建議只要有水源，打個十米、九米、八米深都可以，那樣一個塘的蓄水量就可以頂三個塘，甚至不止頂三個——因為蓄那麼多水卻只有一個蒸發面。往下深挖一米只費三百個工——三個壯勞力挖十天而已。可是你算算，你們簡陽縣堰塘的面積是三萬二千畝，每加深一米，起碼多蓄水一千八百萬至兩千萬方！

與會的基層幹部聽得直吐舌頭：紫陽書記，內行！

當時的四川總共二百二十個縣，趙紫陽從進入四川開始，到他最後離開，跑遍了四川東南西北的一百九十二個縣，對於各地水利的情況瞭若指掌。他離開廣東的時候，廣東已經有好幾個大型水庫，而進入四川時，只有仁壽的縣委書記楊汝岱投資兩千多萬，在搞一個蓄水三億多立方米黑龍灘水庫。

說起四川的水庫建設，被稱之為西蜀第一海的黑龍灘是繞不過的。它位於成都南面的仁壽境內，是四川第一座大型引蓄灌溉工程，一九六九年動工修建，修了七年，整修八年，一共十五年，到一九八四年才最後完成。水庫占地二三．六平方公里，庫容三．四億立方，延伸出去的工程共有八百零五座隧洞，六百四十四座渡槽，一千一百四十四座暗拱，三千六百九十公里大小管道。按照修一截灌一截的方針，水庫一九七二年就開始供水，受益面積除了仁壽本縣的一萬多畝地，還有鄰縣井研的幾千畝。仁壽地處淺丘山地，十年九旱，一直缺水，僅有的一點水田都是靠天吃飯的「望天田」，坡上只適宜栽種包穀紅苕，有「苕國」之稱。自從有了黑龍灘，民間就有了順口溜：有了黑龍灘，天乾不見乾，昔日望天田，今日米糧川。

從「文革」期間就開始修建的黑龍灘水庫，施工條件非常艱苦，機械化根本就談不上，全靠人海戰術。庫區常駐的民工一萬多人，最多的時候達到二萬五千多人，農閒時參加突擊施工以及各地修建大小管道的民工加起來有十萬多人。他們都是自帶口糧（把自家的穀子挑到國家糧站，換算成每月大米三十五斤，縣裡再補貼大米十五斤），自帶工具（土工自帶　筦鋤頭，石工自帶鏨子大錘），工資非常低（土工每天〇．二五元，石工每天〇．三五元），唯一顯得「優越」的，是生產隊還要為他們計一筆略高於普通農民的工分：在家的農民每天的最高工分是十分，他們每天可以得到十一分半——也就是說，如果生產隊的工分值是兩毛錢，他們每天可以多得到二分三厘錢。由於條件艱苦，成天在炸藥落石中穿來穿去，危險度非常高，在施工中犧牲的民工達一百三十三人，傷殘一千二百零五人。

仁壽的縣委書記楊汝岱說，他在仁壽為官二十年，只做了一件事：修了個黑龍灘。他後來被趙紫陽層層提拔，最後官至省委書記，頂住強行推廣「雙季稻」還不是主要的，主要是在當時死氣沉沉的縣委書記中動了這個大手筆：修成了這個西蜀第一海。

趙紫陽剛到四川不久，就去了黑龍灘水庫工地，和一個名叫陳立輝[436]的小夥子抬石頭。四十年以後，小夥子陳立輝已經成了陳大爺，與人談起和趙紫陽打賭抬石頭，還是津津有味：

一九六九年黑龍灘水庫工程剛剛開始建設，我就以一個石匠的身分去修水庫。當時的民工都以軍事建制管理，大隊為排，公社為連。我當上了連長，手下有石工一百八十多人，土工一百二十多人，合起來三百多人。

大約是一九七六年的春夏之交，記得都還沒有穿短袖。我們在工地上抬石頭砌大壩，抬的是一千二百四十四的石條子，即一米二長，四十公分高，四十公分寬，大約九十斤重。我把人分成兩撥，一撥從大壩下面把石頭抬上大壩，然後我們再抬到砌石頭的地點。那天上午，幾部小車開過來，下來一大個子，五十來歲，穿一件舊軍裝，操著外省話，聽得懂。他笑嘻嘻地走過來，對我說小夥子，辛苦啊，吃得飽嗎？每月吃多少斤糧食啊？

我說五十斤。

他有點吃驚：五十斤啊？吃得完不？

我有點不高興：我一頓要吃一斤多饅頭，怎麼會吃不完？也不看看我們幹的什麼活路。你要來抬幾轉，你也吃得完。

436 陳立輝，仁壽縣曹家公社興無十二隊農民，石匠。

大個子來了興頭，一卷袖子說來來來，我來試試！

我這才看清楚，他身邊還站著兩個年輕人，見他真的要來和我抬石頭，連忙上來阻攔，大個子一把將他們擋開，在我身後拿起抬槓就上了肩。我才一米六，矮了他一頭，可是我仗著年輕氣盛，把繩子往自己這頭挪了一截，然後蹲下，說了聲起！

大個子一使勁，我們起步了，沒想到他的「楂子」還很穩，我們倆抬著九十多斤重的石條子，走了四十多米，到達目的地。大個子興致很高，還要抬。雖然我們不知道他的身分，可人家畢竟是坐著小汽車來的客人，起碼也是個什麼幹部，得待人家客氣點。於是大壩下面的人主動多走了幾步，把石條子抬到平穩一點的地方，讓我們占點「便宜」。我們又準備起肩了，大家鴉雀無聲地看著，大個子說你們怎麼不唱號子啊，剛才不是么妹哥子的唱得挺歡實的嗎？我有點奇怪了：我們石匠唱的號子，大多有點「黃」，可是這些號子似歌似吟，吐詞含糊，一般人是聽不懂的，他怎麼聽出來唱的是么妹哥子？畢竟還是「文革」期間，當著上面來的領導，這些號子怎麼唱得出口？可是他一個勁地說唱吧唱吧，我轉念想想也是：這號子不光是用來展勁，還是用來統一步伐的，再說我這領頭的頭槓不唱，其他人也不好唱，抬石頭不唱號子，冷清清的多沒勁。於是我就喊了一聲起！帶頭唱起來：

我呀—家的—門哪前—小—呀河的—水喲！

大家在後面齊刷刷跟著：嗨呀一個咗喲！

么呀—妹的—洗哪衣—露—呀玉的—腿喲！

嗨呀一個咗喲！

……

大個子也和大家一起附和著，我心想他到底是什麼人啊，連這也會！

我們倆抬了六趟石條子，收了工。大個子前後看看，說小夥子，看樣子你還是個幹部嘛。我說是個連長。他說你管著幾十號人呢。我說不止幾十號，三百多人。我們說話的功夫，有人去摸一邊的小汽車，哎呀一聲把手縮回來。我覺得奇怪，也伸手去摸了一下，只覺得手一麻——原來那車有電。

我覺得事情有點鬧大了：連坐的小汽車都上了電，這位肯定是個大首長！

下午指揮部開會，幹部都參加，我走進會議室，看見我們的縣委書記楊汝岱陪著大個子，一口一個趙書記：開會了，請省委趙書記講話！大個子在台上講，我心裡七上八下：原來是省委書記趙紫陽啊，我激將人家抬了六趟石條子，還胡說八道一通，真是的！趙書記講完了，發獎品，每個幹部一個白鐵殼胡椒眼的暖水瓶，外加十盒一號電池，電筒用的。輪到我上去，趙書記說：給這個小夥子多拿幾盒電池，他那個連的人多，三百多人呢。我臉都紅了，說趙書記，我們水二哥、不不不，我們水利戰士，一向亂說話，上午的事情，你別見怪啊！趙書記哈哈一笑，說哪裡哪裡，我就喜歡說實話的人，要是不和你們聊，好多話我是聽不到的。

我因此多得了三盒一號電池。

至於那個鐵皮胡椒眼的暖水瓶，很保溫的，我一直都在用。後來搬了幾次家，就找不著了，好可惜！[437]

437 林雪採訪陳立輝〈我和趙書記抬石頭〉。

待到趙紫陽離開的時候，四川的三岔水庫、魯班水庫、武都引水工程和升鐘水庫等大型水利設施先後立項建設或續建，各地的中小型水庫林立。在這些大大小小的水庫中，南充地區的升鐘水庫，趙紫陽支持了整整二十年。

水庫的等級是按照按蓄水量來定的，一千萬至一億方是中型項目；一百萬至一千萬方屬小一型，一百萬方以下為小二型。四川當時一年的水利建設投資只有幾千萬，最多一年七千萬，只能搞中、小型項目，而升鐘水庫蓄水十三．八億立方，總灌溉面積二百零八萬畝，主要解決南充地區的缺水狀況。這是四川解放以來批准上馬的第一個特大型水利工程項目，也是西南最大的水庫。其最初的設計規畫一九五八年省裡就開始了，全套計畫書一九七三年由四川省計委通過並上報國家計委，一九七六年三月國家計委批准立項，一九七六年四月，南充地區組成升鐘水利工程指揮部；「文革」結束以後，升鐘水庫定位為「省屬地管」，省水利局派燕征副局長駐工地，南充地委副書記李世德任工地指揮部黨委書記、指揮長。郭光傑[438]任副書記、副指揮長，下屬每個縣組織的民工團，各個縣委抽一個書記當團長，共組織了南充、南部、蓬安、西充、閬中等受惠地區兩萬個農村勞動力，七千部板車，土法上馬，管道和大壩同時在施工，其中光大壩的土石方就是三百五十萬立方，可以堆成一座山，還要把一條叫做西河的河流截斷。工程一九七七年十二月八日正式開工，苦幹了一個冬天，到了第二年四月份，才填了七八萬方土石，根本沒有達到設計要求。眼看春水一發，洪水就要到來，只好

438　郭光傑（一九二九～）曾任南充地區常務副專員，四川省政協南充地區工作委員會常務副主任兼黨組書記。時任南充地區副專員，升鐘水庫黨組副書記、副指揮長，農工部副部長。

把已經施工的地方碾平，然後鋪上條石，讓洪水漫過。這樣做第一年的問題不大，第二年再這麼搞就很危險了。

一九七八年夏天，燕征沉不住氣了，帶上一幫人去陝西石頭河水庫參觀，那也是個大水庫，蓄水量是四億方，到現場一看：人家二百幾十台大翻斗車、推土機、碾壓機……全部機械化施工，轟隆隆的大排場，人很少但是進度快，快得咱們沒法比。更加重要的是：陝西省派了一個書記兼省長親自上陣指揮，省水電廳負責施工。燕征氣不打一處來，回來直奔省委，一定要找第一書記趙紫陽彙報。趙紫陽叫上主管的省革委常務副主任何郝炬，一起去聽彙報。

在此之前，趙紫陽已經三次去過升鐘，第一次是一九七六年的二月，那時候天下還亂，只是看了一下；第二次是一九七七年的十月，他帶著一群幹部在南充地區的營山、儀隴、閬中……檢查工作，路過升鐘，那時候升鐘水庫已經在組織人馬，很快就要開工。紫陽在縣委聽縣長楊興普[439]彙報了對升鐘水庫西充幹渠的準備工作，第二天又把庫區的公社的黨委書記請來，證明瞭縣長彙報的情況，然後又親自到升鐘水庫去看，這些都為他以後的決策作出鋪墊。第三次是一九七八年四月，水庫建設已經進行了大半年，很多問題都已經顯露出來，趙紫陽帶著一干人在工地上住了兩天——所有的領導都沒有回南充城裡，而是住在工地招待所，趙紫陽就住在副總指揮郭光傑[440]的寢室裡，他的警衛員在外面會議室鋪了一個床——一律的乾打壘房子，土牆上面蓋層瓦。這次紫陽書記和郭光傑談了很多，老郭記憶最深而且對升鐘水庫

439 楊興普（一九三九～）曾任南充教育學院黨委書記，南充市教委主任。時任中共南部縣縣委辦公室副主任。

440 郭光傑（一九二九～）曾任南充地區常務副專員，四川省政協南充地區工作委員會常務副主任兼黨組書記。時任南充地區副專員，升鐘水庫黨組副書記、副指揮長，農工部副部長。

最有指導意義的，是關於項目的受益問題。原來的計畫，是想把主要幹渠拉通修好再通水。紫陽書記說：你們總的方針和指導思想要改變。升鐘水庫要十幾年才修得成，而且資金要有保障才行。這十幾年內如果全部是支出而沒有效益，不行。應該先把大壩搞起來，幹渠修通一截驗收一截，然後通水，要分段建設分段受益，這樣才能調動群眾的積極性。

好多年以後，所有的人都覺得紫陽書記當初真是站得高看得遠──僅僅三年以後，升鐘水庫果然遇到了資金瓶頸，停止了幹渠的施工，待到第一期工程完工，已經是一九九八年。可是此時水庫的灌溉農田，已經達到了一百三十八萬畝，使之旱澇保收，解決了南充地區大部分農田的供水問題。

話扯遠了，回過頭來說燕征的彙報。

燕征從陝西石頭河水庫參觀回來，氣衝衝來找趙紫陽彙報，因為之前水電部的錢正英部長也說過：升鐘這麼大的工程應該由省委直接負責。趙紫陽心裡也大概有個數，於是拉上何郝炬一起去聽彙報──老何他手上有權、有錢，既能解決升鐘水庫資金問題、又能加強領導，是負責升鐘項目的最佳人選，只是因為種種原因，這個事情還沒有跟他商量過。果然，彙報的時候，燕征的情緒有些激動，說人家陝西石頭河水庫省上如何重視，石頭河的班子是怎麼組織的，省委是怎麼撥錢的，機械化施工效果是怎麼好，工程進展怎麼快等等等等，最後說：「我們升鐘水庫能不能辦好就看你紫陽同志了，陝西省是書記親自在抓、親自在指揮，除非你親自擔任指揮長，否則這事不好辦。」

此言一出，現場氣氛有點僵。何郝炬又起身上廁所。

每到關鍵時刻，何郝炬就要上廁所，他上廁所趙紫陽就跟上來：上次關於「三化」的事情是這樣，這一回又是。紫陽跟著進了廁所，說老何，這個事你來管一下嘛。何郝炬說這個事我管也可以，但是要有時間，我現在的事情太多。紫陽說知道知道，又不是讓你天天到水庫去，你過一段時間去一下，負責監督和指揮。這個事交給你我就放心了。兩個人在廁所裡面達成了一致，然後回到會議室，紫陽書記對燕征說：「這個事情你講得很好，我們已經商量了，成立一個工程領導小組，要把這個工程搞上去。我看這樣，請郝炬同志抓一下這個項目。」

這樣一來，升鐘水庫就從南充地（區）管「升格」為省管項目，成立了工程領導小組，省革委會副主任何郝炬是組長，成員有副省長李林枝、省委農辦、計委、建委、水利廳都派一把手參加，再由他們委派副手具體操作。這年十一月，工程領導小組成了現場指揮部，省水電廳副廳長齊金維[441]任組長，小組全部成員開始每月跑一次工地。

現場指揮部的成員去看大壩工地：壩址選得很好，溝很深，淹沒區少，但狹隘陡峭的施工現場擠了兩萬民工，用七千輛板車拉著砂石水泥，上坡下坎，號子連天，不僅是混亂，也不僅是效率低，而且太危險。這麼大的項目，明年要拉高幾十米上去，那就是一百多萬方填上去，沒有機械化哪行！何郝炬對水利局工程處的人說：我給你點錢，去買點挖掘機、翻斗車、風鑽什麼的，要搞機械化生產。他回來之後，立刻調了交通廳援助非洲的一個機械化施工隊，鐵道部的兩個機械化施工隊：這三個機械化施工隊大概有七八十輛車子。然後省上成立了一個機械化公司，撥了一千多萬元，買了七、八十台日本的大翻斗車，每個車能裝二十噸。這四個專業化公司日夜施工，保證工程的品質和進度。在趙紫陽的支持下，指揮部決定

441 齊金維（一九二四～），曾任四川省水電廳副廳長、四川省政協第六屆常委。時任四川省水電廳副廳長。

省裡主要抓大壩、水洞樞紐工程，南充地區抓配套的管道工程，那七千輛板車和兩萬多民工，都讓他們去修幹渠，這樣工地才基本上理順了。當然了，這樣的作法對於地方上，算是大開眼界。那個時候農村經濟體制改革尚未開始，平調農村勞動力基本不用花錢，相比之下機械施工成本高得多，搞得人心疼，所以修水庫大多數是土法施工，人海戰術，板車打主力，一哄而上。比如簡陽的張家岩水庫，總共蓄水就兩千多萬方，就是人工去壘土壩，土不夠就用石渣，震動碾壓，最後還是修成了。

何郝炬也忙，大事解決了，就把工程主要責任交給了前線指揮部的組長、水電廳副廳長齊維金，說地區的同志不懂水利，你懂，所以派你去抓升鐘水庫。這個權就交給你了，搞好了搞壞了都要找你負責。老齊說黨委裡面九個成員有八個是地區的，我只能少數服從多數。何郝炬說你可以不參加會嘛，他們做的結論錯了，你還可以否定，你要是參加會你當然不好說了。所以在大壩的五年，老齊沒參加過一次黨委會，對那些「外行」的決議堅決一票否決；再有什麼解決不了的事情就去給紫陽書記作彙報，紫陽大多支持他的想法。

轉眼一九八〇年底，趙紫陽已經上調國務院當總理，緊接著國家緊急調整經濟發展政策，壓縮的面和規模都很大，涉及到各省的基建規模，全國對水利的總投資規模從一年六七個億壓到兩三個億，就連計畫內項目也壓了，升鐘水庫和陝西石頭河項目都在被撤銷之列。這下子問題來了：如果要保升鐘水庫工程，四川的中小水利工程的錢就沒有了，於是各地紛紛反對保升鐘，省裡有些負責人也說升鐘需要慎重考慮⋯⋯一時眾說紛紜。何郝炬決定讓送水隧道和渠系配套工程停工，堅決保大壩工程，因為大壩只修了半截，還不具備蓄水功能，洪水一來就全毀了，整個工程前功盡棄。省裡為升鐘工程也派專人去北京找國家總理趙紫陽，趙總理也贊成保，給國家計委打招呼，又動用他的總理基金，六年總共撥付一．二億元，支持升鐘水庫。大約是一九八七年，何郝炬調任四川省人大主任，在離開省政府之前提出由財政每年拿出一個億，安排基本建設投資幾個重點工程的資金，其中每年從中安排二千五百萬支援升鐘水庫。四川後來接任的領導做這個事都很積極，省長張中偉也經常跑北京為升鐘爭取條件。工程就這樣延續下來，到一九九八年底第一期配套工程全面竣工驗收，已經建成幹渠、支渠、斗渠、農渠八百二十六條，總長五千五百公里，庫容量十三．九億立方米，是西南地區蓄水量最大的人工湖泊。從一九七七年開工算起，搞了整整二十年。

而與升鐘同時上馬的陝西石頭河工程，就是那次調整下了馬，一九九〇年才復工。

升鐘水庫整個建設過程中沒有發現貪污受賄，因為品質問題抓得好，被國務院評成「優質工程」，二〇〇八年五月十二日那麼大的地震都沒有出問題。大壩完工了，大家想在壩上寫上「升鐘水庫」幾個字，就去北京找總理趙紫陽，請他題個詞，趙紫陽說我沒出多少力，字也寫得不好，你們還是去找老何吧。可是何郝炬覺得連紫陽都說他沒出多少力，難道自己出的力會比他還多？也沒有寫。當時在川北開黨史工作會，邀請原來川北黨政軍健在的領導回來，其他領導都回來了，但是胡耀邦正好去西北視察，就委派他的愛人李昭來參加。郭光傑和地委書記康咸熙，還有升鐘水庫指揮部辦公室主任柏鐘領去見李昭，也沒跟她說趙紫陽總理不題字的事，只說是耀邦同志在川北工作這麼久，我們川北要建一個大的升鐘水庫，第一期灌溉一百三十八萬畝，這是川北的大事，想請耀邦同志為大壩題個字，嵌在大壩上，請您跟耀邦提下這個事情。李昭回去沒到兩個月，字就寫來了，寄在地委辦公室。現在「升鐘水庫」這幾個字，就是胡耀邦寫的。

從前川北乾旱很厲害，民間有這麼個順口溜：紅石殼、光頭山，又怕雨來又怕旱，乾旱三五天，禾苗燒得燃；下雨三五天，山下泥堆山。特別是西充縣，因為缺水，只能多種紅苕，有「苕國」之稱。大約是一九五六年，西充縣委書記在省黨代會上發言，說我們西充窮，只有吃紅苕，走到街上放個屁都是紅苕味，一聞就知道是西充人，說得滿堂大笑。因為有了升鐘水庫，西充現在能夠喝上好水，吃上大米，都不吃紅苕了。也是因為升鐘水庫，現在川北也乾旱，但不會乾得像以前一樣。

若干年以後，趙紫陽因為那場風波下台後，軟禁中他到四川舊地重遊，還問到升鐘水庫，說那裡我去了好幾次啊。[442]

趙紫陽搞水利很內行，可是內行的趙紫陽也有走麥城的時候，比如他大力提倡的噴灌。

在趙紫陽的水利規畫中，淺丘區搞山堰塘等小水利，伏旱地區挖蓄水池搞噴灌。根據江蘇等地的經驗，噴灌澆灌均勻、適量，土壤不板結，改善了田間小氣候，有利作物生長，還可節省灌水勞力九十％左右，節約灌溉用水和電力三十％、一五〇％，對蔬菜、茶葉、果樹等作物的增產效益都是顯著的。關於費用問題，一畝地的費用大約三、四十塊錢，一千畝也才五萬塊錢，比外國省得多，而且是長期使用。那時候四川全省的柴油機、手扶拖拉機不少，膠管積壓很多，一個隊一台，一個大隊七、八台，要是做起來，可以一個隊或一個大隊組織一個長期的專業隊，相對固定。趙紫陽認為，可以在臨近成都的資中、威遠地區，有重點地

442 本文主要參考資料：蔡文彬採訪何郝炬〈四川當代史不能不寫趙紫陽〉。

搞幾個片區，幾千畝，集中鋪設固定管道，一畝地給三十到四十塊錢，一千畝五萬元，如果搞試點，由縣裡投資。趙紫陽還設想：在山頂上挖一個大水池，用抽水機灌滿水，然後利用水自身的壓力，要麼用管子鋪到地裡搞滴灌，要麼搞機噴，節水節電節省人力。按照趙紫陽的計畫，噴灌還可以同養魚結合起來，如果一個公社三百個池子，三十萬方水，平均一個池子一千方，共折合面積就是五、六十畝的水面。深度達到四米就可以養三層魚，一畝收二百斤，全社就是一萬多斤。淤泥還可以肥田，改良土壤……

雖然他的設想，遭到了一些幹部的反對，比如省委的何郝炬、杜星垣，還有一些基層幹部，理由是要花很多錢，最終的效果怎麼樣很難說。可是趙紫陽本人對於這項在國內外已經顯示出廣闊前景的新技術，很堅持。他到處宣傳，搞試點，組織參觀……於是各個地方蜂擁而上，有些不具備條件的地方甚至用陶瓷管、竹竿做管道，很快就破裂，水流得遍地都是，有些混亂。更加現實的是抽水機提水成本太高。據時任內江市委書記的傅運鴻回憶：在我們的資中縣搞噴灌試點，山上修個大水池，然後用抽水機把水抽到上面的池子裡，再流下來搞噴灌。當時紫陽看到還是肯定的，覺得是個好辦法，內江還可以適當搞一下，推廣推廣。這個事情後我回去不久，還沒有開始動手搞，就聽說威遠已經修起一個了，彭華[443]就讓我們去威遠看。威遠的縣委書記私下對我說：「把這個水抽上去，再把它噴下來，究竟增產多少？搞不好還增不上。」我剛剛回來兩天，省委辦公廳就打電話說：提灌的事情暫時停下來，紫陽同志

443 時任內江地委第一書記。

看了看，成本太高了，再研究研究。[444]

一九八〇年三月，趙紫陽調任國務院總理，在離開四川的告別會上，他說了一句話：「我在離開之前，要把這件不好的事情，給大家做個交代。這個提灌是我一手搞的，現在看來不行。這個事搞得有毛病。」而且他也說了，搞提灌花了不少錢，這個責任他應該承擔[445]。

他當時已是政治局常委，如果他自己不提出來，其他人絕對不會提：這是官場的慣例。當然了，絕大多數的人遇到這樣的事情，如果不是形勢所逼，也是不會認錯的：這是人性的一個弱點。

444　蔡文彬採訪傅運鴻。

445　蔡文彬採訪何郝炬〈四川當代史不能不寫趙紫陽〉。

第十八章 捅破「包產到戶」的那層紙

一九七八年夏，一位英國《泰晤士報》記者採訪四川農村後要求會見趙紫陽，提了一個問題：「為什麼農民自留地的莊稼長得那麼好，集體地的莊稼長得那麼差？」

這是每個人都心知肚明的事情，可是沒有人敢明白地說出來，連趙紫陽也只是用些冠冕堂皇的話敷衍過去——其實在中國，處處都有人提出這個問題。廣東的大饑荒剛剛過去那陣，趙紫陽和幹部們想了很多給農民鼓勁的辦法去搞生產，可是農民就是不來氣。後來公社的幹部乾脆換個思路，終於總結出了洲心公社搞的「聯產承包責任制」的經驗。雖然那時還有著諸多限制，但是由於這個經驗含有「包」的元素，讓農民看到了利益，嘗到了甜頭，對恢復大饑荒之後廣東的農業生產確實發揮了很大作用——不但讓廣東的農業往前跨了一大步，而且趙紫陽把這樣的思路運用到了內蒙，十個月就大見成效。

現在他也要以此來啟發四川的幹部。下鄉調查的時候，趙紫陽說你們注意到沒有？農民房前屋後的一些地裡的莊稼比山上田壩裡的好得多。有人說那是農民的自留地，原來是劃給各家各戶種蔬菜、飼料的，因為集體分糧不夠吃，農民就把自留地拿來種糧了。趙紫陽說我知道那是自留地。我是想知道為什麼自留地的農作物普遍比集體的都長得好，而且好得多？有耿直的基層幹部說：現在集體的種得再好，個人就只分得到那麼一點，再不把自留地種好，日子就更難過了。雖然說是「大河漲水小河滿」，但是這麼多年了，大河的水就是不漲，反而還在回落，連河床裡的鵝卵石都現出來了，哪裡來的水去滿小河啊！「小河」再不想法自己找水，怕是連河裡的泥鰍黃鱔小魚蝦米都要全乾死了！自留地種好了，大河無水的時候，小河才不得乾，也還有一點水可以救急呀！

於是趙紫陽順著大家的話頭找典型，著手擴大農民的自留地。溫江地委副書記高未龍在一九七七年下半年的一天，接到省委副祕書長白美清從宜賓打來的電話，說是紫陽同志在宜賓看到一些社隊把田坎下放給農民種，結果增產又增收，認為這樣做很好，希望溫江地委趕快研究一下。他還說紫陽有這個精神，省委不便發檔。溫江地委聞風而動，立即召集幹部們口頭傳達這個「精神」，幹部們沒想到紫陽書記居然敢於暗度陳倉，大受鼓舞。新都縣委書記說，這個事情我們也搞過，前些年把田坎包給社員種黃豆，結果大增產，全縣一年收了一二百萬斤；後來說這是搞資本主義倒退，把田坎收回來集體種，黃豆產量就急劇下降，去年全縣才收了十多萬斤。什邡縣民主公社的黨委書記說，我們公社哪個隊把田坎包給社員種，哪個隊的農民黃豆就分得多，那些沒有下放田坎給農民的隊都眼紅了。十一月十九日，省委頒發標題為《關於進一步落實農村經濟政策，使生產隊逐步富裕起來的意見（試行草案）》的一百號檔，其中明文規定「田坎可以由生產隊集體經營，也可以包到作業組、包到戶經營」。當然田坎不光是種黃豆了，還種紅麻，種高粱……四川那麼多水田，水田裡那麼多田坎，農民家裡不知道多收了好多糧食。

大約是在一九七七年的夏天，趙紫陽開始醞釀一個後來定名為〈關於目前農村經濟政策幾個主要問題的規定〉的檔，它在廣泛徵求各方意見的基礎上由主管農業的書記楊萬選主持起草，趙紫陽親自修改並經常委們審定。這個文件從生產隊的勞動、財務、生產三大管理，到社員分配和減輕生產隊和社員的負擔；從大力發展多種經營、養牛、養豬，到搞好農田基本建設，發展社隊企業，限制和糾正「窮過渡」，恢復生產隊的自主權、鼓勵社員搞好自留地和發展家庭副業……各方面都作出了詳盡的規定，它不僅是之前農業《六十條》的舊令重中、撥亂反正，而且在生產責任制等方面有了新的發展。尤其醒目的，是將農民的自留地占總耕地面積的比例，由原來的七％擴大到十五％——擴大了一倍還多。

一九七八年二月一日，鄧小平出訪尼泊爾路過成都，聽取了四川省委的彙報。趙紫陽彙報了一九七七年年初廣漢縣搞起了「包產到組」，致使生產大變樣的情況，還特別彙報了省委正在制定的〈關於目前農村經濟政策幾個主要問題的規定〉，得到了鄧小平的肯定。鄧小平指出：（各地）能解決的問題就地解決，不要等（上面）。[446]為了鼓勵四川進一步放手搞改革，鄧小平還說：「農村和城市都有個政策問題。我在廣東聽說，有些地方養三隻鴨子就是社會主義，養五隻鴨子就是資本主義，怪得很！農民一點迴旋餘地沒有，怎麼能行？農村政策、城市政策，中央要清理一下，各地要清理一下，自己範圍內能解決的，先解決一些。總要給地方一些機動。」[447]

兩天之後，《人民日報》在頭版顯著位置發表了題為〈一份省委檔的誕生〉的通訊，說的是剛剛在安徽上任的省委書記萬里經過幾個月的調查研究，制定了《關於當前農村經濟政策

446《許夢俠八十回眸》，四川人民出版社二〇〇二年版。
447 中共中央文獻研究室編《鄧小平思想年譜》，中央文獻出版社一九九八年版。

幾個問題的規定》，簡稱《六條》，其主要精神是尊重生產隊的自主權，允許農民搞正當的家庭副業，生產隊可以實行責任制，只需個別人完成的農活可以責任到人等等。鄧小平向趙紫陽推薦了這篇文章，然後去了尼泊爾。兩天後，趙紫陽頒佈了鄧小平肯定的那個恢復和發展農村經濟的檔，這就是被四川人簡稱的農業《十二條》。

趙紫陽主持制定的《十二條》在各地傳達貫徹後，農村的社員們奔相走告，扶老攜幼去聽宣講，然後群情振奮，說是只要政策逗了硬，一個人頂兩個人。

其實這次鄧小平會見趙紫陽，還有一個不為外人所知的重要內容：他想動員趙紫陽去中央工作，可是被趙紫陽婉拒了。[448]早年陶鑄去中央之前曾經徵求過趙紫陽的意見，他是極力反對的，說是京兆尹最難當，果然陶鑄上任不過四個月，就被打翻在地，最後慘死異鄉。陶鑄的慘死在趙紫陽心裡烙下了深深的傷痕，他不想去介入複雜的高層鬥爭，他只是想踏踏實實做好自己的工作，比如搞好四川省，讓四川人民有飯吃，有錢花。

看來坊間傳說中央要調趙紫陽去高層，而趙紫陽推說自己還沒有把四川的事情做好沒有答應，並不是空穴來風。

不過鄧小平沒有放棄自己的打算。一九七八年二月，趙紫陽出任全國政協副主席，進入四大班子之一；一九七九年九月，趙紫陽增選為中央政治局委員。一九八〇年二月，趙紫陽增選為政治局常委，四月任國務院副總理，九月任國務院總理。

448 傅高義《鄧小平時代》。

解決種子和肥料

除了改革耕作制度，趙紫陽還解決了水利、肥料、種子等三大難題。

在戰爭時期就得到「農業專家」頭銜的趙紫陽，一直都很重視種子問題，廣東的農業生產一直都走在全國前面，除了農田水利和肥料，從外面引進和自己培育的優良種子，也起了很大的作用。到了四川，他一面鼓勵推廣四川自己研究出來的良種，比如四川農大培養出來的小麥良種「繁六」、「繁七」；一面積極牽線搭橋，引進廣東的良種。他幫劍閣縣化林大隊黨支部書記張正桃引進了廣東的水稻良種「珍珠矮」，由於重施土雜肥，而且年年對稻種「提純復壯」，種下的八百畝中稻後來畝產達到一千二百九十八斤，比剛剛從廣東引進時還高。這個經驗被趙紫陽在縣委書記中反覆強調。他還積極推廣「根外追肥」——也就是後來人們常說的「葉片施肥」新技術。他說雜交水稻就是要搞根外追肥，解決空殼問題。溫江十幾萬畝稻田搞了根外追肥，球肥深施。省委機關搞的雜交水稻試驗田，今年有每畝收一千四百斤，空殼率只有百分之十五，就是搞了兩次根外追肥。可是有的地方空殼率高達百分之三、四十，產量怎麼能高呢？

在解決了雙季稻問題之後，趙紫陽給水稻主產縣溫江縣提出新目標：將現在畝產六百多斤的水稻畝產，提高到八百斤，條件是每畝給十斤尿素。可是溫江縣縣長杜文光[449]說還有個條件，我要種子。在此之前，趙紫陽就從廣東搞了一些水稻良種「桂朝二號」，交給杜文光做實

449 杜文光（一九三一～），曾任中共溫江縣委書記。時任中共溫江縣委副書記、書記，溫江縣人民政府縣長。

驗，結果試驗田畝產真的就上了八百斤，而且米質很好。嘗到甜頭的杜文光趁機跟紫陽書記說，要我的水稻大面積增產，光是那每畝十斤尿素恐怕還不得行，要去廣東多搞些「桂朝二號」的種子回來，你給我寫個信。

杜文光之所以要趙紫陽給他寫信，是因為這個動作有點大——要去找廣東的黃耀祥450。黃耀祥是誰？是被譽為「中國半矮稈水稻之父」的水稻遺傳育種及其應用基礎理論研究專家，早在上世紀五〇年代，他就培育成世界上第一個秈稻矮杆良種「廣場矮」，破天荒地使用雜交技術將水稻高杆矮化，大大降低了水稻的倒伏率，直接將廣東的水稻產量從畝產二五〇公斤左右提高到三五〇～四百公斤，和世界級半矮杆專家美國的若曼柏格洛幾乎同年完成這項技術。有人認為他開創了雜交水稻「從無到有」的過程，和上世紀七〇～八〇年代才開始的袁隆平相比，後來成為中國工程院院士黃耀祥，才是真正的中國「雜交水稻之父」，好多四川人久聞大名的水稻良種，包括之前張正桃實驗過的「珍珠矮」等品種，都是他培育出來的。這個很多人眼饞的「桂朝二號」，是他剛剛研究出來的早稻和晚稻兼用的高產良種，廣東那麼大個水稻種植省，而且雙季稻是常態，需要多少種子啊，自己都顧不過來，之前紫陽書記去要點回來作實驗沒問題，現在想要大面積栽種，恐怕不好辦。可是趙紫陽還是給廣東省委寫了信，請求支援。他長期在廣東分管農業，給了黃耀祥很大支持，對此黃耀祥是心存感激的。再說黃耀祥這個人，是很純粹的學者，當年趙紫陽為表彰他的成就，代表省委獎勵他一萬塊錢。七〇

450 黃耀祥（一九一六～二〇〇四），廣東省開平人，水稻遺傳育種及其應用基礎理論研究專家，中國工程院院士，被譽為「中國半矮稈水稻之父」。他以高產穩產為總目標，生態育種為指導，培育出大量優質水稻品種，為我國水稻高產作出了巨大貢獻。本文提到的「桂朝二號」，是他在一九七六育成的早、晚兼用的著名高產良種。

年代的一萬塊錢，相當於後來的幾百萬，可以做多少事情，許多人想都不敢想，可是黃耀祥堅決不要，想來現在趙紫陽請他幫這個忙，又有廣東省委的支持，還是有希望的。杜文光拿著紫陽書記的信，果然不虛此行，不僅把種子拿回來了，還和黃耀祥結成了「對子」：四川溫江縣縣長杜文光的試驗田，也就是廣東水稻專家黃耀祥的試驗田；而黃耀祥在廣東的試驗點，也就是溫江縣長杜文光的試驗點。到「桂朝二號」種子開播的時候，杜文光專門請了黃耀祥來現場指導，而且紫陽書記也出了面。有這麼高級的專家在背後支撐著，溫江地區馬上就有序推廣了雜交水稻「桂朝二號」，平均畝產八百斤的目標很容易就達到了，為全區糧食「翻身」立了大功。

種子是農業大計，光是靠省委書記趙紫陽零打碎敲地寫條子解決肯定不行，必須建設穩定的種子體系。在趙紫陽的努力下，四川省農業廳與當時廣東的海南地區簽訂協定，由省內有需求良種的縣、市向海南地區租賃土地，作為良種培育基地，培育出來的種子拿回四川播種。川南的宜賓搞雜交水稻比較早，就組織了力量冬季到海南制種，然後拿回來推廣，效果非常好。川西北的南坪縣在海南租地繁育玉米良種達五年之久，正是這一大舉措導致該縣糧食十年增產豐收，解決了全縣農民吃飯的問題。到後來商業改革全面鋪開，新都縣率先成立了種子公司，將從海南運回來的種子通過商業的管道進入市場，但是嚴格由政府控制，以防止摻雜使假和一些落後的品種「復辟」。繼後各地縣也成立了很多種子作業隊，專門開闢種子基地生產優良種子，儲存在專門的種子倉庫裡，由專業的人員管理，在專門的門市部出售，保證收進來賣出去的都是真貨。種子公司行業的另外一個職責，就是要不斷對種子進行革新，選購優良的品種。

四川要抓糧食，肯定要抓肥料。廣東雖然很大，但是大部分地區都是高山林區，主要糧食產區只是珠三角一帶，趙紫陽在抓肥料這個問題上都花了很大的力氣，為農業增產幫了大忙。而四川是個農業大省，卻只有一些小氮肥廠，生產一點碳酸氫胺和少量的尿素，這個問題一直都困擾著四川農業的發展。

肥料，來得最快也最簡單的就是動員農民種綠肥。一九七五年十一月，趙紫陽入川不到一個月，到樂山考察路過夾江縣，路過土龍公社公路兩邊的冬水田，看到了大面積的紅萍，很高興啊，就下車了。該地的公社書記立刻把一個叫朱鐘麟[451]的技術員找去彙報。趙紫陽問你是哪個單位的？回答說是省農科院的。又問你在這裡主要做些什麼工作？回答說抓革命，促生產，幫助農民養紅萍。趙紫陽問養紅萍有什麼作用？回答說紅萍葉片內有一個空腔，腔裡有一種固氮藍藻，能夠固定空氣中的氮素，所以紅萍是很好的水生氮肥。他又問紅萍還有啥利用價值？回答說紅萍養植很簡單，是很好的肥料，含很高的氮磷鉀，除了做肥料外，還能餵豬。我們四川有幾千萬畝冬水田，都閒置著，如果充分利用起來，就能把冬水田變成生產肥料和飼料的場所。

趙紫陽說好！

於是決定在夾江開全省紅萍生產養植利用現場交流會，由省委副書記李子元、王黎之坐陣，大力推廣紅萍養植利用技術。後來這個現場會果然開了，這趙紫陽到四川後，第一次召開規模如此大的農業科技會議，全省的每個縣的縣委書記都參加了，同來的還有各縣的農業

451 朱鐘麟（一九四一～）女，原四川省農業科學院院長，國家突出貢獻專家。時任四川省農科院研究員。

局長和農技站長。同時與會的，還有宣傳部長許川和他帶領的《四川日報》、峨眉電影製片廠、《四川畫報社》的大隊人馬，都坐鎮縣委招待所跟蹤採訪，陣勢不可謂不大。兩位坐鎮的省委書記把朱鐘麟叫去，說是紫陽同志說了，一定要把這個會開好。朱鐘麟問需要講多長時間，一小時還是兩小時？王黎之書記說：你不要擔心時間，半天講不完講一天，一天講不完講兩天。要按紫陽同志的要求，直到把大家都教會。

會後，《四川日報》刊登了整整四版的長篇報導，峨嵋電影製片廠也拍了紀錄片，《四川畫報社》出了畫報，主管項目的朱鐘麟也寫了一本紅萍養植與利用的書，印發各地……紅萍養植就在四川紅紅火火地發展起來了。從一九七五年開始，直到趙紫陽離開四川，連續五年省委幾乎都要召開全省稻田養萍經驗交流大會，這對解決當時肥料和飼料緊缺起了很大的作用。趙紫陽每到一地，說到肥料都要說到紅萍，說我們廣東田裡面也種這東西，到一定時候就把它壓下去作為底肥，什麼時候種，什麼時候壓，他說得清清楚楚。怪不得他這麼內行，原來他在廣東就熟悉。

趙紫陽也很重視農村的小型沼氣——既能夠腐熟豬糞，又解決農村燃料問題。他來四川後就要求成立全省沼氣辦公室，也是由省農科院抽調科技人員充實建立沼氣科研所，推廣小型沼氣搞得最好的廣元、綿陽的經驗。四川的小型沼氣發展很快，與紅萍生產一起很快引起了聯合國糧農組織的關注。一九七九年，聯合國派出一個規模很大的代表團到四川，考察的內容就是紅萍和小型沼氣，而朱鐘麟就負責介紹紅萍的養植與利用。之後，聯合國考察團及糧農組織就這兩項技術出了一本專輯，向其他國家推廣發行，評價是：中國的紅萍養植和小型沼氣利用技術，已發展到能指導相同條件的其他國家的階段。

趙紫陽抓的這兩件事，也確實適合發展中國家的需要。

當然了，要大幅度增加土地肥力，還是要靠化肥，來得快也最現實的，還是提高各地的小化肥廠的生產能力：這是他在廣東得來的經驗。四川對於磷肥的需求很高，生產技術的門檻卻不高，小磷肥廠遍佈各縣。內江有一家小磷肥廠，生產過磷酸鈣，這種肥料是磷肥與硫酸混合而成。磷礦石四川不缺，可是缺產硫酸的硫鐵礦，只有靠甘肅白銀的一個廠供應。趙紫陽說你們的焦炭這麼便宜，為什麼不自己生產鈣鎂磷肥？趙紫陽說的鈣鎂磷肥，也是一種磷肥，它適用於四川大量山地的酸性土，依靠土壤中的酸性與磷肥慢慢融合來釋放肥效，是一種緩釋肥，所以生產過程中也就不用硫酸。鈣鎂磷肥還有一個特點，它的生產過程是像煉鐵一樣用高爐生產，所以需要大量的焦炭；又因為磷礦石常常與鐵礦伴生，所以煉鐵又是磷肥廠的副產品，而擁有高爐的煉鐵廠，甚至可以直接轉為磷肥廠。

於是內江的這家磷肥廠，以及其他的一些小型的煉鋼廠，乾脆直接改成磷肥廠，生產鈣鎂磷肥。

光有磷肥還不夠，種莊稼關鍵是要有氮肥。趙紫陽要求每個縣都修氮肥廠，當然不可能，因為修廠子要錢，怎麼也得幾百萬。那時候的縣財政，到哪兒去找幾百萬啊？可是有的人確實想修，沒有錢就得自己想辦法，有的時候「辦法」就出了格。

比如邛崍縣委書記郭英文[452]就是一心要建氮肥廠。眼看工程幹到快一半，沒錢了。一咬

452 郭英文（一九三二～）曾任中共崇慶縣委副書記。時任中共邛崍縣委副書記，中共灌縣（現都江堰市）縣委副書記。

牙：集資！

省委有規定，是不准集資的。因為當時的縣財政都窮，如果到期還不上，損害了群眾利益，就會出大問題。可是不集資，剩下的二百萬哪裡來？此事被來邛崍檢查工作的趙紫陽發現了：政府不是不准集資嘛，你們怎麼集資呢？郭英文說我們已經花了一、二百萬，把山頭都推平了，如果不集資，這一、二百萬也白花了，扔了也是群眾的錢。不如通過集資把它修完，投產後這個錢就會還回去。

趙紫陽聽了還是不鬆口，說不準就是不准。郭英文就說：「上面不准集資，我集資了那肯定是錯誤的，錯誤我承擔。可是認了錯，我還是得集資。」

趙紫陽說：「不要集資了，差多少錢，我給你！」

哇！這句話讓郭英文喜出望外。第二天一早就到了省計委，說紫陽書記說了，給我們邛崍二百萬修氮肥廠！計委的人有意見，說紫陽書記都規定不許集資，你們犯了錯不處罰還給你們撥款？喜滋滋的郭英文不跟他們爭，說這事那你們去問紫陽吧。聽他那口氣，計委的人哪敢啊，就把錢給了。

這件事不僅解決了邛崍的問題，趙紫陽借此機會解決了五個縣的類似問題，集資以及建廠缺錢的問題都統一解決了。一次趙紫陽到宜賓珙縣，縣委書記孫文啟彙報，說是縣裡有一個停產的小鐵廠，能不能變成磷肥廠，可以年產十五萬噸磷肥，規格可以提高到地委行署主管。趙紫陽說好啊，你縣委書記孫文啟，就兼改建磷肥廠的總指揮，省財政拿二百萬，你們地區也拿一點，再不夠省裡面再想辦法！接下來珙縣開山平地，炸石鋪路，一年多之後磷肥廠就投產了。

再回過頭來說邛崍。有了錢，郭英文的膽兒肥了。當時考慮到各縣財政的經濟狀況，省委規定縣裡第一次建氮肥廠只能是生產三千噸的規模，設備由省委書記王黎之從河南進過來。如果要擴大生產建五千噸，第二年再說。可是郭英文認為還不如我多努一把力，就建個五千噸的一次到位。於是已經到貨的三千噸設備他不要了，一轉手讓給了崇慶縣委書記毛遂遠。後來毛遂遠知道老郭搞了五千噸的氮肥廠，真是後悔莫及。

可是老郭這兒正發愁：五千噸的生產設備，上哪兒去找呢？

嗨，找紫陽書記！

郭英文去省委找趙紫陽，說我要建五千噸的氮肥廠，你給我個條子，我去你們廣東買設備。紫陽書記果真讓他的祕書蔡肇發寫了條子。可是廣東說你要設備可以，但是要給我們搞點木材。郭英文去省計委要木材，省計委當然不給。郭英文又去找到蔡祕書，蔡祕書就給省計委打電話，說邛崍建這個氮肥廠，需要點木材，還是要想辦法給解決。省計委又說木材不許出境的，就是給他了，他怎麼運出境……說來說去最後還是給了幾百方木材。

郭英文高高興興去了廣東，可是人家幫了忙，總得表示表示才好。於是就想到了黃芩。黃芩是一種中藥材，在邛崍滿山都是，幾角錢一斤。可是到了廣東就是好東西：廣東天氣熱，人人離不得涼茶，是涼茶就離不了清熱的黃芩。郭英文他們把黃芩裝進小袋子裡，帶給省委的同志作禮物，人家果然很高興。

設備有了，可是廠房又出了問題：省委規定只能夠建三千噸的廠，邛崍要搞五千噸，設計院不給設計廠房。郭英文就變個方子，請人家一個車間一個車間地設計圖紙。為了安全也為了方便，一般都是建好廠房再挖安裝機器的機窩，可是郭英文卻是邊建廠房邊挖機窩，否則機器安裝就得再推遲一兩個月……就這樣別人要用兩三年修好的化肥廠，郭英文用一年就修起來，機器也安裝完畢，很快就投產。郭英文滿心歡喜去向紫陽書記彙報，紫陽書記沒表態，沒說支持也沒說反對。

可是他心裡一定在說：你小子，行！

實話實說，面對大量的需求，這些小廠都是小打小鬧。可是上天眷顧，讓趙紫陽遇上了一個解決肥料的大好機遇。

當時的四川，正在建設三個大的化工企業，都是中央投資。一個是建在重慶的四川維尼綸廠，是毛澤東和周恩來親自批准引進的四套大型化工項目之一，一九七三年由國家計委下達項目，一九七四年破土動工，一九七九年投料試產，主要生產以天然氣為原料生產化工化纖產品，和化肥生產的關係不大；第二個是位於川南瀘州的天然氣化工廠，一九五九年建廠，一九六六年建成年產十萬噸合成氨[453]和十六萬噸尿素裝置，一九七六年建成引進年產三十萬噸合成氨、四十八萬噸尿素的大化肥裝置；還有一個就是離成都很近的青白江四川化工廠，這是一個一九五六年建立的老廠，一九七六年建成我國第一套三十萬噸大型合成氨裝置，主要生產尿素。這兩個廠合起來，每年生產一百萬噸尿素，其功效等於普通化肥一百五十萬噸左右。

趙紫陽入川的時候，這三個大型化工廠都即將完工，而負責工程的，正是副省長何郝炬。

453 合成氨即生產尿素和其他氮肥的原料。

何郝炬，一九三八年入黨，建國後一直都在建築工程管理系統工作，做過建築工程部的副部長，時任四川省計畫委員會主任，中共四川省委常委、四川省革委會副主任，後來的省人民政府常務副省長，「三化」這樣國家級的大工程歸他主管。他成天往工地上跑，趙紫陽成天往農村跑，都到了一九七六年的七月，兩個人還不認識。此時新津河邊搞了個毛主席暢遊長江紀念活動，正好何郝炬從外地回來，就通知他去參加。何郝炬也不知道怎麼回事，就去了，連開會的地方都找了半天，到了那兒開幕式都完了，只好找個地方坐下，歇口氣。他的目光掃過主席台，估計有個陌生人就是新來的省委書記趙紫陽，然後起身去上廁所。沒想到那人跟進來了，問他：「你那裡搞得怎麼樣了？」看來那人真的就是趙紫陽，很關心三化的事——三化當時在四川是大事。何郝炬告訴他快了。趙紫陽很客氣地說：「抓緊一點啊，幹就是了。」何郝炬說我馬上要回去。趙紫陽說好吧，理解，你快走。

這就是副省長何郝炬和省委第一書記趙紫陽第一次的接觸——高度懷疑就是因為趙紫陽要跟他說這幾句話，才通知他去參加那個八竿子打不著的活動。

四川化工廠很快就投產了。按照當時的規定，這是國家拿外匯來辦的廠，化肥指標就應該由國家來安排，要全國調撥。可是紫陽說老何，這點化肥我們四川都不夠，不能調走。於是化肥生產出來以後，就卡在農資公司的庫房不發貨。

全國都在要化肥，國家計委急了，把四川省計委副主任辛文叫北京，說有人告你們不調出肥料，你膽子也太大了，誰批准的？辛文沒提趙紫陽，只是說不是我膽子大，四川現在麻煩得很，沒有肥料，吃飯都吃不上，我只能先解決我自己的問題。國家計委把辛文訓了一頓，辛文覺得訓就訓唄，上級訓下級也不是啥大事。可是那邊不甘休，又打來電話找到何郝炬發脾氣：「老何，你們四川怎麼卡我們、卡國家，不調化肥呢？這樣做是幹嘛？你們有沒有道理？」

老何覺得這個事情就是有點難辦，就跟紫陽商量說看來不調不行，有點說不過去。紫陽說好吧，調一點出去，我們還是爭取多留一點。

商量來商量去，國家只調了百分之四十，大部分都留給了四川，算是近水樓台先得月。後來各個省陸續有了自己的化肥廠，這兩個廠生產的化肥也就是四川自己的了。在當時的情況下，一斤化肥可以增產三到五斤糧食，一百萬噸化肥，最少就是三百萬噸糧食，那幾年四川的糧食連續增產，農村生產關係的調整自然很重要，這些化肥也是功不可沒的。

化肥生產出來後，四川很驕傲很自豪，可是何郝炬提出川化和瀘天化這兩個廠還有很多問題，都需要解決的，否則生產會很困難，比如外匯。這兩個廠要保證生產，每年都要進口幾萬到十幾萬美元的配件。當時外匯非常稀缺，怎麼辦？

紫陽說老何，這個事就你來決策，你看這樣行不行：我們每年年初專門開個兩廠會議，一方面對他們去年生產的化肥給以鼓勵，再一個討論今年能夠生產多少，還有什麼困難，我們都解決。老何覺得紫陽講得很好，於是照辦。趙紫陽走了以後，楊析綜當了省長，這個制度都還堅持了兩年。兩年以後楊析綜調任河南，何郝炬去了人大，國內的外匯情況也起了變化，這個事也就過去了。[454]

454 本章主要參考資料：蔡文彬採訪何郝炬〈四川當代史不能不寫趙紫陽〉。

心有餘悸

在趙紫陽的改革大餐裡，自留地問題不過是一碟先上桌的開胃小菜，更何況此時「包產」的呼聲已經是暗流湧動，勢在必行。

農民對於土地的渴求，與生俱來，當年一聲「打土豪分田地」，千千萬萬的農民應聲而起，用小車推出了共產黨的勝利。後來的合作化公社化，土地收歸「集體」不說，還把人也圈起來，農民就不滿意；最後農業搞得一塌糊塗，全國餓死幾千萬人，高層不得不有所退讓：從人民公社的「一大二公」，退到農業合作化時的「三級所有，隊為基礎」。所有的人看來，這就是底線了，誰敢再越雷池半步，就是大逆不道：不但意味著否定了馬克思主義「消滅私有制」的大原則，甚至意味著挑戰黨的宗旨，以及從「土改」開始的歷史，因此鎮壓是毫不留情的，哪怕是黨內的高級幹部：比如國家主席劉少奇、國務院副總理鄧子恢、國防部長彭德懷等人以及之下的各級領導幹部和基層幹部，都主要是因為主張「包產」而受到無情打擊。四川因為主政的李井泉特別「左」，餓死的人特別多，農民「包產」的願望也特別強，被打擊的力度也特別大。一九五九年，瀘州地委書記鄧自力（鄧小平的堂兄），副書記陳懷堂、崔璋在農村搞了劃小生產隊和「包產到組」，被李井泉主持的省委擴大會上批鬥後，又帶上「右傾機會主義分子」的帽子下放到公社勞動，幾乎餓死。一九六二年，西南局農辦主任張勵到雅安對岩公社調查，發現有幾個生產隊搞包產到戶，社員不但吃飽了肚皮，而且還有餘糧，他便在該地區的縣委書記會上說：可否作為權宜之計，讓那些確實困難的社隊，搞兩三年包產到戶後再收回來。後來他被人揭發，便作為「刮單幹風」的典型，拉到省委三級幹部會上進行批鬥，黨內給以嚴重警告處分，罷官下放到當時劃歸成都市管理的一個縣級單位—省農科院當院長。重慶江北縣大饑荒時期餓死十三萬人，石鞋公社尤其多，這裡的農民從一九六二年起相繼搞了各種形式的包產到戶，拿社員的話就是「單幹救命」。由於縣裡「糾正不力」，導致一九六四年省地縣三級組成三百多人的工作團，由省委書記廖志高帶隊蹲點，到該社結合社教和「四清」運動糾正「單幹」。運動中劃分「單幹嚴重戶」、「單幹為首戶」、「新地主」、「新富農」等，完全採用對敵鬥爭的辦法，對嚴重者採取撤職、開除、經濟退賠、關押、遊街批鬥等形式進行懲處。公社、大隊、生產隊七百五十一名幹部中有一百六十名被清除。一個大隊支書被折磨得雙目失明，一個大隊長被逼跳水自殺，一個生產隊長定為「新富農」後財產被分光，本人被批鬥致死。還有一個支書，因拿刀去砍竹子，被認為要行兇殺人，立即逮捕，判刑五年。全社因怕挨整而自殺的就有八人，運動期間有一百多人外逃自謀生計。從此「包」字成為「禁區」甚至「雷區」。農村幹部中人人談「包」色變，流傳著這樣的順口溜：「提起包，臉發燒，挨過鬥，彎過腰，罷過官，坐過牢！」

但是農民們填飽肚子的願望，是撲不滅的，也一直都得到了基層幹部各種形式的支持。一九五七年十二月十二日，《四川日報》第二版居然刊登了蘆山縣人民銀行幹部吳玉明寫的一篇「不合時宜」的文章〈包產到戶能更好地貫徹責任制〉。該文強調：「包產到戶後，社員便會專心經營，社員們出工便不會你等我、我等你了，可以刺激社員的勞動積極性。」鄧小平在對當時農業遭受嚴重破壞進行反思時，也於一九六二年七月七日引用了「黃貓白貓，只要捉住老鼠就是好貓」的四川農村諺語，大講「包產到戶」，肯定「現在出現的不止是百分之二十的包產到戶」。[455] 據有關資料統計，到一九六二年八月上旬，全重慶市六千一百九十六個生產隊中，實行了「包產到戶」的有一千六百九十三個，乾脆就實行了單幹的隊有一千九百九百六個，兩者合計共三千六百九十八個隊[456]。四川一些鞭長莫及的山區甚至丘陵地區，基層幹部和農民相約蓋手印訂立保密公約，做兩本賬應付上邊檢查等方法，搞的各種形式的包產到戶，幾乎從未間斷，無非是轉入「地下活動」而已。即便像江北縣的石鞋公社，經過工作團半年多的「殘酷鬥爭」糾正「單幹」，可是工作團一撤，當地農村很快又隱蔽地恢復了原來的搞法。很顯然，這是農民對「人民公社」制度的無聲反抗。

只要順農民之意，把種田的自主權交還給農民，農民的積極性就可以調動起來，農業就能很快得到恢復和發展，這是長期做領導工作而又非常熟悉農村情況的趙紫陽心知肚明的。這樣的思維在黨內還大有人在，比如鄧小平。早在一九六二年大饑荒最嚴重也是農民「包產到戶」鬧得最厲害的時候，鄧小平就談道：生產關係究竟以什麼形式為最好，要採取這樣一種態度：就是哪種形式在哪個地方能夠比較容易比較快地恢復和發展農業生產，就採取哪種形式；群眾願意採取哪種形式，就應該採取哪種形式，不合法的使它合法起來」[457]。

但是由於毛澤東對於「包產」的厭惡，以及在最困難的時候默認、過後又翻臉打擊的作法，使之始終沒有「合法起來」。「文革」結束以後，儘管「包產」已呈現蔓延之勢，但是幹部中贊

455《鄧小平文選》，第一卷，人民出版社一九九三年版，第三二二－三二三頁。
456《中國共產黨重慶歷史大事記》，第七四頁。
457《杜潤生回憶錄》，第三三二頁。

成者是少數，其中不乏把它看作救荒臨時措施的人。而黨內高層相當一部分人，或者是未能擺脫毛澤東有關社會主義集體經濟的一貫思路，或者是心底深處還懷著巨大的恐懼，表示出強烈的反對；甚至到了一九八〇年六七月份，由中共中央主席華國鋒親批的檔中，還說共產黨員不能搞包產到戶，否則開除黨籍。基於這種現狀，中央對「包產到戶」的表態一直謹慎，十一屆三中全會和一九七九年九月的四中全會的有關檔，都對它明令限制。

可是像在廣東一樣，趙紫陽支持農民和基層幹部，不動聲色地開始了行動。

地火運行

前面提到成都附近的廣漢縣因為大種「雙季稻」減產，一九七六年糧食產量降到了一九六三年以來的最低水準。剛剛接手廣漢縣委書記的常光南心裡不安，為了探索增產糧食的辦法，他常常騎著自行車下鄉，終於發現西高公社紅光二大隊田裡的苗子特別好。他問在場的副隊長是怎麼一回事，因為生產大隊打了招呼，不能說是搞了「包產到戶」，副隊長只承認搞了「包產到組」。常光南跟副隊長說了很多好話，承諾不會讓他們承擔任何責任，副隊長才肯承認包產到「組」實際上就是「包產到戶」。由於常光南兌現承諾，沒有暴露這個祕密，所以在很長一段時間內，連當時縣委的很多人一直認為下面搞的是包產到組。

和當年在廣東的趙紫陽一樣，常光南也覺得這是個辦法。但是在縣委常委會上一說，沒人敢支持，鬧得他自己心裡也發虛。後來縣委討論派副書記蘇治良到溫江去找地委請示，看能不能搞一個試點，這個地委負責人當時就回答說：「這樣的試點都搞得啊？」意思是根本不能搞。蘇治良不甘心，又到省委找到主管農業的書記楊萬選，楊萬選說我支援你們搞，可以試點，但是省委得研究一下。

就在這個期間，大約是一九七七年的十一月底到十二月初吧，紫陽書記就到廣漢來了，常光南雜七雜八彙報了一大堆，最後小心翼翼談到西高公社「包產到組」的事情。紫陽一聽很感興趣：其他不忙說，先到西高去看看實際情況。

趙紫陽在西高走了好幾戶農民家庭，看到圈裡有豬，囤裡有糧，很高興，對常光南說我支持你們搞試點！然後又說：「打破舊框框，嘗試新辦法，要求就兩條：第一要發展生產，增產糧食；第二要增加社員收入，讓群眾得到實惠。否則，不搞。」隨後他指派省委副祕書長宋文彬、調研處長嶽忠加強同這個實驗點的聯繫，隨時了解情況。

有了紫陽書記的支持，常光南的膽子就大了，他把全縣的公社財會負責人，加上二百五十幾個大隊的會計都集中起來，連同縣農業局的幹部一共三百多人，組成工作隊，於當年的十二月到了金魚公社，搞試點。金魚公社有十一個生產大隊，一百五十多個生產隊，工作組的三百多人分別到了每個生產隊，逐一做工作，動員大家搞「包產」。結果百分之七八十的生產隊願意試一試。工作組在具體落實的時候根據具體情況作了安排，有包產到組的，也有包產到戶的，還有包產到院落的，就這樣包下去了。

金魚公社的包產試點並沒有立即在全縣推廣，大家都等著看結果。一九七八年的十月，根據趙紫陽的意見，省委派出工作組到金魚公社實地調查秋收情況，當年全公社糧食產量達到一千三百五十萬公斤，比上年增產二十%，比全縣增產比例高出近一倍。於是由楊萬選率工作組，對金魚公社的經驗進行總結。為了回避一個「包」字，經過徹夜的反覆推敲，把這篇經驗的標題定名為「分組作業，定產定工，超產獎勵」。送紫陽書記閱後批示：金魚公社建立明確的生產責任制和獎勵制的經驗，是運用經濟方法管理經濟，具體體現按勞分配、多勞多得，使社員的勞動同自己的物質利益緊密結合起來，充分調動了社員群眾的積極性，看來，這種辦法是可行的。各地、縣委，可以選擇有條件的社隊，進行試點，摸索經驗。期間，溫江地委在大邑縣召開縣委書記會，趙紫陽親自到了大邑，點名常光南專題介紹金魚公社的經驗。趙紫陽最後表態說：金魚公社的經驗是成功的，你們回去後願意搞的都可以搞，搞一個公社也行，搞幾個公社也行，不願意搞的想再看一看也可以。

和趙紫陽一起工作過的人都知道，他這個人做事一是堅定，二是慎重，他一再強調「試點」的意義，從來都是試點成功之後再推廣；在推廣的過程中，他也從來都是用事實去說服人，而不是以命令去強迫人，對於不同意見者，他願意一等再等。

十月二十七日，省委辦公廳把紫陽的批示作為編者按語，以〈工作簡報〉的形式將金魚公社試點總結下發各地。緊接著黨的十一屆三中全會上，趙紫陽又把金魚公社的經驗，概括為「可以包工到作業組，聯繫產量計算勞動報酬，實行超產獎勵」，建議寫進了全會通過的農業《決定》草案。跨這個年頭的冬春，四川全省掀起了推行包產到組的小高潮，廣漢全縣實行，溫江地區大範圍試點，各地也都展開了不同範圍的試點工作。據省農業廳經營管理處的統計，到一九七九年的三月，全省實行定額管理搞「五定（定領導、定勞力、定任務、定品質、定工分）小包工」的生產隊占七十％，實行包產到組的已達二十％以上。[458]

458 本節主要參考資料：常光南〈回憶廣漢改革〉等文章。

頂風破浪

時代的大潮滾滾而來，漫過這片乾涸已久的土地，引起了巨大的震盪。不僅僅在中央高層，也震盪了包括基層在內的各個領域。就在四川省委辦公廳關於推廣金魚公社「包產到組」的〈簡報〉下發不久，辦公廳調研處副處長王能典接到一位老地委負責人的電話：「你們那個簡報，是哪個地主兒子搞的？那不是右傾倒退嗎！」王能典回答說：「那個編者按，就是紫陽書記的批語。」那頭才沒敢吭聲，把電話掛斷了。一九七九年三月十五日，《人民日報》頭版頭條刊登了署名張浩的讀者來信，稱他在返鄉探親時，發現河南洛陽地區，一些社隊搞了「四固定」到作業組，甚至包產到組，對此提出異議。此文的「編者按」中指出：這種作法其實質是分田到組，是一種改變生產隊所有制的錯誤傾向，應予糾正。這篇報導面世，立即在四川全省引發了一場劇烈的思想動盪，許多試點地的基層幹部，奔走探詢，忐忑不安，有的人半夜敲門，找公社和區縣的黨委書記問詢：黨的政策又變了嗎？我們是不是又要遭整了？與此同時省委調研處的電話鈴聲也連續不斷，一些地縣幹部紛紛問詢省委態度，還問該怎麼辦？

三月十九日上午，趙紫陽找到楊萬選和幾位搞農村政策研究的幹部商量之後，最後歸納了四點：一、我們的試點，既未違反《六十條》，又符合中央的《決定》（草案），要繼續深入宣傳「兩個檔」，明確宣布黨的政策沒有變。二、要把所有制同責任制區別開來。在堅持生產隊統一核算和分配的前提下，實行「五定一獎」或包產到組等辦法，都是聯繫產量計算勞動報酬的責任制形式，應當肯定。三、各地試點應繼續搞好，還要多總結一些具體經驗，進行介紹推廣。四、《人民日報》指出的有的地方改變生產隊所有制問題，同我們搞的包產到組是兩碼事，要正面宣傳，加以引導。趙紫陽請楊萬選以省委的名義，於當天連夜親自給各地、市、州的一把手打電話，把這四條傳達下去，要他們迅速向下傳達。

兩天以後，四川省委發出〈關於農村人民公社生產隊建立健全生產責任制和獎懲制度問題的通知〉，對一九七八年十月省委總結提倡的廣漢縣金魚公社實行「分組作業，定產定工，超產獎勵」的辦法，作了肯定。同時指出，在推廣這一經驗時，有些幹部心有餘悸，存在怕「反右傾倒退」的思想，是不對的。省委重申，省委常委擴大會議上部署的那一套辦法，應該堅決貫徹執行。在勞動管理上，要加強定額管理，按照勞動的數量和品質付給報酬，建立必要的生產責任制和獎懲制度，堅決克服平均主義。在生產隊統一核算和分配的前提下，實行包工到「組」，聯繫產量計算報酬的辦法，形式可以多種多樣。個別地方已經包產到「戶」的，不要沿用過去「反右傾倒退」的辦法加以批判，而要堅持說服教育的辦法，幫助他們逐步加以改正——這最後一句，算是對時局的「妥協」。

趙紫陽終於穩住了陣腳，使試點工作得以正常地開展，為突破「禁區」闖開了一個視窗。當然了，在勢不可擋的春潮面前，此事不過是一場小小的「倒春寒」，很快就過去了。一個多月之後的五月十三日，趙紫陽在省委擴大會議傳達四月中央工作會議的總結報告中有針對性地強調：「要全面貫徹三中全會的方針，領導幹部頭腦要清醒，善於獨立思考，對問題多作分析。不要聽到風就是雨，不要偏過來倒過去。」《新華社》於五月二十二日以通稿報導了趙紫陽的這次講話。《參考消息》五月二十六日在頭版登載外電引述趙紫陽講話的主要內容，稱趙紫陽主持的四川工作「具有全國樣板地位。」

一九七八年十一月初，中央工作會議的一個重要議題就是討論《關於加快農業發展問題的決定（草案）》）。這個《草案》由農業部起草，點名要四川派人參加，其中就用了金魚公社搞聯產計酬的內容，這個《草案》由趙紫陽承頭進行了修改，然後下發各地試行。[459]一九七九年夏天，趙紫陽去北京參與了《關於加快農業發展若干問題的決定》草案修改工作。這個《決定》後來在九月二十八日中共十一屆四中全會通過，並在十月一日在幾大報紙的頭版全文發布。有人把這個《決定》同先前的《草案》逐條逐款地進行對照，發現刪除了一些過時的提法，增加了許多新的內容，從文風、用詞等方面來看，多處很像是趙紫陽的口氣。特別是《草案》中的「不許包產到戶，不許分田單幹」這句話，在全會正式通過的《決定》中，前半句的「不許包產到戶」被刪掉，而在「不許分田單幹」的句號後面，加了一句：「除某些副業生產的特殊需要和邊遠山區、交通不便的單家獨戶外，也不要包產到戶。」這個修改非常巧妙，一是把分田單幹與包產到戶區別開來，撥開了「包產到戶就是分田單幹」的概念含混的迷霧；二是為突破「禁區」又撬開了一條門縫。

這個由趙紫陽參與修改、由葉劍英在十一屆四中全會上宣讀的《關於加快農業發展若干問題的決定》，在提高農業投資、增長農業貸款、提高農產品價格、減免相關稅收、增加支農物資、加大農產品出口等等優惠政策的同時，還特別提到要認真執行各盡所能、按勞分配的原則；社員自留地、自留畜、家庭副業和農村集市應予鼓勵、扶持；集體和個人的各種權益得到法律保護等等，這些都是趙紫陽在四川已經付諸於實踐的措施。緊接著，四川省委於十

459 嶽忠〈廣漢縣金魚公社生產責任制改革試點前後〉，《當代四川要事實錄》，第二九六～二九九頁。

月下旬到十一月初召開全省縣委書記會議，形成了《關於進一步落實農村經濟政策，使生產隊逐步富裕起來的意見（試行草案）》的第一百號文件，文件內容緊扣葉劍英的講話，明確指出：實踐證明，我省相當一部分生產隊，實行包工到作業組、聯繫產量的責任制，更能調動社員的積極性，推動生產的發展。特別是在一些管理水準低的後進隊和窮隊，效果更顯著。要認真總結經驗，積極加以推廣。為了回避「包產到戶」這四個字，文件寫的是「包到戶」或「按常年產量包到戶」，實際上是包產到戶。作為省委的正式檔開口子允許包產到戶，四川走在了全國的前面。

不久，《人民日報》全文發表了這個文件的內容，對全國農村改革和農村經濟的發展起了積極的推動作用。

四川的大動作在全國引起了大震動，也震動了之前受到鄧小平賞識的安徽省委書記萬里。一九七八年，安徽遭遇百年不遇大旱，省委號召農民種「保命麥」，肥西縣山南區一個叫湯茂林的區委書記在所屬的黃花大隊搞了包產到戶，省委書記萬里也顧不了那麼多了，同意搞實驗。這個消息卻在安徽農村不脛而走，捂不住也扭不回，結果山南區七七%的隊都搞了包產到戶，一九七九年夏收竟然增產二．六五倍，夏糧收購增加五．七倍。不但是肥西了，安徽一九七九年全省農業大秋收，其中窮的要命的鳳陽縣梨園公社小崗生產隊，一九七九年的糧食產量相當於一九六六年至一九七〇年這五年的總和，這一年鳳陽縣全縣的糧食產量比頭一年增加了四九%，人均收入比頭年增加了八五%。「祕密」終於藏不住了，在安徽農村掀起了大浪。面對紛紛要求承包的農民，曾經下發過《六條》的萬里也拿捏不准分寸，終於給四川的趙紫陽打了個電話。後來鄧小平的妹妹鄧先芙曾經講到了這樣一件事：趙紫陽從廣東調到四川擔任省委第一書記期間，我正在四川省委辦公廳工作，其時趙紫陽與我大哥鄧小平聯繫是由我負責的，所以我與趙紫陽常常見面。

大概在一九七九年夏天[460]，趙紫陽的祕書對我說，最近萬里從安徽給趙紫陽打來電話說：「人民公社三級所有，是寫進了《憲法》的，你怎麼在四川搞起了包產到組？」趙紫陽告訴萬里，最初他也不敢這樣大張旗鼓地搞，但是有了小平同志的堅決支持以後，才「吃下了定心湯圓」。[461]

鄧小平這個人，不同於周恩來，事無巨細都要管。他在很多事情上不輕易表態的，比如「包產到戶」這樣的大事，在史料上就沒有他表態的記載。往好的方面想，這樣可以給下面的幹部更多發揮空間，可是另外一方面也能夠進退有據，可攻可守，是很多政治家慣用的策略——因為中國的改革太宏大也太複雜了。可是對於趙紫陽在四川搞包產，他居然通過其妹妹這條特殊的管道給予了支持，這是與他往來比趙紫陽更密切的萬里沒有想到的（因為萬里還是鄧小平的牌友）。於是萬里才拿著鳳陽縣委的調查報告〈一劑必不可少的補藥——鳳陽縣梨園公社小崗生產隊「包乾到戶」的調查〉，去了小崗村，然後才有了後來發生的一系列故事。此時已經是一九八〇年一月二十四日，[462]兩個月後萬里調到中央工作。而此時趙紫陽在四川農村的改革探索已經進行了兩年半，廣漢金魚公社在趙紫陽的支持下，「包產到組（戶）」試點

460　或者是秋天。
461　吳啟權〈鄧小平為什麼認定「四川是改革之鄉」．二〉。
462　張廣友〈萬里與小崗村〉。

已經全面鋪開。

行筆至此，不得不提到爭論多年的安徽與四川的農村「包產到戶」誰早誰遲的問題。這裡可以引用原四川省省長楊析綜曾經對人說過的一段話：

四川的包產到戶比小崗村早這個事情在四川早有議論，我們向紫陽同志彙報過。他囑咐：這個事不要再議論了，特別不要在報紙上發表文章。因為全國都知道小崗村是第一個搞包產到戶的，再爭誰先誰後還有什麼意思？事實上，當時人民公社體制已經走到盡頭，各地都在想辦法衝破原先的體制。由於當時的政治氣氛，大家都在祕密地搞，說不定還有什麼地方搞包產到戶比安徽、四川都早，不過人家沒有宣傳。我們沒有必要在這些方面動腦筋，要在發展農村經濟上有新的創造，做出新的成績。包產到戶的意義很大，它是中國農民產品人民公社體制的大膽探索，開了思想解放的先河，是我國體制改革邁出的第一步，意義還可以說出很多。但是發展到一定程度，包產到戶所起的作用就是調動農民的積極性，其發展潛力是有一定限度的。農業的進一步發展要靠農業的專業化，社會化合作，靠農村經濟結構的調整，靠科學技術的推廣，靠政府農業區劃的引導。[463]

既然紫陽書記的話都說到這個份上，四川人再也不提這個話題，儘管至今很多人還是不服氣。

463 張朝熏〈趙紫陽在四川是怎樣支持農村「大包乾」的〉。

蓬溪故事

蓬溪縣縣委書記周裕德最忘不了的，是一九七九年。那年川東區域遭大旱，主要旱區是包括蓬溪在內的五個縣，凡是不靠江河和沒有能力抽水灌溉的地方，地裂的深度達十幾公分，到了四五月栽秧季節，蓬溪全縣三十三萬畝水稻地只栽種了十多萬畝，都一米多高的玉米苗子眼睜睜看著被曬死，山坡上的紅薯也無法栽種。直到六月二十二日才等來第一場雨，但是一切都已經晚了，全縣的糧食產量預計會減產三十%～四十%，老百姓生計肯定成問題。五個縣的情況都差不多，縣委書記們急得不得了。

這一年五月至九月，紫陽書記到蓬溪來了五次——從來沒有哪個省委書記能做到半年時間到災區五次。他跟各縣的書記們說：「你們不用很擔心，四川這麼大的省災害最嚴重也就是你們這五個縣，經過全省的努力肯定能解決你們這幾個縣百姓的糧食問題。省上會盡力支持你們的。」

十月，省委開了擴大會議，全省的縣委書記到會，總結這一年的工作特別是救災工作情況。趙紫陽在會上說：四川多災多難，有什麼辦法能夠正常發展起來，讓百姓吃得飽？那就是要實事求是，從實際出發，要把改革深入地開展下去。有些問題從長遠看不一定適合長遠發展，但當前只要對發展生產有利，都可以辦。大會結束的時候，已經是下午五六點鐘，紫陽把受災最嚴重的這五個縣的縣委書記叫到一個小會議室開了一個會，除了省委辦公廳的幾個幹部參加並且作了記錄，其他人包括地委書記都沒有通知。紫陽書記說：今年我們這幾個縣的百姓生活肯定比較困難，省上會撥五千萬斤左右的糧食給你們幾個縣，專門用於救災，同時對農業稅進行減免（大約也是五千萬斤左右）。但是大家回去也要想其他辦法，搞好小春生產，可以把山上的一些地「包兩分下去給農民種」。

這話當時周裕德並沒有太注意，只是覺得提高小春的收成要想許多辦法，也許這也是辦法之一。

周裕德回到蓬溪，就聽說蓬溪河邊鄉有一個生產隊，在上半年乾旱最嚴重的時候，把最怕旱的棉花地包給農民，結果在這個生產隊的棉花不僅沒有減產，反而增產了，現在小春的苗架也比周圍的長勢都要好。接著又有人跟他講，東南方向群利鄉有幾個生產隊也把地包下去了，小春的苗架也不錯。周裕德坐不住了，親自去這兩個地方看看，果然如此。

他問一個正在河邊洗菜的農婦：包產到戶好不好？

農婦說好。

為什麼好？

因為自由啊。

一個普通的農婦，一邊在河裡洗菜，一邊隨口回答她的縣委書記，終於捅破了那層薄薄的紙。

在人民公社制度下，農民被嚴格地束縛在土地上，在嚴密的監視下生活勞動——他們不是作為一個鮮活的「人」存在，而是只是按照公社幹部的指示在土地上勞作的「勞動力」，哪裡來的積極性和創造力？現在，只是將監視的繩索稍微放鬆了一點，農民便感受到自由，他們舒展開了筋骨，積極性像火山一樣爆發出來，讓土地煥發出新的面貌。自由的魅力，是何等的令人嚮往。

洗菜農婦說的話對周裕德觸動很大。作為中國基層一個土生土長的小幹部，他也許不知道古今中外許多偉人對於自由的解說——比如對馬克思產生了重大影響的黑格爾就說過：如果要問世界的本質是什麼，我的回答是「精神」；如果要問精神的本質是什麼，我的答案是自由。——但是，他剛剛參加了省委召開的貫徹中央四中全會精神的會議，紫陽書記在講話中指出：特別是在執行政策方面，一些領導幹部怕右、基層幹部怕整、社員群眾怕變的問題，至今還在許多地方程度不同地存在著。我們必須按照馬克思主義關於生產關係一定要適合生產力的性質這一基本原理去做。如果為了保證自己不犯所謂「右傾」錯誤，對那些超越了生產力現有水準的制度辦法，採取視而不見、充耳不聞、繞開走的態度，那絕不是一個革命者的態度。現在結合這個農婦的回答，周裕德豁然開朗：自由了就是解放了。農民是農村最主要的生產力，農民解放了就意味著農村生產力解放了。從理論上來講，咱們共產黨的革命就是為了解放生產力，而紫陽書記說把地包給農民去種，讓農民獲得自由，就是當下解放生產力最好的辦法。蓬溪一百一十萬人口，人均只有九分地，但只要把每個人的積極性都發動起來，何愁不增產。

為了讓老百姓不餓肚子，幹！

周裕德很快召開了全縣公社黨委書記會議，傳達了紫陽書記的指示，又帶公社書記們看了兩個「包產」生產隊的情況，讓他們回去把山坡上的地包給農民去做，一定要把明年的小春產量提起來。一個月以後，全縣六千個生產隊，就有一千三百多個生產隊把山上的旱地包下去了。周裕德覺得遠遠不夠，還需要做做那些猶豫不定的公社書記的工作，再多解決一些。

就在這個時候，地委通知周裕德去開會。

會議由地委書記主持，開口就問：「你們是怎麼貫徹省委擴大會議精神的？會議精神就是旱地包產到戶嗎？趕快糾正過來！」周裕德一再說災區的情況很特殊，只有這樣才能把生產搞上去。可是地委書記不聽他的解釋，於是周裕德就把紫陽在擴大會議後找幾個縣委書記開的小會說出來，說是紫陽書記提出可以把旱地包給農民種的。可是地委的人不相信：我們怎麼不知道？哪有向縣委傳達精神的會議不通知地委參加的？

偏偏趙紫陽做這個事情就是沒有讓地委知道：他是為了減少阻力，也減少這個措施對於周圍的影響力。要知道在當時，一個省委書記在會議上公然指示縣委書記們把土地包給農民自己去做，他趙紫陽絕對是全國第一。可是即使在這個時候，趙紫陽在自己心裡也還有一些顧忌，他只能在有限的範圍內採取有限的措施，比如「把山上的一些地『包兩分下去給農民種』。」

又過了十來天，地委開會又把周裕德叫去，這次規模比較大，各個公社黨委書記都在。地委書記又說：「我們到省上了解了，紫陽同志確實講過你們可以把旱地包兩分下去，可你們怎麼把旱地都包下去了？」

周裕德說四川話裡的「兩分兒地」並不是一個定數，我的理解就是可以把旱地包給農民去做，並不是包了不多不少的「兩分」地就算是貫徹紫陽同志的精神，而包三分地、五分地就是錯的。

地委還是不高興，不過事情都已經做了，也不好多說什麼，只說把小春這一季種過了，以後要糾正。

周裕德沒有想什麼糾正不糾正，一心想著全縣六千多個生產隊，怎麼才包下去一千三百多個隊呢？他繼續大幹快上，到處吆喝，到一九八〇年二月立春前後，把全縣的旱地基本上都包下去了。

這個時候紫陽已經去了北京，臨行前留下了一句話：「農業生產責任制可以搞『包產到組』，到此為止，不要搞『包產到戶』。」只是還留了個口子：「災區或者山區還是可以搞一些。」可是這句話在許多人那裡成了趙紫陽反對「包產到戶」的證據。地委多次找周裕德，說紫陽同志說都了「包產到組」為止，為什麼你還不糾正？

兩邊各抓住趙紫陽的半截話，扯來扯去纏不清，作為一個基層幹部，周裕德也搞不清楚趙紫陽他堂堂一個省委書記，說話怎麼變來變去的，乾脆說了句橫話：「紫陽同志也不是金口玉言。」這下子讓人抓住把柄了，說他太過狂妄，還敢說紫陽同志不是金口玉言！地委就把這件事寫了個報告給省上：「蓬溪周裕德堅持做包產到戶拒不糾正，並且連紫陽同志的話都不聽……」此事一傳開，周裕德就得了個「周大膽」的綽號。

雙方就這麼爭執三個多月。

一九八〇年二月，趙紫陽離開四川去了北京，一九八〇年四月，在安徽大膽推行「包產到戶」的萬里出任國務院分管農業的副總理；五月，鄧小平讚揚了安徽的「包產到戶」，指出現在農村工作的主要問題還是思想不夠解放，但是從上到下的阻力依然，周裕德的壓力絲毫沒有減輕。一九八〇年三月，風向已經開始轉變，他卻主持召開了縣委常委會議，會議討論是否要按照地委的意思「糾正錯誤」。會議開了一天半，有人心虛了，說現在搞起來容易，以後「糾正」起來就麻煩了。周裕德和一個副書記是堅定派，認為按照現在的形勢看，只要有利於生產力發展，上面是不會糾纏這個問題的。最後他一拍胸膛：退一萬步講，即便有一天上面責怪下來說這個事情搞錯了，所有的責任我周裕德一個人承擔——因為我是縣委書記，是我自己堅持要這樣做。此言一出，擲地有聲，大家都說你提出這個問題時我們都沒反對，要是怪罪下來，我們縣委班子一起承擔！

方針已定，蓬溪縣委書記周裕德召開了全縣公社黨委書記大會，專門講包產到戶，主旨就是生產力和生產關係。馬克思主義政治經濟學認為：生產關係要適應生產力發展水準，過去搞「一大二公」，甚至公共食堂「吃大鍋飯不要錢」這一套，生產關係太超前了，太高級了（話只敢說到這個尺度為止），完全適應不了當時的生產力水準，所以把事情搞砸了。那麼什麼方向是正確的？就是能夠發展生產力，能夠解放社會生產力，生產關係適應生產力發展水準，這樣的生產關係生產方式，才是真正能夠促使我們繼續前進的正確方向。

周裕德一點都沒有提到馬克思理論中的核心問題：消滅萬惡的私有制。

說話之間，五月就到了，中共中央主席華國鋒針對搞包產到戶，有個批示通過省裡批轉下來，說共產黨員不准搞包產到戶，搞包產到戶的要開除黨籍。這份電報周裕德也看到了，但是他知道大勢所趨，這些都是實行不了的空話，所以繼續前行。正是小春收穫的季節，一派豐收的景象。周裕德和他的縣委班子一不做二不休，大春繼續包，把旱地裡的紅薯包穀包到戶。這一年天公也作美，大春這一季的莊稼長得簡直太好了，秋收後一統計，小春大春都是大豐收——全縣糧食增產三十%多，畝平均增產二百斤，人均增產一百八十斤，九十%以上的農民家裡，不但糧倉都滿了，連櫃子裡都裝滿了糧食，這在蓬溪的歷史上從來沒有過。

九月，水稻收割完畢，全縣的稻田也全部包下去了——完全突破了趙紫陽先前說的「把山上的地包兩分給農民種」。

一九八〇年冬天，蓬溪糧食增產的數字報到地委，地委不相信，派了農業局農辦統計局等單位元全部出動，組成了六七個工作組，來蓬溪調查。周裕德連工作組的面都沒有見，也懶得跟下面打招呼，說他們要去哪兒就去哪兒，要去誰家就去誰家，隨便查。調查的結果沒有發現一處虛報，也沒有一個農民舉報弄虛作假。調查組心服口服，說老周他們報的數字只可能少報不可能多報。

但是，最後給周裕德定下的原則，依然是三個「不」：不表揚、不宣傳，更不推廣。周裕德說我共產黨員幹工作不是圖表揚，但是宣不宣傳是你的事，推不推廣你就不能控制了，農民要「包產到戶」是大趨勢，恐怕是擋不住的。

春節到了，蓬溪家家戶戶都放鞭炮，異常熱鬧。有個農民家門口貼的對聯引起熱議，上聯：年好過月好過天天好過，下聯：你家好我家好家家都好，橫批：黨的政策好。

一九八一年二月，趙紫陽從泰國訪問回來，路過成都在四川省委講了一番話，大意是說：去年給你們講的『包產到組，到此為止』，可能對你們有束縛。現在可以放手了。這個話他之前也給去北京學習的馬識途等四川省級幹部也說過。其原因是他到山東河南省等地做了考察，看到不少地方都已經實行包產到戶了，效果很好。全國農村搞包產到戶，已經勢不可擋，成為發展趨勢，四川不能落後。

地委的態度這才開始轉變了。可是就在趙紫陽講那番話之前，地委還開了一次會批評周裕德，說（地委）有個同志家在蓬溪，春節期間回家過年都沒休息，還在挑泥挑土弄田。一個國家幹部對自家的那點包產地如此上心，小農意識嘛。周裕德說：第一，我們縣委絕對沒有硬性規定回家過年的同志不能休息，必須種田，下面鄉黨委也沒有這樣要求，肯定是他家裡人這樣要求的，所以即使他錯了，也不是我們的錯。第二，我認為幹部回家過年還挑泥挑土弄田，這是好事嘛，說明他的生產積極性爆發出來了。在搞包產到戶之前，你能看到這種情景？

那個時候，全中國偷偷摸摸搞包產到戶到處都有，但是整個縣在黨組織領導下大規模堅持進行包產到戶的，蓬溪縣是全中國第一個。所以在一九七九年到一九八〇年期間，周裕德的壓力相當大：和他一起接受趙紫陽指示的五個縣委書記中，就他一個人堅持下來，這就很說明問題。周裕德說他之所以能堅持，是因為堅信紫陽同志講的話，這個政策最終會得到落實的。[464]

倔脾氣游科亨[465]

因為包產到戶吃盡苦頭的幹部，還有許多。比如重慶江北區鴛鴦公社黨委書記游科亨。游科亨這個人，文化不高，一九七七年調到重慶江北區鴛鴦公社，社長書記一肩挑，若干年以後說起當年的場景，還想流眼淚：農民一年只分了一百多斤糧，公社幹部住的是集體宿舍，煮飯的甑子都被群眾端了——我們農民都要餓死了，你們幹部還在這裡吃乾飯！他在

464 本章主要參考資料：蔡文斌《趙紫陽在四川．一九七五～一九八〇》，香港新世紀出版社二〇一一年版。
465 本章主要參考資料：蔡文彬採訪游科亨〈反對江北「糾右」，我向總理陳情〉。

路邊看到小孩兒餓得手裡抓把生菜葉子在吃，問他們父母去哪兒了，說是借糧去了。鄉裡賭博成風，社會治安很糟糕……

一九七八年底，省委下發了廣漢縣金魚公社的簡報，說是可以包產到組。老游拿到簡報之後馬上開公社黨委幹部擴大會，研究部署包產到組的實施工作，搞了個聯產責任制十二條：鴛鴦公社八十％是水田，二十％是旱地，就搞水統旱包，把水田由集體統一種，把所有的旱地劃給社員，聯產計酬。有人提出一個問題：軍屬家裡沒人勞動，怎麼辦？老游說這好辦，中央有政策的，就由生產隊負責，凡是部隊的現役軍人家庭，大家都去幫工。這事一傳開之後，到處都來參觀，江蘇的解放軍工程兵學院請他去做報告，怎麼樣解決戰士們的後顧之憂。一次某部隊拉了四車人八十多家軍屬來到鴛鴦公社，到每家每戶軍屬家裡去看，看了之後只有一個叫朱長居的軍屬提了相反的意見：穀子多了沒地方放。部隊有個當官兒的說：老大爺，要是我們全國的軍屬家庭都像你家的糧食一樣多，我們就放心了。

除了種田種地種果樹，老游還辦企業，打石頭，到重慶城裡修房子，鼓勵大家想辦法致富。他聽說果園村有一戶姓王的農民，利用閒置的「四邊地」[466]種植了許多南瓜和玉米，還喂了五頭豬，日子過得不錯，就去看看。可是王老頭躲著他，心想游書記肯定是來糾正「包產」的事情了，誰知道結果卻是來讚揚他們家的，說你們把土地做得這麼好！王老頭鬆了口氣，跟老游擺龍門陣，說我孫子七歲時差點餓死，是我借了五斤米才把他救活，你看現在這娃娃都這麼大了，說著就給老游端來碗糖開水：老百姓心裡一桿秤，誰為老百姓辦事，大家就信

466 指田邊、溝邊、路邊、宅邊的土地。

任他。

一九七九年，趙紫陽來了江北縣，通知了六個人去開會，其中就有老游。老游他個子高，偏偏被安排坐在第二排，面對著省委書記這麼大個官兒他躲也躲不開，一個勁地埋著頭。沒想到主持會議的人說：下面請鴛鴦公社黨委書記彙報吧。他當然就只有彙報了。

老游的彙報拉拉雜雜，水統旱包是怎麼個包法統法啦，承包後如何解決軍屬、水利、幹部務工問題啦，怎麼辦企業打石頭參與重慶市區修房子搞建築啦等等等等，比較得意的就是推廣雜交稻：我們鴛鴦公社最積極，全公社一下推廣了七十%的水田。可是搞雜交稻要肥料啊，我想了個辦法，就在公社旁邊的一家飯館子牆上貼了一張海報，寫上「給鴛鴦拉肥料的司機席位」，凡是在此下肥料的司機都有大份的肉菜吃，由鴛鴦公社付錢。這下子吃小虧占大便宜了：一份肉菜不過幾角塊把錢，可是來吃飯的司機把肥料都下在飯館旁邊了，所以儘管別的公社很有意見，鴛鴦公社的肥料卻由此得到了「充分供應」。哈哈哈！

有專家反對在低海拔地區種植雜交水稻，認為雜交水稻在海拔五百公尺以上才能生長，可是鴛鴦公社種植的雜交水稻從海拔一百多公尺一直種到三四百公尺，再種到五百多公尺，全面鋪開，全部豐收。趙紫陽對這個事情非常感興趣，不斷詢問種植雜交水稻後的增產情況及當地的地理環境，老游就不停地給回答他的問題，兩個人一問一答，說了兩個半小時，而會議總共才開了四個小時，老游他一個公社書記，簡直不把陪同的各級領導們放在眼裡，難怪別人說他驕傲。再說在有些幹部心裡，還是要鞏固集體經濟，糾正包產到戶，主張集體化道路；那廣漢金魚公社的經驗只不過是大集體下的小自由，哪是你這樣大張旗鼓的！

趙紫陽這次來江北不久，就去了北京當總理。他一走，老游就挨鬥，上面組織了五六十個人的工作組，來調查鴛鴦公社農村包產到戶的情況，歸根結底就是他老游搞包產是搞倒退：「辛苦革命三十年，一夜回到解放前」。老游知道工作組的好多人，包括縣委機關的幹部都同意他的作法，只不過上面要批判，只好來做做樣子。於是他在開會的時候交病假條，自己不去參加。可是會開到半截，有人給他通風報信，說是周區長批你批得很激動啊，滿頭大汗。老游一聽病也沒有了，直接就奔了會場，果然周區長汗水把棉襖都打濕了，脫了衣服繼續批，批完了說大家都表個態，到底該怎麼辦？沒想到大多數人都要堅持原來的辦法繼續幹下去，只有副書記表示要老老實實的「糾正」，結果當然是「糾」不下去的。

那些日子老游能夠挺過來，最重要的一點是群眾和幹部們都支持他，鴛鴦公社一萬多人，就一個平時不做事的「二流子」反對過他。批判最嚴重的時候，連走路都能聽到區委書記在廣播裡面批判他游科亨，可是社員們走路碰見他，都伸出大拇指說遊書記你了不起啊！敢於和他們對抗。

游科亨倒是不在乎那些人的批鬥，可是心裡不痛快，就給趙紫陽寫了封信。大意是這樣說的：趙總理，你到鴛鴦（公社）來過之後，群眾的生活都滿意，可是現在我們這裡的糾「右」很嚴重，我們又要開始吃大鍋飯，又要回到原來的社會。我們給你反映問題以後受到了嚴厲的批評和懲處……總理日理萬機肯定很忙，但是我必須要寫這封信，望你在百忙當中一定派人來解決此事……

游科亨覺得趙書記肯定對自己還是有印象，畢竟一九七九年那次他問了我兩個半小時。可是現在我離北京千萬里，這封信能不能到他手裡呢？要是被誰攔截的話，我肯定就成了反革命了。還有即使到了他的手裡，他那麼大個官兒，會不會不理呢？恐怕不會吧……管他的，大不了再回農村種地，反正我也是土生土長的農村人。

交完信不久，鴛鴦公社突然來了一大串小汽車，下來的都是些不認識的大幹部。有人悄悄說遊書記，這次完了，你肯定會被抓。但是游科亨沒有被抓，只是通知去開會，說是省委副書記楊汝岱到鴛鴦公社考察來了。楊汝岱在會上，只是聽游科亨講，也不插話。游科亨一不說二不休，敞開喉嚨說了兩個問題，第一是基層要求搞包產到戶，還談了包產到戶的作用和效果；第二就是要求發展鄉鎮企業。楊汝岱聽他說完了，宣布說：從今天之後，你搞的這些事情都公開化、合法化！然後他馬上到縣上召開縣委常委會議，說基層要求要搞包產到戶，而且事實證明這個東西是好的，你們江北縣就不應該硬性糾正。一個副縣長想不通，還在會上頂了楊汝岱幾句。

後來才知道，游科亨寫給趙紫陽的信，一個星期之後趙紫陽就收到了。他把信交給了楊汝岱，讓過問一下，於是才有了楊汝岱到鴛鴦公社考察的事情。那位頂撞楊汝岱的副縣長說，我以後認識到我是錯誤的，這說明趙紫陽在國務院總理任上，接到基層幹部寫給他的信還非常重視，批示省委實地調查研究。包產到戶是廣大農民的切實要求，楊汝岱這麼一說就順應了民心，給我們減少了壓力。

自此以後，對游科亨的批判才停止，所以說，當「上游」很辛苦啊！

第十九章　讓四川農民有錢花

一九七七年糧食增產的同時，趙紫陽就提出要改變以糧為綱的方針，要讓農民有錢花。比起其他階層來，農民為什麼更加沒有錢花？這是因為農民一直都處於財富鏈的最底層。一九四九年以後按國家政策規定：農民沒有加工權，沒有商品經營權，不能進入工商領域，農民生產的所有農產品包括糧食、油料、蠶繭、茶葉、大宗水果、棉、麻及豬、牛、羊宰殺……甚至牲畜皮張統統要經過由國家控制的商貿部門（供銷社）以低價收購，然後加價供應國營企業加工，這些加工企業賺得加工費用之後，再賣給國家的商貿部門出售。農產品收購價偏低，工業部門加工後的商品價格偏高，商業部門經營的各個環節也有較高的利潤，每個環節都會從中賺得一筆，所以他們都像守護神一樣守護著自己獨家經營的權力和利益，誰敢觸犯馬上就會被告發，受到處理。

曾任重慶市農工委書記的紀俊儀，親身經歷過這樣一件事情：一九七五年五月，他在重慶長壽縣檢查生產時路過西山茶場，在茶場買了兩斤新茶，按出廠價付了款，沒有經過商業環節，被重慶市有關經營部門發現了。這一年六月，在中央召開的茶葉專業會議上，重慶經營部門的領導在會上揭發紀俊儀違反國家對茶葉的管理政策，並向國務院副總理李先念寫了封檢舉信。李先念作了批示，由參加會議的南桐區委書記蔡定金帶回交給重慶市委。蔡找到紀俊儀說：「你在長壽西山茶場買茶葉的事，已被告到李副總理那裡去了，他們告你利用權力不經過商業環節買茶葉。告狀信一件由我帶給市委，領導可能找你，請你作好思想準備。」

幾天之後，主管重慶事務的省委書記魯大東書記找紀俊儀：

你在長壽西山茶場買過茶葉嗎？

紀俊儀說買過。

你買了多少？

兩斤。

你只買兩斤？

只買了兩斤。

你交錢沒有？

交的出廠價。

沒經過商業環節？

沒有。

你自己吃嗎？

自己吃。

魯大東聽後有點氣憤，說他們小題大做，太不像話！如果李副總理知道你只買兩斤茶，我想他絕不會批示。不談啦。以後注意不要直接到茶場買茶，以免麻煩。467

467 紀俊儀〈創辦我國第一家農工商聯合體的點滴回憶〉。

一個主管農業的官員在農場以出廠價買了兩斤自己吃的茶葉，被告到國務院副總理李先念那裡，再由省委書記層層追責，這個故事今天聽起來猶如天方夜譚，可是它確實發生過。這個故事證明利益集團的霸道，這樣的霸道將農民嚴格限制在商品生產的最低端，絕不准進入加工業和流通領域，不能越雷池一步。為了維護這個原則，官方砍掉了自古以來在我國城鄉從來都俯拾皆是的各種傳統產業，譬如男耕女織，四坊（糖房、粉房、榨油坊、豆腐房）五匠（泥、木、鐵、石、篾匠），以及燒磚制瓦、烤酒熬糖、打米磨面等等。一九四九年以後城裡的這些行業逐漸歸入「第二輕工局」系統，農村則從一九五八年秋實現「公社化」之後，把這些小產業經營視為棄農經工、棄農經商的資本主義傾向進行批判，並規定「公社、大隊一般不辦企業」，致使手藝匠人都受到歧視甚至監視，不少集體企業紛紛瓦解，剩下那些人民日常生活實在離不開的，也必須遵照就地取材、加工、銷售的「三就地」原則，其目的是要保證政府以統購統銷的方式將可以加工的農產品收走，以此保證工業化資金的積累。到一九七六年，四川全省鄉鎮企業產值五．六億元，不到公社化之前的一半[468]。

這種方法既造成農村大量資源閒置，也阻礙了農村經濟增長和農民收入提高，就連有著「天府之國」美譽的川西壩子的農民，也是很窮的。在離成都只有四十來公里的廣漢，自古有「大旱不旱，蜀有廣漢」之稱，可是一九六三年至一九七八年的十六年間，這裡的農民每年人均收入僅為十八．八五元；成都周圍的溫江壩子，也是交了公糧就沒錢花，農民要買件衣服和油鹽醬醋，都要靠賣米。四川其他地方的情形，自然條件遠遠不如廣漢和溫江，一個壯勞

468 王能典、楊忠好〈四川農民懷念紫陽〉。

力的工分值低至幾分錢一天。許多農民辛苦了一年，到頭來不但得不到一分錢，反而連支付自己吃的糧食錢都不夠，只好由生產隊墊付，這種人叫做「倒欠戶」。

陽治國和他的下食堂大隊

可是也有例外的，比如宜賓縣的下食堂大隊。

一九七七年八月，宜賓縣下食堂大隊的支部書記陽治國，出席了北京召開的中國共產黨十一次全國代表大會，在四川省代表團的會議上發了言，主要講了下食堂大隊以糧為綱，農、工、商、副業綜合發展取得的成績：下食堂大隊共有一百五十三戶七百七十六人，耕地六百多畝。在剛剛過去的一九七六年，糧食總產量達四十五．四萬公斤，社員人平分糧食三百五十多公斤（國家規定的底線一百八十公斤），隊上留儲備糧十萬公斤，累計給國家交售餘糧十萬餘公斤；花生在一九七六年除部分給社員外，還交售給國家二千二百五十公斤；副業主要是集體養豬，當年產仔豬一千多頭，出欄肥豬五百多頭，加上社員自養的年出欄肥豬六百多頭，全隊人均養豬兩頭半；其他隊辦企業的面房、磚瓦窯、運輸、農機修理等的效益也比較好，年底社員人均分得現金四百三十六元，隊上公共積累現金九萬多元。春節隊上還要給社員分肉、糖、掛麵、粉條，人均各六市斤以上。一九六四年下食堂隊糧食畝產就跨了「農綱」，超過八百斤，社員勞動日值達到一．一三元；由於靠近長江，氣候溫潤，這裡七〇年代初就開始種雙季稻，冬季還要種一季苕菜作飼料，一九七四年糧食跨「雙綱」，畝產超過一千公斤，總產量由一九六三年的十三．九五萬公斤增加到三七．七二萬公斤，勞動日值一．五四元——要知道此時四川普遍的勞動日值都只有幾毛錢甚至幾分錢，就連省裡其他幾個農業先進典型，都比不過這個下食堂。

陽治國的發言獲得全團代表的拍手歡迎，作為團長的趙紫陽更是高興。在北京京西賓館的院子裡，趙紫陽早晨出來散步的時候叫上陽治國，問他到底是怎麼搞起來的，陽治國就從一九六三年說起。一九六三年，大寨已經成為全國農業的一面旗幟，可是陽治國去大寨參觀之後，還是覺得光種糧不行，應考慮自己的具體條件來求發展。一九六四年，毛澤東正式發出農業學大寨的號召，全國農村一窩蜂地改田改土修梯田，陽治國卻開始抓多種經營，搞副業，辦企業，走農、副、工綜合發展的路子。一九六三年，陽治國動員社員籌錢籌糧辦起了掛麵作坊，又借了六百元買了三頭種豬，為之後的養豬大發展奠定基礎。雖然規定農民和大隊、生產隊在生產經營中是沒有自主權，但下食堂大隊除了以糧為綱外，敢於大搞多種經營——種甘蔗、油菜、花生、水果等，甘蔗制糖（紅糖）、油菜籽榨油分給社員；陽治國還敢於發展社隊企業。一九六五年起，陽治國利用緊靠岷江的地理優勢，買了大船搞船隊運輸，很快由一艘四十噸的船發展到四艘，運載量達到二百多噸；他還利用江水長年淘洗的細泥建窯開磚瓦廠，由一口年產磚五萬匹的窯很快發展到四口窯，年產磚三十多萬匹。為了騰出人手來搞企業，隊上很早就搞機械化。一九七一年買了四台手扶拖拉機、兩台中型拖拉機，隨後又添置一些動力機械，實現了提灌、運輸、脫粒、打米磨面、飼料粉碎農副產品加工機械化。當然了，毛主席號召學大寨也得積極回應，只不過比別人多出一招。七〇年代初，乘著農業學大寨的東風，陽治國組織全大隊社員用三個冬春的時間改造低產田三百餘畝，坡改梯土一百餘畝，種上不費工但是很賺錢的柑橘和梨樹，還在兩個貧瘠的山坡地上占地六十多畝，修建了一樓一底的磚木房三百九十間，作為社員的新家，戶平居住面積達到了八十多平方米，用此調換以往修建在好田好土上的社員舊宅地二百餘畝。這樣一來，田土面積增加了，糧食增產了，社員又住進了新房子，大家都滿意。

其實陽治國所在的宜賓珙縣，也是一個窮縣，據當時的縣委書記段志華說，那個時候縣幹部下鄉去工作，連飯都吃不上。鄉幹部要想招待你縣委書記，就買兩斤豬肉交給伙食團去做，飯一吃完伙食團長就來宣布：請吃飯的客人分攤兩斤豬肉的錢——因為那時候公社幹部工資很低，沒錢買肉，他招待不起這兩斤豬肉，於是縣委書記和同去的祕書、司機三個人交了兩塊多錢，平攤了那兩斤豬肉和一頓飯錢。

在槍打出頭鳥的日子裡，陽治國和他的下食堂大隊顯然鶴立雞群，他們是怎麼生存下來的？

因為有了老省長李大章的支持。

當時攻擊陽治國的人確實很多，罪名也很嚇人，就連那些暗地裡支持他的人，也在替他擔心。可是老省長李大章為他說了話。一九七五年，四川的糧食問題已經很嚴重了，已經開始吃外地糧，受外地的氣了，主管農業的李大章壓力已經很重。恰逢鄧小平出山整頓，抓生產已經是眾望所歸，理直氣壯的事情。李大章在這個時候到了宜賓視察，肯定了下食堂大隊的作法，他說：**下食堂大隊是紅旗，不是白旗，陽治國這樣的幹部要提拔重用**。於是在一九七五年的五月三十一日，《四川日報》以「以糧為綱，以副養農，全面發展」為題登載了肯定下食堂大隊的調查報告。李大章在困難之中予以援手的恩情，陽治國終身不忘。

在糧食增產已成定勢的前提下，趙紫陽不但要讓農民有飯吃，而且還要讓農民有錢花，這個時候他要找典型，陽治國的發言引起了他的興趣，尤其是其中的養豬例子。當時四川農村正在為「每人一頭豬」而努力奮鬥，可是陽治國的下食堂已經發展到每人兩頭半豬，年底社員自己殺豬，集體也殺豬，豬肉分給社員之後剩下的，都拿到市場上去賣，而且自繁的小豬仔也有多餘的賣了賺錢——居然跨過了國營商業部門。在那個年代之所以能夠有這樣的突破，除了有官員撐腰之外，還因為在那個油水匱乏的年代，能夠有豬肉吃，是城鄉百姓擋不住的美好期盼。[469]

陽治國的下食堂大隊致富，對於趙紫陽發展農業、讓農民有錢花的方略有著什麼樣的意義？

意義在於讓農民獲得農產品的加工權和銷售權，把自己可以賺到的錢都賺回來。至於怎麼個賺法，趙紫陽提倡像陽治國那樣，發展鄉鎮企業和農村多種經營。這裡說的鄉鎮企業，就是之前的社隊企業，即生產隊和公社辦的規模很小的集體企業。

早在內蒙，趙紫陽就搞了個《十七條》，其中就提到了「要大力發展和辦好社隊企業」的問題。剛到四川不久，他就大抓多種經營和社隊企業的發展——一九七五年十二月召開的省委擴大會議上，趙紫陽把發展社隊企業作為必須認真抓好的一項重要工作提出來，並詳細地闡述了如何發展及途徑。他明確指出：現在批判副業單幹，把個人的路子搞掉了，就得把有些副業納入集體的軌道，把有技術的人組織到社隊的集體企業中去，既發揮其專長，也發展

469 本節主要參考資料：蔡文斌採訪陽治國〈農民有錢賺他高興得很〉、《下食堂村史》，宜賓縣文史資料第二六輯一九九八年八月、陳安民〈下食堂大隊是怎樣由窮變富的〉。

了社隊企業。就公社和大隊兩級的企業來說，四川的基礎是很差的，當然也有個整頓問題，但主要是發展，在發展中整頓。對社隊企業我們要採取積極的態度，工業、運輸業、建築業都應以大隊、公社為單位組織發展。機械加工，大的項目要由公社搞。凡是新搞的社隊企業，要納入農業統一分配。趙紫陽的這一招，在全國率先開展了對農村經濟產業結構的調整。

文革結束之後，趙紫陽於一九七七年四月由省委批准成立四川省社隊企業局。是年六月，四川省首次召開地、市、州社隊企業局長會議，要求當年全省社隊企業總收入達到九億元，力爭在上年基礎上翻一番。這些動作都發生在陽治國的發言之前。和陽治國談話兩個多月之後，一九七七年十一月下旬，趙紫陽在重慶主持召開了省委多種經營工作會議，在會上發表了長篇講話。他說：這次會議是全省向多種經營進軍的會議。現在由於多種經營搞得不好，社員收入不能增加，農田基本建設和農業機械化都快不了，這個問題已經到了非抓不可的時候了。「集體用錢靠貸款，社員用錢靠賣米」的狀況不能再繼續下去了。要發展多種經營，就要砸爛搞多種經營是「金錢掛帥」、是「資本主義」的精神枷鎖，破除把糧食生產與多種經營，農業與林、牧、副、漁業對立起來的形而上學，把人們從小農經濟思想的束縛下解放出來。四川大搞多種經營，資源豐富，條件很好，我們要開發自然界這個銀行。

趙紫陽在一九七八年九月一日結束首次對歐洲三國的訪問回來，九月十二日至十月一日，四川省委就召開縣委書記會議，省、地（市）縣及省級各部、委、組、局主要負責人共三百多人出席了會議。會議主要內容是總結經驗，學習先進，解放思想，加快四川農業發展步伐。會議總結交流了當年抗旱奪豐收的經驗，介紹了廣漢縣金魚公社包產到組，新都縣實行包工包成本到專業隊、專業組、專業戶、專業人員的「四專」責任制的經驗。然後包了三架飛機，趙紫陽親自帶領三百多人去江蘇省，考察學習著名的「蘇南模式」——即社隊企業大發展。時任江蘇省委書記的許家屯親自到機場迎接，說的第一句話就是：「紫陽，這麼遠你親自帶隊來，你的魄力太大了。」

趙紫陽之所以要帶隊去江蘇，是因為江蘇這些年經濟飛速發展，尤其是以社隊企業發展為特點的「蘇南模式」，走在了全國之首。蘇南是富饒之地，人文素質高，經濟環境好，省委書記許家屯歷來就敢於「不按常規辦事」，「文革」期間他不熱衷於「割資本主義尾巴」，也不取締農貿市場，社隊企業沒有傷筋動骨。他一個勁抓生產，即使在「文革」結束之前，全國的經濟已經到了崩潰的邊緣，可是江蘇省的工業產值年增長率均在兩位數，農業增長也在百分之五六上下，這幾年江蘇省的工農業總產值超過上海、遼寧，躍居全國第一位，調撥給國家的糧油豬肉等緊缺物資連續幾年高居第一、二位，成為支援全國的重點省，社隊企業在其中占了很大的份額。這些企業不吃大鍋飯，卻有自主權，根據市場的需求決定產品生產。選擇國有企業不大擅長的「計畫外產品」，既能大量吸收勞動力，又能迅速周轉和積累資金，加快發展。他們是市場短缺情況下產生的非計畫經濟，市場愈發展，成長愈加速，由於多年壓制之後的爆發特別猛烈，從一九七九年到一九八四年這一塊的年增長值達二十%以上，以後幾年達四十%以上。

鄉鎮企業的高速發展觸動了計畫經濟的利益，引起了高層的反對，當時分管經濟工作的國務院副總理姚依林就多次說「鄉鎮企業不僅和國營企業爭資金，爭資源，爭勞動力，還以小擠大，亂中取勝，助長不正之風，必須限制和整頓。」面對層層阻力，許家屯理直氣壯，他在鄧小平面前申辯說：鄉鎮大力發展社隊企業，是引導農村從小農經濟走向商品經濟；他還坦然承認：我們是鑽了國家計畫經濟的空子。其結果是全省經濟成分中計畫和市場的比例各占五十%，很多市、縣大部分是市場經濟，蘇南地區有些縣甚至有二八開、一九開的，幾乎全靠市場經濟。這種狀況反過來推動了生產的提高和國民經濟的發展，以至於江蘇省的經濟不到六年就翻了一番。

鄧小平高興地說：看來市場經濟很重要！

許家屯的許多觀點都與趙紫陽一脈相承。「六四」之後許家屯被逼逃亡海外，成為中國最高級別逃亡的官員，其中的主要原因，就是因為他與被逼下台的總書記趙紫陽關係密切。這些都是後話。

還是回到一九七八年的九月。二十五日，四川的大隊人馬從江蘇回來之後，四川省委發出了《關於加速發展社隊企業的決定》，強調指出：大力發展社隊企業，農副工相結合，是高速發展農業的必由之路，要切實抓好。《決定》規定：近幾年應以主要力量發展社隊企業和城鎮集體企業。同時宣布了一個重大決策：將二輕局與社隊企業局合併，在農村的五千三百七十五個二輕企業和十五萬名職工及五．四億元資產，劃歸人民公社管理。

在從江蘇返回四川的途中，趙紫陽與省委幾位領導在車上商量要加強省社隊企業局的領導力量，四川省長魯大東自動報名，願兼任社隊企業局局長；調時任省計委副主任的廖家任常務副局長，省計委一位委員任副局長，還有幾位處長和工作人員一起，負責全省社隊企業的工作。這次會議還要求各地也要政府一把手兼任社隊企業局的主要負責人。

趙紫陽主持下的四川省委制定的大政方針，農村產業結構的調整，管理體制的改革，都對社隊企業的發展起了至關重要的作用。人們把這段時間，稱之為四川社隊企業發展的第一個春天。

廣漢應聲而起[470]

大約在一九七九年，趙紫陽在「包產到組」已經全面鋪開的情況下，決定推行縣域經濟的改革。改革試點定在三個縣進行——廣漢、新都、邛崍。他在談到這項改革時說：三個縣的改革不要搞成一個樣，要各有特色，如果都一樣就該只搞一個縣。

一石激起千層浪，廣漢的社隊企業如雨後春筍，發展得蓬蓬勃勃。

改革開放前，廣漢社隊企業很少，只有磚瓦、榨油、打米磨面之類的小廠，全縣鄉鎮企業年產值僅一千萬元左右，利稅一百多萬元。這些企業分別附屬於公社和大隊，其收益大部份被公社和大隊隨意開支，其管理人員大多是退下來的社隊幹部，工人多是幹部親屬，普遍嚴重存在著管理混亂，財務混亂，經濟效益很低的問題。

一九七八年九月，廣漢縣委副書記霍士英參加了那個三百多人出席的會議，隨趙紫陽去江蘇參觀考察，之後霍士英擔任了縣社隊企業局第一局長，組成了有權威的管理機構。新官上任，第一大措施是改「官辦」為民辦，縣委工作組在向陽公社試點，對社隊企業進行清產核資，然後把淨資產劃為股份，按人口、土地面積和承擔徵購任務的多少分到生產隊，作為參加聯辦的憑證每年按股份紅，使社員能從社隊企業得到好處。隨著改革的進一步深入，社隊企業

470　本文主要參考資料：張祖澤〈廣漢改革的若干重要史實〉。

的管理機構不再是公社，而是由股東代表大會選舉產生的董事會和由董事會任命的工業公司，實行政企分開。社隊企業利潤的分配則明確規定為企業自留二十％用於擴大再生產，二十％作為股東分紅，上交公社二十％用於兩個文明建設，上交工業公司四十％作為發展基金。

廣漢緊接著推廣新豐公社一磚廠的管理經驗，又抓企業的內部經營管理。這個磚廠支部書記李才民把制磚全過程的十四道工序，每道工序的職責都編成順口溜讓工人熟記，違背職責的人被扣減工資。根據新豐一磚廠的經驗，全縣社隊企業逐步建立了「三定一獎懲」（即定人員、定任務、定考核辦法和超獎短賠）的管理制度。由於新豐一磚廠的影響，也由於技術資金等方面條件的限制，廣漢縣社隊企業大發展是從辦磚廠起步的。全縣在短短一年多時間裡辦起了一百零八座磚廠，年產紅磚七億匹，當時曾有人誇張地說：四川省十匹磚中就有一匹是廣漢產的。這些磚廠取土幾乎鏟平了川陝公路廣漢段沿線有上百個小土丘，既為社隊企業的大發展積累了資金，又培養了一批管理人才。

趙紫陽在現場聽了李才民的介紹，稱讚說「你可以當個實業家」，後來還指名讓李才民到吉林省去作報告，介紹經驗。

廣漢社隊企業的大發展，受到縣裡的全力支持。一九七九年九月三十日，縣委作出《關於集中財力加速發展社隊企業的決定》。《決定》要求從縣財政超收部分中提取十五％，爭取銀行給予貸款，從社隊提留款中擠出三分之一，從縣屬企業利潤中借出一部分等方面籌集資金，以低息貸款方式貸給社隊企業加速發展，爭取三年內全縣社隊企業產值達到九千萬元，農民人均二百元的水準。到一九八〇年初，縣委又決定從各種管道籌集資金一千萬元和鋼材一萬噸，支持社隊企業；從縣級各部門抽調領導幹部和得力骨幹一百名脫產到各鄉工業公司任職，負責該鄉社隊企業的發展。這些幹部後來成為廣漢鄉鎮企業的第一代領導骨幹。而這些措施，則被稱為廣漢發展鄉鎮企業的「三個一工程」。

農村產業結構的調整，對廣漢鄉鎮企業的發展起了至關重要的作用。從一九七九年起，縣委大力推行擴大油菜籽種植面積的措施，短短幾年間全縣油菜面積由九萬畝擴大到二十四萬畝，油菜產量由一千二百九十萬公斤增長到三千零三十五萬公斤。同時縣委又向省委爭取到了國家徵購對廣漢允許交油不交籽的優惠政策。各鄉都辦起了油廠榨油，這些油除完成國家徵購任務外，又大量運往東北換回玉米，供給各鄉興辦的酒廠釀酒。油廠的油枯和酒廠的酒糟用於養豬，又促進了養豬業的大發展，使全縣每年出欄肥豬由二十多萬頭增加到四十多萬頭。肥豬大量上市又帶動了食品加工業的發展。八十年代初期，廣漢香腸曾走俏成都、京滬、廣東等地。

「一磚二瓦三榨油，四烤酒，五賣肉」，這就是廣漢鄉鎮企業的原始積累過程。

新都離經叛道[471]

新都毗鄰成都北面，為了適應大都市的需求，也是因為近水樓台先得月，商品意識比較濃厚。一九七六年十月中旬「文革」宣告結束，新都在十二月就成立了全省第一家社隊企業供銷社，結束了原先由縣供銷社一統天下的局面，對於緩解市場供應起了很好的作用。這個舉

471　本文主要參考資料：蔡文彬採訪黃義元〈趙紫陽支持新都縣「離經叛道」〉。

動證明在商品經濟如此蕭條的環境下，新都的社隊企業顯然是有一定的基礎。

在這樣的基礎上開展改革，新都的經驗是「三化」和「四專」。

這「三化」是根據趙紫陽「用工業化的辦法搞農業」的路子，組織了專門為農業服務的公司，統一給農民打農藥、防蟲、提供良種等等，有困難的由政府提供補助。就連原來每個生產隊都得養一個的會計也社會化了：縣上成立會計公司，一個大隊十幾個生產隊只用一兩個會計，輪流到生產隊去做賬，這樣就避免本隊會計的舞弊行為。縣委書記黃義元將這些稱之為服務社會化、管理企業化、分工專業化，統稱「三化」。「三化」的作法很快就在全縣普及，後來成了副總理的田紀雲，都來新都參加過關於種子專業公司的座談會。趙紫陽對於「三化」也非常感興趣，認為這是新都改革的一個特點，也是農村現代化的好苗頭。這樣的形式被推而廣之，先是在川西壩子上點燃，而後蔓延至全川全國，包括「農工商聯合體」在內的農村現代化形式，已經呼之欲出。

至於「四專」，指的就是專業隊、專業組、專業戶、專業工。專業隊和專業組，其實就是社隊企業了，剩下的兩專，就是後來人民熟悉的個體戶和專業戶。他們其實就是原來的「五匠」（泥、木、鐵、石、篾匠），從「四清」運動以來就是受歧視的，是「割資本主義尾巴」的對象，罪名是棄農經商。現在縣委政策規定，不但這些人可以「棄農」不再種莊稼，他們的家人都可以不種莊稼，一家人組成「專業戶」。生產隊對他們實行責任制，包工包成本，其餘的收入都歸自己。政策一出，豈止是原來的四坊（糖房、粉房、榨油坊、豆腐房）以及燒磚制瓦、烤酒熬糖、打米磨面等傳統產業，還出現了種花草的、養魚的、打「布殼」的、打蜂窩煤的、敲白鐵的……專業戶，縣上順勢辦了的各種各樣的專業培訓班，那勢頭真是如鮮花著錦，烈火烹油，好不熱鬧。後來「專業戶」的名頭響徹祖國大地，當了總理的趙紫陽陪著副總理萬里到新都來參觀，專門介紹了新都的縣委書記黃義元，說「專業戶」這個詞就是他發明的。

萬里到新都接見過一個打「布殼」的專業戶，人稱「布殼皇后」。所謂的「布殼」，就是用漿糊把碎布一層層粘起來曬乾，農村婦女多用來做鞋底鞋面，人人都會。「布殼皇后」當時了解到一個資訊：解放軍服裝廠生產軍裝的時候，需要在領子裡襯一層「布殼」，讓領子保持挺立，於是就收集一些碎布料專門打布殼，做好了之後送到部隊服裝廠裡。因為是做大批量的軍裝，需求量很大，她自己做的無法滿足需要，就動員大家來做，她自己搞包銷，慢慢就發展了一大片，不但她自己富了，還帶動了很多人，同時把城市裡廢舊布料變廢為寶，也是一個貢獻。

與此相同還有一個農村婦女，丈夫在新華書店做保管員，新華書店需要買大量的繩子來捆書，那時候還沒有塑膠繩子，都是用麻繩，而這個女人就會打麻繩。她就搓麻繩賣給新華書店，成了一個搓麻繩的專業戶。後來因為麻繩的需求量很大，她又帶動很多人搓麻繩，自己搞包銷，也富了。趙紫陽知道這個事情，說：「這樣一個婦女又帶著孩子，如果種地就是弱項，但是搓麻繩就不一樣了。如果農民種糧食是他的弱項，搞專業是強項，為什麼不能發揮他的長處呢？對這些事情，要提倡、保護、鼓勵，用其所長，絕不要在批資本主義的時候批到他們頭上。」趙紫陽的這段講話很快就傳遍新都全縣，專業戶們大受鼓舞。

黃義元還給趙紫陽彙報了一件事情：萬元戶。那時候一萬元不得了啊，有人算過：相當於二〇一六年的二百萬！這個萬元戶叫周大明，原來就是一個鞋匠，手藝好，後來改做白鐵皮水桶、房頂上的水塔之類，他一年的收入超過一萬元。這件事情在新都引起轟動，有人如臨大敵：要知道地委副書記兼新都縣委書記黃義元每月工資還沒到一百元，後來他當市委常委的時候每月工資也才一百二十元。《新華社》記者劉東堂到新都，來調查這個錘白鐵的周大明，是否存在不正當經營、走資本主義道路、不符合承包政策等情況，調查十多天下來，結果是樣樣都合理合法。記者寫了一篇報導，標題是〈中共新都縣委書記支持勤勞致富的萬元戶〉，登在《人民日報》頭版。一下子轟動全國，很多人冒酸水，以至於「上面」對這件事不滿意，大概是批評這樣的文章不該登在《人民日報》。趙紫陽離開四川之前，黃義元向他彙報了新都「萬元戶」上《人民日報》頭條的事情，說這個事情的反應很大哦。紫陽書記說這事登報紙是對的嘛，人家是「勤勞致富」，他是通過自己的技術、辛勤勞動，不要大驚小怪。

因為有了趙紫陽這句話，全國出了第一個「萬元戶」的事情也就理直氣壯了。

趙紫陽說的這些話，在去北京之前專門給繼任的省委書記譚啟龍有所交代。那一年的春節，譚啟龍書記專門到新都，讓黃義元陪著去了幾家花草專業戶和養魚專業戶家裡，給他們拜年。

那時候還是集體經濟，無論是個體戶也好專業戶也好還有那些專業隊專業組，都要在集體的田地裡分糧食，他們的收入也都要上繳集體一份，所以這樣搞下來個人也富裕了，集體也富裕了。可是中國的毛病就是玩地盤，黃義元你可以在新都這塊地盤上玩，可是出了你新都就行不通。比如農民建築隊進城修房子，趙紫陽在四川的時候對這個事還是支持的，更沒有說過不准農民進城的話。可是他一走，阻力就來了。黃義元專門去向譚啟龍彙報，譚啟龍也支持農民建築隊進城——表這個態他在省級幹部中算是第一個。可是建委等部門都反對，因為你農民進城修房子，他們手裡的那些個建築公司怎麼辦？譚啟龍說那就這樣，把省委的房子拿給農民來修！從這個時候開始，新都的鄉鎮建築業進入成都市區，到後來幾乎包攬了成都的基本建設。

三化四專都說了，現在來說一條龍。所謂一條龍，就是要把產、供、銷都聯起來，中間缺了一個環節都行不通。大包乾之後農民生產的農產品多了，就得轉化為商品，可是之前搞的是統購統銷，收購和銷售都是供銷社壟斷的，個人倒騰特別是長途販運，算是「投機倒把」，「文革」中算是一大罪，要坐牢的；「文革」結束之後此事在制度上還是行不通，中央文件和省委檔都明確禁止，認為這是資本主義。可是錢這個東西是不認什麼主義的，只要是有利可圖，就有人冒險。比如鐵路邊的石板灘公社，黨委書記曹世銀就向黃義元彙報，他們那裡有一批人，長期以來把農民生產的蔬菜通過石板灘火車站，運輸到蔬菜缺乏的新疆和西北地方，在成都地區常常爛市賣不掉的蔬菜，在那邊可以賣上非常好的價錢。儘管這些人駕輕就熟有的是門路，為了規避風險，大多數還是得通過供銷社，但是供銷社很死板，連包裝都有諸多限制，他們自己得到的利潤也不多。黃書記你看這事怎麼辦？黃義元說乾脆咱們自己搞一個貿易公司。可是這事首先就遇到縣上財貿部門的堅決反對，很快就反映到省上的財貿部門和分管的副省長那裡。大約在一九八〇年初，好像是在金牛壩開會，黃義元彙報這件事的時候，供銷社的社長不反對，但是其他人都反對，副省長就是不准，明確表示黃義元你的「三化四專」都可以搞，但是這個貿易公司不能搞。黃義元有些著急，找到紫陽書記說您看，現在石板灘公社產供銷一條龍搞得紅紅火火，專門成立了貿易公司為農民服務，通過這個方式可以把農民手中賣不掉的農產品轉化為商品，刺激生產的發展，農民也增加了收入。可是這麼多人反對，咋辦？紫陽書記給他出主意，說你現在不要以公司的名稱，你可以搞一個貨棧嘛。黃義元心領神會，回來就馬上把公司改為貨棧。副省長來問罪，黃義元向他解釋：「這個貿易貨棧的事情我向紫陽書記彙報了，這個名字還是他改的。」當時趙紫陽還沒有走，所以副省長也不好說什麼，就說這個事情你只能在新都搞！黃義元說我是新都的縣委書記，怎麼可能到其他地方搞呢？那天副省長很生氣，飯都沒吃就走了。

黃義元的「三化四專一條龍」搞得很有成效，很快新都就出現了億元鄉（一個鄉的社隊企業一年產值一個億），還有千萬村、百萬隊……

黃義元還幹過一件全國第一的事情，也是鬧得滿天風雨，就是批准一個農民買了一輛一三〇[472]小貨車。買車的手續是他在桂湖公園門口修自行車小攤兒的凳子上給那農民批的，需要的油也是他給農機站打的電話：「你們行個方便。」貸款也是他打電話給銀行，說有一個農民要買汽車，需要貸款。當時要貸給私人幾千塊錢，可不是個小數目，銀行的人有點害怕，縣委書記黃義元說你們辦嘛，沒什麼大問題。之所以要一個縣委書記來幫一個買車的中國農民闖過三道關卡，是因為國家規定「生產資料不允許私人所有」，農民買的一三〇是貨車，肯定是生產資料，而且是現代化生產資料。當時輿論界的人都支持，就連《新華社》社長穆青都支持。穆青到了新都，說黃書記你到過美國嗎？黃義元說我沒有去過。穆青說美國有兩億多人，有兩億多輛汽車，你批的這一輛小貨車就多了嗎？但是穆青再是有名氣，也只是一個記者，不是黃義元的頂頭上司。聽說省委辦公廳也討論過這個事，黃義元得了零票——根本沒人支持他。黃義元大大咧咧的一個人，不在乎，但是縣委內部有些人很在乎，黃義元召開縣委工

472 汽車的型號，指載重兩噸以上三噸以下的貨車。

作會議，專門談買汽車的問題。他打了個比方：「生產資料不允許私人所有，那麼加重自行車是生產資料還是生活資料呢？我認為如果搭著肥豬去賣就是生產資料，搭著婆娘去走娘屋就是生活資料。」大家都笑。黃義元大談汽車的優越性，比如栽紅苕，氣候乾旱，把紅苕秧子乾死了，就要去買來補栽，本地買不到，要到外地去買，這就需要汽車運輸。紅苕秧要搶在下雨前栽上才能活，搶時間的事情汽車運輸當然最快。農民買汽車運的是紅苕秧，這是在運社會主義，不是資本主義。

但是批准農民買汽車的事情，黃義元承受的壓力還是很大。一九八一年二月，正是春節期間，已經擔任國家總理的趙紫陽訪問泰國、緬甸回國到了成都，在金牛壩賓館點名要見三個人：常光南、李克恥，還有一個就是黃義元。找黃義元主要是聽他彙報新都大包乾的情況。說完了去餐廳吃飯，紫陽到看到桌子上擺的五糧液和茅台酒，就說周祕書長，這個酒不能擺啊，中央有檔的。黃義元說今天是過年嘛，是該喝一點好酒，而且您這一年也辛苦了。可是周祕書長不能不聽總理的話，就把酒收起來了，黃義元連忙半開玩笑地攔住，說周祕書長，紫陽同志讓你收茅台，沒有讓你收五糧液嘛！紫陽就笑，大家也笑，坐下倒酒、吃飯。

黃義元抓緊機會，說紫陽同志，我向您彙報一個事情，我允許一個私人買了一輛汽車，引起了軒然大波。

紫陽同志問你批了？

黃義元說我批了。

紫陽同志說我們這麼大一個國家，批給農民一輛車就多了嗎？試一試還是可以的嘛！

這話黃義元至今記得清清楚楚。

黃義元這個人，做事乾脆利索，照著紫陽書記的路子一走到底，驚天動地的事情幹得不少。他打破幹部鐵飯碗，推行公社幹部「邀聘制」，主張搞得好的大隊支部書記可以「邀請」來當公社黨委的副職。結果從省委組織部到縣委組織部都反對。他把縣裡一些局撤了，成立了六個委員會，比如農業委員會、鄉鎮企業委員會、財政委員會、工業委員會等等，只管政策，其他的事情讓公司來搞，實行了政企分開。他還搞了口糧田，實際上是擴大了自留地，除了國家的，口糧田裡產的再多都不管，都是農民自己的。地委說只能搞包產到組，他卻搞了十多種不同形式的大包乾，在地委召開的縣委書記會上，專門就彙報搞「包產到戶」……這些改革沒有一個老百姓站出來反對，公社幹部中反對的也不多，上面反對的聲音就多了，有人說得咬牙切齒：「現在讓他們買汽車，今後那還不買飛機了？」黃義元在大會上針鋒相對：「你們不要把話說絕了，我就不相信以後我們中國人買不起私人飛機。」

看看現在的中國，私人賣架飛機一點都不稀罕。

邛崍突飛猛進[473]

一九八〇年二月，已經當了總理的趙紫陽出國回來路過成都，在金牛賓館請了三個縣委書記吃飯，除了廣漢的常光南和新都的黃義元，還有一個是邛崍縣委書記李克恥。邛崍也是趙紫陽定下的三個試點縣之一，和廣漢新都在平壩地區不同，邛崍平壩、丘陵和山區各占三

473 本文主要參考資料：蔡文彬《趙紫陽在四川（一九七五～一九八〇）》，香港新世紀出版社二〇一一年版。

分之一，改革的局面要複雜一些，路子也要寬一些。

一九七八年春天，原團省委書記蔡文彬下到邛崍當縣委副書記，分管農業。那時農民一個壯勞力每天的工分最低七分錢，最高也才三角錢左右，每年國家財政要補貼這個縣七、八百萬。十屆四中全會已經召開，下食堂大隊的經驗已經在推廣，別的地方在趙紫陽的號召下搞稻麥三熟、各種農作物套種、多種經營等等，幹勁大得很，可是這裡的農民只想種糧食填飽肚子，尤其是山區地帶的十五個公社，對於上面強行推廣經濟作物很反感。

為什麼農民會對這些有益於自己的好事情如此反感？年輕的蔡文彬回省裡向趙紫陽彙報。對此趙紫陽很感慨地說：國家和農民的關係這樣惡化下去，不是個辦法啊！應該變成農民比較自願和比較放心的作法，把政府和農民的關係定好，把相互之間的關係定好。今後國家和農民之間的關係應該是一種合同關係，應該在雙方協商的基礎上，農民願意做的基礎上，用合同的形式把它約定下來。趙紫陽特別指出：這個合同包括農民向政府賣糧食。完成了每年的糧食徵購任務以後，剩下的農民願意賣給國家咱們就買，不願意賣咱們也不要強求，都由農民自行處理。糧食在農民手裡和在國家手裡都一樣，不一定非要收上來，整個國家農民手裡的糧食多了，國家也就不怕饑荒了。

趙紫陽顛覆了一九四九年以來「藏富於國」的方針，顛覆了向全民灌輸的「大河有水小河滿」觀念，有了「藏富於民」的思路，作為一個體制內的高級官員，這是很可貴的。而他這個「政府與農民訂合同」的思路，在他當總理之後，也推向了全國農村。

趙紫陽還認為：農民種植什麼也不能強迫，首先應該徵求他們的意見。他們都有幾十年，幾百年的經驗積累，他們最清楚哪個地方適合種什麼。他還教給蔡文彬一個基本方法：首先從下面了解農民想要種什麼，縣裡再根據他們的意見去下達任務，不能在上面自以為聰明地瞎指揮，強行指定。邛崍三分之一是山區、三分之一是丘陵、三分之一是平壩，在農業上適合搞多種經營，增加農民收入。山區原則上不要再種糧食，陡坡用來植樹，搞退耕還林；平壩地區產的糧食，多的可以用來補貼山區農民的口糧。如果你們縣範圍內糧食調節有困難，你可以給省上打報告，省上可以補貼。

那時國家對於一類產品糧食，二類產品棉花、油料等，都是強行向農民派購，跟農民協商再定合同這回事，蔡文彬是第一次從紫陽書記這裡聽到。回去他立即跟縣委研究，一九七八年下半年就在自己蹲點的桑園公社試點。一九七九年，邛崍全縣大刀闊斧地改革，實行層層合同制度：縣上與公社之間要合同約定，公社與大隊之間要合同約定，大隊與生產隊之間要合同約定，生產隊與農民之間也要合同約定。用合同的形式把每年國家的徵購任務定下來，保證必須兌現。還以合同形式，在全縣山區的十五個公社、一百六十四個大隊、一千一百多個生產隊搞「四定」：一定種糧面積，建設穩產高產糧田，其餘土地一律退耕還林或種經濟作物。二定發展任務，因地制宜地發展多種經營。三定交售任務，縣上跟公社簽訂合同，確定一年交售多少多種經營產品。四定糧食補助，退耕還林一畝地縣上補貼多少糧食。到一九八〇年，「四定合同」正式形成固定制度，規定三年不變。與此同時，平壩多徵一些糧食補給山區，山區多生產一些二類農產品，抵付平壩糧價。平壩地區擴大了小春作物的油菜面積，還增加了栽桑養蠶和種植茉莉花兩個專項——因為茉莉花茶和蠶絲也是邛崍的特產。

一九七九年，全省發展社隊企業大勢已成，趙紫陽向蔡文彬提出：根據當地的條件和需求，可以採取多種形式發展社隊企業，解決農民的花錢問題。那年夏天，縣委書記李克恥帶領縣委一班人馬，開始搞專業大包乾，蔡文彬在桑園公社黑虎灘大隊直接就搞「包產到戶」，讓生產隊裡有能力和願意種地的人出面搞專業承包種植，允許你承包十畝、二十畝、三十畝，可以種糧食，也可以種茉莉花或者是油菜，走專業化道路。不願種地的農民就去搞社隊企業，搞多種經營。縣委制定了專門的檔，由政府保證每年給這些勞動力發放口糧，或按照國家的糧價發放口糧錢，按一畝地給你補貼多少斤糧食計算。這樣一來，全縣掀起了大辦工廠的熱潮，幾乎所有的生產大隊及大多數生產隊都辦有工廠。當時邛崍農村九十％以上的民居是稻草房、磚坯房，因為要改善這些住房，最先開辦的就是磚瓦廠和預製板廠。黑虎灘有一條大河叫西河，有一大片叫做西河壩的河灘。當年陳永貴作副總理來川考察時提出要在這裡造梯田，趙紫陽來看了後說要圍河修魚塘。結果既沒有造梯田也沒有修魚塘，而是把西河壩弄成一塊一塊的，搞成了圍河造田。現在要修工廠、辦企業，主管工業的常務副書記郭英文說你們把陳家灣和西河壩交給我。從現在開始，城區裡面不得修廠房不得修倉庫，要擴建就到西河壩去！把城裡的啤酒廠、紙廠也都搬去！把好田好地拿去建庫房、建工廠，這是勞民傷財。

於是西河壩成了工業區。利用西河壩的泥沙資源，沿河辦了上百個機磚廠，建材成了縣裡的支柱產業。同時興起的還有酒廠、茶廠、花生廠、醬品廠等農副產品加工廠。一九七九年搞了專業大包乾與社隊企業結合後，收到了立竿見影的效果，比如黑虎灘大隊：當年農民的勞動日報酬從上年的〇．三六元，一舉上升到三．一四元。全村沒有補錢戶，一般戶都進了一、兩千元，進八、九千元的戶也不在少數，一年內就出現了萬元戶。邛崍的文君曲酒也在這個時期被評為四川省「五朵金花」之一，為縣級財政作出了大貢獻——過去邛崍的財政國家每年要補貼七八百萬，到一九七九年便從拿國家財政補貼轉變成向國家財政上繳。

專業大包乾與社隊企業結合，這種搞法當時在全國算是相當早的。

趙紫陽在四川的四年半裡，四川的農業起了巨大的變化，有以下資料為證：

一九七五年與一九八〇年農業生產的比較：

四川耕地從一〇一二五萬畝減至九九〇五萬畝，而糧食總產量卻從二五八〇．五萬噸增至三四三六．五萬噸，增三十三．二%。

水稻面積從五千四百七十七萬畝減至四千六百二十五萬畝，畝產從二百四十九公斤增至三百三十五公斤，總產量從一萬三千五百六十一萬噸增至一萬五千四百九十萬噸，增十四．二%；

生豬存欄從三千八百六十八萬頭增至五千一百四十六萬頭，增三十三%。

農民人均純收入從一〇六．一元增至一八七．九元，增七十七．一%。

農民人均占有糧食從二百七十三公斤增至三百五十公斤，增二八．二%。[474]

……………

一九八七年六月，鄧小平在一次談話中說：「農村改革見效非常快，這是我們原來沒有預想到的。當然，開始的時候，並不是所有的人都贊成改革。有兩個省帶頭，一個是四川省，那是我的家鄉；一個是安徽省，那時候是萬里同志主持。我們就是根據這兩個省積累的經驗，

474 朱鐘鱗〈趙紫陽心中農業和農民最重〉。

制定了關於改革的方針政策。」[475]

其實兩個省的情況略有不同：一九七九年秋天安徽糧食大豐收之後，群眾要求「包乾到戶」的呼聲高漲，一九八〇年一至二月，在省委書記萬里的強力支持下，「包產到戶」一夜之間在全省推廣。可是兩個多月之後，萬里就上調國務院當副總理，他的繼任者張勁夫當時是「包產到戶」的堅決反對者，由此安徽的農村改革沒有繼續往前走，至今農業還是這個省的弱項。趙紫陽則是從一九七七年就開始支持農民中不同程度上的「包產」，並且取得了四川糧食的大豐收。他在四川苦心經營了四年半，從微細之處著手，踏踏實實搞了一整套系統工程，不僅大大解除了農業生產力發展的障礙，而且為企業改革提供了重要的借鑑。為了對這種體制有一個統一的、科學的稱謂，中央派時在中央政策研究室工作的經濟學家林子力到四川、安徽及全國各地調查研究，最後把名稱定為「家庭聯產承包責任制」——它相當於否定了一九四九年以來所有的農村經濟政策，重新書寫了中國農業的歷史。當然，趙紫陽自己不見得就看得這麼遠，他認為自己只是「順」了天時地利與人和而已。後來鄧小平說「農村改革是中央沒有料到的」，恐怕也是這個意思[476]。

475《鄧小平文選》，第三卷第二三八頁。
476 杜潤生《杜潤生自述》。

歷史與現場　334

尋道者趙紫陽（上）

作　　者—林　雪
特約編輯—葉惟禎
主　　編—謝翠鈺
企　　劃—鄭家謙
封面設計—陳文德
封面提字—時　之
美術編輯—SHRTING WU、趙小芳

董 事 長—趙政岷
出 版 者—時報文化出版企業股份有限公司
108019台北市和平西路三段二四〇號七樓
發行專線—（〇二）二三〇六六八四二
讀者服務專線—〇八〇〇二三一七〇五
（〇二）二三〇四七一〇三
讀者服務傳真—（〇二）二三〇四六八五八
郵撥—一九三四四七二四時報文化出版公司
信箱—一〇八九九　台北華江橋郵局第九九信箱
時報悅讀網—http://www.readingtimes.com.tw
法律顧問—理律法律事務所　陳長文律師、李念祖律師
印　　刷—勁達印刷有限公司
一版一刷—二〇二三年一月六日
定　　價—新台幣六八〇元
（缺頁或破損的書，請寄回更換）

時報文化出版公司成立於一九七五年，
並於一九九九年股票上櫃公開發行，於二〇〇八年脫離中時集團非屬旺中，
以「尊重智慧與創意的文化事業」為信念。

尋道者趙紫陽 / 林雪作 . -- 一版 . -- 臺北市 : 時報文化出版企業股份有限公司 , 2023.01
冊 ;　公分 . -- (歷史與現場 ; 334)

ISBN 978-626-353-334-9(上冊 : 平裝)

1.CST: 趙紫陽 2.CST: 傳記 3.CST: 中國

782.887　　111021020

ISBN 978-626-353-334-9
Printed in Taiwan